U0920839

2015 长治统计年鉴

CHANGZHI STATISTICAL YEARBOOK

总第31期

中国统计出版社
China Statistics Press

©中国统计出版社 2015
版权所有。未经许可，本书的任何部分不得以任何方式在世界任何地区以任何文字翻印、拷贝、仿制或转载。

©2015 China Statistics Press
All rights reserved. No part of the publication may be reproduced or transmitted in any form or by any means, electronic or mechanical, including photocopying, recording, or any information storage and retrieval system, without written permission from the publisher.

图书在版编目（CIP）数据

长治统计年鉴. 2015 / 长治市统计局, 国家统计局长治调查队编. -- 北京 : 中国统计出版社, 2015.10
ISBN 978-7-5037-7451-5

Ⅰ. ①长… Ⅱ. ①长… ②国… Ⅲ. ①统计资料 - 长治市 - 2015 - 年鉴 Ⅳ. ①C832.253-54
中国版本图书馆CIP数据核字（2015）第131846号

长治统计年鉴-2015

作　者/ 长治市统计局 国家统计局长治调查队
责任编辑/ 陈越月
责任校对/ 孟明 游海文
装帧设计/ 长治市城区博艺印业综合部
出版发行/ 中国统计出版社
地　址/ 北京市丰台区西三环南路甲6号 邮政编码/100073
电　话/ 邮购（010）63376909 书店（010）68783171
网　址/ http://csp.stats.gov.cn
印　刷/ 长治市城区博艺印业综合部
经　销/ 新华书店
开　本/ 890mm×1240mm 1/16
字　数/ 131.1万字
印　张/ 56.5 印张
版　别/ 2015年10月第1版
版　次/ 2015年10月第1次印刷
定　价/ 395.00元

如有印装差错，由本社发行部调换。

《长治统计年鉴——2015》编辑委员会

一、编辑委员会

主　　编：申林科

副 主 编：孟俊威　关沁萍　常建明　周卫平　郭香莲　黄爱琴
王来忠　李国平　卢黎生　原　广　程峥嵘　赵雪珍

编辑委员：（以姓氏笔划为序）

马亚琴　马耀萌　牛卫红　王　彤　王　臻　白晋生
申振忠　孙　东　李秀萍　李瑜晓　李俊科　李宏霞
李江涛　宋天星　沈保清　沈俊萍　孟　明　侯　捷
徐　峰　贾　丽　康清云　游海文　蒋玉利　韩江波
程淑娟　靳慧霞　窦志英　鲍明敏

二、编辑部

总 编 辑：申林科

副总编辑：常建明　黄爱琴

编辑人员：（以姓氏笔划为序）

王宇菲　王世诚　王军强　王俊波　牛　帅　申　飞
申　军　申俊莲　申玫芬　付经晶　孙　毅　刘旭亮
李旭燕　李　璐　李江涛　李　洁　吴飞飞　何锦芳
时志娟　汪　乐　陈　雄　和成功　赵　琴　张　华
张　贤　张　勇　张　帅　张慧敏　张　洋　张　浩
武宁宁　岳联渊　杨凌云　杨啸天　赵秀丽　郝松志
贾云霞　常杨扬　郭煜庭　郭丽励　郭　晶　徐韶辉
阎晓伟　黄　琼　程　妙　程　帅　焦艳萍　谢　琼
靳　明　魏　薇　魏敏洁

总体策划：孟　明　游海文

校对人员：各专业科室人员

编者说明

一、《长治统计年鉴—2015年》是一部全面反映长治国民经济和社会发展情况的资料性年刊。全书系统收录了全市及各县、区(市)、各部门2014年经济、社会、科技等各方面的统计数据。

二、全书内容共分为15个部分,即 1、综合; 2、人口; 3、农业经济; 4、工业和建筑业; 5、交通邮电; 6、批零贸易餐饮和对外贸易; 7、财政金融保险; 8、市政建设、环保事业; 9、科技教育、文化; 10、卫生体育和社会福利事业; 11、固定资产投资; 12、职工人数劳动工资; 13、能源; 14、物价; 15、人民生活。在每一部分中,一般又分为综合性、分县区和分单位的数据。

三、与《长治统计年鉴—2014》相比较,本年鉴在统计内容和编辑上主要做了如下修订: 1、第一部分综合,由于国家核算制度对三次产业范围进行了修订,农、林牧、渔服务业由第一产业调整至第三产业;开采辅助活动、金属制品、机械和设备修理业由第二产业调整至第三产业。 2、第三部分农业,新增了设施农业生产情况。 3、第四部分工业,新增了分行业工业企业主要经济指标。 4、根据要求对能源部分的表式进行了删减。

四、资料中所使用的度量衡单位均按国家规定的标准执行。

五、本年鉴资料如与我局编印的《长治统计提要-2015》有出入,一律以年鉴资料为准。

六、年鉴使用符号说明:

"空格"表示该项统计指标数据不足最小单位数、数据不详或无该项指标数据;

"※①②"表示下面有或后面有注解;

"#"表示其中主要项。

七、本年鉴出版发行,受到了社会各界的关心和支持,对此深表谢意。欢迎读者对年鉴的内容、编排等方面提出宝贵意见,以进一步改进编辑工作,更好地为读者服务。

目 录

长治市 2014 年国民经济和社会发展统计公报 …… 1

一、综 合

1-1 统计用行政区划 …… 1
1-2 土地总面积和人口密度 …… 1
1-3 国民经济主要指标及增长速度 …… 2
1-4 总产出 …… 5
1-5 按当年价格计算的地区生产总值 …… 6
1-6 按当年价格计算的地区生产总值构成项目 …… 7
1-7 按不变价格计算的地区生产总值 …… 8
1-8 按支出法计算的地区生产总值 …… 9
1-9 按行业划分的资本形成总额 …… 10
1-10 最终消费支出 …… 11
1-11 居民消费水平 …… 12
1-12 全市主要核算指标一览表 …… 13
1-13 城区主要核算指标一览表 …… 14
1-14 郊区主要核算指标一览表 …… 15
1-15 长治县主要核算指标一览表 …… 16
1-16 襄垣县主要核算指标一览表 …… 17
1-17 屯留县主要核算指标一览表 …… 18
1-18 平顺县主要核算指标一览表 …… 19
1-19 黎城县主要核算指标一览表 …… 20
1-20 壶关县主要核算指标一览表 …… 21
1-21 长子县主要核算指标一览表 …… 22
1-22 武乡县主要核算指标一览表 …… 23

1-23 沁县主要核算指标一览表 …… 24
1-24 沁源县主要核算指标一览表 …… 25
1-25 潞城市主要核算指标一览表 …… 26

二、人　　口

2-1 总户数及总人口构成 …… 27
2-2 总户数及总人口(公安局数据) …… 27
2-3 人口变动(公安局数据) …… 28
2-4 总人口(人口抽样调查数据) …… 29
2-5 计划生育一览表 …… 30

三、农业经济

3-1 农业生产条件 …… 31
3-2 农林牧渔业产值 …… 32
3-3 农林牧渔业中间消耗 …… 34
3-4 主要农作物生产情况 …… 35
3-5 经济作物生产情况 …… 36
3-6 设施农业生产情况 …… 37
3-7 水果及食用坚果生产情况 …… 38
3-8 林业生产情况 …… 39
3-9 畜牧业生产情况 …… 41
3-10 主要农业机械年末有量 …… 42
3-11 县区生产条件 …… 44
3-12 分县区农牧渔业总产值 …… 50
3-13 分县区农林牧渔业中间消耗 …… 56
3-14 分县区主要农产品生产情况 …… 58
3-15 分县区经济作物生产情况表 …… 62
3-16 分县区设施农业生产情况 …… 64

3-17　分县区水果及食用坚果生产情况 …… 66
3-18　分县区林业生产情况 …… 70
3-19　分县区畜牧业生产情况 …… 72
3-20　分县区主要农业机械年末拥有量 …… 76

四、工业、建筑业

4-1　全社会主要产品产量 …… 81
4-2　工业企业主要经济指标(总表) …… 82
4-3　分行业工业企业主要经济指标 …… 100
4-4　国有控股工业企业主要经济指标 …… 140
4-5　集体工业企业主要经济指标 …… 150
4-6　规模以上主要产品产量 …… 160
4-7　规模以上工业企业产品生产能力 …… 161
4-8　大中型工业企业主要经济指标 …… 162
4-9　外商和港澳台投资工业企业主要经济指标 …… 314
4-10　私营工业企业主要经济指标 …… 322
4-11　分县(市、区)工业主要指标 …… 338
4-12　2000万元以上工业企业单位数和工业总产值 …… 338
4-13　分县区工业企业主要经济指标 …… 344
4-14　民营经济主要经济指标 …… 348
4-15　大中型工业企业主要经济指标 …… 350
4-16　有工作量建筑业企业生产情况指标 …… 366
4-17　有工作量建筑业企业财务情况指标 …… 382
4-18　建筑业生产、财务主要指标一览表 …… 400

五、交通运输、邮电通信业

5-1　民用车辆拥有量 …… 409
5-2　公路客货运输量 …… 409

5-3 分县区公路通车里程、路面、情况 …… 410
5-4 分县区公路桥涵情况 …… 414
5-5 邮政电信事业综合指标 …… 418
5-6 邮政机构及业务量 …… 419
5-7 联通业务量及用户规模 …… 420
5-8 移动事业 …… 421
5-9 铁通事业 …… 422
5-10 电信事业 …… 423

六、批零住宿餐饮和对外贸易

6-1 批发零售业、住宿餐饮业主要指标 …… 425
6-2 限额以上批发零售法人企业商品购进、销售和库存 …… 426
6-3 限额以上批发和零售业商品销售额 …… 434
6-4 限额以上批发和零售法人企业财务状况 …… 436
6-5 限额以上住宿和餐饮业法人经营情况 …… 476
6-6 限额以上住宿和餐饮业法人企业主要财务状况 …… 480
6-7 批发和零售业连锁经营情况 …… 492
6-8 住宿和餐饮业连锁经营情况 …… 493
6-9 限额以上批发和零售业商品购进、销售和库存一览 …… 494
6-10 限额以上批发和零售业主要指标一览 …… 504
6-11 社会消费品零售总额 …… 524
6-12 分县区社会消费品零售总额 …… 525
6-13 限额以上住宿和餐饮业经营情况一览表 …… 526
6-14 限额以上住宿和餐饮业主要指标一览表 …… 532
6-15 限额以上批发和零售业法人基本情况 …… 538
6-16 限额以上住宿和餐饮法人企业基本情况 …… 542
6-17 海关进出口贸易总额 …… 544
6-18 海关分国别(地区)进出口贸易总额 …… 545
6-19 主要年份海关进出口贸易总额 …… 546

6-20　主要年份实际利用外资额 …… 547
6-21　主要年份旅游接待人数 …… 548
6-22　主要年份旅游收入 …… 549

七、财政、金融和保险

7-1　财政收支 …… 551
7-2　银行信贷资金来源和运用 …… 556
7-3　银行信贷资金平衡表 …… 558
7-4　城乡居民储蓄余额 …… 560
7-5　分县区银行存款余额 …… 562
7-6　保险事业综合数据 …… 564
7-7　财产保险事业 …… 568
7-8　人民人寿保险事业 …… 572

八、市政建设环保事业

8-1　城市供水与公共交通 …… 575
8-2　城市道路与绿化 …… 576
8-3　城市供气与供热 …… 576
8-4　城市维护费来源和使用 …… 577
8-5　县市城市公用事业 …… 578
8-6　环境污染治理情况 …… 579
8-7　污染物排放总量情况 …… 580
8-8　环境保护主要指标 …… 581

九、科技、教育、文化

9-1　各级各类学校综合数据 …… 583

9-2　县(区、市)基础教育各级各类学校(不含高校) …… 584
9-3　县(区、市)各级各类学校数 …… 584
9-4　县(区市)各级各类学校在校生数 …… 585
9-5　县(区、市)各级各类学校招生数 …… 585
9-6　县(区、市)各级各类教育学校毕业生数 …… 586
9-7　县(区、市)各级各类学校教职工数 …… 586
9-8　市直学校名录 …… 588
9-9　广播电视事业 …… 589
9-10　文化事业 …… 590
9-11　工业企业科技活动情况汇总表 …… 592

十、卫生体育和社会福利事业

10-1　卫生机构、床位、人员数 …… 611
10-2　分县区卫生机构、床位、人员数 …… 614
10-3　体育事业 …… 614
10-4　社会福利事业 …… 616

十一、固定资产投资

11-1　固定资产投资总额 …… 621
11-2　固定资产投资完成情况(按管理渠道分) …… 622
11-3　分县区固定资产投资(按管理渠道划分) …… 628
11-4　分县区建筑安装投资 …… 629
11-5　分县区城镇+农村非农户固定资产投资完成情况 …… 630
11-6　分县区城镇固定资产投资完成情况 …… 632
11-7　分县区农村非农户固定资产投资完成情况 …… 634
11-8　房地产开发投资完成情况 …… 636
11-9　房地产开发投资施工销售情况 …… 638

11-10 房地产开发投资财务状况 …… 648
11-11 固定资产投资项目名录 …… 650
11-12 房地产企业名录 …… 714
11-13 新增生产能力(或效益) …… 728

十二、职工人数和劳动工资

12-1 城镇非私营单位从业人数与工资的增长速度 …… 729
12-2 分行业城镇非私营单位从业人员和工资情况 …… 730
12-3 分行业城镇非私营国有单位从业人员和工资情况 …… 742
12-4 分行业城镇非私营集体单位从业人员和工资情况 …… 754
12-5 分行业城镇非私营其他单位从业人员和工资情况 …… 766
12-6 分行业城镇非私营企业单位从业人员和工资情况 …… 778
12-7 劳动力资源平衡表 …… 790
12-8 分县区城镇非私营单位劳动工资主要指标 …… 792
12-9 分县区城镇非私营国有经济单位从业人员和劳动报酬 …… 794
12-10 分县区城镇非私营集体经济单位从业人员和劳动报酬 …… 802
12-11 分县区城镇非私营其它经济单位从业人员和劳动报酬 …… 804
12-12 城镇非私营企业经济单位从业人员和劳动报酬 …… 804
12-13 城镇私营单位分行业就业人员平均工资 …… 806

十三、能 源

13-1 全市规模以上企业能源产品生产、销售与库存 …… 807
13-2 分县区规模以上企业原煤生产、销售与库存情况 …… 809
13-3 分县区规模以上企业洗煤生产、销售与库存情 …… 810
13-4 分县区规模以上企业焦炭生产、销售与库存情况 …… 811
13-5 分县区规模以上企业发电量生产、销售与库存情况 …… 812
13-6 全市规模以上企业煤炭销售去向 …… 813
13-7 分县区规模以上企业原煤销售去向 …… 814

13-8 分县区规模以上企业洗煤销售去向 …… 816
13-9 分县区规模以上企业洗精煤销售去向 …… 818
13-10 分行业产值能耗表 …… 820
13-11 全市规模以上工业企业能源购进、消费与库存情况 …… 824
13-12 全市规模以上企业能源购进、消费与库存附表情况 …… 826
13-13 规模以上工业企业能源购进、消费与库存情况(分品种能源消费) …… 828

十四、物　价

14-1 工业生产者出厂价格完整指数 …… 845
14-2 工业生产者购进价格主要分组指数表 …… 846
14-3 工业生产者出厂价格主要分组指数表 …… 846
14-4 商品零售价格指数 …… 847
14-5 居民消费价格指数 …… 851
14-6 商品零售平均价格 …… 856

十五、人民生活

15-1 城镇居民收支情况 …… 867
15-2 农村居民收支情况 …… 868
15-3 分县城镇、农村常住居民人均可支配收入 …… 869

长治市2014年国民经济和社会发展统计公报

长治市统计局
国家统计局长治调查队

（2015年3月24日）

2014年，面对严峻复杂的经济形势，全市上下在市委、市政府的坚强领导下，团结奋斗、砥砺前行，积极主动适应经济发展新常态，全面落实“六大发展”，务实推进“五五战略”，激发市场活力，培育创新动力，全市经济在新常态下保持平稳运行，经济结构不断优化，经济质量不断提升，人民生活水平不断改善，全市经济在克服重重困难中实现新发展。

一、综　合

初步核算，全年全市生产总值1331.2亿元，比上年增长5.1%。其中，第一产业增加值58.3亿元，增长4.3%，占生产总值的比重为4.4%；第二产业增加值776.5亿元，增长5.4%，占生产总值的比重为58.3%；第三产业增加值496.4亿元，增长4.8%，占生产总值的比重为37.3%。第三产业中，金融保险业增加值68.3亿元，增长5.7%；交通运输、仓储和邮政业增加值73.0亿元，增长8.1%；房地产业增加值75.7亿元，增长7.7%。

人均地区生产总值39199元，按2014年平均汇率计算为6381美元。

图1　2010-2014年全市地区生产总值及其增长速度

全年全市公共财政预算收入136.3亿元，下降8.3%。税收收入71.0亿元，下降12.0%，其中国内增值税、营业税、企业所得税、个人所得税、资源税和城建税共计完成税收55.7亿元，下降16.8%。公共财政预算支出240.7亿元，下降2.0%。其中农林水事务支出增长11.4%，社会保障和就业支出增长8.4%，医疗卫生支出增长23.6%，文化体育与传媒支出增长8.2%，节能环保支出增长15.9%。

图2　2010-2014年公共财政预算收入及其增长速度

居民消费价格比上年上涨1.5%，其中，食品价格上涨2.2%。商品零售价格上涨0.5%。工业生产者出厂价格下降10.4%；工业生产者购进价格下降7.6%。

图3　2010-2014年价格比上年涨跌幅度

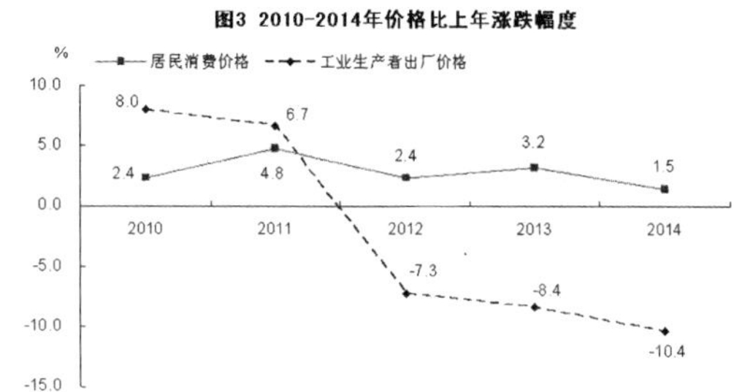

表1　2014年居民消费价格比上年涨幅

指　　标	涨　幅
居民消费价格	1.5
食　品	2.2
烟酒及用品	0.0
衣　着	3.0
家庭设备用品及维修服务	1.6
医疗保健和个人用品	0.1
交通和通信	-0.8
娱乐教育文化用品及服务	3.2
居　住	0.5

全年全市城镇新增就业4.34万人。转移农村劳动力3.75万人。年末城镇登记失业率1.8%。

二、农　业

全年全市粮食种植面积247.8千公顷，比上年减少2.5千公顷;油料种植面积1.2千公顷,比上年减少0.3千公顷;棉花种植面积0.04千公顷,增加0.01千公顷。在粮食种植面积中，玉米种植面积206.3千公顷，增加0.3千公顷；小麦种植面积9.2千公顷,减少2.3千公顷。

全年粮食产量162.2万吨，比上年增加1.3万吨,增产0.9%。其中,夏粮3.8万吨,增产1.3%;秋粮158.4万吨,增产0.8%。

表2　2014年主要农林产品产量及其增长速度

单位:万吨

产品名称	产 量	比上年增长%
粮 食	162.2	0.9
其中:玉 米	148.1	0.7
小麦	3.8	1.3
谷 子	4.5	15.3
豆 类	1.3	-7.0
薯 类	3.8	-2.6

全年全市猪牛羊肉总产量7.8万吨,比上年增长8.7%。其中,猪肉产量6.9万吨,增长9.6%;牛肉产量0.3万吨,增长3.0%;羊肉产量0.5万吨,与上年持平。年末生猪存栏69.7万头，生猪出栏89.9万头。牛奶产量1.67万吨,下降1.8%。禽蛋产量12.5万吨,增长0.4%。

年末全市农业机械总动力217.1万千瓦,增长4.0%。机械耕地面积242.9千公顷,增长1.0%;机械播种面积226.4千公顷，机械收获面积107.8千公顷,分别增长0.5%和4.6%。全市农机化经营总收入12.1亿元,增长7.0%。

三、工业和建筑业

年末全市规模以上工业企业340家。全年规模以上工业增加值737.3亿元,增长5.1%。

图4　2010-2014年规模以上工业增加值及其增长速度

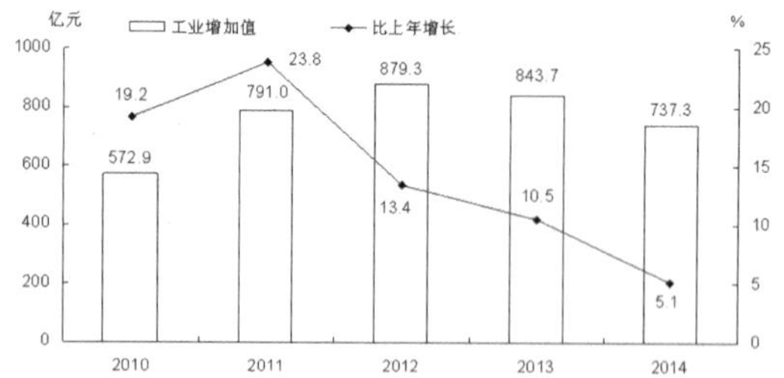

表3　2014年規模以上工業增加值及其增長速度

单位:亿元

指　　标	增加值	比上年增长%
规模以上工业	737.3	5.1
其中:轻工业	33.7	-29.7
重工业	703.5	7.3
其中:国有及国有控股企业	325.8	5.1
其中:集体企业	16.5	5.3
股份制企业	550.9	3.5
外商及港澳台投资企业	35.2	27.5
其中:煤炭开采和洗选业	497.9	6.7
黑色金属冶炼及压延加工业	35.8	5.5
石油加工和炼焦业	51.7	10.1
电力生产业	32.3	-1.4
化学原料及化学制品制造业	21.4	11.5
有色金属冶炼及压延工业	0.5	-22.6

全社会原煤产量1.2亿吨,增长3.9%;发电量335.9亿千瓦时,下降1.8%;规模以上工业企业焦炭产量1523.3万吨,增长6.4%;钢材产量698.2万吨,增长14.3%。

表4　2014年规模以上工业主要工业产品产量及其增长速度

指　标	单 位	产　量	比上年增长%
原　煤※	万 吨	11762.9	3.9
洗精煤	万 吨	5421.1	0.4
发电量※	亿千瓦小时	335.9	-1.8
粗　钢	万 吨	699.8	10.7
钢　材	万 吨	698.2	14.3
金属镁	万 吨	0.5	-16.1
水　泥	万 吨	489.9	6.9
化　肥(折100%)	万 吨	37.5	40.0
焦　炭	万 吨	1523.3	6.4
生　铁	万 吨	551.6	-7.9

注:标注※为全社会产量

规模以上工业企业实现主营业务收入1490.2亿元,下降13.8%。其中,煤炭、焦炭、冶金和电力工业分别实现主营业务收入684.0亿元、169.5亿元、196.4亿元和99.2亿元,分别下降18.8%、11.0%、19.3%和3.5%;化学、建材、装备制造、医药和食品工业分别实现主营业务收入87.6亿元、22.6亿元、78.5亿元、22.7亿元和59.9亿元,分别增长5.9%、7.0%、2.3%、2.6%和-29.6%。

规模以上工业实现利税124.7亿元,下降35.9%;实现利润43.1亿元,下降56.6%。

表5 2014年规模以上工业企业实现利润及其增长速度

单位:亿元

指 标	利润总额	比上年增长%
规模以上工业	43.1	-56.6
其中:国有及国有控股企业	24.4	-65.3
其中:集体企业	0.4	-66.1
股份制企业	31.0	-61.6
外商及港澳台投资企业	3.2	-61.1

全年全市建筑业实现增加值44.1亿元,比上年增长9.9%。

四、固定资产投资

全年固定资产投资1245.6亿元,增长14.6%。其中,国有及国有控股投资456.1亿元,增长10.9%。

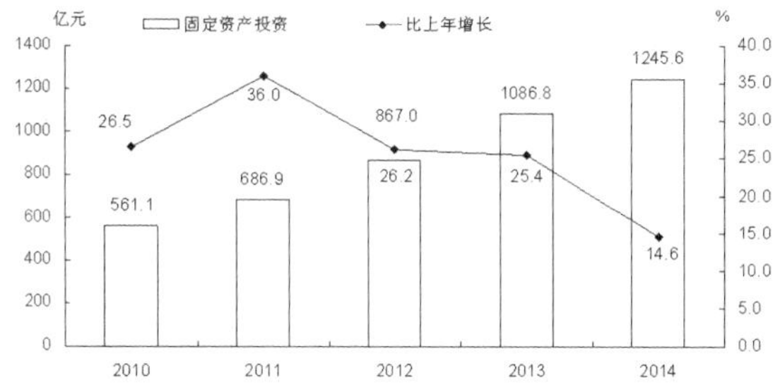

分产业看,第一产业投资130.6亿元,增长14.1%;第二产业投资579.3亿元,增长6.0%;第三产业投资535.7亿元,增长25.7%。在第二产业中,工业投资579.3亿元,增长6.0%。其中,煤炭工业投资85.7亿元,下降15.8%。

表6 2014年分行业固定资产投资及其增长速度

单位:亿元

行 业	投资额	比上年增长%
总 计	1245.6	14.6
农、林、牧、渔业	130.6	14.1
采矿业	130.1	-8.0
制造业	395.3	13.1
电力、燃气及水的生产和供应业	53.9	-2.5
交通运输、仓储和邮政业	77.0	47.0
信息传输、计算机服务和软件业	2.8	-7.1
批发和零售业	32.1	-22.8
住宿和餐饮业	1.7	-66.2
房地产业	256.4	38.1
租赁和商务服务业	1.7	20.9
科学研究、技术服务和地质勘查业	0.8	-72.6
水利、环境和公共设施管理业	122.8	15.4
居民服务和其他服务业	3.2	452.2
教育	3.2	-19.8
卫生、社会保障和社会福利业	9.6	77.7
文化、体育和娱乐业	23.8	58.8
公共管理和社会组织	0.7	-73.0

全年全市在建固定资产投资项目1334个。其中,5亿元以上项目118个,计划总投资2464.0亿元,完成投资599.8亿元。

全年房地产开发投资75.2亿元,下降20.1%。其中,住宅投资58.2亿元,下降14.0%;办公楼投资1.3亿元,下降50.4%;商业营业用房投资8.4亿元,下降47.7%。

表7 2014年房地产开发和销售情况

指 标	单位	绝对数	比上年增长%
投资完成额	亿元	75.2	-20.1
其中:住宅	亿元	58.2	-14.0
房屋施工面积	万平方米	1096.9	-0.9
其中:住宅	万平方米	814.7	-0.4
房屋新开工面积	万平方米	197.0	-34.0
其中:住宅	万平方米	149.7	-16.7
房屋竣工面积	万平方米	251.2	12.8
其中:住宅	万平方米	199.9	25.3
商品房销售面积	万平方米	184.9	1.8
其中:住宅	万平方米	168.7	7.5

五、国内贸易

全年全市社会消费品零售总额476.9亿元，增长12.0%。其中，城镇消费品零售额412.1亿元，增长11.7%；乡村消费品零售额64.8亿元，增长13.6%。

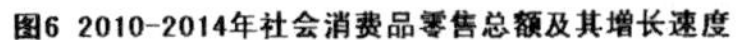
图6 2010-2014年社会消费品零售总额及其增长速度

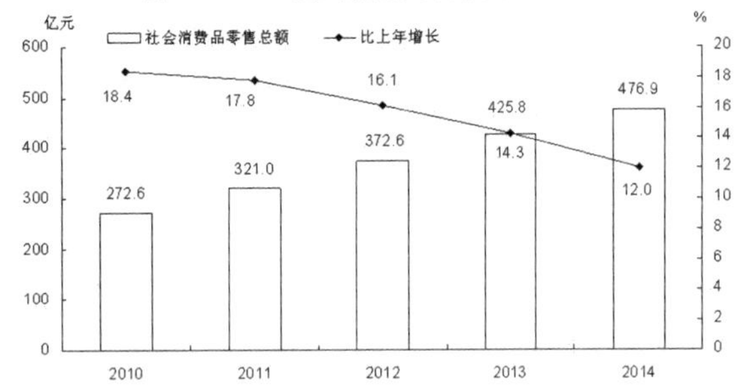

表8 2014年社会消费品零售总额及其增长速度

单位:亿元

指　标	绝对数	比上年增长%
社会消费品零售总额	476.9	12.0
分地域:城 镇	412.1	11.7
其中:城 区	289.7	11.2
乡 村	64.8	13.6
分行业:批发业	17.1	19.8
零售业	414.5	11.8
住宿业	3.6	-17.3
餐饮业	41.3	15.1

表9 2014年限额以上批发零售业零售额及其增长速度

单位:亿元

指　标	绝对数	比上年增长%
汽车类	62.9	4.1
石油及制品类	43.3	-11.1
粮油、食品、饮料、烟酒类	12.0	25.3
服装、鞋帽、针纺织品类	9.4	1.8
家用电器和音像器材类	4.5	-7.3
书报杂志类	2.6	4.7

六、对外经济

全年全市进出口总额68297万美元，下降35.0%。其中，进口额31847万美元，增长46.7%；出口额36449万美元，下降56.5%。

表10 2014年进出口总额及其增长速度

单位:万美元

指　标	绝对数	比上年增长%
进出口总额	68297	-35.0
出口额	36449	-56.5
其中:一般贸易	36448	-56.5
其中:机电产品	18169	-36.1
高新技术产品	7401	427.1
其中:国有企业	2711	29.8
外商投资企业	487	-18.0
进口额	31847	46.7
其中:一般贸易	31843	46.7
其中:机电产品	1390	26.6
高新技术产品	333	8.8
其中:国有企业	30274	47.5
外商投资企业	153	325

表11 2014年与长治有贸易往来的主要国家和地区进出口情况

单位:万美元

国家和地区	出口额	比上年增长%	进口额	比上年增长%
美 国	518	-95.7	207	-81.5
欧 盟	853	-93.9	1336	67.5
东 盟	9738	-54.9	0	-
日 本	40	-88.7	0	-
韩 国	577	4.7	36	3344.1
非 洲	1122	-79.5	5972	8.7
中国香港	720	-82.5	0	-
中国台湾	29	-90.4	70	-50

全年全市新设立外商直接投资企业4家；合同利用外商投资3410.8万美元，下降15.9%；实际利用外商直接投资34401.5万美元，增长10%。

七、交通、邮电和旅游

年末全市公路线路里程11346.0公里，其中高速公路299.8公里。

年末全市民用汽车保有量38.6万辆（包括三轮汽车和低速货车1.26万辆），比上年末增长12.9%，其中私人汽车33.1万辆，增长15.2%。本年新注册汽车4.6万辆，下降15.4%。年末轿车保有量22.2万辆，比上年末增长15.2%，其中私人轿车20.1万辆，增长16.9%。

全年全市完成邮电业务总量31.4亿元。其中，邮政快递业务总量2.3亿元；电信业务总量29.1亿元。年末移动电话用户达到304.3万户，其中，3G移动电话用户达到102.1万户，4G移动电话用户达到23.5万户。全市互联网接入用户51.4万户，其中，新增互联网用户4.3万户。

图7 2010-2014年全市年末移动电话用户

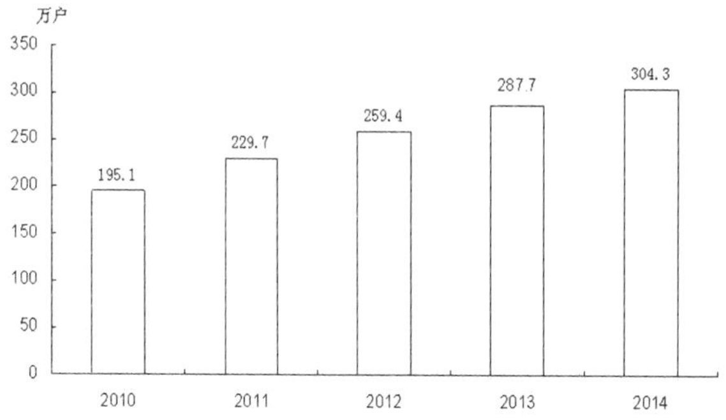

全年全市商业住宿设施接待入境过夜游客2.3万人次，接待国内旅游者2691.2万人次，分别增长4.2%和25.3%；旅游外汇收入1475.2万美元，国内旅游收入263.8亿元，旅游总收入264.7亿元，分别增长5.4%、26.0%和25.1%。

八、金　融

年末全市金融机构本外币各项存款余额1945.9亿元，比年初增加98.0亿元，比年初增长5.3%。各项贷款余额1016.9亿元，增加98.1亿元，增长10.7%。

表12　2014年年末金融机构本外币存贷款及其增长速度

单位：亿元

指　　标	年末数	比上年增长%
各项存款余额	1945.9	5.3
其中：单位存款	639.5	-3.3
城乡居民储蓄存款	1196.1	7.9
各项贷款余额	1016.9	10.7
其中：短期贷款	486.7	15.0
中长期贷款	423.5	5.7

图8 2010-2014年全市城乡居民储蓄存款余额及其增长速度

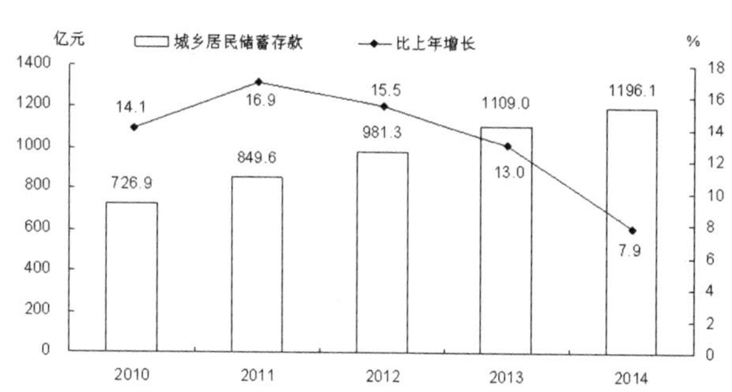

全年全市保费收入38.4亿元，增长19.5%。其中，寿险业务保费收入22.3亿元，增长20.7%；健康和意外险业务保费收入3.4亿元，增长65.0%；财产险业务保费收入2.2亿元，增长5.0%；车险业务保费收入10.5亿元，增长10.6%。全年支付各类赔款及给付12.6亿元，下降6.8%。其中，寿险业务保费赔付6.0亿元，下降9.9%；健康和意外险业务保费赔付0.7亿元，下降8.4%；财产险业务保费赔付0.7亿元，下降18.3%；车险业务保费赔付5.2亿元，下降0.7%。

九、教育和科学技术

年末全市普通高等学校5所；中等职业学校45所；普通高中47所；初中171所，小学659所。

表13 2014年各类教育发展情况

单位:人

指 标	招生	在校生	毕业生
研究生	24	44	-
普通高等教育	9704	33536	8352
中等职业教育	11627	33356	11254
普通高中	23942	80983	25464
初 中	35291	115388	43405
小 学	26890	204937	36086
学前教育	36440	94657	31880
特殊教育	71	509	81

全年专利申请量与授权量分别为1585件和739件。全年全市科学技术成果108项,其中有36项技术获得省部级以上科学技术成果奖。全年全市共签订各类技术合同83项,技术合同成交总额2.4亿元。

年末全市共有产品质量检验机构2个。全年对60户企业实施了产品认证,对15种产品进行了监督抽查。全市共有法定计量技术机构12个,全年完成强制检定计量器具23.25万台件。

十、文化、卫生和体育

年末全市共有艺术表演团体20个,文化馆14个,公共图书馆14个,公共图书馆藏书量162万册,档案馆15个,已开放各类档案163305卷和32484件。全市广播电台13座,电视台18座,广播、电视综合人口覆盖率分别达到98.46%和98.98%,年末全市有线电视用户达到42.77万户,其中接收数字信号用户36.5万户。

年末全市共有医疗卫生机构5106个,其中医院、卫生院307个,妇幼保健机构15个,疾病预防控制中心(防疫站)15个,卫生监督机构15个。病床位15474张,其中医院、卫生院15364张。卫生技术人员18342人,其中执业医师和执业助理医师7853人,注册护士7348人,药剂人员946人。乡镇卫生院140个,床位3020张,卫生技术人员2348人。全市新型农村合作医疗覆盖率100%。

全年全市运动员在各类体育比赛中获得全国冠军6个,全省冠军77个。

十一、人口、人民生活和社会保障

年末全市总人口为340.44万人,比上年末增加1.67万人。全年全市出生人口3.79万人,人口出生率为11.16‰;死亡人口2.12万人,死亡率为6.24‰;自然增长率为4.91‰。性别比(女=100)为105.27。

表14 2014年人口数及其构成

单位:万人

指 标	年末数	比重(%)
全市总人口	340.44	—
其中:城 镇	164.98	48.46
乡 村	175.46	51.54
其中:男 性	174.59	51.28
女 性	165.85	48.72

全年农村居民人均可支配收入10311元,比上年增长11.7%;城镇居民人均可支配收入24565元,比上年增长8.3%。城镇居民家庭恩格尔系数(即居民家庭食品消费支出占家庭消费支出的比重)28.0%,农村居民家庭恩格尔系数38.0%。

年末参加基本养老保险196.05万人,其中企业职工43.65万人,参加新型农村社会养老保险137.53万人;参加城镇基本医疗保险99.10万人。其中,参加城镇职工基本医疗保险55.43万人,参加城镇居民基本医疗保险43.67万人。参加失业保险40.57万人;参加工伤保险52.71万人,其中农民工23.37万人;参加生育保险43.42万人。

全年全市纳入城市最低生活保障的居民3.9万人,发放城市低保资金1.5亿元;纳入农村最低生活保障的居民11.5万人,发放农村低保资金2.0亿元。

年末全市各类福利院床位数1.1万张,收养6104人。城镇各种社区服务设施294个,其中综合性社区服务中心23个。全年销售社会福利彩票2.7亿元,筹集社会福利资金2341.9万元,接收社会捐赠款39.4万元。

十二、城市建设、资源、环境和安全生产

年末全市市区建成区面积5930万平方米，建成区绿化覆盖率45.86%。年末城市交通运营车辆742辆，其中市区公共汽车442辆。出租汽车3121辆，其中市区出租车1801辆。市区有公园4座，总面积127公顷。

全年市区供水总量7517.1万吨，人均日生活用水量162.7升。全年液化气供气总量3774吨，天然气供应量5490.6万立方米，其中生活用天然气2004.2万立方米。燃气普及率92%，比上年增长3个百分点。市区集中供热面积3104万平方米，其中住宅供热面积2382万平方米。市区污水处理能力17.8万吨/日，全年污水处理量5832万吨。生活垃圾年清运量15.7万吨，无害化处理率达到100%。

年末全市森林面积429.6千公顷，森林覆盖率30.9%。本年度检查验收合格造林面积27.5千公顷。全市有自然保护区2个，面积46.9千公顷，占全市总面积的3.4%。

年末全市大中型水库蓄水总量2.7亿立方米，比上年增长3.3%。全年总用水量4.95亿立方米，比上年增长10.4%。其中，生活用水1.03亿立方米，下降1.9%。

全年全市空气质量Ⅱ级以上天数235天。全市达Ⅲ类水质标准的断面比例70.6%。城市集中式饮用水源地辛安泉水质达标率达到100%。

全市亿元GDP生产安全事故死亡率为0.088，下降1.12%。煤炭百万吨死亡率为0.035，下降62%。

公报注释：

1.本公报部分数据为初步统计数据。

2.地区生产总值、各产业增加值绝对数按现价计算，增长速度按不变价格计算。

3.所有增长或下降速度均为同上年相比较。

4.部分数据因四舍五入的原因，存在与分项合计不等的情况。

综　合

资料整理人员

程淑娟　崔旭斌　刘旭亮　谢 琼　常杨扬　游海文

1-1 统计用行政区划

单位:个

行政区划名称	行政区划代码	乡级单位小计	街道	镇	乡	类似乡级单位	村级单位小计	居委会	村委会	类似居委会	类似村委会
合　计		**155**	**14**	**68**	**64**	**9**	**3591**	**132**	**3454**	**5**	
城　区	140402	10	10				83	55	28		
郊　区	140411	8	2	5	1		142	20	122		
长治县	140421	13		6	5	2	259	4	254	1	
襄垣县	140423	13		8	3	2	331	8	323		
屯留县	140424	14		7	4	3	296	1	294	1	
平顺县	140425	12		5	7		265	3	262		
黎城县	140426	9		5	4		255	5	250		
壶关县	140427	13		5	7	1	393	3	390		
长子县	140428	12		7	5		401		399	2	
武乡县	140429	14		5	9		381	4	377		
沁　县	140430	13		6	7		312	6	306		
沁源县	140431	14		5	9		260	6	254		
潞城市	140481	9	2	4	3		204	13	191		
山西长治高新技术产业园区	140471	1				1	9	4	4	1	

1-2 土地总面积和人口密度

单位:平方公里

县市区	总面积		其中:平川、丘陵、山地比例(%)			人口密度(人/平方公里)
	计	占全市%	平川	丘陵	山地	
总　计	**13955.2**	**100.0**	**15.9**	**33.4**	**50.7**	**244**
#市区	344.2	2.5	73.6	9.9	55	2300
城　区	53.4	0.4	100			9466
建城区（主城区）	50.27	0.4	100			
郊　区	290.8	2.1	68.5	11.8	19.7	984
长治县	482.3	3.5	48.9	25.5	25.6	722
襄垣县	1177.9	8.4	10.5	57.6	31.9	235
屯留县	1190.4	8.5	37.8	26	36.2	227
平顺县	1510.3	10.8			100	100
黎城县	1113.3	8.0	11.1	30.9	58	145
壶关县	1007.7	7.2	8.9	18.1	73	294
长子县	1031.2	7.4	36.8	17	46.2	348
武乡县	1614.5	11.6	12	65.6	22.4	114
沁　县	1319.9	9.5	15	65.5	19.5	132
沁源县	2548.8	18.3		27	73	63
潞城市	614.4	4.4	35.2	37.5	27.3	378

注:土地总面积由国土局提供。

1-3 国民经济主要指标及增长速度

	单位	2011年	2012年	2013年	2014年	
					绝对额	比上年增长(%)
一、综　合:						
国内生产总值	万元	12102205	13210289	13387345	13311415	5.1
第一产业	万元	490028	534575	547086	581833	4.6
第二产业	万元	7989486	8541980	8177018	7765112	5.4
第三产业	万元	3622691	4133734	4663241	4964470	4.8
人均国内生产总值	元	36175	39297	39623	39196	4.6
二、人　口:						
总 人 口	人	3353632	3369666	3387753	3404434	0.49
市镇人口	人	1456482	1526899	1587847	1649796	3.90
乡村人口	人	1897150	1842767	1799906	1754638	-2.52
总人口中:市区总人口	人	772567	783048	787391	791537	0.53
三、农　业:						
农业增加值	万元	490028	534574.6	566357.7	602967.7	4.74
粮食总产量	吨	1484984.8	1590172.3	1608205.3	1621917.2	0.90
油料总产量	吨	2903.2	2892.3	3043.6	2214.3	-27.20
蔬菜总产量	吨	935157.3	1019213.5	1021775.8	1065268.7	4.30
水果总产量	吨	33144	31811	15976.7	36161	126.30
肉类总产量	吨	74215.17	83875.61	86624	96734.88	11.70
大牲畜年末数	头	74011	63975	65774	68576	4.60
猪年末数	头	638547	617433	635183	697008	9.70
羊年末数	头	574975	567374	588435	765157	30.00
农业机械总动力	千瓦	1860160	1985221	2087811	2170775	3.97
四、工业和建筑业						
规模以上工业增加值	万元	7910164	8793128	8437066	7372478	5.10
# 轻工业	万元	295076	478355	544524	337228	-29.70
重工业	万元	7615088	8314773	7892542	7035250	7.30

1-3 续 1

	单位	2011 年	2012 年	2013 年	2014 年	
					绝对额	比上年增长(%)
主要工业产品产量:						
* 原煤	万吨	10378.3	10527.6	11323.9	11762.9	3.88
* 发电量	亿千瓦时	305.8	348.7	341.6	335.9	-1.67
钢	万吨	452.1	463.6	632.4	699.8	10.65
钢材	万吨	408.6	553.7	610.7	698.2	14.32
水泥	万吨	313.8	417.8	458.1	489.9	6.91
化肥(折 100%)	万吨	32.9	44.6	26.9	37.5	40.04
工业产品销售收入	万元	18312837	18538651	17618262	15401799	-12.58
产品销售税金及附加	万元	132998	132862	128286	114239	-10.95
利税总额	万元	3130996	2590629	2225992	1225250	-44.96
建筑业总产值	万元	815894	1179764	1452505	1450599.8	-0.13
五、交通、邮电:						
公路客运量	万人	3476	3478	3487	3431	-6.00
公路货运量	万吨	5599	6450	7391	8085	12.00
邮电业务总量	万元	224237.15	245803.3	266767	315696.34	18.34
六、财　贸:						
社会消费品零售总额	万元	3210239.3	3726125	4258179.2	4768847.8	12.00
财政总收入	万元	2554675	3020532	2978562	2534213	-14.92
公共财政预算收入	万元	1044071	1334931	1486628	1363251	-8.30
公共财政预算支出	万元	1760325	2018280	2458799	2440202	-0.76
银行各项存款余额	万元	15741967	17240536	18479804	19459399	5.30
# 城乡居民储蓄	万元	8495502	9813345	11090310	11960718	7.85
人均储蓄	元	25329	29123	32736	35133	7.32
银行各项贷款余额	万元	7307648	8414776	9188359	10169261	10.68
保险费收入	万元	278375	307104	322097	373068.56	15.82
赔款支出	万元	75039	89466	127874	122132.92	-4.49

1-3 续 2

	单位	2011 年	2012 年	2013 年	2014 年	
					绝对额	比上年增长(%)
七、教育卫生:						
各级各类学校在校生	人	644542	624852	597748	581386	-2.74
#高等学校	人	49191	51826	53063	51556	-2.84
高中阶段教育	人	124824	116291	117295	114339	-2.52
#高中	人	81144	81016	82736	80983	-2.12
义务阶段教育	人	389609	370885	337757	320325	-5.16
#初中	人	151448	140142	123482	115388	-6.55
小学	人	238161	230743	214275	204937	-4.36
卫生机构数	个	5022	5013	5093	5106	0.26
病床数	张	12913	13404	15289	15669	2.49
卫生技术人员	人	17157	17467	17513	18342	4.73
#医生	人	7712	7734	7716	7853	1.78
八、固定资产投资:						
固定资产总投资	万元	6869007	8669585	10868280	12456466	14.60
项目投资	万元	6331404	7910425	9926196	11704135	17.90
房地产开发投资	万元	537603	759160	942084	752331	-20.10
九、劳　资:						
非私营单位从业人员年末人数	人	393888	395176	450522	444742	-1.28
非私营单位在岗职工年末人数	人	370910	384182	440564	431863	-1.97
非私营单位全部从业人员年平均工资	元	37935	43530	43999	47181	7.23
非私营单位在岗职工年平均工资	元	39296	44304	44600	48064	7.77
#国有		36003	39374	41451	44128	6.46
集体	元	31115	33648	34743	42630	22.70
十、物　价						
居民消费价格总指数	%	104.8	102.4	103.2	101.5	1.50
十一、人民生活:						
城镇居民人均可支配收入	元	20131.1	22548.9	22803	24565	8.30
消费性支出	元	13017.9	14051.8	12483	13319	6.70

1-4 总　产　出

单位:万元

指标名称	按当年价格计算		按不变价格计算			
	绝对额		绝对额		以上年为100的指数(%)	
	本年	上年	本年	上年	本年	上年
总产出	**31707892**	**33669764**	**35097500**	**32377939**	**108.4**	**110.5**
农、林、牧、渔业	1060892	986462	908427	859012	105.8	103.8
农业	674249	620409	556073	518005	107.3	102.3
林业	40226	37326	75791	73341	103.3	115.0
畜牧业	300117	286138	232161	226170	102.6	102.9
渔业	4818	4532	7545	7091	106.4	112.4
农、林、牧、渔服务业	41482	38057	36857	34405	107.1	112.5
工业	19939616	22679243	24878808	22934802	108.5	111.8
采矿业	9416997	11137173	11049997	10202197	108.3	108.6
#开采辅助活动						
制造业	9123332	9954523	11976573	11005683	108.8	113.6
#金属制品、机械和设备修理业	56766	57016	65983	57656	114.4	108.6
电力、燃气及水的生产和供应业	1399287	1587547	1852238	1726922	107.3	136.7
建筑业	2268504	2074828	2109973	1877198	112.4	106.4
批发和零售业	1420623	1418078	1362087	1301216	104.7	107.4
批发业	758993	793768	737096	728356	101.2	107.3
零售业	661630	624310	624991	572860	109.1	107.9
交通运输、仓储和邮政业	1214083	1095164	1090702	997561	109.3	111.5
交通运输及仓储业	1145238	1039747	1038916	954102	108.9	111.6
邮政业	68845	55417	51786	43459	119.2	107.7
住宿和餐饮业	439595	402173	374340	336300	111.3	103.8
住宿业	320577	294090	274742	245920	111.7	103.7
餐饮业	119018	108083	99598	90380	110.2	104.0
信息传输、软件和信息技术服务业	350334	329799	284556	270035	105.4	109.7
电信、广播电视、卫星传输和互联网服务	340251	320307	275994	262352	105.2	109.7
软件和信息技术服务业	10083	9492	8562	7683	111.4	110.8
金融业	1360670	1278562	1096679	1020236	107.5	112.1
金融业	1010036	949087	813064	757069	107.4	112.1
保险业	259560	243897	209730	194574	107.8	112.1
其他金融业	91074	85578	73885	68593	107.7	112.1
房地产业	1086672	989793	761087	691974	110.0	113.9
房地产开发经营业	472433	420754	299370	270791	110.6	112.9
自有房地产经营活动	445616	426179	306891	282754	108.5	114.6
其他房地产业	168623	142860	154826	138429	111.8	112.9
租赁和商务服务业	379675	357422	313723	292379	107.3	106.3
科学研究和技术服务业	68132	64107	57495	51610	111.4	103.6
水利、环境和公共设施管理业	61603	57963	58736	57435	102.3	106.0
居民服务、修理和其他服务业	375443	353437	308045	284743	108.2	106.3
教育	521291	490492	458201	426266	107.5	103.6
卫生和社会工作	288270	271238	297722	275408	108.1	103.0
文化、体育和娱乐业	135147	127225	113062	103701	109.0	108.6
公共管理、社会保障和社会组织	737342	693778	623857	598063	104.3	103.6
第一产业	1019410	948405	871570	824607	105.7	103.8
第二产业	22151354	24697055	26922798	24754344	108.8	111.4
第三产业	8537128	8024304	7303132	6798988	107.4	108.1

1-5 按当年价格计算的地区生产总值

指标名称	绝对额(万元)		构成(以地区生产总值为 100,%)	
	本年	上年	本年	上年
地区生产总值	**13311415**	**13387345**	**100**	**100**
第一产业	581833	547086	4.4	4.1
第二产业	7765112	8177018	58.3	61.1
第三产业	4964470	4663241	37.3	34.8
地区外净要素收入	-32157	-35629		
地区收入总值	13279258	13351716		
人均地区生产总值(元)	39196	39623		

补充资料:

	2014 年	2013 年	2012 年
1. 年末常住人口(万人)	340.44	338.78	336.97
2.年平均常住人口(万人)	339.61	337.87	---
3.按常住人口平均的地区收入总值(元)	39102	39517	---

1-6 按当年价格计算的地区生产总值构成项目

单位:万元

指标名称	增加值	劳动者报酬	生产税净额	补贴	固定资产折旧	营业盈余
地区生产总值	**13311415**	**5591536**	**1383899**	**30434**	**2333455**	**4002525**
农、林、牧、渔业	602968	439382	-24826	24826	30073	158339
农业	411903	302707	-18842	18842	19351	108687
林业	20116	11747	-5959	5959	917	13411
畜牧业	147453	107661			7460	32332
渔业	2361	1661	-25	25	184	541
农、林、牧、渔服务业	21135	15606			2161	3368
工业	7333891	3285985	779506		1191822	2076578
采矿业	4908141	2074854	629134		528387	1675766
#开采辅助活动						
制造业	1899478	1084558	75543		487150	252227
#金属制品、机械和设备修理业	10153	4549	1079		1650	2875
电力、燃气及水的生产和供应业	526272	126573.00	74829		176285	148585
建筑业	441374	245315	76704		49048	70307
批发和零售业	833906	154191	232116		65462	382137
批发业	436928	80789	121618		34299	200222
零售业	396978	73402	110498		31163	181915
交通运输、仓储和邮政业	729906	114133	145798	5608	113646	356329
交通运输及仓储业	686364	82578	142250	5608	106120	355416
邮政业	43542	31555	3548		7526	913
住宿和餐饮业	198785	35621	11289		12742	139133
住宿业	49320	8837	2807		3160	34516
餐饮业	149465	26784	8482		9582	104617
信息传输、软件和信息技术服务业	180072	38099	11367		73502	57104
电信、广播电视、卫星传输和互联网服务	174425	36901	11006		71201	55317
软件和信息技术服务业	5647	1198	361		2301	1787
金融业	683054	259394	82196		34812	306652
金融业	592891	225179	71328		30208	266176
保险业	77868	29545	9389		3978	34956
其他金融业	12295	4670	1479		626	5520
房地产业	757337	48709	49713		633891	25024
房地产开发经营业	297633	19143	19537		249119	9834
自有房地产经营活动	336440				336440	
其他房地产业	123264	29566	30176		48332	15190
租赁和商务服务业	141239	28252	8362		11298	93327
科学研究和技术服务业	34952	28312	1377		4194	1069
水利、环境和公共设施管理业	33389	25598	1267		6373	151
居民服务、修理和其他服务业	273322	14915	4334		13667	240406
教育	380542	325615	1176		34250	19501
卫生和社会工作	144135	101737	1552		1545	39301
文化、体育和娱乐业	74331	29821	646		6697	37167
公共管理、社会保障和社会组织	468212	416457	1322		50433	
第一产业	581833	423776	-24826	24826	27912	154971
第二产业	7765112	3526751	855131		1239220	2144010
第三产业	4964470	1641009	553594	5608	1066323	1703544

1-7 按不变价格计算的地区生产总值

指标名称	绝对额(万元)		以上年为100的指数(%)	
	本年	上年	本年	上年
地区生产总值	13279716	12629391	105.1	108.6
农、林、牧、渔业	503906	482576	104.4	104.5
农业	331257	317339	104.4	103.6
林业	26741	25987	102.9	118.3
畜牧业	125578	120401	104.3	103.9
渔业	2052	2018	101.7	115.1
农、林、牧、渔服务业	18278	16831	108.6	107.4
工业	8276458	7871957	105.1	108.8
采矿业	5538946	5228706	105.9	93.2
#开采辅助活动				
制造业	2143603	2078368	103.1	142.2
#金属制品、机械和设备修理业	11457	10897	105.1	108.6
电力、燃气及水的生产和供应业	593909	564883	105.1	355.9
建筑业	401340	365115	109.9	109.9
批发和零售业	760621	763814	99.6	101.7
批发业	398531	420098	94.9	100.8
零售业	362090	343716	105.3	102.7
交通运输、仓储和邮政业	647644	599151	108.1	101.4
交通运输及仓储业	614227	569599	107.8	101.4
邮政业	33417	29552	113.1	102.1
住宿和餐饮业	164017	151335	108.4	101.5
住宿业	40955	37834	108.2	102.4
餐饮业	123062	113501	108.4	101.2
信息传输、软件和信息技术服务业	143982	138794	103.7	136.7
电信、广播电视、卫星传输和互联网服务	139467	134491	103.7	136.6
软件和信息技术服务业	4515	4303	104.9	141.3
金融业	541395	512032	105.7	117.3
金融业	468931	444400	105.5	117.3
保险业	62719	58372	107.4	117.5
其他金融业	9745	9260	105.2	119.5
房地产业	522760	485269	107.7	129.4
房地产开发经营业	185429	170598	108.7	158.3
自有房地产经营活动	224153	213479	105.0	105.0
其他房地产业	113178	101192	111.8	158.3
租赁和商务服务业	112933	108765	103.8	109.0
科学研究和技术服务业	28521	26476	107.7	95.4
水利、环境和公共设施管理业	31156	31130	100.1	69.6
居民服务、修理和其他服务业	218543	207293	105.4	106.4
教育	332296	311174	106.8	98.8
卫生和社会工作	145861	137704	105.9	74.3
文化、体育和娱乐业	59434	57036	104.2	92.5
公共管理、社会保障和社会组织	388849	379770	102.4	139.2
第一产业	485628	465745	104.3	104.5
第二产业	8666341	8226175	105.4	108.7
第三产业	4127747	3937471	104.8	108.7
地区外净要素收入	-32157	-35629	90.3	102.7
人均地区生产总值(元)	39103	37379	104.6	108.1

1-8 按支出法计算的地区生产总值

单位:万元

指　　标	按当年价格计算		按可比价格计算			
			绝对数		以上年为100的速度	
	2014年	2013年	2014年	2013年	2014年	2013年
支出法地区生产总值	13311415	13387345	13279716	12629391	105.1	108.6
一、最终消费支出	6759270	6466426	5599582	5377895	104.1	104.3
居民消费支出	4981197	4744452	4124003	3966666	104.0	105.3
农村居民	1531250	1496040	1266796	1248976	101.4	104.0
城镇居民	3449947	3248412	2857207	2717690	105.1	105.9
政府消费支出	1778073	1721974	1475579	1411229	104.6	101.7
二、资本形成总额	9257497	9254662	9147725	8508909	107.5	111.5
固定资本形成总额	9084855	8970032	8977129	8251703	108.8	111.6
存货增加	172642	284630	170596	257206	66.3	110.3
三、货物和服务净流出	-2705352	-2333743	-1467591	-1257413	116.7	108.6
流　出	1940696	1764269	1860028	1707135	109.0	116.8
流　入	4646048	4098012	3327619	2964548	112.2	113.1

说明:1. 货物和服务净流出 = 流出-流入。

2. 支出法地区生产总值 = 最终消费支出 + 资本形成总额 + 货物和服务净流出。

3. 统计误差等于1-5表(当年价格)、1-7表(可比价格)地区生产总值减去支出法当年价格和可比价格的地区生产总值。

1-9 按行业划分的资本形成总额

单位:万元

	2014年	2013年
资本形成总额	9257497	9254662
一、固定资本形成总额	9084855	8970032
1、住宅	1510102	1405691
2、非住宅建筑物	5320769	5195920
3、机器和设备	1862715	1857737
4、土地改良支出		
5、矿藏勘探费		
6、计算机软件		
7、其他	391269	510684
二、存货增加	172642	284630
1.农林牧渔业	1985	1803
2.工业	106028	156427
3.建筑业	10563	17764
4.交通运输、仓储和邮政业	6554	3113
5.批发和零售业	23037	20394
6.住宿和餐饮业	579	547
7.房地产业	23896	84582
8.其他服务业		

说明:本表按当年价格计算

1-10 最终消费支出

单位:万元

	2014年	2013年
最终消费支出	6759270	6466426
一、居民消费支出	4981197	4744452
(一)农村居民	1531250	1496040
1.食品类支出	364084	354772
2.衣着类支出	121862	113959
3.居住类支出	142446	142140
4.家庭设备、用品及服务类支出	70747	61810
5.医疗保健类支出	151783	148245
6.交通和通信类支出	115186	109927
7.文化教育娱乐及服务类支出	105120	91990
8.银行中介服务支出	58924	57099
9.保险服务消费支出	10009	9381
10.自有住房服务虚拟支出	119780	116782
11.其它商品和服务支出	271309	289935
(二)城镇居民	3449947	3248412
1.食品类支出	691988	686205
2.衣着类支出	295851	281495
3.居住类支出	244552	220317
4.家庭设备、用品及服务类支出	165946	148803
5.医疗保健类支出	269559	238548
6.交通和通信类支出	589554	497934
7.文化教育娱乐及服务类支出	381418	377268
8.银行中介服务支出	279967	262387
9.保险服务消费支出	67260	63037
10.自有住房服务虚拟支出	248907	237054
11.实物收入消费支出	72372	67828
12.其它商品和服务支出	142573	167536
二、政府消费支出	1778073	1721974

说明:本表按当年价格计算

1-11 居民消费水平

	计量单位	2014 年	2013 年	以上年为 100 的速度	
				2014	2013 年
当年价格居民消费水平	元/人	14668	14042	104.5	106.0
农村居民	元/人	8616	8214	104.9	108.3
城镇居民	元/人	21312	20858	102.2	102.5
可比价格居民消费水平	元/人	12144	11740	103.4	104.7
农村居民	元/人	7128	6858	103.9	106.8
城镇居民	元/人	17650	17450	101.1	101.3
居民年平均人口	万人	339.61	337.87	100.5	100.6
农村居民	万人	177.73	182.13	97.6	97.4
城镇居民	万人	161.88	155.74	103.9	104.5

1-12 全市主要核算指标一览表

单位：万元

指标名称	绝对额		比上年增长(%)
	上　年	本　年	
一、总产出	31707892	33669764	8.4
第一产业	1019410	948405	5.7
第二产业	22151354	24697055	8.8
工业	19939616	22679243	8.5
第三产业	8537128	8024304	7.4
交通运输、仓储和邮政业	1214083	1095164	9.3
批发和零售业	1420623	1418078	4.7
住宿和餐饮业	439595	402173	11.3
二、地区生产总值	13311415	13387345	5.1
第一产业	581833	547086	4.6
农业	411903	387662	4.4
林业	20116	18732	2.9
畜牧业	147453	138368	4.3
渔业	2361	2324	1.7
农、林、牧、渔服务业	21135	19272	8.6
第二产业	7765112	8177018	5.4
工业	7333891	7784240	5.1
第三产业	4964470	4663241	4.8
交通运输、仓储和邮政业	729906	658412	8.1
批发和零售业	833906	832412	-0.4
住宿和餐饮业	198785	180978	8.4
三、人均地区生产总值(元/人)	39196	39623	4.6
四、支出法地区生产总值	13311415	13387345	5.1
五、最终消费	6759270	6466426	4.1
六、资本形成总额	9257497	9254662	7.5
七、居民总消费水平(元/人)	14668	14042	3.4
农村居民	8616	8214	3.9
城镇居民	21312	20858	1.1

1-13 城区主要核算指标一览表

单位:万元

指标名称	绝对额		比上年增长(%)
	本　年	上　年	
一、总产出	5428377	4743104	16.5
第一产业	9767	10271	-7.1
第二产业	2708234	2206380	24.7
工业	908205	795358	11.4
第三产业	2710376	2526453	7.0
交通运输、仓储和邮政业	115311	105239	10.9
批发和零售业	640326	615680	4.9
住宿和餐饮业	220331	195301	11.4
二、地区生产总值	1771226	1729590	7.4
第一产业	5627	6010	-8.4
农业	3219	4671	-8.1
林业	185	189	-8.6
畜牧业	2223	1150	-9.4
渔业			
农、林、牧、渔服务业	145	210	5.1
第二产业	366569	401984	16.3
工业	131489	212970	6.0
第三产业	1399030	1321596	4.0
交通运输、仓储和邮政业	76802	73235	5.6
批发和零售业	281457	280056	-0.1
住宿和餐饮业	68591	60799	10.1
三、人均地区生产总值(元/人)	35132	34495	6.8
四、支出法地区生产总值	1771226	1729590	7.4
五、最终消费	905096	883371	8.5
六、资本形成总额	867901	849228	6.2
七、居民总消费水平(元/人)	13110	12871	7.9
农村居民			
城镇居民	13110	12871	7.9

1-14 郊区主要核算指标一览表

单位:万元

指标名称	绝对额		比上年增长(%)
	本　年	上　年	
一、总产出	7912220	7842500	7.3
第一产业	51152	50319	1.5
第二产业	7003288	6950540	7.8
工业	6908971	6904766	7.2
第三产业	857780	841641	3.0
交通运输、仓储和邮政业	199008	181265	7.7
批发和零售业	108487	118127	-4.5
住宿和餐饮业	11506	10461	7.9
二、地区生产总值	1872075	1823817	6.4
第一产业	29250	28794	1.4
农业	14252	13409	8.8
林业	620	590	-15.6
畜牧业	14193	14644	-5.0
渔业	185	151	12.7
农、林、牧、渔服务业	1377	1323	2.5
第二产业	1374806	1348069	7.5
工业	1349175	1330277	7.1
第三产业	468019	446954	2.7
交通运输、仓储和邮政业	136088	123954	7.2
批发和零售业	70802	76782	-8.3
住宿和餐饮业	8626	7846	6.3
三、人均地区生产总值(元/人)	65615	64259	5.8
四、支出法地区生产总值	1872075	1823817	6.4
五、最终消费	702028	694452	5.2
六、资本形成总额	1634137	1531241	10.0
七、居民总消费水平(元/人)	23470	23200	5.5
农村居民	24257	22550	9.6
城镇居民	23059	23564	3.4

1-15 长治县主要核算指标一览表

单位:万元

指标名称	绝对额		比上年增长(%)
	本 年	上 年	
一、总产出	2930487	2931846	5.9
第一产业	104317	93320	11.0
第二产业	1899108	1801052	8.1
工业	1714308	1609192	9.1
第三产业	927062	1037474	1.3
交通运输、仓储和邮政业	240832	223386	9.0
批发和零售业	249572	263557	-5.2
住宿和餐饮业	63224	58178	9.6
二、地区生产总值	1511250	1534256	4.7
第一产业	55801	52620	4.9
农业	28714	25557	4.6
林业	954	620	1.9
畜牧业	26073	26360	5.8
渔业	60	83	11.4
农、林、牧、渔服务业	1572	1482	5.5
第二产业	969068	983096	6.7
工业	954640	962485	6.9
第三产业	486381	498540	-0.3
交通运输、仓储和邮政业	71029	66961	6.7
批发和零售业	109752	117491	-7.1
住宿和餐饮业	35493	31813	8.1
三、人均地区生产总值(元/人)	43500	44418	4.1
四、支出法地区生产总值	1511250	1534256	4.7
五、最终消费	665222	659840	3.8
六、资本形成总额	846028	874416	5.7
七、居民总消费水平(元/人)	14638	14447	3.5
农村居民	13855	13651	5.2
城镇居民	16096	16068	-0.1

1-16 襄垣县主要核算指标一览表

单位:万元

指标名称	绝对额		比上年增长(%)
	本　年	上　年	
一、总产出	4206358	4397414	-6.7
第一产业	116501	110097	6.7
第二产业	3392304	3601776	-8.1
工业	3160739	3367872	-8.4
第三产业	697648	685541	0.1
交通运输、仓储和邮政业	95776	91777	2.1
批发和零售业	179923	179434	-0.8
住宿和餐饮业	39794	34550	12.5
二、地区生产总值	1735108	2015991	-7.1
第一产业	67259	62635	5.4
农业	59520	55424	5.1
林业	681	531	28.7
畜牧业	6861	6485	6.1
渔业	197	195	1.2
农、林、牧、渔服务业	3020	2822	6.0
第二产业	1220279	1508745	-8.8
工业	1206572	1494453	-8.8
第三产业	447570	444611	-1.4
交通运输、仓储和邮政业	54486	54661	0.0
批发和零售业	154750	157625	-2.4
住宿和餐饮业	16514	14395	11.5
三、人均地区生产总值(元/人)	62960	73539	-7.6
四、支出法地区生产总值	1735108	2015991	-7.1
五、最终消费	593075	574917	1.5
六、资本形成总额	1119550	1414957	-10.1
七、居民总消费水平(元/人)	15139	14491	2.1
农村居民	9699	9247	3.2
城镇居民	22099	21443	0.4

1-17 屯留县主要核算指标一览表

单位:万元

指标名称	绝对额		比上年增长(%)
	本 年	上 年	
一、总产出	2744578	2796343	8.1
第一产业	111608	103388	9.1
第二产业	2337320	2407574	8.5
工业	1956782	1876603	12.1
第三产业	295650	285381	4.7
交通运输、仓储和邮政业	78700	74237	6.0
批发和零售业	34781	34523	0.7
住宿和餐饮业	6739	6209	8.5
二、地区生产总值	1152272	1178603	4.9
第一产业	63534	59778	2.4
农业	49929	44738	5.8
林业	1110	1038	7.4
畜牧业	12186	13707	-9.7
渔业	309	295	3.8
农、林、牧、渔服务业	3550	3400	3.2
第二产业	878447	918194	5.3
工业	806514	835071	6.5
第三产业	210291	200631	4.1
交通运输、仓储和邮政业	50263	47413	5.9
批发和零售业	18298	18162	0.1
住宿和餐饮业	4219	3887	6.5
三、人均地区生产总值(元/人)	42832	44043	4.4
四、支出法地区生产总值	1152272	1178603	4.9
五、最终消费	309701	316473	7.8
六、资本形成总额	799482	817752	4.3
七、居民总消费水平(元/人)	9618	9880	9.7
农村居民	9511	9510	7.9
城镇居民	9814	10605	13.4

1-18 平顺县主要核算指标一览表

单位:万元

指标名称	绝对额		比上年增长(%)
	本　年	上　年	
一、总产出	552430	542095	12.7
第一产业	54719	51369	1.9
第二产业	339431	335981	18.9
工业	302531	307598	17.6
第三产业	158280	154745	1.4
交通运输、仓储和邮政业	27695	24288	15.7
批发和零售业	9511	8975	5.0
住宿和餐饮业	6844	5817	14.8
二、地区生产总值	219252	217372	8.9
第一产业	21044	20327	1.5
农业	13726	13320	1.7
林业	1430	1257	2.4
畜牧业	5713	5652	0.8
渔业	175	98	8.8
农、林、牧、渔服务业	4395	4180	3.3
第二产业	101017	101560	16.9
工业	96377	97991	16.4
第三产业	97191	95485	0.8
交通运输、仓储和邮政业	16180	14204	15.0
批发和零售业	4944	4665	5.4
住宿和餐饮业	4357	3703	14.8
三、人均地区生产总值(元/人)	14561	14495	8.5
四、支出法地区生产总值	219252	217372	8.9
五、最终消费	118612	116710	7.9
六、资本形成总额	100640	100662	10.2
七、居民总消费水平(元/人)	5850	5661	1.3
农村居民	3558	3472	2.2
城镇居民	20721	18349	8.3

1-19 黎城县主要核算指标一览表

单位:万元

指标名称	绝对额		比上年增长(%)
	本　年	上　年	
一、总产出	1460366	1323700	17.0
第一产业	55780	46712	10.0
第二产业	1152151	1046136	19.2
工业	936232	880055	17.2
第三产业	252435	230852	8.6
交通运输、仓储和邮政业	93966	82035	15.0
批发和零售业	48781	48596	-0.2
住宿和餐饮业	3412	3249	2.4
二、地区生产总值	366278	338713	11.8
第一产业	32530	27179	9.9
农业	19371	12995	9.8
林业	4188	3591	10.0
畜牧业	8869	10501	10.0
渔业	102	92	9.6
农、林、牧、渔服务业	535	510	4.9
第二产业	167854	156402	17.6
工业	159774	150187	17.2
第三产业	165894	155132	5.6
交通运输、仓储和邮政业	43734	38181	15.0
批发和零售业	28477	28369	-0.2
住宿和餐饮业	2055	1957	2.4
三、人均地区生产总值(元/人)	22780	21158	11.3
四、支出法地区生产总值	366278	338713	11.8
五、最终消费	190682	181200	3.9
六、资本形成总额	175596	157513	26.3
七、居民总消费水平(元/人)	6478	5928	6.4
农村居民	4545	4049	11.3
城镇居民	9478	9054	0.4

1-20 壶关县主要核算指标一览表

单位:万元

指标名称	绝对额		比上年增长(%)
	本　年	上　年	
一、总产出	1689669	1368050	14.3
第一产业	86593	76909	9.2
第二产业	1342775	1059821	15.3
工业	1319171	1033294	15.2
第三产业	260300	231320	10.1
交通运输、仓储和邮政业	16349	14732	14.2
批发和零售业	23354	25164	-2.2
住宿和餐饮业	7867	8838	3.1
二、地区生产总值	496237	410565	11.5
第一产业	48629	44025	7.1
农业	34598	30707	8.1
林业	1161	1115	2.7
畜牧业	12824	12147	5.6
渔业	46	56	-18.5
农、林、牧、渔服务业	393	395	-2.5
第二产业	260801	219319	13.1
工业	253637	213350	13.0
第三产业	186807	147221	9.6
交通运输、仓储和邮政业	11481	10142	14.2
批发和零售业	16173	16183	-2.7
住宿和餐饮业	6180	5832	3.0
三、人均地区生产总值(元/人)	16794	13956	11.0
四、支出法地区生产总值	496237	410565	11.5
五、最终消费	240303	214542	10.5
六、资本形成总额	255934	196023	12.6
七、居民总消费水平(元/人)	5802	5154	11.2
农村居民	3926	3475	11.9
城镇居民	10773	10083	5.2

1-21 长子县主要核算指标一览表

单位:万元

指标名称	绝对额		比上年增长(%)
	本　年	上　年	
一、总产出	2368186	2245443	7.1
第一产业	187976	182471	12.3
第二产业	1696406	1602627	7.1
工业	1683045	1592349	6.9
第三产业	483804	460345	5.1
交通运输、仓储和邮政业	125666	119003	6.5
批发和零售业	62430	59571	7.1
住宿和餐饮业	18303	17415	9.9
二、地区生产总值	1008639	1070102	4.8
第一产业	109695	108655	2.1
农业	78870	79917	-4.0
林业	1463	1167	10.0
畜牧业	28855	27153	19.2
渔业	507	418	21.8
农、林、牧、渔服务业	1024	864	16.4
第二产业	639546	703209	6.2
工业	624488	691661	5.8
第三产业	259398	258238	2.9
交通运输、仓储和邮政业	57327	54470	5.6
批发和零售业	21180	20075	4.8
住宿和餐饮业	6479	6005	5.1
三、人均地区生产总值(元/人)	28151	30019	4.3
四、支出法地区生产总值	1008639	1070102	4.8
五、最终消费	477841	466526	3.1
六、资本形成总额	530798	603576	6.2
七、居民总消费水平(元/人)	11272	10838	2.6
农村居民	10716	10243	4.1
城镇居民	12704	12524	-2.1

1-22 武乡县主要核算指标一览表

单位:万元

指标名称	绝对额		比上年增长(%)
	本　年	上　年	
一、总产出	1120882	1217044	2.4
第一产业	55771	50929	13.2
第二产业	690598	809462	0.9
工业	681442	801358	0.7
第三产业	374513	356653	4.0
交通运输、仓储和邮政业	110913	110069	1.1
批发和零售业	41226	40342	1.6
住宿和餐饮业	22549	21112	3.8
二、地区生产总值	612073	687432	2.2
第一产业	31245	29237	3.5
农业	25793	23695	4.2
林业	724	739	20.6
畜牧业	4514	4438	0.4
渔业	214	365	-40.9
农、林、牧、渔服务业	945	870	8.1
第二产业	375836	463436	1.3
工业	373285	461178	1.2
第三产业	204992	194759	4.2
交通运输、仓储和邮政业	51029	50641	1.1
批发和零售业	24228	23700	1.6
住宿和餐饮业	14762	13663	4.6
三、人均地区生产总值(元/人)	33467	37757	1.8
四、支出法地区生产总值	612073	687432	2.2
五、最终消费	209157	194855	5.9
六、资本形成总额	311584	262349	16.2
七、居民总消费水平(元/人)	7491	6932	10.2
农村居民	4895	4478	12.4
城镇居民	13249	12846	3.9

1-23 沁县主要核算指标一览表

单位:万元

指标名称	绝对额		比上年增长(%)
	本　年	上　年	
一、总产出	494258	433845	11.2
第一产业	80168	68533	20.4
第二产业	176757	145756	19.4
工业	130508	108757	2.7
第三产业	237333	219556	18.5
交通运输、仓储和邮政业	15410	12842	20.0
批发和零售业	37445	36224	2.7
住宿和餐饮业	23125	20575	10.0
二、地区生产总值	195024	177715	7.7
第一产业	48969	41763	8.6
农业	39176	33376	8.4
林业	1454	1478	8.4
畜牧业	7847	6444	8.4
渔业	492	465	18.3
农、林、牧、渔服务业	817	790	1.6
第二产业	26298	23873	18.6
工业	17653	17223	18.0
第三产业	119757	112079	4.8
交通运输、仓储和邮政业	4808	4206	15.0
批发和零售业	13555	13113	2.7
住宿和餐饮业	7400	6687	7.0
三、人均地区生产总值(元/人)	11192	10248	7.2
四、支出法地区生产总值	195024	177715	7.7
五、最终消费	150318	128986	12.0
六、资本形成总额	217739	241767	-12.9
七、居民总消费水平(元/人)	5265	4502	12.7
农村居民	4386	3817	13.9
城镇居民	6817	5791	9.9

1-24 沁源县主要核算指标一览表

单位:万元

指标名称	绝对额		比上年增长(%)
	本　年	上　年	
一、总产出	3023873	2543254	19.0
第一产业	40222	37877	7.6
第二产业	2516065	2089155	20.5
工业	2484656	2058026	20.8
第三产业	467587	416222	12.1
交通运输、仓储和邮政业	136731	111548	22.2
批发和零售业	115311	114170	1.0
住宿和餐饮业	47659	41015	16.2
二、地区生产总值	949718	942434	7.5
第一产业	24229	23128	5.6
农业	19138	18037	5.0
林业	3254	3254	5.0
畜牧业	1787	1787	5.0
渔业	50	50	5.0
农、林、牧、渔服务业	2550	2480	2.8
第二产业	675007	680554	8.8
工业	666657	672210	8.9
第三产业	250482	238752	3.4
交通运输、仓储和邮政业	58274	53290	7.0
批发和零售业	55635	51280	7.9
住宿和餐饮业	18800	17543	4.0
三、人均地区生产总值(元/人)	59198	59043	6.8
四、支出法地区生产总值	949718	942434	7.4
五、最终消费	294586	286234	0.7
六、资本形成总额	609820	605263	11.3
七、居民总消费水平(元/人)	10438	9973	3.4
农村居民	6647	6452	4.3
城镇居民	16093	15576	0.6

1-25 潞城市主要核算指标一览表

单位:万元

指标名称	绝对额		比上年增长(%)
	本 年	上 年	
一、总产出	3255224	2994257	14.3
第一产业	70478	71698	6.1
第二产业	2764865	2530363	14.6
工业	2744169	2511613	14.7
第三产业	419881	392196	13.2
交通运输、仓储和邮政业	117513	134068	8.8
批发和零售业	63571	57713	9.3
住宿和餐饮业	9192	8345	15.4
二、地区生产总值	985167	874300	12.9
第一产业	43929	42424	1.7
农业	28674	28796	-0.4
林业	3795	3635	4.4
畜牧业	11288	9835	14.8
渔业	172	158	8.9
农、林、牧、渔服务业	905	800	13.1
第二产业	689480	623249	14.6
工业	679708	611845	14.9
第三产业	251758	208627	8.7
交通运输、仓储和邮政业	71652	62477	15.0
批发和零售业	33701	31874	5.1
住宿和餐饮业	7253	6187	15.1
三、人均地区生产总值(元/人)	42533	37943	12.4
四、支出法地区生产总值	985167	874300	12.9
五、最终消费	466969	416167	9.1
六、资本形成总额	507361	447641	16.7
七、居民总消费水平(元/人)	15356	13373	11.5
农村居民	10573	8616	17.6
城镇居民	19555	17848	7.0

人 口

资料整理人员

靳慧霞　王世诚　李 璐　孙 毅　靳 明　程 帅

2-1　总户数及总人口构成

指标名称	单位	2014年	2013年	比上年增长%
一、抽样调查数据评估:				
总户数	户			
总人口	人	3404434	3387753	0.49
男	人	1745894	1744513	0.08
女	人	1658540	1643240	0.93
性别比(以女性为100)	%	105.27	106.16	-0.84
年平均人口	人	3396094	3378710	0.51
总人口中:城镇人口	人	1649796	1587847	3.90
乡村人口	人	1754638	1799906	-2.52
城镇人口占总人口	%	48.46	46.87	3.39
二、公安局全面统计数据				
总户数	户	1194914	1189627	0.44
总人口	人	3391775	3385879	0.17
男	人	1728834	1726955	0.11
女	人	1662941	1658924	0.24
性别比(以女性为100)	%	104.0	104.1	-0.13
年平均人口	人			
总人口中:常住户口人口	人	3391775	3385879	0.17
未落户口人口	人	219	235	-6.81

2-2　总户数及总人口(公安局数据)

单位:户、人

	总户数	总人口				按农业非农业分		总人口中:未落常住户口人员
		合计	男性	女性	男与女比例(女为100)	农业	非农业	
总　计	**1194914**	**3391775**	**1728834**	**1662941**	**104.0**	**2282264**	**1109292**	**219**
城　区	120929	416161	206027	210134	98.0		416161	
郊　区	94731	295182	151055	144127	104.8	108329	186853	
长治县	121506	348449	172837	175612	98.4	297303	51146	
襄垣县	88086	265581	136035	129546	105.0	188413	77168	
屯留县	98805	273985	139937	134048	104.4	221403	52582	
平顺县	57728	154970	79363	75607	105.0	134265	20705	
黎城县	68188	167703	86622	81081	106.8	126992	40627	84
壶关县	116087	300187	151359	148828	101.7	264827	35289	71
长子县	130863	364827	185117	179710	103.0	322154	42609	64
武乡县	76843	211128	112392	98736	113.8	178196	32932	
沁　县	68446	177082	93771	83311	112.6	131289	45793	
沁源县	63353	159085	83535	75550	110.6	130608	28477	
潞城市	81025	229083	116907	112176	104.2	178485	50598	
北中环路所	8324	28352	13877	14475	95.9		28352	

2-3 人口变动(公安局数据)

单位:户、人

县市区	机械变动				自然变动			
	迁入	#省外	迁出	#省外	出生人数	#女姓	死亡人数	#女性
总计	**24302**	**6004**	**33040**	**10200**	**43427**	**21470**	**20642**	**8262**
城区	10227	2495	10153	6158	5431	2680	2085	866
郊区	1311	426	1254	612	4329	2136	1270	468
长治县	1357	360	2343	211	4531	2282	1672	693
襄垣县	2185	296	2010	360	3108	1530	2248	833
屯留县	1456	400	998	410	4421	2172	1263	435
平顺县	603	105	1309	179	1932	975	809	270
黎城县	426	117	2340	243	1791	891	1417	527
壶关县	1154	257	1654	247	3741	1890	1111	429
长子县	1583	520	4085	343	4577	2286	4383	2031
武乡县	887	191	3098	295	2516	1212	1277	501
沁县	715	272	1659	366	2087	1020	1143	492
沁源县	951	187	947	377	2017	967	830	311
潞城市	1129	289	1071	297	2516	1216	1038	356
北中环路所	318	89	119	102	430	213	96	50

2-4　总人口（人口抽样调查数据）

单位:人

县市区	总人口	总人口中:			年平均人口	总人口中:		
		男性	女性	性别比女为100		城镇人口	乡村人口	城镇人口占总人口%
总　计	**3404434**	**1745894**	**1658540**	**105.27**	**3396094**	**1649796**	**1754638**	**48.46**
城　区	505473	251421	254052	98.96	504155	505473		100.00
郊　区	286064	147140	138924	105.91	285310	190496	95568	66.59
长治县	348415	175564	172851	101.57	347411	121734	226681	34.94
襄垣县	276273	143474	132799	108.04	275591	123635	152638	44.75
屯留县	269770	138466	131304	105.45	269024	98250	171520	36.42
平顺县	150854	77095	73759	104.52	150576	42428	108426	28.13
黎城县	161042	82647	78395	105.42	160790	63114	97928	39.19
壶关县	296088	150464	145624	103.32	295481	84110	211978	28.41
长子县	359177	185190	173987	106.44	358294	103945	255232	28.94
武乡县	183272	97756	85516	114.31	182888	58606	124666	31.98
沁　县	174620	92709	81911	113.18	174258	66242	108378	37.93
沁源县	161129	85360	75769	112.66	160689	66087	95042	41.01
潞城市	232257	118608	113649	104.36	231631	125676	106581	54.11

2-5 计划生育一览表

单位:人

县市区	育龄妇女人数(15-49)周岁	已婚育龄妇女人数					领取独生子女证		
		合计	已婚未育	现有一孩	现有二孩	现有三孩及以上	人数	领证率(%)	户数
总　　计	**919581**	**645253**	**31298**	**279634**	**303221**	**31100**	**185651**	**31.45**	**103248**
城　　区	123770	84991	6089	63953	14231	718	38469	27.64	22484
郊　　区	81010	61328	3004	34647	22346	1331	32759	44.77	17767
长 治 县	94900	70453	2936	30160	36491	866	30475	46.57	16127
襄 垣 县	70912	51263	2562	21768	25306	1627	14852	34.48	8367
屯 留 县	75702	54382	2808	18400	30017	3157	9962	26.69	5734
平 顺 县	41601	27416	1131	8946	15067	2272	6448	32.85	3592
黎 城 县	40112	29088	1146	9627	17128	1187	3842	18.56	2091
壶 关 县	82066	55380	2022	14576	33467	5315	5599	19.18	3109
长 子 县	98582	69473	3080	22951	40080	3362	11016	23.77	6192
武 乡 县	53144	33968	1705	10541	17288	4434	3475	15.24	1935
沁　　县	44699	29130	1016	10072	15411	2631	3003	13.36	1635
沁 源 县	41411	26904	1384	10427	12615	2478	5545	25.83	3222
潞 城 市	67229	48178	2167	21676	22667	1668	18536	43.99	10030
开 发 区	4443	3299	248	1890	1107	54	1670	44.17	963

农村经济

资料整理人员

李宏霞　李江涛　张 勇　申 军　时志娟

3-1 农业生产条件

指标名称	计量单位	数量
一、农村基层组织情况		
乡镇个数	个	144
1.镇	个	68
其中:城关镇	个	10
2.乡	个	64
3.涉农街道办事处	个	4
4.其他乡级单位	个	8
村委会个数	个	3454
二、农村基础设施	-	
自来水受益村数	个	3205
通汽车村数	个	3454
通电话村数	个	3450
三、乡村人口与从业人员	-	
乡村户数	户	797476
乡村人口	人	2476600
男	人	1276539
女	人	1200061
乡村劳动力资源数	人	1352556
男	人	729674
女	人	622882
乡村从业人员	人	1192141
按性别分:	-	
1.男	人	650628
2.女	人	541513
按行业分:	-	
1.农业从业人员	人	651287
(1)男	人	340599
(2)女	人	310688
2.工业从业人员	人	172294
3.建筑业从业人员	人	117769
4.交运仓储和邮政业从业人员	人	63518
5.信息传输、计算机服务和软件业	人	15093
6.批发与零售业从业人员	人	61654
7.住宿和餐饮业从业人员	人	41745
8.其他行业从业人员	人	68781
四、农业主要能源及物质消耗	-	
1.乡、村办水电站	个	20
装机容量	千瓦	7700
发电量	万千瓦时	3141
2.农村用电量	万千瓦时	79063.84
3.农用化肥施用量(实物量)	吨	358446.77
其中:(1)氮肥	吨	122581.24
(2)磷肥	吨	75835.77
(3)钾肥	吨	20188.37
(4)复合肥	吨	139841.39
4.农用化肥施用量(折纯量)	吨	125645.41
其中:(1)氮肥	吨	33776.13
(2)磷肥	吨	13616.88
(3)钾肥	吨	9552.77
(4)复合肥	吨	68699.63
5.农用塑料薄膜使用量	吨	3654.42
其中:地膜使用量	吨	2711.61
地膜覆盖面积	公顷	34930.71
6.农用柴油使用量	吨	20478.7
7.农药使用量	吨	1283.13

3-2 农林牧渔业总产值

单位:万元

指标名称	按现行价格计算	按可比价格计算
农林牧渔业总产值	**1060891.8**	**1043202.9**
一、农业产值	674249.2	665456.1
(一)谷物及其他作物	386767.9	382976.4
1.谷物	347779.5	344370.0
其中:小 麦	8550.4	8436.4
稻 谷		
玉 米	314025.5	311063.0
2.薯 类	14093.5	13754.1
3.油 料	1052.4	1043.3
其中:花 生	310.4	308.8
油菜籽	35.1	35.3
4.豆 类	5329.1	5189.1
其中:大 豆	3858.3	3701.3
5.棉 花	25.0	24.8
6.生 麻	2.6	2.5
7.甜 菜		
8.烟 草	2937.4	2913.0
9.其他农作物	15548.5	15216.5
(二)蔬菜、食用菌及花卉盆景园艺产品	228494.2	224410.0
1.蔬菜(含菜用瓜)	205071.6	201402.9
2.食用菌	18872.7	18182.3
3.花 卉	2404.9	2354.2
4.盆景园艺	2145.0	2145.0
(三)水果、坚果、茶、饮料和香料作物	40371.1	39971.3
1.园林水果	17740.2	17460.2
其中:苹 果	6432.8	6348.9
梨	2603.6	2605.5
红 枣	343.8	344.4
2.坚 果	21009.1	21010.0
其中:核 桃	21001.1	21002.0
板 栗		
3.香料原料	1621.8	1598.0
其中:花 椒	1621.8	1598.0

3–2 续

单位:万元

指标名称	按现行价格计算	按可比价格计算
八 角		
(四)中草药材	18616.0	18098.4
二、林业产值	40226.3	38556.4
(一)林木的培育和种植	38881.9	37221.8
1.育种育苗	11258.4	12366.8
2.造 林	11258.5	10769.0
3.抚育和管理	603.0	539.8
(二)木材采运	840.4	829.6
其中:村及村以下	561.2	556.6
(三)林产品	504.0	505.0
三、牧业产值	300116.4	293619.5
(一)牲畜饲养	51045.9	49655.5
1.牛的饲养	13782.7	13798.3
2.羊的饲养	28008.6	26656.6
3.其他牲畜饲养	1396.9	1410.2
4.奶产品	6100.3	6032.4
其中:牛 奶	6083.8	6015.9
5.毛绒产品	1741.8	1741.8
其中:羊 毛	1317.4	1317.4
羊 绒	424.4	424.4
6.其他牲畜副产品	15.5	15.5
(二)猪的饲养	131892.3	133318.8
(三)家禽饲养	115413.7	108880.8
1.肉 禽	19129.8	18155.3
2.禽 蛋	96283.9	91259.5
(四)其他畜牧业	1764.5	1764.3
其中:蚕 茧	66.0	66.0
兔	1641.1	1641.0
四、渔业产值	4818.0	4822.3
其中:养殖	4818.0	4815.8
1.鱼 类	4818.0	4822.4
2.甲壳类		
五、农林牧渔服务业	41482.0	40748.5

3-3　农林牧渔业中间消耗年报

单位:万元

指标名称	金　　额
农林牧渔业中间消耗总计	**457924.10**
一、农业中间消耗合计	262346.40
(一)物质消耗	258696.40
(1)用种量	83122.80
(2)役畜用饲料、饲草	12460.70
(3)肥　料	102703.90
(4)燃　料	17489.10
(5)农　药	4875.80
(6)农用塑料薄膜	8770.60
(7)用电量	27341.50
(8)小农具购置	582.00
(9)办公用品购置	250.00
(10)其　他	1100.00
(二)生产服务支出	3650.00
二、林业中间消耗合计	20110.50
(一)物质消耗	19782.50
1.用种量	16463.40
2.肥　料	1147.60
3.燃　料	757.80
4.农　药	710.30
5.用电量	281.40
6.小农机具购置	145.00
7.办公用品购置	120.00
8.其　他	157.00
(二)生产服务支出	328.00
三、牧业中间消耗合计	152662.70
(一)物质消耗	150205.70
1.用种量	776.80
2.饲料、饲草	145072.00
3.燃　料	1149.70
4.用电量	1007.50
5.畜牧用药品	1147.70
6.其　他	1052.00
(二)生产服务支出	2457.00
四、渔业中间消耗合计	2457.20
(一)物质消耗	2277.20
1.饲　料	1936.20
2.燃　料	90.20
3.用电量	105.80
4.办公用品购置	60.00
5.其　他	85.00
(二)生产服务支出	180.00
五、农林牧渔服务业中间消耗合计	20347.30

3-4　主要农作物生产情况

指标名称	播种面积（公顷）	总产量（吨）	单产（公斤/亩）
农作物总播种面积	**273682.4**	—	—
一、粮食作物合计	247780.4	1621917.2	436.4
夏收粮食	9266.7	38001.7	273.4
秋收粮食	238513.8	1583915.5	442.7
（一）谷物	222810.3	1534220.3	459.1
1.玉米	206280.8	1481252.3	478.7
2.谷子	13461.8	44602.2	220.9
3.高粱	1573.6	6174.4	261.6
4.其他谷物（秋杂谷物）	1494.5	2191.3	97.7
其中：燕麦	351.73	290.18	55.0
荞麦	225.0	183.9	54.5
（二）豆类	5736.2	12908.1	150.0
1.大豆	4101.6	9186.4	149.3
2.杂豆（秋杂豆）	1634.7	3721.7	151.8
其中:绿　豆	33.3	47.4	95.0
红小豆	13.7	20.0	97.6
（三）薯类（折粮）	9967.2	36787.1	246.1
1.马铃薯	8859.8	32194.4	242.3
其中:夏马铃薯			
2.甘薯	1107.4	4592.7	276.5

3-5 经济作物生产情况

单位:公顷、吨、百支、盆、公斤/亩

指标名称	播种面积	总产量	单产
经济作物	**25902**	—	—
一、油料	1158.8	2214.3	127.4
1.花　生	150	447.6	198.9
2.油菜籽	56	62.7	74.6
3.芝　麻	5.6	8.5	101.2
4.胡麻籽	2.7	5.4	133.3
5.葵花籽	496.6	898.8	120.7
6.其他油料	447.9	791.3	117.8
二、棉花	46.2	26.3	38
三、生麻	3.3	5.0	101.0
四、烟叶	429.4	1587.8	246.5
五、中草药材	3378.9	15803.8	311.8
六、蔬菜及食用菌	19736.2	1065268.7	3598.4
七、瓜果类	744	24042.9	2154.4
八、其他农作物	405.2	—	—
其中:青饲料	291.6	—	—
九、特种作物	—	—	—
花卉	362.3	—	—
鲜切花	—	5	—
盆栽观赏植物(包括盆景)	—	178645	—
其中:盆栽花	—	85750	—
花椒	—	477	—

3-6 设施农业生产情况

指标名称	面积（公顷）	产量（吨）
一、蔬菜	4393.5	272059.6
其中：芹菜	7.6	388.5
油菜	3.2	203.5
菠菜	4.8	101.9
黄瓜	528.9	42786.6
西红柿	1204.2	87480.8
生姜	0.1	2.4
辣椒	335.2	10604.6
二、瓜果类	71.0	1700.8
其中：草莓	34.2	519.3
三、花卉苗木	10.0	
四、食用菌	197.5	16878.4
1.干品	1.0	33.0
2.鲜品	196.5	16845.4
其中：蘑菇	69.5	4051.6
五、其他作物	65.9	

补充资料:

	设施数量（个）	占地面积（公顷）	设施实际使用面积（公顷）
合 计	**39395**	**3329.1**	**2941.7**
1.连栋温室	95	42.3	60.9
2.日光温室	13735	2010.1	1847.5
3.大棚	7739	1004.8	833.1
4.中小棚	17826	271.9	200.2

3-7 水果及食用坚果生产情况

指标名称	果园面积（公顷）	产量（吨）
一、园林水果	4289.8	36161
1、苹果	1950.7	20103
其中:红富士苹果	1048.7	12302
国光苹果	437.3	4422
2、梨	914.7	9643
其中:雪花梨	171.1	1907
鸭梨	40	304
3、桃	112.9	1003
4、杏	750	1509
5、猕猴桃		
6、葡萄	44.9	490
7、红枣	191.7	574
8、柿子	132.1	1995
9、沙果	0.4	3
10、其他园林水果	192.4	841
二、食用坚果	—	9672
1、核桃	13632.3	9670
2、松子	—	2

3-8 林业生产情况

指标名称	单位	数量
一、当年造林合格面积合计	公顷	20470
1.人工造林面积	公顷	17510
2.飞机播种造林面积	公顷	
公有经济造林合计	公顷	17897
1.国营造林	公顷	2707
2.集体造林	公顷	15190
按主要林种用途分		
1.用材林	公顷	827
2.经济林	公顷	8473
3.防护林	公顷	10362
4.薪炭林	公顷	808
二、零星(四旁植树)	株	10508000
三、年末实有封山育林面积	公顷	55167
四、幼林抚育作业面积	公顷	

3-8 续

指标名称	单 位	数 量
五、幼林抚育实际面积	公顷	
六、中、幼龄林抚育面积	公顷	3353
七、抚育改造出材量	立方米	
#中幼林抚育改造出材量	立方米	
八、林木种子采集量	吨	1349
九、当年苗木产量	株	195000013
十、育苗面积	公顷	4691
#本年新育	公顷	1437
十一、主要林产品产量		
1.核桃	吨	8677
2.板栗	吨	40
3.花椒	吨	1807
4.仁用杏	吨	404
十二、木村产量合计	立方米	13705
#村及村以下木材产量	立方米	9051

3-9 畜牧业生产情况

指标名称	计量单位	年末存栏数	当年出栏数	（肉、产品）产量(吨)
一、猪	头	697008	899282	69446.00
二、牛	头	53459	24612	3391.00
三、羊	只	765157	329513	5049.00
四、家禽	只	12882017	11532510	17420.00
五、活牲畜(除猪、牛、羊外)	头	15117	4233	454.26
1.马	匹	1391	399	44.29
2.驴	头	7389	2176	219.03
3.骡	头	6337	1658	190.94
六、兔	万只	29.45	53.96	974.62
七、肉类总产量	吨			96734.88
八、奶类产量	吨			16708.78
其中:其他奶产量	吨			40.78
九、山羊毛产量	吨			139.34
其中:山羊粗毛	吨			102.98
山羊绒	吨			36.36
十、绵羊毛产量	吨			793.21
其中:细羊毛	吨			394.09
半细羊毛	吨			197.35
十二、蜂蜜产量	吨			66.78
十三、禽蛋产量				125194.00
其中:其他禽蛋产量	吨			150.00
十四、蚕茧产量	吨			22.00
其中:桑蚕茧	吨			22.00
柞蚕茧	吨			

3-10 主要农业机械年末拥有量

指标名称	计量单位	数 量
一、农业机械总动力合计	千瓦	2170775
柴油发动机	千瓦	1866229
汽油发动机	千瓦	18657
电动机动力	千瓦	285889
二、耕作机械		
大中型拖拉机	台	11558
动 力	千瓦	420341
# 轮式拖拉机	台	10963
动 力	千瓦	396101
小型拖拉机	台	23107
动 力	千瓦	185740
手扶式拖拉机	台	15364
动 力	千瓦	133399
三、种植业机械		
1.耕整地机械		
机引犁	台	16281
旋耕机	台	14961
深松机	台	1749
机引耙	台	1033
2.种植施肥机械		
播种机	台	12920
# 精少量播种机	台	4530
化肥深施机	台	3651
地膜覆盖机	台	1109
3.农用排灌机械		
排灌动力机械	台	12113
动 力	千瓦	82690
# 柴油机	台	1034
动 力	千瓦	8626
# 电动机	台	11079
动 力	千瓦	74064
4.田间管理机械		
机动喷雾(粉)机	台	1079
动 力	千瓦	2247
5.收获机械		
联合收割机	台	1829

3-10 续

指标名称	计量单位	数 量
动 力	千瓦	96359
#稻麦联合收割机	台	295
动 力	千瓦	15713
#玉米联合收割机	台	1534
动 力	千瓦	80646
其它收获机械	台	7312
秸杆粉碎还田机	台	5970
6.收获后处理机械		
机动脱粒机	台	19584
7.设施农业设备		
温室	万平方米	6838.73
四、农产品初加工机械		
1.农产品初加工动力机械	台	28439
动 力	千瓦	188485
2.农产品初加工作业机械	台	25082
粮食加工机械	台	21154
油料加工机械	台	1252
棉花加工机械	台	501
五、畜牧养殖机械合计	台	4699
动力合计	千瓦	23021
饲草料加工机械	台	4572
动 力	千瓦	22674
六、运输机械		
1.农用运输车	台	57403
动 力	千瓦	1021345
#三轮汽车	辆	41536
动 力	千瓦	511695
#低速载货汽车	台	15316
动 力	千瓦	493240
2.手扶变型运输机	台	
动 力	千瓦	
3.农用挂车	台	1203
七、农田基本建设机械	台	1907
动 力	千瓦	124954
八、农业机械原值和净值		
1.农业机械原值	万元	187321
2.农业机械净值	万元	138726

3-11 分县区农业

县市区	一、农村基层组织情况							二、农村基础设施		
	乡镇个数	1.镇	其中：城关镇	2.乡	3.涉农街道办事处	4.其他乡级单位	5村委会个数	自来水受益村数	通汽车村数	通电话村数
单位	个	个	个	个	个	个	个	个	个	个
长治市	**144**	**68**	**10**	**64**	**4**	**8**	**3454**	**3205**	**3454**	**3450**
市辖区							4	4	4	4
城　区	2				2		28	28	28	28
郊　区	6	5		1			122	120	122	122
长治县	13	6	1	5		2	254	254	254	254
襄垣县	13	8	1	3		2	323	314	323	323
屯留县	14	7	1	4		3	294	202	294	294
平顺县	12	5	1	7		0	262	188	262	260
黎城县	9	5	1	4		0	250	223	250	248
壶关县	13	5	1	7		1	390	365	390	390
长子县	12	7	1	5			399	392	399	399
武乡县	14	5	1	9			377	369	377	377
沁　县	13	6	1	7			306	305	306	306
沁源县	14	5	1	9			254	254	254	254
潞城市	9	4		3	2		191	187	191	191

生　产　条　件

三、乡村人口与从业人员									
乡村户数	乡村人口数	1.男	2.女	乡村劳动力资源数	1.男	2.女	乡村从业人员数	1.男	2.女
户	人	人	人	人	人	人	人	人	人
797476	**2476600**	**1276539**	**1200061**	**1352556**	**729674**	**622882**	**1192141**	**650628**	**541513**
2953	11876	5959	5917	7504	4367	3137	6784	3388	3396
18221	62148	29507	32641	36299	17589	18710	33235	16150	17085
49549	169851	84612	85239	88635	45990	42645	83177	43215	39962
90261	305286	155031	150255	170028	90131	79897	153499	84199	69300
62930	190775	97559	93216	101289	55935	45354	84782	46075	38707
74410	233663	120726	112937	124110	67244	56866	112061	61161	50900
46917	135699	70041	65658	75716	41162	34554	66585	37094	29491
48495	141081	74225	66856	75028	40392	34636	67517	36727	30790
95054	269542	138935	130607	159818	83387	76431	138634	73622	65012
95938	322080	163141	158939	189736	98614	91122	164600	85565	79035
62097	177660	95474	82186	91656	52899	38757	79784	47004	32780
45085	138640	74326	64314	66685	36770	29915	55531	31884	23647
48322	138225	74226	63999	68449	39871	28578	58528	34823	23705
57244	180074	92777	87297	97603	55323	42280	87424	49721	37703

3-11 续 1

县市区	三、乡村人口与从业人员							
	1.农业从业人员	(1)男	(2)女	2.工业从业人员	3.建筑业从业人员	4.交运仓储和邮政业从业人员	5.信息传输、计算机服务和软件业	6.批发与零售业从业人员
单位	人	人	人	人	人	人	人	人
长治市	**651287**	**340599**	**310688**	**172294**	**117769**	**63518**	**15093**	**61654**
市辖区	1056	635	421	1043	735	625	580	1152
城　区	4284	2008	2276	4555	1557	4524	1418	8778
郊　区	25856	12975	12881	25424	6694	9394	1857	6001
长治县	71907	34104	37803	31022	16219	8716	2083	8212
襄垣县	50729	27268	23461	11469	3228	5365	1038	5801
屯留县	66952	36150	30802	11402	13718	4016	1559	4831
平顺县	36963	19510	17453	6456	11606	2282	935	2931
黎城县	36872	19446	17426	9666	6240	3436	660	3916
壶关县	74442	36104	38338	15207	23684	8937	811	4004
长子县	112051	58009	54042	14065	11370	5157	1848	6419
武乡县	54212	31713	22499	5337	7064	2954	486	2070
沁　县	36952	21005	15947	4230	4851	2016	249	2080
沁源县	32072	18857	13215	12794	2972	2252	690	2359
潞城市	46939	22815	24124	19624	7831	3844	879	3100

7.住宿和餐饮业从业人员	8.其他行业从业人员	四、农业主要能源及物耗						
		1.乡、村办水电站	装机容量	发电量	2.农村用电量	3.农用化肥施用量(实物量)	其中：(1)氮肥	(2)磷肥
人	人	个	千瓦	万千瓦时	万千瓦时	吨	吨	吨
41745	**68781**	**20**	**7700**	**3141**	**79063.84**	**358446.77**	**122581.24**	**75835.77**
1140	453							
4538	3581				2936	900.81	413.95	137.29
3556	4395	1	500	1000	14969.79	17209.64	7916.64	4828.86
4081	11259				13354.6	40213	18791	8832
4587	2565	1	500	140	6633.2	40423.25	17423.08	13080.56
3485	6098				7091.39	70411.55	21054.02	13567.31
2344	3068	11	5480	1687	2649.79	11978.75	4692.18	2398.47
1570	5157	1	600	150	2346.23	16417.73	4407.85	2514.52
4364	7185	6	620	164	5946.82	23944.96	8836.45	4377.87
3907	9783				7892.88	66565.84	21210.02	14335.75
1985	5676				3219.1	22132.09	7080.16	4774.58
2229	2924				2163.03	20461.13	5578.15	2101.5
1998	3391				3527.16	6108.47	1497.73	1037.06
1961	3246				5882.39	21679.55	3680.01	3850

3-11 续 2

县市区	四、农业主要能源及物耗					
	(3)钾肥	(4)复合肥	4.农用化肥施用量(折纯量)	其中:(1)氮肥	(2)磷肥	(3)钾肥
单位	吨	吨	吨	吨	吨	吨
长 治 市	**20188.37**	**139841.39**	**125645.41**	**33776.13**	**13616.88**	**9552.77**
市辖区						
城　区	88.19	261.38	299	103	21	44
郊　区		4464.14	5239.83	2283.44	724.32	
长治县	1937	10653	14928	5872	2760	969
襄垣县	1021.25	8898.36	11768.14	4181.54	2092.89	510.63
屯留县	3383.66	32406.56	26736.21	6737.34	2306.44	1489.15
平顺县	287.11	4600.99	3928	1150	336	141
黎城县	540.9	8954.46	5938.14	1226.56	618.79	344.8
壶关县	1018.2	9712.44	8221.53	2209.11	744.23	509.1
长子县	7881.58	23138.49	21368	5303	2016	3624
武乡县	1305.87	8971.48	7630.45	1774.55	716.28	653.39
沁　县	973.7	11807.78	8100	1588	397	457
沁源县	356.41	3217.27	2148.84	464.39	267.93	113.45
潞城市	1394.5	12755.04	9339.27	883.2	616	697.25

四、农业主要能源及物耗					
(4)复合肥	5.农用塑料薄膜使用量	其中:地膜使用量	地膜覆盖面积	6.农用柴油使用量	7.农药使用量
吨	吨	吨	公顷	吨	吨
68699.63	**3654.42**	**2711.61**	**34930.71**	**20478.7**	**1283.13**
31	97.68	25.96	223.8	79.08	6.78
2232.07	338.4	152.48	1391.47	2341.14	53.5
5327	266	258	767	2552.16	134.75
4983.08	216.51	251.7	2030.73	1507.89	87.87
16203.28	276.12	226.74	3812.2	4131.84	116.72
2301	161.16	149.2	2249.8	745.62	141.72
3747.99	101.62	55.48	680.16	1643.79	89.62
4759.09	394.25	391.69	7909.03	580.97	143.13
10425	1015.38	667.04	6762.6	2596.37	337.71
4486.23	100.67	98.74	1489.33	1194.94	49.88
5658	213.41	87.73	1178.93	949.88	29.27
1303.07	186.66	183.96	4448.26	613.31	35.78
7142.82	238.01	162.72	1987	1541.71	56.4

3-12 农 林 牧 渔

（按现行

县市区	农林牧渔业总产值	一、农业产值	1. 谷					
			合计	(1)谷物	#小麦	#玉米	(2)薯类	(3)油料
总　计	**1060891.8**	**674249.2**	**386767.9**	**347779.5**	**8550.4**	**314025.5**	**14093.5**	**1052.4**
城　区	10441.8	5254.6	404.6	386.3		386.3		
郊　区	53731.7	26701.1	14976.5	13173.3	36.6	13096.9	155.0	
长治县	113139.3	52573.5	30322.4	28565.4	720.8	26873.5	900.1	57.5
襄垣县	123030.7	98462.7	45978.3	44822.5	321.5	40591.3	767.7	125.5
屯留县	118708.0	83899.3	60234.0	54414.6	927.5	51286.7	2093.4	3.4
平顺县	48242.9	24349.0	13311.0	10536.7	1358.5	8339.4	2081.9	38.8
黎城县	55146.7	30683.5	17882.0	15895.4	1340.4	13497.2	377.1	75.6
壶关县	87331.2	55502.7	27658.9	25768.1	99.7	25145.5	586.9	20.4
长子县	189783.6	124335.8	52794.5	46245.9	1386.3	44654.1	1149.5	24.9
武乡县	57622.0	42307.2	34828.9	31316.0	282.5	20268.7	1499.9	231.0
沁　县	81858.0	57591.7	44327.2	41678.0	328.5	35900.1	226.8	52.9
沁源县	44155.6	28338.8	21611.6	15145.6	0.0	13628.7	4658.3	241.4
潞城市	77699.6	43522.4	27998.9	25289.1	1754.9	22529.3	511.2	185.3

3-12 续 1

（按现行

县市区	2.花卉、园艺作物		3.水果、坚果、饮料及香料作物				4.中药材	二、林业产值	
	(2)花卉	(3)其它园艺作物	合计	1.水果、坚果（含瓜果类）	#苹果	#梨			合计
总　计	**2404.9**	**2145.0**	**40371.1**	**17740.2**	**6432.8**	**2603.6**	**18616.0**	**40226.3**	**38881.9**
城　区	47.4		159.3	154.3	130.6	1.5		795.3	786.0
郊　区	5.2	2045.0	578.6	514.0	412.1	85.1	255.3	1237.5	1214.8
长治县			157.7	147.7	78.8	42.5	134.3	2334.8	2272.8
襄垣县	3974.4		4867.0	4457.4	579.6	504.9	568.5	1774.6	1700.6
屯留县	13.2		3237.2	712.4	186.9	51.0	7922.3	2474.2	2362.8
平顺县			6027.6	1729.6	940.8	492.6	1922.2	3808.6	3769.4
黎城县			10528.4	1946.1	901.7	23.4	255.0	7362.4	7307.7
壶关县			2109.8	488.0	278.8	189.7	475.8	2567.6	2493.6
长子县	60.0		2026.1	1402.7	674.3	521.0	1214.5	3136.7	3087.1
武乡县	314.1		1905.3	1459.9	303.9	173.4	12.0	2171.4	2103.5
沁　县			5942.8	990.2	195.4	123.8	2026.6	2986.6	2915.1
沁源县			1339.4	1184.6	77.3	15.2	1308.0	4883.7	4785.1
潞城市	30.1	100.0	3250.1	1883.6	1503.7	146.4		5687.8	5654.7

业 总 产 值

价格计算）

单位：万元

物及其它作物							2.蔬菜、园艺作物	
#花生	#油菜籽	(4)豆类	#大豆	(5)棉花	(6)烟草	(7)其它农作物	合计	(1)蔬菜(含菜用瓜)
310.4	**35.1**	**5329.1**	**3858.3**	**25.0**	**2937.4**	**15548.5**	**228494.2**	**205071.6**
						18.3	4690.8	4641.6
		407.6	399.3			1240.6	10890.6	8165.5
		298.6	230.2			500.7	21959.0	21933.0
33.1	4.4	262.6	195.8				47048.9	42842.8
1.5		1444.2	620.2			2278.4	12505.8	12438.7
6.8	4.4	142.7	117.2			510.9	3088.2	2731.6
1.8	7.4	789.4	787.1	5.5		739.0	2018.1	1999.0
0.1		78.0	75.9			1205.5	25258.2	16876.1
		100.1	75.2		2890.7	2383.3	68300.8	65556.6
76.9		360.6	340.4			1421.4	5561.1	4531.8
52.1		274.9	210.2			2094.6	5295.1	5294.5
1.7		814.2	444.5			749.5	4079.9	3399.5
120.6	21.6	302.0	289.2	30.4		1680.8	12273.4	12021.1

价格计算）

单位：万元

1.林木的培育和种植				2.竹木采运		3.林产品	三、牧业产值	1.牲畜饲养				
(1)育种育苗	(2)造林	(3)未成林、成林抚育管理面积	(4)零星植树	合计	#村及村以下			合计	(1)牛的饲养	(2)羊的饲养	(3)其它牲畜饲养	(4)奶产品
11258.4	**11258.5**	**603.0**	**15762.0**	**840.4**	**561.2**	**504.0**	**300116.4**	**51045.9**	**13782.7**	**28008.6**	**1396.9**	**6100.3**
66.0			720.0	9.3	9.3		4081.9	1463.6	131.4	102.0		1210.0
547.4	37.5		630.0	22.7	22.7		22798.3	3472.3	454.9	1045.1	2.9	1863.5
749.3	308.6		1215.0	62.0	20.2		55331.9	3195.1	335.0	1992.2	5.0	727.7
507.5	246.8	21.3	925.0	74.1	74.1		15920.4	4106.1	1213.8	2443.8	58.8	15.7
974.3	383.5	165.0	840.0	111.5	87.3		24634.5	4342.8	1432.8	2625.0	91.4	7.0
832.0	2133.4		804.0	39.2			12555.3	2114.3	716.5	1125.0	239.4	
2277.0	2639.3	81.4	2310.0	54.7	54.7		15843.9	2542.2	286.5	1621.7	71.7	468.0
736.0	346.6		1411.0	74.0	34.4		28411.8	1391.3	280.0	900.5	2.5	169.3
854.1	1072.1	57.0	1104.0	49.6	49.6		59607.3	5788.5	1954.7	3663.8	24.9	70.0
495.6	1089.9		518.0	68.0	68.0		10852.4	4400.0	993.6	2917.3	68.2	241.6
642.6	1020.0	80.0	1172.5	71.6	22.6		18671.8	9860.6	6798.2	2398.8	355.3	121.4
1529.5	1552.0	36.0	1667.6	80.6	80.6	18.0	5778.0	3563.1	515.5	2692.9	29.8	295.7
1664.4	1120.2	260.1	2610.0	33.1	0.2		26358.2	5675.1	375.9	3733.5	443.7	948.2

3-12 续 2 （按现行

县市区	1.牲畜饲养					2.猪的饲养	3.家禽饲养		
	#牛奶	(5)毛绒产品	#绵羊毛	#山羊绒	(6)其它牲畜副产品		合计	(1)肉禽	(2)禽蛋
总计	**6083.8**	**1741.8**	**1317.4**	**424.4**	**15.5**	**131892.3**	**115413.7**	**19129.8**	**96283.9**
城区	1200.6	20.3	19.9	0.4		1723.5	878.0	171.7	706.3
郊区	1855.7	90.5	89.3	1.2	15.5	10365.3	8867.7	1239.3	7628.4
长治县	727.7	135.2	129.2	6.0		28291.9	23780.7	3445.7	20335.0
襄垣县	15.7	374.1	368.4	5.7		5968.2	5814.8	1394.0	4420.8
屯留县	7.0	186.7	166.3	20.4		10167.6	10105.4	1097.4	9008.0
平顺县		33.5	20.0	13.5		6523.7	3899.6	444.2	3455.3
黎城县	468.0	94.4	32.6	61.9		9379.8	3839.7	323.5	3516.2
壶关县	169.3	39.0	33.0	6.0		18116.4	8904.2	1227.9	7676.3
长子县	70.0	75.1	73.4	1.8		17288.6	36502.7	4676.2	31826.5
武乡县	241.6	179.3	84.0	95.3		2353.3	4079.3	3114.5	964.8
沁县	121.4	186.9	168.9	18.0		2607.4	4993.4	1064.1	3929.3
沁源县	295.7	29.2	14.9	13.7		555.1	1652.0	476.0	1176.0
潞城市	948.2	173.8	141.3	32.5		16133.4	4338.0	923.8	3414.2

3-12 续 3 （按可比

县市区	农林牧渔业总产值	一、农业产值	1. 谷					
			合计	(1)谷物	#小麦	#玉米	(2)薯类	(3)油料
总计	**1043202.9**	**665456.1**	**382976.4**	**344370.0**	**8436.4**	**311063.0**	**13754.1**	**1043.3**
城区	10344.4	5168.5	395.4	377.5		377.5		
郊区	53602.6	27034.7	14798.9	13003.3	35.8	12938.5	148.9	
长治县	111231.9	51145.3	30903.4	29112.2	689.5	27498.5	637.0	54.8
襄垣县	120756.7	96696.3	44725.9	43624.8	321.5	39668.8	767.7	122.1
屯留县	118589.3	84503.0	59696.7	53927.9	927.5	51286.7	2083.3	3.4
平顺县	47303.1	24394.0	13064.1	10341.7	1358.5	8164.5	2059.4	37.7
黎城县	62509.4	38753.1	18246.9	16229.3	1340.4	14139.9	256.5	74.8
壶关县	84719.2	53312.6	27002.8	25156.4	98.8	24546.8	417.2	20.0
长子县	187480.0	120918.0	52610.4	46085.7	1384.9	44497.4	1062.6	24.2
武乡县	55834.1	40634.9	33230.5	30180.1	315.3	20740.1	1046.8	231.0
沁县	82160.9	58099.5	44199.0	41559.1	320.9	36071.0	205.6	52.9
沁源县	44360.7	28300.7	21611.6	15142.5		13628.7	4658.5	241.4
潞城市	76324.8	42557.7	27423.0	24761.7	1552.4	22529.3	511.2	159.9

价格计算） 单位：万元

5.其它畜牧业			四、渔业产值				五、农林牧渔服务业
合计	#蚕茧	#兔	合计	(一)养殖	#鱼类	#虾蟹类	
1764.5	**66.0**	**1641.1**	**4818.0**	**4818.0**	**4818.0**		**41482.0**
16.8		16.8					310.0
93.0		28.1	414.8	414.8	414.8		2580.0
64.2		64.2	106.8	106.8	106.8		2792.4
31.3		25.2	343.0	343.0	343.0		6530.0
18.6		18.6	600.0	600.0	600.0		7100.0
17.7		17.7	390.0	390.0	390.0		7140.0
82.2		77.5	176.8	176.8	176.8		1080.0
			111.0	111.0	111.0		738.0
27.6		14.3	898.8	898.8	898.8		1805.0
19.9		12.6	441.0	441.0	441.0		1850.0
1210.3	66.0	1126.3	918.0	918.0	918.0		1690.0
7.8			120.0	120.0	120.0		5035.0
211.7		173.6	331.2	331.2	331.2		1800.0

价格计算） 单位：万元

物 及 其 它 作 物							2.蔬菜、园艺作物	
#花生	#油菜籽	(4)豆类	#大豆	(5)棉花	(6)烟草	(7)其它农作物	合 计	(1)蔬菜(含菜用瓜)
308.8	**35.3**	**5189.1**	**3701.3**	**24.8**	**2913.0**	**15216.5**	**224410.0**	**201402.9**
						17.1	4622.4	4573.9
		406.1	397.8			1240.6	11425.3	8490.2
		317.0	246.6			500.7	19959.1	19936.3
31.9	4.4	241.6	178.0				46583.1	42467.1
1.5		1444.2	620.2			2278.4	13642.2	13568.9
6.9	4.3	140.1	114.3			542.3	3074.1	2719.2
1.8	7.4	785.0	782.8	5.5		739.5	2079.8	2060.5
0.1		77.0	74.9			1174.0	23785.9	15893.0
		99.9	75.2		2913.0	2374.3	65116.6	62502.4
76.9		360.7	340.4			1409.8	5506.0	4707.9
52.1		271.2	207.4			2066.0	6106.6	6105.7
1.7		814.2	444.5			744.2	4080.7	3403.1
100.5	21.6	280.3	269.9	19.0		1680.8	11931.0	11325.8

3-12 续 4

（按可比

县市区	2.花卉、园艺作		3.水果、坚果、饮料及香料作物				4.中药材	二、林业产值	
	(2)花卉	(3)其它园艺作物	合计	1.水果、坚果（含瓜果类）	#苹果	#梨			合计
总　计	**2354.2**	**2145.0**	**39971.3**	**17460.2**	**6348.9**	**2605.5**	**18098.4**	**38556.4**	**37221.8**
城　区	47.4		150.7	146.0	122.4	1.4		787.6	778.3
郊　区	5.0	2045.0	560.2	497.6	395.9	85.1	250.3	1115.2	1094.5
长治县			149.8	140.3	75.2	38.6	133.0	2008.0	1945.9
襄垣县	3974.4		4818.8	4464.2	567.0	504.9	568.5	1617.2	1546.0
屯留县	13.2		3241.8	713.4	186.9	51.0	7922.3	2088.7	1977.2
平顺县			6304.4	1809.0	968.5	524.9	1951.4	3797.2	3758.2
黎城县			18171.3	2084.9	1202.3	23.4	255.0	7081.4	7026.7
壶关县			2057.5	475.9	278.8	177.9	466.5	2541.5	2468.9
长子县	60.0		1979.0	1370.2	673.8	509.1	1212.1	2751.3	2703.3
武乡县	314.1		1886.4	1481.6	305.8	176.2	12.0	2110.2	2042.2
沁　县			5826.3	1045.4	222.1	129.8	1967.6	2927.4	2857.9
沁源县			1300.4	1184.6	77.3	15.2	1308.0	5127.5	5030.1
潞城市	30.1	100.0	3203.7	1837.2	1424.5	146.4		5861.5	5828.4

3-12 续 5

（按可比

县市区	1.牲畜饲养					2.猪的饲养	3.家禽饲养		
	#牛奶	(5)毛绒产品	#羊毛	#羊绒	(6)其它牲畜副产品		合计	(1)肉禽	(2)禽蛋
总　计	**6015.9**	**1741.8**	**1317.4**	**424.4**	**15.5**	**133318.8**	**108880.8**	**18155.3**	**91259.5**
城　区	1200.6	20.3	19.9	0.4		1725.3	872.8	171.7	706.3
郊　区	1831.6	90.5	89.3	1.2	15.5	10365.3	8630.4	1239.3	7394.4
长治县	711.8	135.2	129.2	6.0		28235.4	23768.8	3504.7	19754.0
襄垣县	15.1	374.1	368.4	5.7		5794.4	5667.4	1393.8	4244.9
屯留县	7.0	186.7	166.3	20.4		10306.7	9763.7	1097.4	8031.2
平顺县		33.1	19.9	13.2		6563.1	3200.3	444.2	2756.0
黎城县	441.5	92.5	30.7	61.8		9379.8	3476.7	323.6	3153.0
壶关县	164.5	37.7	32.1	5.6		17937.0	8729.6	1220.7	7471.6
长子县	70.0	79.0	57.9	21.1		19690.9	35786.9	3986.3	28497.7
武乡县	241.6	179.3	84.0	95.3		2330.0	4079.3	3114.5	964.8
沁　县	121.4	186.9	168.9	18.0		2581.6	4848.0	1064.1	3838.0
沁源县	297.6	29.2	14.9	13.7		555.1	1652.0	476.0	1176.0
潞城市	862.0	173.8	141.3	32.5		16133.4	3941.1	923.8	3017.2

价格计算）

单位:万元

1.林木的培育和种植				2.竹木采运		3.林产品	三、牧业产值	1.牲畜饲养				
(1)育种育苗	(2)造林	(3).未成林、成林抚育管理面积	(4)零星植树	合计	#村及村以下			合计	(1)牛的饲养	(2)羊的饲养	(3)其它牲畜饲养	(4)奶产品
12366.8	10769.0	539.8	13544.8	829.6	556.6	505.0	293619.5	49655.5	13798.3	26656.6	1410.2	6032.4
39.6			336.0	9.3	9.3		4078.4	1463.6	131.4	102.0		1210.0
534.0	37.5		522.0	20.7	20.7		22496.1	3407.6	448.1	1010.7	2.6	1839.4
482.9	237.5		972.0	62.1	16.1		55228.8	3160.3	319.4	1902.6	4.9	711.8
499.2	236.9	21.0	481.0	71.2	67.6		15634.8	4141.7	1057.7	2642.0	52.9	15.1
541.3	383.5	110.0	672.0	111.5	87.3		24423.2	4334.2	1205.9	3117.1	91.4	7.0
832.0	1927.0		804.0	39.1	0.0		11722.6	1941.5	644.2	927.8	181.2	
2277.0	2639.3	61.1	2695.0	54.7	54.7		15418.1	2479.7	289.8	1621.6	71.0	441.5
736.0	338.5		1245.0	72.6	34.4		28030.6	1364.0	280.0	861.9	2.3	164.5
837.3	1040.9	56.4	775.6	48.0	48.0		61135.6	5630.3	1810.6	3602.0	17.8	70.0
413.0	743.1		444.0	68.0	68.0		10807.2	4378.1	993.6	3141.7	68.2	241.6
556.0	1020.0	80.5	1005.0	69.5	19.5		18402.9	9763.0	6708.8	2596.3	359.6	121.4
2403.5	1125.2	36.0	1516.0	79.5	126.0	18.0	5778.0	3563.1	514.3	2851.3	29.8	297.6
1752.0	1120.2	260.1	2700.0	33.1	0.2		25774.4	5511.4	375.9	3529.9	394.4	862.0

价格计算）

单位:万元

5.其它畜牧业			四、渔业产值				五、农林牧渔服务业
合计	#蚕茧	#兔	合计	(一)养殖	#鱼类	#虾蟹类	
1764.3	**66.0**	**1641.0**	**4822.3**	**4815.8**	**4822.4**		**40748.5**
16.8		16.8					310.0
92.9		28.1	414.8	414.8	414.8		2541.9
64.2		64.2	106.8	106.8	106.8		2743.0
31.3		25.2	343.0	343.0	343.0		6465.4
18.6		18.6	600.0	650.0	650.0		6974.5
17.7		17.7	375.5	338.0	338.0		7013.8
81.9		77.3	176.8	176.8	176.8		1080.0
			111.0	111.0	111.0		723.5
27.6		14.3	902.1	905.2	902.1		1773.1
19.9		12.6	441.0	472.5	472.5		1840.8
1210.3	66.0	1126.3	1071.1	1071.0	1071.0		1660.1
7.8			120.0	120.0	120.0		5034.5
188.5		151.9	331.2	331.2	331.2		1800.0

3-13 分县区农林牧

县市区	农林牧渔业生产中间消耗总计	一、农业中间消耗	1.物质消耗	(1)用种量	(2)役畜用饲料量	(3)肥料	(4)燃料	(5)农药	(6)农用塑料薄膜
总　计	**457924.1**	**262346.4**	**258696.4**	**83122.8**	**12460.7**	**102703.9**	**17489.1**	**4875.8**	**8770.6**
市直汇									
城　区	4670.2	2035.4	2035.4	463.5	7.8	159.3	171.3	6.8	194.4
郊　区	23105	12449.2	11976.2	1957.8	51.3	5142.1	1738.4	215.1	744.5
长治县	55766.1	23859.8	23859.8	4713.6	39.6	10817.7	2190.7	471.8	426.4
襄垣县	52751.8	38942.5	38942.5	12059.1	1109.4	19118.5	1251.6	342.8	616.9
屯留县	51624	33970.1	33970.1	10826.9	1170	16803	3324.4	441.4	572.7
平顺县	22804.1	10622.8	10622.8	4845.9		2742.2	532.1	537.5	354.6
黎城县	22081.9	11312.7	10402.7	2974.1	994.7	3016	1092.6	259.8	202.4
壶关县	38309.4	20904.8	20904.8	8290.8	8.3	6940.7	546.1	543.8	709.7
长子县	79064.1	45465.5	45172.5	19902.8	691.6	16639.2	2392.1	1283.3	2233.9
武乡县	25432.1	16514.4	16514.4	7073	1721.4	4789.6	923.9	140.9	217.5
沁　县	32072.2	18415.5	18415.5	6124.6	4186.7	5290.4	827.5	110.8	469.5
沁源县	17377.1	9602.8	9252.8	4378.9	745	1435.5	337.6	108.1	298.7
潞城市	32865.3	14848	14848	6064.2	748.8	4843.3	1526.2	141	416.5

3-13 续 1

县市区	(6)林业小农具购置	(7)办公用品购置	(8)其他物质消耗	2.生产服务支出	三、牧业中间消耗	1.物质消耗	(1)用种量	(2)饲料饲草	(3)燃料	(4)用电量
总　计	**145**	**120**	**157**	**328**	**152662.7**	**150205.7**	**776.8**	**145072**	**1149.7**	**1007.5**
市直汇										
城　区					1859.1	1847.1		1583.2	45.9	180
郊　区	5.2	5.3	3.4	41	8605.9	8363.9	240.3	7157.7	458.4	356.5
长治县			4.5		29259	29259	69	29003.5	58.5	128
襄垣县					9059.8	9059.8		8627.8	72	360
屯留县	10	10		15	12448.9	12183.9	18.2	12132.7		13
平顺县					6841.9	6841.9		6637.9		204
黎城县	25	5	12	25	6974.9	6664.9	24	5799.9	64	455
壶关县					15588.1	15588.1		15588.1		
长子县	4	56			30751.9	29833.9	324.8	27825	110.4	174.7
武乡县					6337.7	6307.7		5973.9	67.1	164.7
沁　县					10825	10825	128.2	10646.6	20.9	29.3
沁源县					3715.3	3715.3		3205.7	174.5	283.1
潞城市	10	13	90	180	15070	14370	13.8	13684.1	202.1	240

渔业中间消耗

单位:万元

(7)用电量	(8)小农具购置	(9)办公用品购置	(10)其他物质消耗	2.生产服务支出	二、林业中间消耗	1.物质消耗	(1)用种量	(2)肥料	(3)燃料	(4)农药	(5)用电量
27341.5	**582**	**250**	**1100**	**3650**	**20110.5**	**19782.5**	**16463.4**	**1147.6**	**757.8**	**710.3**	**281.4**
988.3	4	15	25		610.7	610.7	540	30	29.2	2.5	9
1901.5	47	71.5	107	473	617.2	576.2	469.1	33.5	1.6	22.1	36
5200					1380.8	1380.8	1180.1	65	34.4	63	33.8
4444.2					1093.7	1093.7	926.9	98.4	22	20	26.4
817.7		12	2		1364.5	1349.5	1280.6	7.3	38.9	2.7	
1610.5					2378.6	2378.6	1732.5	230.1	83	209	124
1173.1	70	20	600	910	3174	3149	2860.8	96		109.2	41
3865.4					1406.8	1406.8	1084.5	147.5	82	77.5	15.3
1720.6	133	88	88	293	1674	1674	1244.3	21.1	147.4	183.7	17.5
1508.1	120	20			1447.7	1447.7	1407.4		19.5		20.8
1406					1532.7	1532.7	1253.7	204.3	60.4		14.3
1809	108		32	350	1505.2	1505.2	1180.2	150.4	104.5	1.3	68.8
700	100	8	300		1892.7	1712.7	1476	70.3	37.4	8.5	7.5

单位:万元

(5)畜牧用药量	(6)其他物质消耗	2.生产服务支出	四、渔业中间消耗	1.物质消耗	(1)饲料	(2)燃料	(3)用电量	(4)办公用品购置	(5)其他物质消耗	2.生产服务支出	五、农林牧渔服务业中间消耗合计
1147.7	**612**	**2457**	**2457.2**	**2277.2**	**1936.2**	**90.2**	**105.8**	**60**	**85**	**180**	**20347.3**
30		12									165
78	23	242	229.7	224.6	178.5	21.3	24.8			5.1	1203
			46.5	36.5	5	3.5	9	9	10	10	1220
			145.8	145.8	105	21	19.8				3510
10		265	290.5	258.5	200.5		38	10	10	32	3550
			215.8	160.8	75	25.8		35	25	55	2745
255	52	310	75.3	65.3	48.6	3.7			7	10	545
			64.7	34.7	19.7				15	30	345
585	450	918	391.7	279.7	178.6		3.1	52.8	45.2	112	781
75	12	30	227.3	212.3	122.9		69.4	8	12	15	905
			426	426	360	49	17				873
52			68.8	53.8	53.8					15	2485
100	110	700	159.6	152.6	124.2	15.4	10	1	2	7	895

3-14 主 要 农 产

县市区	农作物总播种面积	粮食作物			夏收粮食			秋收
		播种面积	产量	单产	播种面积	产量	单产	播种面积
长治市	**273682.40**	**247780.42**	**1621917.20**	**436.39**	**9266.67**	**38001.72**	**273.39**	**238513.75**
城　区	486.80	219.00	1756.00	534.55				219.00
郊　区	9146.03	8189.13	54051.30	440.02	26.13	149.30	380.92	8163.00
长治县	21947.70	19526.00	134922.86	460.66	536.00	3133.86	389.78	18990.00
襄垣县	32547.77	30091.67	194151.02	430.13	464.93	1428.96	204.90	29626.74
屯留县	36461.90	34390.00	250173.00	484.97	1130.00	4216.00	248.73	33260.00
平顺县	11705.27	10244.17	51760.39	336.84	1216.17	6174.89	338.49	9028.00
黎城县	16173.66	15242.66	75409.04	329.82	1772.66	5957.20	224.04	13470.00
壶关县	17286.12	15826.22	124117.67	522.84	107.09	453.15	282.10	15719.13
长子县	36747.40	29570.00	237958.10	536.49	1100.00	6897.00	418.00	28470.00
武乡县	29089.86	27276.36	124009.80	303.09	519.01	1313.85	168.76	26757.35
沁　县	25701.80	24650.00	182578.00	493.79	510.00	1528.00	199.74	24140.00
沁源县	17073.13	14795.53	78570.18	354.03				14795.53
潞城市	19314.98	17759.68	112459.84	422.15	1884.68	6749.51	238.75	15875.00

3-14 续 1

县市区	高粱			秋杂谷物			燕麦		
	播种面积	产量	单产	播种面积	产量	单产	播种面积	产量	单产
长治市	**1573.59**	**6174.44**	**261.59**	**1494.53**	**2191.26**	**97.75**	**351.73**	**290.18**	**55.00**
城　区									
郊　区	3.00	9.00	200.00						
长治县				121.00	626.00	345.00			
襄垣县	0.13	1.00	512.82	63.00	142.00	150.00			
屯留县	100.00	400.00	267.00	40.00	167.00	278.00			
平顺县				10.00	28.00	187.00			
黎城县	308.00	863.94	187.00	1.00	3.00	200.00			
壶关县				34.00	67.00	131.30			
长子县									
武乡县	657.46	2534.50	257.00	288.73	385.40	89.00			
沁　县	440.00	2036.00	308.00						
沁源县	4.00	12.00	200.00	936.80	772.86	55.00	351.73	290.18	55.00
潞城市	61.00	318.00	348.00						

品生产情况

单位:公顷、吨、公斤/亩

粮食		谷物			玉米			谷子		
产量	单产	播种面积	产量	单产	播种面积	产量	单产	播种面积	产量	单产
1583915.48	**442.72**	**222810.32**	**1534220.28**	**459.05**	**206280.79**	**1481252.34**	**478.72**	**13461.75**	**44602.24**	**220.88**
1756.00	535.00	219.00	1756.00	535.00	219.00	1756.00	535.00			
53902.00	440.00	7876.00	52868.00	448.00	7858.00	52810.00	448.00	15.00	49.00	218.00
131789.00	463.00	18130.00	127335.00	468.00	17617.00	124993.00	473.00	392.00	1716.00	292.00
192722.06	433.67	28875.74	190124.06	438.95	27152.61	184506.06	453.01	1660.00	5475.00	220.00
245957.00	493.00	31220.00	236205.20	504.40	30587.00	233121.20	508.11	493.00	2517.00	340.00
45585.50	336.60	8037.00	41902.50	347.58	7218.34	39901.50	368.52	809.00	1973.00	162.50
69451.84	343.74	12106.00	66620.16	366.87	11269.00	64272.18	380.23	528.00	1481.04	187.00
123664.52	524.00	15198.13	121017.52	531.00	14855.13	119740.52	537.37	309.00	1210.00	261.00
231061.10	541.00	28040.00	228713.10	544.00	27910.00	228191.50	545.00	130.00	521.60	267.00
122695.95	305.70	23456.85	115675.60	328.70	16965.11	94273.20	370.50	5545.55	18482.50	222.19
181050.00	500.00	23450.00	179788.60	511.10	20874.00	170952.60	545.98	2136.00	6800.00	212.00
78570.18	353.87	10652.60	67473.21	422.26	8591.60	63389.25	491.87	1120.20	3299.10	196.34
105710.33	443.93	15549.00	104741.33	449.08	15164.00	103345.33	454.35	324.00	1078.00	222.00

单位:公顷、吨、公斤/亩

荞麦			豆类			大豆		
播种面积	产量	单产	播种面积	产量	单产	播种面积	产量	单产
225.04	**183.92**	**54.49**	**5736.23**	**12908.13**	**150.02**	**4101.55**	**9186.44**	**149.32**
			244.00	779.00	213.00	239.00	765.00	213.00
			243.00	715.00	196.00	166.00	548.00	220.00
			304.00	604.00	132.00	223.00	445.00	133.00
			1040.00	3692.00	237.00	360.00	1632.00	302.00
			152.00	356.00	156.00	118.00	293.00	166.00
			1235.00	2077.41	112.14	1232.00	2071.42	112.09
			73.00	203.00	185.00	70.00	197.00	187.00
			100.00	258.00	172.00	70.00	190.00	181.00
28.77	22.00	51.00	811.30	1164.70	96.00	739.62	1098.00	99.00
			320.00	744.00	155.00	240.00	576.00	160.00
196.27	161.92	55.00	987.93	1813.02	122.34	427.93	889.02	138.50
			226.00	502.00	148.00	216.00	482.00	149.00

3–14 续 2

县市区	秋杂豆			绿豆			红小豆		
	播种面积	产量	单产	播种面积	产量	单产	播种面积	产量	单产
长治市	**1634.68**	**3721.69**	**151.78**	**33.27**	**47.39**	**94.96**	**13.67**	**20.01**	**97.56**
城　区									
郊　区	5.00	14.00	187.00						
长治县	77.00	167.00	145.00	5.00	8.00	107.00	5.00	7.00	93.00
襄垣县	81.00	159.00	131.00						
屯留县	680.00	2060.00	202.00						
平顺县	34.00	63.00	124.00						
黎城县	3.00	5.99	133.00	2.00	3.99	133.00	1.00	2.00	133.00
壶关县	3.00	6.00	133.00	1.00	3.00	200.00			
长子县	30.00	68.00	151.00						
武乡县	71.68	66.70	62.00	7.00	5.00	48.00	1.00	1.00	67.00
沁　县	80.00	168.00	140.00						
沁源县	560.00	924.00	110.00	18.27	27.40	100.00	6.67	10.01	100.00
潞城市	10.00	20.00	133.00						

单位:公顷、吨、公斤/亩

薯类			马铃薯			甘薯		
播种面积	产量	单产	播种面积	产量	单产	播种面积	产量	单产
9967.20	36787.08	246.05	8859.80	32194.40	242.25	1107.40	4592.68	276.48
43.00	255.00	395.00	42.00	251.00	398.00	1.00	4.00	267.00
617.00	3739.00	404.00	608.00	3693.00	405.00	9.00	46.00	341.00
447.00	1994.00	297.00	258.00	996.00	257.00	189.00	998.00	352.00
1000.00	6059.80	404.00	630.00	4223.30	447.00	370.00	1836.50	331.00
839.00	3327.00	264.00	791.00	3159.00	266.00	48.00	168.00	233.00
129.00	754.28	390.00	104.00	608.40	390.00	25.00	145.88	389.00
448.00	2444.00	364.00	442.00	2425.00	366.00	6.00	19.00	211.00
330.00	2090.00	422.00	270.00	1742.00	430.00	60.00	348.00	387.00
2489.20	5855.65	156.80	2319.07	5375.95	154.50	170.13	479.70	188.00
370.00	517.40	93.00	250.00	354.00	94.00	120.00	163.40	91.00
3155.00	9283.95	196.17	3097.73	9120.75	196.29	57.27	163.20	190.00
100.00	467.00	311.00	48.00	246.00	342.00	52.00	221.00	283.00

3-15 分县区经济

县市区	经济作物播种面积	一、油料		1.花生		2.油菜籽	
		播种面积	产量	播种面积	产量	播种面积	产量
长治市	**25902.0**	**1158.8**	**2214.3**	**150.0**	**447.6**	**56.0**	**62.7**
城　区	267.8						
郊　区	956.9						
长治县	2421.7	52	137				
襄垣县	2456.1	168.2	285.8	26.8	63.7	9.3	12.6
屯留县	2071.9	3.4	7.1	1.3	2.6		
平顺县	1461.1	41.2	85.2	4.7	11	2.9	7.1
黎城县	931.0	103.5	158.3	2	3	11.7	12.2
壶关县	1459.9	40.4	49.2	0.1	0.2		
长子县	7177.4	12.5	55.8				
武乡县	1813.5	315.3	590.9	56.2	169.8		
沁　县	1051.8	18	95.6	17	93.8		
沁源县	2277.6	312.9	583	2	3		
潞城市	1555.3	91.4	166.4	39.9	100.5	32.1	30.8

3-15 续 1

县市区	四、烟叶		五、药材类		六、蔬菜及食用菌	
	播种面积	产量	播种面积	产量	播种面积	产量
长治市	**429.4**	**1587.8**	**3378.9**	**15803.8**	**19736.2**	**1065268.7**
城　区					267.8	26237
郊　区			324.3	1268.2	613.5	46638
长治县			69	79	2300.7	132715.7
襄垣县			30.7	113.1	1989.9	124052
屯留县			328.9	9653	1659.9	81999.2
平顺县			783.7	1165.4	596.3	12370.2
黎城县			142	191.4	640.5	10982.2
壶关县			216.7	387.6	1196.6	110210
长子县	429.4	1587.8	132	1164.9	6601.5	385711.4
武乡县			82.5	10	1064.4	23113.3
沁　县			162	1001.8	799.4	25401.3
沁源县			1073.8	769.4	662.5	17109.5
潞城市			33.3		1343.2	68728.9

作 物 生 产 情 况 表

单位:公顷、吨

3.芝麻		4.葵花籽		6.其他油料		二、棉花		三、麻类	
播种面积	产量	播种面积	产量	播种面积	产量	播种面积	产量	播种面积	产量
5.6	**8.5**	**496.6**	**898.8**	**447.9**	**791.3**	**46.2**	**26.3**	**3.3**	**5.0**
				52	137				
		132.1	209.5						
		1.8	4.2	0.3	0.3				
		7.3	15	26.3	52.1				
1.1	2.5	88.7	140.6			15.4	7.3		
		3.6	5.1	36.7	43.9				
				12.5	55.8				
		114.1	245.3	145	175.8				
		1	1.8						
		137.7	256.4	170.5	318.2			3.3	5
4.5	6	10.3	20.9	4.6	8.2	30.8	19		

单位:公顷、吨

七、瓜果类		八、其他农作物	其中:青饲料	九、特种作物				
播种面积	产量	播种面积	播种面积	其中:花卉种植面积	鲜切花	盆栽观赏植物(包括盆景)	其中:盆栽花	花椒
744.0	**24042.9**	**405.2**	**291.6**	**362.3**	**5**	**178645**	**85750**	**477**
				0.4		30000	30000	
19.1	7			0.4		97100	4300	
267.3	12679			294.4				
79.7	2787.5	36.7		1.1		21350	21350	
3.2	54.3							466.4
29.6	1372.8	4						8.2
2.2								
2	40	117.9		8		10000	10000	
233.4	4714.7	24	117.9	57.1				
48.4	1163.8	173.7						
51.4	1022.3	48.9	173.7					
7.7	201.5			0.9	5	20195	20100	2.4

3-16 分县区设施

县市区	一、蔬菜		其中:芹菜		油菜	
	种植面积	产量	种植面积	产量	种植面积	产量
长治市	**4393.5**	**272059.6**	**7.6**	**388.5**	**3.3**	**126.1**
城　区	46.5	4837.5	4.5	207.7	2.3	100.2
郊　区	79.0	9994.4	0.1	1.0	0.1	2.4
长治县	991.7	64836.0				
襄垣县	558.3	32762.7				
屯留县	38.9	2819.6	1.3	150.0	0.1	16.2
平顺县	46.2	844.4				
黎城县	26.6	1028.9	1.3	27.1	0.1	0.1
壶关县	61.9	6914.6				
长子县	2184.7	127751.8				
武乡县	49.2	2039.5	0.1	1.2		
沁　县	218.6	10437.3				
沁源县	32.1	3153.8	0.3	1.5	0.7	7.2
潞城市	59.8	4639.1				

3-16 续 1

县市区	二、瓜果类		其中:草莓		三、花卉苗木:种植面积
	种植面积	产量	种植面积	产量	
长治市	**71.0**	**1700.8**	**34.2**	**519.3**	**10.0**
城　区					0.4
郊　区	3.1	3.9			0.4
长治县					
襄垣县	5.5	357.0	0.2	1.5	6.3
屯留县	2.6	152.3			1.3
平顺县					
黎城县	7.9	334.0			
壶关县	2.2				
长子县	8.0	110.0	2.0	40.0	
武乡县	8.7	221.4			0.3
沁　县	0.8	36.9			1.3
沁源县	32.0	477.8	32.0	477.8	
潞城市	0.2	7.5			

农业生产情况表

单位:公顷、吨、公斤/亩

菠菜		黄瓜		西红柿		生姜		辣椒	
种植面积	产量	种植面积	产量	种植面积	产量	种植面积	产量	种植面积	产量
4.8	**101.9**	**528.9**	**42786.6**	**1204.2**	**87480.8**	**0.1**	**2.4**	**335.2**	**10604.6**
1.3	54.4	6.6	631.6	14.5	1265.8			0.3	17.0
		8.9	1145.1	25.4	3778.9			1.0	54.7
		139.9	13743.0	409.6	35714.2			132.0	1462.1
		2.1	220.9	45.1	3713.0			2.9	199.0
1.6	39.2	10.0	887.2	18.7	1387.8			1.9	146.4
0.9	5.2	10.2	206.9	4.4	257.0			1.3	36.5
0.1	0.1	5.0	195.2	6.4	298.6			1.4	26.8
		6.3	812.0	49.8	5565.6			1.6	100.0
		300.9	22713.3	460.8	25461.2			163.8	6936.7
0.1	2.0	5.9	230.1	19.2	939.7	0.1	2.4	5.9	137.0
0.7	0.4	19.5	757.7	100.1	4552.4			14.8	901.5
0.1	0.6	5.3	641.6	9.2	1008.8			6.5	483.2
		8.3	602.0	41.0	3537.8			1.8	103.7

单位:公顷、吨、公斤/亩

四、食用菌		1.干品		2.鲜品		其中:蘑菇		五、其他作物:种植面积
种植面积	产量	种植面积	产量	种植面积	产量	种植面积	产量	
197.5	**16878.4**	**1.0**	**33.0**	**196.5**	**16845.4**	**69.5**	**4051.6**	**65.9**
0.1	6.0			0.1	6.0	0.1	6.0	0.7
16.8	1658.4			16.8	1658.4	16.8	1658.4	
15.3	62.0			15.3	62.0	15.3	62.0	
4.9	325.0			4.9	325.0	4.9	325.0	4.7
0.9	93.7			0.9	93.7	0.2	7.3	3.2
6.1	408.9			6.1	408.9	0.3	52.5	6.1
0.5	33.5			0.5	33.5	0.5	33.5	1.0
76.9	9956.9			76.9	9956.9	10.0	838.9	0.7
44.9	3097.5			44.9	3097.5			
21.4	558.9	1.0	33.0	20.4	525.9	14.9	447.9	2.1
								45.5
5.5	567.3			5.5	567.3	5.5	567.3	
4.2	110.3			4.2	110.3	1.0	52.8	1.9

3-16 续 2

县市区	设施农业			1、连栋温室		
	数量	占地面积	使用面积	数量	占地面积	使用面积
长治市	**39395**	**3329.1**	**2941.7**	**95**	**42.3**	**60.9**
城 区	458	28.0	23.4			
郊 区	993	110.1	81.9	6	0.5	0.4
长治县	2193	349.6	312.6	6	1.3	1.3
襄垣县	2857	420.7	307.3			
屯留县	548	77.1	43.0	10	2.0	1.3
平顺县	424	57.7	49.6			
黎城县	327	46.3	34.4	2	0.4	0.3
壶关县	742	84.2	63.8			
长子县	26776	1577.3	1646.3	42	28.1	52.4
武乡县	987	113.9	70.6	28	8.2	4.4
沁 县	1638	289.7	179.8	1	1.8	0.8
沁源县	748	94.7	69.6			
潞城市	704	79.8	59.4			

3-17 分县区水果及食

县市区	一、园林水果		1.苹果		红富士苹果		国光苹果	
	果园面积	产量	果园面积	产量	果园面积	产量	果园面积	产量
县市区	**4289.8**	**36161.0**	**1950.7**	**20103.0**	**1048.7**	**12302.0**	**437.3**	**4422.0**
城 区	127.1	487	111.7	408	60.6	211	25.5	101
郊 区	239.7	2012	163.6	1616	118.7	1153	44.9	463
长治县	107	609	88.4	358	72.9	285	14.6	57
襄垣县	350.2	3178	132.7	1260	86.8	668	45.9	592
屯留县	65.3	945	22.5	623	19.9	459	0.4	10
平顺县	179.5	5893	107.8	2767	35.3	1876	6.9	236
黎城县	279.2	4444	166.2	3006	117.1	2407	3.1	62
壶关县	412.9	2427	186.9	1162	141.8	928	27.1	153
长子县	552.3	6176	250.6	2879	80.7	1241	98.1	1015
武乡县	1252.7	2045	310	921	106	354	44.1	198
沁 县	249	2717	46.5	888	18.5	349	2.9	71
沁源县	45.3	356	11.1	258	3.1	37	1.3	20
潞城市	429.6	4872	352.7	3957	187.3	2334	122.5	1444

单位:公顷、吨、公斤/亩

2、日光温室			3、大棚			4、中小棚		
数量	占地面积	使用面积	数量	占地面积	使用面积	数量	占地面积	使用面积
13735	**2010.1**	**1847.5**	**7739**	**1004.8**	**833.1**	**17826**	**271.9**	**200.2**
458	28.0	23.4						
984	109.4	81.3	3	0.2	0.2			
2187	348.3	311.3						
395	110.2	58.9	2462	310.5	248.4			
504	71.1	38.8	25	3.5	2.5	9	0.5	0.4
124	26.2	20.1	116	17.4	17.1	184	14.1	12.4
195	33.5	22.6	103	10.1	9.7	27	2.3	1.8
335	48.8	37.9	350	31.0	21.5	57	4.4	4.4
6813	987.8	1094.3	2528	324.7	327.3	17393	236.7	172.3
314	34.3	22.3	593	65.5	40.5	52	5.9	3.4
724	118.9	66.3	878	165.1	110.7	35	3.9	2.0
155	24.3	19.6	590	70.1	49.7	3	0.3	0.3
547	69.3	50.7	91	6.7	5.5	66	3.8	3.2

用坚果生产情况

单位:公顷、吨

2.梨		雪花梨		鸭梨		3.桃		4.杏		6.葡萄	
果园面积	产量	果园面积	产量	果园面积	产量	果园面积	产量	果园面积	产量	果园面积	产量
914.7	**9643.0**	**171.1**	**1907.0**	**40.0**	**304.0**	**112.9**	**1003.0**	**750.0**	**1509.0**	**44.9**	**490.0**
2	5			2	5	13	71	0.4	3		
45.9	343	30.7	189	0.8	1	5.9	9			2.5	23
12.2	193	3.7	67	2	70	1.3	10			5.1	48
90.7	1122	46.5	351	0.1		29.3	362	10.3	125	9.1	100
17.1	232	9.6	136	0.5	6	8.4	24	3.8	30	4.8	20
38.8	2019	12	519	0.3	12	4.1	58	0.3	12	1	32
6.9	78	2.4	16	1.9	6	7.6	150	7.4	298	5.7	89
167	1186	4	23	27.5	173	4.4	48			4.2	8
252.2	2891	31.3	441	0.9	9	2.7	19	5.3	43	4	53
214.5	542	19.1	56	3.1	11	8.6	57	604.2	324	2.3	9
35.9	590	6.1	6	0.7	5	7.3	94	117.3	659	4.9	96
4.5	76	4.4	75	0.1	1	15.7	10			0.1	1
27	366	1.3	28	0.1	5	4.6	91	1	15	1.2	11

3–17 续 1

县市区	7.红枣		8.柿子		9.沙果	
	果园面积	产量	果园面积	产量	果园面积	产量
长治市	**191.7**	**574.0**	**132.1**	**1995.0**	**0.4**	**3.0**
城 区						
郊 区						
长治县						
襄垣县	66.3	73	0.2	2		
屯留县					0.4	3
平顺县	2.1	16	17	835		
黎城县	2.1	14	81.3	799		
壶关县			0.3	1		
长子县						
武乡县	74.2	71	0.8	18		
沁 县	31.8	386				
沁源县	12.6	10				
潞城市	2.6	4	32.5	340		

单位:公顷、吨

10.其他园林水果		二、食用坚果	1、核桃		2、松子
果园面积	产量		果园面积	产量	
192.4	**841.0**	**9672.0**	**13632.3**	**9670.0**	**2.0**
		2	0.5	2	
21.8	21	34	442.7	34	
		5	129.2	5	
11.6	134	256	1358.3	256	
8.3	13	1578	822.1	1578	
8.4	154	772	130.4	770	2
2	10	2673	1572.2	2673	
50.1	22	954	985.1	954	
37.5	291	346	406.4	346	
38.1	103	223	4213.8	223	
5.3	4	2064	681	2064	
1.3	1	87	650	87	
8	88	678	2240.6	678	

3-18 分县区

县市区	合 计	1.人工造林		2.无林地和疏林地新封	一、造林		
					(一) 荒山荒(沙)地		
					合 计	1.按造林方式分	
		合 计	其中:灌木林面积			(1)人工造林	(2)无林地和疏林地新封
长治市	**20470**	**17510**	**3156**	**2960**	**20470**	**17510**	**2960**
城 区							
郊 区	119	119			119	119	
长治县	374	374			374	374	
襄垣县	987	987	281		987	987	
屯留县	767	500		267	767	500	267
平顺县	3441	2481		960	3441	2481	960
黎城县	2707	2440	540	267	2707	2440	267
壶关县	1612	1345	400	267	1612	1345	267
长子县	1807	1674	600	133	1807	1674	133
武乡县	2477	2144		333	2477	2144	333
沁 县	2372	1972	409	400	2372	1972	400
沁源县	1940	1607	593	333	1940	1607	333
潞城市	1867	1867	333		1867	1867	
市 直							

3-18 续 1

县市区	二、四旁(零星)植树	三、年末实有封山(沙)育林面积	四、森林抚育		
			1.低产低效林改造面积	2.未成林抚育作业面积	3、中、幼龄林抚育面积
长治市	**10508000**	**55167**	**1699**	**667**	**3353**
城 区	960000				
郊 区	900000				
长治县	810000				
襄垣县	740000				280
屯留县	840000	3192	400		1100
平顺县	670000	7391			
黎城县	770000	1834	433		407
壶关县	830000	17048			
长子县	920000	4119			633
武乡县	740000	7606			
沁 县	670000	3866	433		533
沁源县	758000	8245			200
潞城市	900000	1166	433	667	200
市 直					

林 业 生 产 情 况

面积（公顷）										
造林面积										
2、按经济成份分				3、按林种用途分			4、按树种类型分		5、按结构类型分	
(1)公有经济造林			(2)非公有经济造林	(1)经济林	(2)防护林	(3)薪炭林	其中：乡土树种	其中：珍贵树种	(1)纯林	(2)混交林
合计	①国有经济造林	②集体经济造林								
17897	**2707**	**15190**	**2573**	**8473**	**10362**	**808**	**20470**		**10776**	**9694**
119		119		119			119		119	
374		374		80	193	101	374		374	
281		281	706	587	333	67	987		987	
767		767			767		767			767
3441		3441		747	2694		3441		747	2694
2707	2707			1213	667		2707		1560	1147
1612		1612		533	1012	67	1612		133	1479
1807		1807		814	859	134	1807		814	993
2477		2477		1215	1195	67	2477		2477	
2372		2372		1552	725	95	2372		1552	820
1940		1940		613	1183	144	1940		613	1327
			1867	1000	734	133	1867		1400	467

五、林木种苗				补充资料：	
1.林木种子采集量(吨)	2.当年苗木产量(株)	3.育苗面积		木材产量	
合计	合计	合计	其中：本年新增育苗面积	合计	其中：村及村以下木材产量
1349	**195000013**	**4691**	**1437**	**13705**	**9051**
	350000	33	13	182	182
	1200000	267	80	216	216
	4566000	333	87	1449	403
	11685000	416	115	926	926
200	6590000	433	127	2071	1587
295	61895000	320	93	576	
35	4034000	414	127	547	547
755	7030000	368	167	2084	984
58	9360000	392	116	774	774
	21600000	413	113	1359	1359
	6280000	427	120	1369	390
6	57200000	437	130	1680	1680
	3210013	438	149	472	3
	10100	37	4		

3-19 分县区畜牧

县市区	猪			
	生猪出栏	生猪存栏	能繁母猪存栏	猪肉产量
长治市	**899282**	**697008**	**74772**	**69446**
城　区	10639	10837	1167	816
郊　区	62820	40261	4257	4710
长治县	207085	162902	14277	16567
襄垣县	43723	33787	3900	3279
屯留县	78212	63991	7680	6100
平顺县	46598	39115	4689	3542
黎城县	62532	53631	6036	4690
壶关县	120776	74354	8008	9058
长子县	125062	82692	10202	9935
武乡县	19611	26120	3108	1529
沁　县	17120	17289	2773	1338
沁源县	4270	8633	862	320
潞城市	100834	83396	7813	7562

3-19 续 1

县市区	羊						
	羊出栏	山羊出栏	绵羊出栏	羊存栏	山羊存栏	绵羊存栏	羊肉产量
长治市	**329513**	**124411**	**205102**	**765157**	**357883**	**407274**	**5049**
城　区	1593	182	1411	2475	543	1932	26
郊　区	11485	1066	10419	13915	1895	12020	183
长治县	24903	1146	23757	37871	3190	34681	398
襄垣县	27153	12332	14821	53328	16597	36731	418
屯留县	32812	8271	24541	99701	18207	81494	516
平顺县	11598	7689	3909	16845	10412	6433	186
黎城县	21198	20378	820	55380	53128	2252	275
壶关县	12864	1387	11477	22751	4622	18129	206
长子县	47183	8466	38717	65218	13597	51621	763
武乡县	44881	19681	25200	99338	54020	45318	673
沁　县	28221	5300	22921	60566	10987	49579	326
沁源县	31681	25560	6121	197732	157645	40087	570
潞城市	33941	12953	20988	40037	13040	26997	509

业 生 产 情 况

单位:头、吨

牛						
牛出栏	牛存栏	其中:肉牛	奶牛	役用牛	牛肉产量	牛奶产量
24612	**53459**	**19203**	**6282**	**27974**	**3391**	**16668**
302	1435	265	1168	2	42	2668
679	2383	319	1953	111	96	4820
609	1927	1272	655		85	2205
1734	2528	862	3	1663	241	43
2388	5831	2324	19	3488	318	20
1257	2430	306		2124	172	
573	4351	181	408	3762	74	1300
560	496	242	249	5	73	529
3334	6775	4909	60	1806	465	200
2484	8131	3795	192	4144	335	604
8945	10844	2958	16	7870	1255	264
1210	3405	908	598	1899	163	1860
537	2923	862	961	1100	72	2155

单位:只、吨

家禽						
家禽出栏	其中:鸡出栏	家禽存栏	其中:鸡存栏	蛋鸡	肉鸡	禽肉产量
12627589	**11532510**	**13505506**	**12882017**	**10667374**	**2214643**	**17420**
127164	127164	99050	99050	99050		173
576410	542590	916080	912950	850950	62000	807
1767000	1767000	2271500	2271500	2271500		2651
827216	791216	871604	834578	716462	118116	1241
685896	605903	1180209	997021	899763	97258	960
246776	246776	297444	281444	277455	3989	346
192027	187327	402379	402379	391211	11168	240
722291	722291	1061560	1061560	960010	101550	982
2555302	1763024	2999455	2766195	2677139	89056	3452
2076278	2076278	1176436	1176436	626748	549688	2699
2109366	2007071	1553868	1454397	444897	1009500	2837
279966	238861	300370	268229	149997	118232	420
461897	457009	375551	356278	302192	54086	612

3-19 续 2

县市区	一、活牲畜(除猪、牛、羊外)			1.马		
	年末存栏	当年出栏	肉产量	年末存栏	当年出栏	肉产量
长治市	**15117**	**4233**	**454.26**	**1391**	**399**	**44.29**
城　区	47			8		
郊　区	150	19	2.17	72	5	0.59
长治县	209	18	1.96	98	8	0.87
襄垣县	858	196	23.67	113	14	1.61
屯留县	275	261	26.44	22	103	10.49
平顺县	2533	647	65.15	150	33	3.63
黎城县	1224	256	30.91	66	36	4.67
壶关县	86	13	1.36	49	5	0.51
长子县	300	90	10.47	85	21	2.70
武乡县	2321	620	66.05	323	95	10.45
沁　县	2112	846	93.17	71	7	0.75
沁源县	1860	281	30.28	47	26	2.86
潞城市	3142	986	102.63	287	46	5.16

3-19 续 3

县市区	其它奶产量	肉类总产量	奶类产量	禽蛋产量	山羊毛产量		
					合计	1、山羊粗毛	2、山羊绒
长治市	**40.78**	**96734.88**	**16708.78**	**125194**	**139.34**	**102.98**	**36.36**
城　区	22.28	1075.00	2690.28	1009	0.24	0.18	0.06
郊　区	18.50	5814.63	4838.50	9360	0.57	0.38	0.19
长治县		19758.06	2205.00	29050	1.27	0.95	0.32
襄垣县		5209.17	43.00	4994	6.64	4.98	1.66
屯留县		7931.85	20.00	10853	5.61	3.93	1.68
平顺县		4319.70		3445	4.16	3.12	1.04
黎城县		5352.54	1300.00	4288	21.21	15.88	5.33
壶关县		10320.36	529.00	10235	1.92	1.50	0.42
长子县		14643.49	200.00	40595	5.95	4.08	1.87
武乡县		5308.35	604.00	1206	21.00	15.60	5.40
沁　县		6488.92	264.00	4719	4.00	3.00	1.00
沁源县		1503.28	1860.00	1470	61.60	45.50	16.10
潞城市		9009.53	2155.00	3970	5.17	3.88	1.29

单位:头、只、吨

2.驴			3.骡			二、兔(万只、吨)		
年末存栏	当年出栏	肉产量	年末存栏	当年出栏	肉产量	年末存栏	当年出栏	肉产量
7389	**2176**	**219.03**	**6337**	**1658**	**190.94**	**29.45**	**53.96**	**974.62**
			39			1	1.00	18
31	8	0.87	47	6	0.71	0.28	1.10	16.46
72	4	0.4	39	6	0.69	1.61	2.92	55.1
170	33	3.53	575	149	18.53		0.40	6.5
154	74	7.18	99	84	8.77	1.19	0.69	11.41
2258	602	60.2	125	12	1.32	0.17	0.57	8.55
550	88	9.22	608	132	17.02	1.15	2.85	42.63
31	7	0.75	6	1	0.10			
84	24	2.46	131	45	5.31	0.32	0.98	18.02
788	201	20	1210	324	35.60	0.82	0.42	6.3
968	484	49.37	1073	355	43.05	17.65	32.18	639.75
1383	63	6.3	430	192	21.12	0.03	0.00	
900	588	58.75	1955	352	38.72	5.23	10.85	151.9

单位:头、只、吨

绵羊毛产量			天然蜂蜜产量	其他禽蛋产量	蚕茧产量			养蜂箱数
合计	细羊毛	半细羊毛			合计	桑蚕茧	柞蚕茧	
793.21	**394.09**	**197.35**	**66.78**	**150**	**22**	**22**		**3021**
9.70	6.33	3.35						
42.07	12.02	24.04	8.00					363
75.00	17.00	26.00						
174.75	165.84	8.91	7.19					330
114.91	53.33	61.58						
11.05	4.17	2.47	1.10					50
5.80		5.80	3.90					169
47.78	21.05	15.78						
58.79		16.28	18.39					836
57.38	9.20	13.22	9.94					452
121.05	84.32	0.00	6.00	150	22	22		265
22.31	0.00	2.50	9.20					417
52.62	20.83	17.42	3.06					139

3-20 分县区主要农业

县市区	一、农业机械总动力(千瓦)				二、耕作机械			
	合计	柴油发动机	汽油发动机	电动机动力	大中型拖拉机		#轮式拖拉机	
					台	千瓦	台	千瓦
总　计	**2170775**	**1866229**	**18657**	**285889**	**11558**	**420341**	**10963**	**396101**
市直汇								
城　区	12480	10980	270	1230	100	3330		
郊　区	126083	105927		20156	586	27023	586	27020
长治县	207156	156105	9621	41430	434	17475	429	17200
襄垣县	222346	196958		25388	2016	69602	2008	69602
屯留县	286029	247427	6839	31763	2073	76785	1694	62589
平顺县	122000	99383		22617	203	7107	187	6452
黎城县	133000	112394	1084	19522	441	19354	441	19354
壶关县	145043	125789	346	18908	394	16488	383	16069
长子县	251010	213443	84	37483	863	41576	863	41576
武乡县	186422	164432	197	21793	1229	35864	1229	35864
沁　县	118995	109686		9309	1697	47885	1697	47885
沁源县	106210	99448		6762	421	18085	421	18085
潞城市	254001	224257	216	29528	1101	39767	1025	34405

3-20 续 1

县市区	三、种植								
	3. 农用排灌机械							4.田间管理机械	
	排灌动力机械		#柴油机		#电动机		农用水泵	机动喷雾(粉)机	
	台	千瓦	台	千瓦	台	千瓦	台	台	千瓦
总　计	**12113**	**82690**	**1034**	**8626**	**11079**	**74064**	**8097**	**1079**	**2247**
市直汇									
城　区	40	550			40	550		90	270
郊　区	1146	8906	17	100	1129	8806	976		
长治县	2171	16387			2171	16387	2171	14	14
襄垣县	2386	6178	206	2002	2180	4176	46	1	
屯留县	1882	11403			1882	11403	1431	18	36
平顺县	510	5355			510	5355	499		
黎城县	731	7500	295	1813	436	5687	540	542	1084
壶关县	362	1993			362	1993	362	173	346
长子县	1310	9945	23	352	1287	9593	1310	38	84
武乡县	698	6553	183	1575	515	4978		98	197
沁　县	605	4924	310	2784	295	2140	640		
沁源县	91	778			91	778	112		
潞城市	181	2218			181	2218	10	105	216

机 械 年 末 拥 有 量

				三、种植施肥机械(台)							
小型拖拉机		#手扶式拖拉机		1.耕整地机械(台)				2.种植施肥机械(台)			
台	千瓦	台	千瓦	机引犁	旋耕机	深松机	机引耙	播种机	#精少量播种机	化肥深施机	地膜覆盖机
23107	**185740**	**15364**	**133399**	**16281**	**14961**	**1749**	**1033**	**12920**	**4530**	**3651**	**1109**
108	1450			30	35						
707	6840	95	597	361	355	12		325	160	27	18
1094	10316	225	1869	855	1032	46		236	184	74	22
1010	8058	90	777	134	2948	830	350	2365	1914	1060	150
5485	48454	5112	44249	1919	3265	173	460	3250	672	1106	396
647	6165	405	4261	160	545	174		25		3	
7826	46456	5117	45030	6980	1260	53	223	2350	301	46	43
429	3946	323	2579	319	425	80		77	24	105	62
1715	13827	1276	9044	567	805	73		552	258	208	67
2140	18563	1742	15467	2496	1716	26		1563		20	82
538	6033	356	3924	1110	1091	162		1020	650	90	105
674	5675	548	4852	711	692	10		249	13	800	164
734	9957	75	750	639	792	110		908	354	112	

业	机	械							
5. 收获机械								6.收获后处理机械	7.设施农业设备
联合收割机		#稻麦联合收割机		#玉米联合收割机		其它收获机械	秸秆粉碎还田机	机动脱粒机	温室
台	千瓦	台	千瓦	台	千瓦	台	台	台	万平方米
1829	**96359**	**295**	**15713**	**1534**	**80646**	**7312**	**5970**	**19584**	**6838.73**
25	2000			25	2000	26	26	125	112.5
71	4402			71	4402	311	233	1197	31.9
96	5691	20	1152	76	4539	219	205	592	542.0
286	14419	56	2383	230	12036	490	446	3900	203.4
512	24697	82	3884	430	20813	3517	3061	3321	1770.0
32	1696	8	506	24	1190	56	22	465	80.0
47	2496	2	110	45	2386	264	247	2170	37.0
73	3372			73	3372	179	137	373	140.0
289	15566	44	3050	245	12516	922	438	1794	2668.0
64	3293	16	1013	48	2280	295	247	1680	213.0
148	6822	39	1867	109	4955	540	505	1475	686.0
36	2096	8	528	28	1568	151	95	1727	65.0
150	9809	20	1220	130	8589	342	308	765	289.7

3-20续2

县市区	四、农产品初加工机械						五、畜牧养殖机械			
	1.农产品初加工动力机械		2.农产品初加工作业机械				合计		饲草料加工机械	
			合计	粮食加工机械	油料加工机械	棉花加工机械				
	台	千瓦	台	台	台	台	台	千瓦	台	千瓦
总　计	**28439**	**188485**	**25082**	**21154**	**1252**	**501**	**4699**	**23021**	**4572**	**22674**
市直汇										
城　区	135	540	125	125			20	140	20	140
郊　区	1418	9212	620	620			285	2138	285	2138
长治县	3016	23991	3016	1445	12	15	157	1052	120	816
襄垣县	3200	21160	1290	1200	90		4	52	4	52
屯留县	4212	20360	2797	2620	145	32	367		339	
平顺县	2010	15075	2010	1309	400	227	377	2187	377	2187
黎城县	2406	12280	587	410	149	28	207	1555	207	1555
壶关县	3109	15933	3109	2475	132		136	982	131	945
长子县	3121	19314	3121	2966	70	40	1746	8536	1706	8536
武乡县	1798	13125	1798	1744	12	42	627	3690	615	3616
沁　县	1100	5140	3700	3700			640	1750	640	1750
沁源县	616	5951	616	568	48		15	33	13	33
潞城市	2298	26404	2293	1972	194	117	118	906	115	906

六、运输机械									七、农田基本建设机械		八、农业机械原值和净值	
1.农用汽车						2.手扶变型运输机		3.农用挂车			1.农业机械原值	2.农业机械净值
合计		#三轮运输车		#低速载货汽车								
台	千瓦	台	千瓦	台	千瓦	台	千瓦	台	台	千瓦	万元	万元
57403	**1021345**	**41536**	**511695**	**15316**	**493240**			**1203**	**1907**	**124954**	**187321**	**138726**
									30	2700	8550	6250
3025	59282	2167	29252	858	30030				138	8280	14650	8190
7530	104551	5971	65226	1559	29718				326	25964	13865	10516
5359	91826	5009	69047	350	22779				110	8641	16600	12944
7570	98467	5825	61832	1294	29832			243	105	5827	29259	24026
3409	77384	2287	36276	1122	41108				105	3675	5200	4160
1619	36365	484	6773	1135	29592				104	5910	11800	9440
4644	87401	3419	39569	1125	47832				168	9855	17332	11992
6763	117767	4003	55900	2760	61867			510	314	20765	13944	11669
5595	90070	4785	56630	810	33440			450	165	9938	16310	13200
2858	40343	2610	30963	248	9380				94	4300	12500	10000
3677	69439	2709	39824	968	29615				79	3889	13411	8322
5354	148450	2267	20403	3087	128047				169	15210	13900	8017

工业与建筑业

资料整理人员

李瑜晓　韩江波　李旭燕　张　华　吴飞飞

4

4-1 全社会主要产品产量

指标名称	计量单位	产量
原煤	吨	117629276
洗精煤(规上)	吨	54211197
焦炭(规上)	吨	15233277
农用氮、磷、钾化学肥料总计(折纯)	吨	375331
氮肥(折含N100%)	吨	295118
磷肥(折五氧化二磷100%)	吨	80213
初级形态的塑料	吨	158657
中成药	吨	877
水泥	吨	5187151
碳化钙(电石,折300升/千克)	吨	132080
生铁	吨	5516445
粗钢	吨	6997652
钢材	吨	6982233
棒材	吨	1058548
钢筋	吨	2749198
线材(盘条)	吨	2764022
十种有色金属	吨	4463
矿山专业设备	吨	1000
平板玻璃	重量箱	7555160
发电量(规上)	万千瓦小时	3359068
其中:火力发电量	万千瓦小时	3346652
风力发电量	万千瓦小时	12416

4-2 工业企业主要

指标名称	企业单位数(个)	亏损企业	工业总产值(当年价格)	工业销售产值(当年价格)	出口交货值
总计	**344**	**137**	**187845954**	**173988695**	**48691**
一、按登记注册类型分组:					
内资企业	332	131	179241764	166366996	48691
国有企业	7	2	1901751	1715519	
中央企业	1		120006	111938	
地方企业	6	2	1781745	1603581	
集体企业	3		1475389	1371419	
股份合作企业					
联营企业					
国有联营企业					
集体联营企业					
国有与集体联营企业					
其他联营企业					
有限责任公司	176	74	121065243	111706170	26855
国有独资公司	6	2	38433464	35041012	
其他有限责任公司	170	72	82631779	76665158	26855
股份有限公司	16	4	14711514	12509901	6015
私营企业	130	51	40087867	39063987	15821
私营独资企业	8	2	2842769	2827201	
私营合伙企业					
私营有限责任公司	114	46	34583706	33965421	15821
私营股份有限公司	8	3	2661392	2271365	
其他企业					
港、澳、台商投资企业	5	2	728949	746857	
合资经营企业(港或澳、台资)	4	2	588832	606636	
合作经营企业(港或澳、台资)					
港澳台商独资经营企业	1		140117	140221	
港澳台商投资股份有限公司					
其他港澳台商投资企业					
外商投资企业	7	4	7875241	6874842	
中外合资经营企业	5	3	4499747	3734668	
中外合作经营企业	1		3354985	3119876	
外资企业	1	1	20509	20298	
外商投资股份有限公司					
其他外商投资企业					
二、按经济组织类型分组					
独资企业	20	5	6380535	6074658	

经济指标（总表）

单位：千元

年初存货		资产总计	流动资产合计				
	产成品			应收账款	存货		
						产成品	在产品
16967623	**6364865**	**306069029**	**132926455**	**21303094**	**15696361**	**6987586**	**931650**
15644090	5974263	288237195	127277482	20311828	14710919	6620842	912789
212326	127266	5209571	1955125	35123	209651	32732	50265
141652	91733	365829	229249	2264	157745	17859	50265
70674	35533	4843742	1725876	32859	51906	14873	
70251	26526	698429	468792	283246	71742	30284	
11231977	4622857	229952359	100674501	16429237	10996167	5195754	666234
3589668	1516035	66116222	34605847	6813443	3247951	1529965	684
7642309	3106822	163836137	66068654	9615794	7748216	3665789	665550
1271926	436683	24665066	11253479	1201627	1111556	444518	78883
2857610	760931	27711770	12925585	2362595	2321803	917554	117407
50112	9529	3251739	1694518	366559	59752	44299	
2390219	681124	19818363	9894101	1943055	2050637	782677	114344
417279	70278	4641668	1336966	52981	211414	90578	3063
60299	26659	1995297	392742	143679	57145	21559	
59271	26659	1799571	370118	126101	56240	20654	
1028		195726	22624	17578	905	905	
1263234	363943	15836537	5256231	847587	928297	345185	18861
1122170	291303	8882042	4274666	759947	814237	291195	18861
128175	68343	6905777	970243	82739	108745	49890	
12889	4297	48718	11322	4901	5315	4100	
346606	167618	9404183	4152381	707407	347365	112320	50265

4-2 续 1

指标名称	企业单位数（个）	亏损企业	工业总产值（当年价格）	工业销售产值（当年价格）	出口交货值
国有企业	7	2	1901751	1715519	
集体企业	3		1475389	1371419	
私营独资企业	8	2	2842769	2827201	
港澳台商独资经营企业	1		140117	140221	
外资企业	1	1	20509	20298	
合作、合伙企业	1		3354985	3119876	
股份合作企业					
国有联营企业					
集体联营企业					
国有与集体联营企业					
其他联营企业					
私营合伙企业					
合作经营企业(港或澳、台资)					
中外合作经营企业	1		3354985	3119876	
其他企业(内资)					
其他港澳台商投资企业					
其他外商投资企业					
股份有限公司	24	7	17372906	14781266	6015
股份有限公司(内资)	16	4	14711514	12509901	6015
私营股份有限公司	8	3	2661392	2271365	
港澳台商投资股份有限公司					
外商投资股份有限公司					
有限责任公司	299	125	160737528	150012895	42676
国有独资公司	6	2	38433464	35041012	
私营有限责任公司	114	46	34583706	33965421	15821
合资经营企业(港或澳、台资)	4	2	588832	606636	
中外合资经营企业	5	3	4499747	3734668	
其他有限责任公司	170	72	82631779	76665158	26855
三、在总计中:亏损企业	137	137	60672327	56434825	20742
在总计中:国有控股企业	85	34	86280067	79299299	13520
在总计中:农村工业	7	2	6446961	6227859	
在总计中:轻工业	47	13	11063091	10258692	11950
重工业	297	124	176782863	163730003	36741
在总计中:大型企业	37	11	101285062	92328506	
中型企业	95	47	48629885	44928697	42282
小型企业	212	79	37931007	36731492	6409
纯小型企业	200	75	34051718	32875760	474
微型企业	12	4	3879289	3855732	5935

单位:千元

年初存货		资产总计	流动资产合计				
	产成品			应收账款	存货		
						产成品	在产品
212326	127266	5209571	1955125	35123	209651	32732	50265
70251	26526	698429	468792	283246	71742	30284	
50112	9529	3251739	1694518	366559	59752	44299	
1028		195726	22624	17578	905	905	
12889	4297	48718	11322	4901	5315	4100	
128175	68343	6905777	970243	82739	108745	49890	
128175	68343	6905777	970243	82739	108745	49890	
1689205	506961	29306734	12590445	1254608	1322970	535096	81946
1271926	436683	24665066	11253479	1201627	1111556	444518	78883
417279	70278	4641668	1336966	52981	211414	90578	3063
14803637	5621943	260452335	115213386	19258340	13917281	6290280	799439
3589668	1516035	66116222	34605847	6813443	3247951	1529965	684
2390219	681124	19818363	9894101	1943055	2050637	782677	114344
59271	26659	1799571	370118	126101	56240	20654	
1122170	291303	8882042	4274666	759947	814237	291195	18861
7642309	3106822	163836137	66068654	9615794	7748216	3665789	665550
8395811	3304015	107817228	41598298	4343699	7481409	3548220	209355
8712908	3597907	185059901	72995971	10982875	8248862	3703739	623115
478169	134513	9682633	4598816	492335	491946	140023	7125
1503965	466592	10845923	5308105	1033470	1466602	855476	86543
15463658	5898273	295223106	127618350	20269624	14229759	6132110	845107
9425946	3651694	173696113	78822472	11664914	8718781	3857000	476509
4554094	1591265	91503188	34032969	4348493	4059684	1502143	372219
2987583	1121906	40869728	20071014	5289687	2917896	1628443	82922
2465043	1104838	34140828	17048267	4754095	2433047	1299623	82922
522540	17068	6728900	3022747	535592	484849	328820	

4-2 续 2

指标名称	固定资产合计	固定资产原价	累计折旧	本年折旧	在建工程
总　　计	**117098633**	**160963798**	**65465343**	**11344884**	**24554837**
一、按登记注册类型分组:					
内资企业	110151084	147429093	58878105	10186843	23814861
国有企业	3183500	2383161	884241	55696	310098
中央企业	116862	140690	41331	9170	17503
地方企业	3066638	2242471	842910	46526	292595
集体企业	162308	228434	67228	10125	63408
股份合作企业					
联营企业					
国有联营企业					
集体联营企业					
国有与集体联营企业					
其他联营企业					
有限责任公司	89781380	119937078	47129371	8004859	20137277
国有独资公司	28029452	35416473	16589262	2433473	4372555
其他有限责任公司	61751928	84520605	30540109	5571386	15764722
股份有限公司	7727693	12121761	5708954	584679	1281992
私营企业	9296203	12758659	5088311	1531484	2022086
私营独资企业	80620	106009	35142	6332	3704
私营合伙企业					
私营有限责任公司	6914564	9636831	4319127	1333989	1797647
私营股份有限公司	2301019	3015819	734042	191163	220735
其他企业					
港、澳、台商投资企业	1243248	1649189	405941	133666	77275
合资经营企业(港或澳、台资)	1098238	1488103	389865	125876	49280
合作经营企业(港或澳、台资)					
港澳台商独资经营企业	145010	161086	16076	7790	27995
港澳台商投资股份有限公司					
其他港澳台商投资企业					
外商投资企业	5704301	11885516	6181297	1024375	662701
中外合资经营企业	1628136	6614659	4986605	558299	154083
中外合作经营企业	4040937	5217692	1176755	464013	508618
外资企业	35228	53165	17937	2063	
外商投资股份有限公司					
其他外商投资企业					
二、按经济组织类型分组					
独资企业	3606666	2931855	1020624	82006	405205

单位:千元

负债合计	流动负债合计	应付账款	非流动负债合计	所有者权益合计	实收资本	国家资本	集体资本	法人资本
215135116	**149898615**	**40605486**	**58966731**	**89325141**	**44657998**	**20093274**	**2174684**	**13375100**
203769639	139850688	37775785	57649182	82858785	40888511	18934761	1116684	13128404
1509242	1050572	182884	446814	3700329	345423	177203		168220
124980	119480	29299	5500	240849	50000	50000		
1384262	931092	153585	441314	3459480	295423	127203		168220
598946	499646	352800	15000	97883	45600		40000	
166736072	109446713	30015700	52404507	61986368	31362688	18323207	691637	8485578
43864260	29628271	11039554	13162879	22077837	5786592	5521564		265028
122871812	79818442	18976146	39241628	39908531	25576096	12801643	691637	8220550
14980811	11385296	1617555	3306590	9373220	3473525	283617	288997	2035420
19944568	17468461	5606846	1476271	7700985	5661275	150734	96050	2439186
2706843	1982343	1706449		495148	27757			5000
13656873	13007271	3792980	387120	6155023	5460545	150000	86250	2404046
3580852	2478847	107417	1089151	1050814	172973	734	9800	30140
1374284	1374283	73896		621012	680687	317690		106828
1298567	1298567	71948		501003	604893	317690		106828
75717	75716	1948		120009	75794			
9991193	8673644	2755805	1317549	5845344	3088800	840823	1058000	139868
5639995	5067837	1608818	572158	3242047	1517560	4900	1058000	139868
4349947	3604556	1146726	745391	2555830	1519860	835923		
1251	1251	261		47467	51380			
4891999	3609528	2244342	461814	4460836	545954	177203	40000	173220

4-2 续 3

指标名称	固定资产合计	固定资产原价	累计折旧	本年折旧	在建工程
国有企业	3183500	2383161	884241	55696	310098
集体企业	162308	228434	67228	10125	63408
私营独资企业	80620	106009	35142	6332	3704
港澳台商独资经营企业	145010	161086	16076	7790	27995
外资企业	35228	53165	17937	2063	
合作、合伙企业	4040937	5217692	1176755	464013	508618
股份合作企业					
国有联营企业					
集体联营企业					
国有与集体联营企业					
其他联营企业					
私营合伙企业					
合作经营企业(港或澳、台资)					
中外合作经营企业	4040937	5217692	1176755	464013	508618
其他企业(内资)					
其他港澳台商投资企业					
其他外商投资企业					
股份有限公司	10028712	15137580	6442996	775842	1502727
股份有限公司(内资)	7727693	12121761	5708954	584679	1281992
私营股份有限公司	2301019	3015819	734042	191163	220735
港澳台商投资股份有限公司					
外商投资股份有限公司					
有限责任公司	99422318	137676671	56824968	10023023	22138287
国有独资公司	28029452	35416473	16589262	2433473	4372555
私营有限责任公司	6914564	9636831	4319127	1333989	1797647
合资经营企业(港或澳、台资)	1098238	1488103	389865	125876	49280
中外合资经营企业	1628136	6614659	4986605	558299	154083
其他有限责任公司	61751928	84520605	30540109	5571386	15764722
三、在总计中:亏损企业	43123824	58936702	22990608	4176897	12440674
在总计中:国有控股企业	82543367	111178671	44332425	6718793	16033212
在总计中:农村工业	3238172	4617907	1706459	422948	828166
在总计中:轻工业	2891832	3387137	1020714	154597	495548
重工业	114206801	157576661	64444629	11190287	24059289
在总计中:大型企业	66538361	96356531	44804999	6628326	12439060
中型企业	38288252	49004947	16188496	3818694	9494672
小型企业	12272020	15602320	4471848	897864	2621105
纯小型企业	11708433	14810140	4240869	844745	2429424
微型企业	563587	792180	230979	53119	191681

单位:千元

负债合计	流动负债合计	应付账款	非流动负债合计	所有者权益合计	实收资本	国家资本	集体资本	法人资本
1509242	1050572	182884	446814	3700329	345423	177203		168220
598946	499646	352800	15000	97883	45600		40000	
2706843	1982343	1706449		495148	27757			5000
75717	75716	1948		120009	75794			
1251	1251	261		47467	51380			
4349947	3604556	1146726	745391	2555830	1519860	835923		
4349947	3604556	1146726	745391	2555830	1519860	835923		
18561663	13864143	1724972	4395741	10424034	3646498	284351	298797	2065560
14980811	11385296	1617555	3306590	9373220	3473525	283617	288997	2035420
3580852	2478847	107417	1089151	1050814	172973	734	9800	30140
187331507	128820388	35489446	53363785	71884441	38945686	18795797	1835887	11136320
43864260	29628271	11039554	13162879	22077837	5786592	5521564		265028
13656873	13007271	3792980	387120	6155023	5460545	150000	86250	2404046
1298567	1298567	71948		501003	604893	317690		106828
5639995	5067837	1608818	572158	3242047	1517560	4900	1058000	139868
122871812	79818442	18976146	39241628	39908531	25576096	12801643	691637	8220550
96058928	71687938	16713059	21065027	11596422	21472128	8534076	1544055	7139053
132313007	85825059	23520629	44689429	52272667	27848862	19550678	611015	6265699
7461272	5978056	1211033	1483216	2221361	931028		78000	125105
5502889	3448547	647345	916766	4474504	1482253	95555	50340	753507
209632227	146450068	39958141	58049965	84850637	43175745	19997719	2124344	12621593
112251407	81784272	22158995	29084578	60980577	22253859	12357943	1522631	4636532
71219758	45948178	11413837	23888296	19976052	15772489	5548611	328070	7086476
31663951	22166165	7032654	5993857	8368512	6631650	2186720	323983	1652092
26608758	19040836	4822090	5934013	7603965	6345120	2136720	323983	1651092
5055193	3125329	2210564	59844	764547	286530	50000		1000

4-2 续 4

指 标 名 称	个人资本	港澳台资本	外商资本	营业收入	主营业务收入
总　　计	**7696662**	**256169**	**1050109**	**162180211**	**154017993**
一、按登记注册类型分组:					
内资企业	7696662			153680194	145547683
国有企业				1709846	1597442
中央企业				127975	127975
地方企业				1581871	1469467
集体企业	5600			3557947	1359560
股份合作企业					
联营企业					
国有联营企业					
集体联营企业					
国有与集体联营企业					
其他联营企业					
有限责任公司	3862266			104991381	99458107
国有独资公司				34609386	30329372
其他有限责任公司	3862266			70381995	69128735
股份有限公司	865491			11601890	11341403
私营企业	2963305			31819130	31791171
私营独资企业	22757			2902425	2902425
私营合伙企业					
私营有限责任公司	2808249			27296667	27285341
私营股份有限公司	132299			1620038	1603405
其他企业					
港、澳、台商投资企业		256169		822630	818692
合资经营企业(港或澳、台资)		180375		682409	678471
合作经营企业(港或澳、台资)					
港澳台商独资经营企业		75794		140221	140221
港澳台商投资股份有限公司					
其他港澳台商投资企业					
外商投资企业			1050109	7677387	7651618
中外合资经营企业			314792	4537213	4532802
中外合作经营企业			683937	3119876	3098518
外资企业			51380	20298	20298
外商投资股份有限公司					
其他外商投资企业					
二、按经济组织类型分组					
独资企业	28357	75794	51380	8330737	6019946

单位:千元

营业成本	主营业务成本	营业税金及附加	主营业务税金及附加	其他业务收入	其他业务利润	销售费用	管理费用	税金
136856279	**129193423**	**1245271**	**1142393**	**8162218**	**607291**	**3237434**	**12119035**	**558381**
129948335	122290302	1158761	1055883	8132511	579566	2921268	11529579	526669
979933	934116	36983	36281	112404	65885	28624	330275	30385
99275	99275	7	7			2441	24952	8
880658	834841	36976	36274	112404	65885	26183	305323	30377
3394220	1214636	3715	3715	2198387	18803	1514	50757	1421
87740058	82465249	928805	826629	5533274	361965	1647818	9258876	416814
30166357	25926364	275610	268767	4280014	33178	225583	3301158	160098
57573701	56538885	653195	557862	1253260	328787	1422235	5957718	256716
8478612	8341113	129155	129155	260487	122988	780396	1057691	34937
29355512	29335188	60103	60103	27959	9925	462916	831980	43112
2628416	2628416	7817	7817			30909	79334	470
25395807	25389936	39924	39924	11326	8040	410431	606553	37170
1331289	1316836	12362	12362	16633	1885	21576	146093	5472
666310	664339	10767	10767	3938	1956	47538	66958	4903
572734	570763	10767	10767	3938	1956	40586	64578	4806
93576	93576					6952	2380	97
6241634	6238782	75743	75743	25769	25769	268628	522498	26809
4177959	4175107	10463	10463	4411	4411	192769	155635	16217
2041513	2041513	65161	65161	21358	21358	75859	364568	9992
22162	22162	119	119				2295	600
7118307	4892906	48634	47932	2310791	84688	67999	465041	32973

4-2 续 5

指 标 名 称	个人资本	港澳台资本	外商资本	营业收入	主营业务收入
国有企业				1709846	1597442
集体企业	5600			3557947	1359560
私营独资企业	22757			2902425	2902425
港澳台商独资经营企业		75794		140221	140221
外资企业			51380	20298	20298
合作、合伙企业			683937	3119876	3098518
股份合作企业					
国有联营企业					
集体联营企业					
国有与集体联营企业					
其他联营企业					
私营合伙企业					
合作经营企业(港或澳、台资)					
中外合作经营企业			683937	3119876	3098518
其他企业(内资)					
其他港澳台商投资企业					
其他外商投资企业					
股份有限公司	997790			13221928	12944808
股份有限公司(内资)	865491			11601890	11341403
私营股份有限公司	132299			1620038	1603405
港澳台商投资股份有限公司					
外商投资股份有限公司					
有限责任公司	6670515	180375	314792	137507670	131954721
国有独资公司				34609386	30329372
私营有限责任公司	2808249			27296667	27285341
合资经营企业(港或澳、台资)		180375		682409	678471
中外合资经营企业			314792	4537213	4532802
其他有限责任公司	3862266			70381995	69128735
三、在总计中:亏损企业	3821189	146275	287480	47630866	42986300
在总计中:国有控股企业	737533		683937	78487093	73169896
在总计中:农村工业	727923			6233820	6154513
在总计中:轻工业	531471		51380	10059212	10037801
重工业	7165191	256169	998729	152120999	143980192
在总计中:大型企业	3052816		683937	86151328	80788939
中型企业	2356365	146275	306692	41540480	39037656
小型企业	2287481	109894	59480	34488403	34191398
纯小型企业	2063951	109894	59480	30516907	30219902
微型企业	223530			3971496	3971496

单位:千元

营业成本	主营业务成本	营业税金及附加	主营业务税金及附加	其他业务收入	其他业务利润	销售费用	管理费用	税金
979933	934116	36983	36281	112404	65885	28624	330275	30385
3394220	1214636	3715	3715	2198387	18803	1514	50757	1421
2628416	2628416	7817	7817			30909	79334	470
93576	93576					6952	2380	97
22162	22162	119	119				2295	600
2041513	2041513	65161	65161	21358	21358	75859	364568	9992
2041513	2041513	65161	65161	21358	21358	75859	364568	9992
9809901	9657949	141517	141517	277120	124873	801972	1203784	40409
8478612	8341113	129155	129155	260487	122988	780396	1057691	34937
1331289	1316836	12362	12362	16633	1885	21576	146093	5472
117886558	112601055	989959	887783	5552949	376372	2291604	10085642	475007
30166357	25926364	275610	268767	4280014	33178	225583	3301158	160098
25395807	25389936	39924	39924	11326	8040	410431	606553	37170
572734	570763	10767	10767	3938	1956	40586	64578	4806
4177959	4175107	10463	10463	4411	4411	192769	155635	16217
57573701	56538885	653195	557862	1253260	328787	1422235	5957718	256716
46645584	42110291	172110	159068	4644566	84950	796625	2852385	139714
63798592	58747981	842152	745032	5317197	371847	979115	7898051	343322
5932901	5932901	10865	10865	79307	79307	82127	179861	4487
7324228	7311686	42276	42276	21411	17784	1079313	760457	23071
129532051	121881737	1202995	1100117	8140807	589507	2158121	11358578	535310
71597146	66544096	792210	696012	5362389	421949	1612176	7569182	312560
35088150	32742511	329548	323097	2502824	160924	857749	3447388	210255
30170983	29906816	123513	123284	297005	24418	767509	1102465	35566
26405220	26141053	121267	121038	297005	24418	734233	1070076	32627
3765763	3765763	2246	2246			33276	32389	2939

4-2 续 6

指标名称	财务费用	利息收入	利息支出	营业利润	资产减值损失
总计	**5225318**	**691454**	**5141577**	**4173587**	**87186**
一、按登记注册类型分组:					
内资企业	4823762	689625	4816522	3917072	94906
国有企业	29450	924	30008	323185	213
中央企业	-1975		-1995	3275	
地方企业	31425	924	32003	319910	213
集体企业	1402	1965	1783	106339	
股份合作企业					
联营企业					
国有联营企业					
集体联营企业					
国有与集体联营企业					
其他联营企业					
有限责任公司	3887905	541903	3911449	1707701	89571
国有独资公司	560984	142584	511263	45021	27689
其他有限责任公司	3326921	399319	3400186	1662680	61882
股份有限公司	424941	147657	496693	1124026	4199
私营企业	480064	-2824	376589	655821	923
私营独资企业	8606	11	8476	147343	
私营合伙企业					
私营有限责任公司	278415	-2857	198944	579597	923
私营股份有限公司	193043	22	169169	-71119	
其他企业					
港、澳、台商投资企业	61541	405	61864	-23333	-7151
合资经营企业(港或澳、台资)	61539	402	61864	-60644	-7151
合作经营企业(港或澳、台资)					
港澳台商独资经营企业	2	3		37311	
港澳台商投资股份有限公司					
其他港澳台商投资企业					
外商投资企业	340015	1424	263191	279848	-569
中外合资经营企业	193778	790	116550	-144789	1808
中外合作经营企业	146236	634	146641	428916	-2377
外资企业	1			-4279	
外商投资股份有限公司					
其他外商投资企业					
二、按经济组织类型分组					
独资企业	39461	2903	40267	609899	213

单位:千元

公允价值变动收益	投资收益	营业外收入	补贴收入	营业外支出	利润总额	所得税费用	亏损企业亏损总额	利税总额
-166305	**699627**	**706511**	**249244**	**420187**	**4462501**	**1790131**	**5387875**	**12252496**
-166305	649217	703076	249122	390440	4232298	1585944	5127715	11443731
	18817	8310	4855	2518	328977	67937	4424	548945
		109		33	3351			3358
	18817	8201	4855	2485	325626	67937	4424	545587
		115		438	106016	1687		132027
-166655	207067	544439	208302	296959	1957771	1096470	4187048	7472079
	19503	98074	1424	49743	96650	340912	1368973	1496931
-166655	187564	446365	206878	247216	1861121	755558	2818075	5975148
	397130	78686	12155	45004	1157708	237440	232607	2016101
350	26203	71526	23810	45521	681826	182410	703636	1274579
		13		305	147051	196	4031	169193
350	12997	60665	23810	12914	627348	169661	548663	1087943
	13206	10848		32302	-92573	12553	150942	17443
		757		3107	-25683	31648	75972	-5145
		753		3102	-62993	22320	75972	-42455
		4		5	37310	9328		37310
	50410	2678	122	26640	255886	172539	184188	813910
	50410	539	71	14586	-158836	13400	180013	-59150
		2035		12054	418897	159139		875926
		104	51		-4175		4175	-2866
	18817	8546	4906	3266	615179	79148	12630	884609

4-2 续 7

指 标 名 称	财务费用	利息收入	利息支出	营业利润	资产减值损失
国有企业	29450	924	30008	323185	213
集体企业	1402	1965	1783	106339	
私营独资企业	8606	11	8476	147343	
港澳台商独资经营企业	2	3		37311	
外资企业	1			-4279	
合作、合伙企业	146236	634	146641	428916	-2377
股份合作企业					
国有联营企业					
集体联营企业					
国有与集体联营企业					
其他联营企业					
私营合伙企业					
合作经营企业(港或澳、台资)					
中外合作经营企业	146236	634	146641	428916	-2377
其他企业(内资)					
其他港澳台商投资企业					
其他外商投资企业					
股份有限公司	617984	147679	665862	1052907	4199
股份有限公司(内资)	424941	147657	496693	1124026	4199
私营股份有限公司	193043	22	169169	-71119	
港澳台商投资股份有限公司					
外商投资股份有限公司					
有限责任公司	4421637	540238	4288807	2081865	85151
国有独资公司	560984	142584	511263	45021	27689
私营有限责任公司	278415	-2857	198944	579597	923
合资经营企业(港或澳、台资)	61539	402	61864	-60644	-7151
中外合资经营企业	193778	790	116550	-144789	1808
其他有限责任公司	3326921	399319	3400186	1662680	61882
三、在总计中:亏损企业	2712085	144067	2296943	-5565535	51564
在总计中:国有控股企业	3156590	277724	3119647	2159304	85475
在总计中:农村工业	193094	72	190269	-164910	177
在总计中:轻工业	168404	32273	177025	664352	3533
重工业	5056914	659181	4964552	3509235	83653
在总计中:大型企业	2579010	396531	2466605	2826298	50831
中型企业	1898987	288764	1984217	-231409	25871
小型企业	747321	6159	690755	1578698	10484
纯小型企业	719211	3999	667168	1495390	10484
微型企业	28110	2160	23587	83308	

单位:千元

公允价值变动收益	投资收益	营业外收入	补贴收入	营业外支出	利润总额	所得税费用	亏损企业亏损总额	利税总额
	18817	8310	4855	2518	328977	67937	4424	548945
		115		438	106016	1687		132027
		13		305	147051	196	4031	169193
		4		5	37310	9328		37310
		104	51		-4175		4175	-2866
		2035		12054	418897	159139		875926
		2035		12054	418897	159139		875926
	410336	89534	12155	77306	1065135	249993	383549	2033544
	397130	78686	12155	45004	1157708	237440	232607	2016101
	13206	10848		32302	-92573	12553	150942	17443
-166305	270474	606396	232183	327561	2363290	1301851	4991696	8458417
	19503	98074	1424	49743	96650	340912	1368973	1496931
350	12997	60665	23810	12914	627348	169661	548663	1087943
		753		3102	-62993	22320	75972	-42455
	50410	539	71	14586	-158836	13400	180013	-59150
-166655	187564	446365	206878	247216	1861121	755558	2818075	5975148
350	6310	335159	110701	157101	-5387875	37708	5387875	-4251294
-166655	370553	378921	127566	228023	2313499	1088105	3061978	7521009
	295	12609	12155	5782	-158083	2442	229014	-80256
350	731	31136	17571	11459	683720	109401	122738	1040871
-166655	698896	675375	231673	408728	3778781	1680730	5265137	11211625
15	647075	375365	113517	207020	2997941	1167916	2332463	8018468
-166670	33706	229945	94449	166293	-167758	405765	2391420	1954137
350	18846	101201	41278	46874	1632318	216450	663992	2279891
350	18617	101201	41278	46874	1549319	216418	662040	2176332
	229				82999	32	1952	103559

4-2 续 8

单位:千元

指 标 名 称	应交税金及附加	本年应付职工薪酬	本年应交增值税	从业人员平均人数
总　　计	**10138507**	**14480060**	**6544724**	**233055**
一、按登记注册类型分组:				
内资企业	9324046	13767611	6052672	223093
国有企业	318290	358599	182985	4697
中央企业	15	35811		381
地方企业	318275	322788	182985	4316
集体企业	29119	75052	22296	841
股份合作企业				
联营企业				
国有联营企业				
集体联营企业				
国有与集体联营企业				
其他联营企业				
有限责任公司	7027592	11389930	4585503	168579
国有独资公司	1901291	5120650	1124671	66746
其他有限责任公司	5126301	6269280	3460832	101833
股份有限公司	1130770	1148037	729238	19730
私营企业	818275	795993	532650	29246
私营独资企业	22808	10459	14325	397
私营合伙企业				
私营有限责任公司	667426	675487	420671	26067
私营股份有限公司	128041	110047	97654	2782
其他企业				
港、澳、台商投资企业	57089	58301	9771	1232
合资经营企业(港或澳、台资)	47664	55345	9771	1195
合作经营企业(港或澳、台资)				
港澳台商独资经营企业	9425	2956		37
港澳台商投资股份有限公司				
其他港澳台商投资企业				
外商投资企业	757372	654148	482281	8730
中外合资经营企业	129303	131036	89223	5476
中外合作经营企业	626160	520502	391868	3134
外资企业	1909	2610	1190	120
外商投资股份有限公司				
其他外商投资企业				
二、按经济组织类型分组				
独资企业	381551	449676	220796	6092

4-2 续 9

单位:千元

指标名称	应交税金及附加	本年应付职工薪酬	本年应交增值税	从业人员平均人数
国有企业	318290	358599	182985	4697
集体企业	29119	75052	22296	841
私营独资企业	22808	10459	14325	397
港澳台商独资经营企业	9425	2956		37
外资企业	1909	2610	1190	120
合作、合伙企业	626160	520502	391868	3134
股份合作企业				
国有联营企业				
集体联营企业				
国有与集体联营企业				
其他联营企业				
私营合伙企业				
合作经营企业(港或澳、台资)				
中外合作经营企业	626160	520502	391868	3134
其他企业(内资)				
其他港澳台商投资企业				
其他外商投资企业				
股份有限公司	1258811	1258084	826892	22512
股份有限公司(内资)	1130770	1148037	729238	19730
私营股份有限公司	128041	110047	97654	2782
港澳台商投资股份有限公司				
外商投资股份有限公司				
有限责任公司	7871985	12251798	5105168	201317
国有独资公司	1901291	5120650	1124671	66746
私营有限责任公司	667426	675487	420671	26067
合资经营企业(港或澳、台资)	47664	55345	9771	1195
中外合资经营企业	129303	131036	89223	5476
其他有限责任公司	5126301	6269280	3460832	101833
三、在总计中:亏损企业	1314003	3134064	964471	79326
在总计中:国有控股企业	6638937	11240224	4365358	140587
在总计中:农村工业	84756	179765	66962	5745
在总计中:轻工业	489623	475568	314875	14296
重工业	9648884	14004492	6229849	218759
在总计中:大型企业	6501003	10917682	4228317	148213
中型企业	2737915	2771067	1792347	61228
小型企业	899589	791311	524060	23614
纯小型企业	876058	762272	505746	21522
微型企业	23531	29039	18314	2092

4-3 分行业工业企业主要

行业	企业单位数(个)	亏损企业	工业总产值(当年价格)	工业销售产值(当年价格)
总　计	**344**	**137**	**187845954**	**173988695**
采矿业	158	57	92387185	83124114
煤炭开采和洗选业	144	56	87091593	78340772
烟煤和无烟煤开采洗选	144	56	87091593	78340772
黑色金属矿采选业	12	1	5064618	4554880
铁矿采选	12	1	5064618	4554880
非金属矿采选业	2		230974	228462
土砂石开采	2		230974	228462
石灰石、石膏开采	1		110639	108625
建筑装饰用石开采	1		120335	119837
制造业	170	72	85070709	80504473
农副食品加工业	18	5	3519217	3465123
谷物磨制	4		188632	185938
饲料加工	3	1	141941	139448
屠宰及肉类加工	4	2	457917	430567
禽类屠宰	2	2	203890	178860
肉制品及副产品加工	2		254027	251707
蔬菜、水果和坚果加工	4		356680	352096
蔬菜加工	2		89068	88207
水果和坚果加工	2		267612	263889
其他农副食品加工	3	2	2374047	2357074
淀粉及淀粉制品制造	2	1	2350305	2332875
豆制品制造	1	1	23742	24199
食品制造业	9	1	3003002	2953535
焙烤食品制造	1		718888	773549
饼干及其他焙烤食品制造	1		718888	773549
方便食品制造	1		60094	49684
方便面及其他方便食品制造	1		60094	49684
乳制品制造	2		1112886	1105875
罐头食品制造	1		930541	850414
肉、禽类罐头制造	1		930541	850414
调味品、发酵制品制造	2		85021	82621
酱油、食醋及类似制品制造	1		36500	34100
其他调味品、发酵制品制造	1		48521	48521
其他食品制造	2	1	95572	91392
营养食品制造	1	1	23612	23612
食品及饲料添加剂制造	1		71960	67780
酒、饮料和精制茶制造业	3	2	150007	138030

经 济 指 标（按行业大中小类分）

单位:千元

出口交货值	年初存货	产成品	资产总计	流动资产合计	应收账款	存货	产成品	在产品
48691	**16967623**	**6364865**	**306069029**	**132926455**	**21303094**	**15696361**	**6987586**	**931650**
	4521144	2115972	181962841	86079804	13380887	4716111	2108853	55798
	4401025	2058597	179119884	84324422	13152690	4534883	1977644	55758
	4401025	2058597	179119884	84324422	13152690	4534883	1977644	55758
	109591	54048	2701444	1672214	190600	163656	113637	40
	109591	54048	2701444	1672214	190600	163656	113637	40
	10528	3327	141513	83168	37597	17572	17572	
	10528	3327	141513	83168	37597	17572	17572	
	7201		75197	42076	5100	13997	13997	
	3327	3327	66316	41092	32497	3575	3575	
48691	11686721	4248893	98904188	41709977	6444811	10358673	4878733	875852
5935	569773	75732	3152495	1527771	369168	632175	415063	1035
	16997	5473	351894	163868	43080	36328	10008	
	8362	691	81652	61573	39732	9779	2189	
	33622	24007	364544	113949	20711	38463	28564	
	13500	10811	188397	42918		16556	14666	
	20122	13196	176147	71031	20711	21907	13898	
	28788	26962	143969	72742	10775	40231	38180	
	638	638	48079	20906	2448	2300	2075	
	28150	26324	95890	51836	8327	37931	36105	
5935	482004	18599	2210436	1115639	254870	507374	336122	1035
5935	459058	10234	2115951	1078314	249818	487312	332031	
	22946	8365	94485	37325	5052	20062	4091	1035
	234182	77432	1227667	467647	92368	176301	73347	1122
	78527	31247	301027	99909	9222	51207	15065	
	78527	31247	301027	99909	9222	51207	15065	
	21333		64517	38508	3784	16566	8000	
	21333		64517	38508	3784	16566	8000	
	62166		425161	131056	33283	24122	1089	
	39274	30248	156984	84731	34527	48569	36897	
	39274	30248	156984	84731	34527	48569	36897	
	7637	6768	129868	46676	7197	7328	5966	1122
	4125	3256	28967	9125	4987	4106	3256	610
	3512	3512	100901	37551	2210	3222	2710	512
	25245	9169	150110	66767	4355	28509	6330	
	7194	4080	54043	21003	668	7545	5280	
	18051	5089	96067	45764	3687	20964	1050	
	32879	10046	304070	193484	25261	20602	14350	

4-3 续 1

行 业	企业单位数(个)	亏损企业	工业总产值(当年价格)	工业销售产值(当年价格)
酒的制造	1	1		
其他酒制造	1	1		
饮料制造	2	1	150007	138030
果菜汁及果菜汁饮料制造	1		129498	117732
固体饮料制造	1	1	20509	20298
纺织服装、服饰业	1		128920	131095
机织服装制造	1		128920	131095
造纸和纸制品业	1		30160	30500
造纸	1		30160	30500
机制纸及纸板制造	1		30160	30500
文教、工美、体育和娱乐用品制造业	2		190841	215551
体育用品制造	2		190841	215551
体育器材及配件制造	1		46000	43920
训练健身器材制造	1		144841	171631
石油加工、炼焦和核燃料加工业	21	17	21169688	19047844
炼焦	21	17	21169688	19047844
化学原料和化学制品制造业	24	7	9714506	9300056
基础化学原料制造	11	4	2230254	2093438
无机碱制造	1	1	1197425	1132732
无机盐制造	2		408159	326784
有机化学原料制造	3	1	85958	100370
其他基础化学原料制造	5	2	538712	533552
肥料制造	3	1	3387912	3324319
氮肥制造	1	1	28219	32199
复混肥料制造	2		3359693	3292120
涂料、油墨、颜料及类似产品制造	2		601817	570680
涂料制造	2		601817	570680
合成材料制造	3	1	2592196	2426433
初级形态塑料及合成树脂制造	3	1	2592196	2426433
专用化学产品制造	1	1	8159	8196
专项化学用品制造	1	1	8159	8196
炸药、火工及焰火产品制造	4		894168	876990
炸药及火工产品制造	4		894168	876990
医药制造业	8	3	3007244	2313925
化学药品原料药制造	1		119720	118730
中成药生产	4	2	783673	639792
兽用药品制造	1	1	63293	44748
生物药品制造	2		2040558	1510655

单位:千元

出口交货值	年初存货	产成品	资产总计	流动资产合计	应收账款	存货	产成品	在产品
	14120		17702	6702	726	5796	3992	
	14120		17702	6702	726	5796	3992	
	18759	10046	286368	186782	24535	14806	10358	
	5870	5749	237650	175460	19634	9491	6258	
	12889	4297	48718	11322	4901	5315	4100	
	36387	28889	124798	107840	51849	29668	26016	3652
	36387	28889	124798	107840	51849	29668	26016	3652
	3100	2650	117105	12400	6120	3300	2400	
	3100	2650	117105	12400	6120	3300	2400	
	3100	2650	117105	12400	6120	3300	2400	
6015	48413	38267	357963	205011	46772	47169	35023	
6015	48413	38267	357963	205011	46772	47169	35023	
	5700	2160	62952	50622	39978	5700	2160	
6015	42713	36107	295011	154389	6794	41469	32863	
	3439092	1129624	28895914	11766797	1272897	2740849	1382995	114076
	3439092	1129624	28895914	11766797	1272897	2740849	1382995	114076
	1552570	690606	20175011	6583489	1049110	1810305	797288	455585
	267060	217913	8104850	1537225	366901	610387	242287	
	181615	165162	5499075	775615	137510	449678	142749	
	48118	35159	364379	203375	83553	89880	77683	
	24609	15889	158015	77830	31175	35589	14476	
	12718	1703	2083381	480405	114663	35240	7379	
	1042470	393238	7177144	3368923	413377	952890	419642	455585
	15946	13580	25978	16609	1539	11866	9089	
	1026524	379658	7151166	3352314	411838	941024	410553	455585
	35864		210433	123429	30668	54592	29285	
	35864		210433	123429	30668	54592	29285	
	92594	23867	3166576	936489	14415	80283	31090	
	92594	23867	3166576	936489	14415	80283	31090	
	11438	8499	27526	26657	9898	9352	6248	
	11438	8499	27526	26657	9898	9352	6248	
	103144	47089	1488482	590766	213851	102801	68736	
	103144	47089	1488482	590766	213851	102801	68736	
	538172	233076	4875321	2472373	402233	481386	246992	80734
			159730	91706	12615	35350		
	109393	71165	3060229	1636151	317018	139402	78248	18495
	21248	18086	321434	71453	9713	16453	13586	2867
	407531	143825	1333928	673063	62887	290181	155158	59372

4-3 续 2

行业	企业单位数(个)	亏损企业	工业总产值（当年价格）	工业销售产值（当年价格）
橡胶和塑料制品业	6	2	1384551	1364552
橡胶制品业	1		231999	233618
橡胶板、管、带制造	1		231999	233618
塑料制品业	5	2	1152552	1130934
塑料板、管、型材制造	3	1	983152	961836
塑料丝、绳及编织品制造	2	1	169400	169098
非金属矿物制品业	24	12	2351507	2306409
水泥、石灰和石膏制造	10	7	1132903	1133467
水泥制造	6	6	810020	811558
石灰和石膏制造	4	1	322883	321909
石膏、水泥制品及类似制品制造	8	2	363407	354843
水泥制品制造	7	2	184318	181319
轻质建筑材料制造	1		179089	173524
砖瓦、石材等建筑材料制造	2		57758	49035
粘土砖瓦及建筑砌块制造	2		57758	49035
玻璃制造	1	1	407383	372422
平板玻璃制造	1	1	407383	372422
陶瓷制品制造	1		305650	314020
日用陶瓷制品制造	1		305650	314020
石墨及其他非金属矿物制品制造	2	2	84406	82622
石墨及碳素制品制造	1	1	41381	40109
其他非金属矿物制品制造	1	1	43025	42513
黑色金属冶炼和压延加工业	9	6	27107419	26198040
炼铁	3	1	1981874	1991397
炼钢	1	1	2710674	2702792
钢压延加工	5	4	22414871	21503851
有色金属冶炼和压延加工业	5	3	280441	281595
常用有色金属冶炼	3	2	208767	231493
镁冶炼	2	2	95510	119930
其他常用有色金属冶炼	1		113257	111563
稀有稀土金属冶炼	1	1	50000	30000
稀土金属冶炼	1	1	50000	30000
有色金属压延加工	1		21674	20102
其他有色金属压延加工	1		21674	20102
金属制品业	5		532126	520437
结构性金属制品制造	4		477681	471121
金属结构制造	3		451090	444530
金属门窗制造	1		26591	26591

单位:千元

出口交货值	年初存货	产成品	资产总计	流动资产合计	应收账款	存货	产成品	在产品
15525	150414	88548	1348537	787733	199827	163023	100493	11810
	34652	25567	349448	213189	123607	43700	25567	9782
	34652	25567	349448	213189	123607	43700	25567	9782
15525	115762	62981	999089	574544	76220	119323	74926	2028
15525	76377	43027	830434	467787	64704	79305	48736	2028
	39385	19954	168655	106757	11516	40018	26190	
	371662	115403	5329008	1940775	417219	435760	187298	65843
	219171	64714	3464292	816671	211378	205195	78733	59081
	206175	56408	3152493	656260	150197	192614	70977	59081
	12996	8306	311799	160411	61181	12581	7756	
	46914	11447	481471	223332	94438	52334	20750	1346
	23832	2008	286774	159132	94438	23589	8444	1346
	23082	9439	194697	64200		28745	12306	
	4422	4422	147105	101602	10780	13998	5776	
	4422	4422	147105	101602	10780	13998	5776	
	71002	10367	939086	634100	98889	123980	48257	
	71002	10367	939086	634100	98889	123980	48257	
	700	500	79200	15100	1100	14000	13000	
	700	500	79200	15100	1100	14000	13000	
	29453	23953	217854	149970	634	26253	20782	5416
	19482	19427	188935	129956	−2637	17312	17257	
	9971	4526	28919	20014	3271	8941	3525	5416
	3018678	846818	18057126	9040831	422243	2060681	785776	9790
	54817	10166	379578	267617	33287	37323	5134	1981
	205132	24795	1249239	638269	79451	177185	57849	
	2758729	811857	16428309	8134945	309505	1846173	722793	7809
	157757	124420	652260	295167	19611	154880	115991	2132
	132142	103552	431924	225111	7063	136652	101252	
	116747	103552	283642	129168	5263	114623	101252	
	15395		148282	95943	1800	22029		
	25355	20774	211917	62999	8670	17052	13870	2132
	25355	20774	211917	62999	8670	17052	13870	2132
	260	94	8419	7057	3878	1176	869	
	260	94	8419	7057	3878	1176	869	
178	190849	18981	641756	504584	249097	143768	17243	885
	180542	15370	550015	473265	242068	129785	9582	885
	176067	11515	527414	458293	237199	126000	6682	
	4475	3855	22601	14972	4869	3785	2900	885

4–3 续 3

行 业	企业单位数(个)	亏损企业	工业总产值（当年价格）	工业销售产值（当年价格）
其他金属制品制造	1		54445	49316
锻件及粉末冶金制品制造	1		54445	49316
通用设备制造业	8	3	2936652	2918169
金属加工机械制造	1		40949	37449
金属成形机床制造	1		40949	37449
物料搬运设备制造	3	2	123313	98808
起重机制造	1	1	20756	20603
连续搬运设备制造	2	1	102557	78205
泵、阀门、压缩机及类似机械制造	2	1	147787	148517
泵及真空设备制造	2	1	147787	148517
通用零部件制造	2		2624603	2633395
机械零部件加工	2		2624603	2633395
专用设备制造业	11	1	3082915	3007699
采矿、冶金、建筑专用设备制造	11	1	3082915	3007699
矿山机械制造	11	1	3082915	3007699
汽车制造业	5	2	361654	306898
汽车整车制造	3	2	218161	171079
改装汽车制造	1		120006	111938
汽车零部件及配件制造	1		23487	23881
电气机械和器材制造业	8	6	5814529	5747349
电机制造	2	2	89598	89205
电动机制造	2	2	89598	89205
输配电及控制设备制造	6	4	5724931	5658144
配电开关控制设备制造	3	1	165390	169322
光伏设备及元器件制造	3	3	5559541	5488822
计算机、通信和其他电子设备制造业	1	1	284830	237166
其他电子设备制造	1	1	284830	237166
其他制造业	1	1	20500	20500
电力、热力、燃气及水生产和供应业	16	8	10388060	10360108
电力、热力生产和供应业	14	6	10150858	10122906
电力生产	10	3	9696151	9661483
火力发电	8	1	9608418	9576303
风力发电	1	1	64733	63068
其他电力生产	1	1	23000	22112
电力供应	1		32837	32837
热力生产和供应	3	3	421870	428586
燃气生产和供应业	1	1	131469	131469
水的生产和供应业	1	1	105733	105733
自来水生产和供应	1	1	105733	105733

单位:千元

出口交货值	年初存货		资产总计	流动资产合计				
		产成品			应收账款	存货		
							产成品	在产品
178	10307	3611	91741	31319	7029	13983	7661	
178	10307	3611	91741	31319	7029	13983	7661	
13816	303763	91392	1645265	1201720	585964	331888	119169	27092
296	19573	559	123958	62311	18422	19240	559	9221
296	19573	559	123958	62311	18422	19240	559	9221
	90519	18624	252273	219887	94737	92460	27604	3221
	47585	2126	77717	66339	12615	45948	12332	3221
	42934	16498	174556	153548	82122	46512	15272	
13520	100529	44329	322098	230923	65473	103373	51350	14650
13520	100529	44329	322098	230923	65473	103373	51350	14650
	93142	27880	946936	688599	407332	116815	39656	
	93142	27880	946936	688599	407332	116815	39656	
	174925	107108	1933248	1110077	617175	222112	107891	451
	174925	107108	1933248	1110077	617175	222112	107891	451
	174925	107108	1933248	1110077	617175	222112	107891	451
7222	289309	177382	1701815	626374	55372	249200	52843	72812
7222	143542	84401	1329110	390416	52392	86765	34062	20823
	141652	91733	365829	229249	2264	157745	17859	50265
	4115	1248	6876	6709	716	4690	922	1724
	478291	360764	6029167	1970615	512431	489362	355490	19087
	117956	78612	724540	212784	47453	97319	79509	7580
	117956	78612	724540	212784	47453	97319	79509	7580
	360335	282152	5304627	1757831	464978	392043	275981	11507
	20765	1531	272835	261755	201152	22657	447	1622
	339570	280621	5031792	1496076	263826	369386	275534	9885
	94247	31755	2289058	869810	48455	162474	43065	9746
	94247	31755	2289058	869810	48455	162474	43065	9746
	2258		46604	25479	1639	3770		
	759758		25202000	5136674	1477396	621577		
	744330		24441693	4788152	1443990	593150		
	695892		22705305	3996625	1282919	541962		
	689241		20819999	3896986	1225158	541962		
			1659636	56283	53292			
	6651		225670	43356	4469			
	1248		49902	39578	12103			
	47190		1686486	751949	148968	51188		
	13191		410040	190951	27114	24788		
	2237		350267	157571	6292	3639		
	2237		350267	157571	6292	3639		

4-3 续 4

行业	固定资产合计	固定资产原价	累计折旧	本年折旧	在建工程
总　计	**117098633**	**160963798**	**65465343**	**11344884**	**24554837**
采矿业	60112685	75705680	29378002	5164011	12658297
煤炭开采和洗选业	59346830	75090104	29077826	5125284	12592710
烟煤和无烟煤开采洗选	59346830	75090104	29077826	5125284	12592710
黑色金属矿采选业	746284	579925	284096	34075	65587
铁矿采选	746284	579925	284096	34075	65587
非金属矿采选业	19571	35651	16080	4652	
土砂石开采	19571	35651	16080	4652	
石灰石、石膏开采	5799	9269	3470		
建筑装饰用石开采	13772	26382	12610	4652	
制造业	38955828	58292910	26544777	4946296	10517700
农副食品加工业	463258	518252	95822	21206	36549
谷物磨制	102904	127474	30911	7286	6342
饲料加工	10529	11795	1435	788	699
屠宰及肉类加工	204654	230766	35001	7672	5938
禽类屠宰	108939	111117	5131	1790	2
肉制品及副产品加工	95715	119649	29870	5882	5936
蔬菜、水果和坚果加工	54343	65799	18557	2721	10466
蔬菜加工	15378	15513	7236	752	8141
水果和坚果加工	38965	50286	11321	1969	2325
其他农副食品加工	90828	82418	9918	2739	13104
淀粉及淀粉制品制造	41659	33249	4655	174	13065
豆制品制造	49169	49169	5263	2565	39
食品制造业	674284	824767	170971	36659	14215
焙烤食品制造	190687	269335	78648	22678	
饼干及其他焙烤食品制造	190687	269335	78648	22678	
方便食品制造	26009	22489	4438		910
方便面及其他方便食品制造	26009	22489	4438		910
乳制品制造	290011	347080	58064	8854	994
罐头食品制造	59271	66924	7653	1302	
肉、禽类罐头制造	59271	66924	7653	1302	
调味品、发酵制品制造	35452	37876	3529	1052	2037
酱油、食醋及类似制品制造	17352	18675	2319	933	957
其他调味品、发酵制品制造	18100	19201	1210	119	1080
其他食品制造	72854	81063	18639	2773	10274
营养食品制造	24552	31547	7278	2002	127
食品及饲料添加剂制造	48302	49516	11361	771	10147
酒、饮料和精制茶制造业	108418	82545	20980	3213	45960

单位:千元

负债合计	流动负债合计	应付账款	非流动负债合计	所有者权益合计	实收资本	国家资本	集体资本
215135116	**149898615**	**40605486**	**58966731**	**89325141**	**44657998**	**20093274**	**2174684**
112956063	76890623	19188757	33272159	68437882	15912684	8082150	691876
111353197	76036896	19114073	33170379	67277322	15599823	8082150	691876
111353197	76036896	19114073	33170379	67277322	15599823	8082150	691876
1510511	819169	74684	101780	1111402	284590		
1510511	819169	74684	101780	1111402	284590		
92355	34558			49158	28271		
92355	34558			49158	28271		
57797				17400	11000		
34558	34558			31758	17271		
79563158	63198648	18562493	13042712	18301154	21562520	7451378	1432808
1780676	578717	139684	96507	517236	292843	3975	30000
114177	111089	37900	3088	237711	93044	3975	
55723	49943	10923		25929	13450		
258884	223771	18716	35113	105660	105550		30000
201747	176458	8642	25289	-13350	60000		30000
57137	47313	10074	9824	119010	45550		
63207	49561	10800	13646	80762	23000		
33766	22519	8258	11247	14313	8000		
29441	27042	2542	2399	66449	15000		
1288685	144353	61345	44660	67174	57799		
1244439	100567	59438	44200	16935	30000		
44246	43786	1907	460	50239	27799		
549954	485874	78455	54083	663768	173800		10000
169102	169102	36604		131925	105000		
169102	169102	36604		131925	105000		
13670	13064	406	200	39813	500		
13670	13064	406	200	39813	500		
108198	98835	746	9363	316963	19500		
56728	23728	20630	33000	100256	10500		
56728	23728	20630	33000	100256	10500		
62565	48947	7500	4027	64392	13300		10000
21365	16537	6248	4027	7602	3300		
41200	32410	1252		56790	10000		10000
139691	132198	12569	7493	10419	25000		
117441	109948	12569	7493	-63398	10000		
22250	22250			73817	15000		
205307	108166	98711	89500	98763	162380		

4-3 续 5

行 业	固定资产合计	固定资产原价	累计折旧	本年折旧	在建工程
酒的制造	11000	13150	2150	1150	
其他酒制造	11000	13150	2150	1150	
饮料制造	97418	69395	18830	2063	45960
果菜汁及果菜汁饮料制造	62190	16230	893		45960
固体饮料制造	35228	53165	17937	2063	
纺织服装、服饰业	16856	26503	9647	1481	
机织服装制造	16856	26503	9647	1481	
造纸和纸制品业	39681	42737	7597	2615	4541
造纸	39681	42737	7597	2615	4541
机制纸及纸板制造	39681	42737	7597	2615	4541
文教、工美、体育和娱乐用品制造业	110051	148699	46111	6745	2464
体育用品制造	110051	148699	46111	6745	2464
体育器材及配件制造	12329	11512	1646		2464
训练健身器材制造	97722	137187	44465	6745	
石油加工、炼焦和核燃料加工业	9279555	19517854	11105727	2070737	2818921
炼焦	9279555	19517854	11105727	2070737	2818921
化学原料和化学制品制造业	10232610	13835001	6396957	759592	4007024
基础化学原料制造	6309987	5496266	1217801	303305	1964246
无机碱制造	4608100	4608100	896739	228233	797292
无机盐制造	95351	165350	69999	11003	4188
有机化学原料制造	75719	91998	16292	2139	
其他基础化学原料制造	1530817	630818	234771	61930	1162766
肥料制造	1436132	5575851	4141127	244403	1326244
氮肥制造	9287	23647	14360	1615	
复混肥料制造	1426845	5552204	4126767	242788	1326244
涂料、油墨、颜料及类似产品制造	86632	13214	3349	841	15485
涂料制造	86632	13214	3349	841	15485
合成材料制造	1946421	1967927	706374	166121	684862
初级形态塑料及合成树脂制造	1946421	1967927	706374	166121	684862
专用化学产品制造	869	1805	936	358	
专项化学用品制造	869	1805	936	358	
炸药、火工及焰火产品制造	452569	779938	327370	44564	16187
炸药及火工产品制造	452569	779938	327370	44564	16187
医药制造业	1149541	1238647	414227	66581	354343
化学药品原料药制造	43339	43641	9747	1600	9445
中成药生产	475239	656174	257087	37663	98992
兽用药品制造	151238	195420	44182	8489	6381
生物药品制造	479725	343412	103211	18829	239525

单位:千元

负债合计	流动负债合计	应付账款	非流动负债合计	所有者权益合计	实收资本	国家资本	集体资本
7641				10061	1000		
7641				10061	1000		
197666	108166	98711	89500	88702	161380		
196415	106915	98450	89500	41235	110000		
1251	1251	261		47467	51380		
95601	95601	50849		29197	12350	12350	
95601	95601	50849		29197	12350	12350	
54172	14222	4193	39950	62933	44500		
54172	14222	4193	39950	62933	44500		
54172	14222	4193	39950	62933	44500		
225175	198130	109692	27044	132788	90000		
225175	198130	109692	27044	132788	90000		
45967	32511	27724	13455	16985	10000		
179208	165619	81968	13589	115803	80000		
22716407	19807823	7198888	2015725	6008183	5373695	1770000	1133000
22716407	19807823	7198888	2015725	6008183	5373695	1770000	1133000
14609381	9704526	2302437	4891297	5565625	5887320	3445200	106088
6442333	3839046	965215	2603286	1662514	4049400	3393850	
4692886	3284671	702524	1408215	806189	3361500	3361500	
239561	239561	152140		124817	15426		
104370	102959	53922	1411	53643	35000	14850	
1405516	211855	56629	1193660	677865	637474	17500	
4719772	3382184	528701	1324031	2457372	1240364	1000	
14132	14132	12934		11846	25000	1000	
4705640	3368052	515767	1324031	2445526	1215364		
115686	97686	4458	18000	94747	15000		
115686	97686	4458	18000	94747	15000		
2426833	1731348	551264	695485	739743	170000	28500	43000
2426833	1731348	551264	695485	739743	170000	28500	43000
26020	26020	10274		1506	1000		
26020	26020	10274		1506	1000		
878737	628242	242525	250495	609743	411556	21850	63088
878737	628242	242525	250495	609743	411556	21850	63088
2250117	1654805	135520	591682	2625202	608160	25710	10340
63408	63408	10982		96321	30000		
1361291	1102413	69601	258878	1698938	339000	9050	
310338	130338	20624	180000	11096	150000		
515080	358646	34313	152804	818847	89160	16660	10340

4–3 续 6

行业	固定资产合计	固定资产原价	累计折旧	本年折旧	在建工程
橡胶和塑料制品业	401148	548980	147914	28800	20109
橡胶制品业	129618	197512	67976	11056	82
橡胶板、管、带制造	129618	197512	67976	11056	82
塑料制品业	271530	351468	79938	17744	20027
塑料板、管、型材制造	237084	287395	50311	15244	18220
塑料丝、绳及编织品制造	34446	64073	29627	2500	1807
非金属矿物制品业	2813007	4233002	1603124	889429	177739
水泥、石灰和石膏制造	2149177	3332432	1286690	834476	122004
水泥制造	2043751	3198152	1244624	825777	114357
石灰和石膏制造	105426	134280	42066	8699	7647
石膏、水泥制品及类似制品制造	207692	256852	73230	5530	19585
水泥制品制造	104890	143759	62939	1207	15681
轻质建筑材料制造	102802	113093	10291	4323	3904
砖瓦、石材等建筑材料制造	36327	78223	41896	5441	
粘土砖瓦及建筑砌块制造	36327	78223	41896	5441	
玻璃制造	293152	434497	164318	37051	22972
平板玻璃制造	293152	434497	164318	37051	22972
陶瓷制品制造	64100	68000	3900	2800	8100
日用陶瓷制品制造	64100	68000	3900	2800	8100
石墨及其他非金属矿物制品制造	62559	62998	33090	4131	5078
石墨及碳素制品制造	54765	54765	31393	3692	3968
其他非金属矿物制品制造	7794	8233	1697	439	1110
黑色金属冶炼和压延加工业	7870661	12683211	5528806	719588	504575
炼铁	111961	186809	74848	17816	
炼钢	610384	816286	415556	43089	195151
钢压延加工	7148316	11680116	5038402	658683	309424
有色金属冶炼和压延加工业	262798	266227	58429	10813	70285
常用有色金属冶炼	166061	223753	57692	10687	15285
镁冶炼	117221	164335	47114	6267	15285
其他常用有色金属冶炼	48840	59418	10578	4420	
稀有稀土金属冶炼	95375	40607			54768
稀土金属冶炼	95375	40607			54768
有色金属压延加工	1362	1867	737	126	232
其他有色金属压延加工	1362	1867	737	126	232
金属制品业	101200	88453	12437	2746	39547
结构性金属制品制造	72023	50392	3553	763	20604
金属结构制造	64394	42936	3404	614	20282
金属门窗制造	7629	7456	149	149	322

单位:千元

负债合计	流动负债合计	应付账款	非流动负债合计	所有者权益合计	实收资本	国家资本	集体资本
536958	526309	144771	10649	811577	376646	9101	
68022	65862	47476	2160	281426	145560		
68022	65862	47476	2160	281426	145560		
468936	460447	97295	8489	530151	231086	9101	
425635	417146	79960	8489	404798	136000		
43301	43301	17335		125353	95086	9101	
6937027	2871111	606500	3875051	-1618025	1440188	27560	24800
5913416	2038937	295362	3683615	-2449127	1087908	27560	15000
5719389	1867894	274616	3683615	-2566899	1062208	27560	15000
194027	171043	20746		117772	25700		
190243	171918	63891	18325	291227	89680		
167112	156302	50486	10810	119661	87680		
23131	15616	13405	7515	171566	2000		
97256	97256	2404		39848	12600		9800
97256	97256	2404		39848	12600		9800
625272	469160	232039	156111	313814	150000		
625272	469160	232039	156111	313814	150000		
24000	24000	4100		55200	20000		
24000	24000	4100		55200	20000		
86840	69840	8704	17000	131013	80000		
64249	47249	1258	17000	124685	70000		
22591	22591	7446		6328	10000		
18738282	18037750	5225388	690532	-671156	2225339	700000	500
225092	181787	95914	43305	154486	102000		
1455116	1455116	110584		-205877	389811		
17058074	16400847	5018890	647227	-619765	1733528	700000	500
504934	439926	33279	65008	147326	87537	10000	
400778	400778	32049		31146	38537	10000	
278198	278198	31937		5444	18537	10000	
122580	122580	112		25702	20000		
98407	33399	953	65008	113510	46000		
98407	33399	953	65008	113510	46000		
5749	5749	277		2670	3000		
5749	5749	277		2670	3000		
460656	458829	154509		181100	108380		
407024	405206	144141		142991	75000		
395982	394164	137761		131432	65000		
11042	11042	6380		11559	10000		

4–3 续 7

行 业	固定资产合计	固定资产原价	累计折旧	本年折旧	在建工程
其他金属制品制造	29177	38061	8884	1983	18943
锻件及粉末冶金制品制造	29177	38061	8884	1983	18943
通用设备制造业	351778	595021	257376	25819	19099
金属加工机械制造	56418	69518	13865	3791	765
金属成形机床制造	56418	69518	13865	3791	765
物料搬运设备制造	32386	48540	22802	2913	1983
起重机制造	11378	26165	14787	1442	
连续搬运设备制造	21008	22375	8015	1471	1983
泵、阀门、压缩机及类似机械制造	60163	175883	122440	4095	411
泵及真空设备制造	60163	175883	122440	4095	411
通用零部件制造	202811	301080	98269	15020	15940
机械零部件加工	202811	301080	98269	15020	15940
专用设备制造业	298205	332816	144716	108185	156097
采矿、冶金、建筑专用设备制造	298205	332816	144716	108185	156097
矿山机械制造	298205	332816	144716	108185	156097
汽车制造业	640952	744677	124646	55882	340649
汽车整车制造	523923	603550	83045	46606	323146
改装汽车制造	116862	140690	41331	9170	17503
汽车零部件及配件制造	167	437	270	106	
电气机械和器材制造业	3521103	2254062	331146	124199	1517723
电机制造	207775	240891	33117	22860	10807
电动机制造	207775	240891	33117	22860	10807
输配电及控制设备制造	3313328	2013171	298029	101339	1506916
配电开关控制设备制造	8843	16541	7698	1660	
光伏设备及元器件制造	3304485	1996630	290331	99679	1506916
计算机、通信和其他电子设备制造业	616269	304226	65367	11824	377410
其他电子设备制造	616269	304226	65367	11824	377410
其他制造业	4453	7230	2777	182	10450
电力、热力、燃气及水生产和供应业	18030120	26965208	9542564	1234577	1378840
电力、热力生产和供应业	17701110	26373818	9276836	1212291	1349345
电力生产	16770132	25307429	9057382	1146219	1264166
火力发电	15829345	24347460	9019814	1113788	606531
风力发电	787367	821982	34615	30918	657133
其他电力生产	153420	137987	2953	1513	502
电力供应	5204	12326	7122	1011	1136
热力生产和供应	925774	1054063	212332	65061	84043
燃气生产和供应业	154452	174847	20395	10012	26054
水的生产和供应业	174558	416543	245333	12274	3441
自来水生产和供应	174558	416543	245333	12274	3441

单位:千元

负债合计	流动负债合计	应付账款	非流动负债合计	所有者权益合计	实收资本	国家资本	集体资本
53632	53623	10368		38109	33380		
53632	53623	10368		38109	33380		
1289940	1273808	916957	16132	355325	247614		59080
79803	78983	15952	820	44155	30000		
79803	78983	15952	820	44155	30000		
209246	208934	156039	312	43027	30000		
65090	65090	54639		12627	2000		
144156	143844	101400	312	30400	28000		
195036	195036	67785		127062	97014		
195036	195036	67785		127062	97014		
805855	790855	677181	15000	141081	90600		59080
805855	790855	677181	15000	141081	90600		59080
1415741	1409667	537157	6074	517507	243700	10700	59000
1415741	1409667	537157	6074	517507	243700	10700	59000
1415741	1409667	537157	6074	517507	243700	10700	59000
764706	750646	141299	14059	937109	843887	71351	
633493	624933	109375	8559	695617	793300	21351	
124980	119480	29299	5500	240849	50000	50000	
6233	6233	2625		643	587		
5450540	3841738	548609	522835	578618	1644531	1215431	
637117	637117	45067		87423	415531	110531	
637117	637117	45067		87423	415531	110531	
4813423	3204621	503542	522835	491195	1229000	1104900	
139495	139495	131821		133340	74000	4900	
4673928	3065126	371721	522835	357855	1155000	1100000	
940624	904040	113912	36584	1348434	1689950	150000	
940624	904040	113912	36584	1348434	1689950	150000	
36960	36960	21683		9644	9700		
22615895	9809344	2854236	12651860	2586105	7182794	4559746	50000
22330810	9535114	2820987	12651860	2110883	6829084	4206036	50000
20489456	8502366	2491544	11847864	2215849	6807048	4199323	45000
18801446	7448333	2430098	11353112	2018553	6631318	4066593	45000
1533316	1046316	60045	487000	126320	132730	132730	
154694	7717	1401	7752	70976	43000		
27824	22574	6300	5250	22078	4036	4036	
1813530	1010174	323143	798746	-127044	18000	2677	5000
119844	119844	33249		290196	300190	300190	
165241	154386			185026	53520	53520	
165241	154386			185026	53520	53520	

4-3 续 8

行业	法人资本	个人资本	港澳台资本	外商资本	营业收入
总　　计	**13375100**	**7696662**	**256169**	**1050109**	**162180211**
采矿业	3861730	2580991		683937	77381261
煤炭开采和洗选业	3850430	2279430		683937	72597437
烟煤和无烟煤开采洗选	3850430	2279430		683937	72597437
黑色金属矿采选业	300	284290			4576494
铁矿采选	300	284290			4576494
非金属矿采选业	11000	17271			207330
土砂石开采	11000	17271			207330
石灰石、石膏开采	11000				87493
建筑装饰用石开采		17271			119837
制造业	7431689	4624304	256169	366172	74459981
农副食品加工业	55029	203839			3446314
谷物磨制	12029	77040			185954
饲料加工	3000	10450			139023
屠宰及肉类加工		75550			459944
禽类屠宰		30000			201232
肉制品及副产品加工		45550			258712
蔬菜、水果和坚果加工	10000	13000			318333
蔬菜加工		8000			88207
水果和坚果加工	10000	5000			230126
其他农副食品加工	30000	27799			2343060
淀粉及淀粉制品制造	30000				2309262
豆制品制造		27799			33798
食品制造业	134500	29300			2690884
焙烤食品制造	105000				776518
饼干及其他焙烤食品制造	105000				776518
方便食品制造		500			58006
方便面及其他方便食品制造		500			58006
乳制品制造	19500				930125
罐头食品制造		10500			767260
肉、禽类罐头制造		10500			767260
调味品、发酵制品制造		3300			84920
酱油、食醋及类似制品制造		3300			33800
其他调味品、发酵制品制造					51120
其他食品制造	10000	15000			74055
营养食品制造	10000				23615
食品及饲料添加剂制造		15000			50440
酒、饮料和精制茶制造业	1000	110000		51380	145989

单位:千元

主营业务收入	营业成本	主营业务成本	营业税金及附加	主营业务税金及附加	其他业务收入	其他业务利润	销售费用	管理费用	税金
154017993	**136856279**	**129193423**	**1245271**	**1142393**	**8162218**	**607291**	**3237434**	**12119035**	**558381**
76491727	59111201	58432854	1001741	911624	889534	350913	1206782	8551953	371509
71708113	55167604	54489261	963650	873533	889324	350707	1127665	8052002	349480
71708113	55167604	54489261	963650	873533	889324	350707	1127665	8052002	349480
4576284	3793615	3793611	33872	33872	210	206	74287	485213	20903
4576284	3793615	3793611	33872	33872	210	206	74287	485213	20903
207330	149982	149982	4219	4219			4830	14738	1126
207330	149982	149982	4219	4219			4830	14738	1126
87493	60866	60866	4069	4069			2908	3639	1108
119837	89116	89116	150	150			1922	11099	18
67276367	69771416	62828096	161939	149178	7183614	213303	1987124	3089576	154229
3446259	3172098	3163169	4136	4136	55	38	71975	65527	2140
185939	135634	135619	357	357	15		13018	16188	99
138983	131496	131496	5	5	40	38	4158	2267	
459944	420941	412027	1042	1042			17178	27622	591
201232	211681	202767					1395	13405	193
258712	209260	209260	1042	1042			15783	14217	398
318333	295109	295109	1228	1228			2999	4186	178
88207	82365	82365	119	119			1123	2189	86
230126	212744	212744	1109	1109			1876	1997	92
2343060	2188918	2188918	1504	1504			34622	15264	1272
2309262	2166920	2166920	1235	1235			31498	9869	1141
33798	21998	21998	269	269			3124	5395	131
2678942	2097911	2097720	7064	7064	11942	11751	193135	148900	3272
773549	586137	585946	5920	5920	2969	2778	45504	23120	2151
773549	586137	585946	5920	5920	2969	2778	45504	23120	2151
58006	48021	48021	2	2			678	1274	
58006	48021	48021	2	2			678	1274	
921152	779956	779956	34	34	8973	8973	56625	45079	103
767260	567728	567728	186	186			65217	65112	626
767260	567728	567728	186	186			65217	65112	626
84920	65732	65732	115	115			6104	7621	142
33800	20280	20280	70	70			3749	5210	70
51120	45452	45452	45	45			2355	2411	72
74055	50337	50337	807	807			19007	6694	250
23615	12173	12173	330	330			18499	4158	
50440	38164	38164	477	477			508	2536	250
145989	91620	91620	292	292			6955	10540	600

4-3 续 9

行 业	法人资本	个人资本	港澳台资本	外商资本	营业收入
酒的制造	1000				
其他酒制造	1000				
饮料制造		110000		51380	145989
果菜汁及果菜汁饮料制造		110000			125691
固体饮料制造				51380	20298
纺织服装、服饰业					131095
机织服装制造					131095
造纸和纸制品业	44500				30000
造纸	44500				30000
机制纸及纸板制造	44500				30000
文教、工美、体育和娱乐用品制造业	10000	80000			265401
体育用品制造	10000	80000			265401
体育器材及配件制造	10000				44313
训练健身器材制造		80000			221088
石油加工、炼焦和核燃料加工业	1000028	1470667			17856254
炼焦	1000028	1470667			17856254
化学原料和化学制品制造业	1841240	406498	88294		9412380
基础化学原料制造	560076	7180	88294		2059935
无机碱制造					1067232
无机盐制造	15426				346253
有机化学原料制造	17150	3000			107062
其他基础化学原料制造	527500	4180	88294		539388
肥料制造	1239364				3394190
氮肥制造	24000				32212
复混肥料制造	1215364				3361978
涂料、油墨、颜料及类似产品制造	10000	5000			570680
涂料制造	10000	5000			570680
合成材料制造	31500	67000			2294186
初级形态塑料及合成树脂制造	31500	67000			2294186
专用化学产品制造	300	700			81955
专项化学用品制造	300	700			81955
炸药、火工及焰火产品制造		326618			1011434
炸药及火工产品制造		326618			1011434
医药制造业	468778	103332			2338809
化学药品原料药制造	30000				116919
中成药生产	329318	632			738549
兽用药品制造	76500	73500			44748
生物药品制造	32960	29200			1438593

单位:千元

主营业务收入	营业成本	主营业务成本	营业税金及附加	主营业务税金及附加	其他业务收入	其他业务利润	销售费用	管理费用	税金
								56	
								56	
145989	91620	91620	292	292			6955	10484	600
125691	69458	69458	173	173			6955	8189	
20298	22162	22162	119	119				2295	600
131082	112195	111988	994	994	13	−194		23611	149
131082	112195	111988	994	994	13	−194		23611	149
30000	25433	25433	28	28			435	1481	15
30000	25433	25433	28	28			435	1481	15
30000	25433	25433	28	28			435	1481	15
265386	219034	219031	1219	1219	15	15	19929	19176	3149
265386	219034	219031	1219	1219	15	15	19929	19176	3149
44298	39520	39517	113	113	15	15	1815	2070	1850
221088	179514	179514	1106	1106			18114	17106	1299
17796065	17276529	17243040	18821	18821	60189	26700	474451	477624	30279
17796065	17276529	17243040	18821	18821	60189	26700	474451	477624	30279
8939201	8127943	7780919	27695	21777	473179	97582	340924	742136	32622
1982137	1859489	1794048	2346	2346	77798	−7466	25958	200220	2746
1042890	936898	932340			24342		1542	161846	
330238	317021	300683	475	475	16015		11361	15358	173
100689	91294	85287	246	246	6373	4	5494	4303	34
508320	514276	475738	1625	1625	31068	−7470	7561	18713	2539
3319791	3029732	2958038	4579	4579	74399	2695	83398	238404	24619
32199	31953	31949	127	127	13		999	2486	
3287592	2997779	2926089	4452	4452	74386	2695	82399	235918	24619
570673	259534	259534	4268	4268	7	7	131849	115050	
570673	259534	259534	4268	4268	7	7	131849	115050	
2231735	2215716	2215716	3725	3725	62451	62451	14726	35477	1787
2231735	2215716	2215716	3725	3725	62451	62451	14726	35477	1787
81955	73779	73778	349	349			4144	2780	56
81955	73779	73778	349	349			4144	2780	56
752910	689693	479805	12428	6510	258524	39895	80849	150205	3414
752910	689693	479805	12428	6510	258524	39895	80849	150205	3414
2338248	1019539	1019420	21743	21743	561	442	646813	334946	12252
116919	89708	89708	1801	1801			3317	5126	
738549	192845	192845	10898	10898			375959	152578	1893
44748	23493	23493	260	260			20710	18588	734
1438032	713493	713374	8784	8784	561	442	246827	158654	9625

4-3 续 10

行业					营业收入
	法人资本	个人资本	港澳台资本	外商资本	
橡胶和塑料制品业	119868	171985		75692	1195168
橡胶制品业	69868			75692	233618
橡胶板、管、带制造	69868			75692	233618
塑料制品业	50000	171985			961550
塑料板、管、型材制造	50000	86000			780874
塑料丝、绳及编织品制造		85985			180676
非金属矿物制品业	933873	286080	167875		2398102
水泥、石灰和石膏制造	876273	22800	146275		1225080
水泥制造	863173	10200	146275		880945
石灰和石膏制造	13100	12600			344135
石膏、水泥制品及类似制品制造	37400	30680	21600		402790
水泥制品制造	35400	30680	21600		237837
轻质建筑材料制造	2000				164953
砖瓦、石材等建筑材料制造	200	2600			55832
粘土砖瓦及建筑砌块制造	200	2600			55832
玻璃制造		150000			316401
平板玻璃制造		150000			316401
陶瓷制品制造	20000				314020
日用陶瓷制品制造	20000				314020
石墨及其他非金属矿物制品制造		80000			83979
石墨及碳素制品制造		70000			43413
其他非金属矿物制品制造		10000			40566
黑色金属冶炼和压延加工业	177105	1347734			19968567
炼铁	52000	50000			1990718
炼钢		389811			1390939
钢压延加工	125105	907923			16586910
有色金属冶炼和压延加工业	8537	69000			286402
常用有色金属冶炼	8537	20000			245690
镁冶炼	8537				127328
其他常用有色金属冶炼		20000			118362
稀有稀土金属冶炼		46000			20610
稀土金属冶炼		46000			20610
有色金属压延加工		3000			20102
其他有色金属压延加工		3000			20102
金属制品业	86380	22000			572129
结构性金属制品制造	53000	22000			535838
金属结构制造	43000	22000			509247
金属门窗制造	10000				26591

单位:千元

主营业务收入	营业成本	主营业务成本	营业税金及附加	主营业务税金及附加	其他业务收入	其他业务利润	销售费用	管理费用	税金
1183194	990871	979532	3677	3677	11974	726	74837	37751	1488
233618	184092	184092	1653	1653			14941	14247	305
233618	184092	184092	1653	1653			14941	14247	305
949576	806779	795440	2024	2024	11974	726	59896	23504	1183
780477	637499	637361	1263	1263	397	350	58620	12414	734
169099	169280	158079	761	761	11577	376	1276	11090	449
2386465	2160773	2152407	30147	30147	11637	874	53491	158780	12771
1215190	1123441	1116241	25346	25346	9890	599	22105	118688	11214
871055	838645	831445	13177	13177	9890	599	15152	109450	8633
344135	284796	284796	12169	12169			6953	9238	2581
402779	315686	315686	1830	1830	11		26494	18436	1026
237826	201582	201582	1821	1821	11		21982	13193	521
164953	114104	114104	9	9			4512	5243	505
54371	43608	42442	339	339	1461		2083	5082	
54371	43608	42442	339	339	1461		2083	5082	
316126	351890	351890	810	810	275	275	1758	10770	522
316126	351890	351890	810	810	275	275	1758	10770	522
314020	245198	245198	1727	1727			1025	1540	
314020	245198	245198	1727	1727			1025	1540	
83979	80950	80950	95	95			26	4264	9
43413	39940	39940	95	95			26	3010	
40566	41010	41010						1254	9
19623905	20416752	20105545	30131	23288	344662	26612	36936	435656	38802
1990718	1968395	1968395	900	900			2881	8016	908
1390939	1548139	1548139	534	534				18035	2645
16242248	16900218	16589011	28697	21854	344662	26612	34055	409605	35249
286052	277899	277899	86	86	350	350	819	22144	366
245340	238999	238999	73	73	350	350	397	7063	343
126978	127950	127950	73	73	350	350	397	3653	141
118362	111049	111049						3410	202
20610	19161	19161	3	3			356	14802	23
20610	19161	19161	3	3			356	14802	23
20102	19739	19739	10	10			66	279	
20102	19739	19739	10	10			66	279	
540153	519385	486569	1534	1534	31976	3027	7980	22668	567
505366	494018	462133	1348	1348	30472	3027	4673	17445	381
478775	470554	438669	1194	1194	30472	3027	4271	16946	381
26591	23464	23464	154	154			402	499	

4-3 续 11

行 业	法人资本	个人资本	港澳台资本	外商资本	营业收入
其他金属制品制造	33380				36291
锻件及粉末冶金制品制造	33380				36291
通用设备制造业	109014	79520			5043155
金属加工机械制造		30000			39409
金属成形机床制造		30000			39409
物料搬运设备制造	18000	12000			89353
起重机制造		2000			21751
连续搬运设备制造	18000	10000			67602
泵、阀门、压缩机及类似机械制造	91014	6000			147825
泵及真空设备制造	91014	6000			147825
通用零部件制造		31520			4766568
机械零部件加工		31520			4766568
专用设备制造业	76000	98000			3046643
采矿、冶金、建筑专用设备制造	76000	98000			3046643
矿山机械制造	76000	98000			3046643
汽车制造业	769387	3149			351484
汽车整车制造	768800	3149			199347
改装汽车制造					127975
汽车零部件及配件制造	587				24162
电气机械和器材制造业	75000	115000		239100	5190154
电机制造	74000			231000	82008
电动机制造	74000			231000	82008
输配电及控制设备制造	1000	115000		8100	5108146
配电开关控制设备制造	1000	60000		8100	173832
光伏设备及元器件制造		55000			4934314
计算机、通信和其他电子设备制造业	1511750	28200			79582
其他电子设备制造	1511750	28200			79582
其他制造业	9700				11469
电力、热力、燃气及水生产和供应业	2081681	491367			10338969
电力、热力生产和供应业	2081681	491367			10089625
电力生产	2071681	491044			9627671
火力发电	2028681	491044			9541656
风力发电					62895
其他电力生产	43000				23120
电力供应					39410
热力生产和供应	10000	323			422544
燃气生产和供应业					134793
水的生产和供应业					114551
自来水生产和供应					114551

单位:千元

主营业务收入	营业成本	主营业务成本	营业税金及附加	主营业务税金及附加	其他业务收入	其他业务利润	销售费用	管理费用	税金
34787	25367	24436	186	186	1504		3307	5223	186
34787	25367	24436	186	186	1504		3307	5223	186
2838308	4808177	2627223	5211	5211	2204847	23892	17418	127574	4991
37449	33283	32314	112	112	1960	991	3136	4351	651
37449	33283	32314	112	112	1960	991	3136	4351	651
87727	80887	80887	167	167	1626	1626	1112	8156	544
20125	19970	19970	121	121	1626	1626	391	3128	327
67602	60917	60917	46	46			721	5028	217
144951	104551	104150	610	610	2874	2472	12924	24555	1193
144951	104551	104150	610	610	2874	2472	12924	24555	1193
2568181	4589456	2409872	4322	4322	2198387	18803	246	90512	2603
2568181	4589456	2409872	4322	4322	2198387	18803	246	90512	2603
2967945	2853374	2794117	5035	5035	78698	14539	7328	122778	2641
2967945	2853374	2794117	5035	5035	78698	14539	7328	122778	2641
2967945	2853374	2794117	5035	5035	78698	14539	7328	122778	2641
331479	312221	294054	2201	2201	20005	1838	13838	117121	1796
179484	191600	173574	1987	1987	19863	1837	10599	90535	1780
127975	99275	99275	7	7			2441	24952	8
24020	21346	21205	207	207	142	1	798	1634	8
1257273	5191520	1260268	1896	1896	3932881	4481	17730	151399	3838
82008	137029	137029	1276	1276			1783	41471	3173
82008	137029	137029	1276	1276			1783	41471	3173
1175265	5054491	1123239	620	620	3932881	4481	15947	109928	665
169421	151141	148289	620	620	4411	4411	12533	12067	199
1005844	4903350	974950			3928470	70	3414	97861	466
78952	89483	89483			630	630	878	67394	2491
78952	89483	89483			630	630	878	67394	2491
11469	8659	8659	29	29			1252	2370	
10249899	7973662	7932473	81591	81591	89070	43075	43528	477506	32643
10012751	7815303	7779100	78712	78712	76874	35865	7307	415760	30869
9576179	7381030	7361346	78425	78425	51492	31808	800	371213	30226
9490164	7316372	7296688	78392	78392	51492	31808	800	370113	30226
62895	37424	37424	33	33					
23120	27234	27234						1100	
32837	27091	21766	271	271	6573	1248	1955	4014	
403735	407182	395988	16	16	18809	2809	4552	40533	643
131415	85352	83459	2103	2103	3378	1485	30276	24430	280
105733	73007	69914	776	776	8818	5725	5945	37316	1494
105733	73007	69914	776	776	8818	5725	5945	37316	1494

4-3 续 12

行业	财务费用	利息收入	利息支出	营业利润	资产减值损失	公允价值变动收益	投资收益
总　计	**5225318**	**691454**	**5141577**	**4173587**	**87186**	**-166305**	**699627**
采矿业	2263135	551854	2366967	6038198	41648	115	607646
煤炭开采和洗选业	2221246	551848	2328257	5856720	41648	115	607347
烟煤和无烟煤开采洗选	2221246	551848	2328257	5856720	41648	115	607347
黑色金属矿采选业	36038	6	32859	153786			317
铁矿采选	36038	6	32859	153786			317
非金属矿采选业	5851		5851	27692			-18
土砂石开采	5851		5851	27692			-18
石灰石、石膏开采	2788		2788	13205			-18
建筑装饰用石开采	3063		3063	14487			
制造业	2197464	130199	1912268	-2715282	41858	350	68823
农副食品加工业	49116	2197	44064	64795	1166		229
谷物磨制	6970	9	6949	13787			
饲料加工	724	2	712	372			
屠宰及肉类加工	4585	6	3567	-3676	1166		
禽类屠宰	398		-625	-17899	1166		
肉制品及副产品加工	4187	6	4192	14223			
蔬菜、水果和坚果加工	4225	10	4235	10586			
蔬菜加工	746		746	1665			
水果和坚果加工	3479	10	3489	8921			
其他农副食品加工	32612	2170	28601	43726			229
淀粉及淀粉制品制造	29306	2160	25290	44020			229
豆制品制造	3306	10	3311	-294			
食品制造业	41769	47	39936	202559			454
焙烤食品制造	-70		166	115907			
饼干及其他焙烤食品制造	-70		166	115907			
方便食品制造	609			7876			454
方便面及其他方便食品制造	609			7876			454
乳制品制造	14331	42	14373	34100			
罐头食品制造	15345		13846	53672			
肉、禽类罐头制造	15345		13846	53672			
调味品、发酵制品制造	1036	5	1036	4312			
酱油、食醋及类似制品制造	811		811	3680			
其他调味品、发酵制品制造	225	5	225	632			
其他食品制造	10518		10515	-13308			
营养食品制造	4903		4900	-16448			
食品及饲料添加剂制造	5615		5615	3140			
酒、饮料和精制茶制造业	20968		20640	15614			

单位:千元

营业外收入	补贴收入	营业外支出	利润总额	所得税费用	亏损企业亏损总额	利税总额	应交税金及附加	本年应付职工薪酬
706511	**249244**	**420187**	**4462501**	**1790131**	**5387875**	**12252496**	**10138507**	**14480060**
281495	82332	262140	6060851	1448687	1531870	11520029	7279374	10463170
277446	82332	243621	5893843	1438101	1530546	11208683	7102421	10330607
277446	82332	243621	5893843	1438101	1530546	11208683	7102421	10330607
4049		18519	139316	10586	1324	276461	168634	125274
4049		18519	139316	10586	1324	276461	168634	125274
			27692			34885	8319	7289
			27692			34885	8319	7289
			13205			18394	6297	1200
			14487			16491	2022	6089
399913	161196	120483	−2436560	237560	3789853	−953790	1874559	3523153
10416	9012	1385	73517	5151	22695	119346	53120	46510
5051	5000	12	18826	41		23752	5066	6499
74		105	341	41	561	352	52	4290
3893	2629	1264	−1047	4217	17913	7904	13759	19759
1244		1258	−17913		17913	−17913	193	11841
2649	2629	6	16866	4217		25817	13566	7918
1383	1383	3	11966	852		25747	14811	7316
1280	1280		2945	577		4133	1851	4075
103	103	3	9021	275		21614	12960	3241
15		1	43431		4221	61591	19432	8646
15		1	43725		3927	59280	16696	3500
			−294		294	2311	2736	5146
79		26	202612	30495	16448	264347	95502	111367
79		26	115960	28990		171205	86386	54383
79		26	115960	28990		171205	86386	54383
			7876			7878	2	900
			7876			7878	2	900
			34100	585		34277	865	34977
			53672			54856	1810	8525
			53672			54856	1810	8525
			4312	920		5217	1967	6522
			3680	920		4540	1850	4137
			632			677	117	2385
			−13308		16448	−9086	4472	6060
			−16448		16448	−13180	3268	2340
			3140			4094	1204	3720
104	51		15718	4977	4231	18764	8623	7356

4–3 续 13

行 业	财务费用	利息收入	利息支出	营业利润	资产减值损失	公允价值变动收益	投资收益
酒的制造				–56			
其他酒制造				–56			
饮料制造	20968		20640	15670			
果菜汁及果菜汁饮料制造	20967		20640	19949			
固体饮料制造	1			–4279			
纺织服装、服饰业	168	185	348	–5873			
机织服装制造	168	185	348	–5873			
造纸和纸制品业	2418	80	2498	205			
造纸	2418	80	2498	205			
机制纸及纸板制造	2418	80	2498	205			
文教、工美、体育和娱乐用品制造业	3282	214	3519	2761			
体育用品制造	3282	214	3519	2761			
体育器材及配件制造	888		891	–93			
训练健身器材制造	2394	214	2628	2854			
石油加工、炼焦和核燃料加工业	610795	9135	447137	–919856	118		63561
炼焦	610795	9135	447137	–919856	118		63561
化学原料和化学制品制造业	374379	60139	382781	–135460	1479		66716
基础化学原料制造	226114	443	225271	–253371	–821		
无机碱制造	217328	328	217304	–249721	–661		
无机盐制造	802	67		1306	–70		
有机化学原料制造	2230	13	2193	3553	–58		
其他基础化学原料制造	5754	35	5774	–8509	–32		
肥料制造	93883	57313	114417	5831	–4194		57443
氮肥制造	3	1		–3392	36		
复混肥料制造	93880	57312	114417	9223	–4230		57443
涂料、油墨、颜料及类似产品制造	10911			49068			
涂料制造	10911			49068			
合成材料制造	31113	2060	30781	–6276			295
初级形态塑料及合成树脂制造	31113	2060	30781	–6276			295
专用化学产品制造	928	3	689	–25			
专项化学用品制造	928	3	689	–25			
炸药、火工及焰火产品制造	11430	320	11623	69313	6494		8978
炸药及火工产品制造	11430	320	11623	69313	6494		8978
医药制造业	38187	29385	64323	275262	2367		48
化学药品原料药制造	3722	232	3441	13245			
中成药生产	10520	26315	34156	–6570	2367		48
兽用药品制造	14672		14670	–32975			
生物药品制造	9273	2838	12056	301562			

单位:千元

营业外收入	补贴收入	营业外支出	利润总额	所得税费用	亏损企业亏损总额	利税总额	应交税金及附加	本年应付职工薪酬
			-56		56	-56		1176
			-56		56	-56		1176
104	51		15774	4977	4175	18820	8623	6180
			19949	4977		21686	6714	3570
104	51		-4175		4175	-2866	1909	2610
8221	8058	2106	242			9879	9786	26798
8221	8058	2106	242			9879	9786	26798
7			212			700	503	2450
7			212			700	503	2450
7			212			700	503	2450
895	450	309	3347	935		15125	15862	17944
895	450	309	3347	935		15125	15862	17944
460	450	31	336	83		1786	3383	1690
435		278	3011	852		13339	12479	16254
30327	12750	25688	-915217	11943	932957	-657044	300395	484356
30327	12750	25688	-915217	11943	932957	-657044	300395	484356
53491	30321	22798	-104767	39205	308468	38927	215521	712606
6788	5498	1183	-247766	14648	304338	-230010	35150	247521
6463	5200	343	-243601		243601	-243601		192460
306	298	547	1065	177		6388	5673	16828
1		63	3491	1789	1376	4747	3079	5963
18		230	-8721	12682	59361	2456	26398	32270
12405	8458	16430	1806	3334	2963	10057	36204	249598
459	457	30	-2963	-9	2963	-1911	1043	3506
11946	8001	16400	4769	3343		11968	35161	246092
550			49618	37		53957	4376	5728
550			49618	37		53957	4376	5728
14192	12155	730	7186	1677	1128	43821	40099	61429
14192	12155	730	7186	1677	1128	43821	40099	61429
		14	-39		39	2898	2993	4727
		14	-39		39	2898	2993	4727
19556	4210	4441	84428	19509		158204	96699	143603
19556	4210	4441	84428	19509		158204	96699	143603
10864		7633	278493	52097	76489	490068	275924	211423
			13245	3310		15046	5111	3367
10321		1520	2231	6415	41692	107581	113658	173168
401		2223	-34797		34797	-32719	2812	7861
142		3890	297814	42372		400160	154343	27027

4-3 续 14

行 业	财务费用	利息收入	利息支出	营业利润	资产减值损失	公允价值变动收益	投资收益
橡胶和塑料制品业	15389	36	15683	73954	-1311		
橡胶制品业	329		346	19587	-1231		
橡胶板、管、带制造	329		346	19587	-1231		
塑料制品业	15060	36	15337	54367	-80		
塑料板、管、型材制造	11683		12685	59395			
塑料丝、绳及编织品制造	3377	36	2652	-5028	-80		
非金属矿物制品业	325105	-5001	322991	-329171	-1059		252
水泥、石灰和石膏制造	302192	87	298285	-365170	-1272		252
水泥制造	293134	87	296704	-381552	-6809		252
石灰和石膏制造	9058		1581	16382	5537		
石膏、水泥制品及类似制品制造	1205	-5091	6337	38926	213		
水泥制品制造	1222	-5119	6337	-1963			
轻质建筑材料制造	-17	28		40889	213		
砖瓦、石材等建筑材料制造	1120		286	3600			
粘土砖瓦及建筑砌块制造	1120		286	3600			
玻璃制造	17622		15792	-66449			
平板玻璃制造	17622		15792	-66449			
陶瓷制品制造	1694		1694	62836			
日用陶瓷制品制造	1694		1694	62836			
石墨及其他非金属矿物制品制造	1272	3	597	-2914			
石墨及碳素制品制造	676			-620			
其他非金属矿物制品制造	596	3	597	-2294			
黑色金属冶炼和压延加工业	534742	32061	390991	-1572680	24533		-62497
炼铁	6285	9	6294	4241			
炼钢	16396		16367	-192165			
钢压延加工	512061	32052	368330	-1384756	24533		-62497
有色金属冶炼和压延加工业	5324	12	5325	-19870			
常用有色金属冶炼	3247	6	3242	-4089			
镁冶炼	17	2	12	-4762			
其他常用有色金属冶炼	3230	4	3230	673			
稀有稀土金属冶炼	2077	6	2083	-15789			
稀土金属冶炼	2077	6	2083	-15789			
有色金属压延加工				8			
其他有色金属压延加工				8			
金属制品业	15627	25	14010	9375			
结构性金属制品制造	13681	25	12064	9113			
金属结构制造	13678	22	12064	7044			
金属门窗制造	3	3		2069			

单位:千元

营业外收入	补贴收入	营业外支出	利润总额	所得税费用	亏损企业亏损总额	利税总额	应交税金及附加	本年应付职工薪酬
3328	41	2153	75129	14977	11219	103777	45113	77838
107	41	368	19326	4831		33230	19040	27594
107	41	368	19326	4831		33230	19040	27594
3221		1785	55803	10146	11219	70547	26073	50244
3047		1620	60822	9476	3609	68467	17855	22866
174		165	-5019	670	7610	2080	8218	27378
46068	7294	12044	-295545	48593	434002	-222500	134409	170152
26013	7294	4007	-343164	31015	361192	-292719	92674	112846
25887	7294	3899	-359564	30002	359564	-321325	76874	101131
126		108	16400	1013	1628	28606	15800	11715
20051		8037	50940	1869	3053	60444	12399	23992
18018		8012	8043	1228	3053	17531	11237	22441
2033		25	42897	641		42913	1162	1551
			3600			5335	1735	4371
			3600			5335	1735	4371
			-66449		66449	-58159	8812	3540
			-66449		66449	-58159	8812	3540
			62836	15709		64563	17436	22743
			62836	15709		64563	17436	22743
4			-3308		3308	-1964	1353	2660
			-1018		1018	326	1344	823
4			-2290		2290	-2290	9	1837
106448	1600	10000	-1476232	2068	1495048	-1020677	496425	1083199
			4241	1761	2818	12792	11220	21953
13890		388	-178663		178663	-174175	7133	95389
92558	1600	9612	-1301810	307	1313567	-859294	478072	965857
11409	400	806	-9267		10348	-8122	1511	25940
676	400	799	-4212		5285	-3162	1393	19428
276		799	-5285		5285	-4235	1191	14265
400	400		1073			1073	202	5163
10733		7	-5063		5063	-5060	26	6020
10733		7	-5063		5063	-5060	26	6020
			8			100	92	492
			8			100	92	492
5809	5500	361	14823	2117		37758	25619	47771
3609	3300	306	12416	1756		33559	23280	43574
3609	3300	306	10347	1246		31336	22616	42313
			2069	510		2223	664	1261

4-3 续 15

行 业	财务费用	利息收入	利息支出	营业利润	资产减值损失	公允价值变动收益	投资收益
其他金属制品制造	1946		1946	262			
锻件及粉末冶金制品制造	1946		1946	262			
通用设备制造业	7915	1257	8185	76768	92		
金属加工机械制造	1949	3	1815	-3422			
金属成形机床制造	1949	3	1815	-3422			
物料搬运设备制造	905	3	662	-1874			
起重机制造	73		69	-1932			
连续搬运设备制造	832	3	593	58			
泵、阀门、压缩机及类似机械制造	788	53	372	4305	92		
泵及真空设备制造	788	53	372	4305	92		
通用零部件制造	4273	1198	5336	77759			
机械零部件加工	4273	1198	5336	77759			
专用设备制造业	5020	156	3240	52670	437		
采矿、冶金、建筑专用设备制造	5020	156	3240	52670	437		
矿山机械制造	5020	156	3240	52670	437		
汽车制造业	-169	132	-238	-104871	10997		
汽车整车制造	1689	129	1643	-108206	10997		
改装汽车制造	-1975		-1995	3275			
汽车零部件及配件制造	117	3	114	60			
电气机械和器材制造业	138212	102	137910	-313583	3039		60
电机制造	28581	36	28649	-131171	3039		
电动机制造	28581	36	28649	-131171	3039		
输配电及控制设备制造	109631	66	109261	-182412			60
配电开关控制设备制造	270	13	200	-2739			60
光伏设备及元器件制造	109361	53	109061	-179673			
计算机、通信和其他电子设备制造业	9232	19	8922	-87405			
其他电子设备制造	9232	19	8922	-87405			
其他制造业	-15	18	3	-476		350	
电力、热力、燃气及水生产和供应业	764719	9401	862342	850671	3680	-166770	23158
电力、热力生产和供应业	765146	8878	862342	860105	3680	-166770	23158
电力生产	760497	8838	857781	888414	3680	-166770	23158
火力发电	720708	8836	817992	909919	1740	-166770	23158
风力发电	30204	2	30204	-6706	1940		
其他电力生产	9585		9585	-14799			
电力供应	109	1		5970			
热力生产和供应	4540	39	4561	-34279			
燃气生产和供应业	-333	376		-7035			
水的生产和供应业	-94	147		-2399			
自来水生产和供应	-94	147		-2399			

单位:千元

营业外收入	补贴收入	营业外支出	利润总额	所得税费用	亏损企业亏损总额	利税总额	应交税金及附加	本年应付职工薪酬
2200	2200	55	2407	361		4199	2339	4197
2200	2200	55	2407	361		4199	2339	4197
6147	5330	1408	81507	16752	3809	129661	69897	178678
5360	5330	39	1899	370		2854	1976	5473
5360	5330	39	1899	370		2854	1976	5473
30		42	-1886	16	1947	-410	2036	5461
30		3	-1905		1905	-818	1414	1814
		39	19	16	42	408	622	3647
616		64	4857		1862	11000	7336	26332
616		64	4857		1862	11000	7336	26332
141		1263	76637	16366		116217	58549	141412
141		1263	76637	16366		116217	58549	141412
2895	540	3881	51684	6208	2429	87707	44872	83943
2895	540	3881	51684	6208	2429	87707	44872	83943
2895	540	3881	51684	6208	2429	87707	44872	83943
87714	70487	9610	-26768		62661	-16043	12521	86725
87605	70487	9577	-30179		62661	-21199	10760	45307
109		33	3351			3358	15	35811
			60			1798	1746	5607
4321	1454	20139	-329401	2042	332402	-269063	66218	124935
1150		2062	-132083		132083	-119749	15507	6672
1150		2062	-132083		132083	-119749	15507	6672
3171	1454	18077	-197318	2042	200319	-149314	50711	118263
943	30	86	-1882	581	4883	3182	5844	13635
2228	1424	17991	-195436	1461	195436	-152496	44867	104628
11370	7908	136	-76171		76171	-76171	2491	21842
11370	7908	136	-76171		76171	-76171	2491	21842
			-476		476	-229	247	1320
25103	5716	37564	838210	103884	66152	1686257	984574	493737
25100	5716	37494	847711	105378	56651	1686905	975441	457567
6956	2216	36475	858895	103908	39586	1661691	936930	412837
6944	2216	36475	880388	103908	18093	1678557	932303	399415
			-6706		6706	-6673	33	8162
12			-14787		14787	-10193	4594	5260
201		290	5881	1470		9814	5403	2581
17943	3500	729	-17065		17065	15400	33108	42149
3		70	-7102	-1494	7102	-4999	889	14241
			-2399		2399	4351	8244	21929
			-2399		2399	4351	8244	21929

4-3 续 16

行业	本年应交增值税	总资产贡献率(%)	资产负债率(%)	流动资产周转率(次/年)
总　计	**6544724**	**5.46**	**70.29**	**1.22**
采矿业	4457437	7.33	62.08	0.9
煤炭开采和洗选业	4351190	7.25	62.17	0.86
烟煤和无烟煤开采洗选	4351190	7.25	62.17	0.86
黑色金属矿采选业	103273	11.45	55.91	2.74
铁矿采选	103273	11.45	55.91	2.74
非金属矿采选业	2974	28.79	65.26	2.49
土砂石开采	2974	28.79	65.26	2.49
石灰石、石膏开采	1120	28.17	76.86	2.08
建筑装饰用石开采	1854	29.49	52.11	2.92
制造业	1320831	0.84	80.44	1.79
农副食品加工业	41693	5.11	56.48	2.26
谷物磨制	4569	8.72	32.45	1.13
饲料加工	6	1.3	68.24	2.26
屠宰及肉类加工	7909	3.15	71.02	4.04
禽类屠宰		-9.84	107.09	4.69
肉制品及副产品加工	7909	17.03	32.44	3.64
蔬菜、水果和坚果加工	12553	20.82	43.9	4.38
蔬菜加工	1069	10.15	70.23	4.22
水果和坚果加工	11484	26.17	30.7	4.44
其他农副食品加工	16656	3.98	58.3	2.1
淀粉及淀粉制品制造	14320	3.89	58.81	2.14
豆制品制造	2336	5.94	46.83	0.91
食品制造业	54671	24.78	44.8	5.75
焙烤食品制造	49325	56.93	56.18	7.77
饼干及其他焙烤食品制造	49325	56.93	56.18	7.77
方便食品制造		12.21	21.19	1.51
方便面及其他方便食品制造		12.21	21.19	1.51
乳制品制造	143	11.43	25.45	7.1
罐头食品制造	998	43.76	36.14	9.06
肉、禽类罐头制造	998	43.76	36.14	9.06
调味品、发酵制品制造	790	4.81	48.18	1.82
酱油、食醋及类似制品制造	790	18.47	73.76	3.7
其他调味品、发酵制品制造		0.89	40.83	1.36
其他食品制造	3415	0.95	93.06	1.11
营养食品制造	2938	-15.32	217.31	1.12
食品及饲料添加剂制造	477	10.11	23.16	1.1
酒、饮料和精制茶制造业	2754	12.96	67.52	0.75

单位:千元

成本费用利润率(%)	产品销售率(%)	从业人员平均人数	从业人员期末人数	平均用工人数	期末用工人数
2.83	**92.62**	**233055**	**233302**	**235750**	**227548**
8.52	89.97	131776	133706	135006	130631
8.85	89.95	127182	128807	129935	125632
8.85	89.95	127182	128807	129935	125632
3.17	89.94	4411	4711	4801	4724
3.17	89.94	4411	4711	4801	4724
15.79	98.91	183	188	270	275
15.79	98.91	183	188	270	275
18.81	98.18	35	35	122	122
13.77	99.59	148	153	148	153
−3.16	94.63	93777	92063	93203	89324
2.19	98.46	3081	2422	4464	2481
10.96	98.57	398	399	396	337
0.25	98.24	146	159	147	159
−0.22	94.03	1095	1188	1255	1348
−7.9	87.72	765	795	925	955
6.93	99.09	330	393	330	393
3.9	98.71	285	371	300	385
3.41	99.03	151	236	151	236
4.1	98.61	134	135	149	149
1.91	99.29	1157	305	2366	252
1.95	99.26	1055	202	2260	150
−0.87	101.92	102	103	106	102
8.16	98.35	3716	3698	3718	3738
17.71	107.6	2130	2007	2130	2007
17.71	107.6	2130	2007	2130	2007
15.57	82.68	70	70	60	56
15.57	82.68	70	70	60	56
3.81	99.37	767	811	765	820
7.52	91.39	258	308	258	308
7.52	91.39	258	308	258	308
5.36	97.18	247	278	279	301
12.25	93.42	129	153	129	153
1.25	100	118	125	150	148
−15.38	95.63	244	224	226	246
−41.4	100	94	94	96	96
6.71	94.19	150	130	130	150
12.08	92.02	348	336	384	336

4-3 续 17

行 业	本年应交增值税	总资产贡献率（%）	资产负债率(%)	流动资产周转率（次/年）
酒的制造		-0.32	43.16	
其他酒制造		-0.32	43.16	
饮料制造	2754	13.78	69.03	0.78
果菜汁及果菜汁饮料制造	1564	17.81	82.65	0.72
固体饮料制造	1190	-5.88	2.57	1.79
纺织服装、服饰业	8643	8.05	76.6	1.22
机织服装制造	8643	8.05	76.6	1.22
造纸和纸制品业	460	2.66	46.26	2.42
造纸	460	2.66	46.26	2.42
机制纸及纸板制造	460	2.66	46.26	2.42
文教、工美、体育和娱乐用品制造业	10559	5.15	62.9	1.29
体育用品制造	10559	5.15	62.9	1.29
体育器材及配件制造	1337	4.25	73.02	0.88
训练健身器材制造	9222	5.34	60.75	1.43
石油加工、炼焦和核燃料加工业	239352	-0.76	78.61	1.52
炼焦	239352	-0.76	78.61	1.52
化学原料和化学制品制造业	115999	1.79	72.41	1.43
基础化学原料制造	15410	-0.06	79.49	1.34
无机碱制造		-0.48	85.34	1.38
无机盐制造	4848	1.73	65.75	1.7
有机化学原料制造	1010	4.38	66.05	1.38
其他基础化学原料制造	9552	0.39	67.46	1.12
肥料制造	3672	0.94	65.76	1.01
氮肥制造	925	-7.36	54.4	1.94
复混肥料制造	2747	0.97	65.8	1
涂料、油墨、颜料及类似产品制造	71	25.64	54.98	4.62
涂料制造	71	25.64	54.98	4.62
合成材料制造	32910	2.29	76.64	2.45
初级形态塑料及合成树脂制造	32910	2.29	76.64	2.45
专用化学产品制造	2588	13.02	94.53	3.07
专项化学用品制造	2588	13.02	94.53	3.07
炸药、火工及焰火产品制造	61348	11.39	59.04	1.71
炸药及火工产品制造	61348	11.39	59.04	1.71
医药制造业	189832	10.77	46.15	0.95
化学药品原料药制造		11.43	39.7	1.27
中成药生产	94452	3.77	44.48	0.45
兽用药品制造	1818	-5.62	96.55	0.63
生物药品制造	93562	30.69	38.61	2.14

单位:千元

成本费用利润率(%)	产品销售率(%)	从业人员平均人数	从业人员期末人数	平均用工人数	期末用工人数
-100		70	70	70	70
-100		70	70	70	70
12.13	92.02	278	266	314	266
18.9	90.91	158	162	162	162
-17.07	98.97	120	104	152	104
0.18	101.69	691	692	697	697
0.18	101.69	691	692	697	697
0.71	101.13	119	108	119	110
0.71	101.13	119	108	119	110
0.71	101.13	119	108	119	110
1.28	112.95	759	753	758	753
1.28	112.95	759	753	758	753
0.76	95.48	80	80	78	80
1.39	118.5	679	673	680	673
-4.86	89.98	16971	16606	16891	16414
-4.86	89.98	16971	16606	16891	16414
-1.09	95.73	16930	16970	16964	16560
-10.72	93.87	3539	3609	3562	3608
-18.49	94.6	1911	1931	1911	1931
0.31	80.06	666	681	668	681
3.38	116.77	201	201	182	182
-1.6	99.04	761	796	801	814
0.05	98.12	6211	6210	6221	6200
-8.36	114.1	136	125	136	125
0.14	97.99	6075	6085	6085	6075
9.59	94.83	205	221	203	221
9.59	94.83	205	221	203	221
0.31	93.61	1808	1803	1811	1802
0.31	93.61	1808	1803	1811	1802
-0.05	100.45	140	144	140	144
-0.05	100.45	140	144	140	144
9.06	98.08	5027	4983	5027	4585
9.06	98.08	5027	4983	5027	4585
13.66	76.95	4163	4190	4060	4090
13	99.17	90	95	95	95
0.3	81.64	3061	3091	2961	2991
-44.92	70.7	144	140	144	140
26.4	74.03	868	864	860	864

4-3 续 18

行 业	本年应交增值税	总资产贡献率(%)	资产负债率(%)	流动资产周转率(次/年)
橡胶和塑料制品业	24971	8.86	39.82	1.52
橡胶制品业	12251	9.61	19.47	1.1
橡胶板、管、带制造	12251	9.61	19.47	1.1
塑料制品业	12720	8.59	46.94	1.67
塑料板、管、型材制造	6382	9.77	51.25	1.67
塑料丝、绳及编织品制造	6338	2.78	25.67	1.69
非金属矿物制品业	42898	1.98	130.17	1.24
水泥、石灰和石膏制造	25099	0.16	170.7	1.5
水泥制造	25062	-0.78	181.42	1.34
石灰和石膏制造	37	9.68	62.23	2.15
石膏、水泥制品及类似制品制造	7674	14.93	39.51	1.8
水泥制品制造	7667	10.11	58.27	1.49
轻质建筑材料制造	7	22.03	11.88	2.57
砖瓦、石材等建筑材料制造	1396	3.82	66.11	0.55
粘土砖瓦及建筑砌块制造	1396	3.82	66.11	0.55
玻璃制造	7480	-4.51	66.58	0.5
平板玻璃制造	7480	-4.51	66.58	0.5
陶瓷制品制造		83.66	30.3	20.8
日用陶瓷制品制造		83.66	30.3	20.8
石墨及其他非金属矿物制品制造	1249	-0.63	39.86	0.56
石墨及碳素制品制造	1249	0.17	34.01	0.33
其他非金属矿物制品制造		-5.86	78.12	2.03
黑色金属冶炼和压延加工业	425424	-3.66	103.77	2.21
炼铁	7651	5.03	59.3	7.44
炼钢	3954	-12.63	116.48	2.18
钢压延加工	413819	-3.18	103.83	2.04
有色金属冶炼和压延加工业	1059	-0.43	77.41	0.97
常用有色金属冶炼	977	0.02	92.79	1.09
镁冶炼	977	-1.49	98.08	0.99
其他常用有色金属冶炼		2.9	82.67	1.23
稀有稀土金属冶炼		-1.41	46.44	0.33
稀土金属冶炼		-1.41	46.44	0.33
有色金属压延加工	82	1.19	68.29	2.85
其他有色金属压延加工	82	1.19	68.29	2.85
金属制品业	21401	8.06	71.78	1.13
结构性金属制品制造	19795	8.29	74	1.13
金属结构制造	19795	8.22	75.08	1.11
金属门窗制造		9.82	48.86	1.78

单位:千元

成本费用利润率(%)	产品销售率(%)	从业人员平均人数	从业人员期末人数	平均用工人数	期末用工人数
6.71	98.56	2689	2636	2686	2688
9.05	100.7	383	375	396	375
9.05	100.7	383	375	396	375
6.16	98.12	2306	2261	2290	2313
8.44	97.83	1393	1368	1396	1401
-2.71	99.82	913	893	894	912
-10.95	98.08	4970	4935	4966	4785
-21.91	100.05	2922	2895	2888	2845
-28.62	100.19	2594	2539	2560	2489
5.29	99.7	328	356	328	356
14.08	97.64	939	932	962	832
3.38	98.37	670	662	693	562
34.64	96.89	269	270	269	270
6.94	84.9	152	155	158	155
6.94	84.9	152	155	158	155
-17.39	91.42	610	611	611	611
-17.39	91.42	610	611	611	611
25.19	102.74	230	235	230	235
25.19	102.74	230	235	230	235
-3.82	97.89	117	107	117	107
-2.33	96.93	55	55	55	55
-5.34	98.81	62	52	62	52
-6.89	96.65	25866	25572	24420	24280
0.21	100.48	974	1006	974	1006
-11.29	99.71	2556	2372	2165	2200
-7.29	95.94	22336	22194	21281	21074
-3.03	100.41	754	751	837	801
-1.69	110.89	543	513	556	513
-4	125.57	398	353	396	353
0.91	98.5	145	160	160	160
-13.91	60	193	218	263	268
-13.91	60	193	218	263	268
0.04	92.75	18	20	18	20
0.04	92.75	18	20	18	20
2.62	97.8	1024	1042	1027	1042
2.34	98.63	896	912	897	912
2.05	98.55	818	833	819	833
8.49	100	78	79	78	79

4-3 续 19

行 业	本年应交增值税	总资产贡献率（%）	资产负债率（%）	流动资产周转率（次/年）
其他金属制品制造	1606	6.7	58.46	1.16
锻件及粉末冶金制品制造	1606	6.7	58.46	1.16
通用设备制造业	42943	8.3	78.4	4.2
金属加工机械制造	843	3.76	64.38	0.63
金属成形机床制造	843	3.76	64.38	0.63
物料搬运设备制造	1309	0.1	82.94	0.41
起重机制造	966	-0.96	83.75	0.33
连续搬运设备制造	343	0.57	82.58	0.44
泵、阀门、压缩机及类似机械制造	5533	3.51	60.55	0.64
泵及真空设备制造	5533	3.51	60.55	0.64
通用零部件制造	35258	12.71	85.1	6.92
机械零部件加工	35258	12.71	85.1	6.92
专用设备制造业	30988	4.7	73.23	2.74
采矿、冶金、建筑专用设备制造	30988	4.7	73.23	2.74
矿山机械制造	30988	4.7	73.23	2.74
汽车制造业	8524	-0.96	44.93	0.56
汽车整车制造	6993	-1.48	47.66	0.51
改装汽车制造		0.37	34.16	0.56
汽车零部件及配件制造	1531	27.76	90.65	3.6
电气机械和器材制造业	58442	-2.18	90.4	2.63
电机制造	11058	-12.58	87.93	0.39
电动机制造	11058	-12.58	87.93	0.39
输配电及控制设备制造	47384	-0.76	90.74	2.91
配电开关控制设备制造	4444	1.23	51.13	0.66
光伏设备及元器件制造	42940	-0.86	92.89	3.3
计算机、通信和其他电子设备制造业		-2.94	41.09	0.09
其他电子设备制造		-2.94	41.09	0.09
其他制造业	218	-0.52	79.31	0.45
电力、热力、燃气及水生产和供应业	766456	10.08	89.74	2.01
电力、热力生产和供应业	760482	10.39	91.36	2.11
电力生产	724371	11.06	90.24	2.41
火力发电	719777	11.95	90.3	2.45
风力发电		1.42	92.39	1.12
其他电力生产	4594	-0.27	68.55	0.53
电力供应	3662	19.66	55.76	1
热力生产和供应	32449	1.18	107.53	0.56
燃气生产和供应业		-1.31	29.23	0.71
水的生产和供应业	5974	1.2	47.18	0.73
自来水生产和供应	5974	1.2	47.18	0.73

单位:千元

成本费用利润率(%)	产品销售率(%)	从业人员平均人数	从业人员期末人数	平均用工人数	期末用工人数
6.72	90.58	128	130	130	130
6.72	90.58	128	130	130	130
1.64	99.37	3551	3110	3536	3105
4.45	91.45	185	183	184	186
4.45	91.45	185	183	184	186
-2.07	80.13	276	268	262	260
-8.09	99.26	115	108	110	108
0.03	76.26	161	160	152	152
3.4	100.49	1104	1073	1104	1073
3.4	100.49	1104	1073	1104	1073
1.64	100.33	1986	1586	1986	1586
1.64	100.33	1986	1586	1986	1586
1.73	97.56	2156	2151	2152	2149
1.73	97.56	2156	2151	2152	2149
1.73	97.56	2156	2151	2152	2149
-6.04	84.86	1886	1972	1954	1908
-10.25	78.42	1328	1412	1396	1330
2.69	93.28	381	376	381	394
0.25	101.68	177	184	177	184
-5.99	98.84	2872	2871	2339	2139
-63.24	99.56	824	804	231	217
-63.24	99.56	824	804	231	217
-3.73	98.83	2048	2067	2108	1922
-1.07	102.38	227	217	226	217
-3.82	98.73	1821	1850	1882	1705
-45.61	83.27	1183	1200	1183	1200
-45.61	83.27	1183	1200	1183	1200
-3.88	100	48	48	48	48
9.05	99.73	7502	7533	7541	7593
9.42	99.72	6103	6185	6142	6245
10.09	99.64	5206	5166	5229	5212
10.47	99.67	5047	4997	5070	5043
-9.92	97.43	49	49	49	49
-39	96.14	110	120	110	120
17.73	100	94	94	108	108
-3.74	101.59	803	925	805	925
-5.08	100	463	405	463	405
-2.07	100	936	943	936	943
-2.07	100	936	943	936	943

4-4 国有控股工业

指标名称	企业单位数（个）	亏损企业	工业总产值（当年价格）	工业销售产值（当年价格）	出口交货值
总　　计	**85**	**34**	**86280067**	**79299299**	**13520**
一、在总计中:亏损企业	34	34	23765621	22325249	13520
在总计中:农村工业					
在总计中:轻工业	4	2	319777	304848	
重工业	81	32	85960290	78994451	13520
在总计中:大型企业	21	6	65226383	59250670	
中型企业	39	17	16485915	15449307	13520
小型企业	24	11	4567769	4599322	
微型企业	1				
煤炭开采和洗选业	41	16	47721982	42059161	
烟煤和无烟煤开采洗选	41	16	47721982	42059161	
农副食品加工业	1		21831	23272	
谷物磨制	1		21831	23272	
纺织服装、服饰业	1		128920	131095	
机织服装制造	1		128920	131095	
石油加工、炼焦和核燃料加工业	5	3	4034618	3682437	
炼焦	5	3	4034618	3682437	
化学原料和化学制品制造业	9	2	6318023	6033957	
基础化学原料制造	4	1	1329691	1272838	
肥料制造	3	1	3387912	3324319	
合成材料制造	1		1541995	1376232	
炸药、火工及焰火产品制造	1		58425	60568	
医药制造业	1	1	63293	44748	
兽用药品制造	1	1	63293	44748	
橡胶和塑料制品业	1		140800	141131	
塑料制品业	1		140800	141131	
非金属矿物制品业	4	3	421295	399133	
水泥、石灰和石膏制造	3	3	242206	225609	
石膏、水泥制品及类似制品制造	1		179089	173524	
黑色金属冶炼和压延加工业	1	1	8837000	8332899	
钢压延加工	1	1	8837000	8332899	
有色金属冶炼和压延加工业	1	1	61632	84909	
常用有色金属冶炼	1	1	61632	84909	
金属制品业	1		422770	422770	
结构性金属制品制造	1		422770	422770	
通用设备制造业	1	1	103781	104511	13520
泵、阀门、压缩机及类似机械制造	1	1	103781	104511	13520
专用设备制造业	3		2702824	2595203	
采矿、冶金、建筑专用设备制造	3		2702824	2595203	
汽车制造业	2		207136	183691	
汽车整车制造	1		87130	71753	
改装汽车制造	1		120006	111938	
电气机械和器材制造业	2	2	5098381	5098381	
电机制造	1	1	64897	64897	
输配电及控制设备制造	1	1	5033484	5033484	
电力、热力生产和供应业	10	3	9890048	9856268	
电力生产	8	2	9527211	9493431	
电力供应	1		32837	32837	
热力生产和供应	1	1	330000	330000	
水的生产和供应业	1	1	105733	105733	
自来水生产和供应	1	1	105733	105733	

企 业 主 要 经 济 指 标

单位：千元

年初存货	产成品	资产总计	流动资产合计	应收账款	存货
8712908	**3597907**	**185059901**	**72995971**	**10982875**	**8248862**
4262765	1939569	50905480	15917285	1432986	3839492
60289	46975	820243	352609	70467	53387
8652619	3550932	184239658	72643362	10912408	8195475
6332945	2831980	130549079	57527932	8533374	6212767
1910074	439249	44497246	12813576	1852047	1623501
469889	326678	10013576	2654463	597454	412594
2348291	1073054	120246791	52627448	7808242	2690787
2348291	1073054	120246791	52627448	7808242	2690787
417		23744	15745	2613	3627
417		23744	15745	2613	3627
36387	28889	124798	107840	51849	29668
36387	28889	124798	107840	51849	29668
1128607	515221	6737094	3288378	323430	1098141
1128607	515221	6737094	3288378	323430	1098141
1320544	611396	15490142	5188351	611543	1516467
212298	190660	5676864	883674	175488	498203
1042470	393238	7177144	3368923	413377	952890
55196	22086	2494648	874210		57439
10580	5412	141486	61544	22678	7935
21248	18086	321434	71453	9713	16453
21248	18086	321434	71453	9713	16453
39385	19954	97466	60690	9552	31776
39385	19954	97466	60690	9552	31776
103492	19676	999670	308739	74923	105823
80410	10237	804973	244539	74923	77078
23082	9439	194697	64200		28745
1945472	616562	9888145	3843075	68169	1143189
1945472	616562	9888145	3843075	68169	1143189
111384	101252	253620	114876		111384
111384	101252	253620	114876		111384
156789		361790	358873	190213	111560
156789		361790	358873	190213	111560
93406	44329	265787	192806	57447	93406
93406	44329	265787	192806	57447	93406
110586	96221	888460	579991	323849	156019
110586	96221	888460	579991	323849	156019
163286	100117	538946	333872	49803	180459
21634	8384	173117	104623	47539	22714
141652	91733	365829	229249	2264	157745
432156	353150	5060136	1564939	296833	403302
105942	78110	299736	179149	47453	78352
326214	275040	4760400	1385790	249380	324950
699221		23411611	4181324	1098404	553162
679802		22186251	3714213	1073526	533042
1248		49902	39578	12103	
18171		1175458	427533	12775	20120
2237		350267	157571	6292	3639
2237		350267	157571	6292	3639

4-4 续 1

指标名称	产成品	在产品	固定资产合计	固定资产原价
总　　计	**3703739**	**623115**	**82543367**	**111178671**
一、在总计中:亏损企业	2132212	93424	24414606	31426332
在总计中:农村工业				
在总计中:轻工业	39602	6519	350551	654222
重工业	3664137	616596	82192816	110524449
在总计中:大型企业	2987010	461097	54393437	73510017
中型企业	432000	142948	22586687	29928477
小型企业	284729	19070	5563243	7740177
微型企业				
煤炭开采和洗选业	1096202	23668	46137027	58477782
烟煤和无烟煤开采洗选	1096202	23668	46137027	58477782
农副食品加工业			7899	15756
谷物磨制			7899	15756
纺织服装、服饰业	26016	3652	16856	26503
机织服装制造	26016	3652	16856	26503
石油加工、炼焦和核燃料加工业	738365	44564	1887729	2448343
炼焦	738365	44564	1887729	2448343
化学原料和化学制品制造业	620948	455585	7603227	11278137
基础化学原料制造	167866		4673290	4694472
肥料制造	419642	455585	1436132	5575851
合成材料制造	29648		1458261	939950
炸药、火工及焰火产品制造	3792		35544	67864
医药制造业	13586	2867	151238	195420
兽用药品制造	13586	2867	151238	195420
橡胶和塑料制品业	20409		13745	42171
塑料制品业	20409		13745	42171
非金属矿物制品业	38985	20852	505927	1354750
水泥、石灰和石膏制造	26679	20852	403125	1241657
石膏、水泥制品及类似制品制造	12306		102802	113093
黑色金属冶炼和压延加工业	561872	684	5018661	8462928
钢压延加工	561872	684	5018661	8462928
有色金属冶炼和压延加工业	101252		113728	144011
常用有色金属冶炼	101252		113728	144011
金属制品业			2517	5426
结构性金属制品制造			2517	5426
通用设备制造业	44329	14650	41969	155446
泵、阀门、压缩机及类似机械制造	44329	14650	41969	155446
专用设备制造业	92197		213707	226302
采矿、冶金、建筑专用设备制造	92197		213707	226302
汽车制造业	26075	56593	171530	204110
汽车整车制造	8216	6328	54668	63420
改装汽车制造	17859	50265	116862	140690
电气机械和器材制造业	323503		3171510	1899845
电机制造	77883		12269	17002
输配电及控制设备制造	245620		3159241	1882843
电力、热力生产和供应业			17311539	25825198
电力生产			16567172	24913401
电力供应			5204	12326
热力生产和供应			739163	899471
水的生产和供应业			174558	416543
自来水生产和供应			174558	416543

单位:千元

累计折旧	本年折旧	在建工程	负债合计	流动负债合计	应付账款	非流动负债合计
44332425	**6718793**	**16033212**	**132313007**	**85825059**	**23520629**	**44689429**
11163881	2050484	7784693	51059278	37187330	8740713	12264822
307019	22390	9822	587728	396873	82866	180000
44025406	6696403	16023390	131725279	85428186	23437763	44509429
32553944	4231067	10079046	84484401	58737669	17154955	24374176
9599661	2148071	4976670	37636846	20781528	4716577	16429357
2178820	339655	977496	10191760	6305862	1649097	3885896
23378964	3657570	8628278	71510897	46921266	12103826	24056512
23378964	3657570	8628278	71510897	46921266	12103826	24056512
7857	146		16548	16548	11393	
7857	146		16548	16548	11393	
9647	1481		95601	95601	50849	
9647	1481		95601	95601	50849	
1029743	132173	1533544	5138156	4919903	1772496	218253
1029743	132173	1533544	5138156	4919903	1772496	218253
5257723	532215	2812385	11553981	8112703	1675546	3427721
917921	230453	801480	4816301	3408086	773314	1408215
4141127	244403	1326244	4719772	3382184	528701	1324031
166355	53820	684661	1899775	1204300	341072	695475
32320	3539		118133	118133	32459	
44182	8489	6381	310338	130338	20624	180000
44182	8489	6381	310338	130338	20624	180000
28426	1299		24502	24502	11382	
28426	1299		24502	24502	11382	
850708	681379	8677	3730366	267955	130841	3294532
840417	677056	4773	3707235	252339	117436	3287017
10291	4323	3904	23131	15616	13405	7515
3849814	299311	218732	11933093	11514866	4096673	418227
3849814	299311	218732	11933093	11514866	4096673	418227
30283	5413	3048	251837	251837	31164	
30283	5413	3048	251837	251837	31164	
2909	455		313528	313528	105898	
2909	455		313528	313528	105898	
120197	3070	411	187710	187710	64167	
120197	3070	411	187710	187710	64167	
112271	100760	62320	546047	543773	383269	2274
112271	100760	62320	546047	543773	383269	2274
50083	11582	17503	188599	174540	45625	14059
8752	2412		63619	55060	16326	8559
41331	9170	17503	124980	119480	29299	5500
275529	91307	1450294	4823902	3230682	351891	520112
4734	867		341452	341452	25637	
270795	90440	1450294	4482450	2889230	326254	520112
9038756	1179869	1288198	21522661	8964921	2664985	12557739
8847928	1124553	1263664	20216519	8397724	2487401	11818794
7122	1011	1136	27824	22574	6300	5250
183706	54305	23398	1278318	544623	171284	733695
245333	12274	3441	165241	154386		
245333	12274	3441	165241	154386		

4-4 续 2

指标名称	所有者权益合计	实收资本	国家资本	集体资本
总　　计	**52272667**	**27848862**	**19550678**	**611015**
一、在总计中:亏损企业	-153800	11153937	8067259	373860
在总计中:农村工业				
在总计中:轻工业	232515	219111	69111	
重工业	52040152	27629751	19481567	611015
在总计中:大型企业	45590550	17432438	12356208	405627
中型企业	6860303	7710708	5033561	172900
小型企业	-178186	2655716	2110909	32488
微型企业		50000	50000	
煤炭开采和洗选业	48261671	11041652	8041265	483927
烟煤和无烟煤开采洗选	48261671	11041652	8041265	483927
农副食品加工业	7196	3241	3241	
谷物磨制	7196	3241	3241	
纺织服装、服饰业	29197	12350	12350	
机织服装制造	29197	12350	12350	
石油加工、炼焦和核燃料加工业	1598937	2320028	1770000	75000
炼焦	1598937	2320028	1770000	75000
化学原料和化学制品制造业	3936159	4723568	3427700	3088
基础化学原料制造	860561	3398266	3376350	
肥料制造	2457372	1240364	1000	
合成材料制造	594873	60000	28500	
炸药、火工及焰火产品制造	23353	24938	21850	3088
医药制造业	11096	150000		
兽用药品制造	11096	150000		
橡胶和塑料制品业	72964	35086	9101	
塑料制品业	72964	35086	9101	
非金属矿物制品业	-2730697	540588	27560	
水泥、石灰和石膏制造	-2902263	538588	27560	
石膏、水泥制品及类似制品制造	171566	2000		
黑色金属冶炼和压延加工业	-2044948	700000	700000	
钢压延加工	-2044948	700000	700000	
有色金属冶炼和压延加工业	1783	10000	10000	
常用有色金属冶炼	1783	10000	10000	
金属制品业	48262	35000		
结构性金属制品制造	48262	35000		
通用设备制造业	78077	91014		
泵、阀门、压缩机及类似机械制造	78077	91014		
专用设备制造业	342413	110700	10700	49000
采矿、冶金、建筑专用设备制造	342413	110700	10700	49000
汽车制造业	350347	73500	71351	
汽车整车制造	109498	23500	21351	
改装汽车制造	240849	50000	50000	
电气机械和器材制造业	236234	1215531	1210531	
电机制造	-41716	115531	110531	
输配电及控制设备制造	277950	1100000	1100000	
电力、热力生产和供应业	1888950	6733084	4203359	
电力生产	1969732	6719048	4199323	
电力供应	22078	4036	4036	
热力生产和供应	-102860	10000		
水的生产和供应业	185026	53520	53520	
自来水生产和供应	185026	53520	53520	

单位:千元

法人资本	个人资本	港澳台资本	外商资本	营业收入	主营业务收入	营业成本
6265699	**737533**		**683937**	**78487093**	**73169896**	**63798592**
2012990	699828			20776542	16287763	20282971
76500	73500			313681	304835	228746
6189199	664033		683937	78173412	72865061	63569846
3502622	484044		683937	59143336	54194410	48132019
2359342	144905			14509706	14377961	11528642
403735	108584			4834051	4597525	4137931
1689668	142855		683937	42417079	41701201	30697124
1689668	142855		683937	42417079	41701201	30697124
				23287	23272	20051
				23287	23272	20051
				131095	131082	112195
				131095	131082	112195
473028	2000			3233996	3233417	3139676
473028	2000			3233996	3233417	3139676
1292780				5812598	5666354	5249062
21916				1225671	1176638	1068202
1239364				3394190	3319791	3029732
31500				1111249	1109357	1078757
				81488	60568	72371
76500	73500			44748	44748	23493
76500	73500			44748	44748	23493
	25985			152709	141132	138657
	25985			152709	141132	138657
513028				379080	370011	344711
511028				214127	205058	230607
2000				164953	164953	114104
				7993462	7656293	8381633
				7993462	7656293	8381633
				92886	92886	94744
				92886	92886	94744
35000				466825	436353	434760
35000				466825	436353	434760
91014				109797	106923	77819
91014				109797	106923	77819
51000				2651479	2572982	2521786
51000				2651479	2572982	2521786
	2149			213550	213550	146813
	2149			85575	85575	47538
				127975	127975	99275
5000				4833488	905018	4798031
5000				53738	53738	44881
				4779750	851280	4753150
2038681	491044			9816463	9768941	7545030
2028681	491044			9462379	9424239	7229943
				39410	32837	27091
10000				314674	311865	287996
				114551	105733	73007
				114551	105733	73007

4-4 续 3

指标名称	主营业务成本	营业税金及附加	主营业务税金及附加	销售费用
总　计	**58747981**	**842152**	**745032**	**979115**
一、在总计中:亏损企业	15868002	89326	76284	277135
在总计中:农村工业				
在总计中:轻工业	225431	2032	2032	27186
重工业	58522550	840120	743000	951929
在总计中:大型企业	43391503	663843	573403	777043
中型企业	11444668	155913	149462	147431
小型企业	3911810	22396	22167	54641
微型企业				
煤炭开采和洗选业	30138159	719254	629137	654416
烟煤和无烟煤开采洗选	30138159	719254	629137	654416
农副食品加工业	20036	2	2	531
谷物磨制	20036	2	2	531
纺织服装、服饰业	111988	994	994	
机织服装制造	111988	994	994	
石油加工、炼焦和核燃料加工业	3139626	2587	2587	117542
炼焦	3139626	2587	2587	117542
化学原料和化学制品制造业	5130820	5882	5722	104187
基础化学原料制造	1039591	682	682	13758
肥料制造	2958038	4579	4579	83398
合成材料制造	1078757			5990
炸药、火工及焰火产品制造	54434	621	461	1041
医药制造业	23493	260	260	20710
兽用药品制造	23493	260	260	20710
橡胶和塑料制品业	127456	761	761	876
塑料制品业	127456	761	761	876
非金属矿物制品业	337592	2705	2705	11185
水泥、石灰和石膏制造	223488	2696	2696	6673
石膏、水泥制品及类似制品制造	114104	9	9	4512
黑色金属冶炼和压延加工业	8070426	24056	17213	29028
钢压延加工	8070426	24056	17213	29028
有色金属冶炼和压延加工业	94744			
常用有色金属冶炼	94744			
金属制品业	407315	1188	1188	2048
结构性金属制品制造	407315	1188	1188	2048
通用设备制造业	77418	578	578	10887
泵、阀门、压缩机及类似机械制造	77418	578	578	10887
专用设备制造业	2462529	3677	3677	2668
采矿、冶金、建筑专用设备制造	2462529	3677	3677	2668
汽车制造业	146813	503	503	7837
汽车整车制造	47538	496	496	5396
改装汽车制造	99275	7	7	2441
电气机械和器材制造业	869631	1276	1276	4086
电机制造	44881	1276	1276	1492
输配电及控制设备制造	824750			2594
电力、热力生产和供应业	7520021	77653	77653	7169
电力生产	7210259	77382	77382	800
电力供应	21766	271	271	1955
热力生产和供应	287996			4414
水的生产和供应业	69914	776	776	5945
自来水生产和供应	69914	776	776	5945

单位:千元

管理费用	税金	财务费用	利息收入	利息支出	营业利润	资产减值损失
7898051	**343322**	**3156590**	**277724**	**3119647**	**2159304**	**85475**
1673496	62469	1475902	35499	1227247	-3122706	43076
82037	2377	14802	332	15074	-41122	
7816014	340945	3141788	277392	3104573	2200426	85475
6092306	261554	1767996	250547	1721681	2233231	42805
1541027	68048	1063669	21535	1071579	-103464	38311
264718	13720	324925	5642	326387	29537	4359
6238345	245350	1239802	173406	1205500	3383336	61344
6238345	245350	1239802	173406	1205500	3383336	61344
2522		56		56	125	
2522		56		56	125	
23611	149	168	185	348	-5873	
23611	149	168	185	348	-5873	
100978	2949	78781	3306	97791	-205686	118
100978	2949	78781	3306	97791	-205686	118
424989	25809	326281	59715	346502	-231326	-4782
168547	125	219509	388	219485	-244204	-823
238404	24619	93883	57313	114417	5831	-4194
11060	533	10063	1979	9821	5379	
6978	532	2826	35	2779	1668	235
18588	734	14672		14670	-32975	
18588	734	14672		14670	-32975	
7731	442	2224	36	2241	2540	-80
7731	442	2224	36	2241	2540	-80
39107	4095	213009	126	218336	-231711	279
33864	3590	213026	98	218336	-272600	66
5243	505	-17	28		40889	213
337719	27749	400146	31597	257248	-1266150	24533
337719	27749	400146	31597	257248	-1266150	24533
1592	120	5	2		-3455	
1592	120	5	2		-3455	
15027	381	12305	22	11104	1497	
15027	381	12305	22	11104	1497	
22419	1161	416	53		-2414	92
22419	1161	416	53		-2414	92
81876	2416	2489	177	2599	38545	437
81876	2416	2489	177	2599	38545	437
39435	124	-343	98	-352	19305	-146
14483	116	1632	98	1643	16030	-146
24952	8	-1975		-1995	3275	
106106	34	125529	33	125292	-201540	
19636	34	23959	3	23952	-37506	
86470		101570	30	101340	-164034	
400690	30315	741144	8821	838312	897485	3680
362705	30026	741216	8820	838505	903041	3680
4014		109	1		5970	
33971	289	-181		-193	-11526	
37316	1494	-94	147		-2399	
37316	1494	-94	147		-2399	

4-4 续 4

指标名称	公允价值变动收益	投资收益	营业外收入	补贴收入
总　计	**-166655**	**370553**	**378921**	**127566**
一、在总计中:亏损企业		-57342	145353	23331
在总计中:农村工业				
在总计中:轻工业			8673	8058
重工业	-166655	370553	370248	119508
在总计中:大型企业	15	337457	257606	107707
中型企业	-166670	28639	111520	16858
小型企业		4457	9795	3001
微型企业				
煤炭开采和洗选业	115	347992	208519	82332
烟煤和无烟煤开采洗选	115	347992	208519	82332
农副食品加工业			51	
谷物磨制			51	
纺织服装、服饰业			8221	8058
机织服装制造			8221	8058
石油加工、炼焦和核燃料加工业			14801	12750
炼焦			14801	12750
化学原料和化学制品制造业		61695	21253	13956
基础化学原料制造			6764	5498
肥料制造		57443	12405	8458
合成材料制造			2037	
炸药、火工及焰火产品制造		4252	47	
医药制造业			401	
兽用药品制造			401	
橡胶和塑料制品业			174	
塑料制品业			174	
非金属矿物制品业		205	2495	
水泥、石灰和石膏制造		205	462	
石膏、水泥制品及类似制品制造			2033	
黑色金属冶炼和压延加工业		-62497	86673	
钢压延加工		-62497	86673	
有色金属冶炼和压延加工业			15	
常用有色金属冶炼			15	
金属制品业			3609	3300
结构性金属制品制造			3609	3300
通用设备制造业			616	
泵、阀门、压缩机及类似机械制造			616	
专用设备制造业			1306	30
采矿、冶金、建筑专用设备制造			1306	30
汽车制造业			17158	
汽车整车制造			17049	
改装汽车制造			109	
电气机械和器材制造业			3079	1424
电机制造			961	
输配电及控制设备制造			2118	1424
电力、热力生产和供应业	-166770	23158	10550	5716
电力生产	-166770	23158	6782	2216
电力供应			201	
热力生产和供应			3567	3500
水的生产和供应业				
自来水生产和供应				

单位:千元

营业外支出	利润总额	应交所得税	亏损企业亏损总额	利税总额	本年应付职工薪酬	本年应交增值税	全部从业人员年平均人数（人）
228023	**2313499**	**1088105**	**3061978**	**7423889**	**11240224**	**4208783**	**140587**
84625	-3061978	10453	3061978	-2486917	2106088	357544	41299
4341	-36790	41	37196	-18318	58006	16440	1830
223682	2350289	1088064	3024782	7442207	11182218	4192343	138757
144628	2349507	928014	1835072	6085889	9568397	3147735	108769
70760	-62705	144768	1026049	1087364	1422830	1000607	26882
12635	26697	15323	200857	250636	248997	60441	4386
							550
131729	3463424	959256	862607	7357703	8952291	3262420	96760
131729	3463424	959256	862607	7357703	8952291	3262420	96760
12	164	41		171	1418	5	59
12	164	41		171	1418	5	59
2106	242			9879	26798	8643	691
2106	242			9879	26798	8643	691
3364	-194249	-500	195925	-161131	144174	30531	4256
3364	-194249	-500	195925	-161131	144174	30531	4256
17800	-227873	7085	246564	-208876	494498	-2067	9599
541	-237981	1820	243601	-233907	201322	3294	2260
16430	1806	3334	2963	10057	249598	-11572	6211
708	6708	1677		6708	22356		880
121	1594	254		8266	21222	6211	248
2223	-34797		34797	-32719	7861	1818	144
2223	-34797		34797	-32719	7861	1818	144
123	2591	670		9690	24345	6338	727
123	2591	670		9690	24345	6338	727
840	-230056	10250	272953	-222089	35945	5262	1576
815	-272953	9609	272953	-265002	34394	5255	1307
25	42897	641		42913	1551	7	269
9612	-1189089	307	1189089	-994649	816414	177227	14747
9612	-1189089	307	1189089	-994649	816414	177227	14747
628	-4068		4068	-4068	9965		233
628	-4068		4068	-4068	9965		233
306	4800	1246		25783	26833	19795	478
306	4800	1246		25783	26833	19795	478
64	-1862		1862	4249	24752	5533	1051
64	-1862		1862	4249	24752	5533	1051
1327	38524	2911		63652	59676	21451	1354
1327	38524	2911		63652	59676	21451	1354
629	35833			42970	52198	6634	701
596	32482			39612	16387	6634	320
33	3351			3358	35811		381
20027	-218488	1461	218488	-163214	102981	53998	1718
2059	-38604		38604	-26270	6672	11058	231
17968	-179884	1461	179884	-136944	96309	42940	1487
37233	870802	105378	33226	1692187	438146	605221	5557
36475	873348	103908	24799	1663737	400377	574496	4898
290	5881	1470		9814	2581	3662	94
468	-8427		8427	18636	35188	27063	565
	-2399		2399	4351	21929	5974	936
	-2399		2399	4351	21929	5974	936

4-5 集体工业企业

指标名称	企业单位数（个）	亏损企业	工业总产值（当年价格）	工业销售产值（当年价格）
总　计	**3**		**1475389**	**1371419**
一、在总计中:亏损企业				
在总计中:农村工业				
在总计中:轻工业				
重工业	3		1475389	1371419
在总计中:大型企业				
中型企业	1		216573	225365
小型企业	2		1258816	1146054
微型企业				
煤炭开采和洗选业	1		1241385	1089075
烟煤和无烟煤开采洗选	1		1241385	1089075
通用设备制造业	1		216573	225365
通用零部件制造	1		216573	225365
专用设备制造业	1		17431	56979
采矿、冶金、建筑专用设备制造	1		17431	56979

主要经济指标

单位:千元

出口交货值	年初存货	产成品	资产总计	流动资产合计	应收账款	存货
	70251	**26526**	**698429**	**468792**	**283246**	**71742**
	70251	26526	698429	468792	283246	71742
	56134	16926	456303	308511	175865	60588
	14117	9600	242126	160281	107381	11154
	9900	9600	99820	85300	53000	9900
	9900	9600	99820	85300	53000	9900
	56134	16926	456303	308511	175865	60588
	56134	16926	456303	308511	175865	60588
	4217		142306	74981	54381	1254
	4217		142306	74981	54381	1254

4-5 续 1

指标名称	资产			
	流动资产合计		固定资产合计	固定资产原价
	产成品	在产品		
总　计	**30284**		**162308**	**228434**
一、在总计中:亏损企业				
在总计中:农村工业				
在总计中:轻工业				
重工业	30284		162308	228434
在总计中:大型企业				
中型企业	19463		147792	205809
小型企业	10821		14516	22625
微型企业				
煤炭开采和洗选业	9600		4000	4013
烟煤和无烟煤开采洗选	9600		4000	4013
通用设备制造业	19463		147792	205809
通用零部件制造	19463		147792	205809
专用设备制造业	1221		10516	18612
采矿、冶金、建筑专用设备制造	1221		10516	18612

单位:千元

总计			负债合计			
累计折旧		在建工程		流动负债合计		非流动负债合计
	本年折旧				应付账款	
67228	**10125**	**63408**	**598946**	**499646**	**352800**	**15000**
67228	10125	63408	598946	499646	352800	15000
58017	8663	7904	408791	393791	334865	15000
9211	1462	55504	190155	105855	17935	
1115	108		84300			
1115	108		84300			
58017	8663	7904	408791	393791	334865	15000
58017	8663	7904	408791	393791	334865	15000
8096	1354	55504	105855	105855	17935	
8096	1354	55504	105855	105855	17935	

4-5 续 2

指标名称	所有者权益合计	实收资本	国家资本	集体资本
总　计	**97883**	**45600**		**40000**
一、在总计中:亏损企业				
在总计中:农村工业				
在总计中:轻工业				
重工业	97883	45600		40000
在总计中:大型企业				
中型企业	47512	30600		25000
小型企业	50371	15000		15000
微型企业				
煤炭开采和洗选业	13920	5000		5000
烟煤和无烟煤开采洗选	13920	5000		5000
通用设备制造业	47512	30600		25000
通用零部件制造	47512	30600		25000
专用设备制造业	36451	10000		10000
采矿、冶金、建筑专用设备制造	36451	10000		10000

单位:千元

法人资本	个人资本	港澳台资本	外商资本	营业收入	主营业务收入	营业成本	主营业务成本
	5600			**3557947**	**1359560**	**3394220**	**1214636**
	5600			3557947	1359560	3394220	1214636
	5600			2358538	160151	2299162	119578
				1199409	1199409	1095058	1095058
				1141565	1141565	1051227	1051227
				1141565	1141565	1051227	1051227
	5600			2358538	160151	2299162	119578
	5600			2358538	160151	2299162	119578
				57844	57844	43831	43831
				57844	57844	43831	43831

4-5 续 3

指标名称	营业税金及附加	主营业务税金及附加	销售费用	管理费用	税金
总　计	**3715**	**3715**	**1514**	**50757**	**1421**
一、在总计中:亏损企业					
在总计中:农村工业					
在总计中:轻工业					
重工业	3715	3715	1514	50757	1421
在总计中:大型企业					
中型企业	2135	2135	189	37522	574
小型企业	1580	1580	1325	13235	847
微型企业					
煤炭开采和洗选业	1100	1100	1325	1430	800
烟煤和无烟煤开采洗选	1100	1100	1325	1430	800
通用设备制造业	2135	2135	189	37522	574
通用零部件制造	2135	2135	189	37522	574
专用设备制造业	480	480		11805	47
采矿、冶金、建筑专用设备制造	480	480		11805	47

单位:千元

财务费用	利息收入	利息支出	营业利润	资产减值损失	公允价值变动收益
1402	**1965**	**1783**	**106339**		
1402	1965	1783	106339		
1287	495	1657	18243		
115	1470	126	88096		
140	1500	126	86343		
140	1500	126	86343		
1287	495	1657	18243		
1287	495	1657	18243		
–25	–30		1753		
–25	–30		1753		

4-5 续 4

指标名称	投资收益	营业外收入	补贴收入	营业外支出
总　计		**115**		**438**
一、在总计中:亏损企业				
在总计中:农村工业				
在总计中:轻工业				
重工业		115		438
在总计中:大型企业				
中型企业		115		438
小型企业				
微型企业				
煤炭开采和洗选业				
烟煤和无烟煤开采洗选				
通用设备制造业		115		438
通用零部件制造		115		438
专用设备制造业				
采矿、冶金、建筑专用设备制造				

单位:千元

利润总额	应交所得税	亏损企业亏损总额	利税总额	本年应付职工薪酬	本年应交增值税	全部从业人员年平均人数(人)
106016	**1687**		**132027**	**75052**	**22296**	**841**
106016	1687		132027	75052	22296	841
17920	1687		34207	63579	14152	709
88096			97820	11473	8144	132
86343			92268	9900	4825	58
86343			92268	9900	4825	58
17920	1687		34207	63579	14152	709
17920	1687		34207	63579	14152	709
1753			5552	1573	3319	74
1753			5552	1573	3319	74

4-6 规模以上工业企业主要产品产量

指标名称	计量单位	产　量
原煤	吨	116172544
洗精煤	吨	54211197
焦炭	吨	15233277
农用氮、磷、钾化学肥料总计(折纯)	吨	375331
氮肥(折含 N100%)	吨	295118
磷肥(折五氧化二磷 100%)	吨	80213
初级形态的塑料	吨	158657
中成药	吨	843
水泥	吨	4899151
碳化钙(电石,折 300 升/千克)	吨	132080
生铁	吨	5516445
粗钢	吨	6997652
钢材	吨	6982233
棒材	吨	1058548
钢筋	吨	2749198
线材(盘条)	吨	2764022
十种有色金属	吨	4463
平板玻璃	重量箱	7555160
发电量	万千瓦小时	3359068
其中:火力发电量	万千瓦小时	3346652
风力发电量	万千瓦小时	12416

4-7 规模以上工业企业产品生产能力

指标名称	计量单位	年初生产能力	年末生产能力	附:产品产量
原煤	吨	133910000	138925000	117115074
焦炭	吨	21160000	21110000	15885618
烧碱(折 100%)	吨	160000	160000	128280
碳化钙(电石,折 300 升/千克)	吨	150000	150000	127345
农用氮、磷、钾化学肥料总计(折纯)	吨	557850	557850	376267
初级形态塑料	吨	160000	160000	158657
硅酸盐水泥熟料	吨	4010000	4010000	3663253
水泥	吨	9410000	9410000	4861570
平板玻璃	重量箱	7000000	7000000	7555160
生铁	吨	8250000	8250000	5516445
粗钢	吨	10100000	10200000	6997652
钢材	吨	7650000	9650000	6982233
铁合金	吨	5300	5200	2400
太阳能电池	千瓦	600000	620000	517385
发电设备容量总计/发电量	万千瓦/万千瓦小时	676.3	681.2	3331480
其中:火电设备容量/发电量	万千瓦/万千瓦小时	671.3	671.3	3319064
风电设备容量/发电量	万千瓦/万千瓦小时	5	9.9	12416

4-8 大中型工业企业

指标名称	企业单位数（个）	亏损企业	工业总产值（当年价格）	工业销售产值（当年价格）	出口交货值
总　计	**132**	**58**	**149914947**	**137257203**	**42282**
一、按登记注册类型分组:					
内资企业	126	54	141803091	130127632	42282
国有企业	3	1	1627698	1445990	
中央企业	1		120006	111938	
地方企业	2	1	1507692	1334052	
集体企业	1		216573	225365	
股份合作企业					
联营企业					
国有联营企业					
集体联营企业					
国有与集体联营企业					
其他联营企业					
有限责任公司	94	40	101830064	93173912	20742
国有独资公司	6	2	38433464	35041012	
其他有限责任公司	88	38	63396600	58132900	20742
股份有限公司	10	3	14141006	11981455	6015
私营企业	18	10	23987750	23300910	15525
私营独资企业					
私营合作企业					
私营有限责任公司	16	9	21702760	21379357	15525
私营股份有限公司	2	1	2284990	1921553	
其他企业					
港、澳、台商投资企业	2	2	358508	376312	
合资经营企业(港或澳、台资)	2	2	358508	376312	
合作经营企业(港或澳、台资)					
港澳台商独资经营企业					
港澳台商投资股份有限公司					
外商投资企业	4	2	7753348	6753259	
中外合资经营企业	3	2	4398363	3633383	
中外合作经营企业	1		3354985	3119876	
外资企业					
外商投资股份有限公司					
二、按经济组织类型分组					
独资企业	4	1	1844271	1671355	
国有企业	3	1	1627698	1445990	
集体企业	1		216573	225365	
私营独资企业					

主 要 经 济 指 标

年初存货		资产总计	流动资产合计				
	产成品			应收账款	存货		
						产成品	在产品
13980040	**5242959**	**265199301**	**112855441**	**16013407**	**12778465**	**5359143**	**848728**
12693921	4858085	248043443	107524142	15262994	11824610	4997603	831366
169983	117827	4882957	1816100	18183	163551	20026	50265
141652	91733	365829	229249	2264	157745	17859	50265
28331	26094	4517128	1586851	15919	5806	2167	
56134	16926	456303	308511	175865	60588	19463	
9567354	3896084	203017608	88461432	13732554	9342189	4147936	633417
3589668	1516035	66116222	34605847	6813443	3247951	1529965	684
5977686	2380049	136901386	53855585	6919111	6094238	2617971	632733
1078280	386438	23676963	10751199	947972	1007447	376309	72487
1822170	440810	16009612	6186900	388420	1250835	433869	75197
1485966	404112	11984391	5162222	388411	1136494	379354	75197
336204	36698	4025221	1024678	9	114341	54515	
56373	26659	1541808	253493	27239	53159	20654	
56373	26659	1541808	253493	27239	53159	20654	
1229746	358215	15614050	5077806	723174	900696	340886	17362
1101571	289872	8708273	4107563	640435	791951	290996	17362
128175	68343	6905777	970243	82739	108745	49890	
226117	134753	5339260	2124611	194048	224139	39489	50265
169983	117827	4882957	1816100	18183	163551	20026	50265
56134	16926	456303	308511	175865	60588	19463	

4-8 续 1

指标名称	企业单位数（个）	亏损企业	工业总产值（当年价格）	工业销售产值（当年价格）	出口交货值
港澳台商独资经营企业					
外资企业					
合作、合伙企业	1		3354985	3119876	
股份合作企业					
国有联营企业					
集体联营企业					
国有与集体联营企业					
其他联营企业					
私营合伙企业					
合作经营企业(港或澳、台资)					
中外合作经营企业	1		3354985	3119876	
其他企业(内资)					
股份有限公司	12	4	16425996	13903008	6015
股份有限公司(内资)	10	3	14141006	11981455	6015
私营股份有限公司	2	1	2284990	1921553	
港澳台商投资股份有限公司					
外商投资股份有限公司					
有限责任公司	115	53	128289695	118562964	36267
国有独资公司	6	2	38433464	35041012	
私营有限责任公司	16	9	21702760	21379357	15525
合资经营企业(港或澳、台资)	2	2	358508	376312	
中外合资经营企业	3	2	4398363	3633383	
其他有限责任公司	88	38	63396600	58132900	20742
三、在总计中:亏损企业	58	58	53662344	49603631	20742
在总计中:国有控股企业	60	23	81712298	74699977	13520
在总计中:轻工业	12	4	5975320	5287792	6015
重工业	120	54	143939627	131969411	36267
在总计中:大型企业	37	11	101285062	92328506	
中型企业	95	47	48629885	44928697	42282
四、按行业分					
采矿业	60	19	66796458	58507163	
煤炭开采和洗选业	58	19	64304664	56188770	
烟煤和无烟煤的开采洗选	58	19	64304664	56188770	
褐煤的开采洗选					
其他煤炭采选					
石油和天然气开采业					
天然原油和天然气开采					
与石油和天然气开采有关的服务活动					

单位:千元

年初存货	产成品	资产总计	流动资产合计	应收账款	存货	产成品	在产品
128175	68343	6905777	970243	82739	108745	49890	
128175	68343	6905777	970243	82739	108745	49890	
1414484	423136	27702184	11775877	947981	1121788	430824	72487
1078280	386438	23676963	10751199	947972	1007447	376309	72487
336204	36698	4025221	1024678	9	114341	54515	
12211264	4616727	225252080	97984710	14788639	11323793	4838940	725976
3589668	1516035	66116222	34605847	6813443	3247951	1529965	684
1485966	404112	11984391	5162222	388411	1136494	379354	75197
56373	26659	1541808	253493	27239	53159	20654	
1101571	289872	8708273	4107563	640435	791951	290996	17362
5977686	2380049	136901386	53855585	6919111	6094238	2617971	632733
7130131	2782513	91811815	34845221	2981651	6365909	2974527	154435
8243019	3271229	175046325	70341508	10385421	7836268	3419010	604045
640529	296584	5758926	2765011	428586	530853	287507	71311
13339511	4946375	259440375	110090430	15584821	12247612	5071636	777417
9425946	3651694	173696113	78822472	11664914	8718781	3857000	476509
4554094	1591265	91503188	34032969	4348493	4059684	1502143	372219
3396498	1593988	161356947	74480611	10736881	3709025	1542218	41448
3324863	1570988	160448523	74043169	10724373	3626431	1500255	41448
3324863	1570988	160448523	74043169	10724373	3626431	1500255	41448

4-8 续 2

指标名称	企业单位数(个)	亏损企业	工业销售产值（当年价格）	工业总产值（当年价格）	出口交货值
黑色金属矿采选业	2		2491794	2318393	
铁矿采选	2		2491794	2318393	
其他黑色金属矿采选					
有色金属矿采选业					
常用有色金属矿采选					
铜矿采选					
铅锌矿采选					
镍钴矿采选					
锡矿采选					
锑矿采选					
铝矿采选					
镁矿采选					
其他常用有色金属矿采选					
贵金属矿采选					
金矿采选					
银矿采选					
其他贵金属矿采选					
稀有稀土金属矿采选					
钨钼矿采选					
稀土金属矿采选					
放射性金属矿采选					
其他稀有金属矿采选					
非金属矿采选业					
土砂石开采					
石灰石、石膏开采					
建筑装饰用石开采					
耐火土石开采					
粘土及其他土砂石开采					
化学矿采选					
采盐					
石棉及其他非金属矿采选					
石棉、云母矿采选					
石墨、滑石采选					
宝石、玉石开采					
其他非金属矿采选					
其他采矿业					
制造业	63	35	74882928	70546594	42282
农副食品加工业	2	2	203890	178860	
谷物磨制					

单位:千元

年初存货		资产总计					
	产成品		流动资产合计				
				应收账款	存货		
						在产品	产成品
71635	23000	908424	437442	12508	82594	41963	
71635	23000	908424	437442	12508	82594	41963	
9870141	3648971	85510324	35022690	4467372	8487851	3816925	807280
13500	10811	188397	42918		16556	14666	

4-8 续 3

指标名称	企业单位数(个)	亏损企业	工业销售产值(当年价格)	工业总产值(当年价格)	出口交货值
饲料加工					
植物油加工					
食用植物油加工					
非食用植物油加工					
制糖					
屠宰及肉类加工	2	2	203890	178860	
畜禽屠宰					
肉制品及副产品加工	2	2	203890	178860	
水产品加工					
水产品冷冻加工					
鱼糜制品及水产品干腌制加工					
水产饲料制造					
鱼油提取及制品的制造					
其他水产品加工					
蔬菜、水果和坚果加工					
其他农副食品加工					
淀粉及淀粉制品的制造					
豆制品制造					
蛋品加工					
其他未列明的农副食品加工					
食品制造业	4		2762315	2729838	
焙烤食品制造	1		718888	773549	
糕点、面包制造					
饼干及其他焙烤食品制造	1		718888	773549	
糖果、巧克力及蜜饯制造					
糖果、巧克力制造					
蜜饯制作					
方便食品制造					
米、面制品制造					
速冻食品制造					
方便面及其他方便食品制造					
液体乳及乳制品制造	2		1112886	1105875	
罐头制造	1		930541	850414	
肉、禽类罐头制造	1		930541	850414	
水产品罐头制造					
蔬菜、水果罐头制造					
其他罐头食品制造					

单位:千元

年初存货		资产总计					
	产成品		流动资产合计	应收账款	存货	在产品	产成品
13500	10811	188397	42918		16556	14666	
13500	10811	188397	42918		16556	14666	
179967	61495	883172	315696	77032	123898	53051	
78527	31247	301027	99909	9222	51207	15065	
78527	31247	301027	99909	9222	51207	15065	
62166		425161	131056	33283	24122	1089	
39274	30248	156984	84731	34527	48569	36897	
39274	30248	156984	84731	34527	48569	36897	

4-8 续 4

指标名称	企业单位数（个）	亏损企业	工业总产值（当年价格）	工业销售产值（当年价格）	出口交货值
调味品、发酵制品制造					
味精制造					
酱油、食醋及类似制品的制造					
其他调味品、发酵制品制造					
其他食品制造					
营养、保健食品制造					
冷冻饮品及食用冰制造					
盐加工					
食品及饲料添加剂制造					
其他未列明的食品制造					
饮料制造业					
酒精制造					
酒的制造					
白酒制造					
啤酒制造					
黄酒制造					
葡萄酒制造					
其他酒制造					
软饮料制造					
碳酸饮料制造					
瓶(罐)装饮用水制造					
果菜汁及果菜汁饮料制造					
含乳饮料和植物蛋白饮料制造					
固体饮料制造					
茶饮料及其他软饮料制造					
精制茶加工					
烟草制品业					
烟叶复烤					
卷烟制造					
其他烟草制品加工					
纺织业					
棉、化纤纺织及印染精加工					
棉、化纤纺织加工					
棉、化纤印染精加工					
毛纺织和染整精加工					
毛条加工					
毛纺织					
毛染整精加工					

单位:千元

年初存货		资产总计					
	产成品		流动资产合计				
				应收账款	存货		
						产成品	在产品

4-8 续 5

指标名称	企业单位数(个)	亏损企业	工业总产值(当年价格)	工业销售产值(当年价格)	出口交货值
麻纺织					
丝绢纺织及精加工					
缫丝加工					
绢纺和丝织加工					
丝印染精加工					
纺织制成品制造					
棉及化纤制品制造					
毛制品制造					
麻制品制造					
丝制品制造					
绳、索、缆的制造					
纺织带和帘子布制造					
无纺布制造					
其他纺织制成品制造					
针织品、编织品及其制品制造					
棉、化纤针织品及编织品制造					
毛针织品及编织品制造					
丝针织品及编织品制造					
其他针织品及编织品制造					
纺织服装、鞋、帽制造业	1		128920	131095	
纺织服装制造	1		128920	131095	
纺织面料鞋的制造					
制帽					
皮革、毛皮、羽毛(绒)及其制品业					
皮革鞣制加工					
皮革制品制造					
皮鞋制造					
皮革服装制造					
皮箱、包(袋)制造					
皮手套及皮装饰制品制造					
其他皮革制品制造					
毛皮鞣制及制品加工					
毛皮鞣制加工					
毛皮服装加工					
其他毛皮制品加工					
羽毛(绒)加工及制品制造					
羽毛(绒)加工					
羽毛(绒)制品加工					

单位:千元

年初存货		资产总计					
	产成品		流动资产合计				
				应收账款	存货		
						产成品	在产品
36387	28889	124798	107840	51849	29668	26016	3652
36387	28889	124798	107840	51849	29668	26016	3652

4-8 续 6

指标名称	企业单位数(个)	亏损企业	工业总产值(当年价格)	工业销售产值(当年价格)	出口交货值
木材加工及木、竹、藤、棕、草制					
锯材、木片加工					
锯材加工					
木片加工					
人造板制造					
胶合板制造					
纤维板制造					
刨花板制造					
其他人造板、材制造					
木制品制造					
建筑用木料及木材组件加工					
木容器制造					
软木制品及其他木制品制造					
竹、藤、棕、草制品制造					
家具制造业					
木质家具制造					
竹、藤家具制造					
金属家具制造					
塑料家具制造					
其他家具制造					
造纸及纸制品业					
纸浆制造					
造纸					
机制纸及纸板制造					
手工纸制造					
加工纸制造					
纸制品制造					
纸和纸板容器的制造					
其他纸制品制造					
印刷业和记录媒介的复制					
印刷					
书、报、刊印刷					
本册印制					
包装装潢及其他印刷					
装订及其他印刷服务活动					
记录媒介的复制					
文教体育用品制造业	1		144841	171631	6015
文化用品制造					
文具制造					

单位:千元

年初存货		资产总计	流动资产合计				
	产成品			应收账款	存货		
						产成品	在产品
42713	36107	295011	154389	6794	41469	32863	

4-8 续 7

指标名称	企业单位数(个)	亏损企业	工业总产值(当年价格)	工业销售产值(当年价格)	出口交货值
笔的制造					
教学用模型及教具制造					
墨水、墨汁制造					
其他文化用品制造					
体育用品制造					
球类制造					
体育器材及配件制造					
训练健身器材制造					
运动防护用具制造					
其他体育用品制造					
乐器制造					
中乐器制造					
西乐器制造					
电子乐器制造					
其他乐器及零件制造					
玩具制造	1		144841	171631	6015
游艺器材及娱乐用品制造					
露天游乐场所游乐设备制造					
游艺用品及室内游艺器材制造					
石油加工、炼焦及核燃料加工业	18	15	20073847	17978560	
化学原料及化学制品制造业	8	2	8337076	7945410	
基础化学原料制造	3	2	1685871	1545150	
无机酸制造					
无机碱制造	1	1	1197425	1132732	
无机盐制造	1		337462	261523	
有机化学原料制造					
其他基础化学原料制造	1	1	150984	150895	
肥料制造	2		3359693	3292120	
氮肥制造					
磷肥制造					
钾肥制造					
复混肥料制造	2		3359693	3292120	
有机肥料及微生物肥料制造					
其他肥料制造					
农药制造					
化学农药制造					
生物化学农药及微生物农药制造					
涂料、油墨、颜料及类似产品制造					
涂料制造					

单位:千元

年初存货		资产总计					
	产成品		流动资产合计				
				应收账款	存货		
						产成品	在产品
42713	36107	295011	154389	6794	41469	32863	
3334304	1126124	27753925	11181510	1244486	2690645	1377305	110576
1428117	633920	18928259	6033233	814019	1650371	717685	455585
218216	190499	7423781	1255431	213977	539382	214411	
181615	165162	5499075	775615	137510	449678	142749	
35992	24822	306788	158904	67828	73528	67346	
609	515	1617918	320912	8639	16176	4316	
1026524	379658	7151166	3352314	411838	941024	410553	455585
1026524	379658	7151166	3352314	411838	941024	410553	455585

4-8 续 8

指标名称	企业单位数(个)	亏损企业	工业总产值(当年价格)	工业销售产值(当年价格)	出口交货值
油墨及类似产品制造					
颜料制造					
染料制造					
密封用填料及类似品制造					
合成材料制造	2		2565327	2399564	
初级形态的塑料及合成树脂制造	2		2565327	2399564	
合成橡胶制造					
合成纤维单(聚合)体的制造					
其他合成材料制造					
专用化学产品制造					
化学试剂和助剂制造					
专项化学用品制造					
林产化学产品制造					
炸药及火工产品制造					
信息化学品制造					
环境污染处理专用药剂材料制造					
动物胶制造					
其他专用化学产品制造					
日用化学产品制造	1		726185	708576	
肥皂及合成洗涤剂制造	1		726185	708576	
化妆品制造					
口腔清洁用品制造					
香料、香精制造					
其他日用化学产品制造					
医药制造业	3	1	2629621	1970635	
化学药品原药制造					
化学药品制剂制造					
中药饮片加工					
中成药制造	2	1	747663	610540	
兽用药品制造					
生物、生化制品的制造	1		1881958	1360095	
卫生材料及医药用品制造					
化学纤维制造业					
纤维素纤维原料及纤维制造					
化纤浆粕制造					
人造纤维(纤维素纤维)制造					
合成纤维制造					
锦纶纤维制造					
涤纶纤维制造					

单位:千元

年初存货		资产总计					
	产成品		流动资产合计	应收账款	存货	产成品	在产品
90813	22086	3144358	923612	8053	78841	29648	
90813	22086	3144358	923612	8053	78841	29648	
92564	41677	1208954	501876	180151	91124	63073	
92564	41677	1208954	501876	180151	91124	63073	
365725	159282	3917281	1986597	286619	315623	160911	67659
80247	58307	2784018	1440190	239301	68600	48603	8287
285478	100975	1133263	546407	47318	247023	112308	59372

4-8 续 9

指标名称	企业单位数(个)	亏损企业	工业总产值(当年价格)	工业销售产值(当年价格)	出口交货值
腈纶纤维制造					
维纶纤维制造					
其他合成纤维制造					
橡胶制品业	3		1280949	1263419	15525
轮胎制造	1		231999	233618	
车辆、飞机及工程机械轮胎制造					
力车胎制造	1		231999	233618	
轮胎翻新加工					
橡胶板、管、带的制造	2		1048950	1029801	15525
橡胶零件制造					
再生橡胶制造					
日用及医用橡胶制品制造					
橡胶靴鞋制造					
其他橡胶制品制造					
塑料制品业	4	4	996373	967075	
塑料薄膜制造	3	3	588990	594653	
塑料板、管、型材的制造					
塑料丝、绳及编织品的制造					
泡沫塑料制造	1	1	407383	372422	
塑料人造革、合成革制造					
塑料包装箱及容器制造					
塑料零件制造					
日用塑料制造					
塑料鞋制造					
日用塑料杂品制造					
其他塑料制品制造					
非金属矿物制品业	8	6	27084553	26175339	
水泥、石灰和石膏的制造	2	1	1959008	1968696	
水泥制造					
石灰和石膏制造					
水泥及石膏制品制造	1	1	2710674	2702792	
水泥制品制造					
砼结构构件制造					
石棉水泥制品制造					
轻质建筑材料制造					
其他水泥制品制造					
砖瓦、石材及其他建筑材料制造					
粘土砖瓦及建筑砌块制造					
建筑陶瓷制品制造					

单位:千元

年初存货	产成品	资产总计	流动资产合计	应收账款	存货	产成品	在产品
125557	71017	954274	657344	188879	119045	61004	9782
34652	25567	349448	213189	123607	43700	25567	9782
34652	25567	349448	213189	123607	43700	25567	9782
90905	45450	604826	444155	65272	75345	35437	
225956	54018	3207400	1091252	188933	266812	89176	52685
154954	43651	2268314	457152	90044	142832	40919	52685
71002	10367	939086	634100	98889	123980	48257	
3014261	845597	18044992	9029438	417061	2056076	784296	7809
50400	8945	367444	256224	28105	32718	3654	
205132	24795	1249239	638269	79451	177185	57849	

4-8 续 10

指标名称	企业单位数(个)	亏损企业	工业总产值(当年价格)	工业销售产值(当年价格)	出口交货值
建筑用石加工					
防水建筑材料制造					
隔热和隔音材料制造					
其他建筑材料制造					
玻璃及玻璃制品制造	5	4	22414871	21503851	
平板玻璃制造					
技术玻璃制品制造					
光学玻璃制造					
玻璃仪器制造					
日用玻璃制品及玻璃包装容器制造					
玻璃保温容器制造					
玻璃纤维及制品制造					
玻璃纤维增强塑料制品制造					
其他玻璃制品制造					
陶瓷制品制造					
卫生陶瓷制品制造					
特种陶瓷制品制造					
日用陶瓷制品制造					
园林、陈设艺术及其他陶瓷制品制造					
耐火材料制品制造					
石棉制品制造					
云母制品制造					
耐火陶瓷制品及其他耐火材料制造					
石墨及其他非金属矿物制品制造					
石墨及碳素制品制造					
其他非金属矿物制品制造					
黑色金属冶炼及压延加工业					
炼铁					
炼钢					
钢压延加工					
铁合金冶炼					
有色金属冶炼及压延加工业	1		422770	422770	
常用有色金属冶炼	1		422770	422770	
铜冶炼	1		422770	422770	
铅锌冶炼					
镍钴冶炼					
锡冶炼					
锑冶炼					
铝冶炼					

单位:千元

年初存货		资产总计					
	产成品		流动资产合计	应收账款	存货	产成品	在产品
2758729	811857	16428309	8134945	309505	1846173	722793	7809
156789		361790	358873	190213	111560		
156789		361790	358873	190213	111560		
156789		361790	358873	190213	111560		

4-8 续 11

指标名称	企业单位数(个)	亏损企业	工业总产值(当年价格)	工业销售产值(当年价格)	出口交货值
镁冶炼					
其他常用有色金属冶炼					
贵金属冶炼					
金冶炼					
银冶炼					
其他贵金属冶炼					
稀有稀土金属冶炼					
钨钼冶炼					
稀土金属冶炼					
其他稀有金属冶炼					
有色金属合金制造					
有色金属压延加工					
常用有色金属压延加工					
贵金属压延加工					
稀有稀土金属压延加工					
金属制品业	3	1	2728384	2737906	13520
结构性金属制品制造					
金属结构制造					
金属门窗制造					
金属工具制造					
切削工具制造					
手工具制造					
农用及园林用金属工具制造					
刀剪及类似日用金属工具制造					
其他金属工具制造					
集装箱及金属包装容器制造					
集装箱制造					
金属压力容器制造					
金属包装容器制造					
金属丝绳及其制品的制造	1	1	103781	104511	13520
建筑、安全用金属制品制造					
建筑、家具用金属配件制造					
建筑装饰及水暖管道零件制造					
安全、消防用金属制品制造					
其他建筑、安全用金属制品制造					
金属表面处理及热处理加工					
搪瓷制品制造					
工业生产配套用搪瓷制品制造					
搪瓷卫生洁具制造					

单位:千元

年初存货		资产总计	流动资产合计				
	产成品			应收账款	存货		
						产成品	在产品
186548	72209	1212723	881405	464779	210221	83985	14650
93406	44329	265787	192806	57447	93406	44329	14650

4-8 续 12

指标名称	企业单位数(个)	亏损企业	工业总产值（当年价格）	工业销售产值（当年价格）	出口交货值
搪瓷日用品及其他搪瓷制品制造					
不锈钢及类似日用金属制品制造	2		2624603	2633395	
金属制厨房调理及卫生器具制造					
金属制厨用器皿及餐具制造					
其他日用金属制品制造					
其他金属制品制造					
铸币及贵金属制实验室用品制造					
其他未列明的金属制品制造					
通用设备制造业	1		2428237	2319781	
锅炉及原动机制造	1		2428237	2319781	
锅炉及辅助设备制造	1		2428237	2319781	
内燃机及配件制造					
汽轮机及辅机制造					
水轮机及辅机制造					
其他原动机制造					
金属加工机械制造					
金属切削机床制造					
金属成形机床制造					
铸造机械制造					
金属切割及焊接设备制造					
机床附件制造					
其他金属加工机械制造					
起重运输设备制造					
泵、阀门、压缩机及类似机械的制造					
泵及真空设备制造					
气体压缩机械制造					
阀门和旋塞的制造					
液压和气压动力机械及元件制造					
轴承、齿轮、传动和驱动部件的制造					
轴承制造					
齿轮、传动和驱动部件制造					
烘炉、熔炉及电炉制造					
风机、衡器、包装设备等通用设备					
风机、风扇制造					
气体、液体分离及纯净设备制造					
制冷、空调设备制造					
风动和电动工具制造					
喷枪及类似器具制造					
包装专用设备制造					

单位:千元

年初存货		资产总计					
	产成品		流动资产合计				
				应收账款	存货		
						产成品	在产品
93142	27880	946936	688599	407332	116815	39656	
88383	88383	644980	365380	189070	139806	88383	
88383	88383	644980	365380	189070	139806	88383	
88383	88383	644980	365380	189070	139806	88383	

4–8 续 13

指标名称	企业单位数(个)	亏损企业	工业总产值(当年价格)	工业销售产值(当年价格)	出口交货值
衡器制造					
其他通用设备制造					
通用零部件制造及机械修理					
金属密封件制造					
紧固件、弹簧制造					
机械零部件加工及设备修理					
其他通用零部件制造					
金属铸、锻加工					
钢铁铸件制造					
锻件及粉末冶金制品制造					
专用设备制造业	3	1	318137	259317	7222
矿山、冶金、建筑专用设备制造	2	1	198131	147379	7222
采矿、采石设备制造					
石油钻采专用设备制造					
建筑工程用机械制造					
建筑材料生产专用机械制造					
冶金专用设备制造					
化工、木材、非金属加工专用设备	1		120006	111938	
炼油、化工生产专用设备制造					
橡胶加工专用设备制造					
塑料加工专用设备制造					
木材加工机械制造					
模具制造					
其他非金属加工专用设备制造					
食品、饮料、烟草及饲料生产专用设备制造					
食品、饮料、烟草工业专用设备制造					
农副食品加工专用设备制造					
饲料生产专用设备制造					
印刷、制药、日化生产专用设备制造					
制浆和造纸专用设备制造					
印刷专用设备制造					
日用化工专用设备制造					
制药专用设备制造					
照明器具生产专用设备制造					
玻璃、陶瓷和搪瓷制品生产专用设备制造					
其他日用品生产专用设备制造					
纺织、服装和皮革工业专用设备制造					
纺织专用设备制造					
皮革、毛皮及其制品加工专用设备制造					

单位:千元

年初存货	产成品	资产总计	流动资产合计	应收账款	存货	产成品	在产品
239459	153822	1519060	527580	49803	209710	37273	67556
97807	62089	1153231	298331	47539	51965	19414	17291
141652	91733	365829	229249	2264	157745	17859	50265

4-8 续 14

指标名称	企业单位数(个)	亏损企业	工业总产值(当年价格)	工业销售产值(当年价格)	出口交货值
缝纫机械制造					
其他服装加工专用设备制造					
电子和电工机械专用设备制造					
电工机械专用设备制造					
电子工业专用设备制造					
农、林、牧、渔专用机械制造					
拖拉机制造					
机械化农业及园艺机具制造					
营林及木竹采伐机械制造					
畜牧机械制造					
渔业机械制造					
农林牧渔机械配件制造					
其他农林牧渔业机械制造及机械修理					
医疗仪器设备及器械制造					
医疗诊断、监护及治疗设备制造					
口腔科用设备及器具制造					
实验室及医用消毒设备和器具的制造					
医疗、外科及兽医用器械制造					
机械治疗及病房护理设备制造					
假肢、人工器官及植(介)入器械制造					
其他医疗设备及器械制造					
环保、社会公共安全及其他专用设备制造					
环境污染防治专用设备制造					
地质勘查专用设备制造					
邮政专用机械及器材制造					
商业、饮食、服务业专用设备制造					
社会公共安全设备及器材制造					
交通安全及管制专用设备制造					
水资源专用机械制造					
其他专用设备制造					
交通运输设备制造业					
铁路运输设备制造					
铁路机车车辆及动车组制造					
工矿有轨专用车辆制造					
铁路机车车辆配件制造					
铁路专用设备及器材、配件制造					
其他铁路设备制造及设备修理					
汽车制造					
汽车整车制造					

单位:千元

年初存货		资产总计					
	产成品		流动资产合计				
				应收账款	存货		
						产成品	在产品

4-8 续 15

指标名称	企业单位数(个)	亏损企业	工业总产值(当年价格)	工业销售产值(当年价格)	出口交货值
改装汽车制造					
电车制造					
汽车车身、挂车的制造					
汽车零部件及配件制造					
汽车修理					
摩托车制造					
摩托车整车制造					
摩托车零部件及配件制造					
自行车制造					
脚踏自行车及残疾人座车制造					
助动自行车制造					
船舶及浮动装置制造					
金属船舶制造					
非金属船舶制造					
娱乐船和运动船的建造和修理					
船用配套设备制造					
船舶修理及拆船					
航标器材及其他浮动装置的制造					
航空航天器制造					
飞机制造及修理					
航天器制造					
其他飞行器制造					
交通器材及其他交通运输设备制造					
潜水及水下救捞装备制造					
交通管理用金属标志及设施制造					
其他交通运输设备制造					
电气机械及器材制造业	1	1	284830	237166	
电机制造					
发电机及发电机组制造					
电动机制造					
微电机及其他电机制造					
输配电及控制设备制造					
变压器、整流器和电感器制造					
电容器及其配套设备制造					
配电开关控制设备制造					
电力电子元器件制造					
其他输配电及控制设备制造					
电线、电缆、光缆及电工器材制造					
电线电缆制造					

单位:千元

年初存货		资产总计	流动资产合计				
	产成品			应收账款	存货		
						产成品	在产品
94247	31755	2289058	869810	48455	162474	43065	9746

4–8 续 16

指标名称	企业单位数(个)	亏损企业	工业总产值(当年价格)	工业销售产值(当年价格)	出口交货值
光纤、光缆制造					
绝缘制品制造					
其他电工器材制造					
电池制造					
家用电力器具制造					
家用制冷电器具制造					
家用空气调节器制造					
家用通风电器具制造					
家用厨房电器具制造					
家用清洁卫生电器具制造					
家用美容、保健电器具制造					
家用电力器具专用配件制造					
其他家用电力器具制造					
非电力家用器具制造					
燃气、太阳能及类似能源的器具制造					
其他非电力家用器具制造					
照明器具制造					
电光源制造					
照明灯具制造					
灯用电器附件及其他照明器具制造					
其他电气机械及器材制造	1	1	284830	237166	
车辆专用照明及电气信号设备装置					
其他未列明的电气机械制造					
通信设备、计算机及其他电子设备					
通信设备制造					
通信传输设备制造					
通信交换设备制造					
通信终端设备制造					
移动通信及终端设备制造					
其他通信设备制造					
雷达及配套设备制造					
广播电视设备制造					
广播电视节目制作及发射设备制造					
广播电视接收设备及器材制造					
应用电视设备及其他广播电视设备					
电子计算机制造					
电子计算机整机制造					
计算机网络设备制造					
电子计算机外部设备制造					

单位:千元

年初存货		资产总计	流动资产合计				
	产成品			应收账款	存货		
						产成品	在产品
94247	31755	2289058	869810	48455	162474	43065	9746

4-8 续 17

指标名称	企业单位数(个)	亏损企业	工业总产值（当年价格）	工业销售产值（当年价格）	出口交货值
电子器件制造					
电子真空器件制造					
半导体分立器件制造					
集成电路制造					
光电子器件及其他电子器件制造					
电子元件制造					
电子元件及组件制造					
印制电路板制造					
家用视听设备制造					
家用影视设备制造					
家用音响设备制造					
其他电子设备制造					
仪器仪表及文化、办公用机械制造					
通用仪器仪表制造					
工业自动控制系统装置制造					
电工仪器仪表制造					
绘图、计算及测量仪器制造					
实验分析仪器制造					
试验机制造					
供应用仪表及其他通用仪器制造					
专用仪器仪表制造					
环境监测专用仪器仪表制造					
汽车及其他用计数仪表制造					
导航、气象及海洋专用仪器制造					
农林牧渔专用仪器仪表制造					
地质勘探和地震专用仪器制造					
教学专用仪器制造					
核子及核辐射测量仪器制造					
电子测量仪器制造					
其他专用仪器制造					
钟表与计时仪器制造					
光学仪器及眼镜制造					
光学仪器制造					
眼镜制造					
文化、办公用机械制造					
电影机械制造					
幻灯及投影设备制造					
照相机及器材制造					
复印和胶印设备制造					

单位:千元

年初存货		资产总计	流动资产合计				
	产成品			应收账款	存货		
						产成品	在产品

4-8 续 18

指标名称	企业单位数(个)	亏损企业	工业总产值(当年价格)	工业销售产值(当年价格)	出口交货值
计算器及货币专用设备制造					
其他文化、办公用机械制造					
其他仪器仪表的制造及修理					
工艺品及其他制造业					
工艺美术品制造					
雕塑工艺品制造					
金属工艺品制造					
漆器工艺品制造					
花画工艺品制造					
天然植物纤维编织工艺品制造					
抽纱刺绣工艺品制造					
地毯、挂毯制造					
宝首饰及有关物品的制造					
其他工艺美术品制造					
日用杂品制造					
制镜及类似品加工					
鬃毛加工、制刷及清扫工具的制造					
其他日用杂品制造					
煤制品制造					
废弃资源和废旧材料回收加工业					
金属废料和碎屑的加工处理					
非金属废料和碎屑的加工处理					
电力、燃气及水的生产和供应业	9	4	8235561	8203446	
电力、热力的生产和供应业	7	2	7998359	7966244	
电力生产	6	1	7668359	7636244	
火力发电	6	1	7668359	7636244	
水力发电					
核力发电					
其他能源发电					
电力供应					
热力生产和供应	1	1	330000	330000	
燃气生产和供应业	1	1	131469	131469	
水的生产和供应业	1	1	105733	105733	
自来水的生产和供应	1	1	105733	105733	
污水处理及其再生利用					
其他水的处理、利用与分配					

单位：千元

年初存货		资产总计					
	产成品		流动资产合计				
				应收账款	存货		
						产成品	在产品
713401		18332030	3352140	809154	581589		
697973		17571723	3003618	775748	553162		
679802		16396265	2576085	762973	533042		
679802		16396265	2576085	762973	533042		
18171		1175458	427533	12775	20120		
13191		410040	190951	27114	24788		
2237		350267	157571	6292	3639		
2237		350267	157571	6292	3639		

4-8 续 19

指标名称	固定资产合计	固定资产原价	累计折旧	本年折旧	在建工程
总　计	**104826613**	**145361478**	**60993495**	**10447020**	**21933732**
一、按登记注册类型分组:					
内资企业	98195461	132354328	54617415	9326123	21221751
国有企业	3029001	2203547	857241	49025	303173
中央企业	116862	140690	41331	9170	17503
地方企业	2912139	2062857	815910	39855	285670
集体企业	147792	205809	58017	8663	7904
股份合作企业					
联营企业					
国有联营企业					
集体联营企业					
国有与集体联营企业					
其他联营企业					
有限责任公司	80580430	108278046	43872573	7310044	17966779
国有独资公司	28029452	35416473	16589262	2433473	4372555
其他有限责任公司	52550978	72861573	27283311	4876571	13594224
股份有限公司	7477380	11486143	5306353	552227	1271743
私营企业	6960858	10180783	4523231	1406164	1672152
私营独资企业					
私营合作企业					
私营有限责任公司	4924738	7479113	3855142	1233897	1469095
私营股份有限公司	2036120	2701670	668089	172267	203057
其他企业					
港、澳、台商投资企业	967508	1184495	216987	99372	49280
合资经营企业(港或澳、台资)	967508	1184495	216987	99372	49280
合作经营企业(港或澳、台资)					
港澳台商独资经营企业					
港澳台商投资股份有限公司					
外商投资企业	5663644	11822655	6159093	1021525	662701
中外合资经营企业	1622707	6604963	4982338	557512	154083
中外合作经营企业	4040937	5217692	1176755	464013	508618
外资企业					
外商投资股份有限公司					
二、按经济组织类型分组					
独资企业	3176793	2409356	915258	57688	311077
国有企业	3029001	2203547	857241	49025	303173
集体企业	147792	205809	58017	8663	7904
私营独资企业					

单位:千元

负债合计	流动负债合计	应付账款	非流动负债合计	所有者权益合计	实收资本	国家资本	集体资本
183471165	127732450	33572832	52972874	80956629	38026348	17906554	1850701
172332197	117911031	30846983	51655325	74939740	34478035	16770441	792701
1391409	946194	126360	433360	3491548	325146	158926	
124980	119480	29299	5500	240849	50000	50000	
1266429	826714	97061	427860	3250699	275146	108926	
408791	393791	334865	15000	47512	30600		25000
144373062	95222476	26286488	46691489	58163041	27116693	16177898	493704
43864260	29628271	11039554	13162879	22077837	5786592	5521564	
100508802	65594205	15246934	33528610	36085204	21330101	10656334	493704
14556082	11027071	1580139	3244122	8820881	3203565	283617	243997
11602853	10321499	2519131	1271354	4416758	3802031	150000	30000
8406240	8211827	2489410	184413	3588150	3711091	150000	30000
3196613	2109672	29721	1086941	828608	90940		
1251051	1251051	65716		290756	524893	300190	
1251051	1251051	65716		290756	524893	300190	
9887917	8570368	2660133	1317549	5726133	3023420	835923	1058000
5537970	4965812	1513407	572158	3170303	1503560		1058000
4349947	3604556	1146726	745391	2555830	1519860	835923	
1800200	1339985	461225	448360	3539060	355746	158926	25000
1391409	946194	126360	433360	3491548	325146	158926	
408791	393791	334865	15000	47512	30600		25000

4-8 续 20

指标名称	固定资产合计	固定资产原价	累计折旧	本年折旧	在建工程
港澳台商独资经营企业					
外资企业					
合作、合伙企业	4040937	5217692	1176755	464013	508618
股份合作企业					
国有联营企业					
集体联营企业					
国有与集体联营企业					
其他联营企业					
私营合伙企业					
合作经营企业(港或澳、台资)					
中外合作经营企业	4040937	5217692	1176755	464013	508618
其他企业(内资)					
股份有限公司	9513500	14187813	5974442	724494	1474800
股份有限公司(内资)	7477380	11486143	5306353	552227	1271743
私营股份有限公司	2036120	2701670	668089	172267	203057
港澳台商投资股份有限公司					
外商投资股份有限公司					
有限责任公司	88095383	123546617	52927040	9200825	19639237
国有独资公司	28029452	35416473	16589262	2433473	4372555
私营有限责任公司	4924738	7479113	3855142	1233897	1469095
合资经营企业(港或澳、台资)	967508	1184495	216987	99372	49280
中外合资经营企业	1622707	6604963	4982338	557512	154083
其他有限责任公司	52550978	72861573	27283311	4876571	13594224
三、在总计中:亏损企业	37069502	52068599	21431521	3846498	10583105
在总计中:国有控股企业	76980124	103438494	42153605	6379138	15055716
在总计中:轻工业	1808795	2257795	774058	105921	319464
重工业	103017818	143103683	60219437	10341099	21614268
在总计中:大型企业	66538361	96356531	44804999	6628326	12439060
中型企业	38288252	49004947	16188496	3818694	9494672
四、按行业分					
采矿业	55801079	70516654	27992590	4773317	11387676
煤炭开采和洗选业	55330097	70222729	27767017	4751677	11376729
烟煤和无烟煤的开采洗选	55330097	70222729	27767017	4751677	11376729
褐煤的开采洗选					
其他煤炭采选					
石油和天然气开采业					
天然原油和天然气开采					
与石油和天然气开采有关的服务活动					

单位:千元

负债合计	流动负债合计	应付账款	非流动负债合计	所有者权益合计	实收资本	国家资本	集体资本
4349947	3604556	1146726	745391	2555830	1519860	835923	
4349947	3604556	1146726	745391	2555830	1519860	835923	
17752695	13136743	1609860	4331063	9649489	3294505	283617	243997
14556082	11027071	1580139	3244122	8820881	3203565	283617	243997
3196613	2109672	29721	1086941	828608	90940		
159568323	109651166	30355021	47448060	65212250	32856237	16628088	1581704
43864260	29628271	11039554	13162879	22077837	5786592	5521564	
8406240	8211827	2489410	184413	3588150	3711091	150000	30000
1251051	1251051	65716		290756	524893	300190	
5537970	4965812	1513407	572158	3170303	1503560		1058000
100508802	65594205	15246934	33528610	36085204	21330101	10656334	493704
82196020	61003090	14405289	18682941	9318512	19256399	8214227	1457460
122121247	79519197	21871532	40803533	52450853	25143146	17389769	578527
2514379	2020681	286303	482843	3244547	728070	91580	40340
180956786	125711769	33286529	52490031	77712082	37298278	17814974	1810361
112251407	81784272	22158995	29084578	60980577	22253859	12357943	1522631
71219758	45948178	11413837	23888296	19976052	15772489	5548611	328070
97218048	64927508	15292172	31692957	63664673	13903690	8009639	535781
96770601	64509900	15270448	31663118	63203697	13839690	8009639	535781
96770601	64509900	15270448	31663118	63203697	13839690	8009639	535781

4–8 续 21

指标名称	固定资产合计	固定资产原价	累计折旧	本年折旧	在建工程
黑色金属矿采选业	470982	293925	225573	21640	10947
铁矿采选	470982	293925	225573	21640	10947
其他黑色金属矿采选					
有色金属矿采选业					
常用有色金属矿采选					
铜矿采选					
铅锌矿采选					
镍钴矿采选					
锡矿采选					
锑矿采选					
铝矿采选					
镁矿采选					
其他常用有色金属矿采选					
贵金属矿采选					
金矿采选					
银矿采选					
其他贵金属矿采选					
稀有稀土金属矿采选					
钨钼矿采选					
稀土金属矿采选					
放射性金属矿采选					
其他稀有金属矿采选					
非金属矿采选业					
土砂石开采					
石灰石、石膏开采					
建筑装饰用石开采					
耐火土石开采					
粘土及其他土砂石开采					
化学矿采选					
采盐					
石棉及其他非金属矿采选					
石棉、云母矿采选					
石墨、滑石采选					
宝石、玉石开采					
其他非金属矿采选					
其他采矿业					
制造业	35040294	53636516	25249392	4710471	9904285
农副食品加工业	108939	111117	5131	1790	2
谷物磨制					

单位:千元

负债合计	流动负债合计	应付账款	非流动负债合计	所有者权益合计	实收资本	国家资本	集体资本
447447	417608	21724	29839	460976	64000		
447447	417608	21724	29839	460976	64000		
70808144	56235269	16517740	12415472	14404899	18891090	7195072	1314920
201747	176458	8642	25289	-13350	60000		30000

4-8 续 22

指标名称	固定资产合计	固定资产原价	累计折旧	本年折旧	在建工程
饲料加工					
植物油加工					
食用植物油加工					
非食用植物油加工					
制糖					
屠宰及肉类加工	108939	111117	5131	1790	2
畜禽屠宰					
肉制品及副产品加工	108939	111117	5131	1790	2
水产品加工					
水产品冷冻加工					
鱼糜制品及水产品干腌制加工					
水产饲料制造					
鱼油提取及制品的制造					
其他水产品加工					
蔬菜、水果和坚果加工					
其他农副食品加工					
淀粉及淀粉制品的制造					
豆制品制造					
蛋品加工					
其他未列明的农副食品加工					
食品制造业	539969	683339	144365	32834	994
焙烤食品制造	190687	269335	78648	22678	
糕点、面包制造					
饼干及其他焙烤食品制造	190687	269335	78648	22678	
糖果、巧克力及蜜饯制造					
糖果、巧克力制造					
蜜饯制作					
方便食品制造					
米、面制品制造					
速冻食品制造					
方便面及其他方便食品制造					
液体乳及乳制品制造	290011	347080	58064	8854	994
罐头制造	59271	66924	7653	1302	
肉、禽类罐头制造	59271	66924	7653	1302	
水产品罐头制造					
蔬菜、水果罐头制造					
其他罐头食品制造					

单位：千元

负债合计	流动负债合计		非流动负债合计	所有者权益合计	实收资本	国家资本	集体资本
		应付账款					
201747	176458	8642	25289	-13350	60000		30000
201747	176458	8642	25289	-13350	60000		30000
334028	291665	57980	42363	549144	135000		
169102	169102	36604		131925	105000		
169102	169102	36604		131925	105000		
108198	98835	746	9363	316963	19500		
56728	23728	20630	33000	100256	10500		
56728	23728	20630	33000	100256	10500		

4-8 续 23

指标名称	固定资产合计	固定资产原价	累计折旧	本年折旧	在建工程
调味品、发酵制品制造					
味精制造					
酱油、食醋及类似制品的制造					
其他调味品、发酵制品制造					
其他食品制造					
营养、保健食品制造					
冷冻饮品及食用冰制造					
盐加工					
食品及饲料添加剂制造					
其他未列明的食品制造					
饮料制造业					
酒精制造					
酒的制造					
白酒制造					
啤酒制造					
黄酒制造					
葡萄酒制造					
其他酒制造					
软饮料制造					
碳酸饮料制造					
瓶(罐)装饮用水制造					
果菜汁及果菜汁饮料制造					
含乳饮料和植物蛋白饮料制造					
固体饮料制造					
茶饮料及其他软饮料制造					
精制茶加工					
烟草制品业					
烟叶复烤					
卷烟制造					
其他烟草制品加工					
纺织业					
棉、化纤纺织及印染精加工					
棉、化纤纺织加工					
棉、化纤印染精加工					
毛纺织和染整精加工					
毛条加工					
毛纺织					
毛染整精加工					

单位:千元

负债合计	流动负债合计		非流动负债合计	所有者权益合计			
		应付账款			实收资本	国家资本	集体资本

4-8 续 24

指标名称	固定资产合计	固定资产原价	累计折旧	本年折旧	在建工程
麻纺织					
丝绢纺织及精加工					
缫丝加工					
绢纺和丝织加工					
丝印染精加工					
纺织制成品制造					
棉及化纤制品制造					
毛制品制造					
麻制品制造					
丝制品制造					
绳、索、缆的制造					
纺织带和帘子布制造					
无纺布制造					
其他纺织制成品制造					
针织品、编织品及其制品制造					
棉、化纤针织品及编织品制造					
毛针织品及编织品制造					
丝针织品及编织品制造					
其他针织品及编织品制造					
纺织服装、鞋、帽制造业	16856	26503	9647	1481	
纺织服装制造	16856	26503	9647	1481	
纺织面料鞋的制造					
制帽					
皮革、毛皮、羽毛(绒)及其制品业					
皮革鞣制加工					
皮革制品制造					
皮鞋制造					
皮革服装制造					
皮箱、包(袋)制造					
皮手套及皮装饰制品制造					
其他皮革制品制造					
毛皮鞣制及制品加工					
毛皮鞣制加工					
毛皮服装加工					
其他毛皮制品加工					
羽毛(绒)加工及制品制造					
羽毛(绒)加工					
羽毛(绒)制品加工					

单位:千元

负债合计	流动负债合计	应付账款	非流动负债合计	所有者权益合计	实收资本	国家资本	集体资本
95601	95601	50849		29197	12350	12350	
95601	95601	50849		29197	12350	12350	

4-8 续 25

指标名称	固定资产合计	固定资产原价	累计折旧		在建工程
				本年折旧	
木材加工及木、竹、藤、棕、草制					
锯材、木片加工					
锯材加工					
木片加工					
人造板制造					
胶合板制造					
纤维板制造					
刨花板制造					
其他人造板、材制造					
木制品制造					
建筑用木料及木材组件加工					
木容器制造					
软木制品及其他木制品制造					
竹、藤、棕、草制品制造					
家具制造业					
木质家具制造					
竹、藤家具制造					
金属家具制造					
塑料家具制造					
其他家具制造					
造纸及纸制品业					
纸浆制造					
造纸					
机制纸及纸板制造					
手工纸制造					
加工纸制造					
纸制品制造					
纸和纸板容器的制造					
其他纸制品制造					
印刷业和记录媒介的复制					
印刷					
书、报、刊印刷					
本册印制					
包装装潢及其他印刷					
装订及其他印刷服务活动					
记录媒介的复制					
文教体育用品制造业	97722	137187	44465	6745	
文化用品制造					
文具制造					

单位:千元

负债合计	流动负债合计	应付账款	非流动负债合计	所有者权益合计	实收资本	国家资本	集体资本
179208	165619	81968	13589	115803	80000		

4-8 续 26

指标名称	固定资产合计	固定资产原价	累计折旧	本年折旧	在建工程
笔的制造					
教学用模型及教具制造					
墨水、墨汁制造					
其他文化用品制造					
体育用品制造					
球类制造					
体育器材及配件制造					
训练健身器材制造					
运动防护用具制造					
其他体育用品制造					
乐器制造					
中乐器制造					
西乐器制造					
电子乐器制造					
其他乐器及零件制造					
玩具制造	97722	137187	44465	6745	
游艺器材及娱乐用品制造					
露天游乐场所游乐设备制造					
游艺用品及室内游艺器材制造					
石油加工、炼焦及核燃料加工业	8928804	19055169	10977949	2021223	2817571
化学原料及化学制品制造业	9654213	13045732	6105399	716405	3955201
基础化学原料制造	5952048	4923086	998844	266471	1928359
无机酸制造					
无机碱制造	4608100	4608100	896739	228233	797292
无机盐制造	86585	150980	64395	10180	
有机化学原料制造					
其他基础化学原料制造	1257363	164006	37710	28058	1131067
肥料制造	1426845	5552204	4126767	242788	1326244
氮肥制造					
磷肥制造					
钾肥制造					
复混肥料制造	1426845	5552204	4126767	242788	1326244
有机肥料及微生物肥料制造					
其他肥料制造					
农药制造					
化学农药制造					
生物化学农药及微生物农药制造					
涂料、油墨、颜料及类似产品制造					
涂料制造					

单位:千元

负债合计	流动负债合计	应付账款	非流动负债合计	所有者权益合计	实收资本	国家资本	集体资本
179208	165619	81968	13589	115803	80000		
21646800	18738216	6721272	2015725	5799846	5253358	1720000	1133000
13928132	9047569	2160822	4867006	5000127	5576642	3390000	33000
6114694	3512819	873215	2601875	1309087	3874660	3361500	
4692886	3284671	702524	1408215	806189	3361500	3361500	
191920	191920	121977		114868	13160		
1229888	36228	48714	1193660	388030	500000		
4705640	3368052	515767	1324031	2445526	1215364		
4705640	3368052	515767	1324031	2445526	1215364		

4-8 续 27

指标名称	固定资产合计	固定资产原价	累计折旧	本年折旧	在建工程
油墨及类似产品制造					
颜料制造					
染料制造					
密封用填料及类似品制造					
合成材料制造	1937080	1958788	706374	166121	684661
初级形态的塑料及合成树脂制造	1937080	1958788	706374	166121	684661
合成橡胶制造					
合成纤维单(聚合)体的制造					
其他合成材料制造					
专用化学产品制造					
化学试剂和助剂制造					
专项化学用品制造					
林产化学产品制造					
炸药及火工产品制造					
信息化学品制造					
环境污染处理专用药剂材料制造					
动物胶制造					
其他专用化学产品制造					
日用化学产品制造	338240	611654	273414	41025	15937
肥皂及合成洗涤剂制造	338240	611654	273414	41025	15937
化妆品制造					
口腔清洁用品制造					
香料、香精制造					
其他日用化学产品制造					
医药制造业	870751	883106	325117	50797	315027
化学药品原药制造					
化学药品制剂制造					
中药饮片加工					
中成药制造	447014	601943	231081	34376	78417
兽用药品制造					
生物、生化制品的制造	423737	281163	94036	16421	236610
卫生材料及医药用品制造					
化学纤维制造业					
纤维素纤维原料及纤维制造					
化纤浆粕制造					
人造纤维(纤维素纤维)制造					
合成纤维制造					
锦纶纤维制造					
涤纶纤维制造					

单位:千元

负债合计	流动负债合计	应付账款	非流动负债合计	所有者权益合计	实收资本	国家资本	集体资本
2411500	1716025	579488	695475	732858	160000	28500	33000
2411500	1716025	579488	695475	732858	160000	28500	33000
696298	450673	192352	245625	512656	326618		
696298	450673	192352	245625	512656	326618		
1538554	1136952	86864	401602	2378727	387200	25710	10340
1097996	849198	55244	248798	1686022	318000	9050	
440558	287754	31620	152804	692705	69200	16660	10340

4-8 续 28

指标名称	固定资产合计	固定资产原价	累计折旧	本年折旧	在建工程
腈纶纤维制造					
维纶纤维制造					
其他合成纤维制造					
橡胶制品业	191296	331424	140210	21726	7416
轮胎制造	129618	197512	67976	11056	82
车辆、飞机及工程机械轮胎制造					
力车胎制造	129618	197512	67976	11056	82
轮胎翻新加工					
橡胶板、管、带的制造	61678	133912	72234	10670	7334
橡胶零件制造					
再生橡胶制造					
日用及医用橡胶制品制造					
橡胶靴鞋制造					
其他橡胶制品制造					
塑料制品业	1794121	2968714	1175749	842410	49086
塑料薄膜制造	1500969	2534217	1011431	805359	26114
塑料板、管、型材的制造					
塑料丝、绳及编织品的制造					
泡沫塑料制造	293152	434497	164318	37051	22972
塑料人造革、合成革制造					
塑料包装箱及容器制造					
塑料零件制造					
日用塑料制造					
塑料鞋制造					
日用塑料杂品制造					
其他塑料制品制造					
非金属矿物制品业	7869920	12679510	5525846	719234	504575
水泥、石灰和石膏的制造	111220	183108	71888	17462	
水泥制造					
石灰和石膏制造					
水泥及石膏制品制造	610384	816286	415556	43089	195151
水泥制品制造					
砼结构构件制造					
石棉水泥制品制造					
轻质建筑材料制造					
其他水泥制品制造					
砖瓦、石材及其他建筑材料制造					
粘土砖瓦及建筑砌块制造					
建筑陶瓷制品制造					

单位:千元

负债合计	流动负债合计	应付账款	非流动负债合计	所有者权益合计	实收资本	国家资本	集体资本
306198	304038	105144	2160	648076	240646	9101	
68022	65862	47476	2160	281426	145560		
68022	65862	47476	2160	281426	145560		
238176	238176	57668		366650	95086	9101	
5885529	1946199	372960	3771451	-2678131	762491	16560	
5260257	1477039	140921	3615340	-2991945	612491	16560	
625272	469160	232039	156111	313814	150000		
18728546	18028014	5220211	690532	-673554	2223339	700000	500
215356	172051	90737	43305	152088	100000		
1455116	1455116	110584		-205877	389811		

4-8 续 29

指标名称	固定资产合计	固定资产原价	累计折旧	本年折旧	在建工程
建筑用石加工					
防水建筑材料制造					
隔热和隔音材料制造					
其他建筑材料制造					
玻璃及玻璃制品制造	7148316	11680116	5038402	658683	309424
平板玻璃制造					
技术玻璃制品制造					
光学玻璃制造					
玻璃仪器制造					
日用玻璃制品及玻璃包装容器制造					
玻璃保温容器制造					
玻璃纤维及制品制造					
玻璃纤维增强塑料制品制造					
其他玻璃制品制造					
陶瓷制品制造					
卫生陶瓷制品制造					
特种陶瓷制品制造					
日用陶瓷制品制造					
园林、陈设艺术及其他陶瓷制品制造					
耐火材料制品制造					
石棉制品制造					
云母制品制造					
耐火陶瓷制品及其他耐火材料制造					
石墨及其他非金属矿物制品制造					
石墨及碳素制品制造					
其他非金属矿物制品制造					
黑色金属冶炼及压延加工业					
炼铁					
炼钢					
钢压延加工					
铁合金冶炼					
有色金属冶炼及压延加工业	2517	5426	2909	455	
常用有色金属冶炼	2517	5426	2909	455	
铜冶炼	2517	5426	2909	455	
铅锌冶炼					
镍钴冶炼					
锡冶炼					
锑冶炼					
铝冶炼					

单位:千元

负债合计	流动负债合计	应付账款	非流动负债合计	所有者权益合计	实收资本	国家资本	集体资本
17058074	16400847	5018890	647227	-619765	1733528	700000	500
313528	313528	105898		48262	35000		
313528	313528	105898		48262	35000		
313528	313528	105898		48262	35000		

4-8 续 30

指标名称	固定资产合计	固定资产原价	累计折旧	本年折旧	在建工程
镁冶炼					
其他常用有色金属冶炼					
贵金属冶炼					
金冶炼					
银冶炼					
其他贵金属冶炼					
稀有稀土金属冶炼					
钨钼冶炼					
稀土金属冶炼					
其他稀有金属冶炼					
有色金属合金制造					
有色金属压延加工					
常用有色金属压延加工					
贵金属压延加工					
稀有稀土金属压延加工					
金属制品业	244780	456526	218466	18090	16351
结构性金属制品制造					
金属结构制造					
金属门窗制造					
金属工具制造					
切削工具制造					
手工具制造					
农用及园林用金属工具制造					
刀剪及类似日用金属工具制造					
其他金属工具制造					
集装箱及金属包装容器制造					
集装箱制造					
金属压力容器制造					
金属包装容器制造					
金属丝绳及其制品的制造	41969	155446	120197	3070	411
建筑、安全用金属制品制造					
建筑、家具用金属配件制造					
建筑装饰及水暖管道零件制造					
安全、消防用金属制品制造					
其他建筑、安全用金属制品制造					
金属表面处理及热处理加工					
搪瓷制品制造					
工业生产配套用搪瓷制品制造					
搪瓷卫生洁具制造					

单位:千元

负债合计	流动负债合计		非流动负债合计	所有者权益合计			
		应付账款			实收资本	国家资本	集体资本
993565	978565	741348	15000	219158	181614		59080
187710	187710	64167		78077	91014		

4-8 续 31

指标名称	固定资产合计	固定资产原价	累计折旧	本年折旧	在建工程
搪瓷日用品及其他搪瓷制品制造					
不锈钢及类似日用金属制品制造	202811	301080	98269	15020	15940
金属制厨房调理及卫生器具制造					
金属制厨用器皿及餐具制造					
其他日用金属制品制造					
其他金属制品制造					
铸币及贵金属制实验室用品制造					
其他未列明的金属制品制造					
通用设备制造业	192311	192311	99676	99676	62320
锅炉及原动机制造	192311	192311	99676	99676	62320
锅炉及辅助设备制造	192311	192311	99676	99676	62320
内燃机及配件制造					
汽轮机及辅机制造					
水轮机及辅机制造					
其他原动机制造					
金属加工机械制造					
金属切削机床制造					
金属成形机床制造					
铸造机械制造					
金属切割及焊接设备制造					
机床附件制造					
其他金属加工机械制造					
起重运输设备制造					
泵、阀门、压缩机及类似机械的制造					
泵及真空设备制造					
气体压缩机械制造					
阀门和旋塞的制造					
液压和气压动力机械及元件制造					
轴承、齿轮、传动和驱动部件的制造					
轴承制造					
齿轮、传动和驱动部件制造					
烘炉、熔炉及电炉制造					
风机、衡器、包装设备等通用设备					
风机、风扇制造					
气体、液体分离及纯净设备制造					
制冷、空调设备制造					
风动和电动工具制造					
喷枪及类似器具制造					
包装专用设备制造					

单位:千元

负债合计	流动负债合计	应付账款	非流动负债合计	所有者权益合计	实收资本	国家资本	集体资本
805855	790855	677181	15000	141081	90600		59080
353902	353902	220224		291078	100000		49000
353902	353902	220224		291078	100000		49000
353902	353902	220224		291078	100000		49000

4-8 续 32

指标名称	固定资产合计	固定资产原价	累计折旧	本年折旧	在建工程
衡器制造					
其他通用设备制造					
通用零部件制造及机械修理					
金属密封件制造					
紧固件、弹簧制造					
机械零部件加工及设备修理					
其他通用零部件制造					
金属铸、锻加工					
钢铁铸件制造					
锻件及粉末冶金制品制造					
专用设备制造业	557079	649494	109918	53348	337231
矿山、冶金、建筑专用设备制造	440217	508804	68587	44178	319728
采矿、采石设备制造					
石油钻采专用设备制造					
建筑工程用机械制造					
建筑材料生产专用机械制造					
冶金专用设备制造					
化工、木材、非金属加工专用设备	116862	140690	41331	9170	17503
炼油、化工生产专用设备制造					
橡胶加工专用设备制造					
塑料加工专用设备制造					
木材加工机械制造					
模具制造					
其他非金属加工专用设备制造					
食品、饮料、烟草及饲料生产专用设备制造					
食品、饮料、烟草工业专用设备制造					
农副食品加工专用设备制造					
饲料生产专用设备制造					
印刷、制药、日化生产专用设备制造					
制浆和造纸专用设备制造					
印刷专用设备制造					
日用化工专用设备制造					
制药专用设备制造					
照明器具生产专用设备制造					
玻璃、陶瓷和搪瓷制品生产专用设备制造					
其他日用品生产专用设备制造					
纺织、服装和皮革工业专用设备制造					
纺织专用设备制造					
皮革、毛皮及其制品加工专用设备制造					

单位:千元

负债合计	流动负债合计	应付账款	非流动负债合计	所有者权益合计	实收资本	国家资本	集体资本
584067	570008	123962	14059	934993	753500	71351	
459087	450528	94663	8559	694144	703500	21351	
124980	119480	29299	5500	240849	50000	50000	

4-8 续 33

指标名称	固定资产合计	固定资产原价	累计折旧	本年折旧	在建工程
缝纫机械制造					
其他服装加工专用设备制造					
电子和电工机械专用设备制造					
电工机械专用设备制造					
电子工业专用设备制造					
农、林、牧、渔专用机械制造					
拖拉机制造					
机械化农业及园艺机具制造					
营林及木竹采伐机械制造					
畜牧机械制造					
渔业机械制造					
农林牧渔机械配件制造					
其他农林牧渔业机械制造及机械修理					
医疗仪器设备及器械制造					
医疗诊断、监护及治疗设备制造					
口腔科用设备及器具制造					
实验室及医用消毒设备和器具的制造					
医疗、外科及兽医用器械制造					
机械治疗及病房护理设备制造					
假肢、人工器官及植(介)入器械制造					
其他医疗设备及器械制造					
环保、社会公共安全及其他专用设备制造					
环境污染防治专用设备制造					
地质勘查专用设备制造					
邮政专用机械及器材制造					
商业、饮食、服务业专用设备制造					
社会公共安全设备及器材制造					
交通安全及管制专用设备制造					
水资源专用机械制造					
其他专用设备制造					
交通运输设备制造业					
铁路运输设备制造					
铁路机车车辆及动车组制造					
工矿有轨专用车辆制造					
铁路机车车辆配件制造					
铁路专用设备及器材、配件制造					
其他铁路设备制造及设备修理					
汽车制造					
汽车整车制造					

单位:千元

负债合计	流动负债合计		非流动负债合计	所有者权益合计			
		应付账款			实收资本	国家资本	集体资本

4-8 续 34

指标名称	固定资产合计	固定资产原价	累计折旧	本年折旧	在建工程
改装汽车制造					
电车制造					
汽车车身、挂车的制造					
汽车零部件及配件制造					
汽车修理					
摩托车制造					
摩托车整车制造					
摩托车零部件及配件制造					
自行车制造					
脚踏自行车及残疾人座车制造					
助动自行车制造					
船舶及浮动装置制造					
金属船舶制造					
非金属船舶制造					
娱乐船和运动船的建造和修理					
船用配套设备制造					
船舶修理及拆船					
航标器材及其他浮动装置的制造					
航空航天器制造					
飞机制造及修理					
航天器制造					
其他飞行器制造					
交通器材及其他交通运输设备制造					
潜水及水下救捞装备制造					
交通管理用金属标志及设施制造					
其他交通运输设备制造					
电气机械及器材制造业	616269	304226	65367	11824	377410
电机制造					
发电机及发电机组制造					
电动机制造					
微电机及其他电机制造					
输配电及控制设备制造					
变压器、整流器和电感器制造					
电容器及其配套设备制造					
配电开关控制设备制造					
电力电子元器件制造					
其他输配电及控制设备制造					
电线、电缆、光缆及电工器材制造					
电线电缆制造					

单位:千元

负债合计	流动负债合计	应付账款	非流动负债合计	所有者权益合计	实收资本	国家资本	集体资本
940624	904040	113912	36584	1348434	1689950	150000	

4-8 续 35

指标名称	固定资产合计	固定资产原价	累计折旧	本年折旧	在建工程
光纤、光缆制造					
绝缘制品制造					
其他电工器材制造					
电池制造					
家用电力器具制造					
家用制冷电器具制造					
家用空气调节器制造					
家用通风电器具制造					
家用厨房电器具制造					
家用清洁卫生电器具制造					
家用美容、保健电器具制造					
家用电力器具专用配件制造					
其他家用电力器具制造					
非电力家用器具制造					
燃气、太阳能及类似能源的器具制造					
其他非电力家用器具制造					
照明器具制造					
电光源制造					
照明灯具制造					
灯用电器附件及其他照明器具制造					
其他电气机械及器材制造	616269	304226	65367	11824	377410
车辆专用照明及电气信号设备装置					
其他未列明的电气机械制造					
通信设备、计算机及其他电子设备					
通信设备制造					
通信传输设备制造					
通信交换设备制造					
通信终端设备制造					
移动通信及终端设备制造					
其他通信设备制造					
雷达及配套设备制造					
广播电视设备制造					
广播电视节目制作及发射设备制造					
广播电视接收设备及器材制造					
应用电视设备及其他广播电视设备					
电子计算机制造					
电子计算机整机制造					
计算机网络设备制造					
电子计算机外部设备制造					

单位:千元

负债合计	流动负债合计	应付账款	非流动负债合计	所有者权益合计	实收资本	国家资本	集体资本
940624	904040	113912	36584	1348434	1689950	150000	

4-8 续 36

指标名称	固定资产合计	固定资产原价	累计折旧	本年折旧	在建工程
电子器件制造					
电子真空器件制造					
半导体分立器件制造					
集成电路制造					
光电子器件及其他电子器件制造					
电子元件制造					
电子元件及组件制造					
印制电路板制造					
家用视听设备制造					
家用影视设备制造					
家用音响设备制造					
其他电子设备制造					
仪器仪表及文化、办公用机械制造					
通用仪器仪表制造					
工业自动控制系统装置制造					
电工仪器仪表制造					
绘图、计算及测量仪器制造					
实验分析仪器制造					
试验机制造					
供应用仪表及其他通用仪器制造					
专用仪器仪表制造					
环境监测专用仪器仪表制造					
汽车及其他用计数仪表制造					
导航、气象及海洋专用仪器制造					
农林牧渔专用仪器仪表制造					
地质勘探和地震专用仪器制造					
教学专用仪器制造					
核子及核辐射测量仪器制造					
电子测量仪器制造					
其他专用仪器制造					
钟表与计时仪器制造					
光学仪器及眼镜制造					
光学仪器制造					
眼镜制造					
文化、办公用机械制造					
电影机械制造					
幻灯及投影设备制造					
照相机及器材制造					
复印和胶印设备制造					

单位:千元

负债合计	流动负债合计		非流动负债合计	所有者权益合计			
		应付账款			实收资本	国家资本	集体资本

4-8 续 37

指标名称	固定资产合计	固定资产原价	累计折旧	本年折旧	在建工程
计算器及货币专用设备制造					
其他文化、办公用机械制造					
其他仪器仪表的制造及修理					
工艺品及其他制造业					
工艺美术品制造					
雕塑工艺品制造					
金属工艺品制造					
漆器工艺品制造					
花画工艺品制造					
天然植物纤维编织工艺品制造					
抽纱刺绣工艺品制造					
地毯、挂毯制造					
宝首饰及有关物品的制造					
其他工艺美术品制造					
日用杂品制造					
制镜及类似品加工					
鬃毛加工、制刷及清扫工具的制造					
其他日用杂品制造					
煤制品制造					
废弃资源和废旧材料回收加工业					
金属废料和碎屑的加工处理					
非金属废料和碎屑的加工处理					
电力、燃气及水的生产和供应业	13985240	21208308	7751513	963232	641771
电力、热力的生产和供应业	13656230	20616918	7485785	940946	612276
电力生产	12917067	19717447	7302079	886641	588878
火力发电	12917067	19717447	7302079	886641	588878
水力发电					
核力发电					
其他能源发电					
电力供应					
热力生产和供应	739163	899471	183706	54305	23398
燃气生产和供应业	154452	174847	20395	10012	26054
水的生产和供应业	174558	416543	245333	12274	3441
自来水的生产和供应	174558	416543	245333	12274	3441
污水处理及其再生利用					
其他水的处理、利用与分配					

单位:千元

负债合计	流动负债合计	应付账款	非流动负债合计	所有者权益合计	实收资本	国家资本	集体资本
15444973	6569673	1762920	8864445	2887057	5231568	2701843	
15159888	6295443	1729671	8864445	2411835	4877858	2348133	
13881570	5750820	1558387	8130750	2514695	4867858	2348133	
13881570	5750820	1558387	8130750	2514695	4867858	2348133	
1278318	544623	171284	733695	-102860	10000		
119844	119844	33249		290196	300190	300190	
165241	154386			185026	53520	53520	
165241	154386			185026	53520	53520	

4-8 续 38

指标名称	法人资本	个人资本	港澳台资本	外商资本
总　　计	**11723008**	**5409181**	**146275**	**990629**
一、按登记注册类型分组:				
内资企业	11505712	5409181		
国有企业	166220			
中央企业				
地方企业	166220			
集体企业		5600		
股份合作企业				
联营企业				
国有联营企业				
集体联营企业				
国有与集体联营企业				
其他联营企业				
有限责任公司	7565842	2879249		
国有独资公司	265028			
其他有限责任公司	7300814	2879249		
股份有限公司	1810960	864991		
私营企业	1962690	1659341		
私营独资企业				
私营合作企业				
私营有限责任公司	1932750	1598341		
私营股份有限公司	29940	61000		
其他企业				
港、澳、台商投资企业	78428		146275	
合资经营企业(港或澳、台资)	78428		146275	
合作经营企业(港或澳、台资)				
港澳台商独资经营企业				
港澳台商投资股份有限公司				
外商投资企业	138868			990629
中外合资经营企业	138868			306692
中外合作经营企业				683937
外资企业				
外商投资股份有限公司				
二、按经济组织类型分组				
独资企业	166220	5600		
国有企业	166220			
集体企业		5600		
私营独资企业				

单位:千元

营业收入	主营业务收入	营业成本	主营业务成本	营业税金及附加	主营业务税金及附加	销售费用	管理费用	税金	财务费用
127691808	**119826595**	**106685296**	**99286607**	**1121758**	**1019109**	**2469925**	**11016570**	**522815**	**4477997**
119688440	111848512	100186133	92789415	1037226	934577	2176819	10446125	492250	4077779
1457660	1351844	796023	755546	35858	35156	20797	316280	29872	29193
127975	127975	99275	99275	7	7	2441	24952	8	-1975
1329685	1223869	696748	656271	35851	35149	18356	291328	29864	31168
2358538	160151	2299162	119578	2135	2135	189	37522	574	1287
88110084	82842320	73129398	68103675	844105	742158	1187870	8598257	396735	3298536
34609386	30329372	30166357	25926364	275610	268767	225583	3301158	160098	560984
53500698	52512948	42963041	42177311	568495	473391	962287	5297099	236637	2737552
11067701	10820746	7997712	7860213	127899	127899	770032	1024741	34722	408881
16694457	16673451	15963838	15950403	27229	27229	197931	469325	30347	339882
15376245	15370014	14877962	14877767	16662	16662	192410	348738	25343	155750
1318212	1303437	1085876	1072636	10567	10567	5521	120587	5004	184132
452074	448147	371123	369152	9271	9271	32869	58838	4479	60470
452074	448147	371123	369152	9271	9271	32869	58838	4479	60470
7551294	7529936	6128040	6128040	75261	75261	260237	511607	26086	339748
4431418	4431418	4086527	4086527	10100	10100	184378	147039	16094	193512
3119876	3098518	2041513	2041513	65161	65161	75859	364568	9992	146236
3816198	1511995	3095185	875124	37993	37291	20986	353802	30446	30480
1457660	1351844	796023	755546	35858	35156	20797	316280	29872	29193
2358538	160151	2299162	119578	2135	2135	189	37522	574	1287

4-8 续 39

指标名称	法人资本	个人资本	港澳台资本	外商资本
港澳台商独资经营企业				
外资企业				
合作、合伙企业				683937
股份合作企业				
国有联营企业				
集体联营企业				
国有与集体联营企业				
其他联营企业				
私营合伙企业				
合作经营企业(港或澳、台资)				
中外合作经营企业				683937
其他企业(内资)				
股份有限公司	1840900	925991		
股份有限公司(内资)	1810960	864991		
私营股份有限公司	29940	61000		
港澳台商投资股份有限公司				
外商投资股份有限公司				
有限责任公司	9715888	4477590	146275	306692
国有独资公司	265028			
私营有限责任公司	1932750	1598341		
合资经营企业(港或澳、台资)	78428		146275	
中外合资经营企业	138868			306692
其他有限责任公司	7300814	2879249		
三、在总计中:亏损企业	6258762	2948675	146275	231000
在总计中:国有控股企业	5861964	628949		683937
在总计中:轻工业	446450	149700		
重工业	11276558	5259481	146275	990629
在总计中:大型企业	4636532	3052816		683937
中型企业	7086476	2356365	146275	306692
四、按行业分				
采矿业	3356632	1317701		683937
煤炭开采和洗选业	3356632	1253701		683937
烟煤和无烟煤的开采洗选	3356632	1253701		683937
褐煤的开采洗选				
其他煤炭采选				
石油和天然气开采业				
天然原油和天然气开采				
与石油和天然气开采有关的服务活动				

单位:千元

营业收入	主营业务收入	营业成本	主营业务成本	营业税金及附加	主营业务税金及附加	销售费用	管理费用	税金	财务费用
3119876	3098518	2041513	2041513	65161	65161	75859	364568	9992	146236
3119876	3098518	2041513	2041513	65161	65161	75859	364568	9992	146236
12385913	12124183	9083588	8932849	138466	138466	775553	1145328	39726	593013
11067701	10820746	7997712	7860213	127899	127899	770032	1024741	34722	408881
1318212	1303437	1085876	1072636	10567	10567	5521	120587	5004	184132
108369821	103091899	92465010	87437121	880138	778191	1597527	9152872	442651	3708268
34609386	30329372	30166357	25926364	275610	268767	225583	3301158	160098	560984
15376245	15370014	14877962	14877767	16662	16662	192410	348738	25343	155750
452074	448147	371123	369152	9271	9271	32869	58838	4479	60470
4431418	4431418	4086527	4086527	10100	10100	184378	147039	16094	193512
53500698	52512948	42963041	42177311	568495	473391	962287	5297099	236637	2737552
41172825	36729157	40402721	36056884	146800	133827	578160	2471718	128254	2406629
73653042	68572371	59660661	54836171	819756	722865	924474	7633333	329602	2831665
5063039	5041705	3199404	3186880	28524	28524	802805	513171	17533	47705
122628769	114784890	103485892	96099727	1093234	990585	1667120	10503399	505282	4430292
86151328	80788939	71597146	66544096	792210	696012	1612176	7569182	312560	2579010
41540480	39037656	35088150	32742511	329548	323097	857749	3447388	210255	1898987
54884669	54157119	39029507	38510499	934534	844486	868570	8090751	358369	2013526
52447084	51719744	37100084	36581080	930041	839993	839218	7703754	338168	1982013
52447084	51719744	37100084	36581080	930041	839993	839218	7703754	338168	1982013

4-8 续 40

指标名称	法人资本	个人资本	港澳台资本	外商资本
黑色金属矿采选业		64000		
铁矿采选		64000		
其他黑色金属矿采选				
有色金属矿采选业				
常用有色金属矿采选				
铜矿采选				
铅锌矿采选				
镍钴矿采选				
锡矿采选				
锑矿采选				
铝矿采选				
镁矿采选				
其他常用有色金属矿采选				
贵金属矿采选				
金矿采选				
银矿采选				
其他贵金属矿采选				
稀有稀土金属矿采选				
钨钼矿采选				
稀土金属矿采选				
放射性金属矿采选				
其他稀有金属矿采选				
非金属矿采选业				
土砂石开采				
石灰石、石膏开采				
建筑装饰用石开采				
耐火土石开采				
粘土及其他土砂石开采				
化学矿采选				
采盐				
石棉及其他非金属矿采选				
石棉、云母矿采选				
石墨、滑石采选				
宝石、玉石开采				
其他非金属矿采选				
其他采矿业				
制造业	6327695	3600436	146275	306692
农副食品加工业		30000		
谷物磨制				

单位:千元

营业收入	主营业务收入	营业成本	主营业务成本	营业税金及附加	主营业务税金及附加	销售费用	管理费用	税金	财务费用
2437585	2437375	1929423	1929419	4493	4493	29352	386997	20201	31513
2437585	2437375	1929423	1929419	4493	4493	29352	386997	20201	31513
64637756	57550322	61343291	54485989	121238	108637	1559920	2551067	139421	1995754
201232	201232	211681	202767			1395	13405	193	398

4-8 续 41

指标名称	法人资本	个人资本	港澳台资本	外商资本
饲料加工				
植物油加工				
食用植物油加工				
非食用植物油加工				
制糖				
屠宰及肉类加工		30000		
畜禽屠宰				
肉制品及副产品加工		30000		
水产品加工				
水产品冷冻加工				
鱼糜制品及水产品干腌制加工				
水产饲料制造				
鱼油提取及制品的制造				
其他水产品加工				
蔬菜、水果和坚果加工				
其他农副食品加工				
淀粉及淀粉制品的制造				
豆制品制造				
蛋品加工				
其他未列明的农副食品加工				
食品制造业	124500	10500		
焙烤食品制造	105000			
糕点、面包制造				
饼干及其他焙烤食品制造	105000			
糖果、巧克力及蜜饯制造				
糖果、巧克力制造				
蜜饯制作				
方便食品制造				
米、面制品制造				
速冻食品制造				
方便面及其他方便食品制造				
液体乳及乳制品制造	19500			
罐头制造		10500		
肉、禽类罐头制造		10500		
水产品罐头制造				
蔬菜、水果罐头制造				
其他罐头食品制造				

单位:千元

营业收入	主营业务收入	营业成本	主营业务成本	营业税金及附加	主营业务税金及附加	销售费用	管理费用	税金	财务费用
201232	201232	211681	202767			1395	13405	193	398
201232	201232	211681	202767			1395	13405	193	398
2473903	2461961	1933821	1933630	6140	6140	167346	133311	2880	29606
776518	773549	586137	585946	5920	5920	45504	23120	2151	-70
776518	773549	586137	585946	5920	5920	45504	23120	2151	-70
930125	921152	779956	779956	34	34	56625	45079	103	14331
767260	767260	567728	567728	186	186	65217	65112	626	15345
767260	767260	567728	567728	186	186	65217	65112	626	15345

4-8 续 42

指标名称	法人资本	个人资本	港澳台资本	外商资本
调味品、发酵制品制造				
味精制造				
酱油、食醋及类似制品的制造				
其他调味品、发酵制品制造				
其他食品制造				
营养、保健食品制造				
冷冻饮品及食用冰制造				
盐加工				
食品及饲料添加剂制造				
其他未列明的食品制造				
饮料制造业				
酒精制造				
酒的制造				
白酒制造				
啤酒制造				
黄酒制造				
葡萄酒制造				
其他酒制造				
软饮料制造				
碳酸饮料制造				
瓶(罐)装饮用水制造				
果菜汁及果菜汁饮料制造				
含乳饮料和植物蛋白饮料制造				
固体饮料制造				
茶饮料及其他软饮料制造				
精制茶加工				
烟草制品业				
烟叶复烤				
卷烟制造				
其他烟草制品加工				
纺织业				
棉、化纤纺织及印染精加工				
棉、化纤纺织加工				
棉、化纤印染精加工				
毛纺织和染整精加工				
毛条加工				
毛纺织				
毛染整精加工				

单位:千元

营业收入	主营业务收入	营业成本	主营业务成本	营业税金及附加	主营业务税金及附加	销售费用	管理费用	税金	财务费用

4-8 续 43

指标名称	法人资本	个人资本	港澳台资本	外商资本
麻纺织				
丝绢纺织及精加工				
缫丝加工				
绢纺和丝织加工				
丝印染精加工				
纺织制成品制造				
棉及化纤制品制造				
毛制品制造				
麻制品制造				
丝制品制造				
绳、索、缆的制造				
纺织带和帘子布制造				
无纺布制造				
其他纺织制成品制造				
针织品、编织品及其制品制造				
棉、化纤针织品及编织品制造				
毛针织品及编织品制造				
丝针织品及编织品制造				
其他针织品及编织品制造				
纺织服装、鞋、帽制造业				
纺织服装制造				
纺织面料鞋的制造				
制帽				
皮革、毛皮、羽毛(绒)及其制品业				
皮革鞣制加工				
皮革制品制造				
皮鞋制造				
皮革服装制造				
皮箱、包(袋)制造				
皮手套及皮装饰制品制造				
其他皮革制品制造				
毛皮鞣制及制品加工				
毛皮鞣制加工				
毛皮服装加工				
其他毛皮制品加工				
羽毛(绒)加工及制品制造				
羽毛(绒)加工				
羽毛(绒)制品加工				

单位:千元

营业收入	主营业务收入	营业成本	主营业务成本	营业税金及附加	主营业务税金及附加	销售费用	管理费用	税金	财务费用
131095	131082	112195	111988	994	994		23611	149	168
131095	131082	112195	111988	994	994		23611	149	168

4-8 续 44

指标名称	法人资本	个人资本	港澳台资本	外商资本
木材加工及木、竹、藤、棕、草制				
锯材、木片加工				
锯材加工				
木片加工				
人造板制造				
胶合板制造				
纤维板制造				
刨花板制造				
其他人造板、材制造				
木制品制造				
建筑用木料及木材组件加工				
木容器制造				
软木制品及其他木制品制造				
竹、藤、棕、草制品制造				
家具制造业				
木质家具制造				
竹、藤家具制造				
金属家具制造				
塑料家具制造				
其他家具制造				
造纸及纸制品业				
纸浆制造				
造纸				
机制纸及纸板制造				
手工纸制造				
加工纸制造				
纸制品制造				
纸和纸板容器的制造				
其他纸制品制造				
印刷业和记录媒介的复制				
印刷				
书、报、刊印刷				
本册印制				
包装装潢及其他印刷				
装订及其他印刷服务活动				
记录媒介的复制				
文教体育用品制造业		80000		
文化用品制造				
文具制造				

单位:千元

营业收入	主营业务收入	营业成本	主营业务成本	营业税金及附加	主营业务税金及附加	销售费用	管理费用	税金	财务费用
221088	221088	179514	179514	1106	1106	18114	17106	1299	2394

4-8 续 45

指标名称	法人资本	个人资本	港澳台资本	外商资本
笔的制造				
教学用模型及教具制造				
墨水、墨汁制造				
其他文化用品制造				
体育用品制造				
球类制造				
体育器材及配件制造				
训练健身器材制造				
运动防护用具制造				
其他体育用品制造				
乐器制造				
中乐器制造				
西乐器制造				
电子乐器制造				
其他乐器及零件制造				
玩具制造		80000		
游艺器材及娱乐用品制造				
露天游乐场所游乐设备制造				
游艺用品及室内游艺器材制造				
石油加工、炼焦及核燃料加工业	1000028	1400330		
化学原料及化学制品制造业	1760024	393618		
基础化学原料制造	513160			
无机酸制造				
无机碱制造				
无机盐制造	13160			
有机化学原料制造				
其他基础化学原料制造	500000			
肥料制造	1215364			
氮肥制造				
磷肥制造				
钾肥制造				
复混肥料制造	1215364			
有机肥料及微生物肥料制造				
其他肥料制造				
农药制造				
化学农药制造				
生物化学农药及微生物农药制造				
涂料、油墨、颜料及类似产品制造				
涂料制造				

单位:千元

营业收入	主营业务收入	营业成本	主营业务成本	营业税金及附加	主营业务税金及附加	销售费用	管理费用	税金	财务费用
221088	221088	179514	179514	1106	1106	18114	17106	1299	2394
16799547	16739358	16217062	16183573	18477	18477	450043	463923	28865	607415
7944607	7517074	7140339	6835320	18964	13206	163397	575722	31459	350702
1486622	1433530	1386411	1345033	188	188	1560	184923	2171	218150
1067232	1042890	936898	932340			1542	161846		217328
264977	264977	251015	251015	188	188		11834	173	845
154413	125663	198498	161678			18	11243	1998	-23
3361978	3287592	2997779	2926089	4452	4452	82399	235918	24619	93880
3361978	3287592	2997779	2926089	4452	4452	82399	235918	24619	93880

4-8 续 46

指标名称	法人资本	个人资本	港澳台资本	外商资本
油墨及类似产品制造				
颜料制造				
染料制造				
密封用填料及类似品制造				
合成材料制造	31500	67000		
初级形态的塑料及合成树脂制造	31500	67000		
合成橡胶制造				
合成纤维单(聚合)体的制造				
其他合成材料制造				
专用化学产品制造				
化学试剂和助剂制造				
专项化学用品制造				
林产化学产品制造				
炸药及火工产品制造				
信息化学品制造				
环境污染处理专用药剂材料制造				
动物胶制造				
其他专用化学产品制造				
日用化学产品制造		326618		
肥皂及合成洗涤剂制造		326618		
化妆品制造				
口腔清洁用品制造				
香料、香精制造				
其他日用化学产品制造				
医药制造业	321950	29200		
化学药品原药制造				
化学药品制剂制造				
中药饮片加工				
中成药制造	308950			
兽用药品制造				
生物、生化制品的制造	13000	29200		
卫生材料及医药用品制造				
化学纤维制造业				
纤维素纤维原料及纤维制造				
化纤浆粕制造				
人造纤维(纤维素纤维)制造				
合成纤维制造				
锦纶纤维制造				
涤纶纤维制造				

单位:千元

营业收入	主营业务收入	营业成本	主营业务成本	营业税金及附加	主营业务税金及附加	销售费用	管理费用	税金	财务费用
2267317	2204866	2189931	2189931	3655	3655	14726	34384	1787	30064
2267317	2204866	2189931	2189931	3655	3655	14726	34384	1787	30064
828690	591086	566218	374267	10669	4911	64712	120497	2882	8608
828690	591086	566218	374267	10669	4911	64712	120497	2882	8608
1921170	1920609	689186	689067	19508	19508	610005	288422	11518	15233
633397	633397	108103	108103	10724	10724	370198	136508	1893	8680
1287773	1287212	581083	580964	8784	8784	239807	151914	9625	6553

4-8 续 47

指标名称	法人资本	个人资本	港澳台资本	外商资本
腈纶纤维制造				
维纶纤维制造				
其他合成纤维制造				
橡胶制品业	69868	85985		75692
轮胎制造	69868			75692
车辆、飞机及工程机械轮胎制造				
力车胎制造	69868			75692
轮胎翻新加工				
橡胶板、管、带的制造		85985		
橡胶零件制造				
再生橡胶制造				
日用及医用橡胶制品制造				
橡胶靴鞋制造				
其他橡胶制品制造				
塑料制品业	439456	160200	146275	
塑料薄膜制造	439456	10200	146275	
塑料板、管、型材的制造				
塑料丝、绳及编织品的制造				
泡沫塑料制造		150000		
塑料人造革、合成革制造				
塑料包装箱及容器制造				
塑料零件制造				
日用塑料制造				
塑料鞋制造				
日用塑料杂品制造				
其他塑料制品制造				
非金属矿物制品业	175105	1347734		
水泥、石灰和石膏的制造	50000	50000		
水泥制造				
石灰和石膏制造				
水泥及石膏制品制造		389811		
水泥制品制造				
砼结构构件制造				
石棉水泥制品制造				
轻质建筑材料制造				
其他水泥制品制造				
砖瓦、石材及其他建筑材料制造				
粘土砖瓦及建筑砌块制造				
建筑陶瓷制品制造				

单位:千元

营业收入	主营业务收入	营业成本	主营业务成本	营业税金及附加	主营业务税金及附加	销售费用	管理费用	税金	财务费用
1111874	1100297	916285	905084	3192	3192	69804	28825	1481	11046
233618	233618	184092	184092	1653	1653	14941	14247	305	329
233618	233618	184092	184092	1653	1653	14941	14247	305	329
878256	866679	732193	720992	1539	1539	54863	14578	1176	10717
986249	976228	974731	967534	11819	11819	11303	100544	9098	309584
669848	660102	622841	615644	11009	11009	9545	89774	8576	291962
316401	316126	351890	351890	810	810	1758	10770	522	17622
19946545	19601883	20395322	20084115	30127	23284	36936	435257	38760	534579
1968696	1968696	1946965	1946965	896	896	2881	7617	866	6122
1390939	1390939	1548139	1548139	534	534		18035	2645	16396

4-8 续 48

指标名称	法人资本	个人资本	港澳台资本	外商资本
建筑用石加工				
防水建筑材料制造				
隔热和隔音材料制造				
其他建筑材料制造				
玻璃及玻璃制品制造	125105	907923		
平板玻璃制造				
技术玻璃制品制造				
光学玻璃制造				
玻璃仪器制造				
日用玻璃制品及玻璃包装容器制造				
玻璃保温容器制造				
玻璃纤维及制品制造				
玻璃纤维增强塑料制品制造				
其他玻璃制品制造				
陶瓷制品制造				
卫生陶瓷制品制造				
特种陶瓷制品制造				
日用陶瓷制品制造				
园林、陈设艺术及其他陶瓷制品制造				
耐火材料制品制造				
石棉制品制造				
云母制品制造				
耐火陶瓷制品及其他耐火材料制造				
石墨及其他非金属矿物制品制造				
石墨及碳素制品制造				
其他非金属矿物制品制造				
黑色金属冶炼及压延加工业				
炼铁				
炼钢				
钢压延加工				
铁合金冶炼				
有色金属冶炼及压延加工业	35000			
常用有色金属冶炼	35000			
铜冶炼	35000			
铅锌冶炼				
镍钴冶炼				
锡冶炼				
锑冶炼				
铝冶炼				

单位:千元

营业收入	主营业务收入	营业成本	主营业务成本	营业税金及附加	主营业务税金及附加	销售费用	管理费用	税金	财务费用
16586910	16242248	16900218	16589011	28697	21854	34055	409605	35249	512061
466825	436353	434760	407315	1188	1188	2048	15027	381	12305
466825	436353	434760	407315	1188	1188	2048	15027	381	12305
466825	436353	434760	407315	1188	1188	2048	15027	381	12305

4-8 续 49

指标名称				
	法人资本	个人资本	港澳台资本	外商资本
镁冶炼				
其他常用有色金属冶炼				
贵金属冶炼				
金冶炼				
银冶炼				
其他贵金属冶炼				
稀有稀土金属冶炼				
钨钼冶炼				
稀土金属冶炼				
其他稀有金属冶炼				
有色金属合金制造				
有色金属压延加工				
常用有色金属压延加工				
贵金属压延加工				
稀有稀土金属压延加工				
金属制品业	91014	31520		
结构性金属制品制造				
金属结构制造				
金属门窗制造				
金属工具制造				
切削工具制造				
手工具制造				
农用及园林用金属工具制造				
刀剪及类似日用金属工具制造				
其他金属工具制造				
集装箱及金属包装容器制造				
集装箱制造				
金属压力容器制造				
金属包装容器制造				
金属丝绳及其制品的制造	91014			
建筑、安全用金属制品制造				
建筑、家具用金属配件制造				
建筑装饰及水暖管道零件制造				
安全、消防用金属制品制造				
其他建筑、安全用金属制品制造				
金属表面处理及热处理加工				
搪瓷制品制造				
工业生产配套用搪瓷制品制造				
搪瓷卫生洁具制造				

单位:千元

营业收入	主营业务收入	营业成本	主营业务成本	营业税金及附加	主营业务税金及附加	销售费用	管理费用	税金	财务费用
4876365	2675104	4667275	2487290	4900	4900	11133	112931	3764	4689
109797	106923	77819	77418	578	578	10887	22419	1161	416

4-8 续 50

指标名称				
	法人资本	个人资本	港澳台资本	外商资本
搪瓷日用品及其他搪瓷制品制造				
不锈钢及类似日用金属制品制造		31520		
金属制厨房调理及卫生器具制造				
金属制厨用器皿及餐具制造				
其他日用金属制品制造				
其他金属制品制造				
铸币及贵金属制实验室用品制造				
其他未列明的金属制品制造				
通用设备制造业	51000			
锅炉及原动机制造	51000			
锅炉及辅助设备制造	51000			
内燃机及配件制造				
汽轮机及辅机制造				
水轮机及辅机制造				
其他原动机制造				
金属加工机械制造				
金属切削机床制造				
金属成形机床制造				
铸造机械制造				
金属切割及焊接设备制造				
机床附件制造				
其他金属加工机械制造				
起重运输设备制造				
泵、阀门、压缩机及类似机械的制造				
泵及真空设备制造				
气体压缩机械制造				
阀门和旋塞的制造				
液压和气压动力机械及元件制造				
轴承、齿轮、传动和驱动部件的制造				
轴承制造				
齿轮、传动和驱动部件制造				
烘炉、熔炉及电炉制造				
风机、衡器、包装设备等通用设备				
风机、风扇制造				
气体、液体分离及纯净设备制造				
制冷、空调设备制造				
风动和电动工具制造				
喷枪及类似器具制造				
包装专用设备制造				

单位:千元

营业收入	主营业务收入	营业成本	主营业务成本	营业税金及附加	主营业务税金及附加	销售费用	管理费用	税金	财务费用
4766568	2568181	4589456	2409872	4322	4322	246	90512	2603	4273
2376057	2319781	2272118	2230180	2829	2829	2668	67781	2156	2499
2376057	2319781	2272118	2230180	2829	2829	2668	67781	2156	2499
2376057	2319781	2272118	2230180	2829	2829	2668	67781	2156	2499

4-8 续 51

指标名称	法人资本	个人资本	港澳台资本	外商资本
衡器制造				
其他通用设备制造				
通用零部件制造及机械修理				
金属密封件制造				
紧固件、弹簧制造				
机械零部件加工及设备修理				
其他通用零部件制造				
金属铸、锻加工				
钢铁铸件制造				
锻件及粉末冶金制品制造				
专用设备制造业	679000	3149		
矿山、冶金、建筑专用设备制造	679000	3149		
采矿、采石设备制造				
石油钻采专用设备制造				
建筑工程用机械制造				
建筑材料生产专用机械制造				
冶金专用设备制造				
化工、木材、非金属加工专用设备				
炼油、化工生产专用设备制造				
橡胶加工专用设备制造				
塑料加工专用设备制造				
木材加工机械制造				
模具制造				
其他非金属加工专用设备制造				
食品、饮料、烟草及饲料生产专用设备制造				
食品、饮料、烟草工业专用设备制造				
农副食品加工专用设备制造				
饲料生产专用设备制造				
印刷、制药、日化生产专用设备制造				
制浆和造纸专用设备制造				
印刷专用设备制造				
日用化工专用设备制造				
制药专用设备制造				
照明器具生产专用设备制造				
玻璃、陶瓷和搪瓷制品生产专用设备制造				
其他日用品生产专用设备制造				
纺织、服装和皮革工业专用设备制造				
纺织专用设备制造				
皮革、毛皮及其制品加工专用设备制造				

单位:千元

营业收入	主营业务收入	营业成本	主营业务成本	营业税金及附加	主营业务税金及附加	销售费用	管理费用	税金	财务费用
293597	289770	264221	262231	1994	1994	11965	99503	1788	-288
165622	161795	164946	162956	1987	1987	9524	74551	1780	1687
127975	127975	99275	99275	7	7	2441	24952	8	-1975

4-8 续 52

指标名称	法人资本	个人资本	港澳台资本	外商资本
缝纫机械制造				
其他服装加工专用设备制造				
电子和电工机械专用设备制造				
电工机械专用设备制造				
电子工业专用设备制造				
农、林、牧、渔专用机械制造				
拖拉机制造				
机械化农业及园艺机具制造				
营林及木竹采伐机械制造				
畜牧机械制造				
渔业机械制造				
农林牧渔机械配件制造				
其他农林牧渔业机械制造及机械修理				
医疗仪器设备及器械制造				
医疗诊断、监护及治疗设备制造				
口腔科用设备及器具制造				
实验室及医用消毒设备和器具的制造				
医疗、外科及兽医用器械制造				
机械治疗及病房护理设备制造				
假肢、人工器官及植(介)入器械制造				
其他医疗设备及器械制造				
环保、社会公共安全及其他专用设备制造				
环境污染防治专用设备制造				
地质勘查专用设备制造				
邮政专用机械及器材制造				
商业、饮食、服务业专用设备制造				
社会公共安全设备及器材制造				
交通安全及管制专用设备制造				
水资源专用机械制造				
其他专用设备制造				
交通运输设备制造业				
铁路运输设备制造				
铁路机车车辆及动车组制造				
工矿有轨专用车辆制造				
铁路机车车辆配件制造				
铁路专用设备及器材、配件制造				
其他铁路设备制造及设备修理				
汽车制造				
汽车整车制造				

单位:千元

营业收入	主营业务收入	营业成本	主营业务成本	营业税金及附加	主营业务税金及附加	销售费用	管理费用	税金	财务费用

4-8 续 53

指标名称	法人资本	个人资本	港澳台资本	外商资本
改装汽车制造				
电车制造				
汽车车身、挂车的制造				
汽车零部件及配件制造				
汽车修理				
摩托车制造				
摩托车整车制造				
摩托车零部件及配件制造				
自行车制造				
脚踏自行车及残疾人座车制造				
助动自行车制造				
船舶及浮动装置制造				
金属船舶制造				
非金属船舶制造				
娱乐船和运动船的建造和修理				
船用配套设备制造				
船舶修理及拆船				
航标器材及其他浮动装置的制造				
航空航天器制造				
飞机制造及修理				
航天器制造				
其他飞行器制造				
交通器材及其他交通运输设备制造				
潜水及水下救捞装备制造				
交通管理用金属标志及设施制造				
其他交通运输设备制造				
电气机械及器材制造业	1511750	28200		
电机制造				
发电机及发电机组制造				
电动机制造				
微电机及其他电机制造				
输配电及控制设备制造				
变压器、整流器和电感器制造				
电容器及其配套设备制造				
配电开关控制设备制造				
电力电子元器件制造				
其他输配电及控制设备制造				
电线、电缆、光缆及电工器材制造				
电线电缆制造				

单位:千元

营业收入	主营业务收入	营业成本	主营业务成本	营业税金及附加	主营业务税金及附加	销售费用	管理费用	税金	财务费用
79582	78952	89483	89483			878	67394	2491	9232

4-8 续 54

指标名称	法人资本	个人资本	港澳台资本	外商资本
光纤、光缆制造				
绝缘制品制造				
其他电工器材制造				
电池制造				
家用电力器具制造				
家用制冷电器具制造				
家用空气调节器制造				
家用通风电器具制造				
家用厨房电器具制造				
家用清洁卫生电器具制造				
家用美容、保健电器具制造				
家用电力器具专用配件制造				
其他家用电力器具制造				
非电力家用器具制造				
燃气、太阳能及类似能源的器具制造				
其他非电力家用器具制造				
照明器具制造				
电光源制造				
照明灯具制造				
灯用电器附件及其他照明器具制造				
其他电气机械及器材制造	1511750	28200		
车辆专用照明及电气信号设备装置				
其他未列明的电气机械制造				
通信设备、计算机及其他电子设备				
通信设备制造				
通信传输设备制造				
通信交换设备制造				
通信终端设备制造				
移动通信及终端设备制造				
其他通信设备制造				
雷达及配套设备制造				
广播电视设备制造				
广播电视节目制作及发射设备制造				
广播电视接收设备及器材制造				
应用电视设备及其他广播电视设备				
电子计算机制造				
电子计算机整机制造				
计算机网络设备制造				
电子计算机外部设备制造				

单位:千元

营业收入	主营业务收入	营业成本	主营业务成本	营业税金及附加	主营业务税金及附加	销售费用	管理费用	税金	财务费用
79582	78952	89483	89483			878	67394	2491	9232

4-8 续 55

指标名称	法人资本	个人资本	港澳台资本	外商资本
电子器件制造				
电子真空器件制造				
半导体分立器件制造				
集成电路制造				
光电子器件及其他电子器件制造				
电子元件制造				
电子元件及组件制造				
印制电路板制造				
家用视听设备制造				
家用影视设备制造				
家用音响设备制造				
其他电子设备制造				
仪器仪表及文化、办公用机械制造				
通用仪器仪表制造				
工业自动控制系统装置制造				
电工仪器仪表制造				
绘图、计算及测量仪器制造				
实验分析仪器制造				
试验机制造				
供应用仪表及其他通用仪器制造				
专用仪器仪表制造				
环境监测专用仪器仪表制造				
汽车及其他用计数仪表制造				
导航、气象及海洋专用仪器制造				
农林牧渔专用仪器仪表制造				
地质勘探和地震专用仪器制造				
教学专用仪器制造				
核子及核辐射测量仪器制造				
电子测量仪器制造				
其他专用仪器制造				
钟表与计时仪器制造				
光学仪器及眼镜制造				
光学仪器制造				
眼镜制造				
文化、办公用机械制造				
电影机械制造				
幻灯及投影设备制造				
照相机及器材制造				
复印和胶印设备制造				

单位:千元

营业收入	主营业务收入	营业成本	主营业务成本	营业税金及附加	主营业务税金及附加	销售费用	管理费用	税金	财务费用

4-8 续 56

指标名称	法人资本	个人资本	港澳台资本	外商资本
计算器及货币专用设备制造				
其他文化、办公用机械制造				
其他仪器仪表的制造及修理				
工艺品及其他制造业				
工艺美术品制造				
雕塑工艺品制造				
金属工艺品制造				
漆器工艺品制造				
花画工艺品制造				
天然植物纤维编织工艺品制造				
抽纱刺绣工艺品制造				
地毯、挂毯制造				
宝首饰及有关物品的制造				
其他工艺美术品制造				
日用杂品制造				
制镜及类似品加工				
鬃毛加工、制刷及清扫工具的制造				
其他日用杂品制造				
煤制品制造				
废弃资源和废旧材料回收加工业				
金属废料和碎屑的加工处理				
非金属废料和碎屑的加工处理				
电力、燃气及水的生产和供应业	2038681	491044		
电力、热力的生产和供应业	2038681	491044		
电力生产	2028681	491044		
火力发电	2028681	491044		
水力发电				
核力发电				
其他能源发电				
电力供应				
热力生产和供应	10000			
燃气生产和供应业				
水的生产和供应业				
自来水的生产和供应				
污水处理及其再生利用				
其他水的处理、利用与分配				

单位:千元

营业收入	主营业务收入	营业成本	主营业务成本	营业税金及附加	主营业务税金及附加	销售费用	管理费用	税金	财务费用
8169383	8119154	6312498	6290119	65986	65986	41435	374752	25025	468717
7920039	7882006	6154139	6136746	63107	63107	5214	313006	23251	469144
7605365	7570141	5866143	5848750	63107	63107	800	279035	22962	469325
7605365	7570141	5866143	5848750	63107	63107	800	279035	22962	469325
314674	311865	287996	287996			4414	33971	289	–181
134793	131415	85352	83459	2103	2103	30276	24430	280	–333
114551	105733	73007	69914	776	776	5945	37316	1494	–94
114551	105733	73007	69914	776	776	5945	37316	1494	–94

4-8 续 57

指标名称	利息收入	利息支出	营业利润	资产减值损失	公允价值变动收益	投资收益
总　　计	**685295**	**4450822**	**2594704**	**76702**	**-166655**	**680781**
一、按登记注册类型分组:						
内资企业	683485	4127023	2380728	84424	-166655	630431
国有企业	895	29952	278326			18817
中央企业		-1995	3275			
地方企业	895	31947	275051			18817
集体企业	495	1657	18243			
股份合作企业						
联营企业						
国有联营企业						
集体联营企业						
国有与集体联营企业						
其他联营企业						
有限责任公司	533669	3364717	1244698	79198	-166655	201615
国有独资公司	142584	511263	45021	27689		19503
其他有限责任公司	391085	2853454	1199677	51509	-166655	182112
股份有限公司	147512	481144	1130708	4199		396471
私营企业	914	249553	-291247	1027		13528
私营独资企业						
私营合作企业						
私营有限责任公司	914	88107	-215982	1027		322
私营股份有限公司		161446	-75265			13206
其他企业						
港、澳、台商投资企业	391	60796	-73344	-7153		
合资经营企业(港或澳、台资)	391	60796	-73344	-7153		
合作经营企业(港或澳、台资)						
港澳台商独资经营企业						
港澳台商投资股份有限公司						
外商投资企业	1419	263003	287320	-569		50350
中外合资经营企业	785	116362	-141596	1808		50350
中外合作经营企业	634	146641	428916	-2377		
外资企业						
外商投资股份有限公司						
二、按经济组织类型分组						
独资企业	1390	31609	296569			18817
国有企业	895	29952	278326			18817
集体企业	495	1657	18243			
私营独资企业						

单位:千元

营业外收入	补贴收入	营业外支出	利润总额	应交所得税	亏损企业亏损总额	利税总额	本年应付职工薪酬	本年应交增值税	全部从业人员年平均人数(人)
605310	**207966**	**373313**	**2830183**	**1573681**	**4723883**	**9869956**	**13688749**	**5899412**	**209441**
602897	207925	344045	2643062	1382687	4472781	9119755	12999747	5462971	199980
5915	4855	2181	282060	65785	2399	495789	350693	178573	4187
109		33	3351			3358	35811		381
5806	4855	2148	278709	65785	2399	492431	314882	178573	3806
115		438	17920	1687		34207	63579	14152	709
468279	181407	258769	1457690	1016210	3689464	6455847	10927500	4195294	156223
98074	1424	49743	96650	340912	1368973	1490088	5120650	1124671	66746
370205	179983	209026	1361040	675298	2320491	4965759	5806850	3070623	89477
78106	12155	44090	1164724	236924	213303	1986559	1124116	693936	18892
50482	9508	38567	−279332	62081	567615	147353	533859	381016	19969
40240	9508	6313	−182055	49544	420576	141937	438167	288890	17933
10242		32254	−97277	12537	147039	5416	95692	92126	2036
82		2710	−75972	18968	75972	−66701	46120	−42107	987
82		2710	−75972	18968	75972	−66701	46120	−42107	987
2331	41	26558	263093	172026	175130	816902	642882	478548	8474
296	41	14504	−155804	12887	175130	−59024	122380	86680	5340
2035		12054	418897	159139		875926	520502	391868	3134
6030	4855	2619	299980	67472	2399	529996	414272	192725	4896
5915	4855	2181	282060	65785	2399	495789	350693	178573	4187
115		438	17920	1687		34207	63579	14152	709

4-8 续 58

指标名称	利息收入	利息支出	营业利润	资产减值损失	公允价值变动收益	投资收益
港澳台商独资经营企业						
外资企业						
合作、合伙企业	634	146641	428916	-2377		
股份合作企业						
国有联营企业						
集体联营企业						
国有与集体联营企业						
其他联营企业						
私营合伙企业						
合作经营企业(港或澳、台资)						
中外合作经营企业	634	146641	428916	-2377		
其他企业(内资)						
股份有限公司	147512	642590	1055443	4199		409677
股份有限公司(内资)	147512	481144	1130708	4199		396471
私营股份有限公司		161446	-75265			13206
港澳台商投资股份有限公司						
外商投资股份有限公司						
有限责任公司	535759	3629982	813776	74880	-166655	252287
国有独资公司	142584	511263	45021	27689		19503
私营有限责任公司	914	88107	-215982	1027		322
合资经营企业(港或澳、台资)	391	60796	-73344	-7153		
中外合资经营企业	785	116362	-141596	1808		50350
其他有限责任公司	391085	2853454	1199677	51509	-166655	182112
三、在总计中:亏损企业	143892	2007741	-4866677	48308		6105
在总计中:国有控股企业	272082	2793260	2129767	81116	-166655	366096
在总计中:轻工业	29741	74274	476859	3533		48
重工业	655554	4376548	2117845	73169	-166655	680733
在总计中:大型企业	396531	2466605	2826298	50831	15	647075
中型企业	288764	1984217	-231594	25871	-166670	33706
四、按行业分						
采矿业	544244	2147265	4728954	41192	115	594000
煤炭开采和洗选业	544244	2116521	4672830	41192	115	593683
烟煤和无烟煤的开采洗选	544244	2116521	4672830	41192	115	593683
褐煤的开采洗选						
其他煤炭采选						
石油和天然气开采业						
天然原油和天然气开采						
与石油和天然气开采有关的服务活动						

单位:千元

营业外收入	补贴收入	营业外支出	利润总额	应交所得税	亏损企业亏损总额	利税总额	本年应付职工薪酬	本年应交增值税	全部从业人员年平均人数(人)
2035		12054	418897	159139		875926	520502	391868	3134
2035		12054	418897	159139		875926	520502	391868	3134
88348	12155	76344	1067447	249461	360342	1991975	1219808	786062	20928
78106	12155	44090	1164724	236924	213303	1986559	1124116	693936	18892
10242		32254	-97277	12537	147039	5416	95692	92126	2036
508897	190956	282296	1043859	1097609	4361142	6472059	11534167	4528757	180483
98074	1424	49743	96650	340912	1368973	1490088	5120650	1124671	66746
40240	9508	6313	-182055	49544	420576	141937	438167	288890	17933
82		2710	-75972	18968	75972	-66701	46120	-42107	987
296	41	14504	-155804	12887	175130	-59024	122380	86680	5340
370205	179983	209026	1361040	675298	2320491	4965759	5806850	3070623	89477
265627	89869	123018	-4723883	38201	4723883	-3704813	2828620	779235	70391
369126	124565	215388	2286802	1072782	2861121	7173253	10991227	4148342	135651
18065	8058	8934	485990	79214	59778	749070	366601	227713	9773
587245	199908	364379	2344193	1494467	4664105	9120886	13322148	5671699	199668
375365	113517	207020	2997941	1167916	2332463	7922270	10917682	4213073	148213
229945	94449	166293	-167758	405765	2391420	1947686	2771067	1686339	61228
277189	82332	249297	4760329	1292772	1122434	9869202	10160581	4263201	123016
273140	82332	233102	4716351	1287538	1122434	9766685	10063964	4209155	119629
273140	82332	233102	4716351	1287538	1122434	9766685	10063964	4209155	119629

4-8 续 59

指标名称			营业利润	资产减值损失	公允价值变动收益	投资收益
	利息收入	利息支出				
黑色金属矿采选业		30744	56124			317
铁矿采选		30744	56124			317
其他黑色金属矿采选						
有色金属矿采选业						
常用有色金属矿采选						
铜矿采选						
铅锌矿采选						
镍钴矿采选						
锡矿采选						
锑矿采选						
铝矿采选						
镁矿采选						
其他常用有色金属矿采选						
贵金属矿采选						
金矿采选						
银矿采选						
其他贵金属矿采选						
稀有稀土金属矿采选						
钨钼矿采选						
稀土金属矿采选						
放射性金属矿采选						
其他稀有金属矿采选						
非金属矿采选业						
土砂石开采						
石灰石、石膏开采						
建筑装饰用石开采						
耐火土石开采						
粘土及其他土砂石开采						
化学矿采选						
采盐						
石棉及其他非金属矿采选						
石棉、云母矿采选						
石墨、滑石采选						
宝石、玉石开采						
其他非金属矿采选						
其他采矿业						
制造业	132587	1737964	-2896097	34974		63623
农副食品加工业		-625	-17899	1166		
谷物磨制						

单位:千元

营业外收入	补贴收入	营业外支出	利润总额	应交所得税	亏损企业亏损总额	利税总额	本年应付职工薪酬	本年应交增值税	全部从业人员年平均人数(人)
4049		16195	43978	5234		102517	96617	54046	3387
4049		16195	43978	5234		102517	96617	54046	3387
321032	122134	91772	-2666838	178495	3565428	-1408568	3115275	1030594	79860
1244		1258	-17913		17913	-17913	11841	-6843	765

4-8 续 60

指标名称			营业利润	资产减值损失	公允价值变动收益	投资收益
	利息收入	利息支出				
饲料加工						
植物油加工						
食用植物油加工						
非食用植物油加工						
制糖						
屠宰及肉类加工		-625	-17899	1166		
畜禽屠宰						
肉制品及副产品加工		-625	-17899	1166		
水产品加工						
水产品冷冻加工						
鱼糜制品及水产品干腌制加工						
水产饲料制造						
鱼油提取及制品的制造						
其他水产品加工						
蔬菜、水果和坚果加工						
其他农副食品加工						
淀粉及淀粉制品的制造						
豆制品制造						
蛋品加工						
其他未列明的农副食品加工						
食品制造业	42	28385	203679			
焙烤食品制造		166	115907			
糕点、面包制造						
饼干及其他焙烤食品制造		166	115907			
糖果、巧克力及蜜饯制造						
糖果、巧克力制造						
蜜饯制作						
方便食品制造						
米、面制品制造						
速冻食品制造						
方便面及其他方便食品制造						
液体乳及乳制品制造	42	14373	34100			
罐头制造		13846	53672			
肉、禽类罐头制造		13846	53672			
水产品罐头制造						
蔬菜、水果罐头制造						
其他罐头食品制造						

单位:千元

营业外收入	补贴收入	营业外支出	利润总额	应交所得税	亏损企业亏损总额	利税总额	本年应付职工薪酬	本年应交增值税	全部从业人员年平均人数(人)
1244		1258	-17913		17913	-17913	11841	-6843	765
1244		1258	-17913		17913	-17913	11841	-6843	765
79		26	203732	29575		260338	97885	50466	3155
79		26	115960	28990		171205	54383	49325	2130
79		26	115960	28990		171205	54383	49325	2130
			34100	585		34277	34977	143	767
			53672			54856	8525	998	258
			53672			54856	8525	998	258

4-8 续 61

指标名称	利息收入	利息支出	营业利润	资产减值损失	公允价值变动收益	投资收益
调味品、发酵制品制造						
味精制造						
酱油、食醋及类似制品的制造						
其他调味品、发酵制品制造						
其他食品制造						
营养、保健食品制造						
冷冻饮品及食用冰制造						
盐加工						
食品及饲料添加剂制造						
其他未列明的食品制造						
饮料制造业						
酒精制造						
酒的制造						
白酒制造						
啤酒制造						
黄酒制造						
葡萄酒制造						
其他酒制造						
软饮料制造						
碳酸饮料制造						
瓶(罐)装饮用水制造						
果菜汁及果菜汁饮料制造						
含乳饮料和植物蛋白饮料制造						
固体饮料制造						
茶饮料及其他软饮料制造						
精制茶加工						
烟草制品业						
烟叶复烤						
卷烟制造						
其他烟草制品加工						
纺织业						
棉、化纤纺织及印染精加工						
棉、化纤纺织加工						
棉、化纤印染精加工						
毛纺织和染整精加工						
毛条加工						
毛纺织						
毛染整精加工						

单位:千元

营业外收入	补贴收入	营业外支出	利润总额	应交所得税	亏损企业亏损总额	利税总额	本年应付职工薪酬	本年应交增值税	全部从业人员年平均人数(人)

4-8 续 62

指标名称			营业利润	资产减值损失	公允价值变动收益	投资收益
	利息收入	利息支出				
麻纺织						
丝绢纺织及精加工						
缫丝加工						
绢纺和丝织加工						
丝印染精加工						
纺织制成品制造						
棉及化纤制品制造						
毛制品制造						
麻制品制造						
丝制品制造						
绳、索、缆的制造						
纺织带和帘子布制造						
无纺布制造						
其他纺织制成品制造						
针织品、编织品及其制品制造						
棉、化纤针织品及编织品制造						
毛针织品及编织品制造						
丝针织品及编织品制造						
其他针织品及编织品制造						
纺织服装、鞋、帽制造业	185	348	-5873			
纺织服装制造	185	348	-5873			
纺织面料鞋的制造						
制帽						
皮革、毛皮、羽毛(绒)及其制品业						
皮革鞣制加工						
皮革制品制造						
皮鞋制造						
皮革服装制造						
皮箱、包(袋)制造						
皮手套及皮装饰制品制造						
其他皮革制品制造						
毛皮鞣制及制品加工						
毛皮鞣制加工						
毛皮服装加工						
其他毛皮制品加工						
羽毛(绒)加工及制品制造						
羽毛(绒)加工						
羽毛(绒)制品加工						

单位:千元

营业外收入	补贴收入	营业外支出	利润总额	应交所得税	亏损企业亏损总额	利税总额	本年应付职工薪酬	本年应交增值税	全部从业人员年平均人数(人)
8221	8058	2106	242			9879	26798	8643	691
8221	8058	2106	242			9879	26798	8643	691

4-8 续 63

指标名称			营业利润	资产减值损失	公允价值变动收益	投资收益
	利息收入	利息支出				
木材加工及木、竹、藤、棕、草制						
锯材、木片加工						
锯材加工						
木片加工						
人造板制造						
胶合板制造						
纤维板制造						
刨花板制造						
其他人造板、材制造						
木制品制造						
建筑用木料及木材组件加工						
木容器制造						
软木制品及其他木制品制造						
竹、藤、棕、草制品制造						
家具制造业						
木质家具制造						
竹、藤家具制造						
金属家具制造						
塑料家具制造						
其他家具制造						
造纸及纸制品业						
纸浆制造						
造纸						
机制纸及纸板制造						
手工纸制造						
加工纸制造						
纸制品制造						
纸和纸板容器的制造						
其他纸制品制造						
印刷业和记录媒介的复制						
印刷						
书、报、刊印刷						
本册印制						
包装装潢及其他印刷						
装订及其他印刷服务活动						
记录媒介的复制						
文教体育用品制造业	214	2628	2854			
文化用品制造						
文具制造						

单位:千元

营业外收入	补贴收入	营业外支出	利润总额	应交所得税	亏损企业亏损总额	利税总额	本年应付职工薪酬	本年应交增值税	全部从业人员年平均人数(人)
435		278	3011	852		13339	16254	9222	679

4-8 续 64

指标名称	利息收入	利息支出	营业利润	资产减值损失	公允价值变动收益	投资收益
笔的制造						
教学用模型及教具制造						
墨水、墨汁制造						
其他文化用品制造						
体育用品制造						
球类制造						
体育器材及配件制造						
训练健身器材制造						
运动防护用具制造						
其他体育用品制造						
乐器制造						
中乐器制造						
西乐器制造						
电子乐器制造						
其他乐器及零件制造						
玩具制造	214	2628	2854			
游艺器材及娱乐用品制造						
露天游乐场所游乐设备制造						
游艺用品及室内游艺器材制造						
石油加工、炼焦及核燃料加工业	9135	443757	-893930	118		63561
化学原料及化学制品制造业	60018	370306	-243629	1576		62464
基础化学原料制造	370	217304	-303949	-661		
无机酸制造						
无机碱制造	328	217304	-249721	-661		
无机盐制造	16		1095			
有机化学原料制造						
其他基础化学原料制造	26		-55323			
肥料制造	57312	114417	9223	-4230		57443
氮肥制造						
磷肥制造						
钾肥制造						
复混肥料制造	57312	114417	9223	-4230		57443
有机肥料及微生物肥料制造						
其他肥料制造						
农药制造						
化学农药制造						
生物化学农药及微生物农药制造						
涂料、油墨、颜料及类似产品制造						
涂料制造						

单位:千元

营业外收入	补贴收入	营业外支出	利润总额	应交所得税	亏损企业亏损总额	利税总额	本年应付职工薪酬	本年应交增值税	全部从业人员年平均人数(人)
435		278	3011	852		13339	16254	9222	679
30327	12750	25688	-889291	11943	907031	-633746	475956	216833	16223
51978	29566	20355	-212006	21153	298942	-115820	643387	40745	15111
6469	5200	821	-298301	160	298942	-295613	228996	-24491	2874
6463	5200	343	-243601		243601	-243601	192460		1911
6		460	641	160		3329	14193	2500	476
		18	-55341		55341	-55341	22343	-26991	487
11946	8001	16400	4769	3343		11968	246092	-12497	6075
11946	8001	16400	4769	3343		11968	246092	-12497	6075

4-8 续 65

指标名称	利息收入	利息支出	营业利润	资产减值损失	公允价值变动收益	投资收益
油墨及类似产品制造						
颜料制造						
染料制造						
密封用填料及类似品制造						
合成材料制造	2051	29741	-5148			295
初级形态的塑料及合成树脂制造	2051	29741	-5148			295
合成橡胶制造						
合成纤维单(聚合)体的制造						
其他合成材料制造						
专用化学产品制造						
化学试剂和助剂制造						
专项化学用品制造						
林产化学产品制造						
炸药及火工产品制造						
信息化学品制造						
环境污染处理专用药剂材料制造						
动物胶制造						
其他专用化学产品制造						
日用化学产品制造	285	8844	56245	6467		4726
肥皂及合成洗涤剂制造	285	8844	56245	6467		4726
化妆品制造						
口腔清洁用品制造						
香料、香精制造						
其他日用化学产品制造						
医药制造业	29153	43538	296497	2367		48
化学药品原药制造						
化学药品制剂制造						
中药饮片加工						
中成药制造	26315	34202	-3135	2367		48
兽用药品制造						
生物、生化制品的制造	2838	9336	299632			
卫生材料及医药用品制造						
化学纤维制造业						
纤维素纤维原料及纤维制造						
化纤浆粕制造						
人造纤维(纤维素纤维)制造						
合成纤维制造						
锦纶纤维制造						
涤纶纤维制造						

单位:千元

营业外收入	补贴收入	营业外支出	利润总额	应交所得税	亏损企业亏损总额	利税总额	本年应付职工薪酬	本年应交增值税	全部从业人员年平均人数(人)
14192	12155	730	8314	1677		44469	60756	32500	1777
14192	12155	730	8314	1677		44469	60756	32500	1777
19371	4210	2404	73212	15973		123356	107543	45233	4385
19371	4210	2404	73212	15973		123356	107543	45233	4385
8086		5266	299317	48787	39466	479076	191894	160251	3547
7944		1506	3303	6415	39466	106355	167215	92328	2809
142		3760	296014	42372		372721	24679	67923	738

4-8 续 66

指标名称			营业利润	资产减值损失	公允价值变动收益	投资收益
	利息收入	利息支出				
腈纶纤维制造						
维纶纤维制造						
其他合成纤维制造						
橡胶制品业	36	12657	84033	-1311		
轮胎制造		346	19587	-1231		
车辆、飞机及工程机械轮胎制造						
力车胎制造		346	19587	-1231		
轮胎翻新加工						
橡胶板、管、带的制造	36	12311	64446	-80		
橡胶零件制造						
再生橡胶制造						
日用及医用橡胶制品制造						
橡胶靴鞋制造						
其他橡胶制品制造						
塑料制品业	114	312496	-414598	-7087		47
塑料薄膜制造	114	296704	-348149	-7087		47
塑料板、管、型材的制造						
塑料丝、绳及编织品的制造						
泡沫塑料制造		15792	-66449			
塑料人造革、合成革制造						
塑料包装箱及容器制造						
塑料零件制造						
日用塑料制造						
塑料鞋制造						
日用塑料杂品制造						
其他塑料制品制造						
非金属矿物制品业	32061	390828	-1572706	24533		-62497
水泥、石灰和石膏的制造	9	6131	4215			
水泥制造						
石灰和石膏制造						
水泥及石膏制品制造		16367	-192165			
水泥制品制造						
砼结构构件制造						
石棉水泥制品制造						
轻质建筑材料制造						
其他水泥制品制造						
砖瓦、石材及其他建筑材料制造						
粘土砖瓦及建筑砌块制造						
建筑陶瓷制品制造						

单位：千元

营业外收入	补贴收入	营业外支出	利润总额	应交所得税	亏损企业亏损总额	利税总额	本年应付职工薪酬	本年应交增值税	全部从业人员年平均人数(人)
3117	41	2064	85086	14976		112616	68751	24338	2060
107	41	368	19326	4831		33230	27594	12251	383
107	41	368	19326	4831		33230	27594	12251	383
3010		1696	65760	10145		79386	41157	12087	1677
18240		3095	-399453	30071	399453	-361521	80534	-14967	2683
18240		3095	-333004	30071	333004	-303362	76994	-22447	2073
			-66449		66449	-58159	3540	7480	610
106448	1600	10000	-1476258	2065	1495048	-1027575	1081307	425399	25801
			4215	1758	2818	12737	20061	7626	909
13890		388	-178663		178663	-174175	95389	3954	2556

4-8 续 67

指标名称	利息收入	利息支出	营业利润	资产减值损失	公允价值变动收益	投资收益
建筑用石加工						
防水建筑材料制造						
隔热和隔音材料制造						
其他建筑材料制造						
玻璃及玻璃制品制造	32052	368330	-1384756	24533		-62497
平板玻璃制造						
技术玻璃制品制造						
光学玻璃制造						
玻璃仪器制造						
日用玻璃制品及玻璃包装容器制造						
玻璃保温容器制造						
玻璃纤维及制品制造						
玻璃纤维增强塑料制品制造						
其他玻璃制品制造						
陶瓷制品制造						
卫生陶瓷制品制造						
特种陶瓷制品制造						
日用陶瓷制品制造						
园林、陈设艺术及其他陶瓷制品制造						
耐火材料制品制造						
石棉制品制造						
云母制品制造						
耐火陶瓷制品及其他耐火材料制造						
石墨及其他非金属矿物制品制造						
石墨及碳素制品制造						
其他非金属矿物制品制造						
黑色金属冶炼及压延加工业						
炼铁						
炼钢						
钢压延加工						
铁合金冶炼						
有色金属冶炼及压延加工业	22	11104	1497			
常用有色金属冶炼	22	11104	1497			
铜冶炼	22	11104	1497			
铅锌冶炼						
镍钴冶炼						
锡冶炼						
锑冶炼						
铝冶炼						

单位:千元

营业外收入	补贴收入	营业外支出	利润总额	应交所得税	亏损企业亏损总额	利税总额	本年应付职工薪酬	本年应交增值税	全部从业人员年平均人数(人)
92558	1600	9612	-1301810	307	1313567	-866137	965857	413819	22336
3609	3300	306	4800	1246		25783	26833	19795	478
3609	3300	306	4800	1246		25783	26833	19795	478
3609	3300	306	4800	1246		25783	26833	19795	478

4-8 续 68

指标名称	利息收入	利息支出	营业利润	资产减值损失	公允价值变动收益	投资收益
镁冶炼						
其他常用有色金属冶炼						
贵金属冶炼						
金冶炼						
银冶炼						
其他贵金属冶炼						
稀有稀土金属冶炼						
钨钼冶炼						
稀土金属冶炼						
其他稀有金属冶炼						
有色金属合金制造						
有色金属压延加工						
常用有色金属压延加工						
贵金属压延加工						
稀有稀土金属压延加工						
金属制品业	1251	5336	75345	92		
结构性金属制品制造						
金属结构制造						
金属门窗制造						
金属工具制造						
切削工具制造						
手工具制造						
农用及园林用金属工具制造						
刀剪及类似日用金属工具制造						
其他金属工具制造						
集装箱及金属包装容器制造						
集装箱制造						
金属压力容器制造						
金属包装容器制造						
金属丝绳及其制品的制造	53		-2414	92		
建筑、安全用金属制品制造						
建筑、家具用金属配件制造						
建筑装饰及水暖管道零件制造						
安全、消防用金属制品制造						
其他建筑、安全用金属制品制造						
金属表面处理及热处理加工						
搪瓷制品制造						
工业生产配套用搪瓷制品制造						
搪瓷卫生洁具制造						

单位:千元

营业外收入	补贴收入	营业外支出	利润总额	应交所得税	亏损企业亏损总额	利税总额	本年应付职工薪酬	本年应交增值税	全部从业人员年平均人数(人)
757		1327	74775	16366	1862	120466	166164	40791	3037
616		64	-1862		1862	4249	24752	5533	1051

4-8 续 69

指标名称	利息收入	利息支出	营业利润	资产减值损失	公允价值变动收益	投资收益
搪瓷日用品及其他搪瓷制品制造						
不锈钢及类似日用金属制品制造	1198	5336	77759			
金属制厨房调理及卫生器具制造						
金属制厨用器皿及餐具制造						
其他日用金属制品制造						
其他金属制品制造						
铸币及贵金属制实验室用品制造						
其他未列明的金属制品制造						
通用设备制造业	146	2599	28162			
锅炉及原动机制造	146	2599	28162			
锅炉及辅助设备制造	146	2599	28162			
内燃机及配件制造						
汽轮机及辅机制造						
水轮机及辅机制造						
其他原动机制造						
金属加工机械制造						
金属切削机床制造						
金属成形机床制造						
铸造机械制造						
金属切割及焊接设备制造						
机床附件制造						
其他金属加工机械制造						
起重运输设备制造						
泵、阀门、压缩机及类似机械的制造						
泵及真空设备制造						
气体压缩机械制造						
阀门和旋塞的制造						
液压和气压动力机械及元件制造						
轴承、齿轮、传动和驱动部件的制造						
轴承制造						
齿轮、传动和驱动部件制造						
烘炉、熔炉及电炉制造						
风机、衡器、包装设备等通用设备						
风机、风扇制造						
气体、液体分离及纯净设备制造						
制冷、空调设备制造						
风动和电动工具制造						
喷枪及类似器具制造						
包装专用设备制造						

单位:千元

营业外收入	补贴收入	营业外支出	利润总额	应交所得税	亏损企业亏损总额	利税总额	本年应付职工薪酬	本年应交增值税	全部从业人员年平均人数(人)
141		1263	76637	16366		116217	141412	35258	1986
100		1262	27000			44822	37327	14993	1030
100		1262	27000			44822	37327	14993	1030
100		1262	27000			44822	37327	14993	1030

4-8 续 70

指标名称			营业利润	资产减值损失	公允价值变动收益	投资收益
	利息收入	利息支出				
衡器制造						
其他通用设备制造						
通用零部件制造及机械修理						
金属密封件制造						
紧固件、弹簧制造						
机械零部件加工及设备修理						
其他通用零部件制造						
金属铸、锻加工						
钢铁铸件制造						
锻件及粉末冶金制品制造						
专用设备制造业	128	-352	-94425	10481		
矿山、冶金、建筑专用设备制造	128	1643	-97700	10481		
采矿、采石设备制造						
石油钻采专用设备制造						
建筑工程用机械制造						
建筑材料生产专用机械制造						
冶金专用设备制造						
化工、木材、非金属加工专用设备		-1995	3275			
炼油、化工生产专用设备制造						
橡胶加工专用设备制造						
塑料加工专用设备制造						
木材加工机械制造						
模具制造						
其他非金属加工专用设备制造						
食品、饮料、烟草及饲料生产专用设备制造						
食品、饮料、烟草工业专用设备制造						
农副食品加工专用设备制造						
饲料生产专用设备制造						
印刷、制药、日化生产专用设备制造						
制浆和造纸专用设备制造						
印刷专用设备制造						
日用化工专用设备制造						
制药专用设备制造						
照明器具生产专用设备制造						
玻璃、陶瓷和搪瓷制品生产专用设备制造						
其他日用品生产专用设备制造						
纺织、服装和皮革工业专用设备制造						
纺织专用设备制造						
皮革、毛皮及其制品加工专用设备制造						

单位:千元

营业外收入	补贴收入	营业外支出	利润总额	应交所得税	亏损企业亏损总额	利税总额	本年应付职工薪酬	本年应交增值税	全部从业人员年平均人数(人)
74714	57487	634	-20346		56179	-11718	72193	6634	1337
74605	57487	601	-23697		56179	-15076	36382	6634	956
109		33	3351			3358	35811		381

4-8 续 71

指标名称	利息收入	利息支出	营业利润	资产减值损失	公允价值变动收益	投资收益
缝纫机械制造						
其他服装加工专用设备制造						
电子和电工机械专用设备制造						
电工机械专用设备制造						
电子工业专用设备制造						
农、林、牧、渔专用机械制造						
拖拉机制造						
机械化农业及园艺机具制造						
营林及木竹采伐机械制造						
畜牧机械制造						
渔业机械制造						
农林牧渔机械配件制造						
其他农林牧渔业机械制造及机械修理						
医疗仪器设备及器械制造						
医疗诊断、监护及治疗设备制造						
口腔科用设备及器具制造						
实验室及医用消毒设备和器具的制造						
医疗、外科及兽医用器械制造						
机械治疗及病房护理设备制造						
假肢、人工器官及植(介)入器械制造						
其他医疗设备及器械制造						
环保、社会公共安全及其他专用设备制造						
环境污染防治专用设备制造						
地质勘查专用设备制造						
邮政专用机械及器材制造						
商业、饮食、服务业专用设备制造						
社会公共安全设备及器材制造						
交通安全及管制专用设备制造						
水资源专用机械制造						
其他专用设备制造						
交通运输设备制造业						
铁路运输设备制造						
铁路机车车辆及动车组制造						
工矿有轨专用车辆制造						
铁路机车车辆配件制造						
铁路专用设备及器材、配件制造						
其他铁路设备制造及设备修理						
汽车制造						
汽车整车制造						

单位:千元

营业外收入	补贴收入	营业外支出	利润总额	应交所得税	亏损企业亏损总额	利税总额	本年应付职工薪酬	本年应交增值税	全部从业人员年平均人数(人)

4-8 续 72

指标名称			营业利润	资产减值损失	公允价值变动收益	投资收益
	利息收入	利息支出				
改装汽车制造						
电车制造						
汽车车身、挂车的制造						
汽车零部件及配件制造						
汽车修理						
摩托车制造						
摩托车整车制造						
摩托车零部件及配件制造						
自行车制造						
脚踏自行车及残疾人座车制造						
助动自行车制造						
船舶及浮动装置制造						
金属船舶制造						
非金属船舶制造						
娱乐船和运动船的建造和修理						
船用配套设备制造						
船舶修理及拆船						
航标器材及其他浮动装置的制造						
航空航天器制造						
飞机制造及修理						
航天器制造						
其他飞行器制造						
交通器材及其他交通运输设备制造						
潜水及水下救捞装备制造						
交通管理用金属标志及设施制造						
其他交通运输设备制造						
电气机械及器材制造业	19	8922	-87405			
电机制造						
发电机及发电机组制造						
电动机制造						
微电机及其他电机制造						
输配电及控制设备制造						
变压器、整流器和电感器制造						
电容器及其配套设备制造						
配电开关控制设备制造						
电力电子元器件制造						
其他输配电及控制设备制造						
电线、电缆、光缆及电工器材制造						
电线电缆制造						

单位:千元

营业外收入	补贴收入	营业外支出	利润总额	应交所得税	亏损企业亏损总额	利税总额	本年应付职工薪酬	本年应交增值税	全部从业人员年平均人数(人)
11370	7908	136	-76171		76171	-76171	21842	-8646	1183

4-8 续 73

指标名称			营业利润	资产减值损失	公允价值变动收益	投资收益
	利息收入	利息支出				
光纤、光缆制造						
绝缘制品制造						
其他电工器材制造						
电池制造						
家用电力器具制造						
家用制冷电器具制造						
家用空气调节器制造						
家用通风电器具制造						
家用厨房电器具制造						
家用清洁卫生电器具制造						
家用美容、保健电器具制造						
家用电力器具专用配件制造						
其他家用电力器具制造						
非电力家用器具制造						
燃气、太阳能及类似能源的器具制造						
其他非电力家用器具制造						
照明器具制造						
电光源制造						
照明灯具制造						
灯用电器附件及其他照明器具制造						
其他电气机械及器材制造	19	8922	-87405			
车辆专用照明及电气信号设备装置						
其他未列明的电气机械制造						
通信设备、计算机及其他电子设备						
通信设备制造						
通信传输设备制造						
通信交换设备制造						
通信终端设备制造						
移动通信及终端设备制造						
其他通信设备制造						
雷达及配套设备制造						
广播电视设备制造						
广播电视节目制作及发射设备制造						
广播电视接收设备及器材制造						
应用电视设备及其他广播电视设备						
电子计算机制造						
电子计算机整机制造						
计算机网络设备制造						
电子计算机外部设备制造						

单位:千元

营业外收入	补贴收入	营业外支出	利润总额	应交所得税	亏损企业亏损总额	利税总额	本年应付职工薪酬	本年应交增值税	全部从业人员年平均人数(人)
11370	7908	136	-76171		76171	-76171	21842	-8646	1183

4-8 续 74

指标名称			营业利润	资产减值损失	公允价值变动收益	投资收益
	利息收入	利息支出				
电子器件制造						
电子真空器件制造						
半导体分立器件制造						
集成电路制造						
光电子器件及其他电子器件制造						
电子元件制造						
电子元件及组件制造						
印制电路板制造						
家用视听设备制造						
家用影视设备制造						
家用音响设备制造						
其他电子设备制造						
仪器仪表及文化、办公用机械制造						
通用仪器仪表制造						
工业自动控制系统装置制造						
电工仪器仪表制造						
绘图、计算及测量仪器制造						
实验分析仪器制造						
试验机制造						
供应用仪表及其他通用仪器制造						
专用仪器仪表制造						
环境监测专用仪器仪表制造						
汽车及其他用计数仪表制造						
导航、气象及海洋专用仪器制造						
农林牧渔专用仪器仪表制造						
地质勘探和地震专用仪器制造						
教学专用仪器制造						
核子及核辐射测量仪器制造						
电子测量仪器制造						
其他专用仪器制造						
钟表与计时仪器制造						
光学仪器及眼镜制造						
光学仪器制造						
眼镜制造						
文化、办公用机械制造						
电影机械制造						
幻灯及投影设备制造						
照相机及器材制造						
复印和胶印设备制造						

单位:千元

营业外收入	补贴收入	营业外支出	利润总额	应交所得税	亏损企业亏损总额	利税总额	本年应付职工薪酬	本年应交增值税	全部从业人员年平均人数(人)

4-8 续 75

指标名称	利息收入	利息支出	营业利润	资产减值损失	公允价值变动收益	投资收益
计算器及货币专用设备制造						
其他文化、办公用机械制造						
其他仪器仪表的制造及修理						
工艺品及其他制造业						
工艺美术品制造						
雕塑工艺品制造						
金属工艺品制造						
漆器工艺品制造						
花画工艺品制造						
天然植物纤维编织工艺品制造						
抽纱刺绣工艺品制造						
地毯、挂毯制造						
宝首饰及有关物品的制造						
其他工艺美术品制造						
日用杂品制造						
制镜及类似品加工						
鬃毛加工、制刷及清扫工具的制造						
其他日用杂品制造						
煤制品制造						
废弃资源和废旧材料回收加工业						
金属废料和碎屑的加工处理						
非金属废料和碎屑的加工处理						
电力、燃气及水的生产和供应业	8464	565593	761847	536	-166770	23158
电力、热力的生产和供应业	7941	565593	771281	536	-166770	23158
电力生产	7941	565786	782807	536	-166770	23158
火力发电	7941	565786	782807	536	-166770	23158
水力发电						
核力发电						
其他能源发电						
电力供应						
热力生产和供应		-193	-11526			
燃气生产和供应业	376		-7035			
水的生产和供应业	147		-2399			
自来水的生产和供应	147		-2399			
污水处理及其再生利用						
其他水的处理、利用与分配						

单位:千元

营业外收入	补贴收入	营业外支出	利润总额	应交所得税	亏损企业亏损总额	利税总额	本年应付职工薪酬	本年应交增值税	全部从业人员年平均人数(人)
7089	3500	32244	736692	102414	36021	1409322	412893	605617	6565
7086	3500	32174	746193	103908	26520	1409970	376723	600670	5166
3519		31706	754620	103908	18093	1391334	341535	573607	4601
3519		31706	754620	103908	18093	1391334	341535	573607	4601
3567	3500	468	−8427		8427	18636	35188	27063	565
3		70	−7102	−1494	7102	−4999	14241	−1027	463
			−2399		2399	4351	21929	5974	936
			−2399		2399	4351	21929	5974	936

4-9 外商和港澳台

指标名称	企业单位数(个)	亏损企业	工业总产值(当年价格)	工业销售产值(当年价格)	出口交货值
总　　计	**12**	**6**	**8604190**	**7621699**	
在总计中:					
亏损企业	6	6	4593007	3844001	
在总计中:					
港、澳、台商投资企业	5	2	728949	746857	
合资经营企业(港或澳、台资)	4	2	588832	606636	
合作经营企业(港或澳、台资)					
港澳台商独资经营企业	1		140117	140221	
港澳台商投资股份有限公司					
外商投资企业	7	4	7875241	6874842	
中外合资经营企业	5	3	4499747	3734668	
中外合作经营企业	1		3354985	3119876	
外资企业	1	1	20509	20298	
外商投资股份有限公司					
在总计中:					
国有控股企业	1		3354985	3119876	
在总计中:					
轻工业	1	1	20509	20298	
重工业	11	5	8583681	7601401	
在总计中:					
大型企业	2	1	7496648	6495333	
中型企业	4	3	615208	634238	
小型企业	6	2	492334	492128	
采矿业	1		3354985	3119876	
煤炭开采和洗选业	1		3354985	3119876	
烟煤和无烟煤的开采洗选	1		3354985	3119876	
制造业	10	5	5117736	4370354	
饮料制造业	1	1	20509	20298	
酒的制造	1	1	20509	20298	
石油加工、炼焦及核燃料加工业	1	1	4141663	3375457	
化学原料及化学制品制造业	2		333966	334070	
基础化学原料制造	2		333966	334070	
其他基础化学原料制造	2		333966	334070	
橡胶制品业	1		231999	233618	
轮胎制造	1		231999	233618	
力车胎制造	1		231999	233618	
塑料制品业	2	1	263514	281318	
塑料薄膜制造	1	1	227039	244843	
塑料板、管、型材的制造	1		36475	36475	
电力、燃气及水的生产和供应业	1	1	131469	131469	
燃气生产和供应业	1	1	131469	131469	

投资主要经济指标

单位：千元

年初存货		资产总计	流动资产合计		存货			固定资产合计
	产成品			应收账款		产成品	在产品	
1323533	**390602**	**17831834**	**5648973**	**991266**	**985442**	**366744**	**18861**	**6947549**
1142935	296494	10028998	4235942	599289	815425	290184	9079	2498719
60299	26659	1995297	392742	143679	57145	21559		1243248
59271	26659	1799571	370118	126101	56240	20654		1098238
1028		195726	22624	17578	905	905		145010
1263234	363943	15836537	5256231	847587	928297	345185	18861	5704301
1122170	291303	8882042	4274666	759947	814237	291195	18861	1628136
128175	68343	6905777	970243	82739	108745	49890		4040937
12889	4297	48718	11322	4901	5315	4100		35228
128175	68343	6905777	970243	82739	108745	49890		4040937
12889	4297	48718	11322	4901	5315	4100		35228
1310644	386305	17783116	5637651	986365	980127	362644	18861	6912321
1183080	332146	14839798	4830982	599567	838029	313693		5338520
103039	52728	2316060	500317	150846	115826	47847	17362	1292632
37414	5728	675976	317674	240853	31587	5204	1499	316397
128175	68343	6905777	970243	82739	108745	49890		4040937
128175	68343	6905777	970243	82739	108745	49890		4040937
128175	68343	6905777	970243	82739	108745	49890		4040937
1182167	322259	10516017	4487779	881413	851909	316854	18861	2752160
12889	4297	48718	11322	4901	5315	4100		35228
12889	4297	48718	11322	4901	5315	4100		35228
1054905	263803	7934021	3860739	516828	729284	263803		1297583
3155		407997	118207	97914	3451	905		251370
3155		407997	118207	97914	3451	905		251370
3155		407997	118207	97914	3451	905		251370
34652	25567	349448	213189	123607	43700	25567	9782	129618
34652	25567	349448	213189	123607	43700	25567	9782	129618
34652	25567	349448	213189	123607	43700	25567	9782	129618
43953	26659	1177260	83584	18651	28906	20654		837426
43182	26659	1131768	62542	125	28371	20654		813056
771		45492	21042	18526	535			24370
13191		410040	190951	27114	24788			154452
13191		410040	190951	27114	24788			154452

4-9 续 1

指标名称	固定资产原价	累计折旧	本年折旧	在建工程	负债合计
总　　计	**13534705**	**6587238**	**1158041**	**739976**	**11365477**
在总计中:					
亏损企业	7650394	5151675	648394	203281	6758011
在总计中:					
港、澳、台商投资企业	1649189	405941	133666	77275	1374284
合资经营企业(港或澳、台资)	1488103	389865	125876	49280	1298567
合作经营企业(港或澳、台资)					
港澳台商独资经营企业	161086	16076	7790	27995	75717
港澳台商投资股份有限公司					
外商投资企业	11885516	6181297	1024375	662701	9991193
中外合资经营企业	6614659	4986605	558299	154083	5639995
中外合作经营企业	5217692	1176755	464013	508618	4349947
外资企业	53165	17937	2063		1251
外商投资股份有限公司					
在总计中:					
国有控股企业	5217692	1176755	464013	508618	4349947
在总计中:					
轻工业	53165	17937	2063		1251
重工业	13481540	6569301	1155978	739976	11364226
在总计中:					
大型企业	11401254	6062734	988476	651812	9524230
中型企业	1605896	313346	132421	60169	1614738
小型企业	527555	211158	37144	27995	226509
采矿业	5217692	1176755	464013	508618	4349947
煤炭开采和洗选业	5217692	1176755	464013	508618	4349947
烟煤和无烟煤的开采洗选	5217692	1176755	464013	508618	4349947
制造业	8142166	5390088	684016	205304	6895686
饮料制造业	53165	17937	2063		1251
酒的制造	53165	17937	2063		1251
石油加工、炼焦及核燃料加工业	6183562	4885979	524463	143194	5174283
化学原料及化学制品制造业	432858	181488	31543	27995	107451
基础化学原料制造	432858	181488	31543	27995	107451
其他基础化学原料制造	432858	181488	31543	27995	107451
橡胶制品业	197512	67976	11056	82	68022
轮胎制造	197512	67976	11056	82	68022
力车胎制造	197512	67976	11056	82	68022
塑料制品业	1041484	204058	92111	23226	1146989
塑料薄膜制造	1009648	196592	89360	23226	1131207
塑料板、管、型材的制造	31836	7466	2751		15782
电力、燃气及水的生产和供应业	174847	20395	10012	26054	119844
燃气生产和供应业	174847	20395	10012	26054	119844

单位:千元

流动负债合计	应付账款	非流动负债合计	所有者权益合计	实收资本	国家资本	集体资本	法人资本	个人资本
10047927	**2829701**	**1317549**	**6466356**	**3769487**	**1158513**	**1058000**	**246696**	
6188013	1565196	569998	3270986	1944273	305090	1058000	147428	
1374283	73896		621012	680687	317690		106828	
1298567	71948		501003	604893	317690		106828	
75716	1948		120009	75794				
8673644	2755805	1317549	5845344	3088800	840823	1058000	139868	
5067837	1608818	572158	3242047	1517560	4900	1058000	139868	
3604556	1146726	745391	2555830	1519860	835923			
1251	261		47467	51380				
3604556	1146726	745391	2555830	1519860	835923			
1251	261		47467	51380				
10046676	2829440	1317549	6418889	3718107	1158513	1058000	246696	
8208841	2593227	1315389	5315568	2577860	835923	1058000		
1612578	132622	2160	701321	970453	300190		217296	
226508	103852		449467	221174	22400		29400	
3604556	1146726	745391	2555830	1519860	835923			
3604556	1146726	745391	2555830	1519860	835923			
3604556	1146726	745391	2555830	1519860	835923			
6323527	1649726	572158	3620330	1949437	22400	1058000	246696	
1251	261		47467	51380				
1251	261		47467	51380				
4604285	1446501	569998	2759738	1058000		1058000		
107450	4531		300546	125794	17500		20000	
107450	4531		300546	125794	17500		20000	
107450	4531		300546	125794	17500		20000	
65862	47476	2160	281426	145560			69868	
65862	47476	2160	281426	145560			69868	
65862	47476	2160	281426	145560			69868	
1146989	36116		30270	254703			86828	
1131207	32467		560	224703			78428	
15782	3649		29710	30000			8400	
119844	33249		290196	300190	300190			
119844	33249		290196	300190	300190			

4–9 续 2

指标名称	港澳台资本	外商资本	营业收入	主营业务收入	营业成本
总　　计	**256169**	**1050109**	**8500017**	**8470310**	**6907944**
在总计中:					
亏损企业	146275	287480	4722209	4713871	4340853
在总计中:					
港、澳、台商投资企业	256169		822630	818692	666310
合资经营企业(港或澳、台资)	180375		682409	678471	572734
合作经营企业(港或澳、台资)					
港澳台商独资经营企业	75794		140221	140221	93576
港澳台商投资股份有限公司					
外商投资企业		1050109	7677387	7651618	6241634
中外合资经营企业		314792	4537213	4532802	4177959
中外合作经营企业		683937	3119876	3098518	2041513
外资企业		51380	20298	20298	22162
外商投资股份有限公司					
在总计中:					
国有控股企业		683937	3119876	3098518	2041513
在总计中:					
轻工业		51380	20298	20298	22162
重工业	256169	998729	8479719	8450012	6885782
在总计中:					
大型企业		683937	7289406	7268048	5851800
中型企业	146275	306692	713962	710035	647363
小型企业	109894	59480	496649	492227	408781
采矿业		683937	3119876	3098518	2041513
煤炭开采和洗选业		683937	3119876	3098518	2041513
烟煤和无烟煤的开采洗选		683937	3119876	3098518	2041513
制造业	256169	366172	5245348	5240377	4781079
饮料制造业		51380	20298	20298	22162
酒的制造		51380	20298	20298	22162
石油加工、炼焦及核燃料加工业			4169530	4169530	3810287
化学原料及化学制品制造业	88294		334070	334070	270596
基础化学原料制造	88294		334070	334070	270596
其他基础化学原料制造	88294		334070	334070	270596
橡胶制品业		75692	233618	233618	184092
轮胎制造		75692	233618	233618	184092
力车胎制造		75692	233618	233618	184092
塑料制品业	167875		353767	353207	310362
塑料薄膜制造	146275		317281	316732	285771
塑料板、管、型材的制造	21600		36486	36475	24591
电力、燃气及水的生产和供应业			134793	131415	85352
燃气生产和供应业			134793	131415	85352

单位:千元

主营业务成本	营业税金及附加	主营业务税金及附加	销售费用	管理费用	税金	财务费用	利息收入	利息支出
6903121	**86510**	**86510**	**316166**	**589456**	**31712**	**401556**	**1829**	**325055**
4336030	17973	17973	207344	200260	20896	254064	1181	177000
664339	10767	10767	47538	66958	4903	61541	405	61864
570763	10767	10767	40586	64578	4806	61539	402	61864
93576			6952	2380	97	2	3	
6238782	75743	75743	268628	522498	26809	340015	1424	263191
4175107	10463	10463	192769	155635	16217	193778	790	116550
2041513	65161	65161	75859	364568	9992	146236	634	146641
22162	119	119		2295	600	1		
2041513	65161	65161	75859	364568	9992	146236	634	146641
22162	119	119		2295	600	1		
6880959	86391	86391	316166	587161	31112	401555	1829	325055
5851800	73608	73608	245005	475525	22642	334797	1386	257960
645392	10924	10924	48101	94920	7923	65421	424	65839
405929	1978	1978	23060	19011	1147	1338	19	1256
2041513	65161	65161	75859	364568	9992	146236	634	146641
2041513	65161	65161	75859	364568	9992	146236	634	146641
2041513	65161	65161	75859	364568	9992	146236	634	146641
4778149	19246	19246	210031	200458	21440	255653	819	178414
22162	119	119		2295	600	1		
22162	119	119		2295	600	1		
3810287	8447	8447	169146	110957	12650	188561	752	111319
270596	1319	1319	6952	4523	356	322	7	324
270596	1319	1319	6952	4523	356	322	7	324
270596	1319	1319	6952	4523	356	322	7	324
184092	1653	1653	14941	14247	305	329		346
184092	1653	1653	14941	14247	305	329		346
184092	1653	1653	14941	14247	305	329		346
310284	7345	7345	10310	38005	4267	61552	22	61540
285693	7168	7168	2593	34408	4199	60803	15	60796
24591	177	177	7717	3597	68	749	7	744
83459	2103	2103	30276	24430	280	–333	376	
83459	2103	2103	30276	24430	280	–333	376	

4-9 续 3

指标名称	营业利润	资产减值损失	公允价值变动收益	投资收益	营业外收入
总　　计	**256515**	**-7720**		**50410**	**3435**
在总计中:					
亏损企业	-243821	-4114		50350	588
在总计中:					
港、澳、台商投资企业	-23333	-7151			757
合资经营企业(港或澳、台资)	-60644	-7151			753
合作经营企业(港或澳、台资)					
港澳台商独资经营企业	37311				4
港澳台商投资股份有限公司					
外商投资企业	279848	-569		50410	2678
中外合资经营企业	-144789	1808		50410	539
中外合作经营企业	428916	-2377			2035
外资企业	-4279				104
外商投资股份有限公司					
在总计中:					
国有控股企业	428916	-2377			2035
在总计中:					
轻工业	-4279				104
重工业	260794	-7720		50410	3331
在总计中:					
大型企业	361398	-2377		50350	2035
中型企业	-147422	-5345			378
小型企业	42539	2		60	1022
采矿业	428916	-2377			2035
煤炭开采和洗选业	428916	-2377			2035
烟煤和无烟煤的开采洗选	428916	-2377			2035
制造业	-165366	-5343		50410	1397
饮料制造业	-4279				104
酒的制造	-4279				104
石油加工、炼焦及核燃料加工业	-67518			50350	
化学原料及化学制品制造业	50356	2			4
基础化学原料制造	50356	2			4
其他基础化学原料制造	50356	2			4
橡胶制品业	19587	-1231			107
轮胎制造	19587	-1231			107
力车胎制造	19587	-1231			107
塑料制品业	-66654	-7153			750
塑料薄膜制造	-66309	-7153			79
塑料板、管、型材的制造	-345				671
电力、燃气及水的生产和供应业	-7035				3
燃气生产和供应业	-7035				3

单位:千元

补贴收入	营业外支出	利润总额	应交所得税	亏损企业亏损总额	利税总额	本年应付职工薪酬	本年应交增值税	全部从业人员年平均人数(人)
122	**29747**	**230203**	**204187**	**260160**	**808765**	**712449**	**449945**	**9962**
81	16927	-260160	27024	260160	-165560	149044	34520	6130
	3107	-25683	31648	75972	-5145	58301	-32336	1232
	3102	-62993	22320	75972	-42455	55345	-32336	1195
	5	37310	9328		37310	2956		37
122	26640	255886	172539	184188	813910	654148	482281	8730
71	14586	-158836	13400	180013	-59150	131036	89223	5476
	12054	418897	159139		875926	520502	391868	3134
51		-4175		4175	-2866	2610	1190	120
	12054	418897	159139		875926	520502	391868	3134
51		-4175		4175	-2866	2610	1190	120
71	29747	234378	204187	255985	811631	709839	448755	9842
	26187	337246	167195	81651	877151	615288	466297	7498
41	3081	-150125	23799	169451	-126950	73714	-29856	1963
81	479	43082	13193	9058	58564	23447	13504	501
	12054	418897	159139		875926	520502	391868	3134
	12054	418897	159139		875926	520502	391868	3134
	12054	418897	159139		875926	520502	391868	3134
122	17623	-181592	46542	253058	-62162	177706	59104	6365
51		-4175		4175	-2866	2610	1190	120
51		-4175		4175	-2866	2610	1190	120
	14133	-81651	8056	81651	1225	94786	74429	4364
	118	50242	12668		59814	4181	8253	118
	118	50242	12668		59814	4181	8253	118
	118	50242	12668		59814	4181	8253	118
41	368	19326	4831		33230	27594	12251	383
41	368	19326	4831		33230	27594	12251	383
41	368	19326	4831		33230	27594	12251	383
	2919	-68823	20474	68870	-59960	39879	-39562	651
	2640	-68870	20462	68870	-61702	31879	-41080	524
	279	47	12		1742	8000	1518	127
	70	-7102	-1494	7102	-4999	14241	-1027	463
	70	-7102	-1494	7102	-4999	14241	-1027	463

4-10 私营工业企业

指标名称	企业单位数（个）	亏损企业	工业总产值（当年价格）	工业销售产值（当年价格）	出口交货值
总　　计	**130**	**51**	**40087867**	**39063987**	**15821**
在总计中:					
亏损企业	51	51	18067828	17458877	
在总计中:					
轻工业	23	6	2323946	2352954	
重工业	107	45	37763921	36711033	15821
在总计中:					
大型企业	7	3	17396703	16983392	
中型企业	11	7	6591047	6317518	15525
小型企业	105	39	15181741	14846398	296
采矿业	63	22	13933761	13445581	
煤炭开采和洗选业	57	22	12334107	12114953	
烟煤和无烟煤的开采洗选	57	22	12334107	12114953	
	6		1599654	1330628	
铁矿采选	6		1599654	1330628	
农副食品加工业	13	4	1054151	1028788	
谷物磨制	3		166801	162666	
饲料加工	3	1	141941	139448	
屠宰及肉类加工	2	1	197628	188207	
肉制品及副产品加工	1	1	124320	118284	
蔬菜、水果和坚果加工	3		294938	290354	
其他农副食品加工	2	2	252843	248113	
淀粉及淀粉制品的制造	1	1	229101	223914	
豆制品制造	1	1	23742	24199	
食品制造业	4		875869	923950	
焙烤食品制造	1		718888	773549	
饼干及其他焙烤食品制造	1		718888	773549	
调味品、发酵制品制造	2		85021	82621	
酱油、食醋及类似制品的制造	1		36500	34100	
其他调味品、发酵制品制造	1		48521	48521	
其他食品制造	1		71960	67780	
饮料制造业	1	1			
酒精制造	1	1			
文教体育用品制造业	1		46000	43920	
玩具制造	1		46000	43920	
石油加工、炼焦及核燃料加工业	7	5	7864473	7419927	
化学原料及化学制品制造业	7	4	192195	186593	
基础化学原料制造	3	2	78151	74112	
有机化学原料制造	2	1	48039	48375	
其他基础化学原料制造	1	1	30112	25737	
涂料、油墨、颜料及类似产品制造	1		21776	21776	
涂料制造	1		21776	21776	

主要经济指标

单位：千元

年初存货	产成品	资产总计	流动资产合计	应收账款	存货	产成品	在产品	固定资产合计
2857610	**760931**	**27711770**	**12925585**	**2362595**	**2321803**	**917554**	**117407**	**9296203**
1364510	372042	13194794	5688694	829544	1071356	445851	33987	5368608
306886	123683	1852896	906984	234679	377338	153548	10767	705669
2550724	637248	25858874	12018601	2127916	1944465	764006	106640	8590534
1268390	206807	9781408	3510453	199667	755376	230343		4674659
553780	234003	6228204	2676447	188753	495459	203526	75197	2286199
995477	317854	8762000	5328738	1700078	1046559	469116	42210	2311457
707797	207400	8889635	5142454	1406516	575949	283375	2539	1429725
625640	180416	7612108	4479568	1281742	458437	214773	2499	830199
625640	180416	7612108	4479568	1281742	458437	214773	2499	830199
82157	26984	1277527	662886	124774	117512	68602	40	599526
82157	26984	1277527	662886	124774	117512	68602	40	599526
162959	69309	939417	473112	105482	212147	90557	1035	317958
16580	5473	328150	148123	40467	32701	10008		95005
8362	691	81652	61573	39732	9779	2189		10529
22601	17584	144548	48892	11186	21534	16119		79930
13447	10758	68133	18518		9453	7563		43290
28788	26962	128880	70331	9045	40231	38180		41666
86628	18599	256187	144193	5052	107902	24061	1035	90828
63682	10234	161702	106868		87840	19970		41659
22946	8365	94485	37325	5052	20062	4091	1035	49169
104215	43104	526962	192349	20106	79499	22081	1122	274441
78527	31247	301027	99909	9222	51207	15065		190687
78527	31247	301027	99909	9222	51207	15065		190687
7637	6768	129868	46676	7197	7328	5966	1122	35452
4125	3256	28967	9125	4987	4106	3256	610	17352
3512	3512	100901	37551	2210	3222	2710	512	18100
18051	5089	96067	45764	3687	20964	1050		48302
14120		17702	6702	726	5796	3992		11000
14120		17702	6702	726	5796	3992		11000
5700	2160	62952	50622	39978	5700	2160		12329
5700	2160	62952	50622	39978	5700	2160		12329
811941	178912	8348795	2498966	125795	370496	184924	65451	3993355
28225	12196	233705	117716	44451	33976	9992		101286
15006	1916	95283	55528	17032	19029	1854		41379
8883	1658	56519	22650	12315	7545	1689		29449
6123	258	38764	32878	4717	11484	165		11930
		19657	8981	5648	2282	448		10304
		19657	8981	5648	2282	448		10304

4-10续1

指标名称	企业单位数（个）	亏损企业	工业总产值（当年价格）	工业销售产值（当年价格）	出口交货值
合成材料制造	1	1	26869	26869	
初级形态的塑料及合成树脂制造	1	1	26869	26869	
专用化学产品制造	1	1	8159	8196	
专项化学用品制造	1	1	8159	8196	
日用化学产品制造	1		57240	55640	
肥皂及合成洗涤剂制造	1		57240	55640	
医药制造业	1				
中成药制造	1				
橡胶制品业	4	2	1011752	989803	15525
橡胶板、管、带的制造	4	2	1011752	989803	15525
塑料制品业	8	3	489978	491741	
塑料薄膜制造	2	1	29281	29281	
塑料板、管、型材的制造	3	1	78270	78270	
塑料丝、绳及编织品的制造	1		33752	27657	
塑料零件制造	1		305650	314020	
其他塑料制品制造	1	1	43025	42513	
非金属矿物制品业	5	3	13225936	13237590	
水泥、石灰和石膏的制造	2	1	1959008	1968696	
水泥及石膏制品制造	1	1	2710674	2702792	
玻璃及玻璃制品制造	2	1	8556254	8566102	
黑色金属冶炼及压延加工业	2	1	147135	146584	
炼铁	2	1	147135	146584	
有色金属冶炼及压延加工业	2		54911	48351	
常用有色金属冶炼	2		54911	48351	
铜冶炼	1		28320	21760	
铅锌冶炼	1		26591	26591	
金属制品业	3		162124	137544	296
金属工具制造	1		40949	37449	296
手工具制造	1		40949	37449	296
集装箱及金属包装容器制造	1		77169	56089	
金属丝绳及其制品的制造	1		44006	44006	
通用设备制造业	3	1	111189	160462	
锅炉及原动机制造	3	1	111189	160462	
锅炉及辅助设备制造	3	1	111189	160462	
电气机械及器材制造业	1	1	284830	237166	
其他电气机械及器材制造	1	1	284830	237166	
仪器仪表及文化、办公用机械制造	1	1	20500	20500	
其他仪器仪表的制造及修理	1	1	20500	20500	
电力、燃气及水的生产和供应业	1	1	23000	22112	
电力、热力的生产和供应业	1	1	23000	22112	
电力生产	1	1	23000	22112	
其他能源发电	1	1	23000	22112	

单位:千元

年初存货	产成品	资产总计	流动资产合计	应收账款	存货	产成品	在产品	固定资产合计
1781	1781	22218	12877	6362	1442	1442		9341
1781	1781	22218	12877	6362	1442	1442		9341
11438	8499	27526	26657	9898	9352	6248		869
11438	8499	27526	26657	9898	9352	6248		869
		69021	13673	5511	1871			39393
		69021	13673	5511	1871			39393
16934	8610	160402	134639	60000	54144	21310	8610	11084
16934	8610	160402	134639	60000	54144	21310	8610	11084
76377	43027	901623	513854	66668	87547	54517	2028	257785
76377	43027	901623	513854	66668	87547	54517	2028	257785
17958	7034	467787	230526	60124	45384	24561	6762	214833
		132250	60642	18245	2902	2902		71608
7287	2008	102955	49651	32197	10668	4483	1346	41163
		124463	85119	5311	8873	651		30168
700	500	79200	15100	1100	14000	13000		64100
9971	4526	28919	20014	3271	8941	3525	5416	7794
681213	121471	3413741	1883618	139643	518919	115779		1513134
50400	8945	367444	256224	28105	32718	3654		111220
205132	24795	1249239	638269	79451	177185	57849		610384
425681	87731	1797058	989125	32087	309016	54276		791530
20758	2300	178304	110235	7063	25268			52333
20758	2300	178304	110235	7063	25268			52333
21275	15155	165461	107232	50749	14685	9300	885	58229
21275	15155	165461	107232	50749	14685	9300	885	58229
16800	11300	142860	92260	45880	10900	6400		50600
4475	3855	22601	14972	4869	3785	2900	885	7629
57985	7475	282596	182010	55115	65301	14496	9221	95357
19573	559	123958	62311	18422	19240	559	9221	56418
19573	559	123958	62311	18422	19240	559	9221	56418
31289	6916	102327	81582	28667	36094	6916		20745
7123		56311	38117	8026	9967	7021		18194
13475	5342	190898	137967	29530	15941	7283		30554
13475	5342	190898	137967	29530	15941	7283		30554
13475	5342	190898	137967	29530	15941	7283		30554
94247	31755	2289058	869810	48455	162474	43065	9746	616269
94247	31755	2289058	869810	48455	162474	43065	9746	616269
2258		46604	25479	1639	3770			4453
2258		46604	25479	1639	3770			4453
6651		225670	43356	4469				153420
6651		225670	43356	4469				153420
6651		225670	43356	4469				153420
6651		225670	43356	4469				153420

4-10 续 2

指标名称	固定资产原价	累计折旧	本年折旧	在建工程	负债合计
总　计	**12758659**	**5088311**	**1531484**	**2022086**	**19944568**
在总计中:					
亏损企业	6204922	1821632	472737	1109807	10544615
在总计中:					
轻工业	825972	165232	46231	75731	1067195
重工业	11932687	4923079	1485253	1946355	18877373
在总计中:					
大型企业	7806110	3770780	1123019	1090003	7557775
中型企业	2374673	752451	283145	582149	4045078
小型企业	2544238	552944	123159	347948	5882200
采矿业	1479562	601417	88675	164711	6570540
煤炭开采和洗选业	1083269	359201	61040	110945	5941637
烟煤和无烟煤的开采洗选	1083269	359201	61040	110945	5941637
黑色金属矿采选业	396293	242216	27635	53766	628903
铁矿采选	396293	242216	27635	53766	628903
农副食品加工业	341831	54648	15762	29447	522093
谷物磨制	111718	23054	7140	6342	97629
饲料加工	11795	1435	788	699	55723
屠宰及肉类加工	82614	8621	3044	5938	123054
肉制品及副产品加工	46944	3655	1790	2	107170
蔬菜、水果和坚果加工	53286	11620	2051	3364	56674
其他农副食品加工	82418	9918	2739	13104	189013
淀粉及淀粉制品的制造	33249	4655	174	13065	144767
豆制品制造	49169	5263	2565	39	44246
食品制造业	356727	93538	24501	12184	253917
焙烤食品制造	269335	78648	22678		169102
饼干及其他焙烤食品制造	269335	78648	22678		169102
调味品、发酵制品制造	37876	3529	1052	2037	62565
酱油、食醋及类似制品的制造	18675	2319	933	957	21365
其他调味品、发酵制品制造	19201	1210	119	1080	41200
其他食品制造	49516	11361	771	10147	22250
饮料制造业	13150	2150	1150		7641
酒精制造	13150	2150	1150		7641
文教体育用品制造业	11512	1646		2464	45967
玩具制造	11512	1646		2464	45967
石油加工、炼焦及核燃料加工业	6692910	2983582	1112436	1051724	6735612
化学原料及化学制品制造业	128318	31390	4270	4469	185574
基础化学原料制造	53950	16287	3071	3704	96773
有机化学原料制造	42446	13010	2139		35725
其他基础化学原料制造	11504	3277	932	3704	61048
涂料、油墨、颜料及类似产品制造	13214	3349	841	439	15295
涂料制造	13214	3349	841	439	15295

单位:千元

流动负债合计	应付账款	非流动负债合计	所有者权益合计	实收资本	国家资本	集体资本	法人资本	个人资本
17468461	**5606846**	**1476271**	**7700985**	**5661275**	**150734**	**96050**	**2439186**	**2963305**
9218937	1656338	1153649	2659632	3445656	150000	46250	1981287	1268119
961765	222913	82417	782784	411602	734	40000	206729	164139
16506696	5383933	1393854	6918201	5249673	150000	56050	2232457	2799166
6386522	1328322	1161253	2233632	1388811			105000	1283811
3934977	1190809	110101	2183126	2413220	150000	30000	1857690	375530
5457795	1409570	204917	2858167	1812714	734	66050	475496	1270434
5614418	2627918	141383	2255809	1146265		6250	252670	875345
5073350	2608070	53548	1656934	1022215		6250	252670	751295
5073350	2608070	53548	1656934	1022215		6250	252670	751295
541068	19848	87835	598875	124050				124050
541068	19848	87835	598875	124050				124050
454878	113519	61435	417318	226602	734	30000	55029	140839
94541	26507	3088	230515	89803	734		12029	77040
49943	10923		25929	13450			3000	10450
123013	8235	41	21494	45550		30000		15550
107170	7358		-39037	30000		30000		
43028	6509	13646	72206	20000			10000	10000
144353	61345	44660	67174	57799			30000	27799
100567	59438	44200	16935	30000			30000	
43786	1907	460	50239	27799				27799
240299	44104	4027	270134	133300		10000	105000	18300
169102	36604		131925	105000			105000	
169102	36604		131925	105000			105000	
48947	7500	4027	64392	13300		10000		3300
16537	6248	4027	7602	3300				3300
32410	1252		56790	10000		10000		
22250			73817	15000				15000
			10061	1000			1000	
			10061	1000			1000	
32511	27724	13455	16985	10000			10000	
32511	27724	13455	16985	10000			10000	
5590471	2070007	1145141	1613183	1064330			266000	798330
181718	11299	3856	48129	58180		40000	5300	12880
95362	16679	1411	-1491	12180			5000	7180
34314	15617	1411	20793	8000			5000	3000
61048	1062		-22284	4180				4180
15295	3713		4362	5000				5000
15295	3713		4362	5000				5000

4-10 续 3

指标名称	固定资产原价	累计折旧	本年折旧	在建工程	负债合计
合成材料制造	9139			201	15333
初级形态的塑料及合成树脂制造	9139			201	15333
专用化学产品制造	1805	936	358		26020
专项化学用品制造	1805	936	358		26020
日用化学产品制造	50210	10818		125	32153
肥皂及合成洗涤剂制造	50210	10818		125	32153
医药制造业	14308	3224	995	12647	161322
中成药制造	14308	3224	995	12647	161322
橡胶制品业	309297	51512	16445	20027	444434
橡胶板、管、带的制造	309297	51512	16445	20027	444434
塑料制品业	271218	88625	17871	17297	297238
塑料薄膜制造	92247	27551	6808	1362	106164
塑料板、管、型材的制造	32691	15598	2943	6725	50541
塑料丝、绳及编织品的制造	70047	39879	4881		93942
塑料零件制造	68000	3900	2800	8100	24000
其他塑料制品制造	8233	1697	439	1110	22591
非金属矿物制品业	2300119	1026770	210860	225282	2790382
水泥、石灰和石膏的制造	183108	71888	17462		215356
水泥及石膏制品制造	816286	415556	43089	195151	1455116
玻璃及玻璃制品制造	1300725	539326	150309	30131	1119910
黑色金属冶炼及压延加工业	79742	27409	5274	12237	148941
炼铁	79742	27409	5274	12237	148941
有色金属冶炼及压延加工业	43216	149	149	10582	80732
常用有色金属冶炼	43216	149	149	10582	80732
铜冶炼	35760			10260	69690
铅锌冶炼	7456	149	149	322	11042
金属制品业	110700	22756	6236	2748	177611
金属工具制造	69518	13865	3791	765	79803
手工具制造	69518	13865	3791	765	79803
集装箱及金属包装容器制造	20745	6648	1420	1983	90482
金属丝绳及其制品的制造	20437	2243	1025		7326
通用设备制造业	35974	5431	3229	11283	161338
锅炉及原动机制造	35974	5431	3229	11283	161338
锅炉及辅助设备制造	35974	5431	3229	11283	161338
电气机械及器材制造业	304226	65367	11824	377410	940624
其他电气机械及器材制造	304226	65367	11824	377410	940624
仪器仪表及文化、办公用机械制造	7230	2777	182	10450	36960
其他仪器仪表的制造及修理	7230	2777	182	10450	36960
电力、燃气及水的生产和供应业	137987	2953	1513	502	154694
电力、热力的生产和供应业	137987	2953	1513	502	154694
电力生产	137987	2953	1513	502	154694
其他能源发电	137987	2953	1513	502	154694

单位：千元

流动负债合计		非流动负债合计	所有者权益合计					
	应付账款			实收资本	国家资本	集体资本	法人资本	个人资本
15323	-28224	10	6885	10000		10000		
15323	-28224	10	6885	10000		10000		
26020	10274		1506	1000			300	700
26020	10274		1506	1000			300	700
29718	8857	2435	36867	30000		30000		
29718	8857	2435	36867	30000		30000		
157822	8070	3500	-920	6000			6000	
157822	8070	3500	-920	6000			6000	
435945	85913	8489	457187	196000			50000	146000
435945	85913	8489	457187	196000			50000	146000
296549	24976	689	160548	72600		9800	40200	22600
106164	5415		26086	5600			3000	2600
49852	6205	689	52414	27000			17000	10000
93942	1810		20520	10000		9800	200	
24000	4100		55200	20000			20000	
22591	7446		6328	10000				10000
2737077	221888	43305	633359	759811			50000	709811
172051	90737	43305	152088	100000			50000	50000
1455116	110584		-205877	389811				389811
1109910	20567		687148	270000				270000
148941	885		29363	28537			8537	20000
148941	885		29363	28537			8537	20000
80732	34430		84729	30000			10000	20000
80732	34430		84729	30000			10000	20000
69690	28050		73170	20000				20000
11042	6380		11559	10000			10000	
176479	70792	1132	104985	46000				46000
78983	15952	820	44155	30000				30000
78983	15952	820	44155	30000				30000
90170	51222	312	11845	10000				10000
7326	3618		48985	6000				6000
158538	46448	2800	29560	25000			15000	10000
158538	46448	2800	29560	25000			15000	10000
158538	46448	2800	29560	25000			15000	10000
904040	113912	36584	1348434	1689950	150000		1511750	28200
904040	113912	36584	1348434	1689950	150000		1511750	28200
36960	21683		9644	9700			9700	
36960	21683		9644	9700			9700	
7717	1401	7752	70976	43000			43000	
7717	1401	7752	70976	43000			43000	
7717	1401	7752	70976	43000			43000	
7717	1401	7752	70976	43000			43000	

4-10 续 4

指标名称	港澳台资本	外商资本	营业收入	主营业务收入	营业成本	主营业务成本
总　计			**31819130**	**31791171**	**29355512**	**29335188**
在总计中:						
亏损企业			10352688	10333871	10427717	10414267
在总计中:						
轻工业			2405050	2402019	1986727	1986533
重工业			29414080	29389152	27368785	27348655
在总计中:						
大型企业			10594233	10573857	10088032	10074597
中型企业			6100224	6099594	5875806	5875806
小型企业			14130949	14123996	12453203	12446314
采矿业			13114537	13111619	11505555	11505389
煤炭开采和洗选业			11667153	11664445	10343056	10342894
烟煤和无烟煤的开采洗选			11667153	11664445	10343056	10342894
黑色金属矿采选业			1447384	1447174	1162499	1162495
铁矿采选			1447384	1447174	1162499	1162495
农副食品加工业			1025695	1025655	917494	917494
谷物磨制			162667	162667	115583	115583
饲料加工			139023	138983	131496	131496
屠宰及肉类加工			209701	209701	190173	190173
肉制品及副产品加工			132773	132773	139024	139024
蔬菜、水果和坚果加工			256591	256591	237302	237302
其他农副食品加工			257713	257713	242940	242940
淀粉及淀粉制品的制造			223915	223915	220942	220942
豆制品制造			33798	33798	21998	21998
食品制造业			911878	908909	690033	689842
焙烤食品制造			776518	773549	586137	585946
饼干及其他焙烤食品制造			776518	773549	586137	585946
调味品、发酵制品制造			84920	84920	65732	65732
酱油、食醋及类似制品的制造			33800	33800	20280	20280
其他调味品、发酵制品制造			51120	51120	45452	45452
其他食品制造			50440	50440	38164	38164
饮料制造业						
酒精制造						
文教体育用品制造业			44313	44298	39520	39517
玩具制造			44313	44298	39520	39517
石油加工、炼焦及核燃料加工业			6782042	6767267	6537638	6524398
化学原料及化学制品制造业			262032	262010	214240	214229
基础化学原料制造			80804	80789	71178	71168
有机化学原料制造			55067	55052	47807	47797
其他基础化学原料制造			25737	25737	23371	23371
涂料、油墨、颜料及类似产品制造			21776	21769	17946	17946
涂料制造			21776	21769	17946	17946

单位：千元

营业税金及附加	主营业务税金及附加	销售费用	管理费用	税金	财务费用	利息收入	利息支出
60103	**60103**	**462916**	**831980**	**43112**	**480064**	**-2824**	**376589**
11167	11167	92652	285635	16100	284715	116	251183
10399	10399	92792	83342	4924	34052	60	31505
49704	49704	370124	748638	38188	446012	-2884	345084
18041	18041	123678	276239	21208	304035	558	212101
9188	9188	74253	193086	9139	35847	356	37452
32113	32113	264561	348991	12386	136924	-3738	124285
33816	33816	177230	341799	11503	97176	1260	87482
15856	15856	161607	201232	5642	79544	1260	70619
15856	15856	161607	201232	5642	79544	1260	70619
17960	17960	15623	140567	5861	17632		16863
17960	17960	15623	140567	5861	17632		16863
1907	1907	32580	38105	531	22113	37	22100
355	355	12487	13666	99	6914	9	6893
5	5	4158	2267		724	2	712
74	74	10779	12525	206	1420	6	1425
		1265	5783	193	-625		-625
1110	1110	2032	3086	95	4095	10	4105
363	363	3124	6561	131	8960	10	8965
94	94		1166		5654		5654
269	269	3124	5395	131	3306	10	3311
6512	6512	52116	33277	2543	6581	5	6817
5920	5920	45504	23120	2151	-70		166
5920	5920	45504	23120	2151	-70		166
115	115	6104	7621	142	1036		1036
70	70	3749	5210	70	811		811
45	45	2355	2411	72	225		225
477	477	508	2536	250	5615		5615
			56				
			56				
113	113	1815	2070	1850	888		891
113	113	1815	2070	1850	888		891
6069	6069	91088	182647	10402	251122	431	159664
1241	1241	18420	20788	150	8347	18	7191
157	157	5230	4073	94	5461	6	5462
109	109	5230	2839	34	347	6	348
48	48		1234	60	5114		5114
96	96	1498	1477		911		
96	96	1498	1477		911		

4-10 续 5

指标名称	港澳台资本	外商资本	营业收入	主营业务收入	营业成本	主营业务成本
合成材料制造			26869	26869	25785	25785
初级形态的塑料及合成树脂制造			26869	26869	25785	25785
专用化学产品制造			81955	81955	73779	73778
专项化学用品制造			81955	81955	73779	73778
日用化学产品制造			50628	50628	25552	25552
肥皂及合成洗涤剂制造			50628	50628	25552	25552
医药制造业			75899	75899	67877	67877
中成药制造			75899	75899	67877	67877
橡胶制品业			808841	808444	668122	667984
橡胶板、管、带的制造			808841	808444	668122	667984
塑料制品业			542461	541000	447780	446614
塑料薄膜制造			51507	51507	41409	41409
塑料板、管、型材的制造			101914	101914	93548	93548
塑料丝、绳及编织品的制造			34454	32993	26615	25449
塑料零件制造			314020	314020	245198	245198
其他塑料制品制造			40566	40566	41010	41010
非金属矿物制品业			7440455	7438033	7521148	7521148
水泥、石灰和石膏的制造			1968696	1968696	1946965	1946965
水泥及石膏制品制造			1390939	1390939	1548139	1548139
玻璃及玻璃制品制造			4080820	4078398	4026044	4026044
黑色金属冶炼及压延加工业			152804	152454	144255	144255
炼铁			152804	152454	144255	144255
有色金属冶炼及压延加工业			48351	48351	39724	35284
常用有色金属冶炼			48351	48351	39724	35284
铜冶炼			21760	21760	16260	11820
铅锌冶炼			26591	26591	23464	23464
金属制品业			113832	111872	90955	89986
金属工具制造			39409	37449	33283	32314
手工具制造			39409	37449	33283	32314
集装箱及金属包装容器制造			36395	36395	30940	30940
金属丝绳及其制品的制造			38028	38028	26732	26732
通用设备制造业			159218	159218	135886	135886
锅炉及原动机制造			159218	159218	135886	135886
锅炉及辅助设备制造			159218	159218	135886	135886
电气机械及器材制造业			79582	78952	89483	89483
其他电气机械及器材制造			79582	78952	89483	89483
仪器仪表及文化、办公用机械制造			11469	11469	8659	8659
其他仪器仪表的制造及修理			11469	11469	8659	8659
电力、燃气及水的生产和供应业			23120	23120	27234	27234
电力、热力的生产和供应业			23120	23120	27234	27234
电力生产			23120	23120	27234	27234
其他能源发电			23120	23120	27234	27234

单位:千元

营业税金及附加	主营业务税金及附加	销售费用	管理费用	税金	财务费用	利息收入	利息支出
70	70		1093		1049	9	1040
70	70		1093		1049	9	1040
349	349	4144	2780	56	928	3	689
349	349	4144	2780	56	928	3	689
569	569	7548	11365		–2		
569	569	7548	11365		–2		
15	15	2506	4447		1880		
15	15	2506	4447		1880		
1263	1263	59020	15773	741	12836		13096
1263	1263	59020	15773	741	12836		13096
3731	3731	6923	16234	2777	1725	–5123	2484
469	469	1678	3783	2578	3534		
1236	1236	2759	5153	190	–4933	–5126	193
299	299	1461	4504		834		
1727	1727	1025	1540		1694		1694
			1254	9	596	3	597
4462	4462	2881	63491	8294	43243	464	43638
896	896	2881	7617	866	6122	9	6131
534	534		18035	2645	16396		16367
3032	3032		37839	4783	20725	455	21140
73	73	397	5471	223	3242	4	3242
73	73	397	5471	223	3242	4	3242
154	154	2482	1699		1163	3	960
154	154	2482	1699		1163	3	960
		2080	1200		1160		960
154	154	402	499		3	3	
169	169	5841	10355	887	3153	6	2780
112	112	3136	4351	651	1949	3	1815
112	112	3136	4351	651	1949	3	1815
25	25	668	3868	204	832	3	593
32	32	2037	2136	32	372		372
292	292	2525	10042	178	–2	3	1
292	292	2525	10042	178	–2	3	1
292	292	2525	10042	178	–2	3	1
		878	67394	2491	9232	19	8922
		878	67394	2491	9232	19	8922
29	29	1252	2370		–15	18	3
29	29	1252	2370		–15	18	3
			1100		9585		9585
			1100		9585		9585
			1100		9585		9585
			1100		9585		9585

4-10续6

指标名称	营业利润	资产减值损失	公允价值变动收益	投资收益	营业外收入
总　　计	**655821**	**923**	**350**	**26203**	**71526**
在总计中:					
亏损企业	-736668	1027	350	13211	42565
在总计中:					
轻工业	197060	1027	350		12276
重工业	458761	-104		26203	59250
在总计中:					
大型企业	-202269			13523	34081
中型企业	-88978	1027		5	16401
小型企业	909912	-104	350	12675	21044
采矿业	969153			12992	6455
煤炭开采和洗选业	875733			12675	2406
烟煤和无烟煤的开采洗选	875733			12675	2406
黑色金属矿采选业	93420			317	4049
铁矿采选	93420			317	4049
农副食品加工业	12468	1027			9207
谷物磨制	13662				5000
饲料加工	372				74
屠宰及肉类加工	-6297	1027			3425
肉制品及副产品加工	-13701	1027			1228
蔬菜、水果和坚果加工	8966				693
其他农副食品加工	-4235				15
淀粉及淀粉制品的制造	-3941				15
豆制品制造	-294				
食品制造业	123359				79
焙烤食品制造	115907				79
饼干及其他焙烤食品制造	115907				79
调味品、发酵制品制造	4312				
酱油、食醋及类似制品的制造	3680				
其他调味品、发酵制品制造	632				
其他食品制造	3140				
饮料制造业	-56				
酒精制造	-56				
文教体育用品制造业	-93				460
玩具制造	-93				460
石油加工、炼焦及核燃料加工业	-273311			13211	11081
化学原料及化学制品制造业	-900	-104			633
基础化学原料制造	-5295				14
有机化学原料制造	-1265				1
其他基础化学原料制造	-4030				13
涂料、油墨、颜料及类似产品制造	-152				550
涂料制造	-152				550

单位:千元

补贴收入	营业外支出	利润总额	应交所得税	亏损企业亏损总额	利税总额	本年应付职工薪酬	本年应交增值税	全部从业人员年平均人数(人)
23810	**45521**	**681826**	**182410**	**703636**	**1274579**	**795993**	**509180**	**29246**
9508	9533	-703636	97	703636	-589584	338921	79415	12686
8322	1299	208037	48454	18914	291545	124475	66266	4602
15488	44222	473789	133956	684722	983034	671518	442914	24644
1600	5034	-173222	38408	338394	179505	387641	334686	13787
7908	33533	-106110	23673	229221	-32152	146218	46330	6182
14302	6954	924002	120297	135878	1085911	259422	124766	9159
	32822	942786	113246	74944	1140128	179028	163474	6903
	29345	848794	104416	74944	952006	104132	87304	3725
	29345	848794	104416	74944	952006	104132	87304	3725
	3477	93992	8830		188122	74896	76170	3178
	3477	93992	8830		188122	74896	76170	3178
7872	1242	20433	2715	18382	43231	31036	14048	1471
5000		18662			23581	5081	4564	339
	105	341	41	561	352	4290	6	146
2179	1133	-4005	2399	13600	-3193	8728	-6105	500
	1127	-13600		13600	-13600	6046	-6843	380
693	3	9656	275		22296	4291	11530	174
	1	-4221		4221	195	8646	4053	312
	1	-3927		3927	-2116	3500	1717	210
		-294		294	2311	5146	2336	102
	26	123412	29910		180516	64625	50592	2527
	26	115960	28990		171205	54383	49325	2130
	26	115960	28990		171205	54383	49325	2130
		4312	920		5217	6522	790	247
		3680	920		4540	4137	790	129
		632			677	2385		118
		3140			4094	3720	477	150
		-56		56	-56	1176		70
		-56		56	-56	1176		70
450	31	336	83		1786	1690	1337	80
450	31	336	83		1786	1690	1337	80
	5377	-267607	4184	283671	-138458	164904	120129	4915
	1018	-1285	1678	6563	9242	20507	9286	642
	46	-5327		5396	-3905	5482	1265	198
	43	-1307		1376	-188	3813	1010	138
	3	-4020		4020	-3717	1669	255	60
		398	37		565	1885	71	76
		398	37		565	1885	71	76

4-10 续 7

指标名称	营业利润	资产减值损失	公允价值变动收益	投资收益	营业外收入
合成材料制造	-1128				
初级形态的塑料及合成树脂制造	-1128				
专用化学产品制造	-25				
专项化学用品制造	-25				
日用化学产品制造	5700	-104			69
肥皂及合成洗涤剂制造	5700	-104			69
医药制造业	-826				1980
中成药制造	-826				1980
橡胶制品业	51827				3047
橡胶板、管、带的制造	51827				3047
塑料制品业	66066				248
塑料薄膜制造	632				126
塑料板、管、型材的制造	4151				118
塑料丝、绳及编织品的制造	741				
塑料零件制造	62836				
其他塑料制品制造	-2294				4
非金属矿物制品业	-194770				19775
水泥、石灰和石膏的制造	4215				
水泥及石膏制品制造	-192165				13890
玻璃及玻璃制品制造	-6820				5885
黑色金属冶炼及压延加工业	-634				661
炼铁	-634				661
有色金属冶炼及压延加工业	7569				
常用有色金属冶炼	7569				
铜冶炼	5500				
铅锌冶炼	2069				
金属制品业	3359				5360
金属工具制造	-3422				5360
手工具制造	-3422				5360
集装箱及金属包装容器制造	62				
金属丝绳及其制品的制造	6719				
通用设备制造业	10475				348
锅炉及原动机制造	10475				348
锅炉及辅助设备制造	10475				348
电气机械及器材制造业	-87405				11370
其他电气机械及器材制造	-87405				11370
仪器仪表及文化、办公用机械制造	-476		350		
其他仪器仪表的制造及修理	-476		350		
电力、燃气及水的生产和供应业	-14799				12
电力、热力的生产和供应业	-14799				12
电力生产	-14799				12
其他能源发电	-14799				12

单位:千元

补贴收入	营业外支出	利润总额	应交所得税	亏损企业亏损总额	利税总额	本年应付职工薪酬	本年应交增值税	全部从业人员年平均人数(人)
		-1128		1128	-648	673	410	31
		-1128		1128	-648	673	410	31
	14	-39		39	2898	4727	2588	140
	14	-39		39	2898	4727	2588	140
	958	4811	1641		10332	7740	4952	197
	958	4811	1641		10332	7740	4952	197
		1154			1169			100
		1154			1169			100
	1662	53212	9476	11219	60857	25899	3843	1579
	1662	53212	9476	11219	60857	25899	3843	1579
	308	66006	15711	3996	74870	38767	5133	745
	108	650		1628	1152	4150	33	125
	200	4069	2	78	9009	7932	3704	236
		741			2436	2105	1396	92
		62836	15709		64563	22743		230
		-2290		2290	-2290	1837		62
1600	388	-175383	1758	194173	-28029	184029	142892	7146
		4215	1758	2818	12737	20061	7626	909
	388	-178663		178663	-174175	95389	3954	2556
1600		-935		12692	133409	68579	131312	3681
400	171	-144		1217	906	9463	977	310
400	171	-144		1217	906	9463	977	310
		7569	510		7723	15161		345
		7569	510		7723	15161		345
		5500			5500	13900		267
		2069	510		2223	1261		78
5330	40	8679	386		9882	10057	1034	379
5330	39	1899	370		2854	5473	843	185
5330	39	1899	370		2854	5473	843	185
	1	61	16		277	3004	191	141
		6719			6751	1580		53
250	2273	8550	2685	2429	9649	7931	-1632	268
250	2273	8550	2685	2429	9649	7931	-1632	268
250	2273	8550	2685	2429	9649	7931	-1632	268
7908	136	-76171		76171	-76171	21842	-8646	1183
7908	136	-76171		76171	-76171	21842	-8646	1183
		-476		476	-229	1320	218	48
		-476		476	-229	1320	218	48
		-14787		14787	-10193	5260	4594	110
		-14787		14787	-10193	5260	4594	110
		-14787		14787	-10193	5260	4594	110
		-14787		14787	-10193	5260	4594	110

4-11 分县(市、区)工

县市区	企业单位数(个)	工业总产值(当年价格)	工业销售产值(当年价格)
长治市	**344**	**187845954**	**173988695**
城　区	26	5688596	5145775
郊　区	40	44746615	43074873
长治县	53	15231959	13764672
襄垣县	48	26971013	24880047
屯留县	24	18517785	16466634
平顺县	13	2675856	2337947
黎城县	11	10939941	10754626
壶关县	18	10668575	10425157
长子县	25	11029952	9140245
武乡县	14	6333638	6260678
沁　县	5	701672	534558
沁源县	18	14335569	12146629
潞城市	49	20004783	19056854

4-12 2000万以上工业企业

县市区	总计			按登记注册分:内资企业		
	企业单位数	工业总产值(当年价)	工业销售产值(当年价)	企业单位数	工业总产值(当年价)	工业销售产值(当年价)
全　市	**344**	**187845954**	**173988695**	**332**	**179241764**	**166366996**
城　区	26	5688596	5145775	21	5199043	4655095
郊　区	40	44746615	43074873	39	44552766	42881024
长治县	53	15231959	13764672	52	11876974	10644796
襄垣县	48	26971013	24880047	48	26971013	24880047
屯留县	24	18517785	16466634	24	18517785	16466634
平顺县	13	2675856	2337947	13	2675856	2337947
黎城县	11	10939941	10754626	10	10919432	10734328
壶关县	18	10668575	10425157	18	10668575	10425157
长子县	25	11029952	9140245	25	11029952	9140245
武乡县	14	6333638	6260678	14	6333638	6260678
沁　县	5	701672	534558	5	701672	534558
沁源县	18	14335569	12146629	18	14335569	12146629
潞城市	49	20004783	19056854	45	15459489	15259858

业 主 要 指 标

单位:千元

工业增加值(现价,收入法)			资产总计	主营业务收入	利润总额	利税总额	从业人员平均人数
本年	上年	本年比上年增长%					
73724777	**84370660**	**5.10**	**306069029**	**154017993**	**4462501**	**12252496**	**233055**
1314889	2277270	5.55	9320069	4717566	246285	479734	12385
13539469	14297110	7.22	42997517	33803290	467330	1740858	33191
9546400	10758790	6.68	42531816	13808284	1119750	2653969	27713
12065717	16487710	-9.32	65379538	24746262	440642	1898323	60326
8065140	9217790	6.37	28388881	15088142	467006	796032	17440
963765	1108890	17.83	1952242	2242968	101859	184535	1254
1597739	1646980	20.05	3079025	6320569	-64529	23644	6874
2536368	2500450	14.17	8442965	10013751	294157	450313	11445
6244881	7075070	5.59	22508466	8751575	622818	1669434	16241
3690379	4582480	1.06	11924261	6029662	695826	1036939	6333
176531	160250	20.61	1439893	507144	-107649	-99099	937
6666571	7452820	8.91	35158452	8498163	257191	891093	16446
6797083	6353520	20.62	32945904	19490617	-78185	526721	22470

单 位 数 和 工 业 总 产 值

单位:千元

#国有企业			在国有企业中:中央企业			在国有企业中:地方企业		
企业单位数	工业总产值(当年价)	工业销售产值(当年价)	企业单位数	工业总产值(当年价)	工业销售产值(当年价)	企业单位数	工业总产值(当年价)	工业销售产值(当年价)
7	**1901751**	**1715519**	**1**	**120006**	**111938**	**6**	**1781745**	**1603581**
3	247570	240943	1	120006	111938	2	127564	129005
2	1442255	1268215				2	1442255	1268215
1	32837	32837				1	32837	32837
1	179089	173524				1	179089	173524

4-12 续 1

县市区	#集体企业			#股份合作企业		
	企业单位数	工业总产值（当年价）	工业销售产值(当年价）	企业单位数	工业总产值（当年价）	工业销售产值(当年价）
全　市	**3**	**1475389**	**1371419**			
城　区						
郊　区	2	1457958	1314440			
长治县						
襄垣县						
屯留县						
平顺县						
黎城县						
壶关县						
长子县	1	17431	56979			
武乡县						
沁　县						
沁源县						
潞城市						

4-12 续 2

县市区	#私营企业			#港、澳、台商投资企业		
	企业单位数	工业总产值（当年价）	工业销售产值(当年价）	企业单位数	工业总产值（当年价）	工业销售产值(当年价）
全　市	**130**	**40087867**	**39063987**	**5**	**728949**	**746857**
城　区	8	2138498	2123161	1	131469	131469
郊　区	15	7798743	7696527	1	193849	193849
长治县	27	2978379	2835321			
襄垣县	17	1776465	1832124			
屯留县	6	449353	421167			
平顺县	6	1077548	979487			
黎城县	6	10432604	10291450			
壶关县	4	554862	560484			
长子县	14	1345740	1269636			
武乡县	5	2778723	2776375			
沁　县	3	548562	393214			
沁源县	2	2028216	1723148			
潞城市	17	6180174	6161893	3	403631	421539

单位：千元

#联营企业			#有限责任公司			#股份有限公司		
企业单位数	工业总产值（当年价）	工业销售产值（当年价）	企业单位数	工业总产值（当年价）	工业销售产值（当年价）	企业单位数	工业总产值（当年价）	工业销售产值（当年价）
			176	**121065243**	**111706170**	**16**	**14711514**	**12509901**
			8	905962	876301	2	1907013	1414690
			17	31607232	30156518	5	3688833	3713539
			20	5987750	5424844	3	1468590	1116416
			30	25109643	22982116	1	84905	65807
			16	17819023	15808952	2	249409	236515
			6	1565471	1325623			
			4	486828	442878			
			14	10113713	9864673			
			10	9666781	7813630			
			9	3554915	3484303			
			2	153110	141344			
			13	4994589	4460547	3	7312764	5962934
			27	9100226	8924441			

单位：千元

#外商投资企业			按经济组织类型分：独资企业			按经济组织类型分：合作、合伙企业企业		
企业单位数	工业总产值（当年价）	工业销售产值（当年价）	企业单位数	工业总产值（当年价）	工业销售产值（当年价）	企业单位数	工业总产值（当年价）	工业销售产值（当年价）
7	**7875241**	**6874842**	**16**	**3276912**	**3133498**	**1**	**3354985**	**3119876**
4	358084	359211	1					
			5	3136795	2993277			
1	3354985	3119876	3			1	3354985	3119876
			3					
1	20509	20298	1					
			2					
1	4141663	3375457	1	140117	140221			

4-12 续 3

县市区	股份有限公司			有限责任公司		
	企业单位数	工业总产值（当年价）	工业销售产值（当年价）	企业单位数	工业总产值（当年价）	工业销售产值（当年价）
全　市	**24**	**17119382**	**14535037**	**299**	**136358624**	**126576062**
城　区	2	1907013	1414690	21	2848256	2839730
郊　区	6	3766002	3769628	29	34798158	33379264
长治县	6	1759116	1342478	42	4858458	4316531
襄垣县	1	84905	65807	47	24450773	22435818
屯留县	2	249409	236515	22	14412066	12485801
平顺县				10	791770	578997
黎城县				10	10785087	10612347
壶关县				18	7903619	7704476
长子县				23	9412654	7561536
武乡县				14	5532995	5474017
沁　县				5		
沁源县	5	9307228	7658425	13	4767679	4241703
潞城市	2	45709	47494	45	15797109	14945842

4-12 续 4

县市区	在总计中:轻工业			重工业		
	企业单位数	工业总产值（当年价）	工业销售产值（当年价）	企业单位数	工业总产值（当年价）	工业销售产值（当年价）
全　市	**47**	**11063091**	**10258692**	**297**	**176782863**	**163730003**
城　区	9	3083480	2642877	17	2605116	2502898
郊　区	4	300594	304659	36	44446021	42770214
长治县	6	895911	726320	47	14336048	13038352
襄垣县	1	128920	131095	47	26842093	24748952
屯留县	4	2435534	2407503	20	16082251	14059131
平顺县	1	48521	48521	12	2627335	2289426
黎城县	2	75409	71823	9	10864532	10682803
壶关县	7	3124118	3013527	11	7544457	7411630
长子县	6	475619	460419	19	10554333	8679826
武乡县	1	79570	60576	13	6254068	6200102
沁　县	4	293579	279946	1	408093	254612
沁源县	1	60094	49684	17	14275475	12096945
潞城市	1	61742	61742	48	19943041	18995112

单位:千元

在总计中:亏损企业			在总计中:国有控股企业			在总计中:农村企业		
企业单位数	工业总产值（当年价）	工业销售产值(当年价)	企业单位数	工业总产值（当年价）	工业销售产值(当年价)	企业单位数	工业总产值（当年价）	工业销售产值(当年价)
7	**904276**	**736565**	**85**	**86280067**	**79299299**	**7**	**6349002**	**6134585**
			6	746248	740351			
1	293630	278610	9	23240774	22607588	2	1169272	1169272
			10	9795246	8786008			
1	38750	34980	20	23262461	21296201			
			8	10420890	8701657			
			1	32837	32837			
			2	244190	243529	3	4995702	4812567
1	32551	25333	7	8406881	6951588	1		
			4	2769399	2753397			
1	408093	254612						
1	64733	63068	3	167127	152495	1	184028	152746
2	66519	79962	15	7194014	7033648			

单位:千元

在总计中:大型企业			中型企业			小型企业		
企业单位数	工业总产值（当年价）	工业销售产值(当年价)	企业单位数	工业总产值（当年价）	工业销售产值(当年价)	企业单位数	工业总产值（当年价）	工业销售产值(当年价)
37	**101285062**	**92328506**	**95**	**48629885**	**44928697**	**200**	**34051718**	**32875760**
1	718888	773549	12	4201894	3634253	13	767814	737973
7	22612931	21957337	10	9557322	9107199	21	10940451	10385963
7	9681235	8574560	9	1750253	1473897	36	3800471	3716215
3	18337340	16850205	15	5678672	5087664	28	2912824	2897968
4	9290098	7576100	7	6199673	5923703	12	906810	857870
						12	2644256	2307047
2	7365956	7227014	4	3419131	3385333	5	154854	142279
2	4791346	4670729	5	4154572	4066399	10	1722657	1688029
4	8256475	6804790	3	1156179	756746	17	1597025	1559396
1	473914	473914	7	1286882	1216270	6	4572842	4570494
			1	408093	254612	4	293579	279946
2	7804982	6289354	11	6312225	5650517	4	210264	198810
4	11951897	11130954	11	4504989	4372104	32	3527871	3533770

4-13 分县区工业企业

县市区	企业单位数(个)	亏损企业	工业总产值(当年价格)	工业销售产值(当年价格)	出口交货值
全　市	**344**	**137**	**187845954**	**173988695**	**48691**
城　区	26	10	5688596	5145775	29341
郊　区	40	16	44746615	43074873	6015
长治县	53	20	15231959	13764672	7222
襄垣县	48	23	26971013	24880047	
屯留县	24	10	18517785	16466634	5935
平顺县	13	1	2675856	2337947	
黎城县	11	5	10939941	10754626	178
壶关县	18	3	10668575	10425157	
长子县	25	11	11029952	9140245	
武乡县	14	6	6333638	6260678	
沁　县	5	3	701672	534558	
沁源县	18	8	14335569	12146629	
潞城市	49	21	20004783	19056854	

4-13 续 1

县市区	累计折旧	本年折旧	在建工程	负债合计	流动负债合计
全　市	**65465343**	**11344884**	**24554837**	**215135116**	**149898615**
城　区	1217842	213454	799528	5511542	4337056
郊　区	12012070	2042867	2578666	37177771	26940932
长治县	5160451	1029761	3443502	24925215	16882547
襄垣县	12625402	2321563	4379895	42072637	25830793
屯留县	5649344	764302	2381903	20393627	15226905
平顺县	67592	13691	57088	1137837	462294
黎城县	787914	107641	78599	2070929	1840607
壶关县	1131665	314358	102887	5156518	4340617
长子县	4713931	431321	1292518	14445212	11700375
武乡县	2297603	444405	1091486	10126644	5108708
沁　县	159038	145107	237388	1498034	1397871
沁源县	3270840	579617	3688696	26066653	20248535
潞城市	16371651	2936797	4422681	24552497	15581375

主要经济指标

单位:千元

年初存货		资产总计	流动资产合计					固定资产合计	固定资产原价
	产成品			应收账款	存货				
						产成品	在产品		
16967623	**6364865**	**306069029**	**132926455**	**21303094**	**15696361**	**6987586**	**931650**	**117098633**	**160963798**
1125453	519919	9320069	4455946	838565	1111264	411836	168379	3327141	3783349
3760671	1412806	42997517	17019704	4184526	2841943	1405795	21764	20594452	29492284
1124681	513939	42531816	17707748	2025810	996589	422968	49533	15403783	17360499
2169902	1050057	65379538	36878706	6599254	2459704	1045166	109794	24997679	28255554
2335981	865239	28388881	8959909	2075409	2807141	1469489	7994	12578292	16620675
42976	34654	1952242	1318958	196283	85460	75253	552	299968	319394
314766	135885	3079025	1665128	229909	322113	157310	451	1323738	1688165
669252	191656	8442965	5447270	726860	681823	295426	7735	2469368	3520622
734902	251601	22508466	6760054	495796	529111	222045	25602	9454108	13785221
133382	68068	11924261	4076036	352980	147422	84626	1604	4657943	6836448
107257	95456	1439893	558687	86799	127816	97852	5877	690005	518682
1047282	287415	35158452	15157730	1241866	935571	315325	21172	9569124	11873158
3401118	938170	32945904	12920579	2249037	2650404	984495	511193	11733032	26909747

单位:千元

	非流动负债合计	所有者权益合计						
应付账款			实收资本	国家资本	集体资本	法人资本	个人资本	港澳台资本
40605486	**58966731**	**89325141**	**44657998**	**20093274**	**2174684**	**13375100**	**7696662**	**256169**
914099	1163630	3808527	3334143	698092	10340	2001969	308950	
10619051	8256858	5654092	7285805	3807500	317101	1623612	1525092	12500
4575430	7070217	17595140	5331294	1538714	252755	2325106	518782	
7263813	16241844	23306901	4920416	3675672	133650	555124	555970	
4161176	3170470	6833394	6655993	5361563	299050	630828	364552	
60789	77191	731964	237626	4036	10000	300	223290	
500297	220312	1018094	742760			159380	532000	
1125298	549845	3286354	1224252	12155		201705	1010392	
2127110	2599829	7889130	2049701	1051061	40000	848916	109724	
1494890	4934076	1795555	2965047	2056230	14400	473317	421100	
262427	100163	-58141	343540			163000	180540	
2448878	5813101	9070764	2023594	171230	26300	773211	1052853	
5052228	8769195	8393367	7543827	1717021	1071088	3618632	893417	243669

4-13 续 2

县市区	外商资本	营业收入	主营业务收入	营业成本	主营业务成本
全　市	**1050109**	**162180211**	**154017993**	**136856279**	**129193423**
城　区	314792	4762197	4717566	3441180	3415470
郊　区		40446864	33803290	37495794	31002242
长治县	683937	14123918	13808284	9451396	9406401
襄垣县		24779795	24746262	20456170	20199396
屯留县		15199639	15088142	12919849	12846727
平顺县		2249541	2242968	1956474	1951149
黎城县	51380	6322558	6320569	6194383	6193448
壶关县		10265399	10013751	8655844	8463893
长子县		8939898	8751575	6633864	6546037
武乡县		6032960	6029662	4433159	4421954
沁　县		507184	507144	499269	499269
沁源县		8720981	8498163	6835231	6694574
潞城市		19829277	19490617	17883666	17552863

4-13 续 3

县市区	营业利润	资产减值损失	公允价值变动收益	投资收益	营业外收入
全　市	**4173587**	**87186**	**-166305**	**699627**	**706511**
城　区	219998	2416		60	44222
郊　区	386102	24854	350	107681	120754
长治县	1091818	29696	15	31026	126649
襄垣县	449142	27837		97889	57743
屯留县	443275	6508		70601	48876
平顺县	104272				201
黎城县	-72370			322	10414
壶关县	285497	13075	100	5158	36600
长子县	530996	1950		27947	130647
武乡县	698224	2201		-13597	11058
沁　县	-107193				184
沁源县	207070	-16343		237290	76211
潞城市	-63244	-5008	-166770	135250	42952

单位:千元

营业税金及附加	主营业务税金及附加	其他业务收入	其他业务利润	销售费用	管理费用	税金	财务费用	利息收入	利息支出
1245271	**1142393**	**8162218**	**607291**	**3237434**	**12119035**	**558381**	**5225318**	**691454**	**5141577**
25151	25151	44631	21772	462462	539884	24963	71166	3498	73551
150747	143904	6643574	143180	268153	1186346	63905	1061563	38707	872904
236260	235558	315634	274243	775363	1922501	75579	649133	32862	616636
247950	247950	33533	12343	282607	3223924	148333	444976	124413	512820
80680	80680	111497	16687	229442	962140	19875	601703	51949	616092
29705	29705	6573	1248	49311	104920	774	4859	12	2340
8689	8689	1989	481	8429	121120	8041	62629	44	59181
41472	35714	251648	53939	374253	742169	22744	158347	342	141936
171821	88605	188323	2979	90025	1179914	28177	332788	5875	326993
62535	62535	3298	1007	40166	405405	46772	386587	9935	390725
724	724	40	38	44045	39484	80	30854	-44	30475
121960	115830	222818	76469	173390	837599	47072	799364	366336	844213
67577	67348	338660	2905	439788	853629	72066	621349	57525	653711

单位:千元

补贴收入	营业外支出	利润总额	所得税费用	亏损企业亏损总额	利税总额	应交税金及附加	本年应付职工薪酬	本年应交增值税	从业人员平均人数
249244	**420187**	**4462501**	**1790131**	**5387875**	**12252496**	**10138507**	**14480060**	**6544724**	**233055**
32438	17935	246285	90596	278875	479734	349008	360995	208298	12385
13579	39526	467330	160099	1730540	1740858	1497532	1917533	1122781	33191
74636	98318	1119750	354770	551740	2653969	1964568	2234360	1297959	27713
8308	66243	440642	84473	440187	1898323	1690487	4024358	1209731	60326
19650	24836	467006	243228	495782	796032	592129	1518100	248346	17440
	2614	101859	6822	1324	184535	90272	34115	52971	1254
4214	2573	-64529	8842	104625	23644	105056	117682	79484	6874
4210	27940	294157	38657	80377	450313	217557	353837	114684	11445
78547	42123	622818	363365	326464	1669434	1438158	1870720	874795	16241
2216	13456	695826	82238	79107	1036939	470123	375874	278578	6333
	640	-107649	4977	131421	-99099	13607	14818	7826	937
	26090	257191	188903	573004	891093	869877	815029	511942	16446
11446	57893	-78185	163161	594429	526721	840133	842639	537329	22470

4-14 民营经济

县市区	企业个数	工业企业个数	年末从业人员	工业企业从业人数
总　计	**66231**	**8472**	**548255**	**219504**
城　区	15201	1452	81403	8878
郊　区	2495	209	36143	20018
长治县	6854	615	76182	26697
潞城市	6708	1184	61002	27588
屯留县	4281	727	30193	11415
长子县	3453	2015	30776	20364
壶关县	2609	272	24562	13255
平顺县	2466	426	17278	9226
黎城县	3160	295	21418	10953
武乡县	3889	282	25071	7237
襄垣县	7051	190	46244	19980
沁　县	2553	475	14571	4138
沁源县	3952	182	43450	27657
开发区	1559	148	39962	12098

主要经济指标

单位:个、人、万元

总产值	工业	营业收入	利税总额	增加值	工业	实交税金	劳动者报酬
19130042	**12892839**	**18491297**	**2250273**	**5874282**	**3964416**	**213270**	**1102908**
2325762	259452	2206427	207857	621223	69172	142	78236
3201175	2318263	3228350	314146	969908	699007	19589	62748
1565467	944921	1481655	270955	556218	319997	26355	178439
2548091	2126888	2527672	276552	764772	645360	38537	66904
1098812	749391	1053118	98076	272645	200609	17257	62306
941932	697218	745546	116448	228080	167658	31450	90810
885551	818411	864011	48993	299285	274341	1149	40950
238754	163012	230403	34122	73191	48588	2335	18472
888442	746885	883292	23104	210213	174840	20409	21036
508301	355446	508301	106570	188843	121378	2544	56803
1658643	1188141	1655938	329384	552349	361688	19376	97964
288398	124098	250291	17776	82091	31098	961	21894
2285980	2037810	2225940	320190	811050	718311	33050	210366
694734	362903	630353	86100	244414	132369	116	95980

4-15 大中型工业

组织机构代码	单位详细名称	单位规模	工业总产值（当年价格）	工业销售产值（当年价格）	从业人员平均人数
11076540X	山西潞安矿业(集团)有限责任公司	大型	17010072	15531295	43869
11005638X	首钢长治钢铁有限公司	大型	8837000	8332899	14747
701169212	黎城太行钢铁有限公司	大型	6795329	6827352	1912
111171187	山西沁新能源集团股份有限公司	大型	5810518	4593863	6012
668613704	山西潞安集团余吾煤业有限责任公司	大型	5354352	3949179	5080
68809506X	山西潞安太阳能科技有限责任公司	大型	5033484	5033484	1487
110901459	山西潞宝集团	大型	4141663	3375457	4364
111051847	山西潞安常平集团有限公司	大型	4065161	3962153	3603
696696359	山西晋煤集团赵庄煤业有限责任公司	大型	4000043	3469007	6462
717866039	山西高河能源有限公司	大型	3354985	3119876	3134
110900130	天脊煤化工集团股份有限公司	大型	3203513	3170951	5235
581242656	山西潞宝集团晋钢兆丰煤化工有限公司	大型	2845796	2845796	1199
602309312	山西长信工业有限公司	大型	2710674	2702792	2556
110765565	山西潞安华亿实业有限公司	大型	2428237	2319781	1030
783272642	山西霍尔辛赫煤业有限责任公司	大型	2129561	1473530	1929
11117234X	山西通洲煤焦集团股份有限公司	大型	1994464	1695491	1496
668632710	山西潞安羿神能源有限责任公司	大型	1926527	1739520	1778
748565925	潞城市兴宝钢铁有限责任公司	大型	1760925	1738750	1769
794213875	山西潞安集团司马煤业有限公司	大型	1639848	1292371	3623
110870904	山西省长治经坊煤业有限公司	大型	1401959	1228319	2870
810758921	山西三元煤业股份有限公司	大型	1375484	1373400	2044
551482616	长治三元中能煤业有限公司	大型	1332144	1327743	1008
110873232	山西长治王庄煤业有限责任公司	大型	1230830	1229642	1501
736307435	山西南耀集团小常矿业有限公司	大型	1228816	1195745	1302
719842137	山西漳泽电力股份有限公司漳泽发电分公司	大型	999236	999236	2289
701168084	山西潞安郭庄煤业有限责任公司	大型	811794	754669	2360
55414986X	山西华晟荣煤矿有限公司	大型	794727	534510	1278
561337957	山西襄矿晋平煤业有限公司	大型	770153	769151	2540
111050393	山西壶化集团股份有限公司	大型	726185	708576	4385
729655415	山西振东制药股份有限公司	大型	722608	555945	2024
668621878	山西达利食品有限公司	大型	718888	773549	2130
694263170	山西羊头岭煤业有限公司	大型	715822	529971	2804
110871931	山西长治县雄山煤炭有限公司	大型	615183	618436	1520
734014591	山西黎城粉末冶金有限责任公司	大型	570627	399662	2725

企业主要经济指标

单位:千元

其中:实收资本	流动资产合计	固定资产合计	固定资产原价	累计折旧	利润总额	应交增值税	其中:主营业务税金及附加
2301084	26197640	16904590	19176290	9519568	522820	779166	174050
700000	3843075	5018661	8462928	3849814	-1189089	177227	17213
210000	326121	218853	449987	231134	-12692	11928	1664
344000	4628822	2264249	3438197	1483942	335026	184934	30934
1420000	1717116	2867055	5529422	2662367	738247		53415
1100000	1385790	3159241	1882843	270795	-179884	42940	
1058000	3860739	1297583	6183562	4885979	-81651	74429	8447
753528	3158117	1188662	1790418	601756	-77346	12217	1578
1000000	1055276	3597035	6454776	2857741	191503	392099	
1519860	970243	4040937	5217692	1176755	418897	391868	65161
1200000	3266299	1398418	5501790	4103372	3643	-15244	4119
500000	569464	802574	2745982	1943408	12917	56499	
389811	638269	610384	816286	415556	-178663	3954	534
100000	365380	192311	192311	99676	27000	14993	2829
350000	327306	2395998	2576130	522335	336392	199001	36812
61000	902875	1879707	2449972	570265	-147039	53656	4561
285000	1517553	1240301	1240301	469128	-48661		207
60000	663004	572677	850738	308192	11757	119384	1368
290004	4722328	712905	1926317	1213413	345202	234911	36864
221626	1429280	2737581	1646314	570577	281108	172599	34373
329000	1311953	329442	815702	486260	511881	170285	39064
480	1168204	3489	3489	1632	202880	107711	21709
370029	1483451	633858	1052361	418503	366560	183272	33144
59004	2075128	527114	600329	246446	164912	120150	13560
1323725	254487	952483	2895752	1943269	-18093	45582	5463
269900	1562759	916975	1363242	446267	52990	89333	9892
295000	857552	284379	649898	365519	179752	82884	11047
500000	2505945	770169	770169	417511	67695	100409	22571
326618	501876	338240	611654	273414	73212	45233	4911
288000	1194811	286534	395856	109322	42769	87134	10023
105000	99909	190687	269335	78648	115960	49325	5920
500760	1360991	1587908	1601949	362063	-155744	15500	6971
208460	1271831	1131856	881296	176351	3044	45659	11785
63000	310811	399777	223810	223577	24538	39940	3994

4-15 续 1

组织机构代码	单位详细名称	单位规模	工业总产值（当年价格）	工业销售产值（当年价格）	从业人员平均人数
792208351	山西大平煤业有限公司	大型	557115	549759	1169
11111000X	山西马堡煤业有限公司	大型	473914	473914	1068
792203892	山西潞安煤基合成油有限公司	大型	1197425	1132732	1911
731909744	山西漳山发电有限责任公司	中型	2534566	2534566	502
110960205	山西潞安大成工贸有限责任公司	中型	2408030	2408030	1277
701040056	山西鲁晋王曲发电有限责任公司	中型	2210236	2215714	417
602311789	山西康宝生物制品股份有限公司	中型	1881958	1360095	738
739312651	山西省黎城县金元钢铁有限公司	中型	1762292	1768983	600
692247361	长治市郊区西望煤化有限公司	中型	1648240	1497718	405
701167313	山西兴旺煤化集团有限责任公司	中型	1563348	1291729	692
668633908	山西瑞恒化工有限公司	中型	1541995	1376232	880
733998007	山西汾西太岳煤业股份有限公司	中型	1442152	1319387	620
676439347	国电长治热电有限公司	中型	1103062	1103062	322
72460693X	长治市太行紫团饮业有限公司	中型	1058674	1053725	447
701165879	长治市霍家工业有限公司	中型	1023332	1023332	897
672314088	长治市瑞奇线材有限公司	中型	956456	642697	305
729648039	山西郭氏食品工业有限公司	中型	930541	850414	258
556559256	山西康伟集团南山煤业有限公司	中型	930335	882939	730
729682288	山西中德塑钢型材有限责任公司	中型	908150	888670	950
736335778	长治市瑞达焦业有限公司	中型	866412	866412	555
111172964	山西康伟集团有限公司	中型	859187	821040	320
70116848X	山西尔安焦化集团有限责任公司	中型	751660	747924	426
664495683	山西通洲集团安神煤业有限公司	中型	731005	730323	1060
701166759	襄垣县恒祥焦化有限公司	中型	693003	619047	620
759804012	山西明源能源集团有限公司	中型	689159	458878	723
670159870	黎城华太煤气化有限公司	中型	640736	635208	337
111080744	山西凌志达煤业有限公司	中型	637995	380553	1795
779585830	黎城县长福煤气焦化有限公司	中型	608720	608720	317
762477833	襄垣县鸿达煤化有限公司	中型	564453	589426	585
558744930	山西康伟集团孟子峪煤业有限公司	中型	545726	556529	550
110930727	山西襄垣七一新发煤业有限公司	中型	539098	324869	1426
69911289X	山西长治联盛煤业投资有限公司	中型	527679	498338	2322
111172235	山西马军峪煤焦有限公司	中型	439809	280560	1040

单位:千元

其中:实收资本	流动资产合计	固定资产合计	固定资产原价	累计折旧	利润总额	应交增值税	其中:主营业务税金及附加
100000	235211	151648	489194	337546	181938	78012	12283
289470	307241	325980	592139	266159	117761	46083	9546
3361500	775615	4608100	4608100	896739	-243601		
1510000	416738	4328946	6320190	1991244	283258	211419	28542
60000	380088	55019	95271	40252	58717	21106	2187
1164000	945558	3140141	5453629	2313489	368042	193531	26156
69200	546407	423737	281163	94036	296014	67923	8784
50000	165915	109257	172936	63679	7033	6955	800
10000	239741		322330	322330	70861	15855	3611
300000	431583	816228	1076866	304748	-133049	685	195
60000	874210	1458261	939950	166355	6708		
138880	1004558	896006	695412	121218	187720	75662	21198
480000	311007	2823498	2657713	335913	105455	77500	
14500	111936	252580	292716	40136	31759	77	31
100000	49402	478819	1018838	540019	1606	32500	3655
10000	144628	149463	126045	47506	-34440	93063	31
10500	84731	59271	66924	7653	53672	998	186
50000	140738	322360	476527	154167	90739	39749	10513
60000	383465	47933	91741	43808	63169	5749	778
265028	294022	76416	361501	285086	1676	17627	2380
307879	3079392	142830	223155	80325	135265	20490	9894
100000	121623	100765	118782	72335	-9717		22
50000	373747	69020	132184	63164	5966	49807	12268
150000	479866	285402	518657	233255	-121910	12904	
150000	474024	227121	333114	105993	-69301	4186	1
50000	68525	135750	166114	30364	-15216	4610	414
114007	225603	532390	788854	256464	8891	35975	8368
100000	56851	71356	117364	46978	-6093	4191	613
133330	110510	213821	345003	131182	3147	1840	137
50000	238441	55372	155308	99936	53591	22167	6992
300000	782145	389156	773780	384643	-16625	31351	7552
68000	1322684	828338	1026758	249834	-194264	19187	7868
112605	2556653	414266	668234	253968	-88540	35201	7977

4-15 续 2

组织机构代码	单位详细名称	单位规模	工业总产值（当年价格）	工业销售产值（当年价格）	从业人员平均人数
11096066X	屯留县华诚焦化有限责任公司	中型	436652	436418	501
751504533	长治清华钢结构有限公司	中型	422770	422770	478
776734335	山西潞安余吾热电有限责任公司	中型	411112	411112	420
783260078	襄垣县诚丰电力有限公司	中型	410147	372554	651
566306682	山西青春玻璃有限公司	中型	407383	372422	610
736300372	山西反坡煤业有限责任公司	中型	393864	257909	752
692239441	山西长沁煤焦有限公司	中型	388430	358688	1367
592970894	山西煤炭运销集团三元古韩荆宝煤业有限公司	中型	383036	403071	891
111111010	山西东庄煤业有限公司	中型	382155	380568	1072
790240921	襄垣县新胜达电化有限责任公司	中型	337462	261523	476
110903956	山西金通焦化集团有限公司	中型	330645	314048	371
788527376	长治市惠诚热力有限公司	中型	330000	330000	565
110873224	长治新建煤业有限公司	中型	290526	226062	540
772532250	山西王家峪煤业有限公司	中型	286853	236616	800
689886939	长治高科产业投资有限公司	中型	284830	237166	1183
11093084X	山西襄矿石板沟煤业有限公司	中型	279801	279801	809
729653217	山西三元福达煤业有限公司	中型	279367	271873	620
110870656	长治县西山煤业有限责任公司	中型	264967	237887	700
748581837	长治市郊区南村煤化有限公司	中型	261629	251742	525
770134275	山西石泉煤业有限责任公司	中型	254221	257438	632
788521062	潞城市卓越水泥有限公司	中型	250850	250052	481
70100096X	山西凤凰胶带有限公司	中型	231999	233618	383
56357290X	华润水泥(长治)有限公司	中型	227039	244843	524
111112654	武乡县墨镫乡新村煤矿	中型	221999	213491	526
563556379	山西煤炭运销集团长治壶关有限公司赵屋分公司	中型	221160	221160	430
110765602	长治市潞安漳村恒达工贸有限公司	中型	216573	225365	709
573353030	山西潞安小南村煤业有限公司	中型	206101	205720	340
739335183	潞城市华大环保能源有限责任公司	中型	196716	199713	309
110872723	山西长治红山煤业有限公司	中型	187067	192132	760
578450067	山西沁源康伟森达源煤业有限公司	中型	184028	152746	546
110902849	山西煤炭运销集团三元石窟煤业有限公司	中型	181762	177323	457
110931260	山西襄矿辉坡煤业有限公司	中型	179142	187013	480
110901176	天脊集团兴化实业有限公司	中型	156180	121169	840

单位:千元

其中:实收资本	流动资产合计	固定资产合计	固定资产原价	累计折旧	利润总额	应交增值税	其中:主营业务税金及附加
38500	10356	80314	144948	64634	-12840	-17284	145
35000	358873	2517	5426	2909	4800	19795	1188
340133	352824	1190983	1555260	364277	60	31483	1889
50000	295471	481016	834903	353887	15898	14092	1057
150000	634100	293152	434497	164318	-66449	7480	810
19570	748782	473715	608203	134488	-22125	35257	7333
400000	1093663	970514	1006548	36034	-135000	10289	3744
20000	369100	402820	596588	193768	-36650	39816	6485
200000	1080687	756754	743979	85479	8384	24783	21511
13160	158904	86585	150980	64395	641	2500	188
122500	420841	403653	1761336	1357683	-69877	4127	975
10000	427533	739163	899471	183706	-8427	27063	
29940	121803	156413	251698	97824	49762	38470	6006
275000	244954	119815	258835	139020	-7421	13063	1925
1689950	869810	616269	304226	65367	-76171	-8646	
100000	52840	840920	574590	123586	6143	15338	3509
36000	315058	152599	306397	153798	-18860	20187	6202
30500	697125	131749	185251	83944	11399	18427	3746
150000	75000	122056	295308	173252	-51000	30	36
104668	464404	867689	930408	62719	15510	36795	2208
10200	215817	391341	558197	145039	-12510	15237	2061
145560	213189	129618	197512	67976	19326	12251	1653
224703	62542	813056	1009648	196592	-68870	-41080	7168
30000	195690	102892	145890	51479	28781	23206	4748
10000	1050547	290000	410000	120000	24218	23227	3300
30600	308511	147792	205809	58017	17920	14152	2135
100000	112929	337304	272813	65815	27859	32539	7071
50000	90309	1963	10172	8209	-2818	671	96
89000	137234	295101	299948	115515	31073	29081	7055
1000	73158	693228	405840	39335	13271	14239	3099
2040	131654	195602	284836	89234	9966	27147	6757
10000	248227	154337	171463	57376	12050	19027	5331
15364	86015	28427	50414	23395	1126	2747	333

4–15 续 3

组织机构代码	单位详细名称	单位规模	工业总产值（当年价格）	工业销售产值（当年价格）	从业人员平均人数
590883690	山西潞宝兴海新材料有限公司	中型	150984	150895	487
110763842	山西澳瑞特健康产业股份有限公司	中型	144841	171631	679
110904107	天脊集团塑料有限公司	中型	140800	141131	727
110875537	山西长治县雄山振义煤业有限公司	中型	136707	28753	497
595323019	长治华润燃气有限公司	中型	131469	131469	463
741061812	山西潞安益民金属制品有限责任公司	中型	128920	131095	691
781022340	长治市双龙食品有限公司	中型	124320	118284	380
110770049	中国人民解放军第四三二八工厂	中型	120006	111938	381
810930365	山西煤炭运销集团三元古韩永丰煤业有限公司	中型	119099	73371	395
110931332	山西襄矿西故县煤业有限公司	中型	113884	80060	510
689886920	山西成功汽车制造有限公司	中型	111001	75626	636
110931324	山西襄矿新庄煤业有限公司	中型	106104	108302	530
110763666	长治市供水总公司	中型	105733	105733	936
110762022	长治液压有限公司	中型	103781	104511	1051
110873347	长治红兴煤业有限公司	中型	89070	108095	628
110873822	山西长治三元晋永泰煤业有限公司	中型	56106	35251	405
73934774X	长治市牧村乳业有限公司	中型	54212	52150	320
701049261	山西槐安煤业有限公司	中型	24556	25662	354
701049237	山西阳迦煤业有限公司	中型	12382	27484	610
111051476	壶关华阳矿业有限公司	中型	1921167	1918731	662
583349705	山西南耀集团昌晋苑焦化有限公司	中型	802211	790674	526
058857306	山西潞安焦化有限责任公司	中型	548676	457458	753
746014003	沁县华安焦化有限公司	中型	408093	254612	455
110901723	山西晋牌水泥集团有限公司	中型	111101	99758	1068
05626649X	山西金晖隆泰煤业有限公司	中型	102394	89427	557
110772773	山西惠丰特种汽车有限公司	中型	87130	71753	320
566330949	武乡县绿农农牧科技有限公司	中型	79570	60576	385
110931340	山西襄矿上良煤业有限公司	中型	28307	23862	645
110762639	山西太行药业股份有限公司	中型	25055	54595	785
051958139	西门子大型特种电机(山西)有限公司	中型	24701	24308	593
563556360	山西煤炭运销集团黄山煤业有限公司	中型	23030	22369	350
686259059	山西潞安集团东盛煤业有限公司	中型			585

单位:千元

其中:实收资本	流动资产合计	固定资产合计	固定资产原价	累计折旧	利润总额	应交增值税	其中:主营业务税金及附加
500000	320912	1257363	164006	37710	-55341	-26991	
80000	154389	97722	137187	44465	3011	9222	1106
35086	60690	13745	42171	28426	2591	6338	761
16034	288189	196409	212198	21007	24491	1169	987
300190	190951	154452	174847	20395	-7102	-1027	2103
12350	107840	16856	26503	9647	242	8643	994
30000	18518	43290	46944	3655	-13600	-6843	
50000	229249	116862	140690	41331	3351		7
36255	97918	95299	136627	41328	-73545	9734	2020
100000	81331	304448	255538	59578	-29257	9414	1615
680000	193708	385549	445384	59835	-56179		1491
5000	59682	134955	178728	43773	-27867	6479	1761
53520	157571	174558	416543	245333	-2399	5974	776
91014	192806	41969	155446	120197	-1862	5533	578
81000	297815	225857	342948	147475	-51835	15656	3116
80000	65378	289624	344036	54412	-41314	3623	1024
5000	19120	37431	54364	17928	2341	66	3
50000	105377	126873	132778	5905	-3154	-1186	2022
141480	389885	69570	124113	54543	-44142	1172	1290
1000	126631	71205	70115	1996	19440	14106	499
70000	551987	326104	445960	119856	-911	2284	344
1570000	996937	285610	327884	42274	-25354		
150000	238754	564043	422515	141529	-114412	-2951	
377588	178793	296572	966372	669800	-251624	3396	1780
50000	25563	10901	40215	29314	-102442		4299
23500	104623	54668	63420	8752	32482	6634	496
30000	24400	65649	64173	1476	-4313		
200000	151639	523568	314641	81326	-53587	753	616
30000	245379	160480	206087	121759	-39466	5194	701
300000	33635	195506	223889	28383	-93479		
2155	4355	1131	3433	2303	4237	2130	1791
50000	186203	577104	636739	59635	-20062		

4-15 续 4

组织机构代码	单位详细名称	资产总计	流动负债合计	非流动负债合计	负债合计
11076540X	山西潞安矿业(集团)有限责任公司	43102230	12788483	11724917	24513400
11005638X	首钢长治钢铁有限公司	9888145	11514866	418227	11933093
701169212	黎城太行钢铁有限公司	545974	581912		591912
111171187	山西沁新能源集团股份有限公司	8873773	5490233	436368	5926601
668613704	山西潞安集团余吾煤业有限责任公司	6506741	1772409	489647	2262057
68809506X	山西潞安太阳能科技有限责任公司	4760400	2889230	520112	4482450
110901459	山西潞宝集团	7934021	4604285	569998	5174283
111051847	山西潞安常平集团有限公司	4449015	3446529	227600	3674129
696696359	山西晋煤集团赵庄煤业有限责任公司	7135414	4249047	401547	4650594
717866039	山西高河能源有限公司	6905777	3604556	745391	4349947
110900130	天脊煤化工集团股份有限公司	7034049	3266299	1324031	4603887
581242656	山西潞宝集团晋钢兆丰煤化工有限公司	2069185	1440689	88248	1528937
602309312	山西长信工业有限公司	1249239	1455116		1455116
110765565	山西潞安华亿实业有限公司	644980	353902		353902
783272642	山西霍尔辛赫煤业有限责任公司	3290860	651686	601200	1252886
11117234X	山西通洲煤焦集团股份有限公司	3654311	1860706	1056811	2917517
668632710	山西潞安羿神能源有限责任公司	3093235	2855093	199000	3054093
748565925	潞城市兴宝钢铁有限责任公司	1251084	527998		527998
794213875	山西潞安集团司马煤业有限公司	7519304	2436421	2668904	5105325
110870904	山西省长治经坊煤业有限公司	4166861	672328	427860	1101188
810758921	山西三元煤业股份有限公司	2754472	244855	1603	246458
551482616	长治三元中能煤业有限公司	1241089	300031	389	300421
110873232	山西长治王庄煤业有限责任公司	2644529	469531	17869	487400
736307435	山西南耀集团小常矿业有限公司	2704107		1500458	1500458
719842137	山西漳泽电力股份有限公司漳泽发电分公司	1517216	401637	1115579	1517216
701168084	山西潞安郭庄煤业有限责任公司	4434468	2826926	996000	3822926
55414986X	山西华晟荣煤矿有限公司	1499421	482824		482824
561337957	山西襄矿晋平煤业有限公司	3299680	1709542	430300	2139842
111050393	山西壶化集团股份有限公司	1208954	450673	245625	696298
729655415	山西振东制药股份有限公司	2373155	525694	35918	561612
668621878	山西达利食品有限公司	301027	169102		169102
694263170	山西羊头岭煤业有限公司	3768936	2245545	543445	3073879
110871931	山西长治县雄山煤炭有限公司	3617151	1475403	533182	2008586
734014591	山西黎城粉末冶金有限责任公司	710588	350999	16194	367193

单位:千元

所有者权益合计	其中:主营业务收入	其中:主营业务成本	四、销售费用	五、管理费用	利息支出	营业利润
18588830	16091630	12903952	178090	2363230	130808	530820
−2044948	7656293	8070426	29028	337719	257248	−1266150
−35938	2339647	2323282		16713	14365	−16377
2947172	4230740	3559451	90608	347268	258692	288671
4244684	3681125	2517250		347471	18603	740190
277950	851280	824750	2594	86470	101340	−164034
2759738	4169530	3810287	169146	110957	111319	−67518
774886	3962153	3925909	5027	30792	80016	−77346
2484820	3304235	2668443	1250	470570	58132	107056
2555830	3098518	2041513	75859	364568	146641	428916
2430162	3155355	2809567	79561	222790	114602	8111
540248	2752448	2530626	70325	61825	7654	12917
−205877	1390939	1548139		18035	16367	−192165
291078	2319781	2230180	2668	67781	2599	28162
2037974	1475523	840471	28772	178863	55567	339722
736794	1062315	979805	5521	67982	150251	−153750
39142	1445587	1284755	100279	51300	69149	−57144
723086	1738751	1702762		21126	6775	9557
2413979	1673765	960821	71842	259660	145024	349141
3065673	1118136	586357	12411	254012	31947	277450
2208014	1373400	763362	15062	217036	40	512903
766543	1337594	918634	15750	153925		202880
2157128	1229642	572066	59324	201150	688	362964
1203649	820763	575312	1045	64280	1654	164912
	999236	967078			45180	−14714
611541	756901	495547	53801	116581	143721	39212
1016597	534510	167387	8596	139951	18789	198702
1159838	694111	392962	15912	82374	133979	75416
512656	591086	374267	64712	120497	8844	56245
1811543	578802	59918	359191	109272	26679	36974
131925	773549	585946	45504	23120	166	115907
695057	406792	333318	25848	97507	48607	−133714
1608565	600830	398809	8100	155650	30087	3827
343394	516208	404037	2328	67438	16523	21642

4-15 续 5

组织机构代码	单位详细名称	资产总计	流动负债合计	非流动负债合计	负债合计
792208351	山西大平煤业有限公司	706029	184440		184440
11111000X	山西马堡煤业有限公司	1341618	200611	339940	540551
792203892	山西潞安煤基合成油有限公司	5499075	3284671	1408215	4692886
731909744	山西漳山发电有限责任公司	4868809	1429200	3014508	4443708
110960205	山西潞安大成工贸有限责任公司	490633	397064		397064
701040056	山西鲁晋王曲发电有限责任公司	4537694	840490	1900352	2740842
602311789	山西康宝生物制品股份有限公司	1133263	287754	152804	440558
739312651	山西省黎城县金元钢铁有限公司	275172	98548	43305	141853
692247361	长治市郊区西望煤化有限公司	239741	115551		179806
701167313	山西兴旺煤化集团有限责任公司	2303526	1123039		1686203
668633908	山西瑞恒化工有限公司	2494648	1204300	695475	1899775
733998007	山西汾西太岳煤业股份有限公司	1900564	830505	731936	1562441
676439347	国电长治热电有限公司	3134508	1436115	1432275	2868390
72460693X	长治市太行紫团饮业有限公司	364516	79657		79657
701165879	长治市霍家工业有限公司	649710	511725		511725
672314088	长治市瑞奇线材有限公司	294091	329542	1400	330942
729648039	山西郭氏食品工业有限公司	156984	23728	33000	56728
556559256	山西康伟集团南山煤业有限公司	765476	232977	28147	261124
729682288	山西中德塑钢型材有限责任公司	507360	213674		213674
736335778	长治市瑞达焦业有限公司	617617	363252	9587	372839
111172964	山西康伟集团有限公司	4278027	1267016	526308	1793324
70116848X	山西尔安焦化集团有限责任公司	367843			329694
664495683	山西通洲集团安神煤业有限公司	486187	386954		386954
701166759	襄垣县恒祥焦化有限公司	863470	1050486		1050486
759804012	山西明源能源集团有限公司	898674	1238782	7290	1246072
670159870	黎城华太煤气化有限公司	213084	111012		111012
111080744	山西凌志达煤业有限公司	1417941	699024	327476	1026500
779585830	黎城县长福煤气焦化有限公司	131208	115774		115774
762477833	襄垣县鸿达煤化有限公司	339787	172875		172875
558744930	山西康伟集团孟子峪煤业有限公司	399184	84997	3000	87997
110930727	山西襄垣七一新发煤业有限公司	1627817	573456	564604	1138060
69911289X	山西长治联盛煤业投资有限公司	2850387	1264968	1485331	2750299
111172235	山西马军峪煤焦有限公司	3324618	1853985	1118944	2972929

单位:千元

所有者权益合计	其中:主营业务收入	其中:主营业务成本	四、销售费用	五、管理费用	利息支出	营业利润
521589	532258	206656	5030	121970	-3257	190869
801066	482616	277711	7450	57453	502	115765
806189	1042890	932340	1542	161846	217304	-249721
425101	2530765	1921082		51935	209174	283186
93569	2408030	2290294	57	52990	3679	59516
1796852	2210236	1537947		160397	92582	388472
692705	1287212	580964	239807	151914	9336	299632
133319	1768983	1749074		5945	6131	7033
59935	998035	810750	51017	60125		70861
310045	862049	942130	1419	17717	27869	-134478
594873	1109357	1078757	5990	11060	9821	5379
338123	573372	257249	1659	34078	62539	188738
266118	1097014	846182			150140	105528
284859	880125	753369	52633	41325	10023	31759
137985	1095509	1111174	8736	23324	19920	-10527
-36851	545404	566632		3255	9926	-34440
100256	767260	567728	65217	65112	13846	53672
504352	286934	157747	40	21408	2900	90177
293686	725547	593536	53987	6847	10070	61906
244778	711450	691352	121	12343	3264	1315
2484703	369837	264179	1131	27690	80665	134954
38149	383817	375691		9758	8471	-10125
99233	381131	233418	6002	89036	33082	6704
-187016	618922	676528	15806	23967	25378	-122764
-347398	484134	471920	54563	11245	32033	-68032
102072	635208	639713		7450	1759	-14123
391441	286973	187996	23386	64948	34834	-29262
15434	608720	611332	135	2777		-6093
166912	687129	669121	2549	12936		2690
311187	155154	89678	30	12723	4956	52121
489757	256780	169344	705	80277	37445	-33808
100088	225504	205982	5453	135753	59520	-191196
351689	245872	169572	2332	58224	58856	-88581

4–15 续 6

组织机构代码	单位详细名称	资产总计	流动负债合计	非流动负债合计	负债合计
11096066X	屯留县华诚焦化有限责任公司	90670	128180	16158	144339
751504533	长治清华钢结构有限公司	361790	313528		313528
776734335	山西潞安余吾热电有限责任公司	1556289	1493939		1493939
783260078	襄垣县诚丰电力有限公司	781749	149439	668036	817475
566306682	山西青春玻璃有限公司	939086	469160	156111	625272
736300372	山西反坡煤业有限责任公司	1512867	612651	208307	820959
692239441	山西长沁煤焦有限公司	3408965	2216297	619535	2835832
592970894	山西煤炭运销集团三元古韩荆宝煤业有限公司	1059714	583677	392252	975929
111111010	山西东庄煤业有限公司	2013737	1550625	382660	1933489
790240921	襄垣县新胜达电化有限责任公司	306788	191920		191920
110903956	山西金通焦化集团有限公司	876246	800723	48718	849441
788527376	长治市惠诚热力有限公司	1175458	544623	733695	1278318
110873224	长治新建煤业有限公司	370910	248966	30130	279096
772532250	山西王家峪煤业有限公司	1347111	581884	577177	1159062
689886939	长治高科产业投资有限公司	2289058	904040	36584	940624
11093084X	山西襄矿石板沟煤业有限公司	1385721	857313	406524	1263837
729653217	山西三元福达煤业有限公司	1029705	461864		532258
110870656	长治县西山煤业有限责任公司	846679	287031	1351	288382
748581837	长治市郊区南村煤化有限公司	197056	332833	10167	343000
770134275	山西石泉煤业有限责任公司	1616457	992098	455279	1447377
788521062	潞城市卓越水泥有限公司	646160	267921	329012	596933
70100096X	山西凤凰胶带有限公司	349448	65862	2160	68022
56357290X	华润水泥(长治)有限公司	1131768	1131207		1131207
111112654	武乡县墨镫乡新村煤矿	428150	99024	55006	154030
563556379	山西煤炭运销集团长治壶关有限公司赵屋分公司	1340547			172300
110765602	长治市潞安漳村恒达工贸有限公司	456303	393791	15000	408791
573353030	山西潞安小南村煤业有限公司	450234	272956	50000	322956
739335183	潞城市华大环保能源有限责任公司	92272	73503		73503
110872723	山西长治红山煤业有限公司	548682	251171	215	251386
578450067	山西沁源康伟森达源煤业有限公司	1260042	665353	221540	886893
110902849	山西煤炭运销集团三元石窟煤业有限公司	453839	202205	10219	212424
110931260	山西襄矿辉坡煤业有限公司	402564	123940		123940
110901176	天脊集团兴化实业有限公司	117117	101753		101753

单位:千元

所有者权益合计	其中:主营业务收入	其中:主营业务成本	四、销售费用	五、管理费用	利息支出	营业利润
-53668	356982	358761	342	8920	1435	-12840
48262	436353	407315	2048	15027	11104	1497
62350	396225	272975		52693	68708	3017
-35726	336665	303486	800	14010	2	17318
313814	316126	351890	1758	10770	15792	-66449
691908	239507	161955	1876	34729	49246	-15632
573133	156289	80998	3407	82913	119365	-130088
83785	277647	148008	17514	115500	24616	-34967
80248	380568	184655	210	60469	105432	8384
114868	264977	251015		11834		1095
26804	281160	324794	12201	11191	835	-69466
-102860	311865	287996	4414	33971	-193	-11526
91814	241122	92831		52605	11195	78485
188049	236616	181345	3172	36667	20359	-7421
1348434	78952	89483	878	67394	8922	-87405
121884	169024	91558	1908	57501	7752	10033
497447	271873	183249	5224	85428	9250	-16989
558296	145947	83600	4343	37621	6770	15417
-145944	201002	235966	3742	10510	4340	-52474
169080	323988	212924	2374	13242	49003	15736
49227	250052	225842	2291	31957	17572	-30131
281426	233618	184092	14941	14247	346	19587
560	316732	285693	2593	34408	60796	-66309
274120	213491	146835	4135	28187		29681
1168247	211160	165260	980	17300	102	24218
47512	160151	119578	189	37522	1657	18243
127277	206725	98736	3159	54159	13580	29902
18769	199713	197891	2881	1672		-2818
297296	192132	115885	2392	19662	13880	35130
373149	143031	99583	2168	24326		14011
241415	176257	92426	4987	55917	1089	9937
278624	131962	69728	813	31976	7340	16174
15364	132237	116522	2838	13128	-185	1112

4-15 续 7

组织机构代码	单位详细名称	资产总计	流动负债合计	非流动负债合计	负债合计
590883690	山西潞宝兴海新材料有限公司	1617918	36228	1193660	1229888
110763842	山西澳瑞特健康产业股份有限公司	295011	165619	13589	179208
110904107	天脊集团塑料有限公司	97466	24502		24502
110875537	山西长治县雄山振义煤业有限公司	625884	601958	17263	619221
595323019	长治华润燃气有限公司	410040	119844		119844
741061812	山西潞安益民金属制品有限责任公司	124798	95601		95601
781022340	长治市双龙食品有限公司	68133	107170		107170
110770049	中国人民解放军第四三二八工厂	365829	119480	5500	124980
810930365	山西煤炭运销集团三元古韩永丰煤业有限公司	458820	471904	97401	569305
110931332	山西襄矿西故县煤业有限公司	460401	121001	218000	339001
689886920	山西成功汽车制造有限公司	980114	395468		395468
110931324	山西襄矿新庄煤业有限公司	574827	547821		547821
110763666	长治市供水总公司	350267	154386		165241
110762022	长治液压有限公司	265787	187710		187710
110873347	长治红兴煤业有限公司	611547	86207	319249	405457
110873822	山西长治三元晋永泰煤业有限公司	435698	337934	27	337961
73934774X	长治市牧村乳业有限公司	60645	19178	9363	28541
701049261	山西槐安煤业有限公司	324277	173415	126547	299962
701049237	山西阳迦煤业有限公司	713890	168805	226413	395219
111051476	壶关华阳矿业有限公司	197836	66609	13645	80254
583349705	山西南耀集团昌晋苑焦化有限公司	1032565	809123		809123
58857306	山西潞安焦化有限责任公司	2162772	651072	9666	660738
746014003	沁县华安焦化有限公司	908655	1080292	82	1080374
110901723	山西晋牌水泥集团有限公司	490386	77911	3286328	3532117
5626649X	山西金晖隆泰煤业有限公司	2227357	1617891	222807	1840699
110772773	山西惠丰特种汽车有限公司	173117	55060	8559	63619
566330949	武乡县绿农农牧科技有限公司	120264	69288	25289	94577
110931340	山西襄矿上良煤业有限公司	801202	650691	87000	737691
110762639	山西太行药业股份有限公司	410863	323504	212880	536384
51958139	西门子大型特种电机(山西)有限公司	424804	295665		295665
563556360	山西煤炭运销集团黄山煤业有限公司	5487	351	130	5014
686259059	山西潞安集团东盛煤业有限公司	930807	610563	293320	903883

单位:千元

所有者权益合计	其中:主营业务收入	其中:主营业务成本	四、销售费用	五、管理费用	利息支出	营业利润
388030	125663	161678	18	11243		-55323
115803	221088	179514	18114	17106	2628	2854
72964	141132	127456	876	7731	2241	2540
6663	117399	56545		23650	9431	26772
290196	131415	83459	30276	24430		-7035
29197	131082	111988		23611	348	-5873
-39037	132773	139024	1265	5783	-625	-13701
240849	127975	99275	2441	24952	-1995	3275
-110485	73371	82169	1284	31881	13655	-73332
121400	71389	46304	1744	45640	59	-28360
584646	76220	115418	4128	60068		-113730
27006	55614	34022	3726	48253	4956	-28571
185026	105733	69914	5945	37316		-2399
78077	106923	77418	10887	22419		-2414
206090	108089	101606	388	20322	29998	-47345
97736	35251	49006	2039	23248	1	-40048
32104	41027	26587	3992	3754	4350	2341
24315	31532	16344		13416	2817	-3062
318670	36412	63281	429	15364	3595	-44142
117582	1921167	1525382	27024	319559	14221	34482
223442	802211	791709	1198	9871		-911
1502033	457458	486991	1336	13368		-27093
-171719	219236	302092	11360	19806		-114041
-3041732	93318	104109	4661	23409	218336	-251709
386658	107995	90479	2779	23105		-102607
109498	85575	47538	5396	14483	1643	16030
25687	68459	63743	130	7622		-4198
63511	23862	27285	584	40414	7323	-52111
-125521	54595	48185	11007	27236	7523	-40109
129139	28270	92148	291	21835	4697	-93665
380	23030	10830	84	2583	18	7198
26924	95780	67696	994	29895	10668	-19983

4-16 有工作量建筑业

指标名称	企业个数			合同情况(千元)			
	建筑业企业个数(个)	有工作量的建筑业企业个数(个)	亏损企业个数(个)	签订的合同额	上年结转合同额	本年新签合同额	直接从建设单位承揽工程完成的产值
总计	**162**	**154**	**28**	**19894807**	**5166097**	**14728710**	**14471866**
其中:国有及国有控股企业	20	20	4	12988352	3540400	9447952	8737532
一、按登记注册类型分组							
内资企业	161	153	28	19836807	5166097	14670710	14414688
国有企业	10	10	2	7513826	2595281	4918545	4936525
集体企业	6	6	1	199408	20763	178645	198300
股份合作企业							
有限责任公司	42	36	10	6980077	1269794	5710283	5115854
国有独资公司	2	2		4275218	468000	3807218	3092808
其他有限责任公司	40	34	10	2704859	801794	1903065	2023046
股份有限公司	2	2	1	38769	6663	32106	36235
私营企业	101	99	14	5104727	1273596	3831131	4127774
私营有限责任公司	99	97	14	5089727	1273596	3816131	4103004
私营股份有限公司	2	2		15000		15000	24770
其他企业							
港、澳、台商投资企业	1	1		58000		58000	57178
与港澳台商合资经营	1	1		58000		58000	57178
二、按国民经济行业分组							
房屋建筑业	75	71	8	11666850	3895699	7771151	8014438
土木工程建筑业	39	37	6	7706404	1195745	6510659	5996461
铁路、道路、隧道和桥梁工程建筑	17	16	2	2231225	530684	1700541	1676869
铁路工程建筑	1	1		7218		7218	7218
公路工程建筑	12	11	2	1786539	507208	1279331	1246157
市政道路工程建筑	4	4		437468	23476	413992	423494
其他道路、隧道和桥梁工程建筑							
水利和内河港口工程建筑	1	1		156769	36218	120551	100008
水源及供水设施工程建筑							
河湖治理及防洪设施工程建筑	1	1		156769	36218	120551	100008
港口及航运设施工程建筑							
海洋工程建筑							
工矿工程建筑	8	7	1	4617594	473863	4143731	3418564
架线和管道工程建筑	13	13	3	700816	154980	545836	801020
架线及设备工程建筑	12	12	3	627123	121043	506080	727327
管道工程建筑	1	1		73693	33937	39756	73693
其他土木工程建筑							
建筑安装业	13	11	3	101007	27262	73745	62434
电气安装	2	2	1	4356	856	3500	2880
管道和设备安装	7	5	2	56689	16336	40353	34002
其他建筑安装业	4	4		39962	10070	29892	25552
建筑装饰和其他建筑业	34	34	11	420546	47391	373155	398533
建筑装饰业	26	26	6	267907	27504	240403	248723
工程准备活动	2	2	1	14350	1432	12918	13562
建筑物拆除活动	2	2	1	14350	1432	12918	13562

企业生产情况指标

承包工程完成情况(千元)			建筑业总产值(千元)						竣工产值	房屋建筑施工	
自行完成施工产值	分包出去工程的产值	从建设单位以外承揽工程完成的产值	建筑业总产值(千元)	其中:装饰装修产值	其中:在外省完成的产值	建筑工程产值	安装工程产值	其他产值		房屋建筑施工面积	其中:本年新开工面积
14464496	**7370**	**32254**	**14496750**	**559676**	**538800**	**13065998**	**1210713**	**220039**	**8715577**	**9950146**	**4098297**
8737532		3019	8740551	186602	311783	8344962	364599	30990	3973138	6535281	2882958
14407318	7370	32254	14439572	502498	538800	13008820	1210713	220039	8658399	9950146	4098297
4936525			4936525		287303	4849846	59969	26710	3191337	6028153	2416086
198300		217	198517			182514	12000	4003	198517	100156	100156
5115854		8344	5124198	213906	24980	4303079	769916	51203	1929842	1291848	791674
3092808			3092808	186602	24480	2798415	290113	4280	323748	407010	389444
2023046		8344	2031390	27304	500	1504664	479803	46923	1606094	884838	402230
36235			36235			25000	11235		36235		
4120404	7370	23693	4144097	288592	226517	3648381	357593	138123	3302468	2529989	790381
4095634	7370	23693	4119327	287592	226517	3624611	356593	138123	3287468	2517189	777581
24770			24770	1000		23770	1000		15000	12800	12800
57178			57178	57178		57178			57178		
57178			57178	57178		57178			57178		
8008268	6170	18137	8026405	158059	346459	7671536	236770	118099	5763801	9543136	3708853
5996461		4279	6000740	186602	187388	5064141	876575	60024	2547847	407010	389444
1676869			1676869		162908	1620825	300	55744	1095701		
7218			7218			7218			7218		
1246157			1246157		162908	1190113	300	55744	664989		
423494			423494			423494			423494		
100008			100008			100008			80005		
100008			100008			100008			80005		
3418564		3019	3421583	186602	24480	3125177	292126	4280	652523	407010	389444
801020		1260	802280			218131	584149		719618		
727327		1260	728587			144438	584149		645925		
73693			73693			73693			73693		
61234	1200	9338	70572		2320	13413	56149	1010	52953		
2880			2880			1300	1580		2880		
34002			34002		2320	6113	27889		21439		
24352	1200	9338	33690			6000	26680	1010	28634		
398533		500	399033	215015	2633	316908	41219	40906	350976		
248723			248723	215015		184527	41219	22977	222928		
13562			13562			13562			12562		
13562			13562			13562			12562		

4-16 续 1

指 标 名 称	企业个数			合同情况(千元)			
	建筑业企业个数(个)	有工作量的建筑业企业个数(个)	亏损企业个数(个)	签订的合同额	上年结转合同额	本年新签合同额	直接从建设单位承揽工程完成的产值
其他工程准备活动							
提供施工设备服务	5	5	4	134482	17859	116623	132441
其他未列明建筑业	1	1		3807	596	3211	3807
三、按隶属关系分组							
中央	1	1		7218		7218	7218
省(自治区、直辖市)	5	5	1	9615393	2063014	7552379	6730318
地区(州、盟、省辖市)	25	22	8	3788922	1536583	2252339	2541466
县(区、市、旗)	9	9	3	300422	21103	279319	287795
街道	1						
镇							
乡							
居委会							
村委会							
其他	121	117	16	6182852	1545397	4637455	4905069
四、按企业资质等级分组							
施工总承包	94	88	10	18972093	5029214	13942879	13587300
特级							
一级	4	4		12214678	3095035	9119643	8431592
二级	28	28	4	4333035	1474263	2858772	3397996
三级及以下	62	56	6	2424380	459916	1964464	1757712
专业承包	68	66	18	922714	136883	785831	884566
一级							
二级	12	12	4	280535	73417	207118	254089
三级及以下	56	54	14	642179	63466	578713	630477
五、按地区分							
长治市	162	154	28	19894807	5166097	14728710	14471866
长治市城区	113	108	17	14028681	4400759	9627922	10064987
长治市郊区	18	17	6	570909	85457	485452	470909
长治县	5	5	2	241603	157872	83731	137898
襄垣县	4	3		49734	6663	43071	47200
屯留县	6	5		4397409	471146	3926263	3203579
平顺县	1	1		23620	770	22850	17960
黎城县	1	1		31927	2390	29537	39393
壶关县	3	3		124608	8330	116278	113138
长子县	5	5	1	94325	9100	85225	92660
武乡县	1	1	1	3343		3343	3343
沁 县	1	1		15000		15000	24770
沁源县	1	1		32000		32000	32000
潞城市	3	3		134675	17010	117665	97041
六、按营业状态分							
营业	160	152	28	19894807	5166097	14728710	14471866
停业(歇业)	2	2					
筹建							

承包工程完成情况(千元)			建筑业总产值(千元)						竣工产值	房屋建筑施工	
自行完成施工产值	分包出去工程的产值	从建设单位以外承揽工程完成的产值	建筑业总产值(千元)	其中:装饰装修产值	其中:在外省完成的产值	建筑工程产值	安装工程产值	其他产值		房屋建筑施工面积	其中:本年新开工面积
132441		500	132941		500	116686		16255	115486		
3807			3807		2133	2133		1674			
7218			7218			7218			7218		
6730318			6730318	243780	311783	6385369	340669	4280	2468096	4638860	1466286
2541466		3019	2544485	738		2093394	446048	5043	1993822	1796040	1329073
287795		217	288012			201776	21413	64823	247947	181932	176902
4897699	7370	29018	4926717	315158	227017	4378241	402583	145893	3998494	3333314	1126036
13581130	6170	14706	13595836	343375	533847	12473752	947205	174879	7963051	9874657	4022808
8431592			8431592	186602	311783	8137199	290113	4280	3683987	6607572	2664694
3392026	5970	5970	3397996	126036	162908	2772507	587462	38027	2586765	1749920	474833
1757512	200	8736	1766248	30737	59156	1564046	69630	132572	1692299	1517165	883281
883366	1200	17548	900914	216301	4953	592246	263508	45160	752526	75489	75489
254089			254089	134444		166937	76443	10709	246073		
629277	1200	17548	646825	81857	4953	425309	187065	34451	506453	75489	75489
14464496	7370	32254	14496750	559676	538800	13065998	1210713	220039	8715577	9950146	4098297
10057817	7170	17355	10075172	357824	512187	9280937	724119	70116	7393204	9037766	3269621
470909		6855	477764	2521		356802	98183	22779	438588	136016	115248
137898		3019	140917			135892		5025	85277	51629	51629
47200			47200			6880	11235	29085	17135	526	526
3203379	200	200	3203579	186802	26613	2874432	299726	29421	423692	506934	484288
17960		4825	22785	1280		14078	937	7770	21871	3359	3359
39393			39393			39393			6222	13935	7335
113138			113138			60638		52500	109078	18270	18270
92660			92660			92660			91465	54093	43093
3343			3343					3343	3343		
24770			24770	1000		23770	1000		15000	12800	12800
32000			32000			20000	12000		32000	23000	23000
97041			97041			84537	12504		77416	42118	19428
14464496	7370	32254	14496750	559676	538800	13065998	1210713	220039	8715577	9950146	4098297

4-16 续 2

指标名称	面积(平方米)		施工机械设备			从业人员	
	其中:实行投标承包面积	其中:本年新开工	年末自有施工机械设备(净值)(千元)	年末自有施工机械设备(总台数)(台)	年末自有施工机械设备(总功率)(千瓦)	直接从事生产经营活动的平均人数	年末从业人数
总　计	**7926758**	**3652801**	**528620**	**9234**	**152459**	**44773**	**27860**
其中:国有及国有控股企业	6392474	2790922	125304	3002	44834	21725	8475
一、按登记注册类型分组							
内资企业	7926758	3652801	1004603	17275	287593	44445	27532
国有企业	5911264	2343478	46399	1068	15417	10878	5162
集体企业	18347	18347	3976	91	1568	1009	1210
股份合作企业							
有限责任公司	883440	750200	143849	3491	66508	15711	8083
国有独资公司	407010	389444	9954	1124	20450	8725	1409
其他有限责任公司	476430	360756	133895	2367	46058	6986	6674
股份有限公司			1131	17	170	102	102
私营企业	1113707	540776	333265	4567	68796	16745	12975
私营有限责任公司	1100907	527976	322982	4328	66756	16592	12825
私营股份有限公司	12800	12800	10283	239	2040	153	150
其他企业							
港、澳、台商投资企业						328	328
与港澳台商合资经营						328	328
二、按国民经济行业分组							
房屋建筑业	7519748	3263357	263275	4713	75940	3263357	18006
土木工程建筑业	407010	389444	244361	2820	70386	389444	7559
铁路、道路、隧道和桥梁工程建筑			216749	1044	40489		2938
铁路工程建筑							149
公路工程建筑			146942	783	31532		1999
市政道路工程建筑			69807	261	8957		790
其他道路、隧道和桥梁工程建筑							
水利和内河港口工程建筑			1079	5	450		67
水源及供水设施工程建筑							
河湖治理及防洪设施工程建筑			1079	5	450		67
港口及航运设施工程建筑							
海洋工程建筑							
工矿工程建筑	407010	389444	18117	1309	22317	389444	3049
架线和管道工程建筑			8416	462	7130		1505
架线及设备工程建筑			8416	462	7130		1355
管道工程建筑							150
其他土木工程建筑							
建筑安装业			3914	288	1103		370
电气安装							43
管道和设备安装			2722	214	951		196
其他建筑安装业			1192	74	152		131
建筑装饰和其他建筑业			17070	1413	5030		1925
建筑装饰业			10449	1383	3543		1450
工程准备活动			1980	10	950		93
建筑物拆除活动			1980	10	950		93

情况(人)				主要建筑材料消耗量						补充资料(千元)
其中:工程技术人员	其中:一级建造师	其中:现场施工工人	其中:持证上岗人员	1.钢材(吨)	2.木材(立方米)	3.水泥(吨)	4.平板玻璃(重量箱)	4.平板玻璃(平方米)	5.铝材(吨)	企业总产值
11636	**329**	**25227**	**11625**	**333576**	**165342**	**1185983**	**332062**	**1397985**	**3627**	**15749121**
3351	145	11056	3037	178387	37060	313762	246742	1209831	652	9647681
11595	329	46640	20249	503353	293778	2156590	414739	1593311	6581	26095767
2492	85	2224	2039	157381	35956	206264	246506	1174215	363	4946377
201	3	910	770	5812	950	8252	2879	13444	120	265408
2115	85	12857	3253	52862	15832	600775	46671	107764	1827	6025546
344	45	7577	155	10498	258	42252		34094	287	3843608
1771	40	5280	3098	42364	15574	558523	46671	73670	1540	2181938
43		80	55	200		250				38167
6744	156	8896	5467	117218	112604	370262	36006	95062	1222	4416445
6689	151	8854	5425	116334	112544	369132	35886	90362	1214	4371175
55	5	42	42	884	60	1130	120	4700	8	45270
41		260	41	103		180		7500	95	57178
41		260	41	103		180		7500	95	57178
		11830	7238	297145	157324	850262	329855	1341924	2974	8303377
		11837	3509	34296	1558	302602		34094	483	6966841
		1603	1111	19093	1289	166967			196	1824147
		125	125							8018
		958	723	17810	1133	123539			196	1246157
		520	263	1283	156	43428				569972
		565	550	1324		2371				100008
		565	550	1324		2371				100008
		8805	1247	10710	258	128252		34094	287	4238474
		864	601	3169	11	5012				804212
		834	572	3169	11	5012				730519
		30	29							73693
		365	258	530						70622
		32	21							2880
		276	201	524						34052
		57	36	6						33690
		1195	620	1605	6460	33119	2207	21967	170	408281
		868	442	1000	6460	5050	2207	21967	170	257971
		65	60	600		1794				13562
		65	60	600		1794				13562

4-16 续 3

指标名称	面积(平方米)		施工机械设备			从业人员	
	其中:实行投标承包面积	其中:本年新开工	年末自有施工机械设备(净值)(千元)	年末自有施工机械设备(总台数)(台)	年末自有施工机械设备(总功率)(千瓦)	直接从事生产经营活动的平均人数	年末从业人数
其他工程准备活动							
提供施工设备服务			4500	15	500		302
其他未列明建筑业			141	5	37		80
三、按隶属关系分组							
中央						125	149
省(自治区、直辖市)	4638860	1466286	17889	1340	25025	13514	5042
地区(州、盟、省辖市)	1753571	1329073	107547	1867	25885	8774	4337
县(区、市、旗)	6483	3465	19162	198	3065	1900	1764
街道							
镇							
乡							
居委会							
村委会							
其他	1527844	853977	384022	5829	98484	20460	16568
四、按企业资质等级分组							
施工总承包	7923923	3650266	488806	6879	136686	39809	24280
特级							
一级	6247028	2664694	55699	1959	34629	17869	5952
二级	881437	391397	295477	1814	59667	10665	9794
三级及以下	795458	594175	137630	3106	42390	11275	8534
专业承包	2835	2535	39814	2355	15773	4964	3580
一级							
二级			10213	1206	5526	1287	1286
三级及以下	2835	2535	29601	1149	10247	3677	2294
五、按地区分							
长治市	7926758	3652801	528620	9234	152459	44773	27860
长治市城区	7268384	3058879	420319	5675	98067	29477	20327
长治市郊区	81466	60698	22815	842	11265	2186	2167
长治县	19800	19800	3517	58		620	389
襄垣县			4394	158	52	504	380
屯留县	432264	411680	18127	1187	25847	9400	2112
平顺县	1159	1159	1852	98	420	78	55
黎城县	13935	7335	5310	24	2145	132	89
壶关县			13224	193	2102	648	503
长子县	31050	31050	14456	139	3720	484	237
武乡县						10	10
沁　县	12800	12800	6783	210	1400	83	150
沁源县			3000	65	330	520	580
潞城市	16200		14823	585	7111	631	499
六、按营业状态分							
营业	7926758	3652801	525120	9205	151819	44665	27860
停业(歇业)			3500	29	640	108	
筹建							

情况(人)				主要建筑材料消耗量						补充资料(千元)
其中:工程技术人员	其中:一级建造师	其中:现场施工工人	其中:持证上岗人员	1.钢材(吨)	2.木材(立方米)	3.水泥(吨)	4.平板玻璃(重量箱)	4.平板玻璃(平方米)	5.铝材(吨)	企业总产值
		187	99			26155				132941
		75	19	5		120				3807
24		125	125							8018
2350	114	8333	659	81295	9613	171179	113085	623280	740	748031
1218	31	3258	2294	96868	27636	140652	132559	591171	455	2767706
187	3	1572	1487	8528	1299	20172	3853	15755	125	288012
7857	181	11939	7060	146885	126794	853980	82565	167779	2307	5205067
10345	314	22545	9865	322749	158871	1061726	32985	1375618	3446	14422680
2713	140	8319	784	163657	35729	167520	245270	1203285	645	8961351
2799	101	7709	4864	102091	55490	679732	63305	98294	1755	3476250
4833	73	6517	4217	57001	67652	214474	–275590	74039	1046	1985079
1291	15	2682	1760	10827	6471	124257	2207	22367	181	1326441
331	6	802	480	1613	5735	88899		7500	129	263387
960	9	1880	1280	9214	736	35358	2207	14867	52	1063054
11636	329	25227	11625	333576	165342	1185983	332062	1397985	3627	15749121
10088	244	12914	8149	299322	160562	1050329	326218	1326390	3019	10634818
431	14	1701	605	4114	1058	41192	1134	11340		543675
178	11	374	374	2505	442	10060	89	3154		140917
58		469	416	11	247	245	40	69		49132
396	50	8190	710	13624	448	47286	965	36420	292	3953579
40		50	38	652	65	214	196	800		22875
34		78	45	294	190	4403	144	1440		39393
95	3	316	228	1661	365	4457			185	113138
36	7	220	203	2773	822	12345	140	4450	9	92660
										3343
40		40	40	764	50	380	100	2100		24770
17		480	480	5500	620	6300	2800	10300	120	32000
223		395	337	2356	473	8772	236	1522	2	98821
11615	323	25193	11605	333430	165317	1185173	332040	1394585	3610	15725924
21	6	34	20	146	25	810	22	3400	17	23197

4-16 续 4

指标名称	房屋建筑竣工						
	合计	住宅房屋	商业及服务用房屋	商厦房屋（批发和零售用房）	宾馆用房屋（住宿用房）	餐饮用房屋（餐饮用房）	商务会展用房屋
总　计	**3170228**	**2282928**	**164783**	**12695**	**69875**	**38**	**43884**
其中：国有及国有控股企业	1743809	1062898	146080	10290	63645		43864
一、按登记注册类型分组							
内资企业	3170228	2282928	164783	12695	69875	38	43884
国有企业	1524052	1016466	82435	10290			43864
集体企业	92041	59052	12335	2335			
股份合作企业							
有限责任公司	384642	206234	63645		63645		
国有独资公司	159381	46432	63645		63645		
其他有限责任公司	225261	159802					
股份有限公司							
私营企业	1169493	1001176	6368	70	6230	38	20
私营有限责任公司	1161193	997176	6368	70	6230	38	20
私营股份有限公司	8300	4000					
其他企业							
港、澳、台商投资企业							
与港澳台商合资经营							
二、按国民经济行业分组							
房屋建筑业	3010847	2236496	101138	12695	6230	38	43884
土木工程建筑业	159381	46432	63645		63645		
铁路、道路、隧道和桥梁工程建筑							
铁路工程建筑							
公路工程建筑							
市政道路工程建筑							
其他道路、隧道和桥梁工程建筑							
水利和内河港口工程建筑							
水源及供水设施工程建筑							
河湖治理及防洪设施工程建筑							
港口及航运设施工程建筑							
海洋工程建筑							
工矿工程建筑	159381	46432	63645		63645		
架线和管道工程建筑							
架线及设备工程建筑							
管道工程建筑							
其他土木工程建筑							
建筑安装业							
电气安装							
管道和设备安装							
其他建筑安装业							
建筑装饰和其他建筑业							
建筑装饰业							
工程准备活动							
建筑物拆除活动							

面积(平方米)

其他商业及服务用房屋(居民服务业用房)	办公用房屋	科研、教育、医疗用房屋	科学研究用房屋	教育用房屋	医疗用房屋(卫生医疗用房)	文化、体育、娱乐用房屋	厂房及建筑物	厂房	仓库	其他未列明的房屋建筑物*
38291	**134382**	**195735**		**188387**	**7348**	**21323**	**272992**	**69557**	**19589**	**78496**
28281	126207	176658		170883	5775	20308	133862	67782	11010	66786
38291	134382	195735		188387	7348	21323	272992	69557	19589	78496
28281	101509	176658		170883	5775	20308	49630	41550	10560	66486
10000	6372					1015	4688	688	8579	
	24698	1573			1573		86358	26232	450	1684
	23402						25602	25602		300
	1296	1573			1573		60756	630	450	1384
10	1803	17504		17504			132316	1087		10326
10	1803	15204		15204			132316	1087		8326
		2300		2300						2000
38291	110980	195735		188387	7348	21323	247390	43955	19589	78196
	23402						25602	25602		300
	23402						25602	25602		300

4-16 续 5

指标名称	房屋建筑竣工						
	合计	住宅房屋	商业及服务用房屋	商厦房屋(批发和零售用房)	宾馆用房屋(住宿用房)	餐饮用房屋(餐饮用房)	商务会展用房屋
其他工程准备活动							
提供施工设备服务							
其他未列明建筑业							
三、按隶属关系分组							
中央							
省(自治区、直辖市)	1177792	692900	146080	10290	63645		43864
地区(州、盟、省辖市)	507039	348556					
县(区、市、辖)	165107	95155	12335	2335			
街道							
镇							
乡							
居委会							
村委会							
其他	1320290	1146317	6368	70	6230	38	20
四、按企业资质等级分组							
施工总承包	3097239	2225554	164765	12695	69875	20	43884
特级							
一级	1607583	1022208	146080	10290	63645		43864
二级	771426	606816	6200		6200		
三级及以下	718230	596530	12485	2405	30	20	20
专业承包	72989	57374	18			18	
一级							
二级							
三级及以下	72989	57374	18			18	
五、按地区分							
长治市	3170228	2282928	164783	12695	69875	38	43884
长治市城区	2689616	2006203	88653	10290	6200	18	43864
长治市郊区	95754	85024	2335	2335			
长治县	28729	18347					
襄垣县	526						
屯留县	250995	102736	63795	70	63675	20	20
平顺县	3359	2205					
黎城县	5100						
壶关县	18270	18270					
长子县	42603	41143					
武乡县							
沁　县	8300	4000					
沁源县	23000	5000	10000				
潞城市	2376						
六、按营业状态分							
营业	3170228	2282928	164783	12695	69875	38	43884
停业(歇业)							
筹建							

面积(平方米)										
其他商业及服务用房屋(居民服务业用房)	办公用房屋	科研、教育、医疗用房屋	科学研究用房屋	教育用房屋	医疗用房屋(卫生医疗用房)	文化、体育、娱乐用房屋	厂房及建筑物	厂房	仓库	其他未列明的房屋建筑物 *
28281	108391	147616		141841	5775	20308	61852	61852		645
		29042		29042			63300	5300		66141
10000	22892	419			419	1015	12768	688	19139	1384
10	3099	18658		17504	1154		135072	1717	450	10326
38291	134292	195735		188387	7348	21323	260205	68470	19589	75776
28281	108391	176658		170883	5775	20308	67152	67152		66786
	18806						128594	630	11010	
10010	7095	19077		17504	1573	1015	64459	688	8579	8990
	90						12787	1087		2720
	90						12787	1087		2720
38291	134382	195735		188387	7348	21323	272992	69557	19589	78496
28281	86792	186762		180987	5775	20308	230266	42637		70632
	2372					1015	2288	688		2720
		419			419				8579	1384
							526			
10	39922						33682	25602	10560	300
		1154			1154					
		5100		5100						
										1460
		2300		2300						2000
10000	4000						4000			
	1296						630	630	450	
38291	134382	195735		188387	7348	21323	272992	69557	19589	78496

4-16 续 6

指标名称	竣工房屋						
	合计	住宅房屋	商业及服务用房屋	商厦房屋（批发和零售用房）	宾馆用房屋（住宿用房）	餐饮用房屋（餐饮用房）	商务会展用房屋
总　计	**5219774**	**3400410**	**248895**	**11651**	**123399**	**28**	**47908**
其中：国有及国有控股企业	3013696	1557335	219781	8086	111890		47900
一、按登记注册类型分组							
内资企业	5219774	3400410	248895	11651	123399	28	47908
国有企业	2606523	1453335	107891	8086			47900
集体企业	127646	82482	17485	3485			
股份合作企业							
有限责任公司	660096	351960	111890		111890		
国有独资公司	316530	104000	111890		111890		
其他有限责任公司	343566	247960					
股份有限公司							
私营企业	1825509	1512633	11629	80	11509	28	8
私营有限责任公司	1810509	1504213	11629	80	11509	28	8
私营股份有限公司	15000	8420					
其他企业							
港、澳、台商投资企业							
与港澳台商合资经营							
二、按国民经济行业分组							
房屋建筑业	4903244	3296410	137005	11651	11509	28	47908
土木工程建筑业	316530	104000	111890		111890		
铁路、道路、隧道和桥梁工程建筑							
铁路工程建筑							
公路工程建筑							
市政道路工程建筑							
其他道路、隧道和桥梁工程建筑							
水利和内河港口工程建筑							
水源及供水设施工程建筑							
河湖治理及防洪设施工程建筑							
港口及航运设施工程建筑							
海洋工程建筑							
工矿工程建筑	316530	104000	111890		111890		
架线和管道工程建筑							
架线及设备工程建筑							
管道工程建筑							
其他土木工程建筑							
建筑安装业							
电气安装							
管道和设备安装							
其他建筑安装业							
建筑装饰和其他建筑业							
建筑装饰业							
工程准备活动							
建筑物拆除活动							

价值(千元)

其他商业及服务用房屋(居民服务业用房)	办公用房屋	科研、教育、医疗用房屋	科学研究用房屋	教育用房屋	医疗用房屋(卫生医疗用房)	文化、体育、娱乐用房屋	厂房及建筑物	厂房	仓库	其他未列明的房屋建筑物
65909	**306956**	**425956**		**413865**	**12091**	**74802**	**482190**	**132534**	**35142**	**245423**
51905	298297	391266		380513	10753	74585	223489	131835	19270	229673
65909	306956	425956		413865	12091	74802	482190	132534	35142	245423
51905	247023	391266		380513	10753	74585	85880	77781	17470	229073
14000	6124					217	5466	266	15872	
	51274	1338			1338		139421	54054	1800	2413
	48836						51204	51204		600
	2438	1338			1338		88217	2850	1800	1813
4	2535	33352		33352			251423	433		13937
4	2535	29772		29772			251423	433		10937
		3580		3580						3000
65909	258120	425956		413865	12091	74802	430986	81330	35142	244823
	48836						51204	51204		600
	48836						51204	51204		600

4-16 续 7

指标名称	竣工房屋						
	合计	住宅房屋	商业及服务用房屋	商厦房屋（批发和零售用房）	宾馆用房屋（住宿用房）	餐饮用房屋（餐饮用房）	商务会展用房屋
其他工程准备活动							
提供施工设备服务							
其他未列明建筑业							
三、按隶属关系分组							
中央							
省（自治区、直辖市）	2011132	994930	219781	8086	111890		47900
地区（州、盟、省辖市）	930598	540607					
县（区、市、旗）	205256	114361	17485	3485			
街道							
镇							
乡							
居委会							
村委会							
其他	2072788	1750512	11629	80	11509	28	8
四、按企业资质等级分组							
施工总承包	5187626	3380303	248875	11651	123399	8	47908
特级							
一级	2837288	1514650	219781	8086	111890		47900
二级	1274439	977056	11489		11489		
三级及以下	1075899	888597	17605	3565	20	8	8
专业承包	32148	20107	20			20	
一级							
二级							
三级及以下	32148	20107	20			20	
五、按地区分							
长治市	5219774	3400410	248895	11651	123399	28	47908
长治市城区	4476657	2987605	119400	8086	11489	20	47900
长治市郊区	136480	130208	3485	3485			
长治县	44209	25686					
襄垣县	526						
屯留县	421287	165557	112010	80	111910	8	8
平顺县	2370	1870					
黎城县	6222						
壶关县	20300	20300					
长子县	56349	53564					
武乡县							
沁　县	15000	8420					
沁源县	32000	7200	14000				
潞城市	7088						
六、按营业状态分							
营业	5219774	3400410	248895	11651	123399	28	47908
停业（歇业）							
筹建							

价值(千元)										
其他商业及服务用房屋(居民服务业用房)	办公用房屋	科研、教育、医疗用房屋	科学研究用房屋	教育用房屋	医疗用房屋(卫生医疗用房)	文化、体育、娱乐用房屋	厂房及建筑物	厂房	仓库	其他未列明的房屋建筑物 *
51905	278348	326626		315873	10753	74585	115745	115745		1117
		64640		64640			96795	13240		228556
14000	23635	838			838	217	13565	266	33342	1813
4	4973	33852		33352	500		256085	3283	1800	13937
65909	306934	425956		413865	12091	74802	471249	132101	35142	244365
51905	278348	391266		380513	10753	74585	128985	128985		229673
	21707						244917	2850	19270	
14004	6879	34690		33352	1338	217	97347	266	15872	14692
	22						10941	433		1058
	22						10941	433		1058
65909	306956	425956		413865	12091	74802	482190	132534	35142	245423
51905	232047	414816		404063	10753	74585	412037	78214		236167
	524					217	988	266		1058
		838			838				15872	1813
							526			
4	66347						59303	51204	17470	600
		500			500					
		6222		6222						
										2785
		3580		3580						3000
14000	5600						5200			
	2438						2850	2850	1800	
65909	306956	425956		413865	12091	74802	482190	132534	35142	245423

4-17 有工作量建筑业

指标名称	一、年初存货	二、年末资产负债(千元)					
		流动资产合计	应收工程款	其中:竣工工程	其中:存货	固定资产合计	固定资产减值准备
总　　计	**2219125**	**13114882**	**5788689**		**1897654**	**1565824**	**57262**
其中:国有及国有控股企业	857722	7208687	3982254		619900	394260	4285
一、按登记注册类型分组							
内资企业	2217517	12967366	5755313		1896412	1563556	57262
国有企业	244769	3171958	2029589		260396	206752	4285
集体企业	4923	197234	5931		7870	38207	
股份合作企业							
有限责任公司	873812	5185100	2240511		587685	526764	
国有独资公司	313958	3155064	1812590		5800	95886	
其他有限责任公司	559854	2030036	427921		581885	430878	
股份有限公司	16563	79471	7950		5340	413	
私营企业	1077450	4333603	1471332		1035121	791420	52977
私营独资企业							
私营合伙企业							
私营有限责任公司	1076110	4301833	1463430		1028600	777377	52977
私营股份有限公司	1340	31770	7902		6521	14043	
其他企业							
港、澳、台商投资企业	1608	147516	33376		1242	2268	
与港澳台商合资经营	1608	147516	33376		1242	2268	
二、按国民经济行业分组							
房屋建筑业	1540196	6214877	2653752		1564941	839384	54058
土木工程建筑业	609681	6100575	2773451		274339	535235	3000
铁路、道路、隧道和桥梁工程建筑	139174	1528355	713507		183666	283786	3000
铁路工程建筑	1231	10937	5646			13	
公路工程建筑	83066	1149834	647434		89252	223145	3000
市政道路工程建筑	54877	367584	60427		94414	60628	
其他道路、隧道和桥梁工程建筑							
水利和内河港口工程建筑	470	41518	12611		5884	24771	
水源及供水设施工程建筑							
河湖治理及防洪设施工程建筑	470	41518	12611		5884	24771	
港口及航运设施工程建筑							

企业财务情况指标

二、年末资产负债(千元)										
固定资产原价	累计折旧	其中:本年折旧	在建工程	资产合计	流动负债合计	应付账款	非流动负债合计	负债合计	所有者权益合计	其中:实收资本
2106832	**749753**	**110049**	**150585**	**15474049**	**10046563**	**4824786**	**122372**	**10257997**	**5216052**	**3621253**
634480	247373	25065	6484	7672135	6467893	3990254	76759	6544653	1127482	778156
2100796	745985	109875	150585	15324265	9910631	4801235	122372	10122065	5202200	3608353
301676	101408	12655	6484	3443287	2951433	1643931	75540	3026973	416314	285200
64332	26220	1027		248028	178075	113744	1212	197234	50794	49564
686854	251704	18463	86626	5780772	4473803	2513078	5428	4482790	1297982	877475
167116	71230	1531		3251163	2766440	2090377		2766440	484723	301005
519738	180474	16932	86626	2529609	1707363	422701	5428	1716350	813259	576470
1219	896	165		109844	94912	9193		94912	14932	14000
1046715	365757	77565	57475	5742334	2212408	521289	40192	2320156	3422178	2382114
1037037	362952	77415	52130	5696520	2212140	521289	40192	2319888	3376632	2361114
9678	2805	150	5345	45814	268			268	45546	21000
6036	3768	174		149784	135932	23551		135932	13852	12900
6036	3768	174		149784	135932	23551		135932	13852	12900
911726	228566	38306	120513	7432893	4574840	1792211	76578	4678704	2754189	1750618
906278	385797	29900	8170	6948873	4870736	2856325	11217	4940742	2008131	1497720
471517	198624	21556	5967	2054143	1012332	473417	9601	1073899	980244	719998
1306	1293	1		11163	10260	6030		10260	903	1005
364333	152081	16345	5967	1614767	748997	382348	5310	806273	808494	592413
105878	45250	5210		428213	253075	85039	4291	257366	170847	126580
31503	6732	621		74498	33192	16226		33192	41306	40048
31503	6732	621		74498	33192	16226		33192	41306	40048

4-17 续 1

指标名称	一、年初存货	二、年末资产负债(千元)					
		流动资产合计	应收工程款	其中:竣工工程	其中:存货	固定资产合计	固定资产减值准备
海洋工程建筑							
工矿工程建筑	362019	3824326	1901585		59439	143181	
架线和管道工程建筑	108018	706376	145748		25350	83497	
架线及设备工程建筑	104932	668472	139481		23515	61627	
管道工程建筑	3086	37904	6267		1835	21870	
其他土木工程建筑							
建筑安装业	23683	77742	30477		19169	21941	204
电气安装	9435	17281	6409		8697	122	
管道和设备安装	1267	29886	5447		1526	14056	
其他建筑安装业	12981	30575	18621		8946	7763	204
建筑装饰和其他建筑业	45565	721688	331009		39205	169264	
建筑装饰业	37645	431060	143330		29781	65790	
工程准备活动	1882	5393	3267			18322	
建筑物拆除活动	1882	5393	3267			18322	
其他工程准备活动							
提供施工设备服务	5819	280746	183907		9205	83466	
其他未列明建筑业	219	4489	505		219	1686	
三、按隶属关系分组							
中央	1231	10937	5646			13	
省(自治区、直辖市)	442853	5818525	3658591		127907	172751	2802
地区(州、盟、省辖市)	340860	1979990	394043		344621	263715	
县(区、市、旗)	21431	195305	74927		29788	64378	1483
街道							
镇							
乡							
居委会							
村委会							
其他	1412750	5110125	1655482		1395338	1064967	52977
四、按企业资质等级分组							
施工总承包	2044784	11655198	5230137		1756020	1296155	56938
特级							
一级	570892	6538875	4125664		249107	438229	2802
二级	965183	2954962	630786		938338	447605	

固定资产原价	累计折旧	其中:本年折旧	在建工程	资产合计	流动负债合计	应付账款	非流动负债合计	负债合计	所有者权益合计	其中:实收资本
259370	118392	1953	2203	4016358	3292319	2253037	708	3298998	717360	500274
143888	62049	5770		803874	532893	113645	908	534653	269221	237400
117760	57791	4772		744100	494729	75583	10	495591	248509	217400
26128	4258	998		59774	38164	38062	898	39062	20712	20000
27314	7518	1332	540	104665	45865	10811	2114	48700	55965	47637
465	343	48		17403	11585	6899		11585	5818	5420
15682	3761	1035	540	48777	24080	2034		24801	23976	29880
11167	3414	249		38485	10200	1878	2114	12314	26171	12337
261514	127872	40511	21362	987618	555122	165439	32463	589851	397767	325278
63857	17974	1748	5665	509781	253855	37196	1062	256323	253458	180621
17817	14688	955	15193	23715	17533	13062		17533	6182	5653
17817	14688	955	15193	23715	17533	13062		17533	6182	5653
177937	94993	37762	504	447947	283386	115181	31401	315647	132300	133834
1903	217	46		6175	348			348	5827	5170
1306	1293	1		11163	10260	6030		10260	903	1005
301991	134140	10323	4900	6041022	5323926	3507802	796	5324722	716300	431252
425730	164438	16916	2333	2305881	1755650	638781	75165	1831517	474364	424125
80919	16636	1582		269540	107923	59231	5000	130870	138670	116529
1296886	433246	81227	143352	6846443	2848804	612942	41411	2960628	3885815	2648342
1671060	544117	63043	128675	13612839	8990899	4505724	87490	9157641	4455198	3015850
505254	156222	12734	89196	7024795	5883881	3797426	66383	5980264	1044531	539402
686924	266992	34468	9419	3879586	1651040	391576	5151	1658192	2221394	1685870

4-17 续 2

指标名称	一、年初存货	二、年末资产负债(千元)					
		流动资产合计	应收工程款	其中:竣工工程	其中:存货	固定资产合计	固定资产减值准备
三级以下	508709	2161361	473687		568575	410321	54136
专业承包	174341	1459684	558552		141634	269669	324
一级							
二级	14453	435363	203424		10108	85230	
三级以下	159888	1024321	355128		131526	184439	324
五、按地区分							
长治市	2219125	13114882	5788689		1897654	1565824	57262
市辖区							
长治市城区	1548369	8248509	3569334		1539533	1142853	52575
长治市郊区	110206	786116	136790		103527	105414	3204
长治县	6801	239740	54686		4754	30000	
襄垣县	16553	74917	24946		5332	1858	
屯留县	314257	3189270	1824857		15573	131696	
平顺县	875	5603	4302		901	3445	
黎城县	942	20430	6325		504	26065	
壶关县	19311	89087	42368		12337	32803	
长子县	18780	66976	30645		23414	33652	
武乡县		981	17		11	543	1483
沁　县	1340	31770	7902		6521	14043	
沁源县	87	2169	380		129	5454	
潞城市	167589	243190	17634		176424	27317	
六、按营业状态分							
营业	2219125	13114882	5788689		1897654	1565824	57262
停业(歇业)							
筹建							
七、按控股情况分							
国有控股	857722	7208687	3982254		619900	394260	4285
集体控股	22630	305889	59917		19149	63930	
私人控股	1214811	4901849	1671246		1215513	1067312	52977
港澳台商控股	1608	147516	33376		1242	2268	
外商控股							
其他	122354	550941	41896		41850	38054	

固定资产原价	累计折旧	其中:本年折旧	在建工程	资产合计	流动负债合计	应付账款	非流动负债合计	负债合计	所有者权益合计	其中:实收资本
478882	120903	15841	30060	2708458	1455978	316722	15956	1519185	1189273	790578
435772	205636	47006	21910	1861210	1055664	319062	34882	1100356	760854	605403
118761	54874	3458	19748	542484	371177	115925		371879	170605	142053
317011	150762	43548	2162	1318726	684487	203137	34882	728477	590249	463350
2106832	749753	110049	150585	15474049	10046563	4824786	122372	10257997	5216052	3621253
1475684	512910	91843	132645	10024900	6014285	2309288	76620	6125184	3899716	2637268
196414	93415	9129	2227	987082	639325	190734	34223	681081	306001	296179
38793	8793	338		288868	155633	73169		173580	115288	95590
6001	4180	391		97585	71113	12955		73884	23701	22099
202452	71747	1606	296	3320967	2767025	2087128		2767025	553942	353020
5456	2011			9048	2290	1716		2356	6692	6080
21174	3782	360	8673	46495	28112	1310		28112	18383	10000
37655	6243	520	1391	126083	71309	51140	5510	76819	49264	43121
31377	5555	1619		113723	10076	5623		36541	77182	47375
812	269	3		1555	1484			1484	71	6030
9678	2805	150	5345	45814	268			268	45546	21000
6424	1065	980		11476	2946	61	509	3455	8021	6100
49725	22408	1595		273648	196505	43076	5510	202016	71632	51580
2106832	749753	110049	150585	15474049	10046563	4824786	122372	10257997	5216052	3621253
634480	247373	25065	6484	7672135	6467893	3990254	76759	6544653	1127482	778156
104091	41005	2697	749	389316	252402	152671	4361	274710	114606	96517
1280963	414309	81198	143352	6642378	2701464	626348	41242	2813820	3828558	2636655
6036	3768	174		149784	135932	23551		135932	13852	12900
81262	43298	915		620436	488872	31962	10	488882	131554	97025

4-17 续 3

指标名称	其中:国家资本	其中:集体资本	其中:法人资本	其中:个人资本	其中:港澳台资本	其中:外商资本
总计	**239848**	**192760**	**1475611**	**1713034**		
其中:国有及国有控股企业	234848	4190	536308	2810		
一、按登记注册类型分组						
内资企业	239848	192760	1462711	1713034		
国有企业	194848		90352			
集体企业		49564				
股份合作企业						
有限责任公司	40000	129426	597665	110384		
国有独资公司			301005			
其他有限责任公司	40000	129426	296660	110384		
股份有限公司		8000	6000			
私营企业	5000	5770	768694	1602650		
私营独资企业						
私营合伙企业						
私营有限责任公司	5000	5770	768694	1581650		
私营股份有限公司				21000		
其他企业						
港、澳、台商投资企业			12900			
与港澳台商合资经营			12900			
二、按国民经济行业分组						
房屋建筑业	86220	120688	459370	1084340		
土木工程建筑业	148628	70972	932655	345465		
铁路、道路、隧道和桥梁工程建筑	60580	10000	524658	124760		
铁路工程建筑			1005			
公路工程建筑	40000		440253	112160		
市政道路工程建筑	20580	10000	83400	12600		
其他道路、隧道和桥梁工程建筑						
水利和内河港口工程建筑	40048					
水源及供水设施工程建筑						
河湖治理及防洪设施工程建筑	40048					
港口及航运设施工程建筑						

三、损益及分配(千元)									
营业收入	主营业务收入	营业成本	主营业务成本	营业税金及附加	主营业务税金及附加	其他业务利润	销售费用	管理费用	其中:税金
15266843	**15188513**	**13528552**	**13479619**	**479211**	**478194**	**20288**	**64926**	**574912**	**36336**
9154858	9138089	8436561	8429096	259681	259396	6934	14933	246150	13755
15209665	15131335	13477609	13428676	477771	476754	20288	64926	570721	36319
4930947	4917162	4557036	4550201	178416	178177	6712	2132	134710	2967
247920	234560	209622	195276	5265	5265		976	28226	302
5605275	5588868	5017087	5011268	125470	125367	451	25896	197714	17609
3293716	3290837	3066249	3065628	48455	48409	126	12800	61165	9857
2311559	2298031	1950838	1945640	77015	76958	325	13096	136549	7752
44219	43945	39233	39105	1089	1089		407	2711	11
4381304	4346800	3654631	3632826	167531	166856	13125	35515	207360	15430
4356534	4322030	3633577	3630772	166702	166027	13125	35313	206878	15423
24770	24770	21054	2054	829	829		202	482	7
57178	57178	50943	50943	1440	1440			4191	17
57178	57178	50943	50943	1440	1440			4191	17
8275192	8249207	7326144	7298460	306288	305992	17169	12428	272236	15712
6495584	6443951	5794903	5774243	161025	160979	2915	46485	251293	17846
1838231	1837326	1592689	1590459	71373	71327	222	10694	86472	7346
8018	7218	6803	6182	290	244	126		878	
1260241	1260241	1100690	1099090	51605	51605		6482	64286	6861
569972	569867	485196	485187	19478	19478	96	4212	21308	485
108432	108432	100004	100004	3692	3692			4075	107
108432	108432	100004	100004	3692	3692			4075	107

4-17 续 4

指标名称	其中:国家资本	其中:集体资本	其中:法人资本	其中:个人资本	其中:港澳台资本	其中:外商资本
海洋工程建筑						
工矿工程建筑		8277	351997	140000		
架线和管道工程建筑	48000	52695	56000	80705		
架线及设备工程建筑	48000	52695	36000	80705		
管道工程建筑			20000			
其他土木工程建筑						
建筑安装业	5000	1100	5100	36437		
电气安装				5420		
管道和设备安装				29880		
其他建筑安装业	5000	1100	5100	1137		
建筑装饰和其他建筑业			78486	246792		
建筑装饰业			63053	117568		
工程准备活动			3653	2000		
建筑物拆除活动			3653	2000		
其他工程准备活动						
提供施工设备服务			11780	122054		
其他未列明建筑业				5170		
三、按隶属关系分组						
中央			1005			
省(自治区、直辖市)	48000		383252			
地区(州、盟、省辖市)	138238	74201	149997	61689		
县(区、市、旗)	48610	46889	21030			
街道						
镇						
乡						
居委会						
村委会						
其他	5000	71670	920327	1651345		
四、按企业资质等级分组						
施工总承包	186848	178990	1295163	1354849		
特级						
一级	50190	51000	354352	83860		
二级	122628	50025	559737	953480		

三、损益及分配(千元)									
营业收入	主营业务收入	营业成本	主营业务成本	营业税金及附加	主营业务税金及附加	其他业务利润	销售费用	管理费用	其中:税金
3720341	3682039	3429175	3414829	56946	56946	2608	12800	83383	10030
828580	816154	673035	668951	29014	29014	85	22991	77363	363
754767	742461	604374	600325	26610	26610		22991	74858	363
73813	73693	68661	68626	2404	2404	85		2505	
73192	73192	55683	55683	2226	2226		1598	10442	1340
3427	3427	2099	2099	125	125		5	748	397
36003	36003	34919	34919	1367	1367		673	6364	158
33762	33762	18665	18665	734	734		920	3330	785
422875	422163	351822	351233	9672	8997	204	4415	40941	1438
268242	267530	207876	207287	8123	7448	204	3846	34033	972
13610	13610	11511	11511	657	657			1320	1
13610	13610	11511	11511	657	657			1320	1
137197	137197	130286	130286	663	663		454	4981	461
3826	3826	2149	2149	229	229		115	607	4
8018	7218	6803	6182	290	244	126		878	
6945124	6939232	6431649	6428867	183454	183239	817	12801	159107	12156
2765196	2728761	2487068	2464354	87763	87682	6220	6193	144011	1517
294038	293339	263416	262405	10047	10047		2524	15712	389
5254467	5219963	4339616	4317811	197657	196982	13125	43408	255204	22274
14273038	14218283	12730868	12682524	449719	449377	17476	39224	483037	32865
8641552	8625808	7955008	7948208	246618	246379	6627	12801	198437	21692
3798344	3775004	3255632	3250958	140179	140179	10409	7306	193022	5766

4–17 续 5

指标名称	其中:国家资本	其中:集体资本	其中:法人资本	其中:个人资本	其中:港澳台资本	其中:外商资本
三级以下	14030	77965	381074	317509		
专业承包	53000	13770	180448	358185		
一级						
二级	48000		52553	41500		
三级以下	5000	13770	127895	316685		
五、按地区分						
长治市	239848	192760	1475611	1713034		
市辖区						
长治市城区	191238	118024	897083	1430923		
长治市郊区		22376	89503	184300		
长治县		25590	70000			
襄垣县		16000	6099			
屯留县	22000		305850	25170		
平顺县			6080			
黎城县			10000			
壶关县			31121	12000		
长子县			25815	21560		
武乡县	6030					
沁　县				21000		
沁源县		6100				
潞城市	20580		31000			
六、按营业状态分						
营业	239848	192760	1475611	1713034		
停业(歇业)						
筹建						
七、按控股情况分						
国有控股	234848	4190	536308	2810		
集体控股		83775		12742		
私人控股	5000	56770	880003	1694882		
港澳台商控股			12900			
外商控股						
其他		48025	46400	2600		

三、损益及分配（千元）									
营业收入	主营业务收入	营业成本	主营业务成本	营业税金及附加	主营业务税金及附加	其他业务利润	销售费用	管理费用	其中:税金
1833142	1817471	1520228	1483358	62922	62819	440	19117	91578	5407
993805	970230	797684	797095	29492	28817	2812	25702	91875	3471
251739	251739	214883	214883	7441	7441		720	30186	393
742066	718491	582801	582212	22051	21376	2812	24982	61689	3078
15266843	15188513	13528552	13479619	479211	478194	20288	64926	574912	36336
10485780	10447251	9224900	9212545	384048	383077	17554	21650	419797	20026
528986	491963	436144	419577	12504	12458	2734	4877	34812	1925
208250	208250	185746	185746	7873	7873		880	6401	118
55991	55292	50225	49214	1423	1423		517	2436	11
3400231	3398152	3162413	3162413	52243	52243		13640	62946	9904
21635	21635	19920	19920	730	730		14	198	5
39393	39393	35611	35611	1269	1269		71	729	27
107978	107978	85529	85529	3440	3440		5383	9507	1655
113473	113473	97969	97969	5035	5035		913	4539	1839
3343	3343	2808	2808	101	101			469	5
24770	24770	21054	2054	829	829		202	482	7
32000	32000	20972	20972	484	484		93	9884	180
148743	148743	122589	122589	5045	5045		1005	11366	577
15266843	15188513	13528552	13479619	479211	478194	20288	64926	574912	36336
9154858	9138089	8436561	8429096	259681	259396	6934	14933	246150	13755
397998	383521	354645	339159	8643	8586	229	977	31777	327
5054420	5019916	4187402	4165597	191333	190658	13125	42857	240885	22098
57178	57178	50943	50943	1440	1440			4191	17
602389	589809	499001	494824	18114	18114		6159	51909	139

4-17 续 6

指标名称	财务费用	利息收入	其中:利息支出	资产减值损失	公允价值变动收益	投资收益
总　　计	**89996**	**14649**	**54051**	**17056**		**-103**
其中:国有及国有控股企业	32196	5524	20656	5766		120
一、按登记注册类型分组						
内资企业	89405	14583	51836	17056		-103
国有企业	18907	3687	20536	6114		120
集体企业	1823	643	244			483
股份合作企业						
有限责任公司	22755	2085	3889	11337		-746
国有独资公司	14000	960	28	-154		
其他有限责任公司	8755	1125	3861	11491		-746
股份有限公司	-126	135	4	-61		
私营企业	46046	8033	27163	-334		40
私营独资企业						
私营合伙企业						
私营有限责任公司	45945	7993	27063	-334		40
私营股份有限公司	101	40	100			
其他企业						
港、澳、台商投资企业	591	66	2215			
与港澳台商合资经营	591	66	2215			
二、按国民经济行业分组						
房屋建筑业	58463	12298	35723	5970		160
土木工程建筑业	18367	2225	4710	11086		-263
铁路、道路、隧道和桥梁工程建筑	3810	1072	3820	70		
铁路工程建筑						
公路工程建筑	4503	119	3646	70		
市政道路工程建筑	-693	953	174			
其他道路、隧道和桥梁工程建筑						
水利和内河港口工程建筑	-39	-39				
水源及供水设施工程建筑						
河湖治理及防洪设施工程建筑	-39	-39				
港口及航运设施工程建筑						

营业利润	营业外收入	补贴收入	营业外支出	利润总额	应交所得税	应付职工薪酬(本年贷方累计发生额)	建筑业企业在境外完成的营业收入
511683	**18490**	**11293**	**10128**	**520045**	**114563**	**1237225**	**24067**
159691	10770	7484	3986	166475	29463	421634	
511670	18490	11293	10128	520032	114560	1229353	24067
33752	10258	7419	3460	40550	2053	327142	
2491	958	–339	212	3237	123	35041	
204270	2202	215	5183	201289	44121	288181	
91201	65	65	288	90978	17456	45055	
113069	2137	150	4895	110311	26665	243126	
966			327	639	177	2870	
270191	5072	3998	946	274317	68086	576119	24067
268089	5072	3998	846	272315	67586	576099	24067
2102			100	2002	500	20	
13				13	3	7872	
13				13	3	7872	
293883	11494	7230	4178	301199	64540	802655	20747
211698	2927	65	5758	208867	45802	375481	
73123	393		438	73078	20207	83213	
47				47	12	2895	
32605	162		316	32451	9928	58682	
40471	231		122	40580	10267	21636	
700	2		9	693	175	30172	
700	2		9	693	175	30172	

4-17 续 7

指标名称	财务费用	利息收入	其中:利息支出	资产减值损失	公允价值变动收益	投资收益
海洋工程建筑						
工矿工程建筑	14776	930	824	-144		483
架线和管道工程建筑	-180	262	66	11160		-746
架线及设备工程建筑	-162	262	66	11160		-746
管道工程建筑	-18					
其他土木工程建筑						
建筑安装业	714	1	261			
电气安装	179	1	180			
管道和设备安装	108		73			
其他建筑安装业	427		8			
建筑装饰和其他建筑业	12452	125	13357			
建筑装饰业	3232	81	4192			
工程准备活动	3	1				
建筑物拆除活动	3	1				
其他工程准备活动						
提供施工设备服务	9216	41	9164			
其他未列明建筑业	1	2	1			
三、按隶属关系分组						
中央						
省(自治区、直辖市)	31031	4751	20975	5960		120
地区(州、盟、省辖市)	1865	1186	2323	10220		-263
县(区、市、旗)	1820	646	1609			
街道						
镇						
乡						
居委会						
村委会						
其他	55280	8066	29144	876		40
四、按企业资质等级分组						
施工总承包	75861	14343	39267	17521		-143
特级						
一级	39826	4731	22221	5960		120
二级	20720	8871	6544	12966		-746

营业利润	营业外收入	补贴收入	营业外支出	利润总额	应交所得税	应付职工薪酬（本年贷方累计发生额）	建筑业企业在境外完成的营业收入
123888	1001	65	358	124531	20652	168674	
13987	1531		4953	10565	4768	93422	
13726	1528		4857	10397	4726	88255	
261	3		96	168	42	5167	
2529			4	2525	949	13383	2320
271			2	269	32	900	
−7428				−7428	18	6274	2320
9686			2	9684	899	6209	
3573	4069	3998	188	7454	3272	45706	1000
11132	71			11203	2848	35331	
119				119	2	1656	1000
119				119	2	1656	1000
−8403	3998	3998	188	−4593	241	7872	
725				725	181	847	
47				47	12	2895	
121242	7567	7484	2508	126301	18640	249256	
27813	5576		6152	27237	11315	222916	
519	210	−189	158	571	1853	55036	
362062	5137	3998	1310	365889	82743	707122	24067
476665	14384	7295	9587	481462	107864	1100923	20747
183022	10318	7484	3799	189541	27800	352581	
167773	2815		5759	164829	48704	447421	

4-17 续 8

指标名称	财务费用	利息收入	其中:利息支出	资产减值损失	公允价值变动收益	投资收益
三级以下	15315	741	10502	-1405		483
专业承包	14135	306	14784	-465		40
一级						
二级	2696	37	3715			
三级以下	11439	269	11069	-465		40
五、按地区分						
长治市	89996	14649	54051	17056		-103
市辖区						
长治市城区	63742	12907	43594	16384		-586
长治市郊区	7003	177	6354	80		483
长治县	939	-152	8			
襄垣县	-11	17		-61		
屯留县	15488	978	1532	-154		
平顺县	18		18			
黎城县	497	11	508			
壶关县	1010	9	1007			
长子县	69	7	31			
武乡县	-2					
沁　县	101	40	100			
沁源县	404	640	236			
潞城市	141	9	67	1271		
六、按营业状态分						
营业	89996	14649	54051	17056		-103
停业(歇业)						
筹建						
七、按控股情况分						
国有控股	32196	5524	20656	5766		120
集体控股	1913	655	351			483
私人控股	54970	8048	30159	-334		40
港澳台商控股	591	66	2215			
外商控股						
其他	326	356	670	11624		-746

营业利润	营业外收入	补贴收入	营业外支出	利润总额	应交所得税	应付职工薪酬（本年贷方累计发生额）	建筑业企业在境外完成的营业收入
125870	1251	–189	29	127092	31360	300921	20747
35018	4106	3998	541	38583	6699	136302	3320
–4187	71		7	–4123	1133	34459	
39205	4035	3998	534	42706	5566	101843	3320
511683	18490	11293	10128	520045	114563	1237225	24067
354733	17196	11417	8613	363316	84684	1007207	9067
34049	945		222	34772	3128	62514	
6411	31	–349	299	6143	2939	8834	
1462			327	1135	295	20752	
93655	65	65	288	93432	17852	66206	
755				755	433	107	
1216				1216	346	2370	
3109	150	150	80	3179	794	12861	
4948				4948	1368	9988	15000
–33				–33		150	
2102			100	2002	500	20	
163	50	10	158	55	14	13036	
7326	53		37	7342	1521	9106	
511683	18490	11293	10128	520045	114563	1237225	24067
159691	10770	7484	3986	166475	29463	421634	
526	958	–339	215	1269	1290	58387	
336943	5234	4148	1074	341103	78853	693858	24067
13				13	3	7872	
14510	1528		4853	11185	4954	55474	

4-18 建筑业生产、财务

项目(单位)名称	项目(法人)码	登记注册类型	隶属关系	建筑业总产值:千元	按构成分:1.建筑工程产值	按构成分:2.安装工程产值
总　计				**14505998**	**13075246**	**1210713**
诚杰建设集团有限公司	798268873	173	90	597876	597876	
长治市安得建筑安装有限公司	798252839	173	90	81031	65393	15638
长治市奇润照明科科技工程有限公司	794223563	173	90	1580		1580
山西潞通消防工程有限公司	790243524	159	40			
壶关县钟晓路桥有限公司	790236893	173	90	52500		
长治市广安建设有限公司	790212349	173	90	117216	117216	
长治市科瑞达市政工程有限公司	790200006	159	90	65082	65082	
襄垣县广源建筑安装工程有限公司	788549612	159	50	29085		
长治市熠桥建筑有限公司	788543878	173	90	20450	20450	
山西鼎兴钢结构有限公司	78851679X	159	90	1286	1286	
山西汇通建筑装潢工程有限公司	785820171	173	90	19800	19800	
山西龙海电力建设有限公司	783296935	173	90	26800		
山西东南装饰设计工程有限公司	783275464	173	90	400	400	
长治市元发建筑工程有限公司	781034261	159	90	63040	61040	2000
山西兆盛建筑工程有限公司	781023933	173	90	283200	226060	42480
山西伟能建筑安装工程有限公司	778139062	173	90	112861	112861	
山西金构装饰工程有限公司	778101136	173	90	3170		3170
长治市斯泰达建筑工程有限公司	776727848	173	90			
山西韩世伟业装饰工程有限公司	775175367	173	90	9248	9248	
山西久安智能科技工程有限公司	77254477X	173	90	8000	6000	1500
山西苏晋建筑装饰工程有限公司	772521439	173	90	918	918	
山西瑞达钢结构有限公司	772511150	173	90	1780	1780	
长子县新成路桥有限责任公司	770101932	173	90	21965	21965	
长治市山河裕钢结构有限公司	767138689	173	90	4650		4650
山西诺帝装饰工程有限公司	767112593	173	90	10709		
长治市苏江装饰有限公司	764667534	173	90	1830	1830	
长治市容诚电气设备运检有限公司	764651444	173	90	51009		51009
长子县昌盛建安有限公司	762497690	173	90	15000	15000	
长治市豪派装饰工程有限公司	762478801	173	90	1086	668	418
长治市东山电力工程有限公司	759849237	173	90	20200	20200	
山西馨雅装饰工程有限公司	759803677	173	90	10050		10050
长治市盛晨装潢有限公司	757278178	173	90	1696	1696	
长治市方圆建筑有限公司	757271638	173	90	17400	17400	
长子县国华建筑安装有限公司	757262803	173	90	31215	31215	
山西安智消防工程有限责任公司	757250394	173	90	4087		4087
长治市昌盛钢结构工程有限公司	751527989	173	90	20067	20067	
长治市唯美装饰工程有限公司	751516542	173	90	23363	10030	13333
长治市三强宏业轻钢彩板有限公司	748583744	173	90	8500	8500	
长子县古建筑有限公司	746028114	173	90	3980	3980	

主要指标一览表

按构成分：3.其他产值	竣工产值（千元）	房屋施工面积（平方米）	资产合计	负债合计	工程结算收入	工程结算成本	工程结算税金及附加	营业利润	利润总额
220039	**8724825**	**9950146**	**15617922**	**10324488**	**15222208**	**13509871**	**478569**	**511394**	**519756**
	302550		556832	356540	597876	533832	24915	18353	18190
	80991	81708	48242	14899	80521	63797	2742	7093	7093
	1580		13127	9819	1580	548	62	288	288
			3186	2231	850	716	4	15	15
52500	52500		56925	40411	51250	33312	1613	2642	2562
	102092	79948	50203	9723	65800	37163	2260	23881	23881
	65082		46737	21587	65082	47739	2235	9353	9353
29085			23270	14595	28386	27163	731	145	145
	12150	12560	14042	5674	17480	14693	639	750	750
	1286	1600	14495	13354	1571	516	56	–456	–456
	15600	19800	12888	671	20240	18825	689	254	254
26800	26800		27183	3012	67982	59123	2316	5456	5456
	400		9995	11	395	280	21	–106	–106
	14000	221847	77114	51274	63040	54834	2288	5420	5420
14660		312272	236993	5141	378878	352356	12900	8953	8953
	112861		220588	77986	112861	98096	3695	9329	9329
	3170		8559	6	3170	2573	102	166	166
			20					–40	–40
	9248		19181	2756	9248	7118	280	356	356
500	5625		15517	1689	8183	6168	43	548	548
	918		57505	8097	19643	7545	639	60	60
	1780	4320	3591	510	1118	931	38	–72	–72
	21965		43965	21965	21965	18900	1356	–10	–10
	4600		49400	19294	27202	23425	92	334	334
10709	10709		13175	2924	10709	9874	358	114	114
	1830		10789	334	10975	10647	65	3	3
			45432	33796	46437	17538	2539	221	217
	15000	9100	12598		15000	13200	815	720	720
	1086		5098	98	1523	1382	53	71	71
	20200		4600	850	20200	16160	3030	606	606
	10050		6211	39	11500	9360		305	305
	1696		1811	2082	1695	1342	91	–3	–3
	2410	7600	32514		78566	67454	2764	8038	8038
	31215	12043	24509		52498	48988	1771	1048	1048
	4087		7015	2318	4087	2156	141	10	10
	20067	57334	18601	519	15173	14261	46	43	43
	7420		21293	19215	27278	22787	48	1078	1078
	8500	11000	20900	8469	8500	6959	434	120	120
	2785	1950	8651	1076	3510	2381	188	365	365

4-18 续 1

项目(单位)名称	项目(法人)码	登记注册类型	隶属关系	建筑业总产值:千元	按构成分:1.建筑工程产值	按构成分:2.安装工程产值
山西隆坤路桥工程有限公司	746011718	173	90	185264	185264	
长治市新民建筑工程有限公司	743549635	173	90			
长子县鑫华建安有限公司	743540542	173	90	20500	20500	
平顺飞鸿建筑有限公司	743520867	159	90	22785	14078	937
长治市诚晟市政工程有限公司	741079182	159	40	272282	272282	
长治市益同特种设备安装维修改造有限公司	741064415	159	40	510		
长治市潞安环通装饰工程有限公司	741058306	173	90	22000	18000	4000
长治市昌泰商品砼有限公司	739343984	159	40	4533		
长治市益安装饰工程有限公司	739327183	173	90	2697		
山西兴沁建筑安装有限公司	736334433	174	90	24770	23770	1000
长治市华宇建筑有限公司	736331902	159	40	11556	11556	
长治市长钢工程建设有限公司	736305798	159	40	2013		2013
山西震宇建筑安装有限责任公司	736301498	159	90	19500	19500	
长治市新举装饰装潢有限公司	734029398	159	40	738		738
长治市华青建筑工程有限公司	734000587	173	90	14530	14530	
长治市宏厦建筑工程有限公司	729666106	159	90	100235	100235	
长治市中擎路桥有限公司	728169626	173	90	11722		
山西省武乡县建筑装饰工程公司	725940489	110	50	3343		
山西省襄垣县皇都建业有限公司	72464221X	159	90	6880	6880	
长治市广茂建筑安装工程有限公司	724609022	173	90	42316	42316	
长治市宇立建筑工程有限公司	719846795	173	90	95762	95762	
长治市杰盛建筑工程有限公司	719843623	173	90	12500	12500	
长治市通源电子有限公司	719843009	173	90	181		181
长治市宏业建筑集团有限公司	715988884	159	90	30311	30311	
山西兴磊铁路工程有限公司	715988737	151	10	7218	7218	
长治市宇龙消防设备安装有限公司	713668852	159	40	15650		15650
长治市建安地基处理有限公司	713668844	173	90	12562	12562	
山西长治市仁德信建安工程有限公司	71363859X	173	90	130300	108000	22300
长治市正大装饰装潢工程有限公司	713638215	173	90	5100	5100	
长治市航建建筑安装有限公司	713637896	159	40	83555	83555	
山西致远送变电工程有限公司	713637298	173	90	27258	27258	
山西玉华建设集团有限公司	713637271	173	90	510758	510758	
屯留县建筑安装工程总公司	701168260	110	50	89670	56890	9413
山西开源建筑工程有限公司	701168180	173	90	23912	23912	
山西潞安工程有限公司	701167372	151	20	3085590	2791197	290113
长治市宏志建筑有限公司	701165457	173	90	13250	13250	
长治市潞宏装饰有限公司	70116506X	173	90	4120	4120	
长治市龙江装潢有限公司	701044946	173	90	7688	5409	2279
长治市天正建筑工程有限公司	701043759	173	90	24100	24100	
长治市宏安建筑有限公司	701043302	159	90	230093	230093	

按构成分：3.其他产值	竣工产值（千元）	房屋施工面积（平方米）	资产合计	负债合计	工程结算收入	工程结算成本	工程结算税金及附加	营业利润	利润总额
	175485		417317	41430	180472	150968	9745	10878	10878
			4073	500				-838	-838
	20500	31000	24000	13500	20500	14500	905	2825	2825
7770	21871	3359	9048	2356	21635	19920	730	755	755
	272282		305055	210254	418655	360309	15995	29001	29113
510	510		850	7	510		17	52	52
	22000		8618	1750	22000	13371	1011	1753	1753
4533			45512	43836	4533	4151	29	-1191	-1319
2697	2697		5658	851	2697	2095	90	425	425
	15000	12800	45814	268	24770	2054	829	2102	2002
	11556	9291	21001	3979	11230	8327	375	1378	1378
	2013		26718	11316	4939	5020	129	-357	-357
		17000	48392	34429	41710	31786	1429	4664	4664
	738		2262	864	738	558	25	-80	-80
		82165	52140	25906	41327	34886	1420	3088	3075
	85400	55688	36670	8572	100235	83863	3353	5012	5012
11722			84178	113914	15978	13359	437	-1361	-1390
3343	3343		1555	1484	3343	2808	101	-33	-33
	5900	526	26470	20371	6880	5960	430	280	280
	102410	123100	76780	12013	48379	40076	1959	4407	4407
	89502	207865	41444	13501	89502	76972	3074	3705	3705
	12500	6745	252153	75000	104900	75004	3572	10317	10317
			548	48	70	47	2		
	30311	17830	228966	188753	51744	39943	1811	6716	6728
	7218		11163	10260	7218	6182	244	47	47
	9250		17650	4658	11260	9726	365	-75	-75
	12562		20915	17262	12562	10953	502	-81	-81
	318800	390000	246920	189719	30000	23500	1635	1452	1049
	5100		7891	102	5100	4012	175	500	500
	83555	58000	112449	100257	83555	75473	2862	1938	1929
	27258		13129	1530	22996	19276	1305	55	55
	510758	480618	548971	122261	510758	414118	22412	50188	50145
23367	82750	79650	40808	8152	80345	74632	2792	359	359
	23912	19824	27634	2115	23912	21686	807	67	67
4280	316530	407010	3240000	2756180	3283619	3059446	48165	91154	90931
		19880	38669	15560	31383	24326	747	250	67
	4120		8705	820	4120	3413	140	61	61
	7688		17062	226	6452	4243	222	389	389
	24100	15548	22819	1422	24100	20442	806	320	320
	230093	360544	248922	84391	230093	161003	7904	43312	43312

4-18 续 2

项目(单位)名称	项目(法人)码	登记注册类型	隶属关系	建筑业总产值:千元	按构成分:1.建筑工程产值	按构成分:2.安装工程产值
长治市华峰机械施工有限公司	70104070X	159	90	3300	3300	
长治市东盛建设工程有限公司	696678943	173	90	233512	140107	93405
山西丹朱建筑工程有限公司	694265571	173	90	26000	26000	
长治市启宏装饰工程有限公司	694252535	173	90	1131		1131
长治市恒达建筑有限公司	694252527	159	40			
长治市虹桥装饰工程有限公司	692231351	173	90	10350	10350	
山西长供矿山电力工程有限公司	692214201	159	90	50514	40302	10212
长治市睿安工程设备安装有限公司	692208047	159	90	8102		8102
长治市长路通路桥有限公司	689889849	159	90	12000	12000	
山西潞业电力工程有限公司	688090496	173	90	45009		45009
山西九龙注浆有限责任公司	688082584	173	90	3807	2133	
长治市热力工程有限公司	688062794	173	90	88901	88901	
长治市诚进建材有限公司	683846354	173	90	106373	106373	
山西宏程伟业装饰设计有限公司	68381466X	173	90	6200	6200	
山西长兴路桥工程有限公司	681949747	159	40	233540	233540	
山西成林建设工程有限公司	68191347X	173	90	1141	1141	
长治市鑫普输变电工程有限公司	681908654	173	90	19012	19012	
山西浩通装饰工程有限公司	680231303	173	90	1771	1771	
长治市龙达公路工程有限公司	68022420X	173	90	11500	11200	300
山西科利华环境工程有限公司	680212890	173	90	6113	6113	
山西兰天钢结构工程有限公司	678186718	173	90	515	515	
长治市亨昊建设工程有限公司	676407361	173	90	36278	36278	
山西鹏博电力工程有限公司	674458878	173	90	11000	11000	
长治市郊区兆丰砼业有限公司	672319540	173	90	7013	7013	
长治市百纳装饰有限公司	672307136	173	90	450	400	
长治市潞安森达柯地工程有限公司	670192400	159	90			
长治市韩世伟业建筑工程有限公司	668611530	173	90	11580	10580	1000
山西腾辉公路工程有限公司	666637657	159	40			
长治市淮海建筑工程有限公司	666637622	160	40	25000	25000	
长治市弘宝建筑安装工程有限公司	666627475	173	90	5200	5200	
山西振东建筑工程有限公司	666617760	173	90	55640	55640	
山西万祥建筑工程有限公司	664452608	173	90	85000	85000	
长治市行峰装饰工程有限公司	662375143	173	90	2521		
长治市久圆建筑工程有限公司	662373674	159	61			
山西长治市金厦建筑安装工程有限公司	66235457X	173	90	600	300	200
长治市金昶照明工程有限公司	660443472	173	90	1300	1300	
山西岩峰装饰工程有限公司	602314517	173	90	7000		
山西省长治市安达交通开发有限公司	60231391X	173	90	3244		
山西中汇装饰有限公司	602313725	173	90	42072	42072	
长治市太行建筑安装有限公司	602313071	173	90	83080	83080	

按构成分：3.其他产值	竣工产值（千元）	房屋施工面积（平方米）	资产合计	负债合计	工程结算收入	工程结算成本	工程结算税金及附加	营业利润	利润总额
	2100		8716	1662	3300	2927	112	-33	-33
	233968	203242	112761	15322	239968	208597	12667	8705	8796
	26000	13300	11818		26000	19757	1410	1470	1470
			13385	6089	1131	1392		-443	-443
			80884	60465	23297	22178	71	621	621
	10350		10605	3982	10350	6570	360	2560	2560
	50514		32188	2792	50515	38528	1679	5265	5265
	8102		3170	19	11850	9279	633	290	290
	12000		13484	530	13215	9768	75	3046	3046
	45009		36886	6458	42083	37795	1413	515	515
1674			6175	348	3826	2149	229	725	725
	88901		190814	190814	88901	86122	3027	20940	20966
	106373		178071	129032	106373	103453	55	-3005	962
			18965	8965	6200	5150	92	91	91
			253252	233049	250196	229179	9084	-7626	-7537
	1141	1068	147804	45286	60256	40600	3075	12974	12974
	19012		11710		19120	17529	620	351	351
	1771		6215	215	2539	1940	86	-37	-37
			23160	8060	20800	16200	710	970	970
			9957	74	6113	4326	82	10	10
	515	1235	650	300	650	355	20	240	240
	36278		31522	21431	36278	33747	1204	189	189
	11000		28755		11000	8571	597	1300	1300
	7013		131470	27203	7013	6396	30	-2813	-2813
50	450		4730	8	1361	1085	69	-136	-136
			5000		300	240	20	-44	-44
		24858	73535	35482	14974	10482		1640	1640
			19912	67				-117	-117
	25000		61999	55994	23919	23014	827	-71	-71
	5200	2204	57206	43216	4727	3711	162	-1376	
		22500	148261	92543	45388	39398	1546	2161	1892
	66851	63668	118716	92445	24431	20325	832	1954	1954
2521			10218		2520	2010	80	378	378
			6290	145				-157	-157
100	500	450	6350	230	6450	4500	250	1350	1350
	1300		4276	1766	1847	1551	63	-17	-19
7000	7000		9545	1221	7000	5872	381	540	540
3244	3244		21422		3244	2280	13	110	110
	42072		49252	23560	24721	19261	849	2105	2105
	69660	46156	46274	22345	83080	66225	2946	13189	13080

4-18续3

项目(单位)名称	项目(法人)码	登记注册类型	隶属关系	建筑业总产值:千元	按构成分:1.建筑工程产值	按构成分:2.安装工程产值
山西龙城飞宏消防安装有限公司	60231236X	173	90	50		50
山西省长治市现代装璜有限公司	602310882	173	90	18385	18385	
山西威鹏装饰工程有限公司	60230823X	173	90	6100		6100
山西玉港装饰装潢工程有限公司	602003727	210	20	57178	57178	
长治市万鑫建筑工程有限公司	578497690	173	90	20248	12259	4043
山西长晋建设工程有限公司	575999476	173	90	74693	74693	
山西宇浩建设工程有限公司	575994237	173	90	83750	83750	
山西三元润凯煤矿工程有限公司	568498251	159	40	36369	36369	
山西潞泽消防安装工程有限公司	568475906	173	90	24999		24999
山西启东建筑工程有限公司	563580141	173	90	2150	2150	
山西潞奥路桥工程有限公司	56357725X	173	90	3920	3920	
长治市博和钢结构制作安装有限公司	563575852	159	90			
长治市金丰达电力工程有限公司	563558059	173	90	260	260	
长治市恒康建筑工程有限公司	554118959	173	90	7000	7000	
襄垣县海盛电力工贸有限公司	551457744	160	90	11235		11235
长治市水利建筑工程处	406270844	110	40	100008	100008	
山西省沁源县建筑工程公司	111170328	120	50	32000	20000	12000
壶关县宏达建筑安装有限公司	111050887	159	50	24360	24360	
黎城万达建筑安装工程有限公司	111022309	173	90	39393	39393	
山西天脊集团建筑工程有限公司	110901790	159	90	51959	39455	12504
潞城市市政工程公司	110901686	110	50	25582	25582	
长治县长城建筑安装有限公司	110875174	159	50	7350	2325	
长治县星星建筑安装公司	110870453	120	90	25686	25686	
长治县建筑安装公司	11087004X	120	50	15872	15872	
长治市郊区建筑工程公司	110841708	120	50	60750	56747	
山西省中义建筑安装工程有限公司	110840422	159	90	80612	80612	
长治市振平建筑基础加固工程有限公司	11077260X	173	90	1000	1000	
长治市龙宇建筑有限公司	110768256	173	90	65000	65000	
山西恒通建筑有限责任公司	110767608	159	40	26000	26000	
长治市石圪节永昌实业公司	110765653	120	40	59109	59109	
长治市华宇路桥有限公司	110763615	173	90	88070	88070	
山西省第三建筑工程公司	110762970	110	20	3500254	3500254	
长治市东风建筑工程有限公司	110762508	159	40	7155	7155	
长治市通衢市政有限公司	110761900	159	40	60548	60548	
山西省第四地质工程勘察院	110761134	110	20	36740	36740	
长治市容海泰翔电力工程有限公司	11075775X	159	40	412447		412447
山西省长治供电局电网工程公司	110753281	110	20	50556		50556
长治市海城综合建筑有限公司	110752924	159	40	58000	42800	15200
长治市建筑工程总公司	110752510	110	40	1017779	1017779	
长治市慧泉市政工程公司	110752385	110	40	73693	73693	
长治市房屋建筑工程公司	11075214X	110	40	38900	38900	
长治市惠丰建筑工程公司	110751892	120	40	5100	5100	
山西晋电银翔电力工程有限公司	051955528	173	90	30087	26406	3681

按构成分：3.其他产值	竣工产值（千元）	房屋施工面积（平方米）	资产合计	负债合计	工程结算收入	工程结算成本	工程结算税金及附加	营业利润	利润总额
			10985	17732	2693	9432	146	−7663	−7663
	18385		6096	1080	18385	14254	627	614	685
	6100		46354	37852	8150	5328	424	711	711
	57178		149784	135932	57178	50943	1440	13	13
3946	20248	6984	54738	5183	6798	3058	235	2220	2220
		48100	66878	39042	48262	44618	1592	2022	2022
	71200	46528	37150	8121	83750	72583	2801	2386	2381
	36369		35099	10914	36369	31012	499	3471	3472
	22499		21570	10570	24999	12450	672	9086	9084
	2150		8879	−10735	2152	1862	73	−309	−309
	3920		99215	70794	3920	2583	131	88	88
			5327	327				−85	−85
	260		7464	9	260	198	1	−45	−45
	7000	7648	30878	8878	2448	248	81	2110	2110
	11235		47845	38918	20026	16091	262	1037	710
	80005		74498	33192	108432	100004	3692	700	693
	32000	23000	11476	3455	32000	20972	484	163	55
	20300	18270	37636	14977	20450	18470	623	278	428
	6222	13935	46495	28112	39393	35611	1269	1216	1216
	51834	25118	183236	150491	81451	70720	2737	601	617
	25582		42020	17096	25582	20083	879	2061	2061
5025	7350	2203	67401	45479	54589	54543	1925	−2192	−2192
	25686	18347	13972	6697	30204	22653	1623	3320	3320
	15872	8579	24135	17947	41700	38140	2280	−349	−349
4003	60750	50230	21239	7685	6944	5594	232	87	97
	80612	81466	64684	14276	80612	69455	2769	3289	3289
			2800	271	1048	558	155	200	200
	46800	28933	32559		65000	59800	3250	1400	1400
	26000		39640	18000	26000	19030	1410	630	630
	59109		166826	157935	118610	103075	473	−747	99
	57047		97673	12063	81025	68321	2759	3965	3965
	2008658	4231850	2429980	2304049	3496441	3235522	131045	30010	35299
	3911	11896	16216	8973	5438	5121	296	26	26
	60548		34401	8429	60548	57056	369	56	53
	36740		136313	93853	36740	32058	958	98	91
	412447		399171	358107	400170	338525	12021	902	−2096
	48990		84945	34708	65254	50898	1631	−33	−33
	160	200	49734	33799	57532	55736	1962	−801	−801
	826156	1608168	549061	479104	1017779	958405	34350	193	1809
	73693		59774	39062	73693	68626	2404	261	168
	5420	108485	24333	16273	9553	7165	325	136	136
	5100		10380	3515	5102	4842	173	17	15
			31975	18423	44400	39216	1512	3552	3552

交通邮电

资料整理人员

李瑜晓　鲍明敏　游海文

5-1 民用车辆拥有量

单位:辆

指标名称	总计				总计中			报废
		营运	非营运	校车	进口	个人	新注册	
总计	**447154**	**57255**	**355228**	**6**	**9164**	**352093**	**47341**	**692**
一、汽车	386442	49613	336823	6	9155	331448	46499	687
1.载客汽车	314655	6191	308458	6	9138	279497	41524	491
其中:大型	2423	1741	676	6	50	27	217	121
中型	1024	339	685		68	192	65	52
小型	296312	4111	292201		8921	265806	40688	259
微型	14896		14896		99	13472	554	59
其中:轿车	221512	4074	217438		2848	200852	29089	181
2.载货汽车	56778	37519	19259		5	39101	4376	143
其中:重型	16007	15884	123		1	7321	1050	10
中型	1874	1773	101			1304	40	7
轻型	38842	19853	18989		4	30436	3286	126
微型	55	9	46			40		
其中:普通载货	30022	12986	17036		3	23398	2320	114
3.其它汽车	15009	5903	9106		12	12850	599	53
其中:三轮汽车	7079	2473	4606			7008	406	3
低速货车	5542	2933	2609		1	5055	34	7
二、电车	4		4				2	
1.无轨	4		4				2	
2.有轨								
三、摩托车	18482	125	18357		8	18087	386	3
1.普通	18442	125	18317		8	18047	386	3
2.轻便	40		40			40		
四、拖拉机(农机部门数据)	34665							
五、挂车	7529	7503	26		1	2539	452	2
六、其它类型车	32	14	18			19	2	
补充资料:机动车驾驶员(人)	607032							
其中:汽车驾驶员(人)	588694							

5-2 公路客货运输量

	计算单位	总计		平均运距(公里)		车客 / 吨位产量
			个体		个体	
一、客运量	万人	3430.66		61.73		
1、汽车	万人	3430.66		61.73		
2、其他机动车	万人					
二、旅客周转量	万人公里	211760.64				
1、汽车	万人公里	211760.64				
2、其他机动车	万人公里					
三、货运量	万吨	8085.41	4333.06	133.4		
1、汽车	万吨	8085.41	4333.06	133.4		
2、其他机动车	万吨					
3、轮胎式拖拉机	万吨					
四、货物周转量	万吨公里	1078624.07	578046.13			
1、汽车	万吨公里	1078624.07	578046.13			
2、其他机动车	万吨公里					
3、轮胎式拖拉机	万吨公里					

5-3 分县区公路通

市县名	路线名称或单位	里程	等级公路						等外里程
			合计	高速	一级	二级	三级	四级	
长治市	**总　计**	**11346.019**	**10840.149**	**299.752**	**115.553**	**1336.623**	**1354.05**	**7734.171**	**505.87**
	#国道	553.843	553.843	180.544	56.173	317.126			
	省道	965.88	965.88	119.208	38.826	634.422	136.292	37.132	
	县道	1738.832	1734.671		20.554	250.207	783.215	680.695	4.161
	乡道	3832.299	3782.791			55.849	288.724	3438.218	49.508
	专用公路	47.477	47.477			16.78	30.697		
	村道	4207.688	3755.487			62.239	115.122	3578.126	452.201
城　区	合　计	31.171	31.171			13.222	1.922	16.027	
	#国道	13.222	13.222			13.222			
	乡道	10.533	10.533					10.533	
	村道	7.416	7.416				1.922	5.494	
郊　区	合　计	422.713	422.713	14.672	29.529	60.323	102.049	216.14	
	国道	38.186	38.186	14.672	17.092	6.422			
	省道	54.853	54.853		12.437	22.572	19.844		
	县道	60.652	60.652			4.81	46.069	9.773	
	乡道	121.345	121.345			14.04	13.994	93.311	
	村道	147.677	147.677			12.479	22.142	113.056	
长治县	合　计	625.384	625.384	38.399	12.349	105.751	134.928	333.957	
	国道	56.929	56.929	29.32		27.609			
	省道	60.808	60.808	9.079	12.349	24.027	15.353		
	县道	123.26	123.26			45.597	67.938	9.725	
	乡道	138.875	138.875			4.337	23.947	110.591	
	村道	245.512	245.512			4.181	27.69	213.641	
襄垣县	合　计	1066.174	916.053	40.895	18.588	121.799	160.093	574.678	150.121
	国道	75.247	75.247	40.895	8.949	25.403			
	省道	66.751	66.751			40.471		26.28	
	县道	201.515	201.515		9.639	42.382	96.53	52.964	
	乡道	339.103	328.291			6.321	56.032	265.938	10.812
	村道	383.558	244.249			7.222	7.531	229.496	139.309
屯留县	合　计	867.325	866.049	27.01	20.326	145.571	60.794	612.348	1.276
	国道	104.074	104.074	27.01	9.411	67.653			
	省道	48.761	48.761			26.788	12.594	9.379	
	县道	110.104	110.104		10.915	28.498	27.637	43.054	
	乡道	311.179	311.179			5.724	20.563	284.892	
	村道	293.207	291.931			16.908		275.023	1.276
平顺县	合　计	1358.138	1358.138	48.452		117.193	140.578	1051.915	
	省道	153.402	153.402	48.452		81.064	23.886		
	县道	275.743	275.743			36.129	84.513	155.101	
	乡道	539.581	539.581				28.101	511.48	
	村道	389.412	389.412				4.078	385.334	

车里程、路面情况

有铺装路面			简易铺装路面（次高级）	未铺装路面（中级、低级、无路面）	晴雨通车里程	重复里程	可绿化里程	绿化里程	养护里程	已实施GBM里程	已实施文明路里程
合计	沥青混凝土	水泥混凝土									
7847.543	**2670.665**	**5176.878**	**2534.35**	**964.126**	**11255.299**	**77.751**	**10814.938**	**5730.152**	**11332.797**	**1324.749**	**1324.749**
540.633	535.241	5.392	13.21		553.843	12.899	528.479	454.239	540.621	112.108	112.108
861.024	846.345	14.679	104.856		965.88	26.51	921.715	770.559	965.88	533.714	533.714
972.814	809.534	163.28	675.29	90.728	1738.832	25.403	1590.71	1180.596	1738.832	631.45	631.45
2724.773	314.263	2410.51	923.36	184.166	3832.299	12.007	3644.037	1747.45	3832.299		
47.477	47.477				47.477		47.477	13.72	47.477	47.477	47.477
2700.822	117.805	2583.017	817.634	689.232	4116.968	0.932	4082.52	1563.588	4207.688		
31.171	13.665	17.506			31.171	2.728	31.171	31.171	17.949		
13.222	10.26	2.962			13.222	2.728	13.222	13.222			
10.533		10.533			10.533		10.533	10.533	10.533		
7.416	3.405	4.011			7.416		7.416	7.416	7.416		
320.331	182.43	137.901	88.197	14.185	422.713	6.025	357.938	308.813	422.713	38.029	38.029
38.186	38.186				38.186		37.853	37.853	38.186	7.771	7.771
54.853	48.318	6.535			54.853	1.184	54.853	32.452	54.853	24.583	24.583
52.35	45.237	7.113	8.302		60.652	0.091	59.281	59.281	60.652	5.675	5.675
70.755	28.793	41.962	39.277	11.313	121.345	3.902	114.207	103.73	121.345		
104.187	21.896	82.291	40.618	2.872	147.677	0.848	91.744	75.497	147.677		
403.4	271.745	131.655	149.878	72.106	625.384	2.98	620.631	392.176	625.384	53.837	53.837
56.929	56.929				56.929		53.805	31.445	56.929	10.834	10.834
60.808	60.808				60.808		59.982	57.254	60.808	5.167	5.167
102.267	102.267		19.177	1.816	123.26	0.88	122.457	122.457	123.26	37.836	37.836
68.725	28.032	40.693	55.142	15.008	138.875	2.1	138.875	119.159	138.875		
114.671	23.709	90.962	75.559	55.282	245.512		245.512	61.861	245.512		
639.867	350.846	289.021	403.748	22.559	1061.532	21.09	1052.882	518.73	1066.174	141.794	141.794
75.247	75.247				75.247		64.7	64.7	75.247		
47.681	44.928	2.753	19.07		66.751	8.949	66.751	64.284	66.751	40.471	40.471
132.558	132.558		68.957		201.515	11.204	198.77	157.377	201.515	101.323	101.323
129.139	70.695	58.444	203.229	6.735	339.103	0.937	339.103	181.069	339.103		
255.242	27.418	227.824	112.492	15.824	378.916		383.558	51.3	383.558		
666.682	287.205	379.477	177.771	22.872	867.325	12.19	826.162	713.262	867.325	90.652	90.652
104.074	101.644	2.43			104.074		97.196	97.196	104.074	8.068	8.068
34.854	34.854		13.907		48.761	10.656	48.761	41.816	48.761	21.823	21.823
109.742	109.742		0.362		110.104	0.759	108.028	105.704	110.104	60.761	60.761
202.742	23.611	179.131	95.534	12.903	311.179	0.775	304.183	253.431	311.179		
215.27	17.354	197.916	67.968	9.969	293.207		267.994	215.115	293.207		
967.135	196.648	770.487	179.545	211.458	1358.138	0.99	1120.191	133.397	1358.138	112.356	112.356
130.137	129.516	0.621	23.265		153.402		125.62	66.407	153.402	81.064	81.064
81.378	43.064	38.314	148.56	45.805	275.743	0.99	174.359	52.99	275.743	31.292	31.292
513.491	22.174	491.317	5.19	20.9	539.581		448.412	14	539.581		
242.129	1.894	240.235	2.53	144.753	389.412		371.8		389.412		

5-3 续 1

市县名	路线名称或单位	里程	等级公路						等外里程
			合计	高速	一级	二级	三级	四级	
黎城县	**合 计**	**1124.052**	**1083.939**	**26.043**		**79.227**	**96.712**	**881.957**	**40.113**
	国道	103.147	103.147	26.043		77.104			
	县道	105.481	105.481				37.454	68.027	
	乡道	433.877	433.877				50.245	383.632	
	村道	481.547	441.434			2.123	9.013	430.298	40.113
壶关县	合 计	1165.79	1133.496	26.741	11.832	101.689	135.049	858.185	32.294
	省道	121.252	121.252	26.741	11.832	65.196	17.483		
	县道	162.939	162.939			12.468	42.955	107.516	
	乡道	302.557	290.966				26.044	264.922	11.591
	专用公路	47.477	47.477			16.78	30.697		
	村道	531.565	510.862			7.245	17.87	485.747	20.703
长子县	合 计	840.052	840.052		2.208	85.116	132.664	620.064	
	省道	92.617	92.617		2.208	75.213	15.196		
	县道	145.702	145.702			9.903	84.759	51.04	
	乡道	261.072	261.072				26.828	234.244	
	村道	340.661	340.661				5.881	334.78	
武乡县	合 计	1129.707	1066.065	37.536		125.882	98.28	804.367	63.642
	国道	41.903	41.903	18.971		22.932			
	省道	117.717	117.717	18.565		99.152			
	县道	130.524	130.524				89.977	40.547	
	乡道	355.056	350.025				5.01	345.015	5.031
	村道	484.507	425.896			3.798	3.293	418.805	58.611
沁县	合 计	1064.634	900.198		1.253	131.145	45.763	722.037	164.436
	国道	44.322	44.322		1.253	43.069			
	省道	49.205	49.205			47.732		1.473	
	县道	157.273	153.112			38.636	45.763	68.713	4.161
	乡道	388.656	378.902			1.708		377.194	9.754
	村道	425.178	274.657					274.657	150.521
沁源县	合 计	909.019	864.023			147.228	155.596	561.199	44.996
	省道	146.722	146.722			114.786	31.936		
	县道	164.27	164.27			15.963	98.382	49.925	
	乡道	359.819	349.475			16.479	16.629	316.367	10.344
	村道	238.208	203.556				8.649	194.907	34.652
潞城市	合 计	741.86	732.868	40.004	19.468	102.477	89.622	481.297	8.992
	国道	76.813	76.813	23.633	19.468	33.712			
	省道	53.792	53.792	16.371		37.421			
	县道	101.369	101.369			15.821	61.238	24.31	
	乡道	270.646	268.67			7.24	21.331	240.099	1.976
	村道	239.24	232.224			8.283	7.053	216.888	7.016

有铺装路面			简易铺装路面（次高级）	未铺装路面（中级、低级、无路面）	晴雨通车里程	重复里程	可绿化里程	绿化里程	养护里程	已实施GBM里程	已实施文明路里程
合计	沥青混凝土	水泥混凝土									
936.468	140.933	795.535	58.402	129.182	1096.234	1.897	1121.158	535.775	1124.052	88.885	88.885
89.937	89.937		13.21		103.147		100.687	67.094	103.147	55.926	55.926
47.258	33.317	13.941	34.413	23.81	105.481	1.285	105.047	60.185	105.481	32.959	32.959
376.204	13.932	362.272	8.71	48.963	433.877	0.612	433.877	292.884	433.877		
423.069	3.747	419.322	2.069	56.409	453.729		481.547	115.612	481.547		
1062.03	233.264	828.766	60.987	42.773	1159.377	5.529	1059.71	374.154	1165.79	141.767	141.767
116.68	116.197	0.483	4.572		121.252		117.841	106.773	121.252	47.883	47.883
124.658	45.092	79.566	23.145	15.136	162.939	5.529	131.812	102.828	162.939	46.407	46.407
270.917	23.212	247.705	19.54	12.1	302.557		237.244	89.818	302.557		
47.477	47.477				47.477		47.477	13.72	47.477	47.477	47.477
502.298	1.286	501.012	13.73	15.537	525.152		525.336	61.015	531.565		
202.656	177.547	25.109	615.871	21.525	840.052	4.788	835.715	507.85	840.052	122.54	122.54
92.617	92.617				92.617		92.617	80.349	92.617	66.757	66.757
68.968	68.968		76.734		145.702	3.747	143.416	125.791	145.702	55.783	55.783
16.455	9	7.455	238.759	5.858	261.072	1.041	261.014	170.469	261.072		
24.616	6.962	17.654	300.378	15.667	340.661		338.668	131.241	340.661		
780.634	222.362	558.272	169.575	179.498	1121.171	4.552	1118.476	558.521	1129.707	168.094	168.094
41.903	41.903				41.903		41.903	40.593	41.903		
117.717	117.717				117.717	4.468	107.652	95.112	117.717	99.152	99.152
47.736	39.402	8.334	82.788		130.524		129.358	80.729	130.524	68.942	68.942
286.978	18.526	268.452	61.12	6.958	355.056		355.056	129.006	355.056		
286.3	4.814	281.486	25.667	172.54	475.971	0.084	484.507	213.081	484.507		
637.181	147.227	489.954	269.737	157.716	1021.864	3.216	1063.653	741.855	1064.634	87.886	87.886
44.322	44.322				44.322		44.322	44.322	44.322		
37.099	37.099		12.106		49.205	1.253	49.205	46.226	49.205	34.066	34.066
57.689	57.689		95.423	4.161	157.273	0.918	156.292	123.757	157.273	53.82	53.82
291.397	7.749	283.648	79.804	17.455	388.656	1.045	388.656	102.372	388.656		
206.674	0.368	206.306	82.404	136.1	382.408		425.178	425.178	425.178		
589.079	246.604	342.475	251.897	68.043	908.478	1.595	869.697	463.041	909.019	158.511	158.511
114.786	114.786		31.936		146.722		146.722	130.785	146.722	82.261	82.261
94.136	88.242	5.894	70.134		164.27		160.724	104.959	164.27	76.25	76.25
262.264	43.576	218.688	76.02	21.535	359.819	1.595	342.231	125.131	359.819		
117.893		117.893	73.807	46.508	237.667		220.02	102.166	238.208		
610.909	200.189	410.72	108.742	22.209	741.86	10.171	737.554	451.407	741.86	120.398	120.398
76.813	76.813				76.813	10.171	74.791	57.814	76.813	29.509	29.509
53.792	49.505	4.287			53.792		51.711	49.101	53.792	30.487	30.487
54.074	43.956	10.118	47.295		101.369		101.166	84.538	101.369	60.402	60.402
225.173	24.963	200.21	41.035	4.438	270.646		270.646	155.848	270.646		
201.057	4.952	196.105	20.412	17.771	239.24		239.24	104.106	239.24		

5-4 分县区公路

市县名	路线名称或单位	桥													
		合计				按使用年限分						按跨			
				危桥		永久性		半永久性		临时性		特大桥		大桥	
		座	米	座	米	座	米	座	米	座	米	座	米	座	米
长治市	**总　计**	**1487**	**75308.26**	**98**	**2186.8**	**1487**	**75308.26**					**1**	**2197**	**178**	**38237.22**
	国道	358	22796.51	1	80	358	22796.51							64	13726.64
	省道	264	27482.66	4	321.8	264	27482.66					1	2197	76	19302.27
	县道	287	8857.21	17	240.9	287	8857.21							18	2624.29
	乡道	269	6731.88	37	707	269	6731.88							8	1145.72
	专用公路	23	1121.6			23	1121.6							1	116
	村道	286	8318.4	39	837.1	286	8318.4							11	1322.3
城区	合计	1	50			1	50								
	国道														
	乡道	1	50			1	50								
	村道														
郊区	合计	57	3498.35			57	3498.35							9	1940.55
	国道	43	2333.56			43	2333.56							5	1115.5
	省道	9	976.85			9	976.85							4	825.05
	县道	5	187.94			5	187.94								
	乡道														
	村道														
长治县	合计	111	5717.69	3	77	111	5717.69							10	2448.48
	国道	58	3420.2			58	3420.2							6	1641
	省道	12	1085.09			12	1085.09							3	680.08
	县道	9	222			9	222								
	乡道	8	241.5			8	241.5								
	村道	24	748.9	3	77	24	748.9							1	127.4
襄垣县	合计	130	8804.11	1	33	130	8804.11							36	6063.63
	国道	43	4321.84			43	4321.84							18	3519.24
	省道	9	395.6			9	395.6							1	125
	县道	46	2669.57			46	2669.57							12	1831.29
	乡道	22	809.5	1	33	22	809.5							2	258
	村道	10	607.6			10	607.6							3	330.1
屯留县	合计	87	3693.32	3	140	87	3693.32							9	1349.22
	国道	58	2655.7			58	2655.7							8	1244.5
	省道	5	327.9	1	95	5	327.9								
	县道	8	231	1	10	8	231								
	乡道	9	269.72	1	35	9	269.72							1	104.72
	村道	7	209			7	209								
平顺县	合计	135	11986.7			135	11986.7							27	8668.8
	省道	52	9876.3			52	9876.3							27	8668.8
	县道	41	995.4			41	995.4								
	乡道	26	531			26	531								
	村道	16	584			16	584								

桥　涵　情　况

单位:公路

梁				隧道												涵洞
经分				总计		按长度分										
中桥		小桥				特长隧道		长隧道		中隧道		短隧道				
座	米	座	米	处	米	处	米	处	米	处	米	处	米	道		
313	**17785.04**	**995**	**17089**	**94**	**68452.39**	**3**	**30761**	**7**	**12199.5**	**24**	**16244**	**60**	**9247.89**	**6844**		
82	5097.96	212	3971.91	11	5413.5					6	3763	5	1650.5	1162		
51	3437.1	136	2546.29	33	53353.69	3	30761	6	10673.5	13	9153	11	2766.19	1817		
56	2981.22	213	3251.7	26	5990.6			1	1526	3	1855	22	2609.6	2542		
53	2443.26	208	3142.9	18	3162.8					2	1473	16	1689.8	667		
6	417.5	16	588.1	4	373							4	373	90		
65	3408	210	3588.1	2	158.8							2	158.8	566		
1	50													17		
														17		
1	50															
20	1121.04	28	436.76	2	526.4							2	526.4	135		
16	880.1	22	337.96											32		
1	71	4	80.8	1	500							1	500	46		
3	169.94	2	18	1	26.4							1	26.4	42		
														12		
														3		
25	1578.44	76	1690.77	1	580					1	580			323		
16	957.3	36	821.9											148		
4	327.14	5	77.87											69		
1	78	8	144	1	580					1	580			72		
2	103	6	138.5											29		
2	113	21	508.5											5		
28	1618.78	66	1121.7	10	2092.8					2	1300	8	792.8	727		
6	485.2	19	317.4	4	1765					2	1300	2	465	178		
2	139	6	131.6											140		
7	420.08	27	418.2	1	72							1	72	409		
10	406	10	145.5	5	255.8							5	255.8			
3	168.5	4	109													
14	1025	64	1319.1											397		
9	597	41	814.2											150		
3	273	2	54.9											82		
1	55	7	176											118		
		8	165											32		
1	100	6	109											15		
29	1841.26	79	1476.64	53	52191.69	2	26250	7	12199.5	11	8085	33	5657.19	587		
15	986.06	10	221.44	26	45239.69	2	26250	6	10673.5	8	6050	10	2266.19	274		
7	414.2	34	581.2	19	4938			1	1526	2	1275	16	2137	259		
2	119	24	412	7	1934					1	760	6	1174	45		
5	322	11	262	1	80							1	80	9		

5-4 续 1

市县名	路线名称或单位	桥													
		合计				按使用年限分						按跨			
				危桥		永久性		半永久性		临时性		特大桥		大桥	
		座	米	座	米	座	米	座	米	座	米	座	米	座	米
黎城县	合计	94	5291.11	2	53.8	94	5291.11							14	3028.2
	国道	59	4088.31			59	4088.31							13	2942.2
	县道	4	331			4	331							1	86
	乡道	11	339			11	339								
	村道	20	532.8	2	53.8	20	532.8								
壶关县	合计	93	4926.29	18	544.3	93	4926.29							12	2345
	省道	22	2613.99			22	2613.99							11	2229
	县道	10	233	1	42	10	233								
	乡道	14	374	8	254	14	374								
	专用公路	23	1121.6			23	1121.6							1	116
	村道	24	583.7	9	248.3	24	583.7								
长子县	合计	80	2177.95	16	271	80	2177.95							2	232
	省道	18	709.95			18	709.95							1	180
	县道	26	635	4	66	26	635							1	52
	乡道	16	395	7	127	16	395								
	村道	20	438	5	78	20	438								
武乡县	合计	242	14394	14	457.5	242	14394					1	2197	33	7281.6
	国道	39	3336.7	1	80	39	3336.7							9	2336
	省道	57	7020.5	3	226.8	57	7020.5					1	2197	17	3821.6
	县道	42	1130.4	2	21	42	1130.4							3	438
	乡道	57	1419.4	6	65.7	57	1419.4							2	430
	村道	47	1487	2	64	47	1487							2	256
沁县	合计	215	3924.8	35	399.4	215	3924.8							1	112
	国道	21	760			21	760							1	112
	省道	19	537.1			19	537.1								
	县道	57	980	8	94.9	57	980								
	乡道	57	872.2	12	162.3	57	872.2								
	村道	61	775.5	15	142.2	61	775.5								
沁源县	合计	144	5615.92	1	93	144	5615.92							13	1787.46
	省道	49	1808.26			49	1808.26							5	735.66
	县道	31	1038.9			31	1038.9							1	217
	乡道	26	896.46			26	896.46							3	353
	村道	38	1872.3	1	93	38	1872.3							4	481.8
潞城市	合计	98	5228.02	5	117.8	98	5228.02							12	2980.28
	国道	37	880.2			37	1880.2							4	816.2
	省道	12	2131.12			12	2131.12							7	2037.08
	县道	8	203	1	7	8	203								
	乡道	22	534.1	2	30	22	534.1								
	村道	19	479.6	2	80.8	19	479.6							1	127

单位:公里

梁				隧道										涵洞
经分				总计		按长度分								
中桥		小桥				特长隧道		长隧道		中隧道		短隧道		
座	米	座	米	处	米	处	米	处	米	处	米	处	米	道
22	1226.86	58	1036.05	4	1666					1	713	3	953	678
11	587.86	35	558.25	2	850							2	850	287
2	216	1	29	1	103							1	103	357
5	239	6	100	1	713					1	713			32
4	184	16	348.8											2
19	1082.66	62	1498.63	10	3175.2					4	2563	6	612.2	340
2	174.16	9	210.83	4	2563					4	2563			154
2	88	8	145	2	239.2							2	239.2	96
4	172.5	10	201.5											
6	417.5	16	588.1	4	373							4	373	90
5	230.5	19	353.2											
19	819.94	59	1126.01	1	540					1	540			285
4	199.94	13	330.01	1	540					1	540			128
8	304	17	279											140
4	164	12	231											17
3	152	17	286											
48	2590.1	160	2325.3	11	6278.3	1	4511			2	1061	8	706.3	1542
11	731	19	269.7	3	1396.5					2	1061	1	335.5	91
8	468.7	31	533.2	1	4511	1	4511							351
8	324.7	31	367.7	1	32							1	32	315
7	360.5	48	628.9	5	260							5	260	289
14	705.2	31	525.8	1	78.8							1	78.8	496
24	1268.7	190	2544.1											654
7	450	13	198											110
3	212.9	16	324.2											93
5	273.3	52	706.7											254
6	234.5	51	637.7											170
3	98	58	677.5											27
44	2469.56	87	1358.9											684
9	585.2	35	487.4											363
9	481	21	340.9											311
5	268.36	18	275.1											4
21	1135	13	255.5											6
20	1092.7	66	1155.04	2	1402					2	1402			475
6	409.5	27	654.5	2	1402					2	1402			149
		5	94.04											117
3	157	5	46											169
7	326.4	15	207.7											37
4	199.8	14	152.8											3

5-5 邮政电信事业综合指标

	计量单位	合计	邮政	快递	移动	联通	铁通	电信
机构数	个	654	154		466	12	1	21
# 在农村的	个	491	119		360			12
邮电业务总量	万元	315696.34	22594		161270.74	112572	2067.96	17191.2
邮电业务收入	万元	228100.39	19715	4805	110126.58	73187	1832.58	18434.74
订销报纸总计	万份	4754.1	4754.1					
订销杂志总计	万份	248.8	248.8					
函件	万件	204.4	204.4					
快递	万件	247.91		247.9				
包件	万件	5.3	5.3					
长途电话	万分钟	38760			32664	2184	3912	
电话机部数	万部	41.68				37.6	2.4	1.68
# 市话	万部	32.15				30.3	0.5	1.35
农话	万部	9.53				7.3	1.9	0.33
移动电话用户	户	2987761			1759603	994073		234085
互联网用户	户	553556			98643	321108	17105	116700
基站数	个	7323			5317	1163		843

注:邮政业务总量中包含快递。

5-6 邮政机构及业务量

县市区	邮政局所(个)		职工人数(人)		邮政业务量							邮路单程长度(公里)				农村投递线路单程长度(公里)
	合计	#在农村的	合计	#在农村的	增加值(现价)(万元)	业务总量(不变价)(万元)	邮政业务收入(万元)	订销报纸累计份数(万份)	订销杂志累计(万份)	函件(万件)	包件(万件)	合计	自办汽车	委办汽车	其他	
总 计	154	119	1598	519	13283.9	18038	19206	4754.1	248.8	204.4	5.3	2545	1898	607	40	15450
市直汇	20		518			6240	6164	1763.8	134.3	157.4	2.3	813	813			1005
郊 区	7	7	83	83												
长治县	5	4	105	39		1572	1663	349.4	13.1	29.1	0.2	60	60			878
襄垣县	12	10	101	41		1453	1695	391.4	13.8	8.0	0.4	186	104	82		1449
屯留县	12	11	86	43		726	1014	277.3	10.4	1.4	0.3	108	108			936
平顺县	11	10	63	32		662	689	199.4	7.3	0.9	0.1	234		194	40	1847
黎城县	12	11	76	34		902	937	218.3	12.5	0.2	0.3	110	110			743
壶关县	11	9	102	43		1080	1167	275.1	9.0	1.4	0.2	354	162	192		1569
长子县	13	12	97	41		1455	1492	297.9	11.6	1.0	0.3	130	90	40		743
武乡县	13	12	95	53		1069	1144	244.1	6.7	1.6	0.3	143	83	60		1716
沁 县	13	12	91	43		974	1107	206.2	9.7	1.2	0.2	168	168			2080
沁源县	14	13	85	46		1040	1132	239	8.4	1.8	0.3	200	200			1708
潞城市	11	8	96	21		865	1002	292.7	12.0	0.4	0.4	39		39		776

5-7 联通业务量及用户规模

县市区	电信业务总量（万元）	营业收入（万元）	固网交换机总容量(万门)	移动交换机总容量(万门)	固话用户数（万户）	互联网用户数（万户）	移动用户数（万户）
总　计	112572	73187	48	120	37.6	32.1	99.4
市直汇			18		15.6	13.4	43.6
郊　区					0.8	1.1	3.5
长治县			4		2.5	2.7	7.4
潞城市			4		2.5	1.9	6.1
襄垣县			4		2.3	2	6.3
屯留县			3		2.2	1.7	5.5
平顺县			1		1	0.7	3.1
黎城县			2		1.9	1.2	4.1
壶关县			2		1.8	1.6	5.5
长子县			4		2.7	2.4	5.8
武乡县			2		1.4	1.1	3
沁　县			2		1.4	1	2.6
沁源县			2		1.5	1.3	2.9

5-8 移动事业

县市区	移动电话业务总量（万元）	移动电话用户（户）	交换机容量（户）	基站		
				GSM（个）	TD(个)	
					SCDMA	LTE
总　计	161270.73	1759603	2710000	2389	970	1958
市直汇	55073.1	530344		563	470	580
郊　区	9273.41	110915		104	30	73
长治县	12388.48	145605		171	91	151
襄垣县	13674.49	154639		230	75	182
屯留县	9557.85	113222		153	49	122
平顺县	3851.64	50002		122	13	81
黎城县	6007.44	74653		119	16	75
壶关县	8704.11	107346		141	38	114
长子县	10879.13	126854		149	45	127
武乡县	7614.02	78065		174	22	116
沁　县	6033.62	64723		125	28	100
沁源县	8089.38	78407		195	35	124
潞城市	10124.06	124828		143	58	113

5-9 铁通事业

指标名称	计量单位	绝对数（现价）	相对数 比上年增长(%)
电信业务总量	万元	2067.96	
年末(本地电话)局用交换机总容量	门	27048	-22.7
年末本地电话用户	万户	2.4031	-12.3
城市电话用户	万户	1.9011	-12.4
乡村电话用户	万户	0.502	-11.9
年末住宅电话用户	万户	1.8503	-5.6
年末移动电话用户	万户		
本年移动电话新增用户	万户		
年末互联网用户	万户	1.7105	8.3
新增用户	万户	0.1028	-14.3
拨号上网户数	万户		

5-10　电信事业

指标名称	计量单位	绝对数	相对数
			比上年增长(%)
电信业务总量(现价)	万元	17191.2	6.0
年末(本地电话)局用交换机总容量	门	50720	3.0
年末本地电话用户	万户	30.6	20.0
城市电话用户	万户	9.39	17.0
乡村电话用户	万户	21.21	21.0
年末住宅电话用户	万户	1.68	-9.0
年末移动电话用户	万户	28.92	24.0
本年移动电话新增用户	万户	13.79	38.0
年末互联网用户	万户	9.38	13.0
新增用户	万户	2.45	41.0
拨号上网户数	万户	0.68	-56.0

批零住宿餐饮旅游和对外贸易

资料整理人员

李秀萍　郝松志　王军强　牛　帅　申　飞　游海文

6

6-1　批发零售业、住宿餐饮业主要指标

指标名称	计量单位	数据
一、限额以上法人企业单位数	个	471
二、社会消费品零售总额	万元	4768847.8
三、批发零售业销售总额	万元	19809414.7
限额以上批发零售业销售总额	万元	15364543.2
#批发业	万元	13858399.1
零售业	万元	1506144.1
四、限额以上餐饮业营业收入	万元	21551.4
五、限额以上住宿业营业收入	万元	40957.7
六、限额以上企业财务状况		
批发零售业利润总额	万元	47770.7
住宿餐饮业利润总额	万元	-11006.1

6-2 限额以上批发和零售业法人

指标名称	法人企业数(个)	从业人员期末人数(人)	商品购进额	进口	商品销售额
总 计	**386**	**23528**	**14723261.9**	**9780.0**	**15364543.2**
一、批发业	187	10626	13299856.7		13858399.1
1.按批发行业小类分					
农、林、牧产品批发	10	370	49062.5		48761.5
谷物、豆及薯类批发	8	239	42679.2		39022.8
种子批发	1	66	2161.9		4799.4
其他农牧产品批发	1	65	4221.4		4939.3
食品、饮料及烟草制品批发	12	1576	444133.0		536703.6
米、面制品及食用油批发	1	54	8810.1		9727.0
糕点、糖果及糖批发	1	45	2034.2		2664.6
果品、蔬菜批发	2	555	151190.1		151099.5
肉、禽、蛋、奶及水产品批发	1	22	2739.2		2758.9
盐及调味品批发	1	52	4462.6		5881.7
酒、饮料及茶叶批发	5	132	14321.1		14562.0
烟草制品批发	1	716	260575.7		350009.9
纺织、服装及家庭用品批发	3	121	9670.1		8948.1
家用电器批发	3	121	9670.1		8948.1
医药及医疗器材批发	9	363	92116.2		98948.6
西药批发	6	312	74529.1		77765.0
医疗用品及器材批发	3	51	17587.1		21183.6
矿产品、建材及化工产品批发	133	7087	12605919.2		13055633.3
煤炭及制品批发	84	5520	4241035.8		4487017.6
石油及制品批发	4	187	61669.5		65544.1
金属及金属矿批发	36	1236	8251453.4		8442328.5
建材批发	5	52	34065.3		38882.8
化肥批发	2	45	8996.9		9022.6
其他化工产品批发	2	47	8698.3		12837.7
机械设备、五金产品及电子产品批发	19	1099	97894.5		108042.5
农业机械批发	1	148	19544.8		18640.8
汽车批发	2	24	11929.5		11998.6
五金产品批发	1	5	5085.4		5554.1
电气设备批发	1	11	2918.2		3032.4
计算机、软件及辅助设备批发	2	47	3165.6		3435.4

商品购进、销售和库存总额

单位:万元

其中:通过公共网络实现的商品销售额	其中:使用银行卡支付的商品销售额	批发额	出口	零售额	其中:通过公共网络实现的商品零售额	期末商品库存额	年末零售营业面积(平方米)
29126.4	**370639.1**	**13888412.6**		**1476130.6**	**16151.9**	**426065.7**	**736736**
12974.5	25034.2	13819686.9		38712.2		290177.1	26453
		48707.7		53.8		96690.4	500
		38969.0		53.8		94114.4	
		4799.4					500
		4939.3				2576.0	
	1025.1	508537.0		28166.6		23646.2	14960
		9727.0				657.4	
		2664.6				381.8	
		127923.0		23176.5		732.2	13000
		2758.9				152.1	260
		5881.7				493.3	
	1025.1	9773.9		4788.1		1366.8	1700
		349807.9		202.0		19862.6	
		8741.3		206.8		834.9	1720
		8741.3		206.8		834.9	1720
12974.5	394.7	98290.6		658.0		11721.3	1113
		77107.0		658.0		9374.9	1113
12974.5	394.7	21183.6				2346.4	
	23583.9	13046270.4		9362.9		134636.0	7800
	125.6	4487017.6				99931.3	
	23.1	56969.9		8574.2		2470.2	7800
	20733.2	8441544.3		784.2		31334.3	
	2.0	38882.1		0.7		780.5	
	2700.0	9018.8		3.8		117.3	
		12837.7				2.4	
	30.5	107778.4		264.1		21839.3	360
		18640.8				904.0	
		11998.6				903.2	
		5356.5		197.6		555.8	50
		3032.4				174.6	
		3368.9		66.5		511.6	110

6-2 续 1

指标名称	法人企业数（个）	从业人员期末人数(人)	商品购进额	进口	商品销售额
其他机械设备及电子产品批发	12	864	55251.0		65381.2
其他批发业	1	10	1061.2		1361.5
再生物资回收与批发	1	10	1061.2		1361.5
2.按登记注册类型分					
内资企业	185	10577	13295152.1		13853246.0
国有企业	13	1212	352359.2		440866.1
集体企业	3	637	106293.8		109389.8
有限责任公司	31	4742	10818809.1		11183758.2
国有独资公司	5	643	628253.4		827991.2
其他有限责任公司	26	4099	10190555.7		10355767.0
股份有限公司	2	93	79412.4		82665.1
私营企业	136	3893	1938277.6		2036566.8
私营有限责任公司	136	3893	1938277.6		2036566.8
港、澳、台商投资企业	1	13	3144.8		3257.7
港澳台商投资股份有限公司	1	13	3144.8		3257.7
外商投资企业	1	36	1559.8		1895.4
中外合资经营企业	1	36	1559.8		1895.4
3.按控股情况分					
国有控股	43	5648	11033065.1		11486873.4
集体控股	7	1072	325369.2		331701.2
私人控股	136	3893	1938277.6		2036566.8
港澳台商控股	1	13	3144.8		3257.7
4.按经营形式分					
独立门店	185	9870	13036207.4		13505492.5
连锁总店	2	756	263649.3		352906.6
5.按单位规模分					
大型	8	3672	7880318.4		8120750.8
中型	55	4234	3003459.3		3252512.3
小型	109	2538	2360966.2		2427665.9
微型	15	182	55112.8		57470.1
二、零售业	199	12902	1423405.2	9780.0	1506144.1
1.按零售行业小类分					
综合零售	45	4504	206756.3		217371.1

单位:万元

其中:通过公共网络实现的商品销售额	其中:使用银行卡支付的商品销售额	批发额	出口	零售额	其中:通过公共网络实现的商品零售额	期末商品库存额	年末零售营业面积(平方米)
	30.5	65381.2				18790.1	200
		1361.5				809.0	
		1361.5				809.0	
12974.5	25034.2	13814621.1		38624.9		290005.3	26343
		440610.3		255.8		117466.0	
		109389.8				493.8	
		11160581.7		23176.5		73040.4	13200
		827991.2				11960.2	
		10332590.5		23176.5		61080.2	13200
	100.0	82665.1					500
12974.5	24934.2	2021374.2		15192.6		99005.1	12643
12974.5	24934.2	2021374.2		15192.6		99005.1	12643
		3170.4		87.3			110
		3170.4		87.3			110
		1895.4				171.8	
		1895.4				171.8	
	100.0	11463441.1		23432.3		190346.0	13700
		331701.2				826.0	
12974.5	24934.2	2021374.2		15192.6		99005.1	12643
		3170.4		87.3			110
12974.5	24009.1	13468080.1		37412.4		269990.7	26353
	1025.1	351606.8		1299.8		20186.4	100
		8120548.8		202.0		46071.8	
12974.5	494.7	3220119.1		32393.2		195633.8	21933
	7374.1	2421615.4		6050.5		43094.9	4410
	17165.4	57403.6		66.5		5376.6	110
16151.9	345604.9	68725.7		1437418.4	16151.9	135888.6	710283
29.0	35890.7	85.0		217286.1	29.0	27761.1	264903

6-2 续 2

指标名称	法人企业数（个）	从业人员期末人数(人)	商品购进额	进口	商品销售额
百货零售	16	1575	70711.8		82324.8
超级市场零售	29	2929	136044.5		135046.3
食品、饮料及烟草制品专门零售	4	224	6056.7		6701.3
粮油零售	2	45	1628.4		1590.2
果品、蔬菜零售	2	179	4428.3		5111.1
纺织、服装及日用品专门零售	5	424	5252.9		8065.1
纺织品及针织品零售	1	37	1327.9		1430.0
服装零售	4	387	3925.0		6635.1
文化、体育用品及器材专门零售	13	326	26257.7		27690.4
图书、报刊零售	12	304	26257.7		26919.7
珠宝首饰零售	1	22			770.7
医药及医疗器材专门零售	6	1069	26047.4		27345.8
药品零售	5	824	7980.0		9457.2
医疗用品及器材零售	1	245	18067.4		17888.6
汽车、摩托车、燃料及零配件专门零售	92	5149	1085978.6	9780.0	1144745.4
汽车零售	67	3488	588226.1	9780.0	641361.1
机动车燃料零售	25	1661	497752.5		503384.3
家用电器及电子产品专门零售	28	843	59662.0		62068.9
家用视听设备零售	6	108	7686.5		7480.3
日用家电设备零售	14	412	32618.0		32378.2
计算机、软件及辅助设备零售	5	141	11094.8		13716.1
通信设备零售	3	182	8262.7		8494.3
五金、家具及室内装饰材料专门零售	5	356	6737.4		11465.8
家具零售	4	338	4986.3		9735.7
陶瓷、石材装饰材料零售	1	18	1751.1		1730.1
货摊、无店铺及其他零售业	1	7	656.2		690.3
生活用燃料零售	1	7	656.2		690.3
2.按登记注册类型分					
内资企业	198	12737	1422293.5	9780.0	1504613.8
国有企业	4	84	5993.0		11244.8
集体企业	1	6	1269.3		1314.9
有限责任公司	29	1754	169849.8	9780.0	174398.0
国有独资公司	1	44	1351.2		1251.0

单位:万元

其中:通过公共网络实现的商品销售额	其中:使用银行卡支付的商品销售额	批发额	出口	零售额	其中:通过公共网络实现的商品零售额	期末商品库存额	年末零售营业面积(平方米)
	12333.0			82324.8		15313.3	118500
29.0	23557.7	85.0		134961.3	29.0	12447.8	146403
194.0		270.6		6430.7	194.0	361.4	1775
194.0		270.6		1319.6	194.0	106.5	900
				5111.1		254.9	875
				8065.1		670.3	9774
				1430.0		234.9	350
				6635.1		435.4	9424
				27690.4		5130.8	7900
				26919.7		4052.6	7815
				770.7		1078.2	85
15908.1	531.1			27345.8	15908.1	2686.4	11761
	531.1			9457.2		1434.3	10176
15908.1				17888.6	15908.1	1252.1	1585
19.0	301174.4	68370.1		1076375.3	19.0	80008.1	274763
19.0	301066.5	961.0		640400.1	19.0	74254.3	141951
	107.9	67409.1		435975.2		5753.8	132812
1.8	5469.4			62068.9	1.8	18798.1	38869
	330.0			7480.3		9236.5	3420
1.8	1288.4			32378.2	1.8	6983.6	31819
	1556.4			13716.1		1029.4	1860
	2294.6			8494.3		1548.6	1770
	2539.3			11465.8		420.7	99538
	2539.3			9735.7		368.1	98738
				1730.1		52.6	800
				690.3		51.7	1000
				690.3		51.7	1000
16151.9	345604.9	68725.7		1435888.1	16151.9	135692.1	690283
	92.0			11244.8		5569.1	17500
				1314.9		12.1	66
	55036.3	182.3		174215.7		22011.9	95133
				1251.0		154.2	2000

6-2 续 3

指标名称	法人企业数（个）	从业人员期末人数(人)	商品购进额	进口	商品销售额
其他有限责任公司	28	1710	168498.6	9780.0	173147.0
股份有限公司	2	1158	452635.9		454998.2
私营企业	162	9735	792545.5		862657.9
私营独资企业	6	60	4466.3		4600.3
私营合伙企业	2	69	1747.0		2506.9
私营有限责任公司	154	9606	786332.2		855550.7
外商投资企业	1	165	1111.7		1530.3
中外合资经营企业	1	165	1111.7		1530.3
3.按控股情况分					
国有控股	25	1826	500295.4		506228.5
集体控股	11	1176	129452.6	9780.0	135727.4
私人控股	162	9735	792545.5		862657.9
外商控股	1	165	1111.7		1530.3
4.按经营形式分					
独立门店	187	9980	859521.4	9780.0	939972.0
连锁总店	11	2870	561762.6		563404.8
连锁门店	1	52	2121.2		2767.3
5.按单位规模分					
大型	4	1868	523320.9		530214.1
中型	70	7334	640299.7	9780.0	685583.6
小型	104	3387	235389.8		265752.7
微型	21	313	24394.8		24593.7
6.按零售业态分					
有店铺零售	198	12657	1405337.8	9780.0	1488255.5
超市	22	1776	39407.9		40316.1
大型超市	6	1032	96636.6		93997.1
百货店	18	1752	71438.3		83639.0
专业店	81	4330	612206.9		629425.4
专卖店	67	3415	581235.8	9780.0	635858.0
家居建材商店	2	183	2862.8		3260.4
购物中心	1	114	568.4		801.0
厂家直销中心	1	55	981.1		958.5
无店铺零售	1	245	18067.4		17888.6
网上商店	1	245	18067.4		17888.6

单位:万元

其中:通过公共网络实现的商品销售额	其中:使用银行卡支付的商品销售额	批发额	出口	零售额	其中:通过公共网络实现的商品零售额	期末商品库存额	年末零售营业面积(平方米)
	55036.3	182.3		172964.7		21857.7	93133
		64416.2		390582.0		2495.3	93935
16151.9	290476.6	4127.2		858530.7	16151.9	105603.7	483649
				4600.3		340.4	2944
	50.2			2506.9		286.5	2667
16151.9	290426.4	4127.2		851423.5	16151.9	104976.8	478038
				1530.3		196.5	20000
				1530.3		196.5	20000
	92.0	64598.5		441630.0		17861.7	129518
	55036.3			135727.4		12226.7	77116
16151.9	290476.6	4127.2		858530.7	16151.9	105603.7	483649
				1530.3		196.5	20000
214.8	323000.4	4309.5		935662.5	214.8	121614.7	545207
15937.1	22396.6	64416.2		498988.6	15937.1	13867.3	161076
	207.9			2767.3		406.6	4000
	53010.0	64416.2		465797.9		12148.6	117155
15937.1	231884.0	85.0		685498.6	15937.1	72495.7	365486
214.8	60710.9	4224.5		261528.2	214.8	48108.9	181600
				24593.7		3135.4	46042
243.8	345604.9	68725.7		1419529.8	243.8	134636.5	708698
	3471.2	85.0		40231.1		5308.3	58403
29.0	19597.3			93997.1	29.0	7139.5	81000
	12822.2			83639.0		15458.8	126300
194.0	11390.6	67679.7		561745.7	194.0	35081.1	285680
20.8	298323.6	961.0		634897.0	20.8	71039.8	132515
				3260.4		249.1	20800
				801.0		289.9	2000
				958.5		70.0	2000
15908.1				17888.6	15908.1	1252.1	1585
15908.1				17888.6	15908.1	1252.1	1585

6-3 限额以上批发和零

指标名称	销售额	零售额
总　计	**152778002**	**14525868**
其中:通过互联网实现的商品销售	259743	159389
1、粮油、食品、饮料、烟酒类	6661920	1196968
(1)粮油、食品类	2677825	817864
其中:粮油类	811480	234993
肉禽蛋类	166403	74660
水产品类	32807	32807
蔬菜类	1191220	214430
干鲜果品类	213345	103843
(2)饮料类	182557	142625
(3)烟酒类	3801538	236479
2、服装、鞋帽、针纺织品类	941992	941992
(1)服装类	607020	607020
(2)鞋帽类	161147	161147
(3)针、纺织品类	173825	173825
3、化妆品类	64888	64888
4、金银珠宝类	72292	72292
5、日用品类	201157	201151
其中:洗涤用品类	126150	126150
儿童玩具类	21521	21521
6、五金、电料类	137630	34117
7、体育、娱乐用品类	8428	8428

售业商品销售额

单位:千元

指标名称	销售额	零售额
8、书报杂志类	262441	262441
9、电子出版物及音像制品类	11990	11990
10、家用电器和音像器材类	534324	447410
11、中西药品类	1148702	285492
其中:西药类	1083639	251798
中草药及中成药类	58697	27328
12、文化办公用品类	191306	151000
13、家具类	105988	105988
14、通讯器材类	77241	77241
15、煤炭及制品类	50043472	
16、木材及制品类	7787	
17、石油及制品类	5564681	4327897
18、化工材料及制品类	2727663	
其中:化肥类	60226	
19、金属材料类	76061142	
20、建筑及装潢材料类	106530	19293
21、机电产品及设备类	998301	
其中:农机类	186408	
22、汽车类	6407615	6287961
23、种子饲料类	47995	
24、棉麻类		
25、其他类	392517	29319

6-4 限额以上批发零售

指标名称	法人企业数(个)	执行《2006年企业会计准则》企业数(个)	年初存货	流动资产合计	应收账款
总　计	386	301	396531.6	2782697.2	557106.3
一、批发业	187	151	274490.7	2432841.6	513317.9
1.按批发行业小类分					
农、林、牧产品批发	10	9	49329.4	113081.5	1622.1
谷物、豆及薯类批发	8	7	42369.2	101352.9	1594.0
种子批发	1	1	4850.6	8531.3	27.2
其他农牧产品批发	1	1	2109.6	3197.3	0.9
食品、饮料及烟草制品批发	12	8	19087.2	104655.3	5258.6
米、面制品及食用油批发	1		79.6	3902.1	1417.5
糕点、糖果及糖批发	1	1	240.3	2419.6	1000.5
果品、蔬菜批发	2	2	22.8	21944.0	378.7
肉、禽、蛋、奶及水产品批发	1		38.0	532.5	130.0
盐及调味品批发	1	1	279.3	640.2	66.7
酒、饮料及茶叶批发	5	3	1708.9	4597.1	1169.6
烟草制品批发	1	1	16718.3	70619.8	1095.6
纺织、服装及家庭用品批发	3	2	497.0	1152.1	66.6
家用电器批发	3	2	497.0	1152.1	66.6
医药及医疗器材批发	9	8	10300.1	97925.9	41443.8
西药批发	6	5	8506.6	88502.0	37615.3
医疗用品及器材批发	3	3	1793.5	9423.9	3828.5
矿产品、建材及化工产品批发	133	105	175595.3	1994115.9	395068.1
煤炭及制品批发	84	65	118232.1	1589693.1	258390.3
石油及制品批发	4	3	2662.2	12916.5	4419.6
金属及金属矿批发	36	32	54117.2	354922.7	121330.2
建材批发	5	2	487.0	21841.5	4849.5
化肥批发	2	1	94.4	8392.7	4757.2
其他化工产品批发	2	2	2.4	6349.4	1321.3

业法人企业财务状况

单位:万元

存货	固定资产合计	固定资产原价	累计折旧	本年折旧	在建工程	资产总计
433840.6	239980.9	377925.2	139720.1	23466.4	41057.9	3671444.4
305968.9	130772.7	217730.6	86958.3	13304.0	23676.3	3134171.2
100979.5	10779.4	17452.7	6673.3	644.4	1107.8	127622.9
94153.8	7613.6	13159.2	5545.6	582.5		109162.1
4533.2	1477.2	1979.8	502.6	61.9	1105.9	13310.1
2292.5	1688.6	2313.7	625.1		1.9	5150.7
22760.1	19541.3	34007.5	14466.2	2223.0	16348.5	148252.9
658.0	121.5	286.9	165.4	165.4		4023.6
381.7	0.8	0.8				2420.5
116.6	233.8	289.8	56.0	28.4	9523.8	37894.7
36.5						532.5
428.6	334.1	1066.4	732.3	49.1		1185.5
1276.1	822.3	1100.4	278.1	61.1	89.5	5601.0
19862.6	18028.8	31263.2	13234.4	1919.0	6735.2	96595.1
987.0	23.4	29.3	5.9	5.9		1175.7
987.0	23.4	29.3	5.9	5.9		1175.7
11848.9	1178.0	2273.2	1095.2	145.9	38.8	115645.4
10193.2	951.7	1810.9	859.2	83.8	38.8	105400.1
1655.7	226.3	462.3	236.0	62.1		10245.3
148205.1	90951.2	152375.7	61424.9	9800.8	5857.7	2587689.0
105046.6	81026.6	131658.9	50632.7	7021.5	2564.8	2121386.5
2847.9	1970.7	3141.4	1170.7	996.5	227.5	19700.6
38061.7	7276.5	16191.7	8915.2	1279.5	3065.4	408614.8
782.1	144.6	355.9	211.3	70.3		21986.1
1464.4	0.1	0.6	0.5			8992.8
2.4	532.7	1027.2	494.5	433.0		7008.2

6-4 续 1

指标名称	法人企业数(个)	执行《2006年企业会计准则》企业数(个)	年初存货	流动资产合计	应收账款
机械设备、五金产品及电子产品批发	19	18	19143.1	119428.5	68197.9
农业机械批发	1	1	3050.2	4025.9	800.8
汽车批发	2	2	572.5	12037.4	10218.9
五金产品批发	1	1	404.9	686.9	157.5
电气设备批发	1	1	184.0	529.9	81.0
计算机、软件及辅助设备批发	2	2	415.9	1381.4	478.7
其他机械设备及电子产品批发	12	11	14515.6	100767.0	56461.0
其他批发业	1	1	538.6	2482.4	1660.8
再生物资回收与批发	1	1	538.6	2482.4	1660.8
2.按登记注册类型分					
内资企业	185	149	274294.2	2426916.4	513691.9
国有企业	13	12	66236.5	192204.1	12045.4
集体企业	3	3	1708.1	13771.9	4659.0
有限责任公司	31	30	93497.7	1394846.6	206297.8
国有独资公司	5	5	17050.1	108733.6	34643.1
其他有限责任公司	26	25	76447.6	1286113.0	171654.7
股份有限公司	2	2	4850.6	24969.2	1177.2
私营企业	136	102	108001.3	801124.6	289512.5
私营有限责任公司	136	102	108001.3	801124.6	289512.5
港、澳、台商投资企业	1	1		54.4	29.3
港澳台商投资股份有限公司	1	1		54.4	29.3
外商投资企业	1	1	196.5	5870.8	-403.3
中外合资经营企业	1	1	196.5	5870.8	-403.3
3.按控股情况分					
国有控股	43	42	161435.2	1569508.6	215356.2
集体控股	7	6	5054.2	62154.0	8419.9
私人控股	136	102	108001.3	801124.6	289512.5

单位:万元

存货	固定资产合计	固定资产原价	累计折旧	本年折旧	在建工程	资产总计
20379.3	8276.8	11524.2	3247.4	478.2	323.5	151280.3
894.8	625.2	1047.7	422.5	33.7	11.4	4651.1
773.7	21.6	39.9	18.3	18.3		12267.7
474.5	1.5	6.7	5.2	0.4		688.5
174.6						529.9
783.0	20.5	59.6	39.1	1.0		1571.8
17278.7	7608.0	10370.3	2762.3	424.8	312.1	131571.3
809.0	22.6	68.0	45.4	5.8		2505.0
809.0	22.6	68.0	45.4	5.8		2505.0
305818.7	125127.7	210142.1	85014.8	13056.4	23676.3	3120170.4
117210.9	29135.2	49524.6	20389.4	2987.1	6804.4	229802.1
2199.8	5841.4	8975.6	3134.2	458.3	3075.6	31470.3
70068.0	48640.7	88693.8	40053.1	4313.4	1956.5	1813630.7
11704.8	5421.0	12852.4	7431.4	405.6		124356.8
58363.2	43219.7	75841.4	32621.7	3907.8	1956.5	1689273.9
4533.2	1496.8	2082.0	585.2	61.9	1105.9	29820.1
111806.8	40013.6	60866.1	20852.9	5235.7	10733.9	1015447.2
111806.8	40013.6	60866.1	20852.9	5235.7	10733.9	1015447.2
						54.4
						54.4
150.2	5645.0	7588.5	1943.5	247.6		13946.4
150.2	5645.0	7588.5	1943.5	247.6		13946.4
186955.5	84837.5	147317.0	62479.5	7602.9	9793.4	2030295.0
7206.6	5921.6	9547.5	3625.9	465.4	3149.0	88374.6
111806.8	40013.6	60866.1	20852.9	5235.7	10733.9	1015447.2

6-4 续 2

指标名称	法人企业数（个）	执行《2006年企业会计准则》企业数(个)	年初存货	流动资产合计	应收账款
港澳台商控股	1	1		54.4	29.3
4.按经营形式分					
独立门店	185	149	256877.5	2361019.9	511696.2
连锁总店	2	2	17613.2	71821.7	1621.7
5.按单位规模分					
大型	8	8	59397.1	1090426.7	121847.1
中型	55	47	144253.8	897212.5	220504.5
小型	109	82	63491.6	411436.0	154054.7
微型	15	14	7348.2	33766.4	16911.6
二、零售业	199	150	122040.9	349855.6	43788.4
1.按零售行业小类分					
综合零售	45	28	21333.6	63171.4	14202.6
百货零售	16	12	9524.5	30655.8	8660.0
超级市场零售	29	16	11809.1	32515.6	5542.6
食品、饮料及烟草制品专门零售	4	4	68.3	1792.2	97.4
粮油零售	2	2	68.3	528.5	66.7
果品、蔬菜零售	2	2		1263.7	30.7
纺织、服装及日用品专门零售	5	4	741.6	1955.5	189.2
纺织品及针织品零售	1	1	159.1	430.9	48.2
服装零售	4	3	582.5	1524.6	141.0
文化、体育用品及器材专门零售	13	10	4412.9	13862.5	1096.7
图书、报刊零售	12	9	2656.3	12862.6	1046.3
珠宝首饰零售	1	1	1756.6	999.9	50.4
医药及医疗器材专门零售	6	4	1196.0	8828.7	1329.7
药品零售	5	3	1196.0	3272.8	1278.0
医疗用品及器材零售	1	1		5555.9	51.7
汽车、摩托车、燃料及零配件专门零售	92	74	84430.3	229406.8	20011.3

单位:万元

存货	固定资产合计	固定资产原价	累计折旧	本年折旧	在建工程	资产总计
						54.4
285782.5	112735.0	186458.5	73723.9	11385.0	16941.1	3036365.3
20186.4	18037.7	31272.1	13234.4	1919.0	6735.2	97805.9
46055.2	48856.9	83612.8	34755.9	5252.2	10018.4	1504232.4
206693.1	43409.8	80054.5	36644.7	4655.7	2238.4	1091222.9
47711.7	36938.6	48664.6	11726.4	2875.1	11335.9	501636.2
5508.9	1567.4	5398.7	3831.3	521.0	83.6	37079.7
127871.7	109208.2	160194.6	52761.8	10162.4	17381.6	537273.2
16789.8	37782.8	52602.8	15070.1	3628.2	944.8	140873.7
4450.0	20798.3	28505.6	7957.4	2511.3	648.8	57362.3
12339.8	16984.5	24097.2	7112.7	1116.9	296.0	83511.4
407.7	7394.0	7457.5	63.5	18.9		10072.9
349.8	1727.6	1785.1	57.5	12.9		2601.1
57.9	5666.4	5672.4	6.0	6.0		7471.8
711.1	806.8	1333.2	526.4	268.9		3256.7
234.9	5.4	36.2	30.8			436.3
476.2	801.4	1297.0	495.6	268.9		2820.4
3549.6	5091.4	9160.1	4068.7	514.9		20009.2
2628.0	4849.4	8675.9	3826.5	405.8		18767.3
921.6	242.0	484.2	242.2	109.1		1241.9
1337.4	571.1	1121.2	550.1	70.3	281.0	10174.6
1020.7	250.5	430.4	179.9	16.5	281.0	4185.9
316.7	320.6	690.8	370.2	53.8		5988.7
94223.3	50570.7	80362.4	30021.2	4988.8	11989.7	311576.8

6-4 续 3

指标名称	法人企业数（个）	执行《2006 年企业会计准则》企业数（个）	年初存货	流动资产合计	应收账款
汽车零售	67	52	63079.6	186721.5	13086.2
机动车燃料零售	25	22	21350.7	42685.3	6925.1
家用电器及电子产品专门零售	28	21	9377.1	26425.2	3920.4
家用视听设备零售	6	5	671.7	1624.0	400.9
日用家电设备零售	14	12	5801.5	14763.5	1318.9
计算机、软件及辅助设备零售	5	3	1319.9	5971.7	1263.5
通信设备零售	3	1	1584.0	4066.0	937.1
五金、家具及室内装饰材料专门零售	5	4	435.1	4295.7	2937.6
家具零售	4	3	320.1	3498.8	2796.5
陶瓷、石材装饰材料零售	1	1	115.0	796.9	141.1
货摊、无店铺及其他零售业	1	1	46.0	117.6	3.5
生活用燃料零售	1	1	46.0	117.6	3.5
2.按登记注册类型分					
内资企业	198	149	121728.4	349287.5	43639.4
国有企业	4	4	588.7	2762.1	483.5
集体企业	1	1	10.8	520.6	258.5
有限责任公司	29	22	16974.2	53624.1	7190.8
国有独资公司	1		39.6	162.7	8.5
其他有限责任公司	28	22	16934.6	53461.4	7182.3
股份有限公司	2	2	18364.3	22460.1	277.1
私营企业	162	120	85790.4	269920.6	35429.5
私营独资企业	6	6	366.8	1649.5	629.5
私营合伙企业	2	1	286.7	799.5	274.6
私营有限责任公司	154	113	85136.9	267471.6	34525.4
外商投资企业	1	1	312.5	568.1	149.0
中外合资经营企业	1	1	312.5	568.1	149.0
3.按控股情况分					

单位:万元

存货	固定资产合计	固定资产原价	累计折旧	本年折旧	在建工程	资产总计
71040.1	23188.9	35474.3	12515.3	2701.3	3852.7	223302.1
23183.2	27381.8	44888.1	17505.9	2287.5	8137.0	88274.7
9925.0	2385.5	3390.3	1004.8	501.5		29419.7
774.1	167.0	175.0	8.0	8.0		1818.4
6638.7	201.1	278.7	77.6	11.2		15501.0
1234.2	1220.8	1736.1	515.3	133.3		7237.7
1278.0	796.6	1200.5	403.9	349.0		4862.6
876.1	4532.8	4682.3	1445.3	170.9	4166.1	11698.9
220.3	4485.3	4634.8	1445.3	170.9	4166.1	10854.5
655.8	47.5	47.5				844.4
51.7	73.1	84.8	11.7			190.7
51.7	73.1	84.8	11.7			190.7
127675.2	108878.7	159546.8	52443.5	10142.2	17345.9	536339.9
314.7	2682.8	3121.5	438.7	23.3	630.1	6583.7
12.1	20.2	140.1	119.9	8.3		540.8
16305.2	20728.5	31537.8	12245.5	3971.7	1450.8	77202.2
154.2	109.5	109.5				272.2
16151.0	20619.0	31428.3	12245.5	3971.7	1450.8	76930.0
19409.8	21307.0	34869.9	13560.4	446.9	7926.8	59433.0
91633.4	64140.2	89877.5	26079.0	5692.0	7338.2	392580.2
444.8	740.5	1131.8	391.3	53.9		2390.1
262.9	204.3	520.7	316.4	11.5		1003.8
90925.7	63195.4	88225.0	25371.3	5626.6	7338.2	389186.3
196.5	329.5	647.8	318.3	20.2	35.7	933.3
196.5	329.5	647.8	318.3	20.2	35.7	933.3

6-4 续 4

指标名称	法人企业数（个）	执行《2006年企业会计准则》企业数（个）	年初存货	流动资产合计	应收账款
国有控股	25	20	23375.0	45108.0	3019.1
集体控股	11	9	12563.0	34258.9	5190.8
私人控股	162	120	85790.4	269920.6	35429.5
外商控股	1	1	312.5	568.1	149.0
4.按经营形式分					
独立门店	187	143	92617.1	299018.3	41561.8
连锁总店	11	7	29017.6	50315.5	2226.6
连锁门店	1		406.2	521.8	
5.按单位规模分					
大型	4	3	28095.6	48564.4	600.2
中型	70	50	62176.5	191578.8	25140.5
小型	104	79	28820.7	98428.0	15782.8
微型	21	18	2948.1	11284.4	2264.9
6.按零售业态分					
有店铺零售	198	149	122040.9	344299.7	43736.7
超市	22	13	5005.3	13661.1	2140.5
大型超市	6	2	6760.9	18854.5	3402.1
百货店	18	14	9868.4	31317.4	8696.8
专业店	81	62	35071.1	93654.4	16565.9
专卖店	67	55	64574.7	184893.5	12592.7
家居建材商店	2	2	427.5	1365.0	290.1
购物中心	1		281.5	338.5	48.6
厂家直销中心	1	1	51.5	215.3	
无店铺零售	1	1		5555.9	51.7
网上商店	1	1		5555.9	51.7

单位:万元

存货	固定资产合计	固定资产原价	累计折旧	本年折旧	在建工程	资产总计
24439.9	30308.5	49757.9	19446.9	2266.8	8556.9	93705.6
11601.9	14430.0	19911.4	6917.6	2183.4	1450.8	50054.1
91633.4	64140.2	89877.5	26079.0	5692.0	7338.2	392580.2
196.5	329.5	647.8	318.3	20.2	35.7	933.3
97918.7	78011.8	110585.4	34351.5	8667.5	9454.8	406987.9
29546.4	31129.0	49359.5	18228.0	1453.2	7926.8	129685.0
406.6	67.4	249.7	182.3	41.7		600.3
31349.0	22588.4	38891.0	16300.1	598.2	7978.8	113110.1
64998.8	64414.7	87665.6	24819.0	6115.3	6570.8	283119.6
28405.3	19268.7	29689.7	10630.8	3353.5	856.4	124087.6
3118.6	2936.4	3948.3	1011.9	95.4	1975.6	16955.9
127555.0	108887.6	159503.8	52391.6	10108.6	17381.6	531284.5
5370.7	8002.5	11119.5	3117.0	497.4	296.0	23306.7
6969.1	8975.2	12970.9	3995.7	619.5		60155.0
4636.3	21076.1	29014.4	8188.4	2551.7	648.8	58344.6
38596.4	47757.8	70808.9	24346.6	3671.9	14241.1	168673.8
70770.3	22585.3	34751.1	12395.6	2737.9	2160.0	218359.2
852.3	377.0	695.3	318.3	20.2	35.7	1777.7
289.9	78.1	108.1	30.0	10.0		416.6
70.0	35.6	35.6				250.9
316.7	320.6	690.8	370.2	53.8		5988.7
316.7	320.6	690.8	370.2	53.8		5988.7

6–4 续 5

指标名称	流动负债合计	应付账款	非流动负债合计	负债合计	所有者权益合计
总计	2628918.7	686285.1	134902.7	2763644.6	907799.8
一、批发业	2257716.1	602676.9	127224.0	2384763.3	749407.9
1.按批发行业小类分					
农、林、牧产品批发	100868.6	6922.9	663.6	101532.2	26090.7
谷物、豆及薯类批发	96520.8	6829.4	663.6	97184.4	11977.7
种子批发	1581.6	17.3		1581.6	11728.5
其他农牧产品批发	2766.2	76.2		2766.2	2384.5
食品、饮料及烟草制品批发	50177.8	9990.4	12321.4	62499.2	85753.7
米、面制品及食用油批发	3503.4	32.0		3503.4	520.2
糕点、糖果及糖批发	2330.3	976.0		2330.3	90.2
果品、蔬菜批发	24925.4	595.8	12215.0	37140.4	754.3
肉、禽、蛋、奶及水产品批发	392.2	374.5		392.2	140.3
盐及调味品批发	433.6	146.0	72.9	506.5	679.0
酒、饮料及茶叶批发	7974.4	1422.6	33.5	8007.9	–2406.9
烟草制品批发	10618.5	6443.5		10618.5	85976.6
纺织、服装及家庭用品批发	575.6	90.4		575.6	600.1
家用电器批发	575.6	90.4		575.6	600.1
医药及医疗器材批发	103292.1	60024.3	3678.0	106970.1	8675.3
西药批发	96372.4	58482.5	3167.0	99539.4	5860.7
医疗用品及器材批发	6919.7	1541.8	511.0	7430.7	2814.6
矿产品、建材及化工产品批发	1882565.5	466909.7	107561.0	1989949.7	597739.3
煤炭及制品批发	1608407.7	356254.2	105887.9	1714118.8	407267.7
石油及制品批发	15233.3	2524.2		15233.3	4467.3
金属及金属矿批发	233890.7	98103.4	165.6	234056.3	174558.5
建材批发	16029.1	2712.6		16029.1	5957.0
化肥批发	7441.7	6802.4		7441.7	1551.1
其他化工产品批发	1563.0	512.9	1507.5	3070.5	3937.7

单位:万元

实收资本	国家资本	集体资本	法人资本	个人资本	港澳台资本	外商资本
451931.5	65133.1	17104.3	196507.5	167460.8	2.0	5723.8
349635.7	63108.8	8338.0	155032.2	117930.4		5226.3
14542.1	4492.1		5100.0	4950.0		
4422.1	4372.1			50.0		
10000.0			5100.0	4900.0		
120.0	120.0					
7443.5	25.0	334.0	4727.1	2357.4		
520.0				520.0		
100.0				100.0		
3000.0			3000.0			
100.0				100.0		
359.0	25.0	334.0				
1637.4				1637.4		
1727.1			1727.1			
600.0			100.0	500.0		
600.0			100.0	500.0		
11872.7			6085.0	5787.7		
7036.7			1449.0	5587.7		
4836.0			4636.0	200.0		
296139.2	55341.2	8004.0	128669.1	98898.6		5226.3
153371.4	15065.2	3804.0	67076.3	62199.6		5226.3
3969.0				3969.0		
131398.8	40176.0	4200.0	58892.8	28130.0		
5200.0			600.0	4600.0		
1600.0			1600.0			
600.0	100.0		500.0			

6-4 续 6

指标名称	流动负债合计	应付账款	非流动负债合计	负债合计	所有者权益合计
机械设备、五金产品及电子产品批发	118230.3	57393.4	3000.0	121230.3	30050.0
农业机械批发	4171.7	948.7		4171.7	479.4
汽车批发	12026.7	11416.5		12026.7	241.0
五金产品批发	357.8	106.8		357.8	330.7
电气设备批发	30.8			30.8	499.1
计算机、软件及辅助设备批发	842.0	473.5		842.0	729.8
其他机械设备及电子产品批发	100801.3	44447.9	3000.0	103801.3	27770.0
其他批发业	2006.2	1345.8		2006.2	498.8
再生物资回收与批发	2006.2	1345.8		2006.2	498.8
2.按登记注册类型分					
内资企业	2249057.8	597941.2	127224.0	2376105.0	744065.4
国有企业	123425.1	22365.8	2180.3	125605.4	104196.7
集体企业	9829.1	6198.5	224.5	10053.6	21416.7
有限责任公司	1266983.0	220216.2	107419.9	1374402.9	439227.8
国有独资公司	75917.2	14010.1	173.6	76090.8	48266.0
其他有限责任公司	1191065.8	206206.1	107246.3	1298312.1	390961.8
股份有限公司	17024.4	1510.6		17024.4	12795.7
私营企业	831796.2	347650.1	17399.3	849018.7	166428.5
私营有限责任公司	831796.2	347650.1	17399.3	849018.7	166428.5
港、澳、台商投资企业	54.4	51.7		54.4	
港澳台商投资股份有限公司	54.4	51.7		54.4	
外商投资企业	8603.9	4684.0		8603.9	5342.5
中外合资经营企业	8603.9	4684.0		8603.9	5342.5
3.按控股情况分					
国有控股	1377669.5	234690.6	105231.5	1482901.0	547394.0
集体控股	48196.0	20284.5	4593.2	52789.2	35585.4
私人控股	831796.2	347650.1	17399.3	849018.7	166428.5

单位:万元

实收资本	国家资本	集体资本	法人资本	个人资本	港澳台资本	外商资本
18538.2	3250.5		10351.0	4936.7		
500.5	500.5					
800.0			500.0	300.0		
350.0				350.0		
500.0				500.0		
707.7			121.0	586.7		
15680.0	2750.0		9730.0	3200.0		
500.0				500.0		
500.0				500.0		
338969.7	59909.0	8338.0	152792.3	117930.4		
8829.8	5102.6		3727.2			
5066.7	25.0	5041.7				
146377.2	54694.4	3296.3	85832.8	2553.7		
12495.4	1100.0		11395.4			
133881.8	53594.4	3296.3	74437.4	2553.7		
11000.0			6100.0	4900.0		
167696.0	87.0		57132.3	110476.7		
167696.0	87.0		57132.3	110476.7		
10666.0	3199.8		2239.9			5226.3
10666.0	3199.8		2239.9			5226.3
170224.1	62996.8	250.0	96251.0	5500.0		5226.3
11715.6	25.0	8088.0	1648.9	1953.7		
167696.0	87.0		57132.3	110476.7		

6-4 续 7

指标名称	流动负债合计	应付账款	非流动负债合计	负债合计	所有者权益合计
港澳台商控股	54.4	51.7		54.4	
4.按经营形式分					
独立门店	2246497.8	595756.5	127224.0	2373545.0	662820.3
连锁总店	11218.3	6920.4		11218.3	86587.6
5.按单位规模分					
大型	960205.3	135641.6	100963.5	1061168.8	443063.6
中型	934258.3	310555.4	10080.0	944338.3	146884.6
小型	334885.8	141673.1	16023.7	350732.7	150903.5
微型	28366.7	14806.8	156.8	28523.5	8556.2
二、零售业	371202.6	83608.2	7678.7	378881.3	158391.9
1.按零售行业小类分					
综合零售	101654.4	29142.6	4217.2	105871.6	35002.1
百货零售	34203.0	7864.7	4091.0	38294.0	19068.3
超级市场零售	67451.4	21277.9	126.2	67577.6	15933.8
食品、饮料及烟草制品专门零售	2946.0	315.9		2946.0	7126.9
粮油零售	246.4	187.6		246.4	2354.7
果品、蔬菜零售	2699.6	128.3		2699.6	4772.2
纺织、服装及日用品专门零售	1634.5	554.8	26.3	1660.8	1595.9
纺织品及针织品零售	381.5	42.8		381.5	54.8
服装零售	1253.0	512.0	26.3	1279.3	1541.1
文化、体育用品及器材专门零售	13552.2	7309.4		13552.2	6457.0
图书、报刊零售	11293.9	7308.0		11293.9	7473.4
珠宝首饰零售	2258.3	1.4		2258.3	-1016.4
医药及医疗器材专门零售	9688.6	3713.9		9688.6	486.0
药品零售	1857.0	971.4		1857.0	2328.9
医疗用品及器材零售	7831.6	2742.5		7831.6	-1842.9
汽车、摩托车、燃料及零配件专门零售	213431.0	34376.6	2705.3	216136.3	95440.5

单位:万元

实收资本	国家资本	集体资本	法人资本	个人资本	港澳台资本	外商资本
347308.6	63108.8	8338.0	153305.1	117330.4		5226.3
2327.1			1727.1	600.0		
64576.0	4000.0	4200.0	56376.0			
120320.7	12891.1	384.0	57218.9	49826.7		
155241.1	46120.0	3200.0	38331.5	62363.3		5226.3
9497.9	97.7	554.0	3105.8	5740.4		
102295.8	2024.3	8766.3	41475.3	49530.4	2.0	497.5
25856.5	552.1	2365.7	2960.1	19978.6		
14657.9	466.1	866.8	1359.0	11966.0		
11198.6	86.0	1498.9	1601.1	8012.6		
2948.0				2948.0		
2348.0				2348.0		
600.0				600.0		
923.0			365.0	558.0		
50.0				50.0		
873.0			365.0	508.0		
6813.0			6643.0	170.0		
6713.0			6543.0	170.0		
100.0			100.0			
2728.7	470.9		1801.0	456.8		
1678.7	470.9		751.0	456.8		
1050.0			1050.0			
52998.9	1001.3	6327.8	26906.2	18761.0	2.0	0.6

6-4 续 8

指标名称	流动负债合计	应付账款	非流动负债合计	负债合计	所有者权益合计
汽车零售	184518.1	27883.9	2494.6	187012.7	36289.4
机动车燃料零售	28912.9	6492.7	210.7	29123.6	59151.1
家用电器及电子产品专门零售	21477.8	7667.8	13.0	21490.8	7928.9
家用视听设备零售	1422.5	939.8		1422.5	395.9
日用家电设备零售	12544.1	2529.9		12544.1	2956.9
计算机、软件及辅助设备零售	3805.7	1922.8	13.0	3818.7	3419.0
通信设备零售	3705.5	2275.3		3705.5	1157.1
五金、家具及室内装饰材料专门零售	6814.0	523.1	716.9	7530.9	4168.0
家具零售	6746.5	455.6		6746.5	4108.0
陶瓷、石材装饰材料零售	67.5	67.5	716.9	784.4	60.0
货摊、无店铺及其他零售业	4.1	4.1		4.1	186.6
生活用燃料零售	4.1	4.1		4.1	186.6
2.按登记注册类型分					
内资企业	370363.0	83496.5	7678.7	378041.7	158298.2
国有企业	6174.2	1004.2	30.9	6205.1	378.6
集体企业	336.1	78.7	20.0	356.1	184.7
有限责任公司	46961.8	17030.6	4249.5	51211.3	25990.9
国有独资公司	180.0	180.0	82.2	262.2	10.0
其他有限责任公司	46781.8	16850.6	4167.3	50949.1	25980.9
股份有限公司	8985.2	108.5	125.6	9110.8	50322.2
私营企业	307905.7	65274.5	3252.7	311158.4	81421.8
私营独资企业	1394.6	650.6	65.1	1459.7	930.4
私营合伙企业	686.1	140.7		686.1	317.7
私营有限责任公司	305825.0	64483.2	3187.6	309012.6	80173.7
外商投资企业	839.6	111.7		839.6	93.7
中外合资经营企业	839.6	111.7		839.6	93.7
3.按控股情况分					

单位:万元

实收资本	国家资本	集体资本	法人资本	个人资本	港澳台资本	外商资本
44771.4	1001.3	6189.0	21717.7	15860.8	2.0	0.6
8227.5		138.8	5188.5	2900.2		
8064.0			1750.0	6314.0		
300.0				300.0		
4332.0			750.0	3582.0		
2272.5			500.0	1772.5		
1159.5			500.0	659.5		
1848.7		72.8	1050.0	229.0		496.9
1818.7		72.8	1050.0	199.0		496.9
30.0				30.0		
115.0				115.0		
115.0				115.0		
101599.9	2024.3	8766.3	41475.3	49331.4	2.0	0.6
773.8	773.8					
138.8		138.8				
17979.0	249.2	5628.6	11474.4	626.8		
10.0			10.0			
17969.0	249.2	5628.6	11464.4	626.8		
82708.3	1001.3	2998.9	30000.9	48704.6	2.0	0.6
718.3			155.0	563.3		
273.2			273.2			
81716.8	1001.3	2998.9	29572.7	48141.3	2.0	0.6
695.9				199.0		496.9
695.9				199.0		496.9

6-4 续 9

指标名称	流动负债合计	应付账款	非流动负债合计	负债合计	所有者权益合计
国有控股	31283.4	9302.0	238.7	31522.1	62183.5
集体控股	31173.9	8920.0	4187.3	35361.2	14692.9
私人控股	307905.7	65274.5	3252.7	311158.4	81421.8
外商控股	839.6	111.7		839.6	93.7
4.按经营形式分					
独立门店	300059.1	67350.7	7533.1	307592.2	99395.7
连锁总店	70288.8	15483.4	145.6	70434.4	59250.6
连锁门店	854.7	774.1		854.7	-254.4
5.按单位规模分					
大型	55752.6	5371.8	145.6	55898.2	57211.9
中型	211604.9	51352.6	4668.6	216273.5	66846.1
小型	90711.3	21795.9	2779.4	93490.7	30596.9
微型	13133.8	5087.9	85.1	13218.9	3737.0
6.按零售业态分					
有店铺零售	363371.0	80865.7	7678.7	371049.7	160234.8
超市	17549.4	10114.4	92.2	17641.6	5665.1
大型超市	49872.0	11163.5	20.0	49892.0	10263.0
百货店	34628.8	7925.7	4131.3	38760.1	19584.5
专业店	77617.4	25553.7	223.7	77841.1	90832.7
专卖店	182370.9	25665.2	2494.6	184865.5	33493.7
家居建材商店	907.1	179.2	716.9	1624.0	153.7
购物中心	387.0	225.6		387.0	29.6
厂家直销中心	38.4	38.4		38.4	212.5
无店铺零售	7831.6	2742.5		7831.6	-1842.9
网上商店	7831.6	2742.5		7831.6	-1842.9

单位:万元

实收资本	国家资本	集体资本	法人资本	个人资本	港澳台资本	外商资本
11752.8	1023.0		10403.0	326.8		
7138.8		5767.4	1071.4	300.0		
82708.3	1001.3	2998.9	30000.9	48704.6	2.0	0.6
695.9				199.0		496.9
91591.2	2024.3	7267.4	39673.2	42126.8	2.0	497.5
10654.6		1498.9	1752.1	7403.6		
50.0			50.0			
5230.0				5230.0		
61105.4	1163.2	7785.5	25679.2	26474.9	2.0	0.6
31079.7	758.1	842.0	14236.1	15243.5		
4880.7	103.0	138.8	1560.0	2582.0		496.9
101245.8	2024.3	8766.3	40425.3	49530.4	2.0	497.5
3668.6	86.0		1400.0	2182.6		
7500.0		1498.9	201.1	5800.0		
14987.9	466.1	866.8	1659.0	11996.0		
30623.3	470.9	211.6	15932.5	14008.3		
43525.1	1001.3	6189.0	21217.7	15114.5	2.0	0.6
725.9				229.0		496.9
15.0			15.0			
200.0				200.0		
1050.0			1050.0			
1050.0			1050.0			

6-4 续 10

指标名称	营业收入	主营业务收入	营业成本	主营业务成本	营业税金及附加
总计	12904970.1	12855197.2	12527006.7	12515491.5	27248.7
一、批发业	11663411.9	11621100.0	11385255.4	11376900.4	24580.1
1.按批发行业小类分					
农、林、牧产品批发	47342.6	47309.5	42088.0	42088.0	36.2
谷物、豆及薯类批发	38172.1	38171.1	36865.4	36865.4	2.3
种子批发	4799.4	4767.3	3004.3	3004.3	
其他农牧产品批发	4371.1	4371.1	2218.3	2218.3	33.9
食品、饮料及烟草制品批发	482533.0	482246.6	402296.6	402295.1	17651.1
米、面制品及食用油批发	8601.8	8601.8	8231.2	8231.2	14.9
糕点、糖果及糖批发	2395.2	2277.4	2197.3	2197.3	4.8
果品、蔬菜批发	151100.5	151091.6	148749.5	148749.5	0.1
肉、禽、蛋、奶及水产品批发	2358.1	2358.1	2249.2	2249.2	0.9
盐及调味品批发	5183.9	5170.4	3781.4	3779.9	39.0
酒、饮料及茶叶批发	13593.6	13593.6	13109.4	13109.4	15.1
烟草制品批发	299299.9	299153.7	223978.6	223978.6	17576.3
纺织、服装及家庭用品批发	7649.6	7647.8	7275.2	7275.2	2.4
家用电器批发	7649.6	7647.8	7275.2	7275.2	2.4
医药及医疗器材批发	86053.8	86035.3	80822.5	80822.3	83.9
西药批发	67948.3	67948.3	63549.4	63549.2	71.3
医疗用品及器材批发	18105.5	18087.0	17273.1	17273.1	12.6
矿产品、建材及化工产品批发	10946575.1	10904765.0	10767388.6	10759050.0	6697.8
煤炭及制品批发	3601436.0	3561028.8	3459063.9	3454901.6	4424.0
石油及制品批发	52953.5	52853.5	51513.1	51513.1	43.3
金属及金属矿批发	7237323.7	7236127.3	7204552.1	7200375.8	1914.4
建材批发	35698.0	35698.0	34821.4	34821.4	10.3
化肥批发	8022.1	8022.1	8054.3	8054.3	269.2
其他化工产品批发	11141.8	11035.3	9383.8	9383.8	36.6

单位:万元

主营业务税金及附加	其他业务利润	销售费用	管理费用	税金	财务费用	利息收入
25157.2	18507.6	138444.1	136888.6	5223.8	45554.8	2897.9
22557.0	9434.1	82923.9	101113.3	4109.3	37070.2	2644.6
36.2		2423.6	3019.0	22.5	2021.0	52.3
2.3		1621.8	1480.2	0.1	1566.6	46.3
		420.1	795.4	8.4	63.8	4.6
33.9		381.7	743.4	14.0	390.6	1.4
17651.1	185.2	5612.8	17897.3	463.4	6.9	970.0
14.9		207.6	53.5		103.0	
4.8			147.4		39.4	
0.1	8.9	732.3	1812.7	0.4	470.6	
0.9		22.6	62.5			
39.0		307.3	647.3	43.7	0.1	0.6
15.1	30.1	332.2	556.3	20.7	241.3	0.3
17576.3	146.2	4010.8	14617.6	398.6	-847.5	969.1
2.4	1.8	50.6	415.4		3.8	
2.4	1.8	50.6	415.4		3.8	
83.9	324.5	4638.0	1293.1	115.8	616.4	4.9
71.3	324.5	4123.4	877.0	115.8	583.7	4.9
12.6		514.6	416.1		32.7	
4674.7	8762.8	66850.0	73819.1	3456.3	32055.2	1587.7
2400.9	8281.8	55828.5	64860.8	1658.2	26501.1	830.7
43.3	10.0	457.4	744.4	32.7	336.7	4.0
1914.4	364.6	9771.3	6928.5	1754.7	4987.8	749.8
10.3		423.6	242.6	5.8	231.5	1.1
269.2		275.9	17.3		0.2	
36.6	106.4	93.3	1025.5	4.9	-2.1	2.1

6-4 续 11

指标名称	营业收入	主营业务收入	营业成本	主营业务成本	营业税金及附加
机械设备、五金产品及电子产品批发	92124.0	91964.2	84323.3	84308.6	107.7
农业机械批发	14999.8	14999.8	13879.3	13879.3	10.1
汽车批发	10998.5	10998.5	10882.7	10882.7	2.1
五金产品批发	4750.1	4750.1	4265.0	4265.0	4.6
电气设备批发	2591.8	2591.8	2532.5	2532.5	3.6
计算机、软件及辅助设备批发	2506.9	2506.9	2172.7	2158.0	2.1
其他机械设备及电子产品批发	56276.9	56117.1	50591.1	50591.1	85.2
其他批发业	1133.8	1131.6	1061.2	1061.2	1.0
再生物资回收与批发	1133.8	1131.6	1061.2	1061.2	1.0
2.按登记注册类型分					
内资企业	11658551.6	11616695.7	11381024.6	11372825.9	24570.6
国有企业	381063.3	380809.6	300715.8	300715.8	17661.3
集体企业	104844.1	103393.4	99298.7	97508.8	1484.3
有限责任公司	9623992.2	9590367.2	9495195.7	9494586.9	4135.0
国有独资公司	710555.4	710514.1	695135.0	695129.6	173.1
其他有限责任公司	8913436.8	8879853.1	8800060.7	8799457.3	3961.9
股份有限公司	71351.3	71070.9	69030.4	69030.4	12.8
私营企业	1477300.7	1471054.6	1416784.0	1410984.0	1277.2
私营有限责任公司	1477300.7	1471054.6	1416784.0	1410984.0	1277.2
港、澳、台商投资企业	2786.1	2784.3	2687.9	2687.9	
港澳台商投资股份有限公司	2786.1	2784.3	2687.9	2687.9	
外商投资企业	2074.2	1620.0	1542.9	1386.6	9.5
中外合资经营企业	2074.2	1620.0	1542.9	1386.6	9.5
3.按控股情况分					
国有控股	9881793.5	9847180.2	9674864.0	9674698.9	21710.9
集体控股	301531.6	300080.9	290919.5	288529.6	1592.0
私人控股	1477300.7	1471054.6	1416784.0	1410984.0	1277.2

单位:万元

主营业务税金及附加	其他业务利润	销售费用	管理费用	税金	财务费用	利息收入
107.7	159.8	3338.4	4631.2	50.0	2344.9	29.6
10.1		702.5	585.1	30.7	242.3	
2.1		26.8	85.0		0.7	
4.6		429.4	12.7	4.0	36.6	
3.6		35.7	28.1	3.7		
2.1		185.8	20.6		16.6	
85.2	159.8	1958.2	3899.7	11.6	2048.7	29.6
1.0		10.5	38.2	1.3	22.0	0.1
1.0		10.5	38.2	1.3	22.0	0.1
22554.6	9141.5	82672.8	100457.6	4108.9	36754.6	2644.6
17661.3	252.6	6898.7	17764.1	448.6	1352.1	1017.0
1466.5		336.9	1856.9	43.7	-12.0	44.5
2139.6	260.0	32099.2	61359.6	3023.1	22380.5	1308.9
171.9	19.0	6527.2	6320.3	230.5	2914.7	16.2
1967.7	241.0	25572.0	55039.3	2792.6	19465.8	1292.7
12.8		777.2	795.4	8.4	308.7	4.9
1274.4	8628.9	42560.8	18681.6	585.1	12725.3	269.3
1274.4	8628.9	42560.8	18681.6	585.1	12725.3	269.3
	1.8					
	1.8					
2.4	290.8	251.1	655.7	0.4	315.6	
2.4	290.8	251.1	655.7	0.4	315.6	
19708.4	700.6	39125.9	78922.2	3475.1	22979.2	2296.2
1574.2	102.8	1237.2	3509.5	49.1	1365.7	79.1
1274.4	8628.9	42560.8	18681.6	585.1	12725.3	269.3

6-4 续12

指标名称	营业收入	主营业务收入	营业成本	主营业务成本	营业税金及附加
港澳台商控股	2786.1	2784.3	2687.9	2687.9	
4.按经营形式分					
独立门店	11361438.1	11319272.4	11158646.9	11150291.9	7002.7
连锁总店	301973.8	301827.6	226608.5	226608.5	17577.4
5.按单位规模分					
大型	6991701.4	6957222.4	6814204.8	6812412.4	22365.6
中型	2534028.8	2533290.6	2465924.6	2465318.3	1393.9
小型	2087277.2	2080503.3	2055743.5	2049801.9	792.8
微型	50404.5	50083.7	49382.5	49367.8	27.8
二、零售业	1241558.2	1234097.2	1141751.3	1138591.1	2668.6
1.按零售行业小类分					
综合零售	170011.4	167869.7	147520.9	147146.0	925.4
百货零售	55966.0	54695.6	46301.5	46021.0	444.4
超级市场零售	114045.4	113174.1	101219.4	101125.0	481.0
食品、饮料及烟草制品专门零售	5806.5	5806.5	2350.2	2350.2	241.9
粮油零售	1438.0	1438.0	935.1	935.1	28.3
果品、蔬菜零售	4368.5	4368.5	1415.1	1415.1	213.6
纺织、服装及日用品专门零售	7608.8	6963.4	5643.5	5606.3	25.6
纺织品及针织品零售	1224.8	1224.8	1060.8	1060.8	2.1
服装零售	6384.0	5738.6	4582.7	4545.5	23.5
文化、体育用品及器材专门零售	25675.6	25611.9	20896.1	20878.8	56.6
图书、报刊零售	25016.8	24953.1	20327.6	20310.3	34.8
珠宝首饰零售	658.8	658.8	568.5	568.5	21.8
医药及医疗器材专门零售	21597.3	21576.5	19624.3	19624.3	38.3
药品零售	7222.4	7204.9	6168.1	6168.1	26.3
医疗用品及器材零售	14374.9	14371.6	13456.2	13456.2	12.0
汽车、摩托车、燃料及零配件专门零售	950499.5	945913.4	894802.2	892090.5	779.8

单位:万元

主营业务税金及附加	其他业务利润	销售费用	管理费用		财务费用	
				税金		利息收入
	1.8					
4979.6	9287.9	78885.2	86488.0	3710.7	37914.4	1675.5
17577.4	146.2	4038.7	14625.3	398.6	-844.2	969.1
20372.6	164.7	24759.2	58536.2	2815.4	18038.3	2032.4
1391.5	5770.0	41719.9	29600.9	1053.4	13557.0	311.2
782.9	3396.6	16140.3	12442.4	227.5	5015.5	297.1
10.0	102.8	304.5	533.8	13.0	459.4	3.9
2600.2	9073.5	55520.2	35775.3	1114.5	8484.6	253.3
894.3	5347.5	10005.6	13699.6	439.8	2915.8	12.6
416.5	1201.3	2669.3	7141.7	253.8	886.3	6.9
477.8	4146.2	7336.3	6557.9	186.0	2029.5	5.7
241.9		1127.0	953.3	0.1	289.9	0.1
28.3		35.2	78.0	0.1		0.1
213.6		1091.8	875.3		289.9	
25.6	104.4	1257.0	344.3	15.5	57.9	1.3
2.1		66.3	94.7		0.2	
23.5	104.4	1190.7	249.6	15.5	57.7	1.3
52.6	6.5	3249.5	831.4	27.5	-7.6	10.2
30.8	6.5	2818.2	830.2	27.5	-8.1	10.2
21.8		431.3	1.2		0.5	
37.7		1733.8	398.4	12.1	170.7	28.1
25.7		728.7	220.4	9.3	1.6	0.1
12.0		1005.1	178.0	2.8	169.1	28.0
747.9	1487.2	31138.3	16490.7	505.4	4400.0	174.6

6–4 续 13

指标名称	营业收入	主营业务收入	营业成本	主营业务成本	营业税金及附加
汽车零售	547768.7	544059.2	516565.5	514663.8	408.6
机动车燃料零售	402730.8	401854.2	378236.7	377426.7	371.2
家用电器及电子产品专门零售	52655.6	52652.3	48736.9	48736.9	147.9
家用视听设备零售	5966.0	5966.0	5441.4	5441.4	2.9
日用家电设备零售	27417.8	27414.5	25479.2	25479.2	29.4
计算机、软件及辅助设备零售	11726.2	11726.2	10210.6	10210.6	38.2
通信设备零售	7545.6	7545.6	7605.7	7605.7	77.4
五金、家具及室内装饰材料专门零售	7041.4	7041.4	1575.0	1575.0	440.9
家具零售	5810.2	5810.2	522.9	522.9	404.5
陶瓷、石材装饰材料零售	1231.2	1231.2	1052.1	1052.1	36.4
货摊、无店铺及其他零售业	662.1	662.1	602.2	583.1	12.2
生活用燃料零售	662.1	662.1	602.2	583.1	12.2
2.按登记注册类型分					
内资企业	1241508.0	1234047.0	1141721.5	1138561.3	2666.1
国有企业	1505.3	1505.3	1278.6	1278.6	3.6
集体企业	1123.8	1123.8	1051.9	1051.9	0.9
有限责任公司	143360.6	140535.6	127022.9	125763.4	584.3
国有独资公司	995.0	995.0	530.0	530.0	100.0
其他有限责任公司	142365.6	139540.6	126492.9	125233.4	484.3
股份有限公司	360966.7	360093.7	341276.5	340466.5	283.6
私营企业	734551.6	730788.6	671091.6	670000.9	1793.7
私营独资企业	4009.0	4009.0	3727.3	3708.2	17.8
私营合伙企业	2229.2	2229.2	2125.0	1923.9	3.5
私营有限责任公司	728313.4	724550.4	665239.3	664368.8	1772.4
外商投资企业	50.2	50.2	29.8	29.8	2.5
中外合资经营企业	50.2	50.2	29.8	29.8	2.5
3.按控股情况分					

单位:万元

主营业务税金及附加	其他业务利润	销售费用	管理费用		财务费用	
				税金		利息收入
377.0	1417.3	14272.5	11492.9	227.2	3671.8	169.0
370.9	69.9	16865.8	4997.8	278.2	728.2	5.6
147.1	2127.9	4414.7	1967.5	44.8	607.1	20.5
2.9		177.1	126.0	0.5	3.8	
29.4	72.1	1204.6	752.7	8.8	410.6	0.9
37.4		475.6	627.3	34.6	106.5	
77.4	2055.8	2557.4	461.5	0.9	86.2	19.6
440.9		2592.9	1068.7	69.3	50.8	5.9
404.5		2569.4	1016.7	69.3	45.0	5.9
36.4		23.5	52.0		5.8	
12.2		1.4	21.4			
12.2		1.4	21.4			
2597.7	9073.5	55520.2	35755.8	1101.4	8484.6	253.3
3.6		100.4	255.7	14.3	64.0	
0.9		21.0	35.0	2.1	0.1	
579.4	1048.5	7858.6	6491.9	358.9	1104.3	32.1
100.0			300.0	100.0	10.0	5.3
479.4	1048.5	7858.6	6191.9	258.9	1094.3	26.8
283.3		14367.6	3295.7	241.0	435.0	4.1
1730.5	8025.0	33172.6	25677.5	485.1	6881.2	217.1
17.8		139.7	130.5	1.6	2.7	
3.5		63.2	244.8	1.0	0.3	
1709.2	8025.0	32969.7	25302.2	482.5	6878.2	217.1
2.5			19.5	13.1		
2.5			19.5	13.1		

6–4 续 14

指标名称	营业收入	主营业务收入	营业成本	主营业务成本	营业税金及附加
国有控股	398635.3	397681.1	372056.7	371229.4	476.2
集体控股	108321.1	105577.3	98573.2	97331.0	396.2
私人控股	734551.6	730788.6	671091.6	670000.9	1793.7
外商控股	50.2	50.2	29.8	29.8	2.5
4.按经营形式分					
独立门店	788007.1	781475.2	716136.8	713828.4	2221.0
连锁总店	451133.1	450256.8	423493.7	422641.9	442.1
连锁门店	2418.0	2365.2	2120.8	2120.8	5.5
5.按单位规模分					
大型	425372.5	424499.5	400344.4	399534.4	402.1
中型	587421.2	582457.2	533050.7	530920.0	1497.0
小型	213539.8	212042.7	194767.0	194571.5	669.8
微型	15224.7	15097.8	13589.2	13565.2	99.7
6.按零售业态分					
有店铺零售	1227183.3	1219725.6	1128295.1	1125134.9	2656.6
超市	34104.2	34048.2	29364.1	29364.1	307.8
大型超市	79759.1	78943.8	71855.3	71760.9	151.0
百货店	56712.3	55441.9	46697.5	46417.0	468.3
专业店	511040.8	509434.3	465865.6	464980.4	1259.4
专卖店	542781.7	539072.2	512076.6	510176.5	419.0
家居建材商店	1281.4	1281.4	1081.9	1081.9	38.9
购物中心	684.6	684.6	568.4	568.4	12.0
厂家直销中心	819.2	819.2	785.7	785.7	0.2
无店铺零售	14374.9	14371.6	13456.2	13456.2	12.0
网上商店	14374.9	14371.6	13456.2	13456.2	12.0

单位:万元

主营业务税金及附加	其他业务利润	销售费用	管理费用	税金	财务费用	利息收入
471.3	6.5	18399.2	5344.0	385.7	597.8	21.1
395.9	1042.0	3948.4	4734.3	230.6	1005.6	15.1
1730.5	8025.0	33172.6	25677.5	485.1	6881.2	217.1
2.5			19.5	13.1		
2155.8	4304.3	34849.3	28591.4	848.3	5779.5	220.3
441.8	4716.4	20391.9	7170.0	266.2	2704.2	32.9
2.6	52.8	279.0	13.9		0.9	0.1
401.8	1213.0	15928.2	6065.9	257.1	2016.2	8.9
1436.1	4551.4	25770.2	21254.3	463.2	4792.8	107.8
666.8	3182.2	13217.6	7725.0	356.4	1609.9	136.5
95.5	126.9	604.2	730.1	37.8	65.7	0.1
2588.2	9073.5	54515.1	35597.3	1111.7	8315.5	225.3
304.9	724.6	3418.7	2391.4	164.9	182.3	5.4
150.7	3421.6	3818.9	4105.4	21.1	1847.3	0.2
440.4	1201.3	2904.8	7229.0	260.1	886.2	7.0
1253.7	2208.6	29656.8	10631.0	441.5	1771.9	44.6
387.4	1413.0	14582.4	11087.1	210.5	3621.7	167.8
38.9		23.5	71.5	13.1	5.8	
12.0	104.4	80.0	53.3	0.5	0.3	0.3
0.2		30.0	28.6			
12.0		1005.1	178.0	2.8	169.1	28.0
12.0		1005.1	178.0	2.8	169.1	28.0

6-4 续 15

指标名称	利息支出	资产减值损失	公允价值变动收益	投资收益	营业利润
总计	36691.2	4815.2	163.9	8364.1	39500.8
一、批发业	31299.3	4785.0		6962.5	34978.7
1.按批发行业小类分					
农、林、牧产品批发	2042.5				-2245.2
谷物、豆及薯类批发	1582.8				-3364.2
种子批发	67.7				515.8
其他农牧产品批发	392.0				603.2
食品、饮料及烟草制品批发	680.3				38971.2
米、面制品及食用油批发					-8.4
糕点、糖果及糖批发	27.2				6.3
果品、蔬菜批发	412.3				-664.7
肉、禽、蛋、奶及水产品批发					22.9
盐及调味品批发	0.7				408.8
酒、饮料及茶叶批发	240.1				-757.8
烟草制品批发					39964.1
纺织、服装及家庭用品批发	3.7				-97.8
家用电器批发	3.7				-97.8
医药及医疗器材批发	521.4				-1075.6
西药批发	518.1				-932.0
医疗用品及器材批发	3.3				-143.6
矿产品、建材及化工产品批发	25825.2	4785.0		6019.1	1103.3
煤炭及制品批发	20830.9	3821.5		5250.6	-7708.4
石油及制品批发	301.4				-141.4
金属及金属矿批发	4460.4	963.5		768.5	8974.6
建材批发	232.5				-31.4
化肥批发					-594.8
其他化工产品批发					604.7

单位:万元

营业外收入	补贴收入	利润总额	应交所得税	应付职工薪酬（本年贷方累计发生额）	应交增值税	从事批发和零售业活动的从业人员平均人数(人)
11671.7	4667.5	47770.7	18752.8	94226	45024	23237
6533.4	4574.0	41619.1	16989.7	60061	35391	10260
4793.0	3858.1	2627.8	244.9	1739	295	365
3947.3	3858.1	558.3	40.3	1063	0	234
558.8		1059.7		269		66
286.9		1009.8	204.6	408	295	65
82.0	15.0	38898.8	10348.1	9604	12399	1620
2.2		-6.1		143	47	54
		6.3	1.7	142	12	45
		-664.8		868	0	552
			4.6	63	13	22
2.3		411.1	103.4	322	289	52
15.0	15.0	-765.4	0.1	255	75	133
62.5		39917.7	10238.3	7812	11965	762
		-98.5		353	34	119
		-98.5		353	34	119
3.4		-1083.6	19.4	1556	657	333
2.8		-940.6	8.1	1339	538	282
0.6		-143.0	11.3	217	119	51
1185.5	692.9	2577.5	6266.8	43347	21476	6878
388.5		-6619.0	3452.5	34419	15652	5453
28.2		-105.5	5.8	522	286	167
66.0		8623.5	2626.9	8055	5124	1114
0.3		-32.2	0.3	111	115	52
692.9	692.9	98.0	27.3	104		45
9.6		612.7	154.0	136	299	47

6-4 续 16

指标名称	利息支出	资产减值损失	公允价值变动收益	投资收益	营业利润
机械设备、五金产品及电子产品批发	2204.3			943.4	-1678.1
农业机械批发	242.3				-419.5
汽车批发					1.2
五金产品批发	36.5				1.8
电气设备批发					-8.1
计算机、软件及辅助设备批发					109.1
其他机械设备及电子产品批发	1925.5			943.4	-1362.6
其他批发业	21.9				0.9
再生物资回收与批发	21.9				0.9
2.按登记注册类型分					
内资企业	30983.7	4785.0		6962.5	35581.1
国有企业	2217.1				36671.3
集体企业	0.7			2.6	1881.9
有限责任公司	20812.2	4685.3		1209.2	5448.9
国有独资公司	2919.3	242.1		288.4	-468.6
其他有限责任公司	17892.9	4443.2		920.8	5917.5
股份有限公司	312.3	57.3			369.5
私营企业	7641.4	42.4		5750.7	-8790.5
私营有限责任公司	7641.4	42.4		5750.7	-8790.5
港、澳、台商投资企业					98.2
港澳台商投资股份有限公司					98.2
外商投资企业	315.6				-700.6
中外合资经营企业	315.6				-700.6
3.按控股情况分					
国有控股	23657.2	4730.9		1209.2	40669.6
集体控股	0.7	11.7		2.6	3001.4
私人控股	7641.4	42.4		5750.7	-8790.5

单位:万元

营业外收入	补贴收入	利润总额	应交所得税	应付职工薪酬(本年贷方累计发生额)	应交增值税	从事批发和零售业活动的从业人员平均人数(人)
469.5	8.0	-1303.8	110.3	3425	523	937
448.9		28.0	9.2	445	76	148
		1.1	0.2	57	7	24
		1.8		21	34	5
1.5		6.8	1.4	37	31	11
		2.9	32.5	83	15	48
19.1	8.0	-1344.4	67.0	2783	361	701
		0.9	0.2	38	7	8
		0.9	0.2	38	7	8
6533.4	4574.0	42221.5	16989.7	59885	35351	10213
4755.2	3858.1	41409.5	10518.6	9817	12634	1254
23.8		1838.8	433.7	4485	1470	519
230.3		6025.1	5584.6	33442	14491	4654
22.1		-836.6	78.9	3444	1805	689
208.2		6861.7	5505.7	29998	12686	3965
558.8		913.4		410	10	93
965.3	715.9	-7965.3	452.8	11731	6746	3693
965.3	715.9	-7965.3	452.8	11731	6746	3693
		98.2		34	18	11
		98.2		34	18	11
		-700.6		142	22	36
		-700.6		142	22	36
5544.3	3858.1	46563.3	16043.9	42111	26614	5666
23.8		2922.9	493.0	6185	2012	890
965.3	715.9	-7965.3	452.8	11731	6746	3693

6–4 续 17

指标名称	利息支出	资产减值损失	公允价值变动收益	投资收益	营业利润
港澳台商控股					98.2
4.按经营形式分					
独立门店	31296.0	4785.0		6962.5	–4989.4
连锁总店	3.3				39968.1
5.按单位规模分					
大型	17613.3	4357.2		828.5	50268.6
中型	9242.4	461.2		6619.9	–11683.3
小型	4172.8	–33.4		–488.5	–3408.5
微型	270.8			2.6	–198.1
二、零售业	5391.9	30.2	163.9	1401.6	4522.1
1.按零售行业小类分					
综合零售	2153.8			13.2	–1706.7
百货零售	328.2			10.6	–1227.3
超级市场零售	1825.6			2.6	–479.4
食品、饮料及烟草制品专门零售	0.2				844.2
粮油零售	0.1				361.4
果品、蔬菜零售	0.1				482.8
纺织、服装及日用品专门零售	35.8				280.5
纺织品及针织品零售					0.7
服装零售	35.8				279.8
文化、体育用品及器材专门零售					649.6
图书、报刊零售					1014.1
珠宝首饰零售					–364.5
医药及医疗器材专门零售	197.1				–368.2
药品零售					77.3
医疗用品及器材零售	197.1				–445.5
汽车、摩托车、燃料及零配件专门零售	2356.4	30.2	163.9	1388.4	4647.4

单位:万元

营业外收入	补贴收入	利润总额	应交所得税	应付职工薪酬（本年贷方累计发生额）	应交增值税	从事批发和零售业活动的从业人员平均人数(人)
		98.2		34	18	11
6470.9	4574.0	1697.4	6751.4	52177	23418	9458
62.5		39921.7	10238.3	7884	11973	802
268.5		49307.1	14611.2	31172	22962	3626
4084.2	3457.6	-5776.0	1131.5	21666	8347	4021
1878.9	838.6	-1790.9	1207.7	6790	3985	2429
301.8	277.8	-121.1	39.3	433	96	184
5138.3	93.5	6151.6	1763.1	34165	9633	12977
2660.4	42.3	756.2	458.2	8430	3027	4552
2136.2		473.4	183.0	2764	1713	1567
524.2	42.3	282.8	275.2	5666	1315	2985
36.6		880.8	0.7	287	99	168
		361.4	0.7	71	34	38
36.6		519.4		216	65	130
0.3		280.6	7.0	700	86	416
		0.7	0.2	73	15	37
0.3		279.9	6.8	627	71	379
19.7	13.1	627.0	346.8	1865	190	338
19.7	13.1	1012.1	346.8	1729	181	303
		-385.1		136	9	35
24.6		-345.1	69.6	1876	243	1064
24.6		100.4	69.6	1440	154	813
		-445.5		436	89	251
1775.4	0.1	2621.6	765.4	18066	5488	5249

6-4 续 18

指标名称	利息支出	资产减值损失	公允价值变动收益	投资收益	营业利润
汽车零售	1975.7	13.1	164.0	1388.3	3133.4
机动车燃料零售	380.7	17.1	-0.1	0.1	1514.0
家用电器及电子产品专门零售	602.5				-1162.7
家用视听设备零售					214.8
日用家电设备零售	393.0				-458.7
计算机、软件及辅助设备零售	103.7				268.0
通信设备零售	105.8				-1186.8
五金、家具及室内装饰材料专门零售	46.1				1313.1
家具零售	40.3				1251.7
陶瓷、石材装饰材料零售	5.8				61.4
货摊、无店铺及其他零售业					24.9
生活用燃料零售					24.9
2.按登记注册类型分					
内资企业	5391.9	30.2	163.9	1401.6	4523.7
国有企业	9.9				-197.0
集体企业					14.9
有限责任公司	357.9	13.0			285.6
国有独资公司	15.3				55.0
其他有限责任公司	342.6	13.0			230.6
股份有限公司	142.2				1308.3
私营企业	4881.9	17.2	163.9	1401.6	3111.9
私营独资企业					-9.0
私营合伙企业					-6.5
私营有限责任公司	4881.9	17.2	163.9	1401.6	3127.4
外商投资企业					-1.6
中外合资经营企业					-1.6
3.按控股情况分					

单位:万元

营业外收入	补贴收入	利润总额	应交所得税	应付职工薪酬（本年贷方累计发生额）	应交增值税	从事批发和零售业活动的从业人员平均人数(人)
545.8	0.1	−2534.2	557.4	12704	2369	3628
1229.6		5155.8	208.0	5362	3119	1621
603.9	38.0	−9.3	104.0	2153	378	832
		−2.1	2.4	192	9	112
52.6	38.0	−412.5	1.2	876	199	403
17.6		277.6	66.2	438	155	141
533.7		127.7	34.2	648	14	176
17.4		1314.9	11.4	767	120	351
17.4		1269.1		732	82	333
		45.8	11.4	35	38	18
		24.9		22	3	7
		24.9		22	3	7
5138.3	93.5	6153.2	1763.1	33850	9587	12817
24.2		−178.2		110	9	84
		14.9	3.0	11	14	6
693.3	13.1	910.9	454.0	5111	1455	1717
				55	4	41
693.3	13.1	910.9	454.0	5056	1451	1676
830.1		4483.5		4056	2506	1157
3590.7	80.4	922.1	1306.1	24563	5604	9853
		−9.0	3.8	125	26	69
		−6.5		122	37	69
3590.7	80.4	937.6	1302.3	24316	5541	9715
		−1.6		316	46	160
		−1.6		316	46	160

6-4 续 19

指标名称	利息支出	资产减值损失	公允价值变动收益	投资收益	营业利润
国有控股	238.4	0.7			1760.7
集体控股	271.6	12.3			-348.9
私人控股	4881.9	17.2	163.9	1401.6	3111.9
外商控股					-1.6
4.按经营形式分					
独立门店	3023.6	30.2	163.9	1401.6	2831.9
连锁总店	2368.3				1689.4
连锁门店					0.8
5.按单位规模分					
大型	1695.1				1828.7
中型	2459.6	12.4	164.0	1401.5	4759.1
小型	1235.0	0.8	-0.1	0.1	-2184.5
微型	2.2	17.0			118.8
6.按零售业态分					
有店铺零售	5194.8	30.2	163.9	1401.6	4967.6
超市	132.1			2.6	-1163.2
大型超市	1693.5				683.6
百货店	328.2			10.6	-1223.6
专业店	1108.2	17.8	-0.1	0.1	3898.4
专卖店	1927.0	12.4	164.0	1388.3	2767.3
家居建材商店	5.8				59.8
购物中心					-29.4
厂家直销中心					-25.3
无店铺零售	197.1				-445.5
网上商店	197.1				-445.5

单位:万元

营业外收入		利润总额	应交所得税	应付职工薪酬（本年贷方累计发生额）	应交增值税	从事批发和零售业活动的从业人员平均人数(人)
	补贴收入					
1274.2	13.1	5292.2	423.7	6696	2923	1825
273.4		-61.1	33.3	2591	1061	1139
3590.7	80.4	922.1	1306.1	24563	5604	9853
		-1.6		316	46	160
4165.6	13.2	1134.1	1608.4	26083	6133	9924
969.8	77.4	5016.2	154.7	7960	3474	3001
2.9	2.9	1.3		123	26	52
898.8	39.4	5026.3	135.5	7721	3004	1865
3623.5	48.3	2909.2	1184.1	17644	4365	7211
556.3	5.8	-1961.1	412.4	8068	2107	3353
59.7		177.2	31.1	733	156	548
5138.3	93.5	6597.1	1763.1	33730	9544	12726
424.0	2.9	-509.3	35.8	2742	356	1687
100.2	39.4	791.9	239.4	2764	957	1179
2136.2		477.1	183.0	3021	1731	1742
1918.6	51.1	8755.0	735.9	12075	4067	4203
559.3	0.1	-2907.1	557.6	12512	2349	3572
		44.2	11.4	351	83	178
		-29.4		170	1	115
		-25.3		95		50
		-445.5		436	89	251
		-445.5		436	89	251

6-5 限额以上住宿和餐饮

指标名称	法人企业数（个）	从业人员期末人数（人）	营业额	其中：使用银行卡支付的营业额	客房收入	其中：通过公共网络实现的客房收入
总计	85	7292	62418.7	10148.9	19299.8	464.0
一、住宿业	45	4191	40783.0	6304.7	17063.0	403.5
1.按住宿业行业小类分						
旅游饭店	12	2084	18386.1	2308.7	6858.3	201.7
一般旅馆	33	2107	22396.9	3996.0	10204.7	201.8
2.按登记注册类型分						
内资企业	45	4191	40783.0	6304.7	17063.0	403.5
国有企业	13	1100	9319.3	305.8	3629.9	
有限责任公司	6	907	6724.1	843.2	2550.3	5.2
其他有限责任公司	6	907	6724.1	843.2	2550.3	5.2
私营企业	26	2184	24739.6	5155.7	10882.8	398.3
私营独资企业	2	72	478.7	66.5	185.3	
私营有限责任公司	24	2112	24260.9	5089.2	10697.5	398.3
3.按控股情况分						
国有控股	17	1781	14835.6	1077.1	5699.0	5.2
集体控股	2	226	1207.8	71.9	481.2	
私人控股	26	2184	24739.6	5155.7	10882.8	398.3
4.按经营形式分						
独立门店	44	4163	40335.3	6155.5	16615.3	402.4
连锁门店	1	28	447.7	149.2	447.7	1.1
5.按单位规模分						
中型	4	1229	15382.9	3870.9	5123.4	193.5
小型	40	2957	24974.6	2013.3	11528.8	207.0
微型	1	5	425.5	420.5	410.8	3.0
6.按星级分						
五星	2	573	6435.1	1146.7	2136.9	188.3
四星	2	335	2860.9	221.2	1252.2	8.2

法 人 企 业 经 营 情 况

单位:万元

餐费收入	其中:通过公共网络实现的餐费收入	商品销售收入	其他收入	客房数(间)	床位数(个)	餐位数(位)	年末餐饮营业面积(平方米)
39032.5	95.2	984.8	3101.6	4861	8614	29028	148761
20076.9	12.3	643.4	2999.7	4035	7248	13334	75472
8816.2	0.5	276.5	2435.1	1527	2606	5992	35459
11260.7	11.8	366.9	564.6	2508	4642	7342	40013
20076.9	12.3	643.4	2999.7	4035	7248	13334	75472
5480.5		26.3	182.6	1089	1998	3892	26602
3245.9	0.5	99.8	828.1	614	1153	2292	13019
3245.9	0.5	99.8	828.1	614	1153	2292	13019
11350.5	11.8	517.3	1989.0	2332	4097	7150	35851
293.4				74	207	300	1460
11057.1	11.8	517.3	1989.0	2258	3890	6850	34391
8164.7	0.5	79.9	892.0	1578	2891	5634	32537
561.7		46.2	118.7	125	260	550	7084
11350.5	11.8	517.3	1989.0	2332	4097	7150	35851
20076.9	12.3	643.4	2999.7	3969	7154	13334	75472
				66	94		
7870.6	0.5	55.6	2333.3	742	1126	2566	16515
12191.6	11.5	587.8	666.4	3183	5922	10638	56457
14.7	0.3			110	200	130	2500
2662.5		11.8	1623.9	425	567	1588	12380
1608.7				214	359	1160	8075

6-5 续 1

指标名称	法人企业数（个）	从业人员期末人数(人)	营业额	其中:使用银行卡支付的营业额	客房收入	其中:通过公共网络实现的客房收入
三星	5	1004	8050.8	917.7	3043.5	5.2
二星	3	172	1039.3	23.1	425.7	
其他	33	2107	22396.9	3996.0	10204.7	201.8
二、餐饮业	40	3101	21635.7	3844.2	2236.8	60.5
1.按餐饮业行业小类分						
正餐服务	39	2920	20746.7	3844.2	2236.8	60.5
快餐服务	1	181	889.0			
2.按登记注册类型分						
内资企业	40	3101	21635.7	3844.2	2236.8	60.5
国有企业	1	50	364.4			
集体企业	1	86	825.1	8.4	191.7	
有限责任公司	2	271	1982.6	507.0	248.5	
其他有限责任公司	2	271	1982.6	507.0	248.5	
私营企业	36	2694	18463.6	3328.8	1796.6	60.5
私营独资企业	2	80	394.1	8.0	2.0	
私营合伙企业	1	46	454.3			
私营有限责任公司	33	2568	17615.2	3320.8	1794.6	60.5
3.按控股情况分						
国有控股	3	321	2347.0	507.0	248.5	
集体控股	1	86	825.1	8.4	191.7	
私人控股	36	2694	18463.6	3328.8	1796.6	60.5
4.按经营形式分						
独立门店	39	3041	21141.0	3844.2	2236.8	60.5
连锁总店	1	60	494.7			
5.按单位规模分						
小型	39	3081	21551.3	3844.2	2236.8	60.5
微型	1	20	84.4			

单位:万元

餐费收入	其中:通过公共网络实现的餐费收入	商品销售收入	其他收入	客房数（间）	床位数（个）	餐位数（位）	年末餐饮营业面积（平方米）
3932.9	0.5	263.2	811.2	684	1259	2144	10304
612.1		1.5		204	421	1100	4700
11260.7	11.8	366.9	564.6	2508	4642	7342	40013
18955.6	82.9	341.4	101.9	826	1366	15694	73289
18066.6	82.9	341.4	101.9	826	1366	14914	71289
889.0						780	2000
18955.6	82.9	341.4	101.9	826	1366	15694	73289
364.4						600	1900
531.9			101.5	67	125	280	5400
1635.4		98.7		226	369	1260	1900
1635.4		98.7		226	369	1260	1900
16423.9	82.9	242.7	0.4	533	872	13554	64089
375.8	2.0	16.3		19	38	310	2510
454.3						31	400
15593.8	80.9	226.4	0.4	514	834	13213	61179
1999.8		98.7		226	369	1860	3800
531.9			101.5	67	125	280	5400
16423.9	82.9	242.7	0.4	533	872	13554	64089
18460.9	82.9	341.4	101.9	826	1366	14994	71889
494.7						700	1400
18871.2	82.9	341.4	101.9	826	1366	15418	72489
84.4						276	800

6-6 限额以上住宿和餐饮

指标名称	法人企业数(个)	执行《2006年企业会计准则》企业数(个)	年初存货	流动资产合计		
					应收账款	存货
总计	85	70	7483.1	80871.0	12993.8	7485.9
一、住宿业	45	36	4908.3	53680.7	8886.8	5006.3
1.按住宿业行业小类分						
旅游饭店	12	8	2595.6	33600.1	2928.7	2386.5
一般旅馆	33	28	2312.7	20080.6	5958.1	2619.8
2.按登记注册类型分						
内资企业	45	36	4908.3	53680.7	8886.8	5006.3
国有企业	13	11	1053.2	9438.0	2706.9	1030.8
有限责任公司	6	6	807.3	1946.6	495.6	613.2
其他有限责任公司	6	6	807.3	1946.6	495.6	613.2
私营企业	26	19	3047.8	42296.1	5684.3	3362.3
私营独资企业	2	2	44.9	423.8	135.2	35.8
私营有限责任公司	24	17	3002.9	41872.3	5549.1	3326.5
3.按控股情况分						
国有控股	17	15	1733.5	10711.0	2858.3	1545.7
集体控股	2	2	127.0	673.6	344.2	98.3
私人控股	26	19	3047.8	42296.1	5684.3	3362.3
4.按经营形式分						
独立门店	44	36	4898.3	52080.5	7486.8	4807.3
连锁门店	1		10.0	1600.2	1400.0	199.0
5.按单位规模分						
中型	4	3	1586.6	29091.7	2913.9	1464.1
小型	40	32	3268.6	24061.3	5946.2	3342.9
微型	1	1	53.1	527.7	26.7	199.3
6.按星级分						
五星	2	1	1305.3	23176.8	1826.9	1214.5
四星	2	1	261.8	4291.1	153.3	240.1

业法人企业主要财务状况

单位:万元

固定资产合计	固定资产原价	累计折旧	本年折旧	在建工程	资产总计	流动负债合计	应付账款	非流动负债合计
111949.8	154725.2	42775.3	7777.4	53832.1	297041.0	181922.1	27967.5	20127.7
84005.2	115886.9	31881.6	5489.4	21156.0	175955.7	101119.8	15077.4	10077.5
42723.6	66316.9	23593.3	3183.0	20274.1	111318.3	51622.3	6513.9	7130.7
41281.6	49570.0	8288.3	2306.4	881.9	64637.4	49497.5	8563.5	2946.8
84005.2	115886.9	31881.6	5489.4	21156.0	175955.7	101119.8	15077.4	10077.5
11096.2	19470.0	8373.7	658.8	1324.2	22596.2	12832.3	4499.1	187.2
10859.5	14087.6	3228.1	314.8		12838.0	5094.6	438.5	
10859.5	14087.6	3228.1	314.8		12838.0	5094.6	438.5	
62049.5	82329.3	20279.8	4515.8	19831.8	140521.5	83192.9	10139.8	9890.3
176.5	399.9	223.4	69.2		605.9	376.8	180.0	
61873.0	81929.4	20056.4	4446.6	19831.8	139915.6	82816.1	9959.8	9890.3
18718.3	29693.3	10974.9	973.1	1324.2	31523.1	13762.6	4715.6	187.2
3237.4	3864.3	626.9	0.5		3911.1	4164.3	222.0	
62049.5	82329.3	20279.8	4515.8	19831.8	140521.5	83192.9	10139.8	9890.3
82659.2	114356.3	31697.0	5489.4	20856.0	172709.5	100614.7	14573.9	10077.5
1346.0	1530.6	184.6		300.0	3246.2	505.1	503.5	
26888.6	38155.7	11267.1	2732.7	19153.1	89938.7	44891.6	5713.7	383.8
56999.1	77613.7	20614.5	2756.7	2002.9	85371.8	56185.9	9340.1	9693.7
117.5	117.5				645.2	42.3	23.6	
25514.1	34644.0	9129.9	2216.2	19153.1	82095.8	40743.8	4490.2	383.8
7584.2	13047.7	5463.5			11880.5	5762.8	302.1	6722.4

6-6 续 1

指标名称	法人企业数（个）	执行《2006年企业会计准则》企业数（个）	年初存货	流动资产合计	应收账款	存货
三星	5	5	916.0	4296.2	653.7	833.6
二星	3	1	112.5	1836.0	294.8	98.3
其他	33	28	2312.7	20080.6	5958.1	2619.8
二、餐饮业	40	34	2574.8	27190.3	4107.0	2479.6
1.按餐饮业行业小类分						
正餐服务	39	33	2527.7	27109.1	4107.0	2431.8
快餐服务	1	1	47.1	81.2		47.8
2.按登记注册类型分						
内资企业	40	34	2574.8	27190.3	4107.0	2479.6
国有企业	1	1		618.9	1.8	
集体企业	1	1	207.1	5339.3	507.8	77.9
有限责任公司	2	2	283.6	5804.9	709.8	242.3
其他有限责任公司	2	2	283.6	5804.9	709.8	242.3
私营企业	36	30	2084.1	15427.2	2887.6	2159.4
私营独资企业	2	2	37.7	384.8	87.6	38.9
私营合伙企业	1			235.4	40.0	195.4
私营有限责任公司	33	28	2046.4	14807.0	2760.0	1925.1
3.按控股情况分						
国有控股	3	3	283.6	6423.8	711.6	242.3
集体控股	1	1	207.1	5339.3	507.8	77.9
私人控股	36	30	2084.1	15427.2	2887.6	2159.4
4.按经营形式分						
独立门店	39	33	2563.9	26874.4	4058.9	2468.9
连锁总店（总部）	1	1	10.9	315.9	48.1	10.7
5.按单位规模分						
小型	39	33	2521.5	27069.8	4058.4	2414.8
微型	1	1	53.3	120.5	48.6	64.8

单位:万元

固定资产合计	固定资产原价	累计折旧		在建工程	资产总计	流动负债合计		非流动负债合计
			本年折旧				应付账款	
7459.5	14755.4	7295.9	890.2	1113.4	12944.7	3881.6	1229.4	24.5
2165.8	3869.8	1704.0	76.6	7.6	4397.3	1234.1	492.2	
41281.6	49570.0	8288.3	2306.4	881.9	64637.4	49497.5	8563.5	2946.8
27944.6	38838.3	10893.7	2288.0	32676.1	121085.3	80802.3	12890.1	10050.2
27865.8	38683.4	10817.6	2281.4	32676.1	120925.3	80713.6	12890.1	10050.2
78.8	154.9	76.1	6.6		160.0	88.7		
27944.6	38838.3	10893.7	2288.0	32676.1	121085.3	80802.3	12890.1	10050.2
520.2	707.0	186.8	3.1		2175.8	690.7	10.0	154.3
695.4	1502.2	806.8	46.2	280.8	6394.1	3072.6	1536.6	3443.4
10899.3	11897.3	998.0	467.3	25761.1	44623.6	32966.7	254.3	
10899.3	11897.3	998.0	467.3	25761.1	44623.6	32966.7	254.3	
15829.7	24731.8	8902.1	1771.4	6634.2	67891.8	44072.3	11089.2	6452.5
384.7	438.2	53.5	3.5	78.6	2092.5	939.9	139.1	
					235.4	170.0	170.0	
15445.0	24293.6	8848.6	1767.9	6555.6	65563.9	42962.4	10780.1	6452.5
11419.5	12604.3	1184.8	470.4	25761.1	46799.4	33657.4	264.3	154.3
695.4	1502.2	806.8	46.2	280.8	6394.1	3072.6	1536.6	3443.4
15829.7	24731.8	8902.1	1771.4	6634.2	67891.8	44072.3	11089.2	6452.5
27913.0	38740.1	10827.1	2284.0	32568.7	120662.0	80481.0	12846.9	10041.1
31.6	98.2	66.6	4.0	107.4	423.3	321.3	43.2	9.1
27768.6	38563.2	10794.6	2283.5	32676.1	120788.7	80604.8	12695.5	10050.2
176.0	275.1	99.1	4.5		296.6	197.5	194.6	

6-6 续2

指标名称	负债合计	所有者权益合计	实收资本	国家资本	集体资本	法人资本	个人资本
总计	202049.8	94991.2	90130.2	24251.3	700.0	7006.7	58172.2
一、住宿业	111197.3	64758.4	59206.8	12940.1	700.0	4860.1	40706.6
1.按住宿业行业小类分							
旅游饭店	58753.0	52565.3	44148.7	6046.6	700.0	902.1	36500.0
一般旅馆	52444.3	12193.1	15058.1	6893.5		3958.0	4206.6
2.按登记注册类型分							
内资企业	111197.3	64758.4	59206.8	12940.1	700.0	4860.1	40706.6
国有企业	13019.5	9576.7	5194.5	4896.5		298.0	
有限责任公司	5094.6	7743.4	8043.6	8043.6			
其他有限责任公司	5094.6	7743.4	8043.6	8043.6			
私营企业	93083.2	47438.3	45968.7		700.0	4562.1	40706.6
私营独资企业	376.8	229.1	182.6				182.6
私营有限责任公司	92706.4	47209.2	45786.1		700.0	4562.1	40524.0
3.按控股情况分							
国有控股	13949.8	17573.3	13238.1	12940.1		298.0	
集体控股	4164.3	-253.2					
私人控股	93083.2	47438.3	45968.7		700.0	4562.1	40706.6
4.按经营形式分							
独立门店	110692.2	62017.3	57206.8	12940.1	700.0	4860.1	38706.6
连锁门店	505.1	2741.1	2000.0				2000.0
5.按单位规模分							
中型	45275.4	44663.3	36500.0	700.0	700.0	1800.0	33300.0
小型	65879.6	19492.2	22103.9	12240.1		3060.1	6803.7
微型	42.3	602.9	602.9				602.9
6.按星级分							
五星	41127.6	40968.2	34000.0		700.0		33300.0
四星	12485.2	-604.7	2260.0	60.0			2200.0

单位:万元

港澳台资本	外商资本	营业收入	主营业务收入	营业成本	主营业务成本	营业税金及附加	主营业务税金及附加	其他业务利润
		62509.1	62261.9	29046.6	29018.9	3326.2	3326.2	510.2
		40957.7	40737.4	17542.1	17529.4	2184.8	2184.8	26.3
		18515.9	18438.6	7705.6	7705.5	1034.7	1034.7	24.7
		22441.8	22298.8	9836.5	9823.9	1150.1	1150.1	1.6
		40957.7	40737.4	17542.1	17529.4	2184.8	2184.8	26.3
		9204.4	9050.1	4231.1	4231.0	544.6	544.6	24.7
		6716.7	6698.9	4304.6	4292.1	366.3	366.3	
		6716.7	6698.9	4304.6	4292.1	366.3	366.3	
		25036.6	24988.4	9006.4	9006.3	1273.9	1273.9	1.6
		478.7	478.7	305.0	305.0	24.4	24.4	
		24557.9	24509.7	8701.4	8701.3	1249.5	1249.5	1.6
		14720.7	14556.6	8295.2	8291.9	856.6	856.6	24.7
		1200.4	1192.4	240.5	231.2	54.3	54.3	
		25036.6	24988.4	9006.4	9006.3	1273.9	1273.9	1.6
		40510.0	40289.7	17393.3	17380.6	2160.1	2160.1	26.3
		447.7	447.7	148.8	148.8	24.7	24.7	
		15368.2	15368.2	5369.4	5369.3	831.2	831.2	
		25164.0	24943.7	11960.0	11947.4	1329.5	1329.5	26.3
		425.5	425.5	212.7	212.7	24.1	24.1	
		6420.3	6420.3	1480.2	1480.1	326.0	326.0	
		2860.9	2860.9	859.6	859.6	180.5	180.5	

6-6 续 3

指标名称	负债合计	所有者权益合计	实收资本	国家资本	集体资本	法人资本	个人资本
三星	3906.1	9038.6	5756.8	4756.8			1000.0
二星	1234.1	3163.2	2131.9	1229.8		902.1	
其他	52444.3	12193.1	15058.1	6893.5		3958.0	4206.6
二、餐饮业	90852.5	30232.8	30923.4	11311.2		2146.6	17465.6
1.按餐饮业行业小类分							
正餐服务	90763.8	30161.5	30861.7	11311.2		2146.6	17403.9
快餐服务	88.7	71.3	61.7				61.7
2.按登记注册类型分							
内资企业	90852.5	30232.8	30923.4	11311.2		2146.6	17465.6
国有企业	845.0	1330.8	1261.2	1261.2			
集体企业	6516.0	-121.9	600.0			600.0	
有限责任公司	32966.7	11656.9	10050.0	10050.0			
其他有限责任公司	32966.7	11656.9	10050.0	10050.0			
私营企业	50524.8	17367.0	19012.2			1546.6	17465.6
私营独资企业	939.9	1152.6	300.5				300.5
私营合伙企业	170.0	65.4	100.0			100.0	
私营有限责任公司	49414.9	16149.0	18611.7			1446.6	17165.1
3.按控股情况分							
国有控股	33811.7	12987.7	11311.2	11311.2			
集体控股	6516.0	-121.9	600.0			600.0	
私人控股	50524.8	17367.0	19012.2			1546.6	17465.6
4.按经营形式分							
独立门店	90522.1	30139.9	30893.4	11311.2		2146.6	17435.6
连锁总店(总部)	330.4	92.9	30.0				30.0
5.按单位规模分							
小型	90655.0	30133.7	30824.3	11311.2		2146.6	17366.5
微型	197.5	99.1	99.1				99.1

单位：万元

港澳台资本	外商资本	营业收入	主营业务收入	营业成本	主营业务成本	营业税金及附加	主营业务税金及附加	其他业务利润
		8099.1	8021.8	4768.5	4768.5	470.0	470.0	24.7
		1135.6	1135.6	597.3	597.3	58.2	58.2	
		22441.8	22298.8	9836.5	9823.9	1150.1	1150.1	1.6
		21551.4	21524.5	11504.5	11489.5	1141.4	1141.4	483.9
		20662.4	20635.5	11129.3	11114.3	1091.1	1091.1	483.9
		889.0	889.0	375.2	375.2	50.3	50.3	
		21551.4	21524.5	11504.5	11489.5	1141.4	1141.4	483.9
		364.4	364.4	103.0	103.0	13.7	13.7	
		825.1	825.1	501.3	501.3	46.0	46.0	
		1982.6	1982.6	707.8	707.8	103.8	103.8	
		1982.6	1982.6	707.8	707.8	103.8	103.8	
		18379.3	18352.4	10192.4	10177.4	977.9	977.9	483.9
		394.1	394.1	208.9	208.9	28.1	28.1	
		454.3	454.3	310.0	310.0	45.4	45.4	
		17530.9	17504.0	9673.5	9658.5	904.4	904.4	483.9
		2347.0	2347.0	810.8	810.8	117.5	117.5	
		825.1	825.1	501.3	501.3	46.0	46.0	
		18379.3	18352.4	10192.4	10177.4	977.9	977.9	483.9
		21056.7	21029.8	11108.8	11093.8	1099.0	1099.0	483.9
		494.7	494.7	395.7	395.7	42.4	42.4	
		21467.0	21440.1	11473.9	11458.9	1134.7	1134.7	483.9
		84.4	84.4	30.6	30.6	6.7	6.7	

6-6 续 4

指标名称	销售费用	管理费用		财务费用			资产减值损失
			税金		利息收入	利息支出	
总计	20191.4	19195.5	734.9	5373.2	93.5	3466.9	17.7
一、住宿业	13520.7	14616.3	607.9	4649.0	91.8	2824.8	17.7
1.按住宿业行业小类分							
旅游饭店	7538.6	7320.6	605.7	4304.3	86.8	2607.1	17.2
一般旅馆	5982.1	7295.7	2.2	344.7	5.0	217.7	0.5
2.按登记注册类型分							
内资企业	13520.7	14616.3	607.9	4649.0	91.8	2824.8	17.7
国有企业	3836.1	2977.8	120.7	23.8	84.8	67.8	17.5
有限责任公司	1450.2	916.5		143.0	0.2	133.2	0.2
其他有限责任公司	1450.2	916.5		143.0	0.2	133.2	0.2
私营企业	8234.4	10722.0	487.2	4482.2	6.8	2623.8	
私营独资企业	65.0	42.8	2.1	16.9		13.8	
私营有限责任公司	8169.4	10679.2	485.1	4465.3	6.8	2610.0	
3.按控股情况分							
国有控股	4412.2	3721.6	120.7	34.1	85.0	68.4	17.2
集体控股	874.1	172.7		132.7		132.6	0.5
私人控股	8234.4	10722.0	487.2	4482.2	6.8	2623.8	
4.按经营形式分							
独立门店	13520.7	14521.1	607.9	4644.9	91.8	2820.7	17.7
连锁门店		95.2		4.1		4.1	
5.按单位规模分							
中型	5142.5	6123.1	433.6	3794.3	2.1	1986.9	
小型	8224.4	8474.7	174.3	854.7	89.7	837.9	17.7
微型	153.8	18.5					
6.按星级分							
五星	3238.8	4247.3	433.6	3690.5	2.1	1986.9	
四星	1785.4	1075.1	41.3	446.8	0.1	403.8	

单位:万元

公允价值变动收益	投资收益	营业利润	营业外收入		利润总额	应交所得税	应付职工薪酬(本年贷方累计发生额)	应交增值税	从事住宿和餐饮业活动的从业人员平均人数(人)
				补贴收入					
-0.4	1796.3	-13001.2	1452.9	1150.9	-11006.1	316.5	17397.2	300.0	7032
-0.4	1169.6	-10708.0	1363.3	1150.9	-9503.3	268.1	10812.7	300.0	4080
	1170.0	-8235.1	996.4	910.9	-7304.0	34.5	5696.7	300.0	1949
-0.4	-0.4	-2472.9	366.9	240.0	-2199.3	233.6	5116.0		2131
-0.4	1169.6	-10708.0	1363.3	1150.9	-9503.3	268.1	10812.7	300.0	4080
		-2426.5	1165.5	1105.9	-1345.6		2495.4		1089
		-464.1	44.4	40.0	-433.5	21.8	2626.7		784
		-464.1	44.4	40.0	-433.5	21.8	2626.7		784
-0.4	1169.6	-7817.4	153.4	5.0	-7724.2	246.3	5690.6	300.0	2207
		24.6	1.6		26.2		223.6		72
-0.4	1169.6	-7842.0	151.8	5.0	-7750.4	246.3	5467.0	300.0	2135
		-2616.2	1166.3	1105.9	-1548.3	21.8	4699.3		1647
		-274.4	43.6	40.0	-230.8		422.8		226
-0.4	1169.6	-7817.4	153.4	5.0	-7724.2	246.3	5690.6	300.0	2207
-0.4	1169.6	-10882.7	1363.3	1150.9	-9678.0	245.9	10753.7	300.0	4054
		174.7			174.7	22.2	59.0		26
	1170.0	-4722.3	75.4		-4749.3	158.5	3071.9	300.0	1205
-0.4	-0.4	-6002.1	1287.9	1150.9	-4770.4	98.0	7730.0		2866
		16.4			16.4	11.6	10.8		9
	1170.0	-5392.5	62.0		-5382.3		1577.5	300.0	553
		-1486.5			-1486.5		756.4		333

6-6 续 5

指标名称	销售费用	管理费用	税金	财务费用	利息收入	利息支出	资产减值损失
三星	2346.5	1565.6	90.2	143.2	84.6	214.1	17.2
二星	167.9	432.6	40.6	23.8		2.3	
其他	5982.1	7295.7	2.2	344.7	5.0	217.7	0.5
二、餐饮业	6670.7	4579.2	127.0	724.2	1.7	642.1	
1.按餐饮业行业小类分							
正餐服务	6339.1	4456.9	127.0	724.2	1.7	642.1	
快餐服务	331.6	122.3					
2.按登记注册类型分							
内资企业	6670.7	4579.2	127.0	724.2	1.7	642.1	
国有企业	177.9	69.8					
集体企业	27.7	461.9		162.4		162.4	
有限责任公司	729.7	860.1		4.9			
其他有限责任公司	729.7	860.1		4.9			
私营企业	5735.4	3187.4	127.0	556.9	1.7	479.7	
私营独资企业	143.2	51.1	3.0	39.7	0.2	39.5	
私营合伙企业		133.0		0.5			
私营有限责任公司	5592.2	3003.3	124.0	516.7	1.5	440.2	
3.按控股情况分							
国有控股	907.6	929.9		4.9			
集体控股	27.7	461.9		162.4		162.4	
私人控股	5735.4	3187.4	127.0	556.9	1.7	479.7	
4.按经营形式分							
独立门店	6670.7	4554.5	127.0	724.2	1.7	642.1	
连锁总店(总部)		24.7					
5.按单位规模分							
小型	6670.7	4532.4	127.0	724.1	1.6	642.1	
微型		46.8		0.1	0.1		

单位:万元

公允价值变动收益	投资收益	营业利润	营业外收入	补贴收入	利润总额	应交所得税	应付职工薪酬(本年贷方累计发生额)	应交增值税	从事住宿和餐饮业活动的从业人员平均人数(人)
		-1211.9	934.4	910.9	-291.0	34.5	2977.6		872
		-144.2			-144.2		385.2		191
-0.4	-0.4	-2472.9	366.9	240.0	-2199.3	233.6	5116.0		2131
	626.7	-2293.2	89.6		-1502.8	48.4	6584.5		2952
	626.7	-2302.8	89.6		-1512.4	48.4	6306.5		2771
		9.6			9.6		278.0		181
	626.7	-2293.2	89.6		-1502.8	48.4	6584.5		2952
							132.2		50
		-374.2	0.2		-374.0		156.5		83
	150.0	-273.7	1.0		-274.5	15.3	620.0		261
	150.0	-273.7	1.0		-274.5	15.3	620.0		261
	476.7	-1645.3	88.4		-854.3	33.1	5675.8		2558
		-76.9			-76.9		148.0		80
		-34.6					110.0		46
	476.7	-1533.8	88.4		-777.4	33.1	5417.8		2432
	150.0	-273.7	1.0		-274.5	15.3	752.2		311
		-374.2	0.2		-374.0		156.5		83
	476.7	-1645.3	88.4		-854.3	33.1	5675.8		2558
	626.7	-2325.1	89.6		-1534.7	48.4	6420.3		2890
		31.9			31.9		164.2		62
	626.7	-2293.4	89.6		-1502.8	48.3	6550.0		2932
		0.2				0.1	34.5		20

6-7 批发和零售业连锁经营情况

指标名称	计量单位	合计		直营店	
		本年	上年同期	本年	上年同期
一、门店总数	个	310	308	310	308
二、年末从业人员数	人	3625	3712	3625	3712
三、年末零售营业面积	平方米	161176	153949	161176	153949
四、连锁门店商品购进额	万元	827774	813001	827774	813001
其中:统一配送商品购进额	万元	827774	813001	827774	813001
其中:自有配送中心配送商品购进额	万元	791276	798597	791276	798597
非自有配送中心配送商品购进额	万元	36498	14403	36498	14403
五、连锁门店商品销售额	万元	916311	905603	916311	905603
其中:零售额	万元	500288	527021	500288	527021

6-8 住宿和餐饮业连锁经营情况

指标名称	计量单位	合计		直营店	
		本年	上年同期	本年	上年同期
一、门店总数	个	4	4	4	4
二、年末从业人员数	人	60	70	60	70
三、年末餐饮营业面积	平方米	1400	1400	1400	1400
六、餐位数	位	700	700	700	700
七、连锁门店商品购进(采购)额	万元	178	230	178	230
其中:统一配送商品购进(采购)额	万元	178	230	178	230
其中:自有配送中心配送商品购进额	万元	178	230	178	230
八、连锁门店营业额	万元	495	639	495	639
其中:餐费收入	万元	495	639	495	639

6-9 限额以上批发和零售业商品购进、销售和库存一览表

单位:千元

单位详细名称	商品购进额	商品销售额	批发额	零售额	期末商品库存额
长治市煤炭集运有限公司	3673	4588	4588		1614
山西省长治中成药有限公司	27131	25805	25650	155	5313
长治市蓝池冠龙汽车销售服务有限公司	66792	77050		77050	5116
长治市宝驹汽车销售有限公司	8673	9066		9066	1359
长治市胜华贸易有限公司	25309	31464	31464		304
长治市源丰祥物贸有限公司	32182	32182	32182		
长治市天翔科技发展有限公司	24772	27300	27300		52
长治市方汇物贸有限公司	30419	31497	31497		496
长治市东南丰润石油化工销售有限公司	32152	33468	15399	18069	10289
山西省焦炭集团长治焦炭经销有限责任公司	5382310	5402900	5402900		
山西海蓝电气有限公司	29182	30324	30324		1746
长治市卡美商贸有限公司		7707		7707	10782
山西琛光物资贸易有限公司	83332	82948	82948		3038
山西鸿济糖酒连锁有限公司	30736	28967	17989	10978	3238
长治市佳威商城有限公司	6425	6425		6425	
长治市京福汽贸有限公司	12559	14716		14716	169
长治市飞路达汽车销售服务有限公司	62833	74204		74204	2852
长治市凌云工贸有限公司	34450	34433		34433	41
长治市文鼎机电有限公司	51923	59876	59876		254
长治市蓝池赛龙汽车销售服务有限公司	3516	28929		28929	8799
长治市晋广电器有限公司	6834	9144		9144	5452
山西省国新能源发展集团长治煤炭有限公司		120418	120418		
长治市一运容驰汽车维修服务有限公司	48283	52891		52891	20218
山煤国际能源集团长治有限公司	1204019	1423559	1423559		16978
山西成功统配煤炭销售有限公司	468326	486029	486029		11608
山西成功煤炭经销有限公司	974884	838353	838353		193760
长治市一运天泽汽车销售有限公司	9945	12458		12458	1797
长治市四合贸易有限公司	25202	30387		30387	2142
山西省长治商厦有限责任公司	68050	67655		67655	7955
长治市金威商城有限公司	217756	219094		219094	22415
长治市东南购物中心有限公司	28988	29052		29052	732
长治市晋东南电子器材有限公司	22890	24931		24931	6016
长治市金威名店有限公司		66371		66371	
长治市国大万民药房有限公司	16731	26773		26773	2275
长治市昌盛商贸有限公司	8166	7328	850	6478	861
长治市国美电器有限公司	42366	30183		30183	13263
长治市晋竹贸易有限公司	17224	18252	18252		4786
中国石化销售有限公司山西长治石油分公司	3227659	3227659	644162	2583497	
长治市南洋平价大药房(有限公司)	13776	15942		15942	2437

6–9 续 1

单位:千元

单位详细名称	商品购进额	商品销售额	批发额	零售额	期末商品库存额
山西新浪新天科技有限公司	14432	16102	15437	665	330
长治市广泰大药房连锁有限公司	16819	16746		16746	3073
长治市世纪园电子技术有限公司	5246	6429		6429	25
长治市明华煤业有限公司	15790	62644	62644		5378
山西省长治市农业机械总公司	195448	186408	186408		9040
长治中冀斯巴鲁汽车销售有限公司	51044	51626		51626	979
长治市金联汽车贸易有限公司	20173	20035		20035	5184
长治市华尔通新华夏汽车连锁销售有限公司	13000	13346		13346	
长治市雅特汽车贸易有限公司	100218	121551		121551	34952
长治市联众汽车销售服务有限公司	24144	25464		25464	5900
山西省长治市糖酒副食有限公司	18162	22459	12781	9678	6916
山西省长治医药有限公司	112174	110410	107268	3142	47702
长治市昌盛贸易集团有限公司	1771321	1785290	1785290		13969
长治市汇众汇达汽车销售服务有限公司	39816	39747		39747	10102
长治市鑫立商贸有限公司	25345	19566		19566	10250
山西益兆达能源有限公司	27445	29356	29356		26492
长治市晋津煤炭销售有限公司	101618	143299	143299		12588
长治市华野物资有限公司	48206	56513	56513		100
长治市南烨统配煤炭销售有限公司	258147	277600	277600		1703
长治市潞卓蔬果连锁销售有限公司	3998	6306		6306	559
康佳集团股份有限公司长治经营部	31448	32577	31704	873	
长治市苏宁云商商贸有限公司	40746	40785		40785	29
长治市信至商贸有限公司	17522	15602	14767	835	1920
山西省烟草公司长治市公司	2605757	3500099	3498079	2020	198626
长治市纺织品有限公司	24500	23900		23900	1510
长治市嘉汇购物广场有限公司	157469	130152		130152	57317
长治市光宇通讯器材有限公司	12370	12569		12569	3103
长治市滔捷运动服饰有限公司	26301	26301		26301	
长治市众众汽车销售服务有限公司	398550	455286		455286	32495
长治市华诺百货有限公司	9622	9622		9622	
长治市城区百佳购物中心	3266	7450		7450	1588
长治市旭威商贸有限公司	20342	26646	26646		3818
长治市物华商贸有限公司	47731	41302	40942	360	6429
长治市超越商贸有限公司	19086	18956		18956	338
长治市宏达针纺有限公司	13279	14300		14300	2349
长治市瑞泰商贸有限公司	10567	9349		9349	1236
长治市贝尔电讯有限公司	32273	34133		34133	560
长治市远大通讯有限公司	37984	38241		38241	11823
长治日恒工矿物资贸易有限公司	23918	26668	26668		1130

6-9 续 2

单位:千元

单位详细名称	商品购进额	商品销售额	批发额	零售额	期末商品库存额
中国石油天然气股份有限公司山西长治销售分公司	1298700	1322323		1322323	24953
长治市金盛通商贸有限公司	17926	17038	17038		9699
山西晋弛煤矿设备有限责任公司	40000	54052	54052		37637
长治市鑫海汽车销售有限公司	52899	51205		51205	5548
长治市八一百货大楼有限公司	62000	65231		65231	1269
长治市金威超市有限公司	364983	357458		357458	31098
山西新华书店集团长治有限公司	71963	78500		78500	20962
长治市奥北物资有限公司	50854	55541	53565	1976	5558
长治市丰业汽车销售有限公司	8700	9382		9382	3723
长治市飞路汽车贸易有限公司	314390	371694		371694	72505
长治市东方汽车贸易有限公司	59484	67112		67112	12444
长治市顺捷新华夏汽车连锁销售有限公司	7506	9174		9174	2275
长治市奥盛工程机械有限公司	32844	28437	28437		33390
长治晋豪汽车销售有限公司	37611	43770		43770	2600
长治市航天超市有限公司	7003	8979		8979	1593
长治市达洋电器有限公司	64571	73287		73287	22288
长治市国新能源添泰煤炭有限公司	17086	21874	21874		5003
山西博源超市有限公司	392460	380465		380465	24028
山西省焦炭集团长治焦炭运销股份有限公司	772505	778657	778657		
长治市锦程汽车贸易有限公司	72551	81740		81740	7339
长治大昌丰田汽车销售服务有限公司	115434	114299		114299	17014
长治市城区绿源能源有限公司	5603	9968	2596	7372	452
山西三星家俱有限公司	11117	15303		15303	1965
长治市世纪融盛商贸有限公司	23273	28016	28016		4574
长治飞跃工程机械有限公司	48512	51751	51751		45034
长治市金利德科工贸有限公司	33887	36301	36301		3271
长治市恒瑞达商贸有限公司	20731	21323	20132	1191	135
山西粮丰食品有限公司	88101	97270	97270		6574
长治市平安建材有限公司	15689	16042	8200	7842	2317
长治市城区利源物资商贸有限公司	45844	45882	45882		1308
长治市晶海型材有限公司	60746	60725	60725		1269
长治市江铃全顺汽车销售有限公司	2880	2706		2706	4530
长治市港友汽贸服务有限公司	99979	108151		108151	4224
长治市天勤物资贸易有限公司	2228	26217	26217		1292
长治市宝鑫物资有限公司	178108	179108	179108		
长治市聚盛源物资有限公司	21656	23046	23046		2248
长治市凯波商贸有限公司	105741	93269	93269		37046
长治市慧杰汽车销售有限公司	4500	3929		3929	2165
长治市重华工程机械有限公司	8325	6143	6143		4182

6-9 续 3

单位:千元

单位详细名称	商品购进额	商品销售额			期末商品库存额
			批发额	零售额	
山西宏鑫隆科工贸有限公司	4000	4940		4940	1000
长治市华信福安汽车销售有限公司	175335	220328		220328	11023
山西中恒物资贸易有限公司	35125	39109	39109		4126
长治市紫润和硕商贸有限公司	40285	44805		44805	1990
长治市畅通物贸有限公司	11092	11042	11042		50
长治市昂生大药房零售连锁有限公司	180674	178886		178886	12521
长治市飞路臣信汽车销售服务有限公司	80724	77566		77566	12356
长治市中天汽车销售服务有限公司	115427	125533		125533	16074
长治市霄云汽车销售服务有限公司	262400	246170		246170	17332
长治市东升汽车销售服务有限公司	99073	104653		104653	19842
山西嘉瑞汽车销售有限公司	92432	121719		121719	15902
长治市源丰汇物资贸易有限公司	47155	48859	48859		
长治市银达新能源有限公司	8179	10621		10621	30
长治市中海石油化工有限公司	9740	9389		9389	777
长治市飞路之星汽车销售服务有限公司	55349	63388		63388	19458
长治市圆通汽车销售服务有限公司	302817	337083		337083	24794
长治市豪杰汽贸有限公司	48959	61103		61103	4486
长治市金鼎恒盛科技发展有限公司	20364	28117	28117		23412
长治市华信福瑞汽车销售服务有限公司	30096	28976		28976	3120
长治居然之家家居建材有限公司		44070		44070	
长治市金谷源商贸有限公司	3963	4807		4807	3208
山西力祥医药有限公司	73202	90057	90057		3770
长治市龙涛商贸有限公司	90615	90634	90634		5354
长治市飞路通达汽车销售有限公司	59660	83533		83533	6890
长治市郊区昌晋祥工贸有限公司	5306	6067	6067		697
长治市震鑫物资有限公司	82532	82667	82667		
长治市裕兴盛物资有限公司	43159	43519	43519		359
长治市宇翔工贸有限公司	69412	66656	66656		10155
长治市海金玉物资有限公司	99106	99106	99106		
长治市庞大之星汽车销售服务有限公司	250325	261691		261691	29052
长治市鑫双玉物资有限公司	758266	928466	928466		26459
长治市金源通工贸有限公司	15738	16368	16368		452
长治市明瑞汽车销售服务有限公司	64284	87934		87934	4346
山西潞玉种业股份有限公司	21619	47994	47994		
长治市荣发物资有限公司	11784	11321	11321		1134
山西煤炭运销集团长治郊区有限公司	479760	491964	491964		8582
山西省长治市蓝普经贸有限公司	77417	77821		77821	2989
长治市恒瑞商贸有限公司	65136	63259	63259		3524
长治市世纪华通商贸有限公司	348003	372729	372729		

6-9 续 4

单位:千元

单位详细名称	商品购进额	商品销售额			期末商品库存额
			批发额	零售额	
长治市铭昌源商贸有限公司	131230	132183	132183		1
长治市通慧工贸有限公司	11017	11360	11360		
长治市丰发物资有限公司	685898	685293	685293		11627
长治市瑞泰祥物资有限公司	44282	44485	44485		
长治市晨旭物资有限公司	749025	749905	749905		880
长治市汇利丰物资有限公司	47880	48275	48275		178
长治市宝信商贸有限公司	190398	191148	191148		
长治市郊区金威超市长钢店有限公司	165127	165031		165031	3588
长治市溢洋物资有限公司	243600	259200	259200		2416
长治市长运乾顺汽车贸易有限公司	51610	12079		12079	41123
长治市鹏昌汽车销售服务有限公司	48079	48381	48381		2845
长治高新区石化有限公司	183743	178425	129410	49015	5318
长治市晶通达汽车销售服务有限公司	140225	134822		134822	5503
长治市华美通汽车销售服务有限公司	70378	76719		76719	7094
长治市云烨汽车销售有限公司	92949	83050		83050	18395
长治市天利江淮轿车销售有限公司	4492	3087		3087	3843
长治市天祥汽车销售有限公司	1855	2520		2520	1702
长治市飞跃汽车销售有限公司	57920	95505		95505	2320
长治市盛鸿达汽车销售服务有限公司	20556	23515		23515	1479
山西锦鼎源汽车销售有限公司	19947	20719		20719	596
长治市东达汽车销售服务有限公司	71216	71605	71605		6187
长治市川江汽贸服务有限公司	68350	67219		67219	6950
长治市长运思驰汽车销售服务有限公司	12240	11311	1823	9488	5629
长治市驰钧物资有限公司	10612	13615	13615		8090
长治市郊区森旺达储煤场	74527	74377	74377		500
长治宝诚潞府汽车销售服务有限公司	617141	623504		623504	50906
长治市顺驰路捷汽车销售服务有限公司	302635	364084		364084	28886
山西省盐业公司长治分公司	44626	58817	58817		4933
长治市华丽通汽车销售服务有限公司	187859	181467		181467	29749
长治市晶通汽车销售服务有限公司	234236	221909		221909	27689
山西友信汽车贸易有限公司长治分公司	62284	97477		97477	3571
山西佳信汽车贸易有限公司长治分公司	165880	223525		223525	14430
长治明信煤业有限公司	30261	85127	85127		30261
长治市星盛汽车销售服务有限公司	14460	18105		18105	5024
长治市康得药业有限公司	34304	41315	41315		782
长治市容海汽车销售服务有限公司	370111	350953		350953	27225
山西省长治市郑瑞石化有限公司	319052	353515	316788	36727	16098
中油华北长治市港泰石油销售有限公司	38532	40901		40901	261
长治市依聪物资有限公司	252983	253036	253036		53

6-9 续 5

单位:千元

单位详细名称	商品购进额	商品销售额			期末商品库存额
			批发额	零售额	
长治市长宁物流有限公司	3474091	3474091	3474091		
长治市长信盛泰工贸有限公司	145090	171654	171654		
长治市晋源粮食收购有限公司	13654	15091	15091		24
山西潞安长泰永诚工贸有限责任公司	651490	654085	654085		4070
长治市红太阳电器有限公司	39531	39273		39273	85734
山西煤炭运销集团长治有限公司	8686719	9172529	9172529		35007
长治县宏利恒运业有限公司	122377	139715	139715		5351
长治县欣宏宇工贸有限公司	92200	104233	104233		9612
长治县京通煤业有限公司	14593	15218	15218		1264
长治县兴盛煤炭运销有限公司	39056	39148	39148		5796
长治市潞瑞达商贸有限公司	32898	41449	41449		1150
长治县鑫磊电脑有限责任公司	3281	6022		6022	3018
山西田昊家电集团有限责任公司	1643	2009		2009	2170
长治县嘉鑫购物超市有限责任公司	6241	9532		9532	1272
长治县博大超市有责任限公司	7973	6958		6958	4403
山西省长治县百货公司	26545	26966		26966	2014
山西凯捷能源集运有限公司	557070	588313	588313		
长治县嘉威购物中心有限公司	7265	5811		5811	1455
山西省长治县煤炭集运公司					
山西新华书店集团长治有限公司长治分公司	17605	19379		19379	2058
长治县德信电器有限公司	9965	9547		9547	686
山西煤炭运销集团长治市长治县有限公司	3280548	3490274	3490274		113111
山西省长治县物资局物资经贸中心	18808	19595	19595		72
山西振东医药有限公司	373928	379719	376436	3283	29972
长治县黎都加油中心	5466	5739		5739	248
长治县经坊加油站	11115	11074		11074	287
长治县宝康液化气供应站	6562	6903		6903	517
山西太行山农产品物流有限公司	1500313	1500341	1268576	231765	6384
长治市潞卓商贸有限公司	11588	10654	10654		938
长治市鸿源汇贸易有限公司	27392	27589	27589		1521
长治市盛世汇祥工贸有限公司	109875	110608	110608		2188
长治县国源煤业有限公司	16554	15885	15885		1007
长治县运鼎科工贸有限公司	44431	49800	49800		689
长治县顺兴煤炭运销有限公司	30672	29138	29138		3294
长治县连通加油站	6444	6697		6697	1620
长治县金益恒工贸有限公司	212147	224082	224082		13669
长治县国新能源煤炭有限公司	2610	4870	4870		8896
长治县旭源存煤有限公司	85974	73138	73138		15650
长治县长兴运输有限公司	78580	78463	78463		630

6-9 续6

单位:千元

单位详细名称	商品购进额	商品销售额			期末商品库存额
			批发额	零售额	
长治县创亚贸易有限公司	100593	118683	118683		4786
长治市中盈煤业有限公司	67511	69091	69091		3762
襄垣县金同物贸有限公司	44838	46388	46388		
山西潞安宜泰国际贸易有限责任公司	15967550	15990201	15990201		6545
山西潞安环能襄五煤炭经销有限公司	205638	209560	209560		5
襄垣县华菱汽车销售有限公司	9850	10261		10261	1399
山西明源兴煤炭运销有限公司	243295	230148	230148		31866
山西黄河锐进能源有限公司	63371	62848	62848		5544
襄垣县阳光电器商贸有限公司	20900	20889		20889	1153
山西省襄垣县医药药材公司	9846	12295		12295	1052
长治市峰润物资贸易有限公司	70123	75769	75769		2801
长治市达鑫源煤业有限公司	271485	322976	322976		8970
山西新华书店集团长治有限公司襄垣分公司	14233	14783		14783	1188
襄垣县华丽港购物广场有限公司	33153	32991		32991	3324
襄垣县建恒有限责任公司	40967	39255		39255	2905
山西宝石煤业有限公司襄垣县分公司	35878	41485	41485		4078
山西省襄垣县储备粮管理中心	7283	788	788		27213
襄垣县新三联电器有限公司	13652	14108		14108	3824
襄垣县华中华购物中心有限公司	31435	41913		41913	3682
襄垣县永春工贸有限公司	32497	31510		31510	1589
襄垣县客都生活超市有限公司	8467	8502		8502	486
长治襄垣金威超市有限公司	123362	114320		114320	9946
山西省襄垣县百货公司	6920	54782		54782	47862
山西煤炭运销集团长治襄垣有限公司	2047904	2498205	2498205		2033
襄垣县九七二加油站	16726	17763		17763	3604
襄垣县华驰物业有限公司	16850	16098	7787	8311	972
长治襄垣华丽通汽车销售有限公司	15454	15165		15165	895
襄垣县五阳新世纪有限责任公司	1723296	1731366	1731366		
潞安五阳广源实业公司	1018312	1035081	1035081		5
山西潞安海通工贸有限公司	20440	105625	105625		18515
山西潞安煤炭经销有限责任公司	58575391	58878948	58878948		106197
襄垣县潞华经贸有限公司	45375	54915	54915		334
襄垣县前进加油站	14204	17619		17619	1277
中央储备粮襄垣直属库	159234	109541	109541		897374
山西襄矿鑫海物资有限公司	48945	49074	49074		2647
山煤国际能源集团通海煤焦有限公司	330309	1661444	1661444		94217
山西省襄垣县古韩粮站	181331	191403	191403		
山西中宝统配煤炭运销有限公司	33175	44482	44482		17704
襄垣县长安加油站	22162	24281		24281	1100

6-9 续 7

单位:千元

单位详细名称	商品购进额	商品销售额			期末商品库存额
			批发额	零售额	
襄垣县聚能物资贸易有限公司	37038	39398	39398		7685
山西省襄垣县五交化公司	16619	18405		18405	4763
襄垣县八一百货大楼有限公司		7331		7331	
襄垣县北苑家俱建材装饰有限公司	14246	14084		14084	206
屯留县利人商贸有限公司	12685	10518		10518	2167
屯留县时代中意超市有限公司	5106	5101		5101	5
屯留县时代商贸有限公司	9223	11068		11068	
屯留县华谊建材有限公司	17511	17301		17301	526
山西新华书店集团长治有限公司屯留分公司	22567	21572		21572	1667
山西客都商贸有限公司	15171	10923		10923	7150
长治市鸿洲商贸有限公司	36530	36900	32330	4570	1320
屯留县国洪商贸有限公司	469254	468331	468331		923
屯留县冠钦商贸有限公司	10814	10814	10814		
屯留县信和商贸有限公司	22582	23583	23583		
长治市昂生医药物流有限公司	130735	156419	156419		
山西新华书店集团长治有限公司平顺分公司	9475	9150		9150	1232
平顺县客都购物广场商贸有限公司	6384	5984		5984	500
长治新华书店有限公司黎城新华书店	10491	10604		10604	1337
黎城富鑫商贸有限公司	53167	53336	53336		120
黎城县茂盛实业有限责任公司	29614	37312		37312	2067
黎城县崇利亨超市有限责任公司	9278	14102		14102	4526
黎城县鑫兴汽车贸易有限公司	6686	9292		9292	527
黎城县恒信科技发展实业有限公司	11436	12109	12109		1502
黎城县宏星物资贸易有限公司	186033	191926	191926		
黎城县国新能源煤炭运销有限公司	553843	650137	650137		9365
壶关县鑫鑫加油站	10121	10220		10220	688
壶关县百尺镇五谷山储煤有限公司	22461	23203	23203		990
山西煤炭运销集团长治壶关有限公司	113475	174792	174792		71061
山西新华书店集团长治有限公司壶关分公司	22839	22456		22456	1909
壶关县宏鑫商贸有限公司	12889	11889		11889	2006
壶关县至诚国美电器有限公司	5343	5886		5886	329
壶关县魅力商贸有限公司	8600	10091		10091	2400
壶关县德丰商贸有限公司	7961	7978		7978	1189
长治市盛安民用爆破器材经销有限公司	71572	106409	106409		
壶关县永兴物资有限公司	5079	5391		5391	2826
壶关县常平加油站	12693	13149		13149	121
壶关县平安加油站	4955	5370		5370	44
山西安盛源药业有限公司	124552	130344	130344		6210
长子县源盛达商贸有限公司	9811	9585		9585	700

6-9 续 8

单位:千元

单位详细名称	商品购进额	商品销售额			期末商品库存额
			批发额	零售额	
长子县八一百货大楼有限责任公司	7150	14312		14312	936
山西煤炭运销集团长治长子有限公司	2330323	2453838	2453838		89666
山西新华书店集团长治有限公司长子分公司	28765	29094		29094	2243
长子县富丽源商贸有限公司	19568	19156		19156	1897
长子县正大超市有限责任公司	6721	8741		8741	4103
长子县佳丽彩家电有限公司	11322	14614		14614	2568
长子县鑫威超市有限公司	9357	9267		9267	120
长治市华忠华商贸有限公司		26229		26229	
长子县烤烟办公室烟叶购销站	42214	49393	49393		25760
长子县一元公交快客有限公司	13320	13234		13234	86
长子县家家利超市有限公司	5000	9510		9510	2250
长子县时代科技开发有限公司	6047	5967		5967	95
山西清风农资连锁有限责任公司	28800	30000	29962	38	230
长子县粮食局东田良粮站	12538	12538	12000	538	9874
长子县长联矿业有限责任公司	44390	52774	52774		4137
山西煤运东田良煤炭销售有限公司	134306	110348	110348		50625
长子县潞源储煤有限公司	56716	192231	192231		481
山西新易达统配煤炭销售有限公司	304384	361760	361760		51212
长子县粮食局城关粮站	10024	10477	10477		10
山西省长子县振兴石化有限公司	12754	13451		13451	1235
山西煤炭运销集团长治武乡有限公司	865257	901006	901006		5739
山西新华书店集团长治有限公司武乡分公司	12739	13593		13593	3576
武乡县新华超市有限责任公司	10039	11021		11021	1471
长治市卓恒物资运销有限公司	109105	112946	112946		566
武乡县家家利超市有限公司	21212	27673		27673	4066
武乡县国新能源煤炭运销公司	232816	256061	256061		18
武乡县腾飞汽车贸易有限公司	8880	9300		9300	
武乡县霖泉经贸有限公司	179165	188595	188595		
武乡县好又多超市	8989	8343		8343	782
山西太岳煤炭运销有限公司	15598	18954	18954		1718
武乡县鑫泰和物贸经销有限公司	29397	34707	34707		710
山西沁县康源能源有限公司	254316	329640	329640		35705
沁县聚鑫商贸有限公司	6751	7114		7114	836
沁县华丽港购物广场有限责任公司	22782	20669		20669	2741
山西新华书店集团长治有限公司沁县分公司	9524	9472		9472	1141
沁县同创电子有限责任公司	10817	10338		10338	2037
沁县鑫基业新能源有限公司	11431	16783	16783		269
沁县万强商贸有限公司	37052	35971	14507	21464	2059
沁县吴阁老土特产有限公司	6181	5939	2706	3233	505

6-9 续 9

单位：千元

单位详细名称	商品购进额	商品销售额			期末商品库存额
			批发额	零售额	
山西永发煤炭销售有限公司	101563	100905	100905		928
沁县国新能源煤炭有限公司	123688	152992	152992		1
沁源县世纪鑫联购物广场有限公司	38700	38500		38500	2100
沁源县国新能源煤炭运销有限公司	174332	183753	183753		3269
沁源县新科网络科技有限公司	18957	40922		40922	4167
沁源县机电化轻公司	15411	21968	21968		24
沁源县民心农贸有限公司	55650	54750		54750	2600
山西新华书店集团长治有限公司沁源分公司	22226	21017		21017	1209
山西煤炭运销集团长治沁源有限公司	2651357	2647630	2647630		3727
沁源县新宜生态农特产品贸易有限公司	10103	9963		9963	560
沁源县鑫地源商贸有限公司	13512	12510		12510	1542
山西通洲集团煤矿管理有限公司	106963	106963	106963		
沁源县新启贸易有限公司	90595	91238		91238	264
沁源县粮食局中峪粮站	32054	39333	39333		6620
长治市振利源物资贸易有限公司	92072	92072	92072		
长治市泰和鑫贸易有限公司	31227	31777	31770	7	43
潞城市润锦商贸有限公司	58588	58591	58591		3
潞城市恒远物资有限公司	20572	20225	20225		1684
潞城市客都商贸有限公司	22241	20110		20110	5031
潞城新华书店有限公司	20150	19577		19577	2004
潞城市民康药业有限公司	22628	22816		22816	5506
山西省潞城市雨田实业有限责任公司	27830	28798	11934	16864	1213
潞城市捌捌捌电器有限公司	6290	6342		6342	772
潞城市天源石化有限责任公司	7374	8513		8513	690
潞城市千汇购物有限公司	5684	8010		8010	2899
山西煤炭运销集团长治潞城有限公司	641705	653024	653024		12193
潞城市德泰工贸有限责任公司	15950	16449	16449		108
潞城市晋闽石油有限责任公司	4411	9211		9211	546
山西金达兴业能源集团有限公司	11265	14278	14278		2853
山西能源运输有限公司	135411	157455	157455		4440
潞城市恒洋农资有限公司	61169	60226	60226		943
潞城市盛源石化有限责任公司	80013	87200	87200		15
山西潞宝集团昌宝物资有限公司	105963	93717	93717		33937
潞城市粮食局微子镇粮油管理站	10674	11057	11057		29
潞城市晟基贸易有限责任公司	374285	374825	374825		

6-10 限额以上批发和零

组织机构代码	单位详细名称	行业代码	单位规模
110764271	长治市煤炭集运有限公司	5161	4
110766111	山西省长治中成药有限公司	5151	3
561319484	长治市蓝池冠龙汽车销售服务有限公司	5261	2
568457847	长治市宝驹汽车销售有限公司	5261	3
568467754	长治市胜华贸易有限公司	5164	3
578467328	长治市源丰祥物贸有限公司	5164	3
662379566	长治市天翔科技发展有限公司	5153	3
662395814	长治市方汇物贸有限公司	5179	3
66662264X	长治市东南丰润石油化工销售有限公司	5264	3
678175373	山西省焦炭集团长治焦炭经销有限责任公司	5161	2
686252922	山西海蓝电气有限公司	5176	3
699104363	长治市卡美商贸有限公司	5245	3
728151629	山西琛光物资贸易有限公司	5161	3
74107076X	山西鸿济糖酒连锁有限公司	5127	3
757271750	长治市佳威商城有限公司	5211	4
762459336	长治市京福汽贸有限公司	5261	3
778124004	长治市飞路达汽车销售服务有限公司	5261	3
785824797	长治市凌云工贸有限公司	5264	3
785830716	长治市文鼎机电有限公司	5179	3
599853359	长治市蓝池赛龙汽车销售服务有限公司	5261	3
686290873	长治市晋广电器有限公司	5272	3
743513763	山西省国新能源发展集团长治煤炭有限公司	5161	2
11075572X	长治市一运容驰汽车维修服务有限公司	5261	2
110766103	山煤国际能源集团长治有限公司	5161	2
664463294	山西成功统配煤炭销售有限公司	5161	2
70104214X	山西成功煤炭经销有限公司	5161	2
713637503	长治市一运天泽汽车销售有限公司	5261	3
785817423	长治市四合贸易有限公司	5261	3
110762516	山西省长治商厦有限责任公司	5211	2
11077148X	长治市金威商城有限公司	5211	2
701043214	长治市东南购物中心有限公司	5211	3
715988921	长治市晋东南电子器材有限公司	5272	3
759822560	长治市金威名店有限公司	5211	3
781008020	长治市国大万民药房有限公司	5251	2
715988833	长治市昌盛商贸有限公司	5212	2
729653911	长治市国美电器有限公司	5272	3
781007060	长治市晋竹贸易有限公司	5177	3
719844896	中国石化销售有限公司山西长治石油分公司	5264	1
748559277	长治市南洋平价大药房(有限公司)	5251	3

售业主要指标一览表

单位：千元

从业人员期末人数（人）	全年营业收入	全年主营业务收入	资产总计	登记注册类型	企业控股情况	批发和零售业企业经营形式
52	3922	3922	28805	159	2	1
8	22053	22053	23233	173	3	1
77	65810	65810	43087	173	3	1
15	8388	8388	1960	173	3	1
12	26888	26888	3663	173	3	1
5	27507	27507	30172	173	3	1
13	23333	23333	21769	173	3	1
29	26920	26920	42081	173	3	1
15	29002	29002	12691	173	3	1
43	4617864	4617864	443579	159	1	1
11	25918	25918	5299	173	3	1
22	6588	6588	12419	173	3	1
12	70896	70896	46664	173	3	1
40	26739	26739	12108	173	3	2
22	1829	560	1176	173	3	1
10	12578	12578	660	173	3	1
40	64837	64837	18790	173	3	1
39	30473	30473	21409	173	3	1
10	53231	53231	9501	173	3	1
35	24727	24727	17316	173	3	1
19	7815	7815	8892	173	3	1
43	102921	102921	224099	159	1	1
74	45207	45207	33900	173	3	1
53	1143408	1143225	209559	151	1	1
35	415409	415409	224398	173	3	1
105	724997	724997	1075059	173	3	1
14	10648	10648	10206	173	3	1
30	25972	25972	28170	173	3	1
118	35953	35953	82843	159	2	1
249	206386	206386	159806	173	3	1
51	8284	1031	5647	159	2	1
14	18531	18531	10511	173	3	1
48	7147	7147	29106	173	3	1
82	23500	23325	9576	159	1	1
56	6264	6264	32424	173	3	1
30	25797	25797	30868	173	3	1
40	15422	15422	13173	173	3	1
852	2759631	2759631	541721	160	1	2
611	4134	4134	5140	173	3	2

6-10 续 1

组织机构代码	单位详细名称	行业代码	单位规模
754070726	山西新浪新天科技有限公司	5177	4
748565159	长治市广泰大药房连锁有限公司	5251	3
788528889	长治市世纪园电子技术有限公司	5273	4
731932231	长治市明华煤业有限公司	5161	2
110791069	山西省长治市农业机械总公司	5171	2
554110519	长治中冀斯巴鲁汽车销售有限公司	5261	3
701040582	长治市金联汽车贸易有限公司	5261	3
70116581X	长治市华尔通新华夏汽车连锁销售有限公司	5261	4
757276033	长治市雅特汽车贸易有限公司	5261	2
759841104	长治市联众汽车销售服务有限公司	5261	3
11075898X	山西省长治市糖酒副食有限公司	5127	3
110767296	山西省长治医药有限公司	5151	2
764679201	长治市昌盛贸易集团有限公司	5164	2
694251815	长治市汇众汇达汽车销售服务有限公司	5261	3
686251129	长治市鑫立商贸有限公司	5272	4
746004104	山西益兆达能源有限公司	5161	3
563587730	长治市晋津煤炭销售有限公司	5161	3
674495599	长治市华野物资有限公司	5161	3
776745528	长治市南烨统配煤炭销售有限公司	5161	2
098621672	长治市潞卓蔬果连锁销售有限公司	5223	2
715933453	康佳集团股份有限公司长治经营部	5137	3
561310842	长治市苏宁云商商贸有限公司	5272	3
561311546	长治市信至商贸有限公司	5137	3
110752473	山西省烟草公司长治市公司	5128	1
110759042	长治市纺织品有限公司	5283	2
75726776X	长治市嘉汇购物广场有限公司	5211	2
568495405	长治市光宇通讯器材有限公司	5274	2
67643911X	长治市滔捷运动服饰有限公司	5232	3
725918871	长治市众众汽车销售服务有限公司	5261	2
551465146	长治市华诺百货有限公司	5211	2
729678975	长治市城区百佳购物中心	5211	2
678155997	长治市旭威商贸有限公司	5122	3
78328394X	长治市物华商贸有限公司	5137	3
785830708	长治市超越商贸有限公司	5272	3
748567859	长治市宏达针纺有限公司	5231	3
754083092	长治市瑞泰商贸有限公司	5261	4
764663007	长治市贝尔电讯有限公司	5274	3
725934492	长治市远大通讯有限公司	5274	3
785812446	长治日恒工矿物资贸易有限公司	5164	3

单位:千元

从业人员期末人数(人)	全年营业收入	全年主营业务收入	资产总计	登记注册类型	企业控股情况	批发和零售业企业经营形式
7	9647	9647	2545	173	3	1
33	14313	14313	8368	173	3	2
6	5495	5495	6383	173	3	1
379	56095	56095	175898	159	1	1
148	149998	149998	46511	110	1	1
35	45198	45198	5830	173	3	1
23	17124	17124	7138	173	3	1
3	12895	12895	12777	173	3	1
105	115872	115872	52176	173	3	1
23	21704	21704	9715	173	3	1
49	19196	19196	28169	173	3	1
98	97413	97413	523234	173	3	1
35	1525891	1525891	119574	173	3	1
49	32802	32802	13485	173	3	1
9	16723	16723	13470	173	3	1
13	27115	27115	104225	173	3	1
17	122478	122478	59143	173	3	1
8	48302	48302	12391	173	3	1
38	237265	237265	293253	159	2	1
66	5390	5390	6283	173	3	1
13	27861	27843	544	240	4	1
31	34855	34822	3286	173	3	1
10	13335	13335	1220	173	3	1
716	2992999	2991537	965951	110	1	2
100	7251	7251	43432	159	2	1
158	109763	105581	100041	173	3	1
125	10743	10743	16595	173	3	1
24	28934	22480	6037	173	3	1
168	364426	364426	85866	159	2	1
192	8224	8224	11657	173	3	1
59	7233	7233	2690	172	3	1
45	23952	22774	24205	173	3	1
98	35300	35300	9993	173	3	1
24	16725	16725	8297	173	3	1
37	12248	12248	4363	173	3	2
9	7991	7991	9664	173	3	1
23	32042	32042	5929	173	3	1
34	32671	32671	26102	173	3	2
25	22793	22793	21231	173	3	1

6-10 续 2

组织机构代码	单位详细名称	行业代码	单位规模
792231690	中国石油天然气股份有限公司山西长治销售分公司	5264	1
792244942	长治市金盛通商贸有限公司	5161	4
558746944	山西晋弛煤矿设备有限责任公司	5179	3
74108028X	长治市鑫海汽车销售有限公司	5261	3
110790111	长治市八一百货大楼有限公司	5211	2
741083341	长治市金威超市有限公司	5212	2
110764036	山西新华书店集团长治有限公司	5243	2
680211804	长治市奥北物资有限公司	5175	3
674489594	长治市丰业汽车销售有限公司	5261	3
715958861	长治市飞路汽车贸易有限公司	5261	1
724606438	长治市东方汽车贸易有限公司	5261	3
729644441	长治市顺捷新华夏汽车连锁销售有限公司	5261	3
729659416	长治市奥盛工程机械有限公司	5179	3
754084706	长治晋豪汽车销售有限公司	5261	2
719842524	长治市航天超市有限公司	5212	3
701040283	长治市达洋电器有限公司	5272	2
736304445	长治市国新能源添泰煤炭有限公司	5161	3
748570249	山西博源超市有限公司	5212	1
664451170	山西省焦炭集团长治焦炭运销股份有限公司	5161	2
688050160	长治市锦程汽车贸易有限公司	5261	2
792219034	长治大昌丰田汽车销售服务有限公司	5261	2
796350080	长治市城区绿源能源有限公司	5264	3
110771826	山西三星家俱有限公司	5283	4
583305702	长治市世纪融盛商贸有限公司	5179	3
602312503	长治飞跃工程机械有限公司	5179	3
683800903	长治市金利德科工贸有限公司	5162	3
699143979	长治市恒瑞达商贸有限公司	5127	3
701042529	山西粮丰食品有限公司	5121	2
713638573	长治市平安建材有限公司	5164	3
715989828	长治市城区利源物资商贸有限公司	5164	3
724641954	长治市晶海型材有限公司	5164	3
728145675	长治市江铃全顺汽车销售有限公司	5261	4
728157000	长治市港友汽贸服务有限公司	5261	3
74109418X	长治市天勤物资贸易有限公司	5165	3
751519524	长治市宝鑫物资有限公司	5164	3
754087851	长治市聚盛源物资有限公司	5164	3
754096045	长治市凯波商贸有限公司	5179	2
767127840	长治市慧杰汽车销售有限公司	5261	4
770130784	长治市重华工程机械有限公司	5179	4

单位：千元

从业人员期末人数（人）	全年营业收入	全年主营业务收入	资产总计	登记注册类型	企业控股情况	批发和零售业企业经营形式
306	850036	841306	52609	160	1	2
3	14562	14562	17256	173	3	1
42	46199	46199	79097	173	3	1
26	41748	41748	16955	173	3	1
368	53593	53593	55439	159	2	1
277	312190	312190	161818	173	3	2
149	74505	74505	141793	159	1	1
5	47501	47501	6885	173	3	1
17	8873	8873	8294	173	3	1
368	331412	331412	168001	173	3	1
49	57361	57321	24574	159	2	1
27	8445	8445	20655	173	3	1
27	24305	24305	92967	173	3	1
50	37410	37410	18384	173	3	1
45	7591	7591	4084	159	1	1
92	62638	62638	57958	173	3	2
7	18696	18696	22398	173	3	1
342	312646	312646	368770	173	3	2
27	665519	663036	165100	160	1	1
101	69863	69863	43042	173	3	1
85	97693	97693	47077	173	3	1
25	8822	8822	5073	173	3	1
165	502	502	9333	310	5	1
11	23945	23945	94753	173	3	1
95	45830	44232	154038	173	3	1
26	31027	31027	11514	173	3	1
7	18230	18230	3500	173	3	1
54	86018	86018	40236	173	3	1
7	13711	13711	3067	173	3	1
10	40103	40103	25527	173	3	1
14	51901	51901	9412	173	3	1
6	2313	2313	11168	173	3	1
31	92482	92482	63785	173	3	1
10	22408	22408	8600	173	3	1
13	153084	153084	18484	173	3	1
14	17149	17149	4251	173	3	1
26	79732	79732	565538	173	3	1
8	3358	3358	5430	173	3	1
10	5260	5260	5827	173	3	1

6-10 续 3

组织机构代码	单位详细名称	行业代码	单位规模
781023968	山西宏鑫隆科工贸有限公司	5261	3
783250558	长治市华信福安汽车销售有限公司	5261	3
783266410	山西中恒物资贸易有限公司	5179	3
070476864	长治市紫润和硕商贸有限公司	5223	2
74105812X	长治市畅通物贸有限公司	5164	3
743533051	长治市昂生大药房零售连锁有限公司	5252	2
06559281X	长治市飞路臣信汽车销售服务有限公司	5261	2
762490667	长治市中天汽车销售服务有限公司	5261	2
781040960	长治市霄云汽车销售服务有限公司	5261	2
781048129	长治市东升汽车销售服务有限公司	5261	2
785817394	山西嘉瑞汽车销售有限公司	5261	2
792243368	长治市源丰汇物资贸易有限公司	5161	3
67819147X	长治市银达新能源有限公司	5264	3
051951359	长治市中海石油化工有限公司	5264	3
06343499X	长治市飞路之星汽车销售服务有限公司	5261	3
674493358	长治市圆通汽车销售服务有限公司	5261	2
670179468	长治市豪杰汽贸有限公司	5261	2
699138133	长治市金鼎恒盛科技发展有限公司	5153	3
770137660	长治市华信福瑞汽车销售服务有限公司	5261	3
058889025	长治居然之家家居建材有限公司	5283	2
67815840X	长治市金谷源商贸有限公司	5261	3
701133981	山西力祥医药有限公司	5151	2
790222598	长治市龙涛商贸有限公司	5161	2
719842719	长治市飞路通达汽车销售有限公司	5261	2
554136073	长治市郊区昌晋祥工贸有限公司	5164	4
56359536X	长治市震鑫物资有限公司	5164	4
571077239	长治市裕兴盛物资有限公司	5164	3
575981452	长治市宇翔工贸有限公司	5161	2
575985955	长治市海金玉物资有限公司	5164	4
581211200	长治市庞大之星汽车销售服务有限公司	5261	2
588505965	长治市鑫双玉物资有限公司	5164	2
668631953	长治市金源通工贸有限公司	5164	3
699124727	长治市明瑞汽车销售服务有限公司	5261	3
715989270	山西潞玉种业股份有限公司	5112	3
783258146	长治市荣发物资有限公司	5164	4
110841513	山西煤炭运销集团长治郊区有限公司	5161	2
713669548	山西省长治市蓝普经贸有限公司	5273	3
719846939	长治市恒瑞商贸有限公司	5161	3
554110500	长治市世纪华通商贸有限公司	5161	3

单位:千元

从业人员期末人数（人）	全年营业收入	全年主营业务收入	资产总计	登记注册类型	企业控股情况	批发和零售业企业经营形式
25	4780	4780	5040	173	3	1
48	188647	188647	36896	173	3	1
6	33429	33429	32304	173	3	1
113	38295	38295	68435	173	3	1
10	10984	10984	10454	173	3	1
245	143749	143716	59887	173	3	2
58	66296	66296	33321	173	3	1
107	111810	111810	33607	159	2	1
110	217737	217737	121141	173	3	1
87	89447	89447	51351	159	2	1
60	104143	104034	34747	173	3	1
13	40559	40559	45321	173	3	1
21	9399	9399	10567	173	3	1
23	8343	8343	2969	173	3	1
40	48402	48402	32498	173	3	1
106	321560	321560	132510	173	3	1
59	57994	57994	19447	173	3	1
13	24030	23845	13510	173	3	1
48	28306	28306	17533	173	3	1
64	49786	49786	55264	173	3	1
30	4108	4108	22978	173	3	1
22	88409	88409	41209	173	3	1
30	77465	77465	453335	173	3	1
89	72603	72505	30450	173	3	1
10	5185	5185	78309	173	3	1
4	70656	70656	1113	173	3	1
6	37475	37475	8213	173	3	1
20	56971	56971	84539	173	3	1
4	84706	84706	4674	173	3	1
68	260500	260259	134260	173	3	1
20	793562	793562	183233	173	3	1
5	16118	16118	22313	173	3	1
38	66191	66191	42742	173	3	1
66	47994	47673	133101	160	1	1
6	9676	9676	11023	173	3	1
175	420532	420483	120436	159	1	1
39	66515	66515	34956	173	3	1
8	54478	54478	26450	173	3	1
10	318572	317250	18495	173	3	1

6-10 续 4

组织机构代码	单位详细名称	行业代码	单位规模
558744113	长治市铭昌源商贸有限公司	5164	4
683812226	长治市通慧工贸有限公司	5164	4
736316630	长治市丰发物资有限公司	5164	2
757294522	长治市瑞泰祥物资有限公司	5164	3
759823715	长治市晨旭物资有限公司	5164	3
762463992	长治市汇利丰物资有限公司	5164	3
776709498	长治市宝信商贸有限公司	5164	3
785837133	长治市郊区金威超市长钢店有限公司	5212	2
788524116	长治市溢洋物资有限公司	5164	3
676415484	长治市长运乾顺汽车贸易有限公司	5261	3
788503403	长治市鹏昌汽车销售服务有限公司	5172	3
110771877	长治高新区石化有限公司	5162	2
583335477	长治市晶通达汽车销售服务有限公司	5261	2
583335485	长治市华美通汽车销售服务有限公司	5261	2
664490671	长治市云烨汽车销售有限公司	5261	3
668627946	长治市天利江淮轿车销售有限公司	5261	3
692225672	长治市天祥汽车销售有限公司	5261	3
764695586	长治市飞跃汽车销售有限公司	5261	2
592987485	长治市盛鸿达汽车销售服务有限公司	5261	3
599859160	山西锦鼎源汽车销售有限公司	5261	3
746034071	长治市东达汽车销售服务有限公司	5172	3
751542951	长治市川江汽贸服务有限公司	5261	2
757256681	长治市长运思驰汽车销售服务有限公司	5261	3
779560799	长治市驰钧物资有限公司	5191	3
672340358	长治市郊区森旺达储煤场	5161	3
551450307	长治宝诚潞府汽车销售服务有限公司	5261	2
59296673X	长治市顺驰路捷汽车销售服务有限公司	5261	2
110764802	山西省盐业公司长治分公司	5125	2
767112622	长治市华丽通汽车销售服务有限公司	5261	2
767112630	长治市晶通汽车销售服务有限公司	5261	2
788547801	山西友信汽车贸易有限公司长治分公司	5261	3
790207777	山西佳信汽车贸易有限公司长治分公司	5261	2
79828737X	长治明信煤业有限公司	5161	2
558713077	长治市星盛汽车销售服务有限公司	5261	3
785838961	长治市康得药业有限公司	5151	3
719846605	长治市容海汽车销售服务有限公司	5261	2
602314189	山西省长治市郑瑞石化有限公司	5162	2
713637589	中油华北长治市港泰石油销售有限公司	5264	3
670157349	长治市依聪物资有限公司	5161	3

单位:千元

从业人员期末人数（人）	全年营业收入	全年主营业务收入	资产总计	登记注册类型	企业控股情况	批发和零售业企业经营形式
4	128333	128333	53745	173	3	1
8	9709	9709	37019	173	3	1
23	585720	585720	73109	173	3	1
6	38021	38021	2237	173	3	1
15	648100	648100	68816	173	3	1
5	41261	41261	4816	173	3	1
6	176966	176966	2145	173	3	1
223	145910	138668	50588	173	3	1
10	189214	189214	34736	173	3	1
32	10324	10324	11325	159	1	1
11	38381	38381	8414	173	3	1
53	99815	99815	81393	173	3	1
50	80767	70000	34426	173	3	1
50	69874	69874	26067	173	3	1
35	70983	70983	64479	173	3	1
23	2639	2639	5463	173	3	1
30	2154	2154	14092	173	3	1
50	81628	81628	30481	173	3	1
30	20098	20098	25439	173	3	1
30	17709	17464	3670	173	3	1
13	71604	71604	114263	173	3	1
58	57452	57452	27890	173	3	1
23	9668	9668	20224	159	1	1
10	11338	11316	25050	173	3	1
13	57387	57387	19852	173	3	1
88	532909	532909	103429	173	3	1
63	326899	326899	54760	173	3	1
52	51839	51704	11855	120	2	1
95	157518	155100	43394	173	3	1
114	192425	189666	67535	173	3	1
22	62899	62899	19585	173	3	1
55	143364	143364	33603	173	3	1
150	72758	72758	129393	159	1	1
26	15474	15474	9276	159	1	1
23	35312	35312	8294	173	3	1
100	291836	271691	59914	159	2	1
58	324163	323163	83884	173	3	1
28	34958	34958	32009	159	1	1
9	216270	216270	10909	173	3	1

6-10 续 5

组织机构代码	单位详细名称	行业代码	单位规模
798258632	长治市长宁物流有限公司	5161	2
694264042	长治市长信盛泰工贸有限公司	5164	4
694269943	长治市晋源粮食收购有限公司	5111	3
759825833	山西潞安长泰永诚工贸有限责任公司	5164	3
551491811	长治市红太阳电器有限公司	5271	3
110750507	山西煤炭运销集团长治有限公司	5161	1
57597122X	长治县宏利恒运业有限公司	5161	2
578479855	长治县欣宏宇工贸有限公司	5161	3
583306537	长治县京通煤业有限公司	5161	3
583320072	长治县兴盛煤炭运销有限公司	5161	3
583344357	长治市潞瑞达商贸有限公司	5161	3
725936404	长治县鑫磊电脑有限责任公司	5273	3
81087085X	山西田昊家电集团有限责任公司	5271	3
561306608	长治县嘉鑫购物超市有限责任公司	5212	2
75154288X	长治县博大超市有责任限公司	5212	2
110870015	山西省长治县百货公司	5211	4
678172957	山西凯捷能源集运有限公司	5161	2
792204465	长治县嘉威购物中心有限公司	5232	2
110871245	山西省长治县煤炭集运公司	5161	4
110872707	山西新华书店集团长治有限公司长治分公司	5243	3
725914045	长治县德信电器有限公司	5271	3
110870875	山西煤炭运销集团长治市长治县有限公司	5161	1
110874518	山西省长治县物资局物资经贸中心	5164	3
796399861	山西振东医药有限公司	5151	2
701045957	长治县黎都加油中心	5264	3
724611675	长治县经坊加油站	5264	3
741077574	长治县宝康液化气供应站	5297	4
566335600	山西太行山农产品物流有限公司	5123	2
581200368	长治市潞卓商贸有限公司	5123	3
595333815	长治市鸿源汇贸易有限公司	5124	3
060712608	长治市盛世汇祥工贸有限公司	5161	3
561302025	长治县国源煤业有限公司	5161	3
666634480	长治县运鼎科工贸有限公司	5161	3
558732649	长治县顺兴煤炭运销有限公司	5161	3
734018699	长治县连通加油站	5264	3
595307385	长治县金益恒工贸有限公司	5161	2
759834414	长治县国新能源煤炭有限公司	5161	4
563597752	长治县旭源存煤有限公司	5161	2
680231880	长治县长兴运输有限公司	5161	3

单位：千元

从业人员期末人数（人）	全年营业收入	全年主营业务收入	资产总计	登记注册类型	企业控股情况	批发和零售业企业经营形式
22	219645	219645	530995	173	3	1
2	146713	146713	11002	173	3	1
12	13154	13154	582	173	3	1
14	559047	559047	139126	159	1	1
28	33567	33567	7367	173	3	1
535	8170660	7839769	10428077	159	1	1
35	119415	119415	107725	173	3	1
9	89089	89089	26555	173	3	1
10	13006	13006	12818	173	3	1
15	38658	38658	113890	173	3	1
16	34101	34101	9859	173	3	1
19	5176	5176	6031	173	3	1
13	1721	1721	3569	173	3	1
142	8177	8145	5428	173	3	1
60	5999	5999	4897	173	3	1
7	300	300	30575	110	1	1
95	503564	503464	76399	159	1	1
56	5642	5642	9326	173	3	1
21	3208		33997	120	2	1
14	17977	17974	4126	159	1	1
23	6944	6944	2122	173	3	1
617	2983380	2983140	599029	159	1	1
5	16406	16406	10620	110	1	1
100	324870	324870	246437	173	3	1
16	4905	4905	4103	171	3	1
12	9515	9515	3957	171	3	1
7	6621	6621	1907	171	3	1
75	1500266	1500266	129211	159	1	1
480	10739	10650	249736	173	3	1
22	23581	23581	5325	173	3	1
17	94537	94537	33163	173	3	1
15	13850	13850	96995	173	3	1
16	42589	42589	17756	173	3	1
15	24905	24905	15022	173	3	1
13	5724	5724	5324	171	3	1
55	197128	197128	75852	173	3	1
22	2671	2671	21313	173	3	1
20	62842	62842	99736	173	3	1
18	64811	64811	13388	173	3	1

6-10 续 6

组织机构代码	单位详细名称	行业代码	单位规模
558715734	长治县创亚贸易有限公司	5165	2
674498765	长治市中盈煤业有限公司	5161	2
566312556	襄垣县金同物贸有限公司	5161	3
592986431	山西潞安宜泰国际贸易有限责任公司	5164	3
666621532	山西潞安环能襄五煤炭经销有限公司	5161	3
689867084	襄垣县华菱汽车销售有限公司	5261	3
110930137	山西明源兴煤炭运销有限公司	5161	2
678153414	山西黄河锐进能源有限公司	5161	3
775154910	襄垣县阳光电器商贸有限公司	5272	3
110930022	山西省襄垣县医药药材公司	5251	3
558706766	长治市峰润物资贸易有限公司	5161	3
69666236X	长治市达鑫源煤业有限公司	5161	3
406420128	山西新华书店集团长治有限公司襄垣分公司	5243	3
578452898	襄垣县华丽港购物广场有限公司	5212	2
602353284	襄垣县建恒有限责任公司	5264	3
680212049	山西宝石煤业有限公司襄垣县分公司	5161	3
701166775	山西省襄垣县储备粮管理中心	5111	4
728161202	襄垣县新三联电器有限公司	5272	3
783281477	襄垣县华中华购物中心有限公司	5211	2
788539035	襄垣县永春工贸有限公司	5272	3
689854929	襄垣县客都生活超市有限公司	5212	2
696668964	长治襄垣金威超市有限公司	5212	2
110930348	山西省襄垣县百货公司	5211	3
406420646	山西煤炭运销集团长治襄垣有限公司	5161	1
73401265X	襄垣县九七二加油站	5264	4
715957041	襄垣县华驰物业有限公司	5261	3
686296028	长治襄垣华丽通汽车销售有限公司	5261	3
701048496	襄垣县五阳新世纪有限责任公司	5161	1
728176041	潞安五阳广源实业公司	5164	1
110932044	山西潞安海通工贸有限公司	5179	2
66040588X	山西潞安煤炭经销有限责任公司	5164	1
701166708	襄垣县潞华经贸有限公司	5161	3
728162440	襄垣县前进加油站	5264	3
406420929	中央储备粮襄垣直属库	5111	2
568494226	山西襄矿鑫海物资有限公司	5179	3
748581490	山煤国际能源集团通海煤焦有限公司	5164	2
110930495	山西省襄垣县古韩粮站	5111	2
792249575	山西中宝统配煤炭运销有限公司	5161	3
590864406	襄垣县长安加油站	5264	3

单位:千元

从业人员期末人数(人)	全年营业收入	全年主营业务收入	资产总计	登记注册类型	企业控股情况	批发和零售业企业经营形式
20	101444	101444	59067	173	3	1
33	59661	59052	34760	159	1	1
10	39648	39648	32238	173	3	1
10	13667282	13667282	463438	159	1	1
14	179111	179111	81015	159	2	1
10	8770	8770	4365	173	3	1
210	196828	196708	104102	159	1	1
11	53727	53727	23851	173	3	1
13	17845	17845	3420	173	3	1
43	10706	10706	9884	110	1	1
15	64761	64761	26307	173	3	1
12	276048	276048	11161	173	3	1
15	14697	14603	4355	159	1	1
112	28197	28197	49583	173	3	1
41	33615	33615	23560	173	3	1
8	35457	35457	5488	159	1	1
17	808	808	38625	110	1	1
22	12058	12058	4314	173	3	1
180	41910	41910	5044	173	3	1
20	26931	26931	3191	173	3	1
86	7267	7267	19652	173	3	1
186	86694	86694	13283	173	3	1
18	1240	1240	12378	110	1	1
349	2135218	2134993	472591	151	1	1
6	15182	15182	4180	173	3	1
26	14032	14032	10455	173	3	1
10	13235	12962	4893	173	3	1
331	1546577	1546577	165970	159	2	1
564	993394	982230	268851	120	2	1
259	90278	90278	57824	159	1	1
264	50324682	50323887	1751451	159	1	1
17	46937	46937	22578	173	3	1
10	15059	15059	7348	172	3	1
63	109541	109541	938752	110	1	1
13	42218	42218	39413	151	1	1
41	1521199	1521194	367754	151	1	1
81	191403	191403	62900	110	1	1
25	38019	38019	38544	173	3	1
18	20753	20753	20037	173	3	1

6-10 续 7

组织机构代码	单位详细名称	行业代码	单位规模
588523725	襄垣县聚能物资贸易有限公司	5161	3
110930436	山西省襄垣县五交化公司	5211	3
075539502	襄垣县八一百货大楼有限公司	5212	3
571053317	襄垣县北苑家俱建材装饰有限公司	5283	4
683828762	屯留县利人商贸有限公司	5271	4
056291062	屯留县时代中意超市有限公司	5212	3
689870312	屯留县时代商贸有限公司	5211	4
728160701	屯留县华谊建材有限公司	5287	3
110961056	山西新华书店集团长治有限公司屯留分公司	5243	3
581203809	山西客都商贸有限公司	5212	3
69910315X	长治市鸿洲商贸有限公司	5127	3
660424765	屯留县国洪商贸有限公司	5161	2
683834089	屯留县冠钦商贸有限公司	5164	4
79639223X	屯留县信和商贸有限公司	5161	3
792235253	长治市昂生医药物流有限公司	5153	2
110990623	山西新华书店集团长治有限公司平顺分公司	5243	3
078332419	平顺县客都购物广场商贸有限公司	5212	2
111021453	长治新华书店有限公司黎城新华书店	5243	3
67234501X	黎城富鑫商贸有限公司	5161	3
X02319891	黎城县茂盛实业有限责任公司	5264	3
741061628	黎城县崇利亨超市有限责任公司	5212	2
666606893	黎城县鑫兴汽车贸易有限公司	5261	4
554139995	黎城县恒信科技发展实业有限公司	5164	3
566312708	黎城县宏星物资贸易有限公司	5165	3
11102227X	黎城县国新能源煤炭运销有限公司	5161	2
561305066	壶关县鑫鑫加油站	5264	4
662359039	壶关县百尺镇五谷山储煤有限公司	5161	3
111050588	山西煤炭运销集团长治壶关有限公司	5161	2
11105137X	山西新华书店集团长治有限公司壶关分公司	5243	3
056299259	壶关县宏鑫商贸有限公司	5212	2
689866495	壶关县至诚国美电器有限公司	5272	3
775191316	壶关县魅力商贸有限公司	5212	2
686255648	壶关县德丰商贸有限公司	5212	3
670198386	长治市盛安民用爆破器材经销有限公司	5169	3
111053279	壶关县永兴物资有限公司	5264	3
734030735	壶关县常平加油站	5264	4
L01000144	壶关县平安加油站	5264	4
783261302	山西安盛源药业有限公司	5151	2
595315385	长子县源盛达商贸有限公司	5272	2

单位:千元

从业人员期末人数（人）	全年营业收入	全年主营业务收入	资产总计	登记注册类型	企业控股情况	批发和零售业企业经营形式
9	33674	33674	32131	173	3	1
16	2807	2807	13000	110	1	1
121	1821	1821	497	173	3	1
9	563	563	516	173	3	1
6	5869	5869	2684	173	3	1
33	4693	4693	4383	173	3	1
7	10746	10746	11604	173	3	1
18	12312	12312	8444	173	3	1
14	20411	20411	3881	159	1	1
35	9403	9403	10323	173	3	1
20	35800	35800	7615	173	3	1
48	401072	401072	141157	173	3	1
12	8989	8989	25544	173	3	1
5	19300	19300	21068	173	3	1
25	133692	133692	67174	173	3	1
10	8748	8747	2019	159	1	1
99	5980	5382	3723	173	3	1
15	10353	10353	3308	159	1	1
20	45586	45586	2952	173	3	1
37	31927	31891	12328	173	3	1
80	11709	11709	5261	173	3	1
6	6396	6396	585	173	3	1
12	10349	10349	6853	173	3	1
7	188681	188681	109101	173	3	1
65	555672	555672	215978	173	3	1
7	8736	8736	4303	171	3	1
25	19832	19832	41825	173	3	1
78	149395	148764	269964	159	1	1
11	20533	20533	5180	159	1	1
71	11540	11540	1166	173	3	1
13	5013	5013	845	173	3	1
106	8625	8625	11060	173	3	1
36	6818	6818	2774	173	3	1
10	91321	91321	38101	173	3	1
20	4608	4608	9933	173	3	1
6	11238	11238	5408	120	2	1
5	4589	4589	4307	171	3	1
61	111426	111426	211594	173	3	1
55	8192	8192	2509	173	3	1

6-10 续 8

组织机构代码	单位详细名称	行业代码	单位规模
075532431	长子县八一百货大楼有限责任公司	5211	2
602383088	山西煤炭运销集团长治长子有限公司	5161	2
602383109	山西新华书店集团长治有限公司长子分公司	5243	3
686263891	长子县富丽源商贸有限公司	5212	2
728165115	长子县正大超市有限责任公司	5212	3
699139240	长子县佳丽彩家电有限公司	5272	3
770123330	长子县鑫威超市有限公司	5212	2
558711290	长治市华忠华商贸有限公司	5232	2
701045113	长子县烤烟办公室烟叶购销站	5119	3
767101448	长子县一元公交快客有限公司	5261	4
31700697X	长子县家家利超市有限公司	5212	3
063427861	长子县时代科技开发有限公司	5273	3
57599363X	山西清风农资连锁有限责任公司	5166	3
11108004X	长子县粮食局东田良粮站	5111	3
736302036	长子县长联矿业有限责任公司	5161	3
79635185X	山西煤运东田良煤炭销售有限公司	5161	2
689865310	长子县潞源储煤有限公司	5161	3
05626243X	山西新易达统配煤炭销售有限公司	5161	2
111080007	长子县粮食局城关粮站	5111	3
701169757	山西省长子县振兴石化有限公司	5264	2
111110130	山西煤炭运销集团长治武乡有限公司	5161	1
111110237	山西新华书店集团长治有限公司武乡分公司	5243	3
790204816	武乡县新华超市有限责任公司	5212	3
794227898	长治市卓恒物资运销有限公司	5161	2
083736194	武乡县家家利超市有限公司	5212	2
111110405	武乡县国新能源煤炭运销公司	5161	3
558732331	武乡县腾飞汽车贸易有限公司	5261	4
79224036X	武乡县霖泉经贸有限公司	5161	2
087067995	武乡县好又多超市	5212	2
741092053	山西太岳煤炭运销有限公司	5161	3
686290937	武乡县鑫泰和物贸经销有限公司	5161	3
660407084	山西沁县康源能源有限公司	5161	2
724620504	沁县聚鑫商贸有限公司	5271	3
588516891	沁县华丽港购物广场有限责任公司	5212	2
111141527	山西新华书店集团长治有限公司沁县分公司	5243	3
729675918	沁县同创电子有限责任公司	5272	3
563577583	沁县鑫基业新能源有限公司	5161	3
689855155	沁县万强商贸有限公司	5127	3
746007954	沁县吴阁老土特产有限公司	5221	3

单位:千元

从业人员期末人数（人）	全年营业收入	全年主营业务收入	资产总计	登记注册类型	企业控股情况	批发和零售业企业经营形式
60	12233	12233	157	173	3	1
167	2097929	2097297	413253	159	1	1
14	28868	28658	3874	159	1	1
218	16373	16373	3975	173	3	1
41	7075	7075	10114	173	3	2
43	12220	12220	4351	173	3	1
73	8396	8396	23270	173	3	1
193	22418	22418	8675	173	3	1
65	43711	43711	51507	110	1	1
5	11025	11025	5720	173	3	1
48	9500	9500	2146	173	3	1
14	5100	5100	1955	173	3	1
30	26924	26924	21766	173	3	1
17	10473	10473	14761	110	1	1
36	45106	45106	44212	173	3	1
90	94315	94315	130224	159	1	1
9	171462	171462	410317	173	3	1
50	309197	309197	147538	173	3	1
17	10477	10477	7138	110	1	1
50	11497	11497	20340	173	3	1
296	770104	770091	390404	159	1	1
22	13595	13499	5886	159	1	1
39	9615	9615	1964	173	3	1
20	96535	96535	46397	173	3	1
52	24180	23652	6003	173	3	3
14	218855	218855	100412	110	1	1
6	7948	7948	25325	173	3	1
43	161194	161194	89599	173	3	1
92	7420	7420	7566	173	3	1
36	20742	16200	139464	310	1	1
17	29664	29664	44274	173	3	1
35	281743	281743	159617	173	3	1
18	6080	6080	1544	173	3	1
96	17580	17580	19169	173	3	1
13	9428	9396	3048	159	1	1
27	8835	8835	3098	173	3	1
17	14344	14344	6249	173	3	1
16	35971	35971	4618	173	3	1
10	5265	5265	8104	173	3	1

6-10 续 9

组织机构代码	单位详细名称	行业代码	单位规模
736326281	山西永发煤炭销售有限公司	5161	3
111142116	沁县国新能源煤炭有限公司	5161	3
676413796	沁源县世纪鑫联购物广场有限公司	5212	2
11117023X	沁源县国新能源煤炭运销有限公司	5161	2
783257960	沁源县新科网络科技有限公司	5273	2
111170416	沁源县机电化轻公司	5169	3
55870228X	沁源县民心农贸有限公司	5211	3
111170512	山西新华书店集团长治有限公司沁源分公司	5243	4
111170539	山西煤炭运销集团长治沁源有限公司	5161	2
586182218	沁源县新宜生态农特产品贸易有限公司	5221	3
681921111	沁源县鑫地源商贸有限公司	5212	3
060737266	山西通洲集团煤矿管理有限公司	5179	2
672312373	沁源县新启贸易有限公司	5264	2
111170184	沁源县粮食局中峪粮站	5111	3
563554293	长治市振利源物资贸易有限公司	5161	3
568478138	长治市泰和鑫贸易有限公司	5165	3
571050546	潞城市润锦商贸有限公司	5161	2
686291577	潞城市恒远物资有限公司	5165	3
581202857	潞城市客都商贸有限公司	5212	2
110902961	潞城新华书店有限公司	5243	3
798292048	潞城市民康药业有限公司	5251	2
110901598	山西省潞城市雨田实业有限责任公司	5264	3
696690328	潞城市捌捌捌电器有限公司	5271	3
701047493	潞城市天源石化有限责任公司	5264	3
696676016	潞城市千汇购物有限公司	5232	2
110901811	山西煤炭运销集团长治潞城有限公司	5161	2
551476689	潞城市德泰工贸有限责任公司	5161	3
734008765	潞城市晋闽石油有限责任公司	5264	3
701167065	山西金达兴业能源集团有限公司	5161	3
731933621	山西能源运输有限公司	5161	3
110900966	潞城市恒洋农资有限公司	5166	3
792213249	潞城市盛源石化有限责任公司	5162	2
77013403X	山西潞宝集团昌宝物资有限公司	5164	2
110901926	潞城市粮食局微子镇粮油管理站	5111	3
065595033	潞城市晟基贸易有限责任公司	5164	3

单位:千元

从业人员期末人数（人）	全年营业收入	全年主营业务收入	资产总计	登记注册类型	企业控股情况	批发和零售业企业经营形式
10	86243	86243	37528	173	3	1
14	130762	130762	31362	173	3	1
60	37379	37379	2143	173	3	1
20	157054	157054	93439	173	3	1
63	34976	34976	23052	173	3	1
37	20097	19032	31981	110	1	1
22	52012	52012	52460	159	2	1
8	11928	11928	3044	159	1	1
187	2263511	2263511	154251	151	1	1
35	9115	9115	17907	173	3	1
44	9950	9950	2722	151	1	1
336	91422	91422	142370	173	3	1
56	79533	79533	54135	173	3	1
19	34808	34798	19848	110	1	1
15	78694	78694	42353	173	3	1
8	27160	27160	28105	173	3	1
25	50078	50078	50948	173	3	1
7	17287	17287	14988	173	3	1
56	11462	11149	6328	173	3	1
19	19125	18924	7159	159	1	1
55	19571	19571	8891	173	3	1
20	24614	24614	18155	173	3	1
20	5479	5479	898	173	3	1
10	7276	7276	4287	173	3	1
114	6846	6846	4166	173	3	1
115	559575	558140	205156	159	1	1
15	14060	14060	67930	173	3	1
25	7873	7873	1994	173	3	1
180	69270	12203	309747	173	3	1
8	134900	134578	32385	159	1	1
15	53297	53297	68162	173	3	1
50	74530	74530	20215	173	3	1
23	80100	80100	93417	173	3	1
13	11057	11057	9015	110	1	1
12	320363	320363	116756	173	3	1

6-11 社会消费品零售总额

单位:万元

指标名称	1-12 月累计	比上年增长(%)
社会消费品零售总额	**4768847.8**	**12.0**
一、按销售单位所在地分		
1.城镇	4121221.6	11.7
其中:城区	2897194.8	11.2
2.乡村	647626.2	13.6
二、按行业分		
1.批发业	170623.4	19.8
2.零售业	4145170.1	11.8
3.住宿业	35799.3	-17.3
4.餐饮业	412821.5	15.1

6-12　分县区社会消费品零售总额

单位:万元

县市区	社会消费品零售总额		按销售单位所在地分		
	总计	比上年增长%	城镇	城区	乡村
全　市	**4768847.8**	**12.0**	**4121221.6**	**2897194.8**	**647626.2**
城　区	2744245	11.6	2744245	2744245	
郊　区	404259.8	12.6	363224	73705.4	41035.8
长治县	245015.9	12.9	137032.4		107983.5
襄垣县	225620.6	12.2	185245.6		40375
屯留县	131309.8	12.8	77399.6		53910.2
平顺县	73199.9	11.9	44299.9		28900
黎城县	114043.2	11.6	72082.8		41960.4
壶关县	154907.9	11.4	78362.8		76545.1
长子县	154430.1	13.2	85965.2		68464.9
武乡县	110945.7	13.3	67590.9		43354.8
沁　县	83738	11.1	46151.4		37586.6
沁源县	196894.9	12.3	123020.2		73874.7
潞城市	130237	13.0	96601.8	79142.2	33635.2

6-13 限额以上住宿和餐饮

单位详细名称	营业额	客房收入	餐费收入
长治市何鲜菇餐饮有限公司	1246		1246
长治市金尚岛餐饮有限公司	2864		2864
长治市中潞滨河酒店管理培训有限公司	2868	1148	1720
长治市光宇科贸有限公司	5065	3911	622
长治市七十二行餐饮文化发展有限公司	6139		6139
长治市潞州宾馆有限公司	12291	5218	5142
山西省长治市饮食公司	3644		3644
长治市金师傅饮食文化有限公司	8890		8890
中国人民解放军山西省长治军分区招待所	3859	1220	2639
长治市骅泰休闲宾馆有限公司	1709	1683	
长治市金酷肥牛餐饮有限公司	4510		4510
长治市德风宾馆	2509	1701	
山西润泉酒店有限公司	2832	2117	715
山西雷豪瑞庭酒店管理有限公司	4943	3143	1717
长治宾馆	12349	6009	5059
长治市福缘餐饮有限公司	844		844
山西鹏宇国际大酒店有限公司	9209	5042	4167
长治市京华安快捷酒店有限公司	1707	1428	147
长治市发发乐人文餐饮有限公司	4500		4500
长治市中悦华安肥牛餐饮有限公司	4056		4056
长治市财政干部培训中心	19400	7480	11920
长治市人文吉家餐饮有限公司	2500		2500
长治新千年酒店有限公司	1754		1754
长治市维特大厦有限公司	1868	576	1292
长治市晶悦凯莱酒店有限责任公司	7259	1244	6015
长治市口福居餐饮有限公司	4804		4675
长治市金意果酒店有限公司	3820	1527	1751
长治市故乡一家人餐饮管理有限公司	1827		1755
长治市小城故事餐饮娱乐有限公司	7495		7495

业经营情况一览表

单位:千元

商品销售额	其他收入	客房数（间）	床位数（个）	餐位数（位）
				53
				40
		90	130	700
305	227	119	200	56
				300
1931		99	198	302
				600
				780
		81	148	430
26		28	59	
				430
	808	64	114	
		103	168	310
83		65	93	120
263	1018	152	252	300
				276
		106	179	658
132		57	87	
				230
				350
		108	180	502
				70
				600
		62	120	162
		100	180	300
129				197
542		70	94	120
72				500
				200

6-13 续 1

单位:千元

单位详细名称	营业额	客房收入	餐费收入
长治市九州宾馆有限公司	10241	3341	3788
长治市如家酒店管理有限公司	4823	4760	58
长治市东于盛餐饮有限公司	3171		3171
长治市红叶山庄休闲宾馆有限公司	4186	3436	
长治市凯轩酒店管理有限公司	3551	719	2832
长治市京酷肥牛餐饮有限公司	3230		3230
长治市五谷飘香餐饮文化有限公司	16068	5292	10732
长治市东明国际大酒店有限公司	26225	13788	12037
长治市城区京一锅店	4543		4543
长治尚膳营北京烤鸭文化餐饮有限公司	4607		4607
山西世龙食品有限公司世龙上党驴肉香酒楼	2776		2776
长治市城区云桂大酒店	2240		2240
长治市益东国际酒店有限公司	38126	7581	14588
长治市清华宾馆有限公司	31881	7641	16708
长治市天仁聚驴肉香美食有限公司	3188		2953
长治市城区喜来大酒店	1701	20	1518
长治市福龙门餐饮有限公司	3776		3623
长治市尚客优快捷酒店有限公司	4477	4477	
长治市五星大酒店有限公司	3783	1019	2713
长治市阳光酒店股份有限公司	17443		16943
长治金威大酒店有限公司	57597	22224	35373
长治市晋峰生态园有限公司	16573		16573
长治市太行明珠快捷酒店有限公司	4255	4108	147
长治市国瑞宾馆有限公司	18523	7126	9600
长治市郊区煤海休闲娱乐山庄	2570	1409	1161
长治市村外村艺苑饮食有限公司	1545		1545
山西省长治市民乐饮食服务有限公司	4947		4947
首钢长治钢铁有限公司宾馆	3562	3464	
山西长治县雄山煤炭有限公司鑫华生态休闲运动馆	8251	3653	3442

商品销售额	其他收入	客房数（间）	床位数（个）	餐位数（位）
	3112	90	196	290
5		80	126	20
				180
543	207	27	54	
		36	72	60
				190
44		76	125	670
118	282	319	461	938
				31
				600
				300
				80
	15957	106	106	650
438	7094	149	298	700
235				500
163		19	38	230
153				500
		66	94	
	51	49	98	318
500				410
		168	261	278
				655
		110	200	130
1797		95	191	290
		47	155	80
				300
				700
98		113	198	
	1156	60	110	350

6-13续2

单位详细名称	营业额	客房收入	餐费收入
长治县宾馆	2310	1022	1288
长治县金圣餐饮发展有限公司	2985		2985
山西襄垣国际大酒店有限公司	15204	2232	12972
襄垣县欧亚大酒店	8251	1917	5319
山西襄垣县宾馆	4218	2968	1250
长治市金海大酒店有限公司	16539	3201	13338
山西潞安宾馆服务有限责任公司	18194	8860	9334
襄垣县潞鸿美食生态园有限责任公司	3551		3551
山西襄矿集团龙泽生态园餐饮有限公司	4622	253	3382
襄垣县金鑫宾馆有限公司	3053	2136	699
屯留县宾馆	3744	2114	1630
平顺宾馆	13518	3178	10340
黎城宾馆管理有限公司	3324	2110	1214
壶关县大河宾馆有限公司	1526	726	800
壶关宾馆	5793	2707	3086
长子县宾馆	6627	2765	3862
武乡县天江美食餐饮有限公司	3293		3085
武乡县郝家餐饮有限公司	3614		3279
武乡县人民政府宾馆	5028	1848	3180
武乡县太行明珠大酒店有限公司	1933	1933	
武乡县五洲大酒店有限公司	1506	1189	302
沁县沁州宾馆	7972	1517	6455
沁源县太岳宾馆	5866	1770	4096
沁源县沁源大酒店有限公司	3827	1159	2175
山西太岳国际大酒店有限责任公司	11991	3242	8695
沁源县沁河镇天籁宫大酒店	2217	444	1773
潞城大酒店有限公司	8861	6202	2609

单位:千元

商品销售额	其他收入	客房数(间)	床位数(个)	餐位数(位)
		60	98	300
				800
		208	339	1020
	1015	67	125	280
		74	126	120
		105	156	450
		164	271	742
				350
987		18	30	240
218		97	194	500
		80	170	400
		85	150	500
		120	316	400
		63	126	300
		120	240	100
		61	105	300
208				400
335				1000
		65	165	500
		53	83	260
15		58	108	170
		72	120	280
		67	130	160
462	31	65	150	200
	54	107	166	800
		27	52	220
46	4	111	209	200

6-14 限额以上住宿和餐饮业

组织机构代码	单位详细名称	行业代码	单位规模
561318107	长治市何鲜菇餐饮有限公司	6210	3
672322053	长治市金尚岛餐饮有限公司	6210	3
692201777	长治市中潞滨河酒店管理培训有限公司	6210	3
731908098	长治市光宇科贸有限公司	6120	3
778114244	长治市七十二行餐饮文化发展有限公司	6210	3
741085304	长治市潞州宾馆有限公司	6110	3
110766365	山西省长治市饮食公司	6210	3
701044524	长治市金师傅饮食文化有限公司	6220	3
SX3048302	中国人民解放军山西省长治军分区招待所	6110	3
692244582	长治市骅泰休闲宾馆有限公司	6120	3
796398578	长治市金酷肥牛餐饮有限公司	6210	3
810758905	长治市德风宾馆	6120	3
051997138	山西润泉酒店有限公司	6120	3
597359867	山西雷豪瑞庭酒店管理有限公司	6120	3
11076057X	长治宾馆	6110	3
680216146	长治市福缘餐饮有限公司	6210	4
715936793	山西鹏宇国际大酒店有限公司	6110	3
568468730	长治市京华安快捷酒店有限公司	6120	3
683847904	长治市发发乐人文餐饮有限公司	6210	3
754077952	长治市中悦华安肥牛餐饮有限公司	6210	3
110767771	长治市财政干部培训中心	6110	3
694277812	长治市人文吉家餐饮有限公司	6210	3
725902925	长治新千年酒店有限公司	6210	3
11076663X	长治市维特大厦有限公司	6210	3
681920311	长治市晶悦凯莱酒店有限责任公司	6120	3
781005946	长治市口福居餐饮有限公司	6210	3
764659884	长治市金意果酒店有限公司	6210	3
794200871	长治市故乡一家人餐饮管理有限公司	6210	3
568473513	长治市小城故事餐饮娱乐有限公司	6210	3

主要指标一览表

单位：千元

从业人员期末人数（人）	营业收入	主营业务收入	资产总计	登记注册类型	企业控股情况	住宿餐饮业企业经营方式	住宿业企业星级评定情况
36	1246	1246	388	173	3	1	
22	2864	2864	3724	173	3	1	
55	2685	2685	21933	173	3	1	
41	5065	5065	5461	173	3	1	9
60	5391	5391	1118	173	3	1	
140	12774	12292	23201	173	3	1	3
50	3644	3644	21758	110	1	1	
181	8890	8890	1600	173	3	1	
60	3859	3859	11480	110	1	1	2
15	1709	1709	599	173	3	1	9
73	4510	4510	4444	173	3	1	
67	2509	1701	6348	110	1	1	9
63	2832	2832	716	173	3	1	9
38	4943	4943	12363	173	3	1	9
190	12349	12058	76534	110	1	1	3
20	844	844	2966	173	3	1	
150	9209	9209	66581	173	3	1	4
25	1707	1707	1258	173	3	1	9
40	4500	4500	340	173	3	1	
53	3970	3970	736	173	3	1	
185	19400	19400	52224	110	1	1	4
24	2500	2500	250	173	3	1	
100	1754	1754	75083	173	3	1	
62	1948	1948	16307	173	3	1	
50	7255	7255	7643	173	3	1	9
80	4804	4804	4177	173	3	1	
61	3820	3820	3088	173	3	1	
56	1827	1827	303	173	3	1	
63	7800	7800	3560	173	3	1	

6-14 续 1

组织机构代码	单位详细名称	行业代码	单位规模
602313522	长治市九州宾馆有限公司	6120	3
588521789	长治市如家酒店管理有限公司	6120	3
566323028	长治市东于盛餐饮有限公司	6210	3
664492458	长治市红叶山庄休闲宾馆有限公司	6120	3
678156009	长治市凯轩酒店管理有限公司	6120	3
699124794	长治市京酷肥牛餐饮有限公司	6210	3
790212293	长治市五谷飘香餐饮文化有限公司	6210	3
674474472	长治市东明国际大酒店有限公司	6110	2
L01009077	长治市城区京一锅店	6210	3
110765995	长治尚膳营北京烤鸭文化餐饮有限公司	6210	3
724647301	山西世龙食品有限公司世龙上党驴肉香酒楼	6210	3
701042246	长治市城区云桂大酒店	6210	3
788509848	长治市益东国际酒店有限公司	6110	2
810760247	长治市清华宾馆有限公司	6110	2
770133141	长治市天仁聚驴肉香美食有限公司	6210	3
L07062282	长治市城区喜来大酒店	6210	3
592994781	长治市福龙门餐饮有限公司	6210	3
762491678	长治市尚客优快捷酒店有限公司	6120	3
668611506	长治市五星大酒店有限公司	6120	3
563552378	长治市阳光酒店股份有限公司	6210	3
692223685	长治金威大酒店有限公司	6120	2
770101019	长治市晋峰生态园有限公司	6210	3
692232979	长治市太行明珠快捷酒店有限公司	6120	4
55147486X	长治市国瑞宾馆有限公司	6120	3
790211151	长治市郊区煤海休闲娱乐山庄	6120	3
751538506	长治市村外村艺苑饮食有限公司	6210	3
715989596	山西省长治市民乐饮食服务有限公司	6210	3
810750057	首钢长治钢铁有限公司宾馆	6120	3
689854558	山西长治县雄山煤炭有限公司鑫华生态休闲运动馆	6120	3

单位:千元

从业人员期末人数（人）	营业收入	主营业务收入	资产总计	登记注册类型	企业控股情况	住宿餐饮业企业经营方式	住宿业企业星级评定情况
169	12008	12008	7260	173	3	1	9
16	4823	4823	2317	173	3	1	9
45	3171	3171	789	173	3	1	
90	4186	4186	42593	173	3	1	9
48	3551	3551	2780	173	3	1	9
41	3229	3229	8397	173	3	1	
182	16068	16068	87922	173	3	1	
153	26225	26225	202498	173	3	1	5
46	4543	4543	2354	172	3	1	
132	4607	4607	848	173	3	1	
60	2776	2776	2739	173	3	1	
40	2240	2240	4495	171	3	1	
420	37978	37978	618460	173	3	1	5
419	31881	31881	9840	159	1	1	3
33	3188	2953	552	173	3	1	
40	1701	1701	16430	171	3	1	
38	3776	3776	1274	173	3	1	
28	4477	4477	32462	173	3	3	9
32	3732	3732	16481	173	3	1	9
145	17443	17443	37366	173	3	1	
237	57598	57598	68589	173	3	1	9
282	16573	16539	69230	173	3	1	
5	4255	4255	6452	173	3	1	9
82	18523	18523	11729	173	3	1	9
52	2570	2570	2226	171	3	1	9
28	1339	1339	408	173	3	1	
60	4947	4947	4233	173	3	2	
46	3562	3464	2837	159	1	1	9
160	8251	8251	5135	159	2	1	9

6-14 续 2

组织机构代码	单位详细名称	行业代码	单位规模
110871974	长治县宾馆	6120	3
688070831	长治县金圣餐饮发展有限公司	6210	3
689851306	山西襄垣国际大酒店有限公司	6210	3
728147283	襄垣县欧亚大酒店	6210	3
719841126	山西襄垣县宾馆	6120	3
764691315	长治市金海大酒店有限公司	6210	3
676408401	山西潞安宾馆服务有限责任公司	6110	3
05419164X	襄垣县潞鸿美食生态园有限责任公司	6210	3
68628262X	山西襄矿集团龙泽生态园餐饮有限公司	6210	3
056257825	襄垣县金鑫宾馆有限公司	6120	3
406440428	屯留县宾馆	6120	3
406460904	平顺宾馆	6120	3
676445990	黎城宾馆管理有限公司	6120	3
694260543	壶关县大河宾馆有限公司	6120	3
406500363	壶关宾馆	6110	3
111081704	长子县宾馆	6120	3
056285500	武乡县天江美食餐饮有限公司	6210	3
581215076	武乡县郝家餐饮有限公司	6210	3
701049042	武乡县人民政府宾馆	6110	3
58332855X	武乡县太行明珠大酒店有限公司	6120	3
798285016	武乡县五洲大酒店有限公司	6110	3
406560112	沁县沁州宾馆	6120	3
111170459	沁源县太岳宾馆	6120	3
681947629	沁源县沁源大酒店有限公司	6120	3
688059122	山西太岳国际大酒店有限责任公司	6120	3
692219723	沁源县沁河镇天籁宫大酒店	6120	3
741073469	潞城大酒店有限公司	6210	3

单位:千元

从业人员期末人数(人)	营业收入	主营业务收入	资产总计	登记注册类型	企业控股情况	住宿餐饮业企业经营方式	住宿业企业星级评定情况
62	2310	2310	1148	110	1	1	9
50	2985	2985	5500	173	3	1	
196	15204	15204	439983	159	1	1	
86	8251	8251	63941	120	2	1	
78	4218	4218	22873	110	1	1	9
151	16539	16539	198732	173	3	1	
176	18194	18194	17092	159	1	1	3
46	3551	3551	658	173	3	1	
75	4622	4622	6253	159	1	1	
90	3974	3974	12915	173	3	1	9
30	2250	2250	1551	110	1	1	9
75	12900	12900	11905	110	1	1	9
58	3324	3324	5212	173	3	1	9
40	1526	1526	59500	159	1	1	9
79	5793	5793	2780	110	1	1	3
95	6627	6627	6026	110	1	1	9
25	3289	3289	554	173	3	1	
53	3614	3614	1458	173	3	1	
77	5991	5991	17787	110	1	1	2
28	1933	1933	1345	173	3	1	9
35	1506	1506	14706	173	3	1	2
37	7972	7528	9291	110	1	1	9
65	5866	5866	6015	110	1	1	9
66	3753	3673	33976	159	2	1	9
99	11992	11992	235535	173	3	1	9
20	2217	2217	3833	171	3	1	9
211	8861	8861	94962	173	3	1	

6-15 限额以上批发和零售业法人基本情况表

指标名称	法人企业数(个)	从业人员期末人数(人)	其中:女性	法人所属产业活动单位数(个)
总　计	**386**	**23528**	**11775**	**827**
一、批发业	187	10626	3394	255
1.按批发行业小类分				
农、林、牧产品批发	10	370	119	13
谷物、豆及薯类批发	8	239	73	11
种子批发	1	66	17	1
其他农牧产品批发	1	65	29	1
食品、饮料及烟草制品批发	12	1576	699	34
米、面制品及食用油批发	1	54	26	1
糕点、糖果及糖批发	1	45	35	1
果品、蔬菜批发	2	555	338	2
肉、禽、蛋、奶及水产品批发	1	22	15	1
盐及调味品批发	1	52	18	4
酒、饮料及茶叶批发	5	132	55	10
烟草制品批发	1	716	212	15
纺织、服装及家庭用品批发	3	121	72	3
家用电器批发	3	121	72	3
医药及医疗器材批发	9	363	166	13
西药批发	6	312	137	10
医疗用品及器材批发	3	51	29	3
矿产品、建材及化工产品批发	133	7087	2101	169
煤炭及制品批发	84	5520	1482	109
石油及制品批发	4	187	76	13
金属及金属矿批发	36	1236	516	38
建材批发	5	52	11	5
化肥批发	2	45	7	2
其他化工产品批发	2	47	9	2
机械设备、五金产品及电子产品批发	19	1099	235	22
农业机械批发	1	148	47	1
汽车批发	2	24	9	2
五金产品批发	1	5	2	1
电气设备批发	1	11	3	1
计算机、软件及辅助设备批发	2	47	14	2

6-15 续 1

指标名称	法人企业数(个)	从业人员期末人数(人)	其中:女性	法人所属产业活动单位数(个)
其他机械设备及电子产品批发	12	864	160	15
其他批发业	1	10	2	1
再生物资回收与批发	1	10	2	1
2.按登记注册类型分				
内资企业	185	10577	3381	251
国有企业	13	1212	371	30
集体企业	3	637	334	7
有限责任公司	31	4742	1430	55
国有独资公司	5	643	153	10
其他有限责任公司	26	4099	1277	45
股份有限公司	2	93	17	2
私营企业	136	3893	1229	157
私营有限责任公司	136	3893	1229	157
港、澳、台商投资企业	1	13	5	1
港澳台商投资股份有限公司	1	13	5	1
外商投资企业	1	36	8	3
中外合资经营企业	1	36	8	3
3.按控股情况分				
国有控股	43	5648	1644	86
集体控股	7	1072	516	11
私人控股	136	3893	1229	157
港澳台商控股	1	13	5	1
4.按经营形式分				
独立门店	185	9870	3157	236
连锁总店	2	756	237	19
5.按单位规模分				
大型	8	3672	1270	37
中型	55	4234	1151	82
小型	109	2538	895	121
微型	15	182	78	15
二、零售业	199	12902	8381	572
1.按零售行业小类分				
综合零售	45	4504	3845	70

6-15 续 2

指标名称	法人企业数(个)	从业人员期末人数(人)	其中:女性	法人所属产业活动单位数(个)
百货零售	16	1575	1314	26
超级市场零售	29	2929	2531	44
食品、饮料及烟草制品专门零售	4	224	67	36
粮油零售	2	45	36	2
果品、蔬菜零售	2	179	31	34
纺织、服装及日用品专门零售	5	424	391	7
纺织品及针织品零售	1	37	30	3
服装零售	4	387	361	4
文化、体育用品及器材专门零售	13	326	143	22
图书、报刊零售	12	304	125	21
珠宝首饰零售	1	22	18	1
医药及医疗器材专门零售	6	1069	928	51
药品零售	5	824	759	42
医疗用品及器材零售	1	245	169	9
汽车、摩托车、燃料及零配件专门零售	92	5149	2305	334
汽车零售	67	3488	1279	79
机动车燃料零售	25	1661	1026	255
家用电器及电子产品专门零售	28	843	516	46
家用视听设备零售	6	108	81	8
日用家电设备零售	14	412	259	18
计算机、软件及辅助设备零售	5	141	53	5
通信设备零售	3	182	123	15
五金、家具及室内装饰材料专门零售	5	356	184	5
家具零售	4	338	171	4
陶瓷、石材装饰材料零售	1	18	13	1
货摊、无店铺及其他零售业	1	7	2	1
生活用燃料零售	1	7	2	1
2.按登记注册类型分				
内资企业	198	12737	8271	571
国有企业	4	84	43	13
集体企业	1	6	4	1
有限责任公司	29	1754	982	49
国有独资公司	1	44	35	1

6-15 续 3

指标名称	法人企业数(个)	从业人员期末人数(人)	其中:女性	法人所属产业活动单位数(个)
其他有限责任公司	28	1710	947	48
股份有限公司	2	1158	717	222
私营企业	162	9735	6525	286
私营独资企业	6	60	40	6
私营合伙企业	2	69	46	2
私营有限责任公司	154	9606	6439	278
外商投资企业	1	165	110	1
中外合资经营企业	1	165	110	1
3.按控股情况分				
国有控股	25	1826	1069	266
集体控股	11	1176	677	19
私人控股	162	9735	6525	286
外商控股	1	165	110	1
4.按经营形式分				
独立门店	187	9980	6209	280
连锁总店	11	2870	2135	291
连锁门店	1	52	37	1
5.按单位规模分				
大型	4	1868	1079	226
中型	70	7334	4918	149
小型	104	3387	2199	175
微型	21	313	185	22
6.按零售业态分				
有店铺零售	198	12657	8212	563
超市	22	1776	1577	30
大型超市	6	1032	858	13
百货店	18	1752	1461	28
专业店	81	4330	2772	409
专卖店	67	3415	1273	79
家居建材商店	2	183	123	2
购物中心	1	114	110	1
厂家直销中心	1	55	38	1
无店铺零售	1	245	169	9
网上商店	1	245	169	9

6-16 限额以上住宿和餐饮业法人基本情况表

指标名称	法人企业数(个)	从业人员期末人数(人)	其中:女性	法人所属产业活动单位数(个)
总计	85	7292	4379	107
一、住宿业	45	4191	2620	51
1.按住宿业行业小类分				
旅游饭店	12	2084	1310	15
一般旅馆	33	2107	1310	36
2.按登记注册类型分				
内资企业	45	4191	2620	51
国有企业	13	1100	578	14
有限责任公司	6	907	653	6
其他有限责任公司	6	907	653	6
私营企业	26	2184	1389	31
私营独资企业	2	72	34	2
私营有限责任公司	24	2112	1355	29
3.按控股情况分				
国有控股	17	1781	1081	18
集体控股	2	226	150	2
私人控股	26	2184	1389	31
4.按经营形式分				
独立门店	44	4163	2601	50
连锁门店	1	28	19	1
5.按单位规模分				
中型	4	1229	785	5
小型	40	2957	1835	45
微型	1	5		1
6.按星级分				
五星	2	573	366	2
四星	2	335	212	2

6-16 续 1

指标名称	法人企业数(个)	从业人员期末人数(人)	其中:女性	法人所属产业活动单位数(个)
三星	5	1004	663	7
二星	3	172	69	4
其他	33	2107	1310	36
二、餐饮业	40	3101	1759	56
1.按餐饮业行业小类分				
正餐服务	39	2920	1640	53
快餐服务	1	181	119	3
2.按登记注册类型分				
内资企业	40	3101	1759	56
国有企业	1	50		5
集体企业	1	86	64	1
有限责任公司	2	271	171	3
其他有限责任公司	2	271	171	3
私营企业	36	2694	1524	47
私营独资企业	2	80	55	2
私营合伙企业	1	46	14	1
私营有限责任公司	33	2568	1455	44
3.按控股情况分				
国有控股	3	321	171	8
集体控股	1	86	64	1
私人控股	36	2694	1524	47
4.按经营形式分				
独立门店	39	3041	1719	52
连锁总店	1	60	40	4
5.按单位规模分				
小型	39	3081	1747	55
微型	1	20	12	1

6-17 海关进出口贸易总额

单位:万美元

项　　目	进出口总额	出口总额	进口总额
总　额	**68296.71**	**36449.33**	**31847.38**
一、按企业性质分			
国有企业	32985	2711	30274
中外合作企业			
中外合资企业	381	232	149
外商独资企业	259	255	4
有进出口经营权的集体企业	21	21	
有进出口经营权的个体企业			
有进出口经营权的个体工商户			
其 他			
二、按贸易方式分			
一般贸易	68292	36448	31843
加工装配贸易			
补偿贸易			
来料加工装配贸易			
进料加工贸易			
外商作为投资进口的设备、物品			
进出保税仓库的货物			
其 他	5	1	4

6-18 海关分国别(地区)进出口贸易总额

单位:万美元

国别(地区)	进出口总额	出口总额	进口总额
总　计	**68296.71**	**36449.33**	**31847.38**
一、亚洲	35615	32017	3597
印度尼西亚	813	813	
台湾	99	29	70
日本	40	40	
新加坡	733	733	
印度	2356	971	1385
二、欧洲	3157	1204	1953
德国	857	325	532
三、大洋洲	14404	1165	13239
澳大利亚	14365	1127	13239
四、非洲	7093	1122	5972
南非	2576		2576
五、拉丁美洲	7256	376	6880
巴西	6950	70	6880
六、北美洲	773	566	207
美国	725	518	207

6-19 主要年份海关进出口贸易总额

单位:万美元

年份	进出口总额	出口总额	进口总额
1993	67	67	
1994	227	227	
1995	263	263	
1996	809	678	131
1997	1734	1502	231
1998	1471	1426	45
1999	1097	1039	58
2000	2028	1473	555
2001	2264	1774	490
2002	4672	1855	2817
2003	5163	2586	2577
2004	11388	4461	6927
2005	16967	4460	12507
2006	11612	4859	6753
2007	15018	5196	9822
2008	31786	4936	26849
2009	27919	2417	25502
2010	37208	4297	32911
2011	77881	4809	73073
2012	114890	87636	27254
2013	105457	83741	21716
2014	68296.71	36449.33	31847.38

6-20 主要年份实际利用外资额

单位:万美元

年份	利用外资总额	对外借款	外商直接投资	外商其他投资
1990	30.0		30.0	
1991	27.6		27.6	
1992	168.8		168.8	
1993	348.4		348.4	
1994	130.6		130.6	
1995	167.5		167.5	
1996	96.0		96.0	
1997	288.5		288.5	
1998	1279.3		1279.3	
1999	86.6		86.6	
2000	817.6		817.6	
2001	153.0		153.0	
2002	116.6		116.6	
2003	145.2		145.2	
2004	365.0		365.0	
2005	1047.5		1047.5	
2006	3002.0		3002.0	
2007	15686.1		3635.7	12050.4
2008	39217.7		11791.1	27426.6
2009	10967.4		100.0	10867.4
2010	13891.9		826.0	13065.9
2011	20716.7		5855.9	14860.7
2012	27929.0		6864.0	21065.0
2013	31262.3		4055.4	27206.9
2014	34401.5		3410.8	30990.7

6-21 主要年份旅游接待人数

年份	国内旅游接待人数（万人次）	海外旅游者（人次）	外国人	华侨	港澳和台湾同胞	#台湾同胞
1998	90.6					
1999	94.7	561				
2000	245.99	779				
2001	297.65	1304				
2002	345.27	2932				
2003	304	1411				
2004	487.98	13500	11067		2433	1010
2005	537	20298	13771		6527	1907
2006	590.9	32514	17072		15442	4915
2007	627.27	48070	25519		22551	6849
2008	690.17	62591	34240		28351	8406
2009	889.14	72038	41174		30864	9143
2010	1050.55	84347	48902		35445	10420
2011	1270.58	102439	59067		43372	12489
2012	1669.11	127147	74593		52554	16511
2013	2148.59	144761	84194		60567	19352
2014	2691.15	23051	13047		10004	3163

注:2014年海外旅游者为接待过夜旅游者。

6-22 主要年份旅游收入

年份	旅游总收入(亿元)	国内旅游接待收入（亿元）	旅游外汇收入(万美元)	国内旅游人均花费（元/人次）
1998		2.24		
1999		2.46	17.00	259.77
2000		6.49	23.61	263.83
2001		6.87	97.81	230.81
2002		7.97	98.91	230.83
2003		7.20	78.80	236.84
2004	12.07	11.98	241.02	245.50
2005	26.9	26.60	362.00	495.34
2006	36.02	35.61	555.86	602.64
2007	46.52	46.40	828.24	739.71
2008	62.08	61.33	1077.12	888.62
2009	76.05	74.56	1368.71	838.56
2010	89.99	88.77	1644.75	844.99
2011	126.23	124.80	2285.17	982.23
2012	166.47	164.55	2999.95	985.85
2013	211.66	209.41	3548.00	974.64
2014	264.71	263.84	1413.18	980.40

注:2014 年旅游外汇收入为过夜旅游者的消费收入。

财政金融保险

资料整理人员

孟 明　游海文　徐 峰　魏 薇　郭煜庭　张 洋

7-1 财政收支

单位:万元

分县区	财政总收入	公共财政预算收入	上划中央收入	上划省级收入	在财政总收入中:国税部门	地税部门	财政部门	增值税	营业税	企业所得税
全　市	2534213	1363251	952153	218809	1003763	877021	653429	159782	168335	115459
市本级	166151	397432					166151	67199	75841	43479
城　区	252783	51788	99214	32036	109981	135131	7671	2841	8357	2763
郊　区	231152	71851	89643	21078	92736	94585	43831	3430	3179	1520
长治县	369965	157031	167044	30593	181285	102698	85982	21415	10008	17517
潞城市	115368	52610	46630	10752	55455	44140	15773	6725	6591	4844
屯留县	190059	67001	92187	20581	73266	101836	14957	10129	9224	12020
长子县	250952	101441	115099	22941	139121	68008	43823	14266	8749	12508
壶关县	40489	23001	11468	4013	9364	20634	10491	1215	3860	1351
平顺县	13758	7485	2908	2244	3307	8833	1618	537	2966	435
黎城县	36754	16965	12013	5185	15958	17628	3168	3332	4540	674
武乡县	86324	45511	30630	6789	29934	30787	25603	4093	3905	2612
襄垣县	350921	231861	82697	24242	87563	104044	159314	10786	20410	7118
沁　县	12288	7550	2701	1358	2812	6319	3157	401	1693	254
沁源县	204004	107955	70775	16849	58047	75785	70172	8428	6969	6250
高新区	213245	23769	129144	20148	144934	66593	1718	4985	2043	2114

7-1 续 1

单位:万元

分县区	个人所得税	资源税	城市维护建设税	房地产税	城镇土地使用税	土地增值税	车船税
	其中在公共财政						
全　市	34853	32122	46665	29820	31111	11504	11512
市本级	13834	9172	15249				
城　区	989		1742	5886	5372	3001	5357
郊　区	926	781	1619	4385	6143	1416	969
长治县	2513	4635	3543	2596	1171	831	604
潞城市	781	770	3810	2460	5094	399	793
屯留县	2324	4036	1676	2772	3419	877	416
长子县	2798	3738	3651	2530	1086	532	402
壶关县	786	145	797	289	529	753	193
平顺县	103	74	402	208	66	66	124
黎城县	412	549	996	412	484	853	253
武乡县	897	939	1273	1520	1500	341	268
襄垣县	3324	2804	10029	3228	3278	643	1101
沁　县	140	2	341	196	289	128	162
沁源县	4767	4477	1086	1624	393	730	297
高新区	259		451	1714	2287	934	573

7-1 续 2

单位:万元

分县区	公共财政预算支出	一般公共服务	国防	公共安全	教育
		其中在公共财政			
全　市	2440202	178712	1957	120682	392001
市本级	521062	36406	1639	45562	71514
城　区	90679	9587		3729	22514
郊　区	123869	10766		3844	21038
长治县	232451	11225		8753	33530
潞城市	111874	7459		6472	20144
屯留县	135032	11782		7304	29118
长子县	166928	12,613		5963	34303
壶关县	143685	17828		5039	30120
平顺县	112950	8283		5231	16877
黎城县	86379	7779	27	4415	18187
武乡县	158370	10179	23	4895	25161
襄垣县	285234	15630		8713	26328
沁　县	101488	5979	268	4428	20972
沁源县	155622	11455		5479	21034
高新区	14579	1741		855	1161

预算收入中：

耕地占用税	契税	烟叶税	专项收入	行政事业性收费收入	罚没收入	国有资本经营收入	国有资源(资产)有偿使用收入	其它收入
19261	27559	706	279347	99496	36773	183584	30818	23411
			109147	18503	11570	4264	19231	9943
579	7659		864	2183	420		805	424
1769	2415		27426	2147	445		268	10786
3962	1116		26543	4417	3582	49261	1856	323
577	974		8481	4122	1543	938	239	450
1603	2258		6278	3502	2118		3034	25
4788	1008	706	20015	10818	6549	4633	1301	507
991	1298		8053	895	1369		174	
466	292		429	543	412		215	19
396	593		1501	471	773		372	51
1118	1065		12148	1554	907	9888	1076	30
716	1694		28661	9675	4873	114600	703	802
349	337		657	1020	1214		249	17
864	1157		28951	39462	995		739	25
1083	5693		193	184	3		556	9

预算支出中

科学技术	文化体育与传媒	社会保障和就业	医疗卫生	环境保护	城乡社区事务
14734	60224	393759	228751	76590	151142
2837	20873	57862	35462	11657	76368
411	1784	18949	9940	1889	7787
402	1876	7570	13840	10791	1939
1733	3628	35,858	22773	4097	11802
1362	2538	16007	13948	7356	2541
403	4720	14479	15228	8810	10578
1979	3608	20416	22182	3710	5119
1642	1932	16818	18141	3739	3248
928	3195	15210	11951	3532	3621
822	4118	13067	9100	5858	2104
575	2692	15518	13748	3563	2334
490	3515	135967	17293	2169	10362
422	2936	14417	10659	3408	1022
123	2756	10688	13396	5758	8984
605	53	933	1090	253	3333

7-1 续 3

单位:万元

分县区	其中在公共财政				
	农林水事务	交通运输	资源勘探电力信息等事务	商业服务等事务	金融监管等事物
全　市	285429	84269	75609	20879	701
市本级	15865	22316	9627	4525	349
城　区	2540	45	497	384	
郊　区	8692	1160	8873	3555	
长治县	17010	2861	37264	1014	101
潞城市	15434	2173	2539	379	
屯留县	18854	3227	1637	872	15
长子县	25385	4307	466	410	
壶关县	23739	4872	829	540	
平顺县	26322	10667	382	993	8
黎城县	11271	2076	2352	2407	24
武乡县	31491	18434	2763	2178	
襄垣县	24332	6265	2565	616	171
沁　县	30329	3746	370	103	28
沁源县	34030	2120	2823	2866	
高新区	135		2622	37	5

预算支出中					
地震灾后恢复重建支出	国土资源气象等事物	住房保障支出	粮油物资储备事物	国债还本付息支出	其他支出
	258642	69865	6622	5480	12174
	84433	16540	3017	1959	1477
	2304	5958		148	2116
	24333	4235	524	134	217
	35339	4655	464	77	29
	8428	4060	150	72	725
	5158	2232	338	169	
	20326	3747	485	131	1713
	10822	1887	279	2144	40
	2764	2473	82	417	
	1736	548	102	17	339
	17911	2083	315	57	4378
	15544	14338	578	128	
	1680	573	130	5	
	27514	5193	158	5	1140
	350	1343		17	

7-2 银行信贷

单位:万元

县市区	年末存款								
	合计	人民银行	工商银行	农业银行	中国银行	建设银行	农业发展银行	交通银行	中信银行
总 计	**19459399**	**803419**	**3862659**	**1693394**	**1052856**	**1927191**	**35040**	**223467**	**45255**
市直汇	10629631	215021	2314712	722301	752892	1422418	7871	223467	45255
城 区									
郊 区									
长治县	1280322	130358	150028	111596	78443	132747	2284		
襄垣县	1895277	77551	767013	156118	116370	84928	12973		
屯留县	636624	19251	12934	77822		132291	1723		
平顺县	361775	43313		51155					
黎城县	513156	13959	56994	40513	22861				
壶关县	687618	32394	123338	50027					
长子县	1035165	118667	128494	94495		10006			
武乡县	650474	66441	10707	149467		69803	3327		
沁 县	407506	25772		75438	34156		6301		
沁源县	550297	39150	96051	93536					
潞城市	811555	21543	202386	70925	48134	74997	560		

7-2 续 1

县市区	年末贷款							
	合计	人民银行	工商银行	农业银行	中国银行	建设银行	农业发展银行	交通银行
总 计	**10169261**		**1185459**	**803085**	**356838**	**780067**	**243337**	**425915**
市直汇	5704926		479777	210397	161418	591683	86694	425915
城 区								
郊 区								
长治县	438506		57739	41793	7527	7822	3748	
襄垣县	1502337		532315	305194	171678	15563	100334	
屯留县	257177		5	8024		13615	23947	
平顺县	183225			55317				
黎城县	196187		9997	1822	1700			
壶关县	272390		2816	42018				
长子县	477686		3031	30447		638		
武乡县	361368			51109		127050	7105	
沁 县	173411			1216	1871		9416	
沁源县	278201		70242	53637				
潞城市	323847		29537	2109	12643	23696	12094	

资 金 来 源 和 运 用

单位:万元

余 额

华夏银行	浦发银行	渤海银行	晋商银行	长治银行	农商银行	邮储银行	村镇银行	农信社	财务公司	其他
405822	**416290**	**66213**	**182562**	**1349501**	**2768511**	**1185389**	**109233**	**2437956**	**841407**	**53233**
394919	416290	66213	182562	1161069	941867	382197		499509	841407	39662
				20414	556205	97230				1016
10904				98570	429192	124999	15256			1403
						60088		331491		1023
						38276		228931		99
						70877		307370		582
				18662		101410		361550		237
					503812	85711	93977			3
						60690		285581		4457
						53177		211158		1504
				50786		58151		212366		256
					337436	52583				2990

单位:万元

余 额

中信银行	华夏银行	浦发银行	晋商银行	长治银行	农商银行	邮储银行	村镇银行	农信社	财务公司
221254	**275126**	**557120**	**191762**	**970763**	**1882716**	**55265**	**99437**	**1493250**	**627868**
221254	253216	557120	191762	873169	681591	25101		317961	627868
				7534	309912	2429			
	21910			43569	285753	3686	22335		
						7826		203760	
						717		127191	
						3389		179279	
				12423		2750		212382	
					363421	3047	77102		
						839		175267	
						2095		158813	
				34069		1656		118597	
					242039	1729			

7-3 银行信贷资金平衡表

单位:万元

	金　额
资金来源总计	**18540232**
各项存款	19459399
单位存款	6394724
个人存款	12160572
财政性存款	843031
临时性存款	26357
委托存款	13621
其他存款	21093
金融债券	
中长期借款	311
应付及暂收款	665451
同业往来(来源方)	510
外汇买卖(来源方)	153767
各项准备	377615
所有者权益	1211380
其他	-3328202

7-3 续 1

	金　额
资金运用总计	**18540232**
各项贷款	10169261
短期贷款	4867316
中长期贷款	4234978
融资租赁	12669
票据融资	1053299
各项垫款	999
有价证券	608940
股权及其他投资	762657
应收及预付款	171034
同业往来(运用方)	90803
系统内资金往来(运用方)	6298417
金银占款	
外汇买卖(运用方)	153620
固定资产	176633
库存现金	108869
投资性房地产	

7-4 城乡居民储蓄余额

县市区	合计	城镇居民储蓄							
		小计	工商银行	农业银行	中国银行	建设银行	交通银行	中信银行	华夏银行
总 计	**11960718**	**7688071**	**2642181**	**1157933**	**757863**	**1071452**	**49339**	**19751**	**54699**
市直汇	5641389	4594172	1623168	487557	528247	760988	49339	19751	45882
城 区									
郊 区									
长治县	890511	417530	105103	97941	60667	53698			
襄垣县	1339697	955813	504327	114399	87438	57982			8817
屯留县	517491	222772	11597	41993		113435			
平顺县	236939	64652		26376					
黎城县	422780	147067	39045	28572	16587				
壶关县	504027	200179	62921	42897					
长子县	732516	222389	70286	59867		6603			
武乡县	422067	190270	9335	75993		44252			
沁 县	301394	133065		56706	23182				
沁源县	355839	194356	57414	66180					
潞城市	596069	345804	158986	59454	41742	34494			

单位:万元

					农村居民储蓄			
浦发银行	渤海银行	晋商银行	城商银行	邮储银行	小计	农商银行	农村信用社	村镇银行
45053	**10189**	**55967**	**754932**	**1068711**	**4272647**	**2168122**	**2022472**	**82053**
45053	10189	55967	650856	317175	1047216	632919	414297	
			10214	89908	472980	472980		
			67724	115127	383884	370578		13305
				55748	294719		294719	
				38276	172287		172287	
				62863	275713		275713	
			13527	80834	303848		303848	
				85634	510127	441379		68748
				60690	231797		231797	
				53177	168329		168329	
			12611	58151	161483		161483	
				51128	250265	250265		

7-5 分县区人民银行存款余额

县市区	存款余额	
	合计	其中:财政性存款
总 计	**19459399**	**843031**
市直汇	10629631	241337
城 区		
郊 区		
长治县	1280322	131099
襄垣县	1895277	78954
屯留县	636624	20274

7-5 续 1

县市区	存款余额	
	合计	其中:财政性存款
平顺县	361775	43413
黎城县	513156	14541
壶关县	687618	32631
长子县	1035165	118670
武乡县	650474	70898
沁 县	407506	27276
沁源县	550297	39406
潞城市	811555	24533

7-6 保险事业

	合计	财险小计	中国人民财产保险长治分公司	中国人寿财产保险长治中心支公司	平安财产保险长治中心支公司	大地保险长治中心支公司	太平洋财产保险长治中心支公司
一、组织机构：							
机构数(个)	158	84	21	16	6	11	6
职工人数(人)	1913	1060	388	212	86	98	53
二、承保额	26914045.17	26914045.17	12071513.93	2837913.11	1739556.82	719808.65	1085974.59
企业财产保险	6504744.07	6504744.07	5186257.42	598547.36	108809.58	49647.25	254566.31
家庭财产保险	1081437.03	1081437.03	1027992.65	5768.89	15288.52	2281.60	12149.01
机动车辆保险	18351492.23	18351492.23	5484369.09	2172763.26	1496603.82	664868.91	632846.47
短期意外险	976371.84	976371.84	372894.77	60833.60	118854.90	3010.90	186412.80
寿险							
三、保费收入	373068.56	116989.31	57839.01	22176.33	11862.07	6365.81	6579.52
企业财产保险	10887.82	10887.82	8503.23	1184.67	110.79	66.83	321.49
家庭财产保险	208.75	208.75	177.43	23.84	2.76	0.67	0.15
机动车辆保险	104752.79	104752.79	48558.52	20828.52	11682.86	6170.91	6212.03
短期意外险	5122.70	1139.95	599.83	139.29	65.66	127.40	45.85
寿险	252096.50						
四、赔款支出	122132.92	55998.42	28400.02	11467.25	5129.81	3765.62	3244.80
企业财产保险	3424.14	3424.14	3045.77	257.48	0.19	3.05	13.11
家庭财产保险	72.89	72.89	52.92	16.76	2.89		
机动车辆保险	52138.06	52138.06	25110.11	11127.68	5124.70	3740.01	3187.66
短期意外险	976.60	363.34	191.23	65.33	2.03	22.56	44.03
寿险	65521.23						
五、储金：							
期末余额							
满期给付							

综 合 数 据

单位:万元

永安保险长治中心支公司	阳光财产保险长治中心支公司	华安保险长治中心支公司	天安保险长治中心支公司	安邦保险长治营销服务部	中煤保险长治中心支公司	太平保险长治中心支公司	永城保险长治中心支公司	中华联合财产保险长治中心支公司
7	3	3	1	1	6	1	1	1
38	27	13	20	8	72	21	8	16
6793683.55	350179.16	155365.17	159133.61	15192.44	500553.82	306718.53	52999.83	125451.96
51298.40	406.00	2421.43			149580.00	100909.93	2300.39	
	10742.90	5319.00			300.56	188.90	300.00	1105.00
6742283.15	271843.46	139082.36	102247.28	15122.44	297820.46	159609.90	50049.94	121981.70
102.00	67186.80	8542.38	56886.33	70.00	52852.80	46009.80	349.50	2365.26
1402.19	2298.41	1160.23	982.60	139.86	3777.28	1429.68	526.63	449.69
5.07	0.65	2.93			598.32	90.99	2.85	
	1.05	0.86			0.26	0.48	0.38	0.86
1371.57	2279.21	1138.85	958.91	139.76	3131.51	1312.61	523.09	444.44
25.55	17.50	17.59	23.69	0.10	47.19	25.60	0.31	4.39
1321.85	925.29	269.99	429.12	67.46	354.69	414.55	196.42	11.55
28.02	4.08				54.80	17.64		
	0.10	0.22						
1274.31	920.48	269.77	429.12	67.46	292.40	386.39	196.42	11.55
19.52	0.63				7.49	10.52		

7-6 续 1

	寿险小计	中国人寿保险长治分公司	太平洋人寿保险长治中心支公司	中国人民人寿保险长治中心支公司	新华人寿保险长治中心支公司	中国人民健康保险长治中心支公司
一、组织机构:						
机构数(个)	74	18	10	10	3	2
职工人数(人)	853	339	120	26	102	56
二、承保额						
企业财产保险						
家庭财产保险						
机动车辆保险						
短期意外险						
寿险						
三、保费收入	256079	95134	37816	21893	16939	14747
企业财产保险						
家庭财产保险						
机动车辆保险						
短期意外险	3982.75	1810.38	819.46	406.89	175.49	313.29
寿险	252096.50	93323.47	36996.46	21486.02	16764.00	14433.28
四、赔款支出	66134.49	42270.03	2737.13	9769.36	65.64	5352.46
企业财产保险						
家庭财产保险						
机动车辆保险						
短期意外险	613.26	404.71	77.20	68.65	36.31	
寿险	65521.23	41865.32	2659.93	9700.71	29.33	5352.46
五、储金:						
期末余额						
满期给付						

单位:万元

平安人寿保险长治中心支公司	泰康人寿保险长治中心支公司	太平人寿保险长治中心支公司	民生人寿保险长治中心支公司	阳光人寿保险长治中心支公司	合众人寿保险长治中心支公司	国华人寿保险长治中心支公司	英大人寿保险长治中心支公司
7	8	5	3	4	1	1	2
64	37	35	10	27	21	4	12
13541	7701	18360	846	8024	818	19599	661
338.46	3.31	83.37	1.45	24.89	3.82		1.95
13202.48	7697.30	18276.84	844.29	7999.46	814.60	19598.85	659.45
677.55	4792.79	227.77	107.25	77.52	47.26	9.28	0.45
24.14		0.05		2.20			
653.41	4792.79	227.72	107.25	75.32	47.26	9.28	0.45

7-7 财产保

	组织机构		承保额			
	机构（个）	职工人数（人）	合计	# 企业财产保险	# 家庭财产保险	# 运输工具保险
总 计	**22**	**391**	**4624225.0**	**4201349.3**	**176667.3**	**246208.3**
城 区	1	20	7952.73	5960.78	1877.25	114.70
郊 区	1	17	5259.41	3150.55	2008.20	100.66
长治县	1	22	334812.42	317596.07	17098.45	117.90
襄垣县	1	23	42064.42	37232.07	4785.66	46.70
屯留县	1	15	31922.67	30186.72	1691.35	44.60
平顺县	1	10	13003.14	11216.34	1770.60	16.20
黎城县	1	16	81568.38	78974.99	2345.70	247.69
壶关县	1	16	89695.90	87944.68	1747.23	4.00
长子县	1	18	164669.68	162802.36	1718.60	148.72
武乡县	1	14	6686.67	4434.37	2222.40	29.90
沁 县	1	13	3395.06	1246.16	2101.00	47.90
沁源县	1	16	148050.46	123529.95	23992.05	528.46
候 堡	1	23	2441617.11	2397744.98	42607.00	1265.13
潞城市	1	27	135306.75	124105.19	10942.15	259.41
电子营销部	1	2	5086.10		5086.10	
故县	1	22	561287.17	409191.10	31811.87	120284.20
营业部	1	28	38029.53	33788.14	4109.58	131.81
高新	1	26	24230.10	9295.95	14556.20	377.95
南城	1	15	269861.21	271547.66	-1724.74	38.30
紫金	1	20	15232.07	13143.84	2017.53	70.70
西城	1	15	22304.53	21072.04	1170.09	62.40
长北	1	13	125467.28	510.00	2686.28	122271.01
直销业务部			56722.19	56675.39	46.80	

险 事 业

单位:万元

保费收入							
合计	# 企业财产保险	# 家庭财产保险	# 工程责任保险	# 运输工具保险	# 货物运输保险	人身意外险	其它保险
64376.1	8503.2	177.4	81.0		412.4	599.8	54602.2
2736.63	26.73	0.79			0.54	2.99	2705.57
1267.86	7.88	12.56			3.05	3.34	1241.03
3481.90	897.67	10.96			3.53	43.34	2526.40
2892.49	121.35	3.95			1.47	53.93	2711.80
2296.43	120.51	0.87			1.35	13.54	2160.16
1077.61	25.46	1.14			0.49	2.21	1048.31
2479.11	81.60	8.42			7.82	18.59	2362.69
1427.48	125.25	1.15			0.14	15.11	1285.82
3337.14	531.08	1.10			4.51	16.94	2783.51
1527.25	21.38	1.43			1.21	7.68	1495.56
1174.43	3.21	1.35			1.56	24.58	1143.73
2428.96	361.69	33.54			9.76	4.77	2019.20
8689.68	4653.72	30.27			9.58	157.34	3838.78
4913.96	461.87	7.02			7.79	99.96	4337.33
173.66		1.91				0.90	170.84
4263.71	354.25	24.22	81.004239		87.98	28.38	3687.88
5737.93	196.94	3.29			4.04	12.98	5520.68
5002.87	18.35	38.60			11.69	31.46	4902.78
2434.81	343.28	-6.25			1.15	33.71	2062.92
3998.55	19.51	-0.63			2.12	17.07	3960.48
1323.02	28.70	1.06			1.33	2.00	1289.94
1511.16	2.55	0.66			251.26	8.62	1248.08
199.39	100.25	0.03				0.39	98.72

7-7 续 1

	赔案件数				赔
	已决	未决	合计	#企业财产保险	#家庭财产保险
总 计	78196	6969	31035.67	3045.77	52.92
城 区	2683	453	1423.72	62.22	0.64
郊 区	1311	233	724.21	188.45	0.15
长治县	3208	310	1855.32	536.39	1.37
襄垣县	4570	344	1752.96	111.64	2.59
屯留县	2808	383	913.59		6.88
平顺县	885	98	527.78	32.48	
黎城县	1754	355	1830.28	22.94	3.31
壶关县	2002	233	931.19	130.76	0.38
长子县	2964	243	1012.57		2.16
武乡县	2023	254	881.08	30.35	2.12
沁 县	1142	82	509.76	0.46	1.62
沁源县	1983	108	1098.32	264.25	1.58
候 堡	5732	236	2472.48	918.81	13.10
潞城市	6798	464	2502.54	223.40	6.20
电子营销部	1977	61	628.14		0.56
故县	4685	390	1383.04	6.72	2.75
营业部	9613	844	3187.20	48.23	0.12
高新	8209	677	2612.48	13.14	0.61
南城	2860	295	1346.34	433.06	
紫金	8046	471	1979.59		5.21
西城	1576	185	708.20		0.07
长北	1340	241	725.02		1.52
直销业务部	27	9	29.84	22.48	

单位:万元

款					储金	
#工程责任保险	#运输工具保险	#货物运输保险	人身意外险	其它保险	期末余额	满期给付
11.144294		10.334786	191.23	27724.3		
			1.23	1359.6		
		0.344736	0.08	535.2		
			32.26	1285.3		
		1.09	35.44	1602.2		
			5.00	901.7		
			0.07	495.2		
		5.40792	3.38	1795.2		
			4.03	796.0		
		0.57705	4.41	1005.4		
			2.56	846.1		
		0.3216	4.27	503.1		
			0.28	832.2		
			9.46	1531.1		
		0.291	14.71	2257.9		
				627.6		
			1.61	1372.0		
		0.38825	1.11	3137.4		
		1.91423	63.89	2532.9		
			5.63	907.7		
			0.59	1973.8		
11.144294			0.63	696.4		
			0.60	722.9		
				7.4		

7-8 人民人寿

县市区	组织机构		承保额		
	机构(个)	职工人数(人)	合计	短期意外险	寿险
总　计	10	43	3973010.47	3916191.03	56819.44
市直汇	1	23	802491.4424	779527.1222	22964.32022
城　区					
郊　区					
长治县	1	3	234115.8306	227453.52	6662.31
襄垣县	1	3	342684.4887	340781.25	1903.24
屯留县	1	3	449102.6072	445529.58	3573.03
平顺县	1	2	75516.2108	74022.16	1494.06
黎城县					
壶关县					
长子县	1	1	9145.034543	6384.66	2760.37
武乡县	1	2	445591.2529	441938.21	3653.05
沁　县	1	2	643983.2411	641857.88	2125.36
沁源县	1	2	274317.5724	269153.34	5164.24
潞城市	1	2	696062.7892	689543.32	6519.47

保 险 事 业

单位:万元

保费收入			赔款已决人数	已决赔款		
合计	短期险	寿险		合计	短期险	寿险
17174.55	196.28	16978.27	313	147.1	68.65	78.45
6901.06	39.07	6861.99	72	59.95	34.97	24.98
2002.17	11.4	1990.77	12	7.09	3.36	3.73
585.79	17.08	568.71	45	19.57	3.64	15.93
1089.99	22.33	1067.66	105	30.1	15.87	14.23
450.15	3.71	446.44				
825.15	0.32	824.83				
1113.72	22.15	1091.57	3	0.53		0.53
667.25	32.17	635.08	32	9.89	2.38	7.51
1556.62	13.49	1543.13	1	0.13		0.13
1982.65	34.56	1948.09	43	19.84	8.43	11.41

市政建设环保事业

资料整理人员

孟 明　游海文　徐 峰　魏 薇　郭煜庭　张 洋

8-1 城市供水与公共交通

	单 位	2013 年	2014 年
一、城市供水			
自来水生产能力	万吨/日	17.28	17.28
各单位自备水供水能力	万吨/日	12.56	11.53
年末供水管道总长度	公里	940.59	973.99
全年供水总量	万吨	7663.38	7517.06
生产用量	万吨	1751.77	1760.07
生活用量	万吨	4327.92	4332.85
用水人口	万人	72.84	72.97
人均日生活用水量	升	162.79	162.68
利润总额	万元	-255.26	-289.32
自来水成本	元/千吨	2860	2840
年末职工人数	人	926	962
二、城市交通			
1、运营车辆实有数	辆	678	640
运营线路网长度	公里	2931.15	2948.4
行驶里程	万车公里	4152	4046
客运总量	万人次	10879.16	10309.31
燃料消耗	公升/百公里	32.5	31.09
其中：汽油消耗	公升/百公里	32	32.5
柴油消耗	公升/百公里	27	24.56
天然气消耗	公升/百公里	44	36.2
单位成本	元/千公里	4719	5542.65
利润总额	万元	-1324	-3352
年末职工人数	人	2130	2173
2、年末出租汽车数	辆	1801	1801

8-2 城市道路与绿化

	单位	2013年	2014年
一、城市道路			
实有道路长度	公里	380.7	384.5
实有道路面积	万平方米	628.47	657.74
城市桥梁	座	60	65
立交桥	座	7	7
路灯盏数	盏	15046	20074
排水管道长度	公里	382.9	456.8
污水处理能力	万吨/日	17.5	17.8
污水年处理量	万吨	5560	5832
防洪提长度	公里		
二、城市绿化			
建成区绿化覆盖面积	公顷	2688	2719.32
建成区绿化覆盖率	%	45.33	45.86
人均公共绿地面积	平方米	10.02	12.35
全年植树量	万株	10.8	11.2
苗圃面积	公顷	64.44	64.44

8-3 城市供气与供热

	单 位	2013年	2014年
一、城市供气			
1、天然气供气总量	万立方米	3844.4	5490.63
用气户数	户	113707	137929
家庭用户	户	113550	137689
用气人口	万人	49.07	53.85
管道长度	公里	433.88	503.37
2、液化气供气总量		3774	3774
用气户数	户	32500	30100
家庭用户	户	32500	30100
用气人口	万人	17.63	15
二、城市供热			
热水供热总量	万吉焦	820	980.21
集中供热面积	万平方米	2730	3104
住宅供热面积	万平方米	2063	2502

8–4　城市维护费来源和使用

	单位	2013 年	2014 年
全年总收入	万元	141795	278494
中央财政拨款	万元	6210	
市级财政资金	万元	129025	206585
# 城市维护费	万元	2662	150
# 公用事业附加	万元	5645	1000
其它财政资金		5610	71909
全年总支出	万元	127426	278494
城乡社区规划与管理	万元	3332	65449
市政公用行业市场监管	万元	30	
市政公用设施(含环卫)建设维护与管理	万元	118051	179048
风景名胜区规划与保护	万元	46	
其他	万元	5967	33997

8-5 县市城市公用事业

县市区	年底水厂生产能力（万吨/日）	各单位自备能力（万吨/日）	年底供水管道总长度（公里）	全年供水总量（万吨）	# 生活用水量（万吨）	用水人口（万人）
总计	**28.51**	**20.15**	**2296.63**	**10873.39**	**6707.22**	**139.2**
市区	17.28	11.53	973.99	7517.06	4332.85	72.97
长治县	1.5	0.8	111	338.91	246.99	7.01
襄垣县	1.4	1.25	478.04	356.89	298.76	8.13
屯留县	0.5	0.4	41.3	250	152.72	5.51
平顺县	0.45	0.6	96	254.81	198.23	3.52
黎城县	2.2	1.8	60.06	324.5	223.6	5.08
壶关县	0.96	0.5	83	284	204	6.54
长子县	0.8	0.15	111.68	282	201.78	7.85
武乡县	0.5	0.8	40.1	274.6	184.3	4.94
沁县	0.6	0.42	104.66	190.6	124.7	5.31
沁源县	0.52	0.7	115	299	192	4.43
潞城市	1.8	1.2	81.8	501.02	347.29	7.91

8-5 续

县市区	人均日生活用水量（升）	实有道路长度（公里）	实有道路面积（万平米）	路灯盏数（盏）	建成区绿化覆盖率（%）	公园	
						个数（个）	面积（公顷）
总计	**132.15**	**988.94**	**1845.9**	**57963**	**44.94**	**27**	**1021.38**
市区	162.68	384.5	657.74	20074	45.86	4	127
长治县	96.53	84.02	104.15	3010	46.11	2	270
襄垣县	101.35	103.71	273.52	5766	42.9	3	200
屯留县	75.94	37	102.38	1800	42.41	1	21
平顺县	154.29	55.67	69.05	1310	45.7	2	25
黎城县	120.59	18.88	45.94	1315	40.9	3	84.31
壶关县	85.46	46.26	97.54	6357	48.46	1	10
长子县	70.42	76.28	161.65	3572	47.03	4	100
武乡县	102.21	32.5	63.9	1865	43.9	2	43
沁县	64.34	33.74	40.63	1841	40.95	1	7.62
沁源县	118.74	54.2	109.8	6290	44	1	109.45
潞城市	122.02	62.18	119.6	4763	41.66	3	24

8-6 环境污染治理情况

指标名称	计量单位	本年实际
一、污染源治理本年完成投资总额	万元	76867.53
(一)工业污染源治理投资		
1、本年施工项目数	个	46
2、施工项目本年完成投资额	万元	48769.43
#治理废水	万元	3585
治理废气	万元	37938.04
治理固体废物	万元	791.86
治理噪声	万元	115.46
治理其他	万元	6339.07
(二)新改扩建“三同时”项目环保投资:		
1、本年建成投产实际执行“三同时”项目数	个	316
2、实际执行“三同时”项目环保投资额	万元	28098.1
#治理废水	万元	3921.6
治理废气	万元	6012.9
治理固体废物	万元	1456.7
治理噪声	万元	1033.7
治理其他	万元	15673.2
二、城市环境基础设施建设本年完成投资额	万元	106265
(一)排水工程建设	万元	17786
(二)燃气工程建设	万元	13462
(三)集中供热工程建设	万元	38493
(四)园林绿化工程建设	万元	15585
(五)市容环境卫生工程建设	万元	6109
(六)其他工程建设	万元	14830
三、环境污染治理本年完成投资总额	万元	183132.53
#治理废水	万元	25292.6
治理废气	万元	111490.94
治理固体废物	万元	8357.56
治理噪声	万元	1149.16
治理其他	万元	36842.27

注:“三同时”项目环保投资不含省级及以上审批项目

8-7 污染物排放总量情况

指标名称	计量单位	本年实际
一、废水排放总量	万吨	18708.54
其中:工业源	万吨	7951.09
城镇生活源	万吨	10750.26
集中式治理设施	万吨	7.19
二、化学需氧量排放总量	吨	39667.55
其中:工业源	吨	14082.48
农业源	吨	13577.33
城镇生活源	吨	11593.04
集中式治理设施	吨	414.70
三、氨氮排放总量	吨	5279.47
其中:工业源	吨	1297.26
农业源	吨	1125.38
城镇生活源	吨	2831.77
集中式治理设施	吨	25.06
四、二氧化硫排放总量	吨	130137.06
其中:工业源	吨	120101.81
城镇生活源	吨	10020.32
集中式治理设施	吨	14.93
五、氮氧化物排放总量	吨	116211.57
其中:工业源	吨	91073.70
城镇生活源	吨	9398.71
机动车	吨	15676.01
集中式治理设施	吨	63.15

8-8 环境保护主要指标

指标名称	计量单位	本年实际
地　表　水		
主要水体断面监测总数	个	17
达到国家Ⅲ类以上水质的断面数	个	12
达到国家Ⅳ类水质的断面数	个	2
达到国家Ⅴ类水质的断面数	个	1
超过国家Ⅴ类水质的断面数	个	2
地　下　水		
地下水监测点总数	个	13
满足国家地下水Ⅲ类标准的测点数	个	11
不满足国家地下水Ⅲ类标准的测点数	个	2
主城区饮用水源测点数	个	1
满足国家饮用水标准的测点数	个	1
不满足国家饮用水标准的测点数	个	
空　气　质　量		
空气质量监测的城镇数	个	13
满足国家Ⅱ级标准的城镇数	个	12
满足国家Ⅲ级标准的城镇数	个	
超过国家Ⅲ级标准的城镇数	个	
主城区满足国家Ⅱ级标准的天数	天	235
主城区满足国家Ⅲ级标准的天数	天	79
主城区不满足国家Ⅲ级标准的天数	天	41
城市环境综合整治		
建成环境噪声达标区总数	个	4
环境噪声达标区总面积	平方公里	30.11
建成烟尘控制区总数	个	5
烟尘控制区总面积	平方公里	38
城市道路交通噪声		
主城区道路交通噪声监测路段	条	73
满足国家道路交通噪声标准的路段	条	73
不满足国家道路交通噪声标准的路段	条	
环境法制工作情况		
当年实施的环境行政处罚案件数	起	86
处罚案件处罚金额总数	万元	419
环境污染与破坏事故次数	次	
污染直接经济损失	万元	
污染事故赔款总额	万元	

科技教育文化

资料整理人员

孟 明 游海文 徐 峰 魏 薇 郭煜庭 孙 毅

张 洋

9-1　各级各类学校综合数据

单位:所、人

	学校数（所）	招生数（人）	在校生数（人）	毕业生数（人）	教职工数（人）	专任教师（人）
合　　计	**1648**	**147946**	**581386**	**163148**	**47079**	**40366**
一、高等教育	7	13685	51556	14978	3102	2067
	7	13685	51556	14978	3102	2067
二、高中阶段教育	92	35569	114339	36718	12439	8321
1、高中	47	23942	80983	25464	8979	5626
高级中学	13	9738	34113	10850	2857	2504
完全中学	29	13456	45114	14208	5586	3021
十二年一贯制学校	5	748	1756	406	536	101
2、中等职业教育	45	11627	33356	11254	3460	2695
普通中专	7	4120	11617	3063	1138	750
成人中专	13				300	257
职业高中	25	7507	21739	8191	2022	1688
三、义务教育阶段	830	62181	320325	79491	25460	26069
小学	659	26890	204937	36086	15242	15928
1、普通小学	659	24422	186212	32630	15242	14599
九年一贯制学校		2232	16815	3025		1198
十二年一贯制学校		236	1910	431		131
初中	171	35291	115388	43405	10218	10141
2、普通初中	121	21272	68481	26616	7060	6488
九年一贯制学校	50	4892	15888	6090	3158	1473
十二年一贯制学校		488	1637	605		156
完全中学		8639	29382	10094		2024
五、特殊教育	5	71	509	81	166	152
六、学前教育	714	36440	94657	31880	5912	3757

9-2 县(区、市)基础教育各级各类学校(不含高校)

单位:所、人

县市区	学校数	在校学生数	招生数	毕业生数	教职工数		平均每个专职教师担负学生数	平均每千人拥有在校生(按抽样人口平均)
					计	#专任教师		
总计	**1641**	**529830**	**134441**	**148205**	**43978**	**35603**	**15**	**165**
城区	142	129398	33064	35969	9512	6755	19	195
郊区	135	32700	8083	9192	3491	2555	13	439
长治县	164	53457	14203	13944	4239	3399	16	99
襄垣县	119	37097	9920	10224	2552	2291	16	210
屯留县	124	41057	11331	11794	3136	2532	16	145
平顺县	118	15600	4309	4962	1945	1739	9	250
黎城县	158	26217	6708	7353	2015	1553	17	98
壶关县	124	38923	9562	11456	3536	3131	12	90
长子县	173	45929	11654	12800	3785	3261	14	112
武乡县	98	28169	6832	7531	2459	2055	14	229
沁县	87	24986	6057	7657	2397	2058	12	162
沁源县	84	22965	5077	6064	2023	1845	12	158
潞城市	115	33332	7641	9259	2888	2429	14	105

9-3 县(区、市)各级各类学校数

单位:所

县市区	合计	普通中学			小学	特殊教育	幼儿园	中职				
		小计	初中	高中				合计	成人中专	中等技术学校	中师	职业高中
总计	**1641**	**218**	**171**	**47**	**659**	**5**	**714**	**45**	**13**	**6**	**1**	**25**
城区	142	28	9	19	35	1	62	16	1	6	1	8
郊区	135	19	17	2	54		57	5	1			4
长治县	164	18	13	5	47	1	96	2	1			1
襄垣县	119	16	13	3	40	1	60	2	1			1
屯留县	124	12	11	1	50		60	2	1			1
平顺县	118	14	12	2	85	1	16	2	1			1
黎城县	158	9	8	1	56		91	2	1			1
壶关县	124	25	22	3	26		69	4	1			3
长子县	173	24	21	3	85		62	2	1			1
武乡县	98	16	15	1	47	1	32	2	1			1
沁县	87	14	11	3	36		35	2	1			1
沁源县	84	9	8	1	58		15	2	1			1
潞城市	115	14	11	3	40		59	2	1			1

9-4 县(区市)各级各类学校在校生数

单位:人

县市区	合计	普通中学			小学	特殊教育	幼儿园	中职			
		小计	初中	高中				合计	成人中专	普通中专	职业高中
总　计	**529830**	**196371**	**115388**	**80983**	**204937**	**509**	**94657**	**33356**		**11617**	**21739**
城　区	129398	55723	26194	29529	41033	163	13001	19478		11617	7861
郊　区	32700	7707	6722	985	14888		7706	2399			2399
长治县	53457	18363	11533	6830	21074	77	11814	2129			2129
襄垣县	37097	11765	7010	4755	16139	94	8493	606			606
屯留县	41057	14059	8855	5204	17715		8541	742			742
平顺县	15600	6244	3755	2489	6366	138	2429	423			423
黎城县	26217	9578	6669	2909	11476		4718	445			445
壶关县	38923	15452	9793	5659	14408		7396	1667			1667
长子县	45929	16600	9737	6863	17391		10867	1071			1071
武乡县	28169	10096	6725	3371	11207	37	4716	2113			2113
沁　县	24986	11729	7266	4463	8860		4113	284			284
沁源县	22965	7167	4054	3113	9513		5307	978			978
潞城市	33332	11888	7075	4813	14867		5556	1021			1021

注:特殊教育在校生仅包括特殊教育学校的在校生,不包括小学随班就读学生数

9-5 县(区、市)各级各类学校招生数

单位:人

县市区	合计	普通中学			小学	特殊教育	幼儿园	中职			
		小计	初中	高中				合计	成人中专	普通中专	职业高中
总　计	**134441**	**59233**	**35291**	**23942**	**26890**	**71**	**36620**	**11627**		**4120**	**7507**
城　区	33064	15978	7516	8462	5513	33	4775	6765		4120	2645
郊　区	8083	2760	2351	409	2309		2389	625			625
长治县	14203	5559	3719	1840	2835	20	5034	755			755
襄垣县	9920	3749	2167	1582	2213	7	3701	250			250
屯留县	11331	4338	2771	1567	3109		3683	201			201
平顺县	4309	2004	1131	873	1014	5	1152	134			134
黎城县	6708	2957	2069	888	1808		1756	187			187
壶关县	9562	4357	2811	1546	1512		2965	728			728
长子县	11654	4917	2927	1990	2148		3812	777			777
武乡县	6832	3007	2028	979	1100	6	2058	661			661
沁　县	6057	3501	2137	1364	826		1655	75			75
沁源县	5077	2129	1250	879	970		1769	209			209
潞城市	7641	3977	2414	1563	1533		1871	260			260

注:特殊教育招生数仅包括特殊教育学校的招生数,不包括小学随班就读招生数

9-6 县(区、市)各级各类教育学校毕业生数

单位:人

县市区	合计	普通中学			小学	特殊教育	幼儿园	中职			
		小计	初中	高中				合计	成人中专	普通中专	职业高中
总　计	**148205**	**68869**	**43405**	**25464**	**36111**	**81**	**31890**	**11254**		**3063**	**8191**
城　区	35969	18716	8879	9837	7272	46	4448	5487		3063	2424
郊　区	9192	2441	2193	248	2558		2845	1348			1348
长治县	13944	5587	3758	1829	3642	16	4312	387			387
襄垣县	10224	4128	2964	1164	2622	16	3059	399			399
屯留县	11794	5322	3514	1808	2864		3244	364			364
平顺县	4962	2445	1655	790	1128	3	1090	296			296
黎城县	7353	3277	2389	888	2107		1743	226			226
壶关县	11456	5374	3805	1569	2781		2613	688			688
长子县	12800	6240	4193	2047	2945		3385	230			230
武乡县	7531	3692	2671	1021	2071		1417	351			351
沁　县	7657	4528	2915	1613	1907		987	235			235
沁源县	6064	3009	1819	1190	1488		1017	550			550
潞城市	9259	4110	2650	1460	2726		1730	693			693

注:特殊教育毕业数仅包括特殊教育学校的毕业生,不包括小学随班就读毕业数

9-7 县(区、市)各级各类学校教职工数

单位:人

县市区	合计	#专任教师	初级中学		九年一贯制		完全中学	
			计	#专任教师	计	#专任教师	计	#专任教师
总　计	**43977**	**39628**	**7060**	**6488**	**3158**	**2671**	**5586**	**5045**
城　区	9512	8218	330	306	666	541	2338	2125
郊　区	3491	3078	531	508	402	372	135	127
长治县	4239	3739	538	458	374	295	375	326
襄垣县	2552	2420	568	557	24	24	430	426
屯留县	3136	2646	620	548	199	170	465	389
平顺县	1944	1855	408	387	61	58	309	273
黎城县	2015	1637	410	357			299	272
壶关县	3536	3504	592	554	511	487	585	511
长子县	3785	3499	827	760	343	282	160	150
武乡县	2459	2291	590	541	279	228		
沁　县	2397	2151	466	408	231	171	490	446
沁源县	2023	1950	521	508	68	43		
潞城市	2888	2640	659	596				

9–7 续 1

县市区	十二年一贯制		高中		小学	
	计	# 专任教师	计	# 专任教师	计	# 专任教师
总　计	**536**	**388**	**2857**	**2504**	**15242**	**15928**
城　区	188	171	961	825	1644	1884
郊　区	142	72			1270	1434
长治县			510	398	1602	1715
襄垣县	21	18			1095	1071
屯留县					1252	1128
平顺县					969	972
黎城县					856	747
壶关县					1269	1483
长子县			458	445	1269	1363
武乡县			258	221	969	1026
沁　县					882	881
沁源县			270	255	909	927
潞城市	185	127	400	360	1256	1297

9–7 续 2

县市区	特殊教育学校		幼儿园		中职	
	计	# 专任教师	计	# 专任教师	计	# 专任教师
总　计	**166**	**152**	**5912**	**3757**	**3460**	**2695**
城　区	89	78	1630	1101	1666	1187
郊　区			597	262	414	303
长治县	16	16	620	361	204	170
襄垣县	21	21	277	191	116	112
屯留县			465	300	135	111
平顺县	32	31	76	61	89	73
黎城县			355	177	95	84
壶关县			435	347	144	122
长子县			616	398	112	101
武乡县	8	6	208	136	147	133
沁　县			246	178	82	67
沁源县			162	136	93	81
潞城市			225	109	163	151

注：小学专任教师大于教职工是因为九年一贯制和十二年一贯制学校教职工归初中。

9-8 市直学校名录

单位:所、人

各级学校	学校数(个)	毕业生数	招生数	在校学生数	教职工	#专任教师
总　计	**44**	**39432**	**35812**	**129841**	**9048**	**6989**
一、高等学校	7	14978	13685	51556	3102	2067
长治医学院	1	2973	2510	10192	916	483
长治学院	1	3800	4131	13684	946	698
长治职业技术学院	1	1217	1646	5906	505	350
山西机电职业技术学院	1	2086	2441	7810	314	274
潞安职业技术学院	1	1071	850	3319	305	201
长治市教育学院	1	213	99	250	88	48
山西省广播电视大学长治分校	1	3618	2008	10395	28	13
二、中等职业教育	9	4519	5289	15482	1389	969
第一职业高中	1	754	421	1825	119	105
第二职业学校	1	498	503	1396	132	114
长治八中		204	245	644		
长治师范						
沁县师范						
幼儿师范	1	769	419	1296	124	96
华北机电工业学校	1	749	1787	4355	268	177
长治卫生学校	1	990	1267	3801	299	201
晋东南会计学校	1	187	288	642	168	88
长治体校	1	127	138	578	133	90
黄河工艺美术学校	1	43	27	137	28	16
长治文化艺术学校	1	198	194	808	118	82
特校		21	14	60	12	12
三、中学	20	15621	13306	45591	3628	3104
长治一中	1	1182	887	3187	265	200
长治二中	1	990	880	3309	234	221
长治三中	1	213	463	921	89	74
长治四中	1	1068	800	3006	193	130
长治五中	1	955	780	2274	221	211
长治六中	1	1585	974	4257	251	229
长治七中	1	867	847	2786	201	176
长治八中	1	571	781	2152	174	167
长治九中	1	1447	898	3655	248	224
长治十中	1	798	939	2554	194	178
长治十一中	1	104		59	17	17
长治十二中	1	593	483	1646	208	131
实验中学	1	937	534	2561	148	143
太行中学	1	1183	888	3258	238	193
十三中学	1	294	314	1128	122	89
十五中学	1	814	875	2533	241	192
十六中学	1	830	778	2347	196	187
十七中学	1	247	254	799	81	79

9-8 续

各级学校	学校数(个)	毕业生数	招生数	在校学生数	教职工	#专任教师
十八中学	1	218	200	785	132	94
十九中学	1	725	731	2374	175	169
四、特殊教育	1	46	30	145	89	78
长治特殊教育学校	1	46	30	145	89	78
五、小学	3	1903	1104	9569	344	427
友谊小学	1	606	392	2964	136	131
实验小学	1	637	226	3082	146	134
十二中附小		337	283	1972		70
沁县师范附小	1	246	162	1146	62	61
十八中附小		77	41	405		31
六、幼儿园	2	377	313	1134	107	84
健乐幼儿园	1	297	216	822	87	72
康园幼儿园	1	80	97	312	20	12
附:劳动局办校	2	1988	2085	6364	389	260
太行技工学校	1	433	179	848	64	44
长治技师学院	1	1555	1906	5516	325	216

9-9 广播电视事业

县市区	机构(个)	全部职工人数(人)				通广播的乡镇(个)	通电视的乡镇(个)	广播覆盖率(%)	电视覆盖率(%)	有线广播电视用户(万户)
	文广新(体)局	合 计	管理人员	编辑人员	技术人员					
总 计	**14**	**1398**	**459**	**419**	**218**	**120**	**142**	**98.46**	**98.98**	**42.76**
市直汇										
市文广局	1	29	29							11.92
市 台		489	90	237	60					
城 区	1	2	2					100	100	
郊 区	1	68	47	3	14	9	9	100	100	3.39
长治县	1	71	25	20	6	11	11	100	100	4.55
襄垣县	1	75	45	8	4	11	11	96	98.65	1.91
屯留县	1	63	11	17	22	14	14	98.58	98.58	1.03
平顺县	1	57	23	9	7	12	12	94.34	93.48	1.57
黎城县	1	41	15	19	3		8	98.75	99.25	2.87
壶关县	1	177	75	33	39	13	13	98.3	98.3	4.52
长子县	1	52	18	9	7	13	13	99.19	99.61	5.17
武乡县	1	103	21	26	23	15	15	99.45	99.62	1.68
沁 县	1	49	21	20	4	13	13	91.72	96.09	1.46
沁源县	1	47	15	2	25		14	97.69	98.63	0.96
潞城市	1	75	22	16	4	9	9	100	100	1.73

9-10 文 化

县市区	机构人员		1、公共图书馆		
	单位数（个）	职工人数（人）	单位数（个）	职工人数（人）	藏书（千册）
总 计			**14**	**122**	**1623**
市直汇			1	45	541
城 区			1	2	24
郊 区			1	7	70
长治县			1	7	103
襄垣县			1	12	219
屯留县			1	5	80
平顺县			1	6	6
黎城县			1	3	48
壶关县			1	8	113
长子县			1	6	130
武乡县			1	6	104
沁 县			1	5	56
沁源县			1	5	123
潞城市			1	5	6

9-10 续

县市区	3、艺术表演团体		4、电		
	观众人数（万人次）	总收入（万元）	电影院（个）	职工人数（人）	放映单位（个）
总 计	**1001**	**6580**	**10**	**294**	**162**
市直汇	113	4584	4	118	2
城 区					1
郊 区	9	89			6
长治县	177	391		17	12
襄垣县	36	156	1	20	14
屯留县	9	118	1	16	16
平顺县	18	134	1	14	12
黎城县	34	88		17	11
壶关县	31	182		19	18
长子县	74	327	1	18	16
武乡县	5	92	1	18	19
沁 县	17	50	1	12	13
沁源县	443	86		16	13
潞城市	35	283		9	9

事　　业

2、文化馆				3、艺术表演团体			
单位数（个）	职工人数（人）	组织演出（次）	举办展览（个）	单位数（个）	职工人数（人）	# 固定职工	演出场次
14	**157**	**743**	**146**	**20**	**1038**	**1038**	**7448**
1	26	10	8	5	326	326	2386
1	14	200	10				
1	15	19	8	1	45	45	310
1	8	100	25	3	127	127	1270
1	10	30	10	1	40	40	310
1	11	7	25	1	68	68	203
1	4	26	3	1	50	50	445
1	11	84	3	1	44	44	393
1	11	66	6	1	16	16	400
1	20	50	10	2	114	114	735
1	7	10	8	1	60	60	150
1	8	36	15	1	45	45	200
1	5	80	5	1	43	43	296
1	7	25	10	1	60	60	350

影事业				5、文化娱乐场所			
放映场次（场）	观众人数（万人次）	放映收入（万元）	发行收入（万元）	小计（个）	卡拉 OK 厅（个）	保玲球馆（个）	网吧（个）
50380	**599**	**1488**		**304**	**76**		**228**
9004	23	659		24	6		18
300	4	6		72	18		54
1500	16	30		32	8		24
3048	48	61		24	5		19
3876	50	78		24	6		18
3528	58	71		29	9		20
3144	42	63		5	2		3
3012	51	60		9	3		6
4680	63	94		11	1		10
4788	60	96		14	4		10
4488	55	90		8	1		7
3672	53	73		11	4		7
3048	46	61		21	5		16
2292	30	46		20	4		16

注：卡拉 OK 厅比去年减少的原因是统计范围变化了，去年是歌城里有多少歌厅就算一个，今年只算歌城一个。

9-11 工业企业科技

指标名称	工业企业基本情况			工业企业R&D人员情况		
	企业数（个）	#有R&D活动	#有科技机构	R&D人员合计（人）	#1.参加项目人员	2.管理和服务人员
总计	**344**	**32**	**25**	**5622**	**5001**	**621**
一、按企业规模分组						
大型	37	8	6	4825	4277	548
中型	95	8	8	471	436	35
小型	200	16	11	326	288	38
微型	12					
二、按隶属关系分组						
中央	9	1	1	35	33	2
省（自治区、直辖市）	36	5	4	3949	3430	519
地（区、市、州、盟）	24	4	4	489	469	20
县（区、市、旗）	67	5	3	524	489	35
村委会	6	1		30	30	
其他	197	16	13	595	550	45
三、按登记注册类型分组						
内资企业	332	32	25	5622	5001	621
国有企业	7	1		67	62	5
集体企业	3					
有限责任公司	176	14	11	4354	3809	545
国有独资公司	6	2	3	2696	2201	495
其他有限责任公司	170	12	8	1658	1608	50
股份有限公司	16	7	5	1055	1002	53
私营企业	130	10	9	146	128	18
私营独资企业	8					
私营合伙企业						
私营有限责任公司	114	8	9	127	110	17

活　动　情　况　汇　总　表

单位：万元/人/个

#1.全时人员	R&D人员折合全时当量合计(人年)	工业企业R&D经费情况 R&D经费内部支出合计	(一)按活动类型分组 ①基础研究支出	②应用研究支出	③试验发展支出	(二)按支出用途分组 1.经常费支出	#人员劳务费	2.资产性支出
3863	**4152.0**	**140872.8**		**959.2**	**139913.6**	**134431.9**	**43017.4**	**6440.9**
3227	3546.6	124052.3			124052.3	118906.9	40036.3	5145.4
408	390.6	10812.2		873.6	9938.6	9985.8	1899.5	826.4
228	214.8	6008.3		85.6	5922.7	5539.2	1081.6	469.1
35	26.3	634.3			634.3	622.5	178.0	11.8
2511	2794.5	114362.8			114362.8	109556.3	36603.3	4806.5
436	390.8	11381.5			11381.5	10581.7	3294.2	799.8
460	424.4	7443.6		873.6	6570.0	7135.6	1646.0	308.0
30	24.1	105.0			105.0	105.0	105.0	
391	491.8	6945.6		85.6	6860.0	6430.8	1190.9	514.8
3863	4152.0	140872.8		959.2	139913.6	134431.9	43017.4	6440.9
51	22.1	1790.7			1790.7	1245.1	240.9	545.6
2842	3108.2	120458.2		959.2	119499.0	115786.1	39886.8	4672.1
1952	2136.2	89427.4			89427.4	87118.6	32011.0	2308.8
890	972.0	31030.8		959.2	30071.6	28667.5	7875.8	2363.3
862	930.6	15286.2			15286.2	14519.4	2388.2	766.8
108	91.1	3337.7			3337.7	2881.3	501.5	456.4
94	75.4	3031.2			3031.2	2609.5	422.0	421.7

9-11 续1

指标名称	工业企业基本情况			工业企业R&D人员情况		
	企业数（个）	#有R&D活动	#有科技机构	R&D人员合计（人）	#1.参加项目人员	2.管理和服务人员
私营股份有限公司	8	2		19	18	1
四、按国民经济行业大类分组						
采矿业	158	5	2	3113	2585	528
煤炭开采和洗选业	144	5	1	3113	2585	528
黑色金属矿采选业	12		1			
非金属矿采选业	2					
制造业	170	27	23	2509	2416	93
农副食品加工业	18	4	1	49	40	9
食品制造业	9	1	1	19	15	4
酒、饮料和精制茶制造业	3					
纺织服装、服饰业	1					
造纸和纸制品业	1					
文教、工美、体育和娱乐用品制造业	2	2	2	102	100	2
石油加工、炼焦和核燃料加工业	21					
化学原料和化学制品制造业	24	3	2	1317	1304	13
医药制造业	8	8	4	605	574	31
橡胶和塑料制品业	6		1			
非金属矿物制品业	24		1			
黑色金属冶炼和压延加工业	9	1	1	162	162	
有色金属冶炼和压延加工业	5	1	1	86	70	16
金属制品业	5	2	2	31	31	
通用设备制造业	8	2	2	46	39	7
专用设备制造业	11		1			

单位：万元/人/个

		工业企业 R&D 经费情况						
	R&D 人员折合全时当量合计(人年)	R&D 经费内部支出合计	(一)按活动类型分组			(二)按支出用途分组		
#1.全时人员			①基础研究支出	②应用研究支出	③试验发展支出	1.经常费支出	# 人员劳务费	2.资产性支出
14	15.7	306.5			306.5	271.8	79.5	34.7
2278	2460.8	96559.6		873.6	95686.0	93783.9	31755.5	2775.7
2278	2460.8	96559.6		873.6	95686.0	93783.9	31755.5	2775.7
1585	1691.2	44313.2		85.6	44227.6	40648.0	11261.9	3665.2
39	17.5	1065.1			1065.1	1065.1	149.3	
15	7.0	997.5			997.5	957.5	35.5	40.0
102	79.0	785.3			785.3	567.7	266.4	217.6
666	723.0	24440.2			24440.2	22194.9	6335.8	2245.3
430	548.5	10590.5		85.6	10504.9	9986.9	1656.7	603.6
162	119.2	2457.3			2457.3	2378.6	2010.2	78.7
42	50.5	1300.0			1300.0	1300.0	124.3	
25	23.0	1036.5			1036.5	986.5	291.1	50.0
31	44.3	340.9			340.9	227.8	98.3	113.1

9-11 续 2

指标名称	工业企业基本情况			工业企业 R&D 人员情况		
	企业数（个）	# 有 R&D 活动	# 有科技机构	R&D 人员合计（人）	#1.参加项目人员	2.管理和服务人员
汽车制造业	5	2	2	59	50	9
电气机械和器材制造业	8	1	2	33	31	2
计算机、通信和其他电子设备制造业	1					
其他制造业	1					
电力、热力、燃气及水生产和供应业	16					
五、按经济成分分组						
公有经济	104	11	7	4236	3713	523
非公有经济	240	21	18	1386	1288	98
六、按企业控股情况分组						
国有控股	85	9	6	4188	3665	523
集体控股	19	2	1	48	48	
私人控股	223	21	18	1386	1288	98
七、按全国地区分组						
城区	19	4	5	267	242	25
郊区	40	6	3	357	350	7
长治县	53	8	6	530	491	39
襄垣县	48	1	2	2534	2039	495
屯留县	24	3		58	56	2
平顺县	13	1	2	19	15	4
黎城县	11	2	2	36	28	8
壶关县	18	1	1	53	50	3
长子县	25	3	1	110	107	3
武乡县	14					
沁县	5	1		19	19	
沁源县	18	1		405	380	25
山西长治高新技术产业园区	7		1			
潞城市	49	1	2	1234	1224	10

单位：万元/人/个

		工业企业 R&D 经费情况						
	R&D 人员折合全时当量合计(人年)	R&D 经费内部支出合计	(一)按活动类型分组			(二)按支出用途分组		
#1.全时人员			①基础研究支出	②应用研究支出	③试验发展支出	1.经常费支出	# 人员劳务费	2.资产性支出
59	46.3	757.9			757.9	731.0	246.8	26.9
14	33.0	542.0			542.0	252.0	47.5	290.0
2782	2998.6	119155.1		959.2	118195.9	114258.1	39339.8	4897.0
1081	1153.4	21717.7			21717.7	20173.8	3677.6	1543.9
2740	2964.5	118413.6		959.2	117454.4	113516.6	39073.7	4897.0
42	34.1	741.5			741.5	741.5	266.1	
1081	1153.4	21717.7			21717.7	20173.8	3677.6	1543.9
201	233.0	8481.6			8481.6	7893.5	1122.7	588.1
323	272.4	4103.4		85.6	4017.8	3488.6	2511.9	614.8
358	422.3	6022.0			6022.0	5318.3	1066.7	703.7
1790	2017.0	86970.1			86970.1	84740.0	30000.8	2230.1
58	58.0	648.5			648.5	635.8	243.1	12.7
15	7.0	997.5			997.5	957.5	35.5	40.0
23	11.3	680.5			680.5	680.5	182.1	
23	33.3	1404.7			1404.7	1111.8	478.3	292.9
63	82.8	3454.8		873.6	2581.2	3448.6	840.6	6.2
19	7.4	774.0			774.0	774.0	76.0	
377	341.9	4405.2			4405.2	4405.2	707.2	
613	665.6	22930.5			22930.5	20978.1	5752.5	1952.4

9-11 续 3

指标名称	工业企业R&D经费情况					
			(三)按资金来源分组			
	#①土建工程	②仪器设备	1.政府资金	2.企业资金	3.境外资金	4.其他资金
总计	**1598.0**	**4842.9**	**3505.7**	**137314.6**		**52.5**
一、按企业规模分组						
大型	1571.1	3574.3	1311.3	122741.0		
中型	26.4	800.0	504.4	10255.3		52.5
小型	0.5	468.6	1690.0	4318.3		
微型						
二、按隶属关系分组						
中央		11.8	24.4	609.9		
省(自治区、直辖市)	1568.7	3237.8	1231.9	113130.9		
地(区、市、州、盟)	26.4	773.4	480.0	10901.5		
县(区、市、旗)	1.9	306.1	255.0	7188.6		
村委会				52.5		52.5
其他	1.0	513.8	1514.4	5431.2		
三、按登记注册类型分组						
内资企业	1598.0	4842.9	3505.7	137314.6		52.5
国有企业		545.6		1790.7		
集体企业						
有限责任公司	1570.6	3101.5	2482.3	117975.9		
国有独资公司	1509.8	799.0	176.4	89251.0		
其他有限责任公司	60.8	2302.5	2305.9	28724.9		
股份有限公司	26.9	739.9	538.4	14695.3		52.5
私营企业	0.5	455.9	485.0	2852.7		
私营独资企业						
私营合伙企业						
私营有限责任公司	0.5	421.2	395.0	2636.2		

单位：万元/人/个

R&D 经费外部支出				工业企业全部 R&D 项目情况				
	对境内研究机构支出	对境内高等学校支出	对境外支出	项目数（项）	参加项目人员（人）	全部项目经费内部支出（万元）	机构数（个）	机构人员合计（人）
14383.0	**10623.4**	**2728.5**	**483.4**	**300**	**5001**	**77673.1**	**29**	**2738**
12712.3	9049.1	2683.5	483.4	231	4277	62387.9	9	1993
1193.5	1193.5			39	436	10042.0	9	508
477.2	380.8	45.0		30	288	5243.2	11	237
				4	33	599.2	1	31
11144.9	7817.1	2348.1	483.4	189	3430	52816.4	7	1789
1193.5	1193.5			28	469	10630.9	5	465
				18	489	7128.9	3	93
				1	30	105.0		
2044.6	1612.8	380.4		60	550	6392.7	13	360
14383.0	10623.4	2728.5	483.4	300	5001	77673.1	29	2738
				7	62	1342.5		
11529.7	8171.9	2378.1	483.4	214	3809	58934.2	14	2220
6997.4	5043.0	1954.4		66	2201	29760.3	6	1056
4532.3	3128.9	423.7	483.4	148	1608	29173.9	8	1164
2760.9	2425.5	335.4		64	1002	14608.3	6	395
92.4	26.0	15.0		15	128	2788.1	9	123
41.0	26.0	15.0		13	110	2507.0	9	123

9-11 续4

指标名称	工业企业R&D经费情况					
			(三)按资金来源分组			
	#①土建工程	②仪器设备	1.政府资金	2.企业资金	3.境外资金	4.其他资金
私营股份有限公司		34.7	90.0	216.5		
四、按国民经济行业大类分组						
采矿业	1509.8	1265.9	1176.4	95383.2		
煤炭开采和洗选业	1509.8	1265.9	1176.4	95383.2		
黑色金属矿采选业						
非金属矿采选业						
制造业	88.2	3577.0	2329.3	41931.4		52.5
农副食品加工业			305.0	760.1		
食品制造业		40.0	120.0	877.5		
酒、饮料和精制茶制造业						
纺织服装、服饰业						
造纸和纸制品业						
文教、工美、体育和娱乐用品制造业		217.6	210.0	575.3		
石油加工、炼焦和核燃料加工业						
化学原料和化学制品制造业	60.8	2184.5	76.5	24311.2		52.5
医药制造业	27.4	576.2	329.4	10261.1		
橡胶和塑料制品业						
非金属矿物制品业						
黑色金属冶炼和压延加工业		78.7		2457.3		
有色金属冶炼和压延加工业			970.0	330.0		
金属制品业		50.0	284.0	752.5		
通用设备制造业		113.1	10.0	330.9		
专用设备制造业						

单位：万元/人/个

R&D经费外部支出				工业企业全部R&D项目情况				
	对境内研究机构支出	对境内高等学校支出	对境外支出	项目数（项）	参加项目人员（人）	全部项目经费内部支出（万元）	机构数（个）	机构人员合计（人）
51.4				2	18	281.1		
7213.4	5187.0	2026.4		85	2585	35799.7	2	678
7213.4	5187.0	2026.4		85	2585	35799.7	1	663
							1	15
7169.6	5436.4	702.1	483.4	215	2416	41873.4	27	2060
51.4				5	40	1015.0	1	15
40.0	25.0	15.0		1	15	965.0	1	15
				7	100	781.0	2	126
3931.5	2630.1	321.7	483.4	116	1304	23613.8	2	877
3116.7	2781.3	335.4		65	574	9889.6	5	255
							1	10
							1	62
				5	162	2381.9	1	162
30.0		30.0		2	70	1300.0	1	83
				2	31	671.6	2	22
				6	39	282.1	2	56
							1	32

9-11 续 5

指标名称	工业企业 R&D 经费情况					
			（三）按资金来源分组			
	#①土建工程	②仪器设备	1.政府资金	2.企业资金	3.境外资金	4.其他资金
汽车制造业		26.9	24.4	733.5		
电气机械和器材制造业		290.0		542.0		
计算机、通信和其他电子设备制造业						
其他制造业						
电力、热力、燃气及水生产和供应业						
五、按经济成分分组						
公有经济	1568.7	3328.3	1491.3	117611.3		52.5
非公有经济	29.3	1514.6	2014.4	19703.3		
六、按企业控股情况分组						
国有控股	1568.7	3328.3	1257.3	117156.3		
集体控股			234.0	455.0		52.5
私人控股	29.3	1514.6	2014.4	19703.3		
七、按全国地区分组						
城区	26.4	561.7	280.0	8201.6		
郊区		614.8	221.0	3829.9		52.5
长治县	1.0	702.7	1182.8	4839.2		
襄垣县	1509.8	720.3	176.4	86793.7		
屯留县		12.7		648.5		
平顺县		40.0	120.0	877.5		
黎城县			249.0	431.5		
壶关县	1.9	291.0	21.0	1383.7		
长子县		6.2	1000.0	2454.8		
武乡县						
沁县			200.0	574.0		
沁源县				4405.2		
山西长治高新技术产业园区						
潞城市	58.9	1893.5	55.5	22875		

单位：万元/人/个

R&D经费外部支出				工业企业全部R&D项目情况				
	对境内研究机构支出	对境内高等学校支出	对境外支出	项目数（项）	参加项目人员（人）	全部项目经费内部支出（万元）	机构数（个）	机构人员合计（人）
				5	50	713.4	2	103
				1	31	260.0	5	242
11144.9	7817.1	2348.1	483.4	206	3713	57282.7	10	1991
3238.1	2806.3	380.4		94	1288	20390.4	19	747
11144.9	7817.1	2348.1	483.4	204	3665	56756.1	9	1982
				2	48	526.6	1	9
3238.1	2806.3	380.4		94	1288	20390.4	19	747
1193.5	1193.5			23	242	7746.0	6	231
				15	350	3737.0	6	516
1649.8	1233.0	365.4		52	491	5337.0	6	274
6997.4	5043.0	1954.4		61	2039	27378.4	2	695
354.8	354.8			11	56	648.5		
40.0	25.0	15.0		1	15	965.0	2	30
				3	28	451.6	2	24
				3	50	1314.3	1	12
216.0	144.0	72.0		10	107	2730.6	1	3
				1	19	765.0		
				8	380	4405.2		
							1	26
3931.5	2630.1	321.7	483.4	112	1224	22194.5	2	927

9-11 续6

指 标 名 称	博士毕业	硕士毕业	本科毕业	机构经费支出(万元)	境外机构数(个)	专利 专利申请数(件)
总　　计	**79**	**478**	**1735**	**46712.0**	**5**	**216**
一、按企业规模分组						
大型	73	408	1344	36048.7	2	101
中型	5	54	250	9319.9	3	43
小型	1	16	141	1343.4		72
微型						
二、按隶属关系分组						
中央		2	19	599.2		6
省(自治区、直辖市)	66	354	1199	30566.4	3	86
地(区、市、州、盟)	7	77	265	9416.4		23
县(区、市、旗)			36	754.0		19
村委会					2	
其他	6	45	216	5376.0		82
三、按登记注册类型分组						
内资企业	79	478	1735	46712.0	5	216
国有企业						
集体企业						
有限责任公司	69	403	1482	34573.0	3	146
国有独资公司	53	323	667	12650.5		71
其他有限责任公司	16	80	815	21922.5	3	75
股份有限公司	10	60	201	9876.0	2	22
私营企业		15	52	2263.0		48
私营独资企业						
私营合伙企业						
私营有限责任公司		15	52	2263.0		46

单位：万元/人/个

情况	新产品开发情况			工业企业技术获取和技术改造情况			
	新产品开发	新产品	新产品				
发明专利	经费支出（万元）	产值（万元）	销售收入（万元）	引进技术经费支出	消化吸收经费支出	购买国内技术经费支出	技术改造经费支出
68	**104930.6**	**237178.1**	**204673.1**	**3473.2**	**2733.6**	**2013.0**	**34287.6**
37	88902.2	114663.6	88254.2	3473.2	1842.6	1257.0	12319.2
12	10779.6	105676.7	100498.2		891.0	696.0	21962.4
19	5248.8	16837.8	15920.7			60.0	6.0
3	634.3	175.2	175.2				
35	83388.3	17500.5	17623.5	3473.2	1842.6	1453.0	12319.2
1	8396.4	95179.7	90878.2		891.0	500.0	21812.4
6	2780.4	21201.7	18627.5				
	150.0						
23	9581.2	103121.0	77368.7			60.0	156.0
68	104930.6	237178.1	204673.1	3473.2	2733.6	2013.0	34287.6
	161.0						
59	86085.6	68740.6	64959.9	3473.2	1842.6	1513.0	12469.2
29	69362.8	9111.2	10111.2	2628.0	1390.0		5584.2
30	16722.8	59629.4	54848.7	845.2	452.6	1513.0	6885.0
2	13547.3	165009.3	136454.4		891.0	500.0	21812.4
7	5136.7	3428.2	3258.8				6.0
5	4388.6	2878.2	2698.2				6.0

9-11 续 7

指标名称						专利
	博士毕业	硕士毕业	本科毕业	机构经费支出（万元）	境外机构数（个）	专利申请数（件）
私营股份有限公司						2
四、按国民经济行业大类分组						
采矿业	48	224	383	8813.6		65
煤炭开采和洗选业	48	222	380	8133.6		65
黑色金属矿采选业		2	3	680.0		
非金属矿采选业						
制造业	31	254	1352	37898.4	5	151
农副食品加工业		1	5	22.0		1
食品制造业		2	5	50.0		
酒、饮料和精制茶制造业						
纺织服装、服饰业						
造纸和纸制品业						
文教、工美、体育和娱乐用品制造业			33	863.0		55
石油加工、炼焦和核燃料加工业						
化学原料和化学制品制造业	15	67	640	20601.7	4	22
医药制造业	10	66	156	9085.0		13
橡胶和塑料制品业		2	8	1203.6		1
非金属矿物制品业		9	32	68.5		6
黑色金属冶炼和压延加工业	2	37	123	2381.9		5
有色金属冶炼和压延加工业	1	1	73	203.0		18
金属制品业			6	166.0		1
通用设备制造业		1	30	199.7	1	
专用设备制造业		2	22	45.0		

单位：万元/人/个

情况	新产品开发情况			工业企业技术获取和技术改造情况			
发明专利	新产品开发经费支出（万元）	新产品产值（万元）	新产品销售收入（万元）	引进技术经费支出	消化吸收经费支出	购买国内技术经费支出	技术改造经费支出
2	748.1	550.0	560.6				
32	26768.5						214.2
32	26768.5						214.2
36	78162.1	237178.1	204673.1	3473.2	2733.6	2013.0	34073.4
1	1308.0	1550.0	1615.0				
	997.5	200.0	185.0				
2	61.2	5785.8	6084.4				6.0
7	9797.2	33291.6	30716.3	845.2	452.6	1257.0	6735.0
7	12034.9	155955.5	126211.8		891.0	500.0	21812.4
1	1271.1						
3	218.8	17500.0	17500.0				150.0
		8431.2	8431.2				
9	230.0	2000.0	780.0			60.0	
1		3477.6	3478.7				
	800.6	1803.0	906.6			196.0	
	439.7	6000.0	6580.7				

9-11 续 8

指标名称						专利
				机构经费支出（万元）	境外机构数（个）	专利申请数（件）
	博士毕业	硕士毕业	本科毕业			
汽车制造业		2	48	872.3		14
电气机械和器材制造业	3	64	171	2136.7		15
计算机、通信和其他电子设备制造业						
其他制造业						
电力、热力、燃气及水生产和供应业						
五、按经济成分分组						
公有经济	68	393	1343	33583.5	5	102
非公有经济	11	85	392	13128.5		114
六、按企业控股情况分组						
国有控股	68	393	1341	33547.5	3	102
集体控股			2	36.0	2	
私人控股	11	85	392	13128.5		114
七、按全国地区分组						
城区	5	43	147	7574.8	1	6
郊区	5	101	317	5322.9	2	32
长治县	6	29	169	4061.8		40
襄垣县	48	224	402	8178.6		56
屯留县						6
平顺县		4	8	730.0		
黎城县		1	7	58.0		
壶关县			5	444.9		6
长子县			3	57.0		47
武乡县						
沁县						
沁源县						
山西长治高新技术产业园区			10	58.7		
潞城市	15	76	667	20225.3	2	23

单位：万元/人/个

情况	新产品开发情况			工业企业技术获取和技术改造情况			
发明专利	新产品开发经费支出（万元）	新产品产值（万元）	新产品销售收入（万元）	引进技术经费支出	消化吸收经费支出	购买国内技术经费支出	技术改造经费支出
3	634.3	175.2	175.2				
2	50368.8	1008.2	2008.2	2628.0	1390.0		5370.0
43	84172.6	29584.5	29708.6	3473.2	1842.6	1453.0	12319.2
25	20758.0	207593.6	174964.5		891.0	560.0	21968.4
43	84022.6	26106.9	26229.9	3473.2	1842.6	1453.0	12319.2
	150.0	3477.6	3478.7				
25	20758.0	207593.6	174964.5		891.0	560.0	21968.4
1	10024.3	83443.9	77751.8		891.0	696.0	21812.4
2	50544.1	14647.0	16126.2	2628.0	1390.0		5370.0
17	4425.3	74436.0	48411.9			60.0	
27	20223.5	6000.0	6580.7				214.2
3	648.5	1932.0	1822.5				
	997.5	200.0	185.0				
	44.0	4927.6	4978.7				
1	1404.7	17724.1	15148.8				
7	5589.2	800.0	600.0				6.0
	774.0						
	1375.7						
	353.5						
10	8526.3	33067.5	33067.5	845.2	452.6	1257	6885

卫生体育和社会福利事业

资料整理人员

孟 明　游海文　徐 峰　魏 薇　郭煜庭　张 洋

10

10-1　卫生机构、床位、人员数

	机构数	床位数(张)		
		编制床位	实有床位	标准床位
总　　计	**5106**	**15474**	**15669**	
一、医院	37	8550	8437	
市	8	4500	4500	
县	29	4050	3937	
二、疗养院	1			
三、社区卫生服务中心	17	110	118	
社区卫生服务站	61			
四、卫生院	140	3020	2945	
中心卫生院	46	1625	1648	
乡卫生院	94	1395	1297	
五、门诊部	8			
六、急救中心	1			
七、采供血机构	1			
八、妇幼保健院	15	637	611	
九、专科医疗防治院				
十、疾病预防控制中心	15			
十一、卫生监督所	15			
十二、卫生监督检验站				
十三、医学科学研究机构	1			
十四、医学在职培训机构				
十五、健康教育所	1			
十六、其他卫生机构	55			
十七、诊所	536			
十八、村卫生所	4087			
十九、民营医院	39	1010	1305	
二十、厂矿医院	76	2147	2253	

10-1 续

	人			
	合计	卫生技		
		小计	执业医师	执业助理医师
总计	**26889**	**18342**	**6562**	**1291**
一、医院	10398	8575	3145	150
市	6162	4908	1823	36
县	4236	3667	1322	114
二、疗养院	7	3	1	
三、社区卫生服务中心	363	330	120	22
社区卫生服务站	495	459	182	36
四、卫生院	2729	2348	713	462
中心卫生院	1432	1284	397	243
乡卫生院	1297	1064	316	219
五、门诊部	113	93	31	13
六、急救中心	51	31	2	2
七、采供血机构	73	49	11	8
八、妇幼保健院	1150	960	337	22
九、专科医疗防治院				
十、疾病预防控制中心	472	300	102	37
十一、卫生监督所	505	242	59	37
十二、卫生监督检验站				
十三、医学科学研究机构	8	7	3	
十四、医学在职培训机构				
十五、健康教育所	12	4	1	
十六、其他卫生机构	249	147	39	27
十七、诊所	897	877	494	92
十八、村卫生所	5064	335	121	159
十九、民营医院	1311	960	288	101
二十、厂矿医院	2992	2622	913	123

员	数（人）						
术人员				其他技术人员	管理人员	工勤人员	乡村医生数
注册护士	药剂人员	检验人员	其　他				
7348	**946**	**731**	**1464**	**1090**	**1276**	**1446**	**4735**
3962	427	341	550	657	458	708	
2469	189	169	222	541	301	412	
1493	238	172	328	116	157	296	
1			1	4			
118	21	16	33	19	8	6	
198	28		15	5	17	14	
610	211	64	288	81	79	221	
351	119	32	142	29	40	79	
259	92	32	146	52	39	142	
22	3	7	17		6	14	
13		14			8	12	
13		17			9	15	
406	27	42	126	78	53	59	
35	3	71	52	22	98	52	
36	6	6	98	22	215	26	
			4	1			
1	1		1	3	5		
38	8	5	30	10	66	20	6
225	42		24	10	5	5	
51	4						4729
361	52	46	112	123	103	125	
1258	113	102	113	55	146	169	

10-2 分县区卫生机

县市区	机构数	床位数(张)			人		
		编制床位	实有床位	标准床位	合计	卫	
						小 计	执业医师
总 计	**5106**	**15474**	**15669**		**26889**	**18342**	**6562**
城 区	471	6158	6250		10245	8313	3023
郊 区	252	1420	1658		2312	1912	693
长治县	441	749	813		1577	840	326
襄垣县	471	1325	1298		2114	1415	535
黎城县	339	537	616		993	550	196
平顺县	295	655	557		821	417	183
武乡县	414	375	430		1142	599	192
沁 县	345	468	446		1040	552	178
沁源县	326	656	649		1297	738	174
潞城市	324	608	667		1254	777	268
屯留县	405	815	645		1299	704	196
长子县	601	1071	971		1485	722	331
壶关县	422	637	669		1310	803	267

10-3 体 育

县市区	职工人数(人)					各级体委培训基层体育干部(人)	各级运动会	
	合计	干部	教练员	教师	其他人员		次数(次)	参加人员(人)
总 计	**387**	**141**	**86**	**53**	**107**	**1296**	**113**	**201600**
市直汇	183	25	43	45	70	270	31	110000
城 区	10	7	3			60	5	3100
郊 区	15	6	3	5	1	57	8	3500
长治县	28	16	9		3	76	13	31000
襄垣县	26	18	8			90	9	10000
屯留县	24	20			4	97	8	24000
平顺县	12	6	6			66	3	1700
黎城县	11	6	3		2	60	5	1500
壶关县	8	7			1	100	6	2700
长子县	11	6	3	2		95	4	3200
武乡县	15	10	1		4	80	4	2100
沁 县	8	2	1	1	4	80	6	3000
沁源县	13	5			8	70	3	1800
潞城市	23	7	6		10	95	8	4000

构、床位、人员数

员数（人）								
生技术人员					其他技术人员	管理人员	工勤人员	乡村医生数
执业助理医师	注册护士	药剂人员	检验人员	其他				
1291	**7348**	**946**	**731**	**1464**	**1090**	**1276**	**1446**	**4735**
252	3896	346	316	480	635	527	700	70
128	758	98	69	166	52	113	83	152
138	251	40	30	55	35	56	85	561
85	561	89	61	84	61	101	74	463
86	119	49	24	76	18	31	42	352
64	106	22	25	17	13	56	18	317
67	210	39	28	63	36	63	67	377
45	212	42	16	59	25	46	27	390
88	245	56	32	143	54	65	66	374
62	277	51	36	83	34	33	85	325
94	214	42	36	122	65	69	54	407
102	185	34	33	37	29	77	97	560
80	314	38	25	79	33	39	48	387

事业

校数	各级少体校		《国家体育锻炼标准》人数	等级裁判员			等级运动员			
	训练人员	专任教练员		一级	二级	三级	一级	二级	三级	少年级
11	**1072**	**86**		**97**	**1800**	**600**	**60**	**1080**		
1	490	43								
1	30	3								
1	60	3								
1	70	9								
1	80	8								
1										
1	50	6								
1	52	3								
1	60	3								
		1								
1	30	1								
1	150	6								

10-4 社 会 福

县市区	收养类单位				光荣院
	院数(个)	工作人员(人)	床位(张)	年末收养人数(人)	院 数(个)
总 计	**82**	**674**	**10711**	**6104**	**12**
市直汇	2	40	450	341	
城 区	2	52	126	59	
郊 区	6	54	438	132	1
长治县	3	13	330	176	1
襄垣县	6	35	448	250	1
屯留县	6	73	1370	295	1
平顺县	6	53	630	339	1
黎城县	9	58	1216	657	1
壶关县	8	31	1174	806	1
长子县	7	80	1010	790	1
武乡县	7	57	795	560	1
沁 县	7	48	1048	934	1
沁源县	6	32	1088	400	1
潞城市	7	48	588	365	1

10-4 续 1

县市区	儿童福利机构				城镇养老服务机构			
	院 数(个)	工作人员(人)	床 位(张)	年末收养人数(人)	院 数(个)	工作人员(人)	床 位(张)	年末收养人数(人)
总 计					**7**	**85**	**570**	**317**
市直汇					1	17	150	56
城 区					1	33	40	40
郊 区								
长治县								
襄垣县								
屯留县								
平顺县								
黎城县					3	27	310	188
壶关县								
长子县								
武乡县								
沁 县					1	5	40	30
沁源县								
潞城市					1	3	30	3

利　　　事　　　业

（编办登记）			社会福利院（编办登记）			
工作人员（人）	床位（张）	年末收养人数（人）	院数（个）	工作人员（人）	床位（张）	年末收养人数（人）
98	**479**	**196**	**2**	**27**	**400**	**356**
			1	23	300	285
6	20	14				
6	30	4				
10	30	13				
7	60	5				
12	30	16				
10	45	22				
7	40	24	1	4	100	71
4	30	20				
10	45	15				
10	50	20				
7	59	35				
9	40	8				

农村养老服务机构				其他收养性机构			
院　数（个）	工作人员（人）	床　位（张）	年末收养人数（人）	院　数（个）	工作人员（人）	床　位（张）	年末收养人数（人）
61	**464**	**9262**	**5235**				
1	19	86	19				
5	48	418	118				
2	7	300	172				
5	25	418	237				
5	66	1310	290				
5	41	600	323				
5	21	861	447				
6	20	1034	711				
6	76	980	770				
6	47	750	545				
5	33	958	884				
5	25	1029	365				
5	36	518	354				

10–4 续 2

县市区	享受补助救济人员(人)		享受定期抚恤人数(人)			城市低保	革命伤残	
	农村低保	在乡复退军人	合计	烈属	军属	城市低保人数(人)	合计	一级
总　计	**114848**	**974**	**1118**	**869**	**249**	**38824**	**2736**	**2**
市直汇		4	5	2	3		5	
城　区		14	27	13	14	7851	350	2
郊　区	1990	50	35	23	12	3809	284	
长治县	11296	149	224	182	42	1608	329	
襄垣县	6546	107	124	107	17	1505	190	
屯留县	10092	73	60	33	27	2326	200	
平顺县	8096	58	47	30	17	2322	100	
黎城县	8891	39	46	21	25	2871	188	
壶关县	15797	117	144	141	3	2792	183	
长子县	15858	82	93	68	25	2356	190	
武乡县	11232	75	133	105	28	3074	270	
沁　县	11640	115	76	66	10	4476	104	
沁源县	6553	50	66	48	18	1944	167	
潞城市	6857	41	38	30	8	1890	176	

10–4 续 3

县市区	民政事业资金支出	其中:抚恤	退役安置	社　会	
				医疗救助	城市最低生活保障
总 计	**88045.2**	**18366.2**	**5440.9**	**8100.4**	**16062.2**
市直汇	7,805.5	620.8	2664.3	19.4	81.9
城 区	5233.3	654.0	605.4	553.7	2659.6
郊 区	4432.0	656.0	260.0	570.0	1584.0
长治县	6769.4	1678.1	252.2	828.9	1096.6
襄垣县	6202.6	1769.2	203.9	742.5	694.4
屯留县	5016.6	935.7	159.6	476.4	908.2
平顺县	5071.0	605.1	12.3	619.3	1032.0
黎城县	6126.0	2184.4	125.2	468.7	1001.3
壶关县	7635.1	1647.2	312.8	672.7	1115.0
长子县	7463.9	1423.7	241.8	705.5	957.9
武乡县	9386.7	3048.2	136.8	779.9	1218.7
沁 县	6762.5	927.4	139.0	798.6	1894.0
沁源县	4989.3	713.3	141.0	375.5	1113.6
潞城市	5151.3	1503.1	186.6	489.3	705.0

人员		婚姻登记			城市低保	火化尸体数（具）	年末实有社会团体（个）	民办非企业单位（个）
二级	三级	准予结婚登记（对）	初婚（人）	再婚（人）	离婚（对）			
2	66	**30603**	**56447**	**4759**	**3758**	**2503**	**895**	**501**
						2493	306	133
	8	3764	6368	1160	876		39	97
	5	2680	4774	586	353		32	21
	2	2500	4461	539	341		78	44
	4	2731	5174	288	349		52	18
	2	2744	5300	188	184		55	25
1	7	1170	2138	202	80		28	14
	5	1232	2128	336	170		47	30
	10	3260	6231	289	205		40	29
	5	3570	7140		366		30	31
1	10	1890	3503	277	184		65	17
	2	1558	3116		148	10	43	21
	4	1225	2158	292	120		30	5
	2	2279	3956	602	382		50	16

救助		社会福利	民政管理事物	自然灾害生活救助	行政事业单位离退休	其他款项用于民政支出
农村最低生活保障	其他社会救助					
20747.7	**6437.4**	**4120.4**	**3964.5**	**3105.0**	**1163.5**	**537.0**
	818.8	1701.7	840.0	466.4	378.6	213.6
	62.5	44.5	587.2	44.6	21.8	
489.0	157.0	256.0	326.0	91.0	43.0	
1626.8	339.4	98.0	397.4	370.0	82.0	
1379.5	412.8	394.4	237.4	266.0	102.5	
1805.7	508.2	55.3	53.6	74.0	39.9	
1711.4	457.3	123.7	132.7	312.0	65.2	
1574.4	260.1	377.9	66.0	68.0		
2613.4	512.5	97.2	223.3	340.0	101.0	
2863.7	645.5	104.6	293.3	55.0	93.1	79.8
2191.2	839.3	545.7	151.0	439.0	36.9	
1906.5	555.0	155.0	55.0	273.0	59.0	
1239.7	538.2	110.4	347.5	71.0	95.5	243.6
1346.4	330.8	56.0	254.1	235.0	45.0	

10-4 续 4

县市区	五保供养			城市"三无"救助	流浪乞讨人员救助			临时救助	传统救济
	合计	五保集中供养	五保分散供养		合计	流浪乞讨人员救助单位经费	流浪乞讨人员救助经费		
总 计	**4615.4**	**2548.9**	**2066.5**		**998.1**	**207.3**	**790.8**	**465.7**	**358.2**
市直汇					818.8	147.9	670.9		
城 区	59.2	30.5	28.7		3.3	2.3	1.0		
郊 区	58.0	46.0	12.0		30.0	20.0	10.0	69.0	
长治县	252.0	71.0	181.0		6.0	1.0	5.0	50.0	31.4
襄垣县	383.3	206.9	176.4		6.0	1.0	5.0	9.0	14.5
屯留县	446.4	233.0	213.4		1.8	0.8	1.0	60.0	
平顺县	318.9	115.5	203.4		0.9	0.2	0.7	90.5	47.0
黎城县	240.1	163.4	76.7		20.0	15.0	5.0		
壶关县	455.0	276.0	179.0		20.0	1.0	19.0	10.8	26.7
长子县	595.8	446.8	149.0		0.9	0.4	0.5	41.0	7.8
武乡县	580.4	244.0	336.4		36.7	4.0	32.7	22.4	199.8
沁 县	526.0	333.0	193.0		14.0	5.0	9.0	15.0	
沁源县	468.2	219.0	249.2		6.0	1.0	5.0	33.0	31.0
潞城市	232.1	163.8	68.3		33.7	7.7	26.0	65.0	

固定资产投资

资料整理人员

牛卫红　侯　捷　杨凌云　张　贤　付经晶　吴飞飞

11-1 固定资产投资总额

单位:万元

指标名称	2014 年	2013 年	比上年增长(%)
本年新开工项目计划总投资	10938682	11414572	-4.17
#亿元以上项目	8567056	7994920	7.16
固定资产投资完成额	12456466	10868280	14.61
#新开工项目完成	5550555	5815077	-4.55
#亿元以上新开工项目完成	3359063	2873585	16.89
一、按登记注册类型分			
国有	3772835	3596344	4.91
非国有	8683631	7271936	19.41
二、按产业分			
第一产业	1306177	1144956	14.08
第二产业	5792995	5462956	6.04
其中:工业	5792995	5462956	6.04
采矿业	1301175	1414647	-8.02
制造业	3952914	3495457	13.09
电 力	331049	349096	-5.17
第三产业	5357294	4260368	25.75
三、按建设性质分			
新建	8208067	6758696	21.44
扩建	1144277	1449922	-21.08
改建和技术改造	680072	823330	-17.4
四、按构成分			
建筑工程	8661326	6947319	24.67
安装工程	568885	465398	22.24
设备、工具、器具购置	2310472	2177386	6.11
其他费用	915783	1278177	-28.35
五、本年新开工项目(个)	863	1032	-16.38
其中:亿元以上项目	175	148	18.24

11-2 固定资产投资完成情况(按管理渠道划分)

单位:万元

指标名称	总 计	项目投资	按城乡划分		中央项目	地方项目	房地产投资
			城镇	农村非农户			
一、计划总投资							
1、计划总投资	36225984	32051448	30361632	1689816	572163	31479285	4174536
其中:本年新开工项目	10938682	10938682			1700	10936982	
其中:亿元及以上项目	32164414	28370203	27519321	850882	570463	27799740	3794211
2、自开始建设累计完成投资	21768849	19446747	18126032	1320715	158103	19288644	2322102
二、本年完成投资(或自年初累计完成投资)	12456466	11704135	10603770	1100365	34051	11670084	752331
其中:本月完成投资	1543749	1479543			600	1478943	64206
其中:住宅	2112822	1531144	1252545	278599	30	1531114	581678
其中:亿元及以上项目完成投资	9602662	8983109	8564948	418161	32351	8950758	619553
1、按登记注册类型划分							
内资企业	12428979	11676648	10576283	1100365	34051	11642597	752331
国有企业	3758558	3686426	3659980	26446	34051	3652375	72132
集体企业	158033	158033	141033	17000		158033	
股份合作企业	45817	45817	45817			45817	
联营企业	20294	20294	20294			20294	
国有联营企业							
集体联营企业	20000	20000	20000			20000	
国有与集体联营企业							
其他联营企业	294	294	294			294	
有限责任公司	2786345	2373086	2327556	45530		2373086	413259
国有独资公司	14277	14277	14277			14277	
其他有限责任公司	2772068	2358809	2313279	45530		2358809	413259
股份有限公司	611316	611316	608318	2998		611316	
私营企业	3469306	3202366	2984808	217558		3202366	266940
私营独资企业	33725	33725	30688	3037		33725	
私营合伙企业	82206	82206	53902	28304		82206	
私营有限责任公司	3243698	2980245	2832628	147617		2980245	263453
私营股份有限公司	109677	106190	67590	38600		106190	3487
其他企业	1579310	1579310	788477	790833		1579310	
港、澳、台商投资企业	27487	27487	27487			27487	
合资经营企业(港或澳、台资)	27487	27487	27487			27487	
合作经营企业(港或澳、台资)							
港、澳、台商独资经营企业							
港、澳、台商投资股份有限公司							
其他港、澳、台商投资企业							

11-2 续 1

单位：万元

指标名称	总 计	项目投资	按城乡划分		中央项目	地方项目	房地产投资
			城镇	农村非农户			
外商投资企业							
中外合资经营企业							
中外合作经营企业							
外资企业							
外商投资股份有限公司							
其他外商投资企业							
个体户							
个人合伙							
2、按控股情况分							
国有控股	4561486	4366796	4340350	26446	34051	4332745	194690
集体控股	462607	462607	445607	17000		462607	
私人控股	5316813	5316813	5037286	279527		5316813	
港澳台商控股							
外商控股							
其他	1557919	1557919	780527	777392		1557919	
3、按建设性质分							
新建	8208067	8208067	7581506	626561	34021	8174046	
扩建	1144277	1144277	1026124	118153		1144277	
改建和技术改造	680072	680072	660957	19115		680072	
单纯建造生活设施	1586106	1586106	1249570	336536	30	1586076	
4、按构成分							
建筑工程	8661326	8034077	7075058	959019	23812	8010265	627249
安装工程	568885	505494	492388	13106	2704	502790	63391
设备工器具购置	2310472	2292355	2232854	59501	6860	2285495	18117
其中：购置旧设备	27610	27610	27555	55		27610	
其中：用于更新的设备	642628	642628	632294	10334	6510	636118	
其他费用	915783	872209	803470	68739	675	871534	43574
其中：旧建筑物购置费	3888	525	525			525	3363
其中：建设用地费	290407	256436	235683	22179	675	255761	33971
5、按国民经济行业分							
(一)农、林、牧、渔业	1306177	1306177	849188	456989		1306177	
农业	654612	654612	401756	252856		654612	
林业	136243	136243	104901	31342		136243	
畜牧业	507047	507047	342531	164516		507047	
渔业	1275	1275		1275		1275	

11-2 续 2

单位:万元

指标名称	总 计	项目投资	按城乡划分		中央项目	地方项目	房地产投资
			城镇	农村非农户			
农、林、牧、渔服务业	7000	7000		7000		7000	
(二)采矿业	1301175	1301175	1299175	2000	21686	1279489	
煤炭开采和洗选业	857167	857167	857167			857167	
石油和天然气开采业	356658	356658	356658		21686	334972	
黑色金属矿采选业	53636	53636	53636			53636	
有色金属矿采选业							
非金属矿采选业	33714	33714	31714	2000		33714	
开采辅助活动							
其他开采业							
(三)制造业	3952914	3952914	3860044	92870	10635	3942279	
农副食品加工业	536336	536336	528549	7787		536336	
食品制造业	31344	31344	28784	2560		31344	
酒、饮料和精制茶制造业	213312	213312	191402	21910		213312	
烟草制品业							
纺织业	11016	11016	11016			11016	
纺织服装和服饰业							
皮革、毛皮、羽毛(绒)及其制品业							
木材加工及木、竹、藤、棕、草制	21320	21320	21320			21320	
家具制造业							
造纸及纸制品业	43140	43140	43140			43140	
印刷业和记录媒介的复制							
文教体育用品制造业	41693	41693	39818	1875		41693	
石油加工、炼焦及核燃料加工业	1045655	1045655	1045655			1045655	
化学原料及化学制品制造业	540429	540429	537431	2998		540429	
医药制造业	80329	80329	71529	8800		80329	
化学纤维制造业							
橡胶和塑料制品业	76182	76182	76182			76182	
非金属矿制品业	513461	513461	469021	44440		513461	
黑色金属冶炼和压延加工业	99897	99897	99897			99897	
有色金属冶炼和压延加工业	11537	11537	11537			11537	
金属制品业	160626	160626	160626			160626	
通用设备制造业	109425	109425	109425			109425	
专用设备制造业	159211	159211	159211			159211	
汽车制造业	86735	86735	86735			86735	
铁路、船舶、航空航天等制造业	37385	37385	34885	2500	10635	26750	

11-2 续 3

单位：万元

指标名称	总 计	项目投资	按城乡划分		中央项目	地方项目	房地产投资
			城镇	农村非农户			
电气机械及器材制造业	122331	122331	122331			122331	
计算机、通信和其他电子设备制造业							
仪器仪表制造业	3300	3300	3300			3300	
其他制造业							
废弃资源综合利用业	4950	4950	4950			4950	
金属制品、机械和设备修理业	3300	3300	3300			3300	
（四）电力、热力、燃气及水的生产和供应业	538906	538906	498675	40231		538906	
电力、热力的生产和供应业	392373	392373	388276	4097		392373	
燃气生产和供应业	104484	104484	68350	36134		104484	
水的生产和供应业	42049	42049	42049			42049	
（五）建筑业							
房屋建筑业							
土木工程建筑业							
建筑安装业							
建筑装饰和其他建筑业							
（六）批发和零售业	321100	321100	302223	18877	1700	319400	
批发业	220287	220287	210865	9422		220287	
零售业	100813	100813	91358	9455	1700	99113	
（七）交通运输、仓储和邮政业	769885	769885	743312	26573		769885	
铁路运输业	122805	122805	122805			122805	
道路运输业	317464	317464	317464			317464	
水上运输业							
航空运输业							
管道运输业	18762	18762	18762			18762	
装卸搬运和运输代理业							
仓储业	310854	310854	284281	26573		310854	
邮政业							
（八）住宿和餐饮业	17042	17042	13062	3980		17042	
住宿业	15972	15972	11992	3980		15972	
餐饮业	1070	1070	1070			1070	
（九）信息传输、软件和信息技术服务业	27575	27575	27575			27575	
电信、广播电视和卫星传输服务业	9300	9300	9300			9300	
互联网和相关服务业							
软件和信息技术服务业	18275	18275	18275			18275	

11-2 续 4

单位:万元

指标名称	总 计	项目投资	按城乡划分		中央项目	地方项目	房地产投资
			城镇	农村非农户			
(十)金融业							
货币金融业							
资本市场业							
保险业							
其他金融业							
(十一)房地产业	2568201	1815870	1485639	330231	30	1815840	752331
房地产业	2568201	1815870	1485639	330231	30	1815840	752331
(十二)租赁和商务服务业	17448	17448	17448			17448	
租赁业							
商务服务业	17448	17448	17448			17448	
(十三)科学研究和技术服务业	3450	3450	3450			3450	
研究与试验发展							
专业技术服务业	100	100	100			100	
科技交流和推广服务业	3350	3350	3350			3350	
(十四)水利、环境和公共设施管理业	1227970	1227970	1125668	102302		1227970	
水利管理业	55981	55981	53782	2199		55981	
生态保护和环境治理业	167222	167222	116952	50270		167222	
公共设施管理业	1004767	1004767	954934	49833		1004767	
(十五)居民服务和其他服务业	31688	31688	22912	8776		31688	
居民服务业	31688	31688	22912	8776		31688	
机动车、电子产品和日用产品修理业							
其他服务业							
(十六)教育	31529	31529	30700	829		31529	
教育	31529	31529	30700	829		31529	
(十七)卫生和社会工作	95779	95779	92635	3144		95779	
卫生	23742	23742	23742			23742	
社会工作	72037	72037	68893	3144		72037	
(十八)文化、体育和娱乐业	238246	238246	226077	12169		238246	
新闻和出版业							
广播、电视、电影和影视录音制作业							
文化艺术业	94470	94470	85081	9389		94470	
体育	123376	123376	120596	2780		123376	
娱乐业	20400	20400	20400			20400	
(十九)公共管理和社会组织	7381	7381	5987	1394		7381	

11-2 续 5 单位:万元

指标名称	总 计	项目投资	按城乡划分		中央项目	地方项目	房地产投资
			城镇	农村非农户			
中国共产党机关							
国家机构	4982	4982	4982			4982	
人民政协和民主党派							
社会保障	1005	1005	1005			1005	
群众团体、社会团体和其他成员组织							
基层群众自治组织	1394	1394		1394		1394	
三、本年新增固定资产	7167791	6639524	5885552	760572	40275	6599249	528267
四、项目个数(个)							
1、施工项目个数	1334	1334	1048	286	5	1329	
其中:本年新开工	863	863	631	232	1	862	
2、本年投产项目个数	955	955	719	236	2	953	
五、房屋建筑面积(万平方米)							
本年施工房屋面积	30908946	19939653	17776783	2191070	39176	19900477	10969293
其中:住宅	18668538	10521378	8695537	1825841	2200	10519178	8147160
本年竣工房屋面积	8248172	5736651	4673458	1101469		5736651	2511521
其中:住宅	5526763	3527743	2486182	1014171		3527743	1999020
本年竣工房屋价值	518985		871246	154605			518985
其中:住宅	518985		450804	135744			518985
六、本年实际到位资金合计	10740001	9879457	8884887	994570	32416	9847041	860544
1.上年末结余资金	275705	198049	170975	27074		198049	77656
2.本年实际到位资金小计	10464296	9681408	8713912	967496	32416	9648992	782888
(1)国家预算资金	354168	354168	346893	7275		354168	
其中:中央预算资金	5723	5723	5723			5723	
(2)国内贷款	370894	308469	306249	2220		308469	62425
(3)债券							
(4)利用外资	1090	1090	1090			1090	
其中:外商直接投资							
(5)自筹资金	8845468	8442164	7757451	684713	32416	8409748	403304
其中:企、事业单位自有资金	6001160	5857446	5455173	402273	32416	5825030	143714
其中:股东投入资金	1531268	1531268	1459368	71900		1531268	
其中:借入资金	253924	253924	248725	5199		253924	
(6)其他资金来源	892676	575517	302229	273288		575517	317159
七、各项应付款合计	2055047	1909995	1792223	117772	1635	1908360	145052
其中:工程款	1510367	1409550	1338456	71094	1635	1407915	100817

11-3　分县区固定资产投资(按管理渠道划分)

单位:万元

县市区	总计	项目投资	房地产投资
总　计	**12456466**	**11704135**	**752331**
城　区	1550785	1162576	388209
郊　区	1601336	1562866	38470
长治县	1250506	1246343	4163
襄垣县	1756094	1704154	51940
屯留县	1150371	1005132	145239
平顺县	313931	311931	2000
黎城县	481029	452099	28930
壶关县	458182	406284	51898
长子县	1053782	1044335	9447
武乡县	252086	225970	26116
沁　县	329759	329759	
沁源县	909282	905123	4159
潞城市	1288055	1286295	1760
高新区	61268	61268	

11-4 分县区建筑安装投资

单位：万元

县市区	计 划 总投资	本年完成 投 资	建筑 工程	安装 工程	设备工器 具购置	其他 费用
总 计	**36225984**	**12456466**	**8661326**	**568885**	**2310472**	**915783**
城 区	5496676	1550785	1408445	50941	35340	56059
郊 区	4554235	1601336	1220172	52850	244514	83800
长治县	3080843	1250506	945060	140	282001	23305
襄垣县	6876211	1756094	838036	163994	655820	98244
屯留县	3661442	1150371	789737	86715	221921	51998
平顺县	675284	313931	281588	500	21018	10825
黎城县	1239891	481029	407172	8015	37271	28571
壶关县	769464	458182	314913	14107	120062	9100
长子县	2847081	1053782	776070	53512	136029	88171
武乡县	783130	252086	171679	19205	36275	24927
沁 县	826766	329759	304179		24680	900
沁源县	2374024	909282	552669	33448	149366	173799
潞城市	2754749	1288055	604636	85458	331877	266084
高新区	286188	61268	46970		14298	

11-5 分县区城镇+农村非农户

县(市)区	计划总投资	累计完成投资	本年完成投资	其中：住宅	按构成分：建筑工程	安装工程	设备购置	其他费用
总计	**32051448**	**19446747**	**11704135**	**1531144**	**8034077**	**505494**	**2292355**	**872209**
城区	4221271	1654743	1162576	585931	1091378	11769	18709	40720
郊区	4017748	2255741	1562866	272086	1182252	52810	244054	83750
长治县	3047316	1800037	1246343	253216	941112		281926	23305
襄垣县	6448481	3434297	1704154	122364	793337	158813	655820	96184
屯留县	2514708	1641700	1005132	51114	662368	79775	221921	41068
平顺县	571884	506185	311931	45780	279588	500	21018	10825
黎城县	889891	578336	452099	4680	378242	8015	37271	28571
壶关县	633164	621599	406284	4180	280085	5987	120062	150
长子县	2822251	1949156	1044335	4043	768690	53512	136029	86104
武乡县	718481	289265	225970	6880	153888	15866	35324	20892
沁县	769006	509343	329759		304179		24680	900
沁源县	2369865	1867381	905123	16775	549112	32989	149366	173656
潞城市	2741194	2156740	1286295	164095	602876	85458	331877	266084
高新区	286188	182224	61268		46970		14298	

11-5 续

县(市)区	本年实际到位资金合计	上年末结余资金	本年实际到位资金小计	国家预算内资金	中央预算资金	国内贷款
总计	**9879457**	**198049**	**9681408**	**354168**	**5723**	**308469**
城区	604625	16589	588036	99369		440
郊区	1599850	114755	1485095	857	857	10333
长治县	1192866	2281	1190585	66776		170525
襄垣县	1505527	5996	1499531	10233		3000
屯留县	1013752	6649	1007103	22045		33668
平顺县	195290		195290	15202	1510	3215
黎城县	351273	2252	349021	57046	556	1016
壶关县	293455	36540	256915	7580	1292	30000
长子县	718457	5928	712529	2412	1000	41634
武乡县	202068	620	201448	38183		7480
沁县	326888		326888	5647		500
沁源县	901542		901542	2742	508	5658
潞城市	914618		914618	26076		
高新区	59246	6439	52807			1000

固定资产投资完成情况

单位：万元

本年新增固定资产	本年施工房屋面积㎡		本年竣工房屋面积㎡		竣工房屋价值		本年施工项目个数(个)		
	小计	其中：住　宅	小计	其中：住　宅	小计	其中：住宅	小计	新开项目	全投项目
6646124	**19967853**	**10521378**	**5774927**	**3500353**	**1025851**	**586548**	**1334**	**863**	**955**
552727	8405637	5269029	1731361	1562154	320255	293850	61	30	40
1032084	2668701	1364176	1369930	764316	221862	115314	245	173	147
534035	1392144	705308	794009	341673	180936	80966	57	42	45
498411	1920520	1052683	209316	74880	42111	14976	118	51	73
382183	1140085	642197	75087	43642	14531	6718	142	88	95
413414	517929	323570	103410	94368	14980	11940	84	68	76
321749	381780	8605	232343	8605	50512	2564	74	61	66
613699	7144	1845					16	8	14
709475	1206790	65340	335153		59766		92	48	55
174926	123112	50375	62275	40685	10800	6900	75	62	61
206977	64799						106	84	79
107564	356363	183341	5519		2700		124	66	113
1062004	1493543	854909	801781	570030	87135	53320	120	80	82
36876	289306		54743		20263		20	2	9

单位：万元

利用外资	外商直接投资	自筹资金	单位自有资金	股东投入资金	借入资金	其他资金	各项应付款	其中：工程款
1090		**8442164**	**5857446**	**1531268**	**253924**	**575517**	**1909995**	**1409550**
		485567	297567		188000	2660	557951	548265
		1251832	384496	867336		222073		
		657925	657925			295359	55340	10000
		1486298	1432529	28900			207682	200847
		951390	547605				20178	394
1090		155368	78904	22600	1650	20415	117952	115291
		290959	226748				102411	102411
		199093	72202	53000	41391	20242	113616	68154
		668483	177152	491331			327489	305944
		141517	19379	65561	8444	14268	24834	2076
		320241	210489	2540	2595	500	5188	508
		893142	880298		11844		3581	3581
		888542	820345				371677	49983
		51807	51807				2096	2096

11-6 分县区城镇固定

县(市)区	计划总投资	累计完成投资	本年完成投资		按构成分			
				其中:住宅	建筑工程	安装工程	设备购置	其他费用
总计	**30361632**	**18126032**	**10603770**	**1252545**	**7075058**	**492388**	**2232854**	**803470**
城区	4221271	1654743	1162576	585931	1091378	11769	18709	40720
郊区	3614457	1947591	1283508	70128	913768	52449	243419	73872
长治县	2885016	1747467	1193773	253216	888612		281926	23235
襄垣县	6434251	3418754	1691671	122364	787089	158803	651505	94274
屯留县	2333497	1489539	891833	29501	554915	79285	218186	39447
平顺县	508461	442762	249108	45780	222560	500	20764	5284
黎城县	849940	539705	416628	4680	345177	7905	36385	27161
壶关县	613164	601599	389284	4180	263085	5987	120062	150
长子县	2754239	1882810	997732	4043	736866	49552	125999	85315
武乡县	698279	269545	207850	5565	140402	14603	32780	20065
沁县	299908	163904	87299		84569		2730	
沁源县	2343405	1840921	883293	16655	528002	32969	148766	173556
潞城市	2519556	1944468	1087947	110502	471665	78566	317325	220391
高新区	286188	182224	61268		46970		14298	

11-6 续

县(市)区	本年实际到位资金合计	上年末结余资金	本年实际到位资金小计	国家预算内资金	中央预算资金	国内贷款
总计	**8884887**	**170975**	**8713912**	**346893**	**5723**	**306249**
城区	604625	16589	588036	99369		440
郊区	1319038	97993	1221045	857	857	10333
长治县	1140266	2281	1137985	66776		170525
襄垣县	1494344	5956	1488388	10233		3000
屯留县	895217	6599	888618	14770		31868
平顺县	160950		160950	15202	1510	3215
黎城县	315742	2212	313530	57046	556	1016
壶关县	276455	26615	249840	7580	1292	30000
长子县	700200	5671	694529	2412	1000	41634
武乡县	186349	620	185729	38183		7060
沁县	86079		86079	5647		500
沁源县	879712		879712	2742	508	5658
潞城市	766664		766664	26076		
高新区	59246	6439	52807			1000

资 产 投 资 完 成 情 况

单位：万元

本年新增固定资产	本年施工房屋面积㎡		本年竣工房屋面积㎡		竣工房屋价值		本年施工项目个数(个)		
	小计	其中：住宅	小计	其中：住宅	小计	其中：住宅	小计	新开项目	全投项目
5885552	**17776783**	**8695537**	**4673458**	**2486182**	**871246**	**450804**	**1048**	**631**	**719**
552727	8405637	5269029	1731361	1562154	320255	293850	61	30	40
851363	1452899	178734	669448	66234	117497	11308	179	122	97
531735	1361044	705308	792909	341673	180736	80966	55	40	44
483618	1916220	1052683	209316	74880	42111	14976	111	46	66
319184	649992	296116	22461		6431		106	62	67
349991	513379	323570	103410	94368	14980	11940	58	43	50
290158	330421	8605	184504	8605	37742	2564	66	54	59
593699	3632	1845					15	8	13
709475	1162590	65340	335153		59766		91	48	55
159801	107552	41134	48698	31444	8460	5600	64	52	51
28802	42341						23	15	14
105144	349013	175991	5519		2700		112	55	101
872979	1192757	577182	515936	306824	60305	29600	87	54	53
36876	289306		54743		20263		20	2	9

单位：万元

利用外资	外商直接投资	自筹资金	单位自有资金	股东投入资金	借入资金	其他资金	各项应付款	其中：工程款
1090		**7757451**	**5455173**	**1459368**	**248725**	**302229**	**1792223**	**1338456**
		485567	297567		188000	2660	557951	548265
		1205205	381159	824046		4650		
		657925	657925			242759	55340	10000
		1475155	1421386	28900			206382	200247
		841980	503547				16452	
1090		122428	76004	19500	1650	19015	89469	88018
		255468	191257				102411	102411
		192018	65127	53000	41391	20242	113616	68154
		650483	177152	473331			299143	281387
		128083	19379	60381	4340	12403	22431	2076
		79432	61692	210	1500	500	2068	508
		871312	859468		11844		3581	3581
		740588	691703				321283	31713
		51807	51807				2096	2096

11-7 分县区农村非农户

县(市)区	计划总投资	累计完成投资	本年完成投资	其中：住宅	按构成分：建筑工程	安装工程	设备购置	其他费用
总计	**1689816**	**1320715**	**1100365**	**278599**	**959019**	**13106**	**59501**	**68739**
城区								
郊区	403291	308150	279358	201958	268484	361	635	9878
长治县	162300	52570	52570		52500			70
襄垣县	14230	15543	12483		6248	10	4315	1910
屯留县	181211	152161	113299	21613	107453	490	3735	1621
平顺县	63423	63423	62823		57028		254	5541
黎城县	39951	38631	35471		33065	110	886	1410
壶关县	20000	20000	17000		17000			
长子县	68012	66346	46603		31824	3960	10030	789
武乡县	20202	19720	18120	1315	13486	1263	2544	827
沁县	469098	345439	242460		219610		21950	900
沁源县	26460	26460	21830	120	21110	20	600	100
潞城市	221638	212272	198348	53593	131211	6892	14552	45693
高新区								

11-7 续

县(市)区	本年实际到位资金合计	上年末结余资金	本年实际到位资金小计	国家预算内资金	中央预算资金	国内贷款
总计	**994570**	**27074**	**967496**	**7275**		**2220**
城区						
郊区	280812	16762	264050			
长治县	52600		52600			
襄垣县	11183	40	11143			
屯留县	118535	50	118485	7275		1800
平顺县	34340		34340			
黎城县	35531	40	35491			
壶关县	17000	9925	7075			
长子县	18257	257	18000			
武乡县	15719		15719			420
沁县	240809		240809			
沁源县	21830		21830			
潞城市	147954		147954			
高新区						

固 定 资 产 投 资 完 成 情 况

单位：万元

本年新增固定资产	本年施工房屋面积㎡		本年竣工房屋面积㎡		竣工房屋价值		本年施工项目个数(个)		
	小计	其中：住宅	小计	其中：住宅	小计	其中：住宅	小计	新开项目	全投项目
760572	**2191070**	**1825841**	**1101469**	**1014171**	**154605**	**135744**	**286**	**232**	**236**
180721	1215802	1185442	700482	698082	104365	104006	66	51	50
2300	31100		1100		200		2	2	1
14793	4300						7	5	7
62999	490093	346081	52626	43642	8100	6718	36	26	28
63423	4550						26	25	26
31591	51359		47839		12770		8	7	7
20000	3512						1		1
	44200						1		
15125	15560	9241	13577	9241	2340	1300	11	10	10
178175	22458						83	69	65
2420	7350	7350					12	11	12
189025	300786	277727	285845	263206	26830	23720	33	26	29

单位：万元

利用外资	外商直接投资	自筹资金	单位自有资金	股东投入资金	借入资金	其他资金	各项应付款	其中：工程款
		684713	**402273**	**71900**	**5199**	**273288**	**117772**	**71094**
		46627	3337	43290		217423		
						52600		
		11143	11143				1300	600
		109410	44058				3726	394
		32940	2900	3100		1400	28483	27273
		35491	35491					
		7075	7075					
		18000		18000			28346	24557
		13434		5180	4104	1865	2403	
		240809	148797	2330	1095		3120	
		21830	20830					
		147954	128642				50394	18270

11-8 房地产开发

县市区	计 划 总投资	自开始建 设 累 计 完成投资	本年 完成 投资	按 构 成			
				建筑 工程	安装 工程	设备工 器具购置	其他 费用
总　计	**4174536**	**2322102**	**752331**	**627249**	**63391**	**18117**	**43574**
城　区	1275405	1022407	388209	317067	39172	16631	15339
郊　区	536487	319520	38470	37920	40	460	50
长治县	33527	26555	4163	3948	140	75	
襄垣县	427730	252072	51940	44699	5181		2060
屯留县	1146734	389766	145239	127369	6940		10930
平顺县	103400	3650	2000	2000			
黎城县	350000	88149	28930	28930			
壶关县	136300	107141	51898	34828	8120		8950
长子县	24830	15827	9447	7380			2067
武乡县	64649	60716	26116	17791	3339	951	4035
沁　县	57760	21500					
沁源县	4159	4159	4159	3557	459		143
潞城市	13555	10640	1760	1760			

11-8 续

县市区	一、本年实际到位资金合计	1.上年末结余资　金	2.本年实际到位资金	(1)国内贷款	银行贷款	非银行金融机构贷款	(2)利用外资	其中：外商直接投资	(3)自筹资金	其中：自有资金
总　计	**860544**	**77656**	**782888**	**62425**	**62425**				**403304**	**143714**
城　区	426532	22920	403612	30000	30000				249043	72025
郊　区	87914	9979	77935						15480	5200
长治县	8761	3966	4795						500	500
襄垣县	73482	13103	60379						7232	2872
屯留县	131755	20682	111073	495	495				86073	34462
平顺县	295	64	231						231	
黎城县	25930		25930	25930	25930					
壶关县	68980	4724	64256	6000	6000				16234	10644
长子县	8050	373	7677						7677	5677
武乡县	19946	180	19766						15896	7396
沁　县										
沁源县	4159		4159						4159	4159
潞城市	4740	1665	3075						779	779

投 资 完 成 情 况

单位：万元

成 分 ：		按 工 程 用 途 分 ：							本年新增固定资产
其中：旧建筑物购置费	其中：土地购置费	商品住宅	其中：90平方米以下	其中：144平方米以上	其中：别墅、高档公寓	办公楼	商业营业用房	其他	
3363	**33971**	**581678**	**198628**	**156981**	**4611**	**13239**	**84094**	**73320**	**528267**
2400	11649	306382	133468	82192	1011	5643	46069	30115	344912
		29220	465	19785	3600	1910	6740	600	
		3982	3687	190			135	46	16837
430	1498	39359	6489	12755		241	3433	8907	88394
	9910	115708	32851	32534		975	7914	20642	31285
		2000	2000						
		9280		6900		4470	8100	7080	
533	8417	41960	3149	425			6748	3190	21391
	1284	8727	3410	100			120	600	
	1070	21000	13109	340			3296	1820	15496
									5793
	143	2300					1539	320	4159
		1760		1760					

单位：万元

其中：股东投入资金	其中：借入资金	(4)其他资金来源	其中：定金及预收款	其中：个人按揭贷款	二、本年各项应付款合计	其中：工程款	待开发土地面积	本年购置土地面积	本年土地成交价款	其中：拆迁补偿费	土地使用权出让金	契税
32581	**30223**	**317159**	**220311**	**28968**	**145052**	**100817**	**319407**	**365334**	**38108**	**1180**	**25956**	**799**
4412	6500	124569	54422	5047	45610	32810	9916	111891	24717	110	20999	655
		62455	45771	16684	20200	20200						
		4295	4295		200	200						
	4360	53147	53147		11067	7710	117489	18667	2863	1070	1793	
25079	10632	24505	21629	1166	51903	29297	67522	121585	6294			
	231				2000	2000						
					4850							
3090		42022	37012	5010			27562					
					1937	1830	8323	17095	1330		1330	52
	8500	3870	1739	1061	6370	6370	88595	96096	2904		1834	92
		2296	2296		915	400						

11-9 房地产开发投资

县市区	房屋施工面积	其中:住宅	户型结构		别墅、高档公寓	办公楼	商业营业用房
			90平米以下住房	144平米以上住房			
总　计	**10969293**	**8147160**	**2320178**	**2080693**	**39097**	**91480**	**1195926**
城　区	4466780	3351386	1553147	701240	4200	36090	315888
郊　区	1689179	917344	10510	456662	34897	28030	490566
长治县	192938	171328	47380	51842			11128
襄垣县	1359563	1150165	119699	339696		4096	38447
屯留县	1663312	1261565	389957	471380		2265	162379
平顺县	3500	3500	3500				
黎城县	138548	41323		41323		20999	52961
壶关县	788969	702877	41480	2370			64580
长子县	110082	105832	43776	5280			2228
武乡县	272063	200028	68502	3168			19741
沁　县	228098	198398	36000				29700
沁源县	16345	8274					6069
潞城市	39916	35140	6227	7732			2239

11-9 续 1

县市区	房屋竣工面积	其中:住宅	户型结构		别墅、高档公寓	办公楼	商业营业用房
			90平米以下住房	144平米以上住房			
总　计	**2511521**	**1999020**	**469483**	**674061**	**4200**	**28081**	**177949**
城　区	1742152	1285696	371155	411801	4200	28081	145686
郊　区							
长治县	80653	73578		45150			7075
襄垣县	281968	279553	12120	99110			2415
屯留县	146289	141939		118000			4350
平顺县							
黎城县							
壶关县	118243	108785	41480				9458
长子县							
武乡县	89871	65195	8728				2896
沁　县	36000	36000	36000				
沁源县	16345	8274					6069
潞城市							

施 工 销 售 情 况

单位：万元、平方米

其 他	新开工面积	其中：住宅	户型结构 90平米以下住房	户型结构 144平米以上住房	别墅、高档公寓	办公楼	商业营业用房	其 他
1534727	**1970189**	**1497048**	**459562**	**315801**		**12437**	**171878**	**288826**
763416	719180	454110	100252	162167		8341	78368	178361
253239	79725	74515					60	5150
10482	27700	23700	23700					4000
166855	309114	203649	27499	129523		4096	30013	71356
237103	360756	353068	267026	17421			5996	1692
23265								
21512	358073	288317		2370			48244	21512
2022	68766	64516	37395	4320			2228	2022
52294	30530	26899	3690				900	2731
2002	16345	8274					6069	2002
2537								

单位：万元、平方米

其 他	不可销售面积	其中：住宅	户型结构 90平米以下住房	户型结构 144平米以上住房	别墅、高档公寓	办公楼	商业营业用房	其 他
306471	**278998**	**152933**	**88573**	**9077**		**1980**	**16754**	**107331**
282689	228314	104362	40002	9077		1980	16643	105329
	41480	41480	41480					
21780								
	7091	7091	7091					
2002	2113						111	2002

11-9 续 2

县市区	房屋竣工套数	户型结构		别墅、高档公寓	竣工房屋价值
		90平米以下住房	144平米以上住房		
总　计	**17191**	**6530**	**3586**	**12**	**518985**
城　区	11181	4943	2009	12	341910
郊　区					
长治县	464		258		16837
襄垣县	2042	138	589		88394
屯留县	914		730		25285
平顺县					
黎城县					
壶关县	1287	765			21391
长子县					
武乡县	703	144			15496
沁　县	540	540			5793
沁源县	60				3879
潞城市					

11-9 续 3

县市区	批准预售面积	其中:住宅	户型结构		别墅、高档公寓
			90平米以下住房	144平米以上住房	
总　计	**2014964**	**1539813**	**140500**	**538317**	**39097**
城　区	856144	702754	131348	147828	4200
郊　区	740806	498643	424	376988	34897
长治县					
襄垣县					
屯留县	61268	53580			
平顺县					
黎城县					
壶关县	233099	195428		2370	
长子县					
武乡县	89871	65195	8728		
沁　县					
沁源县	16234	8274			
潞城市	17542	15939		11131	

单位:万元、平方米

其中:住宅	户型结构:90平米以下住房	户型结构:144平米以上住房	别墅、高档公寓	办公楼	商业营业用房	其他
432490	**93714**	**145106**	**2100**	**7238**	**37678**	**41579**
265945	76491	87023	2100	7238	31225	37502
14715		12130			2122	
87853	2453	23668			541	
24835		22285			450	
19809	7550				1582	
11240	1427				499	3757
5793	5793					
2300					1259	320

单位:万元、平方米

办公楼	商业营业用房	其他	批准预售套数	户型结构:90平米以下住房	户型结构:144平米以上住房	别墅、高档公寓
18395	**144448**	**312308**	**12556**	**1766**	**3348**	**134**
18395	89178	45817	6260	1615	938	12
	23005	219158	3332	7	2326	122
	5996	1692	462			
	17415	20256	1637		16	
	2896	21780	703	144		
	5958	2002	60			
		1603	102		68	

11-9 续 4

县市区	出租房屋面积	其中:住宅	户型结构		别墅、高档公寓	办公楼	商业营业用房
			90平米以下住房	144平米以上住房			
总　计							
城　区							
郊　区							
长治县							
襄垣县							
屯留县							
平顺县							
黎城县							
壶关县							
长子县							
武乡县							
沁　县							
沁源县							
潞城市							

11-9 续 5

县市区	现房销售面积	其中:住宅	户型结构		别墅、高档公寓	办公楼	商业营业用房
			90平米以下住房	144平米以上住房			
总　计	**744492**	**608226**	**132840**	**169581**		**19745**	**73021**
城　区	655998	530260	99559	161045		19745	62493
郊　区							
长治县							
襄垣县	1635						1635
屯留县	11375	10256	1720	8536			1119
平顺县							
黎城县							
壶关县	28298	26482					1816
长子县							
武乡县	2652	2652	2652				
沁　县	30302	30302	28909				
沁源县	14232	8274					5958
潞城市							

单位:万元、平方米

、 其 他	商品房销售面积	其中:住宅	户型结构		别墅、高档公寓	办公楼	商业营业用房	其 他
			90平米以下住房	144平米以上住房				
	1848501	**1687459**	**187938**	**595726**		**19745**	**84829**	**56468**
	872112	746374	154657	199660		19745	62493	43500
	354552	354552		284528				
	972	882		882			90	
	203655	180904		66790			9783	12968
	104082	102963	1720	34668			1119	
	85911	82341		6745			3570	
	174421	172605					1816	
	2652	2652	2652					
	30302	30302	28909					
	14232	8274					5958	
	5610	5610		2453				

单位:万元、平方米

其 他	期 房销售面积	其中:住宅	户型结构		别墅、高档公寓	办公楼	商业营业用房	其 他
			90平米以下住房	144平米以上住房				
43500	1104009	1079233	55098	426145			11808	12968
43500	216114	216114	55098	38615				
	354552	354552		284528				
	972	882		882			90	
	202020	180904		66790			8148	
	92707	92707		26132				
	85911	82341		6745			3570	
	146123	146123						
	5610	5610		2453				

11-9 续 6

县市区	商品房销售额	其中:住宅	户型结构		别墅、高档公寓	办公楼	商业营业用房
			90平米以下住房	144平米以上住房			
总 计	**693220**	**587983**	**66324**	**214992**		**23270**	**68378**
城 区	403318	315469	60719	89852		23270	52355
郊 区	98266	98266		78363			
长治县	317	245		245			72
襄垣县	68086	56596		24592			10125
屯留县	43151	42703	482	19584			448
平顺县							
黎城县	22093	19914		1522			2179
壶关县	46049	45120					929
长子县							
武乡县	498	498	498				
沁 县	4945	4945	4625				
沁源县	4586	2316					2270
潞城市	1911	1911		834			

11-9 续 7

县市区	期房销售额	其中:住宅	户型结构		别墅、高档公寓	办公楼	商业营业用房
			90平米以下住房	144平米以上住房			
总 计	**359595**	**346641**	**19490**	**136392**			**11589**
城 区	94038	94038	19490	16154			
郊 区	98266	98266		78363			
长治县	317	245		245			72
襄垣县	67299	56596		24592			9338
屯留县	37319	37319		14682			
平顺县							
黎城县	22093	19914		1522			2179
壶关县	38352	38352					
长子县							
武乡县							
沁 县							
沁源县							
潞城市	1911	1911		834			

单位：万元、平方米

其 他	现 房 销售额	其中：住宅	户型结构		别墅、高 档公寓	办公楼	商业营业 用 房	其 他
			90 平米 以下住房	144 平米 以上住房				
13589	**333625**	**241342**	**46834**	**78600**		**23270**	**56789**	**12224**
12224	309280	221431	41229	73698		23270	52355	12224
1365	787						787	
	5832	5384	482	4902			448	
	7697	6768					929	
	498	498	498					
	4945	4945	4625					
	4586	2316					2270	

单位：万元、平方米

其 他	住宅销售 套 数	户型结构		别墅、高 档公寓	现 房 销售套数	户型结构		别墅、高 档公寓
		90 平米 以下住房	144 平米 以上住房			90 平米 以下住房	144 平米 以上住房	
1365	**13420**	**2245**	**3527**		**5228**	**1600**	**1004**	
	6478	1790	1214		4461	1145	970	
	2274		1709					
	6		6					
1365	1287		400					
	741	28	141		62	28	34	
	688		40					
	1408				207			
	31	31			31	31		
	407	396			407	396		
	60				60			
	40		17					

11-9 续 8

县市区	期房销售套数	户型结构		别墅、高档公寓	待售面积
		90 平米以下住房	144 平米以上住房		
总　计	**8192**	**645**	**2523**		**2032999**
城　区	2017	645	244		1672716
郊　区	2274		1709		
长治县	6		6		3694
襄垣县	1287		400		26388
屯留县	679		107		57071
平顺县					
黎城县	688		40		
壶关县	1201				112678
长子县					4651
武乡县					104520
沁　县					51281
沁源县					
潞城市	40		17		

11-9 续 9

县市区	空置 1-3 年面积	其中:住宅	户型结构		别墅、高档公寓	办公楼	商业营业用　房
			90 平米以下住房	144 平米以上住房			
总　计	**761619**	**498865**	**215738**	**88439**		**18071**	**132742**
城　区	701200	471322	215738	73951		16850	117732
郊　区							
长治县	3694						3424
襄垣县	26388	13581		2800		1221	11586
屯留县	11688	11688		11688			
平顺县							
黎城县							
壶关县							
长子县	2274	2274					
武乡县							
沁　县	16375						
沁源县							
潞城市							

单位:万元、平方米

其中:住宅	户型结构		别墅、高档公寓	办公楼	商业营业用房	其他
	90平米以下住房	144平米以上住房				
1428979	**401187**	**397265**	**6300**	**41777**	**258935**	**303308**
1157895	372389	369211	4200	40556	209382	264883
					3424	270
13581		2800		1221	11586	
46442	16560	20228	2100		10629	
92624					20054	
4651						
78880	8728	3586			3860	21780
34906	3510	1440				16375

单位:万元、平方米

其他	空置3年以上面积	其中:住宅	户型结构		别墅、高档公寓	办公楼	商业营业用房	其他
			90平米以下住房	144平米以上住房				
111941								
95296								
270								
16375								

11-10 房地产开发

县市区	期初存货	流动资产合计	其中：应收帐款	其中：存货	固定资产合计	固定资产原价	累计折旧	其中：本年折旧	在建工程	资产总计	流动负债合计
总　计	**11596895**	**29856629**	**1059575**	**18187023**	**993474**	**946415**	**239763**	**65547**	**585801**	**32856892**	**27271430**
城　区	6498490	18499227	726345	11114006	609049	735315	178950	53077	103827	20480458	16521281
郊　区	796848	2534650	77163	1068406	24030	34386	19932	2468		2644778	2361117
长治县	75671	414727	34169	143360	116826	32897	6138	1411	89593	612349	570828
襄垣县	1539866	2431355	35152	1728406	66054	37870	10352	2528	141750	2615055	2421493
屯留县	1787096	2994604	45169	2341358	16163	22344	6183	1439	128247	3228548	2588777
平顺县		4870			130	130				5000	
黎城县	235	209012		114541	2383	4	1	1		274300	271964
壶关县	457357	1562560	6362	1166381	93101	31126	8781	2147	70800	1656661	1642973
长子县	80292	316163	103621	152308	17210	19475	2404	632	991	354475	132598
武乡县	97404	457980	26220	137005	39073	20960	4557	1536	22320	515739	345565
沁　县	105468	185661	2776	52318	6022	6394	384	136	25913	217129	169819
沁源县	4493	5408	1802	2119	2896	2896			2360	10664	3847
潞城市	153675	240412	796	166815	537	2618	2081	172		241736	241168

11-10 续

县市区	主营业务税金及附加	其他业务利润	销售费用	管理费用	其中：税金	财务费用	其中：利息收入	其中：利息支出
总　计	**300905**	**18**	**102096**	**310780**	**15626**	**108739**	**6078**	**79071**
城　区	139557	18	61178	184921	8755	75488	2168	64550
郊　区	45975		899	19321	1726	12535	2593	6185
长治县	7583		1347	16445	909	-55	10	-64
襄垣县	24801		933	21102	18	433	242	630
屯留县	30488		12179	24845	2687	2234	1002	3021
平顺县	8			220				
黎城县			7587	6203		341		
壶关县	29668		6474	11769	213	4859	31	
长子县	6596		959	5437	1124	8		
武乡县	2400		4191	6834	186	9120	31	4748
沁　县	7778		416	3743	7			
沁源县	6024		5144	7799		3776		
潞城市	27		789	2141	1		1	1

投 资 财 务 状 况

单位：万元、人

其中：应付账款	非流动负债合计	负债合计	所有者权益合计	其中：实收资本	营业收入	主营业务收入	土地转让收入	商品房、屋销售收入	房屋出租收入	其他收入	营业成本	主营业务成本	营业税金及附加
4189537	**1521318**	**28792748**	**4064144**	**3977648**	**3336533**	**3314150**	**3275**	**3054233**	**109188**	**147454**	**2720425**	**2718151**	**305943**
2943548	1149887	17671168	2809290	2925023	1744577	1722374	3275	1583075	106022	30002	1402594	1402180	139741
97071	30000	2391117	253661	275691	79805	79805		63149	168	16488	55878	55826	45975
29194		570828	41521	82200	182660	182660		182282		378	174385	174385	7583
274819	22893	2444386	170669	103036	409441	409441		406831	2238	372	332668	331294	25177
563182	250000	2838777	389771	169503	332943	332943		331633		1310	254828	254828	30488
			5000	5000	230	230				230	169	169	8
17		271964	2336	21000									4478
70917		1642973	13688	104700	251801	251801		154011	340	97450	205689	205689	29668
70517	58839	191437	163038	136508	125222	125042		124622	420		112654	112474	6596
114582	9699	355264	160475	74330	76805	76805		75581		1224	84603	84349	2400
3845		169819	47310	54080	86762	86762		86762			75448	75448	7778
1362		3847	6817	7600	45860	45860		45860			21298	21298	6024
20483		241168	568	18977	427	427		427			211	211	27

单位：万元、人

资产减值损失	公允价值变动收益	投资收益	营业利润	补贴收入	营业外收入	营业外支出	利润总额	应交所得税	本年应付工资总额（贷方累计发生额）
7501		**21143**	**−196842**	**2877**		**11746**	**−206066**	**76819**	**135617**
		19772	−98713	363		1938	−100643	47462	85754
			−54753	1		294	−55046	291	6370
			−17045	13		494	−17526	1564	2734
7086			22042	85		957	21170	5529	6293
415		1371	9325	109		4025	5409	12197	16685
			−167				−167		242
			−18609	10		21	−18620	1389	344
			−6602			862	−7464	2824	6824
			−432	255		99	−276	4015	1669
			−30343	2036		39	−28346	779	4741
			−623	1		210	−832	766	2034
			1819			1916	−97		795
			−2741	4		891	−3628	3	1132

11-11 固定资产投

项目(单位)名称	项目名称	开工时间
山西中池联华科技开发有限公司	新建 LED 照明项目	201107
山西安德瑞防护设备有限公司	人防通风机防护设备建设项目	201312
山西长治市公安局高新开发区分局	技侦用房项目	201301
山西省长治市久豪科技有限公司	矿用隔爆电气产品生产	201204
山西天一园林绿化工程有限公司	园林研发中心建设项目	201311
山西中信高科信息工程有限公司	新建中信科技软件园项目	201209
山西华通科技有限公司	高低压电器设备扩建	201107
山西世龙食品有限公司	阿胶饮品扩建项目	201205
山西省长治市新杰防爆设备有限公司	矿用隔爆电器设备制造项目	201210
山西中德宝力日化有限公司	湿巾生产基地建设项目	201309
山西崧宇科技有限公司	新建 MEMS 传感器及 LED 照明光源项目	201206
山西康宝生物制品股份有限公司	生物基因工程疫苗项目	201105
山西长治市奥盛工程机械有限公司	工程机械配件加工及大修	201309
山西兴旺煤化集团有限责任公司	煤化工咨询服务中心办公楼	201204
山西长治市益东国际酒店有限公司	贵宾楼项目	201009
山西长治高新区创业服务中心	长治高新区创新大厦	201111
山西达利食品有限公司	6000 吨高速牛角面包成型生产线项目	201402
山西长治玉华机械再制造科技有限公司	玉华机械设备再制造	201008
中国联合网络通信有限公司长治市分公司	通信生产楼工程建设项目	201306
山西达利食品有限公司	8 万吨饮料生产线扩建项目	201402
山西长治清华机械厂	棚户区改造	201109
山西省长治市市政管理处	五针街(西外环路-英雄南路)道路工程	201308
山西省长治市华东(菜场)资产委员会	城中村改造二期工程	201401
山西省长治市城区五马办事处马坊头村民委员会	城中村改造工程	201403
山西省长治市城区附城村村民委员会	城中村改造	201402
山西省长治市唯美装饰工程有限公司	60 万平方米断桥、铝木门窗项目	201307
山西省长治市城区角沿村村民委员会	城中村改造 A 区	201301
山西省长治市市政管理处	长兴南路(城南东街-解放东街)道路工程	201406
山西省长治市三河一渠综合治理工程有限公司	市区"三河一渠"综合治理工程	201407
山西省长治市市政管理处	西一环道路北段(保宁门西街-北外环路)	201310
山西长治市城市交通项目管理中心	世行贷款长治市城市交通可持续发展项目	201304
山西省长治市市政管理处	西二环道路工程	201306
山西省长治市市政管理处	延安北路(捉马东大街-长兴北路)道路建设工程	201406
山西省长治市城区桃园村民委员会	城中村改造	201303
山西省长治市市政管理处	延安北路(捉马大街-纬八中路)道路工程	201306
山西省长治市市政管理处	北一环路道路下穿太焦铁路立交桥	201308
山西省长治市市政管理处	五一桥改建工程	201408
山西淮海工业集团有限公司	小学东、乐园东棚户区改造	201304
山西淮海工业集团有限公司	南石槽家属院棚户区改造	201304
山西省长治市市政管理处	太行东街道路工程	201403
山西省长治市城区华东资产管理委员会	城中村改造	201303
山西博源超市有限公司	博源滨河港湾世贸中心项目	201403
山西省长治市市政管理处	德化门东街道路改造工程	201308
山西省长治市煤碳化工机械厂	棚户区改造	201003

资　项　目　名　录

单位：万元

投产时间	计　划 总投资	自开始建设 累计完成 投　资	本年完成 投　资	其中： 住宅	本年新增 固定资产	本年实际 到位资金 合　计
	44700	18270	5150			3180
201409	5000	5300	4280		4280	4280
201406	2962	2962	872		2090	872
201406	5000	5000	210		4790	210
	9945	5000	4700			4700
	70000	12300	3420			3440
201407	8586	8586	1036		1036	1036
	6500	6750	1800			1800
	5000	5606	1426			1300
201408	5000	5000	4240		4140	4240
	25000	11000	5100			5100
	18000	20330	6900			6954
	4081	4000	3300			3300
	4726	2640	100			100
	21000	19530	6550			6550
201408	14110	14110	727		13383	727
201407	1340	1340	1340		1340	1340
201407	25500	25500	3117		3117	3117
	7038	6300	4300			4300
201407	2700	2700	2700		2700	2700
201406	7686	8139	2239	2239	6100	1100
201409	33275	35275	11999		24600	4450
	105114	32189	32189	32189		24000
	186760	26419	26419	26419		18500
	31600	22485	22485	22485		16000
201407	2000	2100	2000		1800	2000
201412	78244	78256	45286	45286	58000	21776
201412	10000	11000	11000		7500	
	89000	22618	22618			14500
201412	35181	37681	36631		26000	12600
	125797	51242	33242			18516
201412	86352	88852	41217		8000	9906
201412	4930	5430	5430		4000	4930
201406	25410	27510	8845	8845	19500	3965
201408	13291	14353	7738		8639	3610
201406	5410	5951	2279		4200	
201412	2100	2250	2250		1700	2100
201412	39100	40112	34012	34012	29000	15170
201410	9200	9609	6509	6509	7200	3400
201412	4476	4585	4585		3438	
201411	41893	42342	26402	26402	31400	15000
	98531	35257	35257			24110
201406	28110	30557	6587		20600	3000
201408	3800	3800	1160	1160	3800	1160

11-11 续 1

项目(单位)名称	项目名称	开工时间
山西省长治市城区李家庄村村委会	城中村改造	201303
山西省长治市城区东街办事处北石槽村民委员会	城中村改造二期	201403
山西淮海工业集团有限公司	运输处棚户区改造	201304
山西省长治市市政管理处	两座人行过街设施工程	201408
山西省长治市市政管理处	城西路南延(解放西街-五一路)道路工程	201405
山西省长治市城区李家庄村村民委员会	城中村改造二期	201403
山西省长治市城区北董村村民委员会	城中村改造二期工程	201402
山西省长治市城区北董村村委会	城中村改造	201303
山西省长治市市政管理处	长安高速公路逢善互通至市区连接线	201304
山西省长治市城区南石槽村村委会	城中村改造	201303
山西省长治市市政管理处	北三环道路改建下穿太焦铁路立交桥	201308
山西省长治市市政管理处	潞安桥改建工程	201408
山西省长治市城区五马办事处马坊头村村民委员会	美隆广场商业综合体项目	201405
山西省电力公司长治供电分公司	110kv 沁源畅村输变电工程	201307
山西省电力公司长治供电分公司	城区城北 110kv 输变电工程	201307
山西省长治市城区紫金办事处桃园村民委园会	城中村改造二期工程	201404
山西省长治高科产业投资有限公司	新建蓝宝石晶体及基片生产线项目	201301
山西省长治市城区秦家庄村村委会	城中村改造	201301
山西省长治市城区五马村村委会	城中村改造	201303
山西长治清华机械厂	棚户区改造新建安置用房项目	201304
山西省长治市市政管理处	城南路(英雄南路-天晚集南路)道路工程	201403
山西省长治市市政管理处	西斜街与中山路道路工程	201407
山西淮海工业集团有限公司	军宣处棚户区改造	201304
山西省长治市城区西南关村村民委员会	城中村改造二期	201405
山西省长治市城区常青办事处南关村民委员会	红星美凯龙集群广场项目	201403
山西省长治市市政理管处	道路环岛工程	201403
山西省长治市市政管理处	漳泽西街(湖滨路-望湖路)道路建设工程	201405
山西省长治市市政管理处	五一桥西段打穿道路工程下穿铁路立交桥	201308
山西省长治市市政管理处	英雄中路—长兴中路道路工程	201403
山西省长治市昌盛贸易集团有限公司	金融商务区工程项目	201406
山西省长治市市政管理处	解放东街道路改造工程	201305
山西省长治市市政管理处	府后东街(英雄中路-长兴中路)道路建设工程	201406
山西省长治市城区东街办事处柏后村民委员会	城中村改造二期工程	201401
山西省长治市市政管理处	纬二十五路道路工程	201404
山西省长治市市政管理处	太行街道路工程	201403
山西太行闽商投资股份有限公司	闽商商贸物流园工程项目	201405
山西省长治市城区柏后村村民委员会	城中村改造一期工程	201303
山西长治市郊区老顶山镇河头村民委员会	河头村安置楼 B 区	201403
山西南耀集团昌晋苑焦化有限公司	职工宿舍及专家楼	201404
山西长治市金威超市有限公司	新建金威超市关村店项目	201208
山西长治市郊区黄中滩种植专业合作社	樱桃种植项目	201403
山西长治市郊区黄碾镇人民政府	故南村爱心过街天桥	201403

单位：万元

投产时间	计　划 总投资	自开始建设 累计完成 投　资	本年完 成投资	其中： 住宅	本年新增 固定资产	本年实际 到位资金 合　计
	130553	69963	38923	38923		21635
	160137	31585	31585	31585		28500
201411	20700	21343	17843	17843	16000	8000
201412	1050	1175	1175		880	1050
	29717	15698	15698			
	38471	20581	20581	20581		14000
	96931	31383	31383	31383		23500
201407	28053	30672	13151	13151	21000	5100
	103264	85539	45840			
201412	55767	55831	35795	35795	41000	15000
201406	4941	5682	1570		4000	
201412	2460	2580	2580		2000	2460
	181510	40571	40571			24500
201409	8290	8679	6949		6500	6560
201409	5080	5480	3480		4110	1370
	116105	30621	30621	30621		26000
201409	67736	68736	26405		50000	20000
	81947	63509	38618	38618		21182
	70277	50074	28107	28107		23500
201407	9812	9895	3495	3495	7400	3495
201412	13502	13502	13502		4509	
201412	4770	5385	5385		4000	
201410	9568	9635	6775	6775	7250	1140
	30122	17087	17087	17087		13000
	150000	33588	33588			20175
201406	2000	2200	2200		1800	500
201412	1220	1366	1366		1025	1220
201407	7234	7298	2313		5100	2313
201412	20678	20678	20678		15000	
	1150000	35377	35377			19500
201403	26317	26837	2980		7956	
201412	4130	4161	4161		3120	4130
	148268	36336	36336	36336		24500
201412	5375	6149	6149		4600	
201412	41000	43500	43500		30000	14234
	261747	38345	38345			22500
201411	65279	65690	30085	30085	50000	15768
201409	7880	7880	7880	7880	7880	7880
201406	9287	10866	10866		10866	10866
	9600	9320				
201407	1300	1300	1300		1300	1300
201409	500	536	536		536	536

11-11 续 2

项目(单位)名称	项目名称	开工时间
山西长治市霍家工业有限公司	年产 20 万吨氯化钙技术改造项目	201403
山西潞安太阳能科技有限责任公司	张公庄特色农业种植区	201305
山西省长治市金威超市有限公司	金威商贸物流园项目	201303
山西长治市郊区鑫开元运输有限公司	挂车生产项目	201308
山西长治市郊区马厂镇安阳村村民委员会	安阳小区村民住宅楼二期建设项目	201403
山西东明光伏科技有限公司	新建太阳能电池板组件项目	201406
山西长治市霍家工业有限公司	7 万吨无水乙醇技术改造项目	201403
山西森源化工有限公司	氯乙酸及副产品深加工扩建项目	201302
山西长治市郊区阳光昌盛种植养殖有限公司	特种野猪养殖项目	201403
山西东明光伏科技有限公司	新建 50MW 单晶硅项目	201403
山西首钢长治钢铁有限公司	风机系统变频项目	201307
山西长治市郊区老顶山镇王村村民委员会	王村康裕苑小区 7# 村民住宅楼项目	201307
山西南耀集团昌晋苑焦化有限公司	职工食堂及游泳馆	201404
山西长治市东篱养老服务有限公司	东篱养老院	201308
山西太行海鸥钜业有限公司	太行山夕阳红老年大学(养老基地)	201404
山西长治市福慧德玻璃有限公司	玻璃深加工项目	201403
山西长信工业有限公司	烧结机烟气余热回收综合利用	201407
山西长治市郊区老顶山镇王村村民委员会	王村康裕苑 5#、6# 楼项目	201307
山西长治市宝莲农业科技有限公司	设施蔬菜生产基地建设项目	201403
山西长治市涵光工贸有限公司	重型汽车 4S 店建设项目	201307
山西长治市老顶旅游开发有限公司	新建老顶山旅游区特色旅游城项目	201208
山西长治市炎宏贸易有限公司	年粉碎 40 万吨煤矸石项目	201306
山西长治市郊区大辛庄镇大辛庄村村民委员会	新建大辛庄村住宅楼二期	201404
山西长治市郊区天蓝地绿生态农业园有限公司	绿色采摘基地	201303
山西绿禾丰苗木有限公司	优质苗木种植基地建设项目	201403
山西长治市百绿盛农业开发有限公司	蔬菜花卉种植区项目	201403
山西长治市郊区老顶山镇关村村民委员会	关村新建村民住宅楼项目	201303
山西泓盛昌泰建材有限公司	年产 3 万樘防盗门技改项目	201403
山西长治市安迪建材有限公司	年产 500 万平方米 pvc 三防贴面石膏板	201408
山西长治市瑞通耐火材料有限公司	无机纤维制品生产技术改造项目	201404
山西潞安创力机械设备有限公司	分布式光纤测温系统	201307
山西鑫继伟装饰装潢工程有限公司	年产 30 万平方米保温装饰一体板项目	201403
山西长治市郊区大辛庄镇果园村村民委员会	村民住宅楼二期建设项目	201403
山西凯利发物资有限公司	新建凯利发机电五金交易市场项目	201306
山西三元煤业股份有限公司	小常矿区封闭式储煤场项目	201405
山西长治郊区三元南耀吉安煤业有限公司	60 万吨煤矿建设项目	201104
山西长治市圣垣怡农业开发有限公司	名贵苗木种植基地建设项目	201404
山西长治市聚通达园林绿化有限公司	名贵苗木花卉种植	201404
山西长治市郊区大辛庄镇小辛庄村村民委员	小辛庄中心村大村新馨园(一期)	201404
山西长治市郊区马厂绿野园林苗木花卉种植有限公司	白皮松种植基地扩建项目	201403
山西首钢长治钢铁有限公司	双和园小区二期工程项目	201111
山西东益群混凝土有限公司	新建 40 万立方米/年商品混凝土	201403
山西阡景园林有限公司	优质苗木繁育基地建设项目	201408
山西长治市郊区葛家庄村民委员会	排洪渠项目	201403

单位：万元

投产时间	计　划总投资	自开始建设累计完成投　资	本年完成投资	其中：住宅	本年新增固定资产	本年实际到位资金合　计
201407	20000	23000	23000		23000	23000
201411	13687	13687	5847		13687	5847
	18700	18620	110			190
201412	9800	9800	8530		9800	8530
201412	4997	4997	4997	4997	4997	4997
	32000	16450	16450			16450
	49889	42019	42019			42019
	21000	15298	533			533
201409	5000	5000	5000		5000	5000
201412	10000	10000	10000		10000	10000
	9800	7441	2951			2951
201405	2370	2370	983	983	2370	2370
201406	9563	11266	11266		11266	11266
	9854	5584	3090			3090
	19000	12277	12277	12277		12277
201409	5000	5000	5000		5000	5000
	9000	4532	4532			4532
201403	2367	2367	1092	1092	2367	1092
	9680	9630	9630			9630
201412	9800	9800	537		9800	537
	12800	12352	1780			1780
201412	8700	8700	7900		8700	7900
	4200	4150	4150	4150		4150
201408	9600	9600	1263		9600	9600
201406	6930	6930	6930		6930	6930
201409	9850	11805	11805		11805	11805
201403	3000	3000	1250	1250	1250	1250
201411	2300	2300	2300		2300	2300
201411	4110	4510	4510		4510	4510
	2850	2755	2755			2755
	9800	6300	3300			6800
201407	1000	1000	1000		1000	1000
	2985	2950	2950	2950		2950
	58287	34193	15247			15247
201409	12000	14000	14000		14000	14000
	36900	40250				
	9800	9600	9600			9600
	8000	7860	7860			7860
	6434	6300	6300	6300		6300
201406	2500	2500	2500		2500	2500
	9850	400				
201408	5600	5700	5700		5700	5700
	19980	3860	3860			3860
201411	910	924	924		924	924

11-11 续 3

项目(单位)名称	项目名称	开工时间
山西漳泽电力股份有限公司漳泽发电分公司	3# 机组烟气脱硝工程	201403
山西长治市老顶山旅游开发有限公司	防火通道建设项目	201403
山西长治市大齐机电化轻机械有限公司	搬迁改造	201404
山西依天源科技有限公司	太阳能框架及多功能环保型保温夹心板项目	201403
山西长治市郊区黄中金沙滩种植专业合作社	樱桃种植扩建	201407
山西长治市鑫运宇通商贸有限公司	冷固球综合生产项目	201310
山西晋昌隆贸易有限公司	物流仓储建设项目	201403
山西长治市康维尔输送带有限公司	钢丝绳输送带项目	201403
山西长治市郊区老顶山旅游开发区二龙山村民委员会	村民住宅楼	201308
山西长治市黄北农业有限公司	设施蔬菜生产基地建设项目	201309
山西长治市郊区黄碾镇故南村村民委员会	户户通(道路硬化)项目	201406
山西首钢长治钢铁有限公司	4#5# 烧结环冷机余热发电项目	201302
山西长治市鑫源宏环能商贸有限公司	冷固球技术改造项目	201403
山西长治市鑫奕茗商贸有限公司	综合商务中心建设项目	201403
山西长治市郊区大辛庄镇陈村村民委员会	新建村民住宅楼建设项目	201403
山西长治市郊区树国花卉专业合作社	苗木花卉园区	201403
山西长治市东篱养老服务有限公司	东沟村生态治理绿化工程项目	201407
山西长治市郊区黄碾镇魏村村民委员会	魏村住宅楼	201304
山西长治市老顶山紫云农业开发有限公司	绿色采摘园建设项目	201403
山西长治市郊区堠北庄镇米家庄村民委员会	村民安置楼二期项目	201403
山西长治市涵光工贸有限公司	挂车生产项目二期工程	201409
山西潞奥园林工程有限公司	农林种植园扩建项目	201407
山西宝中莲花农业开发有限公司	苗木种植扩建项目	201404
山西长治市居缘环保建材有限公司	XPS 保温板技改项目	201404
山西省长治市郊区住房保障和城乡建设管理局	金龙小区经济适用住房工程	201204
山西新宇万豪门业有限公司	防火门生产项目	201310
山西长治市郊区西白兔南村村民委员会	南村新村三期工程	201405
山西长治市公安局郊区分局	业务技侦建设用房项目	201108
山西首钢长治钢铁有限公司	新建石灰岩矿	201008
山西长治市霍家工业有限公司	含汞废水处理技改工程	201403
山西长治市郊区堠北庄镇南寨村民委员会	南寨村民住宅小区(一期)建设项目	201403
山西长治市常盛农业开发有限公司	优质蔬菜种植基地建设项目	201403
山西长治市福寿园园林绿化有限公司	珍贵苗木种植基地扩建项目	201404
山西中节能山西潞安光伏农业科技有限公司	50 兆瓦光伏农业科技大棚项目	201404
山西长治市郊区霍家沟达振元建材厂	年产 20 万 m3 粉煤灰加气砖技改	201403
山西省长治市郊区司法局	业务用房	201303
山西漳山发电有限责任公司	新建员工公寓楼	201304
山西长治市郊区黄碾镇故北村民委员会	农业生态园	201404
山西长治市郊区堠北庄镇余庄村民委员会	村民住宅小区(湖西庄园)一期项目建设	201403
山西长治市郊区老顶山镇庄里村民委员会	庄里村安置楼	201403
山西长治市鑫峰物贸有限公司	钢材物流市场项目	201403
山西长治市郊区黄中村村民委员会	建筑垃圾处理再利用	201405
山西长治市郊区宏鑫元出租汽车有限公司	出租车智能综合调度中心及 4S 店项目	201306
山西华盛建业建材有限公司	100 万吨预拌砂浆及 100 万立方商品砼	201403

单位：万元

投产时间	计　划 总投资	自开始建设 累计完成 投　资	本年完 成投资	其中： 住宅	本年新增 固定资产	本年实际 到位资金 合　计
201406	3758	3758	3758		3758	3758
	5300	5120	5120			5120
	7000	4672	4672			4672
201411	9800	9800	9800		9800	9800
201412	1850	1850	1850		1850	1850
	9500	9456	8436			8436
201406	2137	2137	2137		2137	2137
201408	3000	3000	3000		3000	3000
201406	1287	1287	1105	1105	1287	1105
201412	9960	9960	9060		9960	9060
201411	500	508	508		508	508
	9700	80				
201408	2500	2515	2515		2515	2515
201409	7050	7050	7050		7050	7050
201408	3304	3304	3304	3304	3304	3304
	8700	5157	5157			5157
	9850	1900	1900			1900
201406	4376	4376	3156	3156	4376	3156
	986	786	786			786
201409	9800	10940	10940	10940	10940	10940
	6750	5032	5032			5032
	18000	12670	12670			12670
	9800	9700	9700			9700
201408	2800	2857	2857		2857	2857
201410	7001	7001	1101	1101	7001	1101
201408	8000	8000	5400		8000	5400
	24000	4360	4360	4360		4360
201406	4692	4692	372		4692	372
201405	9800	9800	1510		9800	1510
201407	1230	1465	1465		1465	1465
201408	5585	7260	7260	7260	7260	7260
	5148	5100	5100			5100
	16746	11293	11293			11293
	48800	45600	45600			45600
201406	500	556	556		556	556
201412	1402	1402	502		1402	502
	2716	2176	90			90
201411	3000	3019	3019		3019	3019
201412	5477	5477	5477	5477	5477	5477
201409	4237	4237	4237	4237	4237	4237
	9500	9377	9377			9377
201412	3600	3615	3615		3615	3615
201409	16000	16000	952		16000	952
201409	9800	9800	9800		9800	9800

11-11 续 4

项目(单位)名称	项目名称	开工时间
山西长治市森坤电梯有限公司	新建年产1000部电梯项目	201211
山西长治市郊区兴鹏养殖专业合作社	肉猪繁育基地建设	201404
山西长治市红太阳电器有限公司	红太阳家电广场项目	201407
山西长治市华沃诚通商贸有限公司	新建华沃诚通五金机电商贸项目	201404
山西长治市郊区黄碾镇西沟村村民委员会	农贸冷藏市场	201403
山西长治市鑫天成化工有限公司	新建年产工业硅25200吨项目	201203
山西长治市安迪建材有限公司	余热脱硫技改项目	201404
山西省长治市郊区故县办事处王庄春草实业公司	职工公寓楼二期项目	201305
山西长治市郊区绿科源蔬菜种植专业合作社	蔬菜种植基地项目	201405
山西潞安太阳能科技有限责任公司	张庄村设施蔬菜生产	201305
山西长治市田园园林绿化有限公司	名贵苗木种植基地扩建项目	201406
山西晨洋光伏科技有限公司	新建太阳能电池片及电池组件项目	201104
山西省长治市郊区故县办事处王庄居民委员会	王庄老年公寓建设项目	201302
山西秀水养老服务有限公司	新建秀水生态养老项目	201403
山西长治市郊区老顶山镇河头村民委员会	河头村民安置楼二期	201404
山西长治市郊区老顶山镇朝阳村民委员会	朝阳住宅楼项目	201309
山西长治市郊区堠北庄镇小庄村村民委员会	村民住宅小区建设项目	201402
山西漳泽电力股份有限公司漳泽发电分公司	4#机组烟气脱硝工程	201403
山西长治市黄碾镇黄南村村民委员会	黄南村住宅楼	201307
山西长治市颐龙湾农业科技发展有限公司	优质苗木花卉种植	201306
山西长治市福寿园园林绿化有限公司	珍贵苗木花卉种植项目	201403
山西长治市诚远建材集团有限公司	粉煤灰资源综合利用项目	201403
山西长治市郊区黄中金沙滩种植专业合作社	年存栏2000只肉用羊养殖场建设项目	201404
山西长治市嘉润农业科技发展有限公司	优质苗木花卉种植基地	201303
山西长治市广鑫机床有限公司	新建压力容器制造技改项目	201407
山西长治市郊区润禾丰种植专业合作社	设施蔬菜种植项目	201408
山西南耀集团科保水泥有限公司	环保除尘设备升级改造	201403
山西七四四五机械有限公司	重卡销售服务中心项目	201407
山西长治市杨暴热电粉煤灰综合利用有限公司	粉煤灰综合利用综合楼项目	201403
山西长治市福慧德玻璃有限公司	玻璃深加工二期	201404
山西长治市神农旅游开发有限公司	荒坡治理和特色水果采摘园建设项目	201409
山西长治市郊区堠北庄镇暴马村民委员会	新建村民住宅楼项目	201403
山西长治市郊区老顶山镇西长井村民委员会	西长井村民住宅楼项目	201303
山西潞安矿业(集团)有限责任公司能化基地建设筹备处	潞安能化基地建设项目	201001
山西长治市郊区人民医院	新建门诊医技楼、住院楼及地下停车场项目	201202
山西省电力公司长治供电分公司	西旺220kw变电站项目	201303
山西长治市绿海源工贸有限公司	绿海商务中心建设项目	201311
山西长治市恒达物贸运输有限公司	高炉废渣冷固球团项目	201305
山西港埠商贸有限公司	港埠花卉及五金综合市场	201303
山西太行海鸥钜业有限公司	海鸥小微企业创业园	201404
山西长治市涵光工贸有限公司	重型汽车4S店建设二期工程	201408
山西长治市强力青苗圃种植园	名贵苗木种植基地建设项目	201403
山西长治市郊区堠北庄镇暴马村民委员会	新建村民安置住宅楼项目	201403
山西长治市涵光工贸有限公司	制造挂车生产项目	201307

单位：万元

投产时间	计　划总投资	自开始建设累计完成投　资	本年完成投资	其中：住宅	本年新增固定资产	本年实际到位资金合　计
201406	9000	9000	4725		9000	4725
	9800	5615	5615			5615
	17800	7033	7033			7033
	127762	18677	18677			18677
	19000	9573	9573			9573
	21500	21475				
201407	2100	2436	2436		2436	2436
201403	7674	7674	745	745	7674	745
201407	4000	5200	5200		5200	5200
201412	18176	18176	10356		18176	10356
	19200	12200	12200			12200
	50000	45927	2930			2930
201403	7829	7829	634	634	7829	634
	53000	45080	45080	45080		45080
	26350	13385	13385	13385		13385
201406	5134	5134	2964	2964	5134	2964
201405	3285	3285	3285	3285	3285	3285
201406	3766	3766	3766		3766	3766
201412	5834	5834	3419	3419	5834	3419
	9590	10555	2245			2245
201409	2834	2834	2834		2834	2834
201410	5500	7096	7096		7096	7096
201407	2000	2000	2000		2000	2000
	9700	9260	1000			1000
201411	3500	3900	3900		3900	3900
	7256	5150	5150			5150
201407	1400	1400	1400		1400	1400
	15000	11245	11245			11245
201406	2104	2584	2584		2584	2584
	20980	13300	13300			13300
	3686	2766	2766			2766
201404	800	800	800	800	800	800
201408	4486	4486	2558	2558	4486	2558
	112783	38477				
	23000	21920				
201407	14206	14206	10277		14206	10277
	1903	1000				
	9100	9055	8165			8165
	58234	37832	15197			17365
201409	2416	2556	2556		2556	2556
201412	5800	5800	5800		5800	5800
	6180	6100	6100			6100
201406	2850	3540	3540	3540	3540	3540
201412	9900	9900	2205		9900	9900

11-11 续 5

项目(单位)名称	项目名称	开工时间
山西长治市郊区老顶山镇山门村民委员会	山门村民拆迁安置楼	201404
山西长治市郊区堠北庄镇余庄村民委员会	村民住宅(湖西庄园)二期项目建设	201403
山西长治市郊区三通环保建材有限公司	三通环保建材改扩建	201406
山西长治市郊区堠北庄镇南寨村民委员会	南寨村新建乐苑小区	201403
山西长治市杏林中药饮片有限公司	中药材标准化种植基地建设项目	201403
山西省长治市郊区聚合鑫大酒店有限公司	商务中心建设项目	201303
长治市新丰源煤矸石科技开发有限公司	生产自动化改造项目	201407
山西长治市霍家工业有限公司	PVC 生产工业污水深度处理项目	201404
山西长治市郊区老顶山镇西长井村民委员会	西长井村民安置楼二期	201405
山西长治市吉祥涌源工贸有限公司	工矿五金设备生产项目技术改造项目	201405
山西长治市郊区大辛庄镇小神村村民委员会	小神村村民住宅楼建设项目	201403
山西长治市郊区西白兔乡小河堡村民委员会	小河堡村民住宅楼项目	201403
山西华盛建业建材有限公司	百万吨砂浆及商砼二期	201404
山西长治市第一汽车运输公司	新建长治一运物流及汽贸项目	201303
山西长信工业有限公司	钢材物流项目	201406
山西长治市天苑农业科技发展有限公司	蔬菜花卉种植基地项目	201403
山西长治市郊区金鑫矿山配件厂	机械配件制造项目	201308
山西长治市紫峪农业开发有限公司	高效蔬菜种植基地	201403
山西长治市郊区西白兔南村村民委员会	南村喷泉广场项目	201405
山西长治市大齐机电化轻机械有限公司	生产设备技术改造项目	201405
山西首钢长治钢铁有限公司	瑞达脱硫系统	201304
山西长治市金湛商贸有限公司	金湛商贸园项目	201403
山西长治市郊区马厂镇高庄村村民委员会	高庄村村民住宅楼	201403
山西长治市郊区西白兔南村村民委员会	南村二期工程建设	201404
山西泓盛昌泰建材有限公司	年产 6 万立方米新型发泡混凝土技改项目	201403
山西长治市郊区老顶山镇关村村民委员会	关村康乐苑小区二期项目	201305
山西长治市老巴山植物园有限责任公司	新建星河湾生态度假主题酒店	201202
山西南耀集团昌晋苑焦化有限公司	10 万吨甲醇制芳烃(MTA)	201403
山西长治市郊区魏村康平养殖有限公司	生态养殖肉牛年存栏 1500 头	201403
山西漳泽电力股份有限公司	漳泽发电厂 2*1000MW 扩建工程	201307
山西长治市润田苑种植专业合作社	津良特色瓜果蔬菜种植项目	201404
山西长治市富华垚土地开发整理有限公司	设施蔬菜种植	201404
山西省长治市昌盛商贸有限公司	新建昌盛综合楼项目	201304
山西漳山发电有限责任公司	两台 300MW 脱硫除尘系统改造项目	201209
山西鸿烨科技有限公司	矿用防爆电器及机械制造加工项目	201406
山西长治市瑞丰农业开发有限公司	瑞丰设施农业项目	201404
山西漳泽电力股份有限公司漳电发电分公司	4# 锅炉低氮燃烧器改造	201405
山西七四四五机械有限公司	双燃料重卡改装基地项目	201407
山西长治市郊区绿殖农业开发有限公司	卜瑞德幸福家庭农场	201306
山西长治市神通防爆电机修造有限公司	矿用防爆电动机机制造项目	201404
山西长治市盛捷汽车运输有限公司	综合建材市场项目	201403
山西长治市霍家工业有限公司	电石渣浆水回收乙炔气节能技术改造	201403
山西长治市宝峰墙体材料有限公司	生产设备自动化技改项目	201403
山西长治市康泰环能再生资源有限公司	100 万吨/年建筑垃圾处理循环利用项目	201403

单位：万元

投产时间	计　划 总投资	自开始建设 累计完成 投　　资	本年完 成投资	其中： 住宅	本年新增 固定资产	本年实际 到位资金 合　　计
201412	2756	2756	2756	2756	2756	2756
201406	3004	3404	3404	3404	3404	3404
	9500	8042	8042			8042
201406	2191	2350	2350	2350	2350	2350
201412	9354	9354	9354		9354	9354
201404	7320	7320	1070		7320	1070
	9200	6268	6268			6268
	3000	2684	2684			2684
201411	5826	6770	6770	6770	6770	6770
201412	2900	2900	2900		2900	2900
	6619	6500	6500	6500		6500
201410	2000	2200	2200	2200	2200	2200
	22360	15228	15228			15228
201409	18456	18456	254		18456	254
	35000	7642	7642			7642
201408	9800	12828	12828		12828	12828
	3000	2630	1030			1400
201408	8666	11260	11260		11260	11260
	12600	6850	6850			6850
	2600	2567	2567			2567
201403	9000	9000	2050		9000	2050
201411	9000	11660	11660		11660	11660
201408	2671	2671	2671	2671	2671	2671
	24000	10760	10760	10760		10760
201411	2800	2800	2800		2800	2800
201403	3565	3565	1820	1820	3565	1820
201408	6842	6842	1492		6842	1492
	60000	20792	20792			20792
	12000	6698	6698			6698
	823920	109702	19218			19218
201409	9900	11870	11870		11870	11870
201406	1500	1820	1820		1820	1820
	98000	44050	23620			25620
	23800	22900	900			900
201412	9600	9600	9600		9600	9600
201412	2981	2981	2981		2981	2981
201412	944	944	944		944	944
	25000	12178	12178			12178
	550	520				
	9800	9700	9700			9700
201406	3740	4120	4120		4120	4120
201407	1500	1656	1656		1656	1656
	2900	2880	2880			2880
201408	7000	7000	7000		7000	7000

11-11 续 6

项目(单位)名称	项目名称	开工时间
山西长治市长青山庄餐饮娱乐有限公司	长青山庄商务会所建设项目	201303
山西长治市郊区黄中金沙滩种植专业合作社	年存栏3000只肉羊养殖场扩建	201408
山西长治市郊区黄碾镇人民政府	生态园区道路	201405
山西长治市郊区堠北庄镇米家庄村民委员会	村民安置楼项目	201404
山西漳山发电有限责任公司	600MW机组空冷系统增容改造工程	201209
山西长治市嘉润农业科技发展有限公司	优质苗木种植基地扩建项目	201403
山西长治市郊区宏鑫元出租汽车有限公司	出租车智能综合调度中心及4S店项目	201404
山西太行海鸥钜业有限公司	棚户区改造项目	201405
山西长治紫云湾商贸有限公司	新建紫云湾综合商贸市场项目	201306
山西长治市颐龙湾农业科技发展有限公司	特色瓜果蔬菜	201306
山西潞安太阳能科技有限责任公司	现代设施农业实验基地王公庄采摘区建设项目	201305
山西长治市郊区开源农牧业有限公司	新建年出栏2万头无公害生猪基地建设项目	201107
山西漳泽电力股份有限公司漳泽发电分公司	3#锅炉低氮燃烧器改造	201405
山西长治市鑫峰物贸有限公司	扩建钢材物流市场	201408
山西长治市郊区区委党校	迁址新建项目	201204
山西省长治市百绿盛农业开发有限公司	设施农业生产基地项目	201304
山西长治市郊区老顶山镇人民政府	老顶山景区电网线路改造工程项目	201403
山西长治市郊区瑞岗建筑垃圾再利用有限公司	建筑垃圾处理再利用	201403
山西三元煤业股份有限公司	封闭式储煤场项目	201405
山西长治市郊区马厂镇马厂村村民委员会	马厂村村民住宅楼项目	201403
山西长治市郊区老顶山镇南垂村民委员会	南垂村民住宅楼项目	201303
山西长治市郊区马厂镇安阳村村民委员会	安阳村新建村民住宅楼项目	201308
山西长治市郊区万宏圣农业科技有限公司	设施农业生产基地项目	201403
山西长治市居缘环保建材有限公司	XPS保温板生产项目搬迁	201405
山西长治市鑫奕茗商贸有限公司	鑫奕商务中心(二期)	201405
山西长治市郊区老顶山镇山门村民委员会	山门村村民安置楼项目	201305
山西漳山发电有限责任公司	两台300MW机组脱硝改造项目	201209
山西长治市碧水环境科技有限公司	水处理设备组装及水质稳定剂分装项目	201403
山西长治市郊区佳恒新墙材有限公司	年产1.2亿块蒸压粉煤灰标砖生产项目	201402
山西长治市诚远建材集团有限公司	新建诚远汽贸汽配项目	201403
山西长治市郊区黄碾镇葛家庄村村民委员会	葛家庄村村民住宅楼	201408
山西潞安太阳能科技有限责任公司	年产1000MW太阳能光伏产业垂直一体化产品项目	200909
山西长治市郊区堠北庄镇杨暴村民委员会	老年活动中心建设项目	201403
山西南耀集团昌晋苑焦化有限公司	焦炉置换煤气利用项目	201405
山西省长治市宏源开泰农业开发有限公司	绿色蔬菜种植基地项目	201305
山西长治市郊区老顶山旅游开发区苗圃村民委员会	苗圃村民住宅小区出行通道建设项目	201411
山西长治市郊区东盛园种植专业合作社	现代设施农业种植基地项目	201403
山西布劳恩电梯有限公司	年产10000部电梯及相关部件项目	201404
山西长治市郊区阳光昌盛种植养殖有限公司	养殖特种野猪养殖扩建项目	201404
山西潞奥物流仓储有限公司	农产品冷链仓储物流	201306
山西苏商投资开发有限公司	新建江苏苏商商贸(一期)项目	201208
山西长治市郊区老顶山镇河头村村民委员会	河头村安置楼A区	201403
山西长治市郊区大辛庄镇陈村村民委员会	新建陈村住宅楼二期项目	201404
山西长治市郊区东盛园种植专业合作社	现代设施农业基地扩建项目	201404

单位：万元

投产时间	计划总投资	自开始建设累计完成投资	本年完成投资	其中：住宅	本年新增固定资产	本年实际到位资金合计
	16360	13740	3989			3989
201412	1780	1780	1780		1780	1780
201411	620	632	632		632	632
	29800	9640	9640	9640		9640
	4974	4330				
	19400	9742	9742			9742
	19500	12870	12870			12870
	19000	10895	10895	10895		10895
	98500	33400	14520			21120
201406	9860	10880	2230		10880	2230
201411	12291	12291	4051		4051	4051
	11680	11130				
201411	944	944	944		944	944
	8000	6256	6256			6256
201412	4543	4543	38		4543	38
	37000	38400	17390			17390
201408	601	601	601		601	601
201407	1000	1000	1000		1000	1000
201412	18000	18000	18000		18000	18000
201412	4132	4132	4132	4132	4132	4132
201409	4321	4321	3034	3034	4321	3034
201403	3180	3180	340	340	3180	340
201409	1500	1500	1500		1500	1500
201412	8300	8302	8302		8302	8302
	18286	14392	14392			14392
201403	3333	3333	2183	2183	2183	2250
201408	12698	12698	781		12698	781
201407	1000	1000	1000		1000	1000
201406	4500	4500	4500		4500	4500
	97540	27344	27344			27344
201412	5000	5000	5000	5000	5000	5000
	1084987	437978				
201406	517	602	602	602	602	602
	12000	10042	10042			10042
201407	5000	5000	146		5000	146
	1100	800	800			800
201409	4388	4388	4388		4388	4388
	15000	14753	14753			14753
201412	8000	8000	8000		8000	8000
201411	33000	33000	12100		33000	12100
	185000	28399				
201409	5551	5551	5551	5551	5551	5551
	6608	6460	6460	6460		6460
	17758	9778	9778			9778

11-11 续 7

项目(单位)名称	项目名称	开工时间
山西长治市郊区大辛庄镇鹿家庄村民委员会	鹿家庄住宅楼二期	201403
山西三元文化产业有限公司	新建三元文化旅游项目	201203
山西长治市动力纯净水有限公司	年产 50 万吨矿物质纯净水	201408
山西长治市安迪建材有限公司	年产 2000 万平方米纸面石膏板生产工艺及卧式静电除尘器技改项目	201406
山西长治市宇邦木业有限公司	年产 5 万套实木套装门二期生产项目	201405
山西省漳河水利工程建设管理局	辛安泉供水改扩建工程建设	201405
山西长治市鑫源宏环能商贸有限公司	冷固球团加工项目	201307
山西长治市郊区天蓝地绿生态农业园有限公司	绿色采摘基地二期	201403
山西长治市郊区老顶山旅游开发区苗圃村民委员会	村民住宅楼项目	201304
山西长治市郊区老顶山镇山门村民委员会	山门新农村住宅楼项目	201303
山西煤炭运销集团长治有限公司	物流中心	201007
山西长治市郊区人力资源和社会保障局	基层就业和社会保障服务设施建设项目	201403
山西长治市郊区滴谷寺	滴谷寺院扩建项目	201407
山西长治市霍家工业有限公司	信息化建设项目	201404
山西长治市郊区宏万春种植专业合作社	优质花卉苗木种植项目	201403
山西长治电铁三局集体团第一工程有限公司长北基地房地产管理所(棚户改造)	长北基地铁建南路小辛庄棚户区改造项目	201003
山西长信工业有限公司	高炉煤气综合利用项目	201404
山西长治市协力化工工业有限公司	新建商品砼搅拌站	201406
山西长治市凯鑫洋经贸有限公司	年粉碎 40 万吨煤矸石设备自动化技改项目	201403
山西潞安太阳能科技有限责任公司	漳移村育苗建设项目	201305
山西长治市郊区鑫开元运输有限公司	重型汽车 4S 店项目	201309
山西长治市田园园林绿化有限公司	名贵苗木种植基地建设项目	201306
山西长治市建捷机械有限公司	新建矿用机械设备生产制造项目	201210
山西漳泽电力股份有限公司漳泽发电分公司	4# 机组脱硫设施增容改造	201405
山西长治市郊区西白兔南村村民委员会	新村配套多功能工程	201405
山西建捷机械设备有限公司	矿用机械设备生产制造(二期)项目	201403
山西漳山发电有限责任公司	二期脱硫增容改造项目	201304
山西长治市郊区天育种植专业合作社	花卉、苗木种植项目	201404
山西长治市郊区老顶山镇庄里村民委员会	庄里村安置楼二期	201404
山西南耀集团昌晋苑焦化有限公司	研发中心大楼	201403
山西长治市炎鑫环保建材有限公司	生产设备自动化技改项目	201403
山西长治市郊区万宏圣农业科技有限公司	设施农业生产基地扩建	201405
山西长治市第一汽车运输有限公司	一运物流及汽贸项目	201403
山西乾源宏业投资有限责任公司	郝家庄 24 个行政村城乡一体化公共基础设施建设项目	201205
山西省长治县交通运输局	后故线改造工程	201409
山西振东五和健康食品股份有限公司	年产 5000 万瓶增强免疫力保健食品项目	201309
山西省长治县锦峰煤炭经销有限公司	年储煤 10 万吨储煤场项目	201405
山西省长治县住房保障和城乡建设管理局	塌陷村搬迁工程 A 区建设项目	201404
山西省长治县科工贸产业聚集区管委会	新建清宁园二期(公墓)建设项目	201402
山西上党振兴现代农业集团有限公司	新建农产品加工仓储物流配送及农业技术服务中心	201405
山西省长治县住房保障和城乡建设管理局	县城集中供热三期(城内部分)工程	201402
山西省长治市金桥电力物资有限公司	年产 3000 套锅炉智能化控制设备项目	201402
山西省长治县住房保障和城乡建设管理局	城际快速通道道路景观绿化工程	201405
山西省长治县城乡统筹振兴实验区	振兴煤业棚户区改造新建和谐小区一期项目	201405

单位：万元

投产时间	计　划 总投资	自开始建设 累计完成 投　　资	本年完 成投资	其中： 住宅	本年新增 固定资产	本年实际 到位资金 合　　计
	13000	12800	12800	12800		12800
	378935	80312	9800			9800
	13600	6082	6082			6082
201411	3890	4300	4300		4300	4300
201411	12000	12220	12220		122220	12220
	5000	4650	4650			4650
201406	9450	9450	3918		9450	3918
	19173	10478	10478			10478
201404	1360	1360	352	352	1360	352
201403	2400	2400	1160	1160	2400	1160
201412	50000	50143	25980		50143	25980
201408	857	857	857		857	857
201410	500	500	500		500	500
201407	3000	3355	3355		3355	3355
201407	3500	4550	4550		4550	4550
	19673	6785	30	30		30
201410	4900	4900	4900		4900	4900
	27800	14480	14480			14480
201412	2600	2600	2600		2600	2600
201411	11446	11446	5176		11446	5176
201412	9500	9500	8538		9500	8538
201408	9600	9600	3580		9600	3580
	8800	7120	1800			6580
	1505	1200	1200			1200
	17000	8776	8776			8776
	8000	7950	7950			7950
	4698	3985	500			500
201406	3800	4050	4050		4050	4050
	16883	11447	11447	11447		11447
201406	9728	10708	10708		10708	10708
201408	2400	2400	2400		2400	2400
201412	13640	13640	13640		13640	13640
	28000	12546	12546			12546
	318804	169804	86514			86710
201411	807	807	807		807	807
201404	2660	2660	1685		1685	1685
201407	2500	2500	2500		2500	2500
201412	24694	24694	24694	24694	24694	24694
201412	17082	17082	17082		17082	17082
201412	8000	8000	8000		8000	8000
201407	9988	9988	9988		9988	9988
201412	23200	23200	23200		23200	23200
201407	1852	1852	1852		1852	1852
201412	40000	40000	40000	40000	40000	40000

11-11 续8

项目(单位)名称	项目名称	开工时间
山西潞安安太机械有限责任公司	年产2000套立柱、千斤和电液控制阀、30部刮板运输机项目	201403
山西省长治县住房保障和城乡建设管理局	塌陷村搬迁工程B区建设项目	201405
山西省长治县水利局	淘清河河道治理工程(蓄水工程)	201303
山西省长治市诺卡汽车配件制造有限公司	新上年产6000吨汽车配件建设项目	201406
山西省长治市潞卓商贸有限公司	新建网络信息工程建设项目	201403
山西省长治县金世恒合金科技有限公司	年产200万只包装桶项目	201402
山西省长治县鑫科力电器有限公司	输配电及控制设备建设项目	201404
山西省长治县林业局	城际快速通道两侧景观绿化工程	201405
山西省长治县住房保障和城乡建设管理局	塌陷村搬迁工程C区建设项目	201405
山西省长治县焱焜砂岩石材有限公司	砂岩石材加工建设项目	201403
山西润鑫农业科技有限公司	新建年产20万吨环保节能型混烧石灰竖窑建设项目	201404
山西中德铝业有限公司	新建年产20万吨铝型材项目	201404
山西省长治县顺意洗煤有限公司	新建年产120万吨洗煤厂建设项目	201402
山西省长治县新发建材有限公司	新建年产100万吨干粉砂浆建设项目	201405
山西省长治县住房保障和城乡建设管理局	塌陷村搬迁工程E区建设项目	201405
山西乾源宏业投资有限责任公司	南外环路西延工程	201303
山西省长治县东盛兴贸易有限公司	年储煤110万吨储煤场项目	201405
山西省长治县八义镇南泉庄村民委员会	“八谏水”河畔生态治理项目	201408
山西乾源宏业投资有限责任公司	长治县郝家庄乡24个行政村城乡一体化项目住宅区建设	201205
山西振兴惠泽粮油食品有限公司	年处理5万吨油葵项目(食用油加工)	201405
山西省长治市晋阳节能建材有限公司	年产五十万立方环保无氟发泡挤塑板项目	201405
山西日盛达太阳能科技有限公司	年产500MW太阳能电池组件	201010
山西省长治县博利特电源科技有限公司	年产组装十万辆“太行蓝”牌电动车项目	201311
山西省长治市潞卓商贸有限公司	新建鲜活农产品加工配送中心	201404
山西省长治县南宋乡东掌村民委员会	新建集中供热建设项目	201403
山西省长治县益民建材有限公司	扩建年产2.4亿块煤矸石砖建设项目	201406
山西省长治县久鑫煤业有限公司	年储煤10万吨储煤场建设项目	201403
山西振东五和健康食品股份有限公司	年产10000吨苦荞面建设项目	201309
山西省长治县科工贸产业聚集区管委会	展示馆布展精装工程	201402
山西马刨泉旅游开发有限公司	新建大雄山生态文化旅游度假区	201207
山西健盛医院	新建综合医院项目	201407
山西成功投资集团有限公司	新建CVT无级变速器生产线项目	201406
山西省长治县水利局	黑水河河道治理工程	201303
山西太行山农产品物流园区服务中心	户外全彩LED显示屏及高清网络数字视频监控系统建设项目	201402
山西易通环能科技集团有限公司	新建300兆瓦双循环低温余热发电成套设备制造项目	201306
山西省长治县陶清河水泥厂	年产100万立方米石料场建设项目	201408
山西雄山商贸有限公司	新建年储煤100万吨储煤场项目	201403
山西省长治县住房保障和城乡建设管理局	塌陷村搬迁工程F区建设项目	201405
山西南莎姆葡萄酒庄有限公司	年产30000吨葡萄酒加工扩建项目	201306
山西振东实业集团有限公司	新建神农中医药文化推广项目	201111
山西省长治市豪力钢结构有限公司	年产12万吨电站重钢装备生产线建设项目	201407
山西省长治县住房保障和城乡建设管理局	塌陷村搬迁工程D区建设项目	201405
山西省长治县住房保障和城乡建设管理局	上党城镇群路网工程长治县连接线道路改造工程	201405
山西省长治县长兴源煤炭经销有限公司	年产120万吨洗煤厂建设项目	201403

单位：万元

投产时间	计 划 总投资	自开始建设 累计完成 投 资	本年完 成投资	其中： 住宅	本年新增 固定资产	本年实际 到位资金 合 计
201412	20000	20000	20000		20000	20000
201412	25090	25090	25090	25090	25090	25090
201409	48010	48010	12805		12805	12805
201412	9000	9000	9000		9000	9000
201412	11500	11500	11500		11500	11500
201411	38900	38900	38900		38900	38900
201411	5000	5000	5000		5000	5000
201407	1042	1042	1042		1042	1042
	23357	18657	18657	18657		19000
201411	1500	1500	1500		1500	1500
201409	6100	6100	6100		6100	6100
	204162	100262	100262			100500
201409	8700	8700	8700		8700	8700
201412	8750	8750	8750		8750	8750
	26499	17499	17499	17499		17500
201409	46288	46288	8708		8708	8708
201411	4900	4900	4900		4900	4900
	160000	50270	50270			50300
	850729	181729	90204	90204		80204
201411	10000	10000	10000		10000	10000
201412	10000	10000	10000		10000	10000
201407	130000	130000	7670		7670	7670
201407	10000	10000	6315		6315	6315
201412	25470	25470	25470		25470	25470
201411	2300	2300	2300		2300	2300
201411	3030	3030	3030		3030	3030
201407	2000	2000	2000		2000	2000
201404	1800	1800	1100		1100	1100
201407	5698	5698	5698		5698	5698
	166330	81330	37336			37506
	48000	18000	18000			18500
	89400	39400	39400			39500
201404	9200	9200	1000		1000	1000
201406	2894	2894	2894		2894	2894
201409	46000	46000	18755		18755	18755
201412	8000	8000	8000		8000	8000
201412	5000	5000	5000		5000	5000
201412	20771	20771	20771	20771	20771	20771
	154844	137344	106814			106900
201412	125000	125000	59750		59750	59750
201412	36800	36800	36800		36800	36800
	23201	16301	16301	16301		16500
201408	7814	7814	7814		7814	7814
201408	4350	4350	4350		4350	4350

11-11 续 9

项目(单位)名称	项目名称	开工时间
山西振东五和健康食品股份有限公司	年产 20 亿片抗氧化保健食品项目	201309
山西省长治市欣隆煤矸石电厂有限公司	低热值煤发电项目	201310
山西潞安环能上庄煤业有限公司	90 万吨技改项目	201203
山西富阳园科贸有限公司	焦炉煤气制每年 6000 万标立方米液化天然气项目	201404
山西省襄垣县王桥工业园区元和投资经营有限责任公司	官道村村民集中安置小区项目	201310
山西省襄垣县交通运输局	新建县城至下良快速通道项目	201306
山西省襄垣县恒新投资经营有限责任公司	新建西河底村民集中安置项目	201403
山西省襄垣县住房保障和城乡建设管理局	文苑西路改造工程	201205
山西七一能源有限公司	合成气制 30 万吨/年聚丙烯项目工程	201310
山西省襄垣县自来水公司	新建县城供水工程建设项目一期工程	201404
山西省襄垣县金谷源垃圾处理有限公司	生活垃圾综合处理工程	201108
山西省襄垣县益和祥投资经营有限公司	下良棚户区改造工程	201403
山西省山力铂纳橡胶机带有限公司	新建矿用橡胶机带项目二期工程	201307
山西省襄垣县古韩东森农林管护观光开发有限公司	东山绿化工程	201403
山西省襄垣县丰通工艺铸造有限公司	新建金工铸艺品制造项目	201404
山西省襄垣县住房保障和城乡建设管理局	新建富南大道工程	201308
山西省襄垣县住房保障和城乡建设管理局	文苑南路改造工程	201204
山西省襄垣县住房保障和城乡建设管理局	开元西街西延工程	201309
山西省襄垣天兴仓盛光电科技有限公司	年产 6000 万只汽车摩托车灯泡项目	201403
山西大平煤业有限公司	新建压煤村庄池岩村搬迁项目	201306
山西省襄垣县水利局	农村安全饮水工程	201409
山西省襄垣县凯盛投资经营有限责任公司	东坡荒山绿化工程	201403
山西亿利铝酸钙有限公司	1 万吨聚氯化铝、5 万吨膨胀剂每年项目	201303
山西省襄垣县书荣种植专业合作社	新建设施蔬菜大棚项目	201309
山西省襄垣县人民医院	内科住院大楼建设项目	201307
山西省襄垣县兴德利养殖专业合作社	新建蝎子、蜈蚣养殖项目	201407
山西省襄垣县禽峰肉鸡养殖专业合作社	扩建生态养鸡产制一体化项目	201403
山西星羽科技有限公司	新建汽车制动系列产品生产	201403
山西林盛果业有限公司	农业观光项目	201208
山西省襄垣天兴仓盛光电科技有限公司	年产 8000 万只汽车灯泡项目	201306
山西省潞宝金和生食品有限责任公司	新建杏林坪村肉鸡养殖基地项目	201307
山西瑞恒化工有限公司	40 万吨聚氯乙烯项目	201110
山西中云芯材料有限公司	新建 20 万吨高性能冷轧硅钢项目	201306
山西省襄垣县住房保障和城乡建设管理局	新建朝阳西街工程	201308
山西省襄垣县华鼎建材有限公司	新建年产 15 万吨商品混凝土项目	201406
山西省襄垣县住房保障和城乡建设管理局	文苑北路改造工程	201205
山西省襄垣县虒亭镇人民镇府	道路硬化工程	201404
山西金鑫襄子文化产业有限公司	新建园区主楼工程	201110
山西省襄垣县宝泉农业科技有限公司	新建蔬菜、花卉、中药材种植基地项目	201406
山西省襄垣县新港华公交能源有限公司	新建府前路 CNG 加气站项目	201403
山西省襄垣县连众工贸有限责任公司	西山古园公墓项目	201403
山西省襄垣县兴马投资经营有限责任公司	上马乡造林绿化项目	201403
山西省襄垣县交通运输局	石段线(仙堂山入口段)拓宽及东仙线路面加铺工程	201408
山西省襄垣县鸿祥投资经营有限责任公司	新建虒亭荒山绿化项目	201403

单位：万元

投产时间	计　划 总投资	自开始建设 累计完成 投　资	本年完 成投资	其中： 住宅	本年新增 固定资产	本年实际 到位资金 合　计
201407	5500	5500	3515		3515	3515
	144800	132251	131051			85711
	53242	23036				
	28300	8060	8060			10000
	26595	23650	18150	18150		20000
	13832	9000	1000			
	24966	9900	9900	9900		10000
201405	2039	2039	150		2039	
	1045598	101650	99650			60000
	8500	4750	4750			
201412	7000	8190	670		8190	670
201409	5100	5750	5750	5750	5750	5750
201412	26120	30000	28900		26120	25900
201407	650	650	650		650	650
201407	1080	1240	1240		1040	1240
	42230	8050	3050			2000
201411	4388	5038	850		5038	
	11030	1000				
201409	4970	5700	5700		5330	5700
201410	14969	14969	9289	9289	14969	9500
201412	977	977	977		977	977
201406	715	850	850		850	850
	6180	2080	220			220
201406	4700	4900	3200		4900	2500
	3177	1500	600			
201412	1520	1750	1750		1750	1750
201409	3150	3600	3600		2850	3000
201407	5200	6000	6000		5020	6000
	28330	19930	7600			8000
201410	9800	9800	5100		9200	3800
201405	1100	1300	600		1300	600
	193200	210600	26000			26500
	338459	57331	29000			30000
	12379	5650	1650			1000
201412	3830	4400	4400		4400	4400
201405	1936	1936	150		1936	
201409	670	770	770		770	770
201412	6950	8000	2715		8000	2715
201410	3500	3500	3500		3500	2500
201408	1346	1346	1346		1300	1346
	6300	2850	2850			2900
201406	1182	1350	1350		1350	1350
	579	350	350			
201407	1768	2068	2068		2068	1200

11-11 续10

项目(单位)名称	项目名称	开工时间
山西省襄垣县第一中学校	新建教研中心、学术报告厅工程	201404
山西省襄垣县古韩镇西河底村村民委员会	府前街农贸综合市场改造项目	201405
山西省襄垣县上马山庄农业观光园	葡萄酒生产基地及干鲜果采摘园项目	201304
山西省襄垣县住房保障和城乡建设管理局	宣传文化中心(大楼)项目	201110
山西省襄垣县兴堡投资经营有限公司	侯堡村安置用房项目	201406
山西省襄垣县北底乡人民政府	仙堂山旅游专线绿化工程	201403
山西省襄垣县亚梁中药材种植专业合作社	千亩中药材基地建设	201402
山西省襄垣县住房保障和城乡建设管理局	惠民桥至文华桥道路改造工程	201110
山西省襄垣县润万物农资有限公司	新建农资市场项目	201203
山西襄矿集团聚薪煤层气开发有限公司	新建煤层气地面抽采利用(瓦斯治理)项目	201202
山西省襄垣县交通运输局	西龙线道路工程	201307
山西弘新凯建材有限责任公司	新建30万吨/年干混砂浆生产项目	201311
山西恒昌元科技有限公司	年产1.5亿只多相镍锰锂离子电池项目	201307
山西潞安矿业(集团)有限责任公司	煤层气开发利用项目	201210
山西省襄垣县恒祥焦化有限公司	125T/h干熄焦技术改造项目	201303
山西襄垣金星煤业有限公司	古韩镇东畛村压煤村搬迁建设项目	201205
山西省襄垣县益和祥投资经营有限公司	荒山绿化工程	201404
山西襄垣七一新发煤业有限公司	年产60万只球杆、20万只球拍	201210
山西省襄垣县恒新投资经营有限责任公司	崔家庄村民集中安置小区项目	201303
山西省襄垣县利信投资经营有限责任公司	荒山绿化工程	201405
山西襄垣七一新发煤业有限公司	大雁沟煤矿30万吨技改项目	201303
山西晶利凯光电科技有限公司	新建低能高效LED光源系列产品生产项目	201407
山西省长治市海晟印业有限公司	新建高档彩印包装装潢生产线	201106
山西省襄垣县天润投资经营有限责任公司	"永明新区"建设项目	201403
山西省襄垣县文华苑教育园区建设办公室	第四中学校建设工程	201205
山西省襄垣县侯堡镇人民政府	东山生态绿化工程	201403
山西省襄垣县住房保障和城乡建设管理局	和美苑保障性住房二期项目	201311
山西潞安矿业(集团)有限责任公司	高硫煤清洁利用油化电热一体化示范项目	201210
山西新澳添利钨钼有限公司	新建钨钼难熔金属制品压延深加工项目	201303
山西省襄垣县益和祥投资经营有限公司	西邯郸砌石坝工程	201403
山西省襄垣县住房保障和城乡建设管理局	和美苑保障性住房工程	201205
山西省襄垣县鑫远介子粉末有限公司	新建每年3万吨选矿项目	201307
山西省襄垣县康润农林牧科技有限公司	新建核桃种植基地项目	201404
山西省襄垣县交通运输局	襄史线道路改造工程	201309
山西七一煤化集团有限公司	矿井兼并重组整合扩能项目	201403
山西省襄垣县交通运输局	襄上线道路工程	201307
山西金鑫襄子文化产业有限公司	新建园区中央文化轴工程	201110
山西省襄垣县胜丰种植专业合作社	新建小杂粮种植加工项目	201305
山西省襄垣县残疾人联合会	残疾人就业康复托养服务中心	201309
山西省襄垣县住房保障和城乡建设管理局	县城至侯堡快速通道工程	201306
山西襄矿能源投资管理集团有限公司	新建压煤村庄搬迁一期工程	201303
山西省襄垣县交通运输局	南桥线(南邯至高家岩段)道路改造工程	201309
山西省襄垣县中天玫瑰农业发展有限公司	温室大棚项目建设	201204
山西襄垣七一新发煤业有限公司	煤矿安全改造项目	201405

单位：万元

投产时间	计　划 总投资	自开始建设 累计完成 投　资	本年完 成投资	其中： 住宅	本年新增 固定资产	本年实际 到位资金 合　计
	4095	2000	2000			
201409	3500	3825	3825		3325	3000
201412	1127	1127	387		1127	387
201412	8922	8922	527		8922	
	12000	1300	1300	1300		1500
201405	949	949	949		949	949
201407	950	950	950		950	950
201405	2714	2714	150		2714	
201407	6000	6900	1950		6000	1950
201412	9750	11160	3400		11160	3400
201411	6525	8025	3825		8025	
201406	3600	4150	2300		3600	2300
	50000	13690	9800			9800
	502264	327313	170437			139000
201412	9800	11500	3360		11500	3360
	14500	9210	0			
201406	1800	2050	2050		2050	2050
201411	9980	11450	1650		11450	
201412	27970	29400	11400	11400	29400	9600
201407	2859	3310	3310		3310	2000
	23850	17400				
	3550	1230	1230			1300
	9300	7990				
201410	4985	5500	5500	5500	4900	4300
	12340	11300				
201405	2240	2240	2240		2240	2240
	28798	6100	6000	6000		
	2300000	1532073	882321			867480
	9200	8200				
201406	799	799	799		799	799
	21501	15110	4550	4550		
201404	1510	1510	440		1510	440
201408	1000	1000	1000		1000	1000
201411	997	1145	545		1148	
	59072	6022	6022			6050
201411	8175	9375	3375		9375	
201412	5500	6300	1850		6300	1850
201405	1860	2070	710		2070	710
	2100	1410	1010			700
	39820	22500	6500			1500
201410	17621	19580	10600		19580	10600
201411	2570	2900	800		2900	
201405	4103	4460	1350		4460	850
201410	1639	1639	1639		1639	1639

11-11 续 11

项目(单位)名称	项目名称	开工时间
山西宏润农业开发有限公司	新建宏润山庄生态观光园项目	201405
山西省襄垣县中医医院	附属配套工程	201310
山西金鑫襄子文化产业有限公司	新建园区民俗风情购物广场工程	201110
山西省襄垣县众源欣洗选煤有限公司	年入洗原煤 120 万吨技改项目	201404
山西省襄垣县福欣投资经营有限责任公司	善福棚户区改造安置用房工程	201309
山西省襄垣县公路管理段	省道太长线安保工程	201403
山西仙堂山旅游开发有限公司	仙堂山旅游景区开发	201001
山西省襄垣县鑫瑞达连氏塑木制造有限公司	新建每年 6 万吨塑木产品加工项目	201205
山西益达农业科技有限公司	新建农产品种植、养殖、加工基地项目	201309
山西森海绿源农业科技有限公司	新建善福育苗基地项目	201403
山西省襄垣县中医医院	新建门诊楼项目	201206
山西省襄垣县羿翔商砼有限公司	商品混凝土及干粉砂浆站项目建设	201406
山西省襄垣县仁达机电设备有限公司	4YZ-3 型自走式玉米收获机研发制造项目	201403
山西省特卡尔兄弟农业开发有限公司	新建西沟生态农业产业园项目	201403
山西省襄垣县文华苑教育园区建设办公室	第二中学校建设工程	201204
山西省襄垣县华鼎建材有限公司	新建煤矸石多孔烧结砖二期工程	201404
山西省襄垣县中天玫瑰农业发展有限公司	新建玫瑰生态园农业观光项目	201203
山西省襄垣县住房保障和城乡建设管理局	上党城镇群路网工程襄垣段项目	201204
山西省襄垣县鸿达煤化有限公司	320 万吨/年炭化室高度 6.3 米捣固焦化项目	201403
山西省襄垣县东湖公园管理处	文昌阁工程	201106
山西省襄垣县文华苑教育园区建设办公室	职中学校建设工程	201205
山西省中共襄垣县委老干部局	新建涉老组织活动中心项目	201206
山西潞安矿业(集团)有限责任公司	常村矿 470 水平通风系统改造	201101
山西省襄垣县水利局	浊漳河东北阳段河道综合治理工程	201211
山西省襄垣县利信投资经营有限责任公司	新建西营村安置用房工程	201309
山西省襄垣县交通运输局	红官线道路工程	201307
山西襄矿泓通煤化工有限公司	每年 20 万吨乙二醇项目建设	201207
山西乡元粮油有限公司	新建 5 万吨/年食用油项目	201405
山西省襄垣县古韩东森农林管护观光开发有限公司	新建古韩镇荒山绿化工程	201403
山西省襄垣县福欣投资经营有限责任公司	荒山造林绿化工程	201403
山西省襄垣县凯盛投资经营有限责任公司	新建王村镇店上新农村建设项目	201303
山西潞安矿业(集团)有限责任公司	高硫煤一体化专用铁路工程	201307
山西省襄垣县汇川投资经营有限责任公司	夏店镇城镇建设住宅小区项目	201309
山西晋襄宁市政工程有限公司	新建沥青砼搅拌站项目	201403
山西省襄垣县王桥工业园区元和投资经营有限责任公司	郭庄村村民集中安置小区项目	201310
山西省襄垣县兴堡投资经营有限公司	新建西周安置用房项目	201310
山西省襄垣县新能选矿有限公司	新建 2 万吨年铁矿项目	201403
山西省襄垣县华强建材有限公司	新建 1.2 亿块/年煤矸石砖生产项目	201310
山西省襄垣县晋源春养殖专业合作社	新建羊养殖基地项目	201404
山西省襄垣县交通运输局	县乡公路危险隧道整治改造工程	201407
山西省襄垣县文华苑教育园区建设办公室	电化教研中心和艺术中心项目	201210
山西省襄垣县同心养殖专业合作社	新建农业循环养殖园区项目	201405
山西七一华富生物发电有限公司	2*12MW 发电项目	201010
山西屯留县丰宜镇大会村村民委员会	岚河小流域治理工程项目	201404

单位：万元

投产时间	计划总投资	自开始建设累计完成投资	本年完成投资	其中：住宅	本年新增固定资产	本年实际到位资金合计
	5000	1210	1210			1250
	4374	20				
201412	7468	8600	1500		8600	1500
201407	1900	2180	2180		1730	2180
	15000	5390	950	950		60
201406	527	527	527		527	527
	222300	144048	8730			
	9800	6550	50			100
201408	1500	1500	1200		1240	1500
	3000	1037	1037			1100
	1050	820				
201408	1300	1300	1300		1150	1300
201406	1750	1960	1960		1960	1960
	5550	2110	2110			1500
	9969	9490				
201407	2450	2900	2900		2900	1500
	5200	3626	830			830
	35000	30000	3500			
	400000	13500	13500			14000
201409	1798	1798	238		1798	80
	13942	12500				
201411	797	797	137		797	
201402	156401	158917	30		158917	113
201409	2995	2995	545		2995	
	12000	8468	7790	7790		8000
	10657	8400	2400			
	260000	189887	67900			39313
	7200	4050	4050			4500
201407	1261	1261	1261		1261	1261
201405	950	950	950		950	
201404	2995	3395	795	795	3395	
	116578	55536	49967			29000
	7900	2000	300	300		100
201406	528	528	528		528	528
	26946	23690	19190	19190		20000
201412	20000	23000	21500	21500	23000	21500
201407	850	1010	1010		1010	1010
201406	1450	1680	850		1680	850
201408	550	550	550		550	550
	2290	500	500			
	4160	3300	2500			2500
201409	1500	1723	1723		1723	1723
	25000	28252	9500			9700
201410	1275	1275	1275		890	1275

11-11 续12

项目(单位)名称	项目名称	开工时间
山西潞安煤基合成油有限公司	封闭式储煤场建设项目	201404
山西屯留县麟绛镇刘家坪村村民委员会	村民住宅楼建设项目	201406
山西潞安环保能源开发股份有限公司常村煤矿	常村矿 3# 煤层+470 米水平接替项目	201403
山西潞安郭庄煤业有限责任公司	35KV 变电站封闭工程项目	201212
国药控股山西长治有限公司	物流配送中心项目	201408
山西屯留县西贾乡东贾村村民委员会	村民住宅楼项目	201309
山西潞安羿神能源有限公司	环保搬迁安置小区项目	201409
山西好家园畜牧业发展有限公司	标准化养羊基地建设项目	201406
山西屯留县煤窑沟村聚宝小杂粮种植专业合作社	小杂粮种植基地建设项目	201405
山西屯留县丰宜志丰畜禽养殖专业合作社	标准化养猪场基地建设项目	201405
山西屯留县交通运输局	通村公路改造项目	201408
山西屯留县茂盛源苗木花卉种植有限公司	现代化农业生态示范园项目	201404
山西屯留县土后庄茂盛畜禽养殖专业合作社	年出栏 500 只羊项目	201404
山西长治清华机械厂	高端液压支架生产线项目	201106
山西屯留县丈八庙村昌兴养羊专业合作社	肉羊标准化示范改建项目	201403
山西屯留县住房保障和城乡建设管理局	纬二路排水工程	201309
山西屯留县利民蔬菜种植有限公司	蔬菜种植基地建设项目	201405
山西屯留县老爷山旅游开发有限公司	森林公园核心景区羿神庙项目	201304
山西长治市金泽生物工程有限公司	中水回用综合利用项目	201312
山西长治市芬亚华生物工程有限公司	年生产、销售一万吨新型有机微量元素(蛋白盐)项目	201404
山西屯留县融峰工贸有限公司	入洗原煤 120 万吨技改项目	201407
山西屯留县旖旎生态农业开发有限公司	生态农业三期项目	201405
山西屯留县麟绛镇东堰村村民委员会	回迁安置小区工程项目	201303
山西屯留县老爷山旅游开发有限公司	上党战役纪念馆建设项目	201304
山西屯留县上村镇岭上村民委员会	新农村建设项目二期工程	201305
山西潞安环保能源开发股份有限公司王庄煤矿	王庄煤矿水平延伸工程项目	201305
山西屯留县老爷山旅游开发有限公司	新建观音殿景区项目	201405
山西屯留县三兴畜禽养殖有限公司	年出栏 2800 头生猪养殖项目	201404
山西屯留县吾元镇人民政府	张吾线县级公路建设项目	201406
山西瑞康源禽业有限公司	20 万套蛋种鸡标准化养殖场建设项目	201403
山西屯留县嶷山畜禽养殖专业合作社	畜禽养殖基地建设项目	201404
山西屯留县住房保障和城乡建设管理局	污水处理厂升级改造工程	201304
山西本源生态农业开发有限公司	蔬菜生产供应基地建设项目	201208
中国石油天然气股份有限公司销售分公司屯留第一加油站	加油站建设项目	201403
山西屯留县麟绛镇西河北村村民委员会	村民安居住宅楼	201304
山西长治市麟源煤业有限责任公司	60 万吨焦炉及 150 万吨焦炉烟道气余热回收工程	201403
山西长久林业有限公司	林业碳汇项目	201404
山西长治市欧朴医疗器械有限公司	年产 300 万套络脉通罐疗仪建设项目	201403
山西长治市三宝生化药业有限公司	阿奇司坦原料药及制剂研发项目	201210
山西省屯留县麟山酒业有限公司	酒厂改扩建项目	201406
山西屯留县老爷山旅游开发有限公司	森林公园核心景区金禅寺扩建项目	201303
山西潞安煤基合成油有限公司	溴化锂制冷机组项目	201403
山西潞安环保能源开发股份有限公司常村煤矿	常村社区集中供热项目	201403
山西潞安煤基合成油有限公司	低压电机节能技改项目	201403

单位：万元

投产时间	计　划 总投资	自开始建设 累计完成 投　资	本年完 成投资	其中： 住宅	本年新增 固定资产	本年实际 到位资金 合　计
	17500	3913	3913			3500
	7961	3361	3361	1000		3000
	211639	84210	84210			85000
201406	4760	4760	460		322	460
	10000	3928	3928			3500
201411	5372	5372	4072	410	2850	4072
	17951	1000	1000	1000		800
201412	3150	3780	3780		2200	3780
201411	1580	1580	1580		1105	1580
201411	1860	1860	1860		1300	1860
	2400	1010	1010			1010
201409	2067	2067	2067		1447	2067
201409	1630	1630	1630		1141	1630
	30000	21157				
201408	1180	1180	1180		826	1180
201411	2296	2296	2232		1607	2296
201412	2576	3091	3091		1805	3091
	3865	3565	3105			3200
201406	3201	3201	3181		2226	1430
201410	18500	18500	18500		12950	18000
	2977	1345	1345			1045
201412	4550	5550	5550		3180	5550
201409	2968	2968	1768	247	1238	1768
	8769	5500	1420			1000
201408	7265	7265	2083		1458	2000
	167166	141915	116470			126000
	3800	3440	3440			3500
201408	1500	1500	1500		950	1500
201412	4400	5280	5280		3080	5280
	9800	6170	6170			6000
201410	1365	1365	1365		955	1300
201411	2845	2845	1385		969	1385
201411	21000	21000	3916		2740	3916
201410	1700	1700	1700		1190	1700
201412	2998	3598	2783		1525	3598
201407	3499	3499	3499		2448	3499
201409	2934	2934	2934		2053	2934
	9820	7375	7375			7000
	5855	4607	775			775
201410	2100	2100	2100		1470	2100
201410	4153	4153	3443		2410	3443
	2850	2280	2280			2280
201409	1856	1856	1856		1299	1856
	2520	2020	2020			2020

11-11 续 13

项目(单位)名称	项目名称	开工时间
山西屯留县吾元镇燕栗村村民委员会	商品物流贸易一条街项目	201406
山西屯留县路村乡常东村村民委员会	南湖公园项目	201406
山西屯留县东史村胜达源林木培育专业合作社	林木培育、花卉基地种植项目	201405
山西屯留县老爷山旅游开发有限公司	景区南环防火通道项目	201405
山西屯留县西山农业综合开发有限公司	小杂粮种植基地建设项目	201403
山西屯留县丰宜镇人民政府	商贸一条街建设项目	201404
山西屯留县张秦辰苑畜禽养殖有限公司	标准化养羊场建设项目	201407
山西潞安集团余吾煤业有限责任公司	南风井工程项目	201105
山西屯留县上村镇司徒村村民委员会	新农村建设项目	201403
山西屯留县麟绛镇西街村村民委员会	麟绛镇西街城中村建设项目	201309
山西屯留县吾元镇东坡村村民委员会	村民住宅建设项目	201308
山西屯留县晋华生物肥业有限公司	年产 100 万吨菌生物肥料项目	201303
山西潞安煤基合成油有限公司	配套油库项目	201403
山西屯留县西贾乡张村村民委员会	新农村建设项目	201406
山西天脊山电动车船有限公司	新建电动车生产线项目	201303
山西润家园农业开发有限公司	多项种植项目基地建设项目	201406
山西屯留县吾元镇庙儿脚村村民委员会	移民搬迁住宅小区建设项目	201306
山西屯留县助民农业科技有限公司	蔬菜育种基地建设项目	201307
屯留县麟绛镇西莲村村民委员会	旧村改造二期工程建设项目	201404
山西屯留县上村镇岭上村村民委员会	新农村建设(村级活动场所)项目四期	201409
山西屯留县鑫瑞达工贸有限公司	年产量 8 万平方米门窗高精度生产线项目	201403
山西省屯留县顾车村村民委员会	新村建设项目	201301
山西潞安华亿实业有限公司	年产 60 万长米胶带项目	201211
山西屯留县和悦天成农业发展有限公司	肉羊养殖基地建设项目	201406
山西屯留县余吾镇南街村村民委员会	群众舞台文化娱乐广场建设项目	201404
山西潞安郭庄煤业有限责任公司	新建餐厅及地下车库项目	201301
山西屯留县吾元镇甘草滩村村民委员会	新农村建设(村民住宅)项目	201405
山西屯留县上村中心学校	小南村小学教学楼建设项目	201408
山西屯留县恒山石油经销站加油站	新建加油站项目	201408
山西潞安羿神能源有限责任公司	输气输送工程(至煤基合成油项目)	201303
山西屯留县祥鑫工程机械有限公司	年产 1500 辆矿车项目	201405
山西太行药业股份有限公司	中药提取技改项目	201302
山西屯留县东史村鑫福种植园	苗木花卉种植基地项目	201406
山西长治市林禾源农业科技有限公司	岚水河农业生态休闲度假园	201304
山西屯留县兴旺裕丰农资有限公司	农资贸易园项目	201405
山西屯留县融睿智工贸有限公司	年产 30 万立方米粉煤灰加气砌块生产线项目	201407
山西潞安煤基合成油有限公司	4000kg/h 费托蜡精制项目	201311
山西屯留县驼坊村凯龙蔬菜种植专业合作社	蔬菜种植基地建设项目	201405
山西屯留县上村镇岭上村村民委员会	新农村建设三期工程	201309
山西长治市三宝药业化学合成有限公司	污水深度治理工程	201403
山西屯留县南浒庄村平安双孢菇种植专业合作社	双孢菇种植园区建设项目	201406
山西屯留县李高乡常珍村村民委员会	常珍村村民住宅楼建设项目	201303
山西潞安环保能源开发股份有限公司常村煤矿	储煤场封闭工程项目	201301
山西潞安集团余吾煤业有限责任公司	文体活动中心项目	201303

单位:万元

投产时间	计 划 总投资	自开始建设 累计完成 投 资	本年完 成投资	其中: 住宅	本年新增 固定资产	本年实际 到位资金 合 计
	3550	2471	2471			2000
201412	1780	2136	2136		1246	2136
201410	800	800	800		550	800
	5512	3820	3820			3000
201411	2847	2847	2847		1992	2847
201412	5300	6360	6360		3700	6360
	2750	1475	1475			1500
	119490	70790	3800			3800
	6875	3619	3619			3200
	65890	22236	19986	19986		20000
201409	4304	4304	2609	1500	1825	2500
201407	2300	2300	1620		1134	1500
	7280	6360	6360			6360
201411	2780	2780	2780		1946	2780
201411	15800	15800	8300		5810	8300
	3825	1802	1802			1500
201411	5120	5120	2750	145	1925	2750
201407	2709	2709	1659		1160	1500
201411	4325	4325	4325	3800	3025	4325
	8855	1394	1394			1000
201410	7560	7560	7560		5290	7560
201410	17583	17583	7433	1950	5200	7500
	16100	11195	6635			6700
201410	1211	1211	1211		847	1211
201411	2100	2100	2100		1470	2100
201407	6019	6019	217		151	217
	3125	1610	1610	1350		1500
201412	1525	1830	1830		1065	1830
	2900	821	821			600
201406	9987	9987	762		533	762
201412	9360	10032	10032		7862	10032
	18800	12450	3450			3050
201410	940	940	940		658	535
201411	8318	8318	2961		2073	2961
201410	1246	1246	1246		872	1246
201410	2885	2885	2885		2015	2885
	2901	2521	2521			2521
201411	2150	2150	2150		1500	2150
	8465	6966	6446	6446		6000
201407	3004	3004	3004		2102	2500
201409	1000	1000	1000		700	1000
201412	22593	27393	18498	950	9585	27393
201408	27080	27080	7880		5510	7880
	16500	13000	4500			4500

11-11 续 14

项目(单位)名称	项目名称	开工时间
山西屯留县麟绛镇西街村村民委员会	西街物流园项目一期工程	201309
山西屯留县余吾镇南街村村民委员会	村民住宅楼建设项目	201304
山西屯留县河神庙乡西故县村村民委员会	新农村建设(村民住宅)项目	201404
山西煤层气(天然气)集输有限公司屯留分公司	煤层气综合利用项目	201403
山西屯留县宏裕包装化工有限公司塑料包装分公司	塑料包装复合项目	201406
山西潞安煤机合成油有限公司	年产 4 万吨蜡精制包装项目	201305
山西屯留县甄湖村正兴养殖专业合作社	肉羊标准化示范基地新建项目	201406
山西屯留县住房保障和城乡建设管理局	馨悦小区经济适用房和棚户区改造项目	201303
山西潞安集团余吾煤业有限责任公司	北风井地面瓦斯抽采泵站工程	201306
山西屯留县鑫源达林木培育有限公司	林木培育花卉基地项目	201403
山西屯留县五里庄景川养猪场	景川养猪场基地建设二期项目	201406
山西屯留县路村乡前苏村村民委员会	七星台综合建材市场项目	201404
山西潞安矿业(集团)有限责任公司	古城矿井	200705
山西长治市麟源煤业有限责任公司	150 万吨产能置换焦化项目及 190t/h 干熄焦工程	201205
山西屯留县八泉加油站	新建八泉加油站工程	201403
山西屯留县住房保障和城乡建设管理局	旧城生活污水提升工程项目	201304
山西省屯留县金锈绿洲农牧开发有限公司	年出栏 1 万头商品猪场建设项目	201403
山西潞安集团余吾煤业有限责任公司	封闭式储煤场建设项目	201210
山西屯留县永明畜禽养殖专业合作社	生猪标准化养殖场建设项目	201304
山西宏发木业有限公司	年产 20 万平方米实木指接门窗及 5 万套办公家具项目	201206
山西潞安大成工贸有限责任公司	常村矿区人行天桥项目	201404
山西潞安煤基合成油有限公司	厂区西物流专线项目	201403
山西屯留县渔泽镇金家庄村村民委员会	金熙苑小区住宅楼建设项目	201403
山西潞安集团余吾煤业有限责任公司	选煤厂浮选车间工程	201306
山西屯留县路村乡南浒庄村民委员会	南浒庄村压煤搬迁项目	201211
山西潞安环保能源开发股份有限公司常村煤矿	洗煤厂扩能改造工程(600 万吨/年)	201403
山西屯留县余吾镇人民政府	余老线余吾段县级公路项目	201406
山西省屯留县水利局	宜丰水库防洪综合治理工程	201405
山西潞安纳克碳一化工有限公司	年产 4 万吨高粘度润滑油基础油和 2 万吨特种环保溶剂油集输改造项目	201403
山西屯留县交通运输局	西岭至煤窑沟乡级公路项目	201409
山西潞安集团余吾煤业有限责任公司	屯留矿井二期工程项目	201302
山西屯留县西贾村诚凯核桃种植专业合作社	核桃低效林改造项目	201404
山西长治市荷英商贸有限公司	农村物流配送中心建设项目	201403
山西屯留县宇东建材有限公司	煤矸石炉渣制作全内燃焙烧空心砖科技开发项目	201405
山西屯留县金潞源工贸有限公司	矿用支护用品项目二期	201404
山西振东开元制药有限公司	芪蛭通络胶囊产业化项目	201303
山西省屯留县园林管理中心	禹王游园绿化种植工程建设项目	201401
山西屯留县路村乡常西村村民委员会	仁福敬老院项目	201406
山西屯留县昌瑞商砼有限公司	年产 30 万立方商品混凝土生产线项目	201408
山西屯留县路村乡常西村村民委员会	群众舞台文化体育娱乐中心项目	201406
山西中玮热力有限公司	县城集中供热二次网建设项目	201407
山西潞安集团余吾煤业有限责任公司	停车场建设项目	201212
山西屯留县丰宜镇黑家口村村民委员会	村民住宅建设项目	201403
山西太行药业股份有限公司	综合制剂车间技改项目	201303

单位：万元

投产时间	计 划 总投资	自开始建设 累计完成 投 资	本年完 成投资	其中： 住宅	本年新增 固定资产	本年实际 到位资金 合 计
	19000	4650	3300			3300
201411	5125	5125	4075	1347	2852	4075
201412	5808	6969	6969	1520	4065	6969
201412	15000	18000	18000		10500	15000
201410	1500	1500	1500		1030	1500
201408	28200	28200	11885		8310	11885
201411	1800	1800	1800		1250	1800
	27563	3580	2560	2560		2560
201412	20096	24000	21000		16800	21000
201410	2550	2550	2550		1785	2550
201410	1650	1650	1650		1155	1650
	19650	5647	5647			5500
	827720	341855	100105			104686
201408	106000	106000	42318		29622	41000
201408	1160	1160	1160		812	1160
201411	2942	2942	1637		1145	1637
201409	3263	3263	3263		2284	3263
	11669	10147				
201409	2679	2679	1129		790	1129
201411	34134	34134	7810		5460	7810
201409	1645	1645	1645		1151	1645
	3150	2770	2770			2100
201409	2662	2662	2662	850	1863	2662
201407	8209	8209	2209		1546	1500
	26640	455				
201410	16780	16780	16780		11750	17000
201412	2250	2700	2700		1575	2700
	4744	2761	2761			2500
	25500	12047	12047			12846
	6000	1485	1485			1485
201412	82372	100867	98367		70600	100867
201411	3340	3340	3340		2338	3340
201409	1612	1612	1612		1128	1612
201411	1910	1910	1910		1335	1910
201411	2700	2700	2700		1890	2700
	8000	6363	4757			4600
201407	696	696	696		485	200
201412	2620	3144	3144	1455	1834	3144
	5000	2626	2626			2500
	3746	1268	1268			800
201412	17860	21432	21432		15002	21432
201412	8500	9650	6450		4500	6450
201411	3260	3260	3260	1850	2280	3260
	19800	13400	3200			2700

11-11 续15

项目(单位)名称	项目名称	开工时间
山西屯留县交通运输局	栋三线县级公路路面改造工程	201408
山西屯留矿山机械有限公司	新建办公楼及厂房项目	201405
山西屯留县强泽惠民生态农业发展有限公司	万头养猪场建设项目	201208
山西屯留县北渔泽村村民委员会	中心村建设项目	201302
山西绿色星农农业科技有限公司	药用双季槐种植加工基地项目	201404
山西屯留县麟绛镇西堰村村民委员会	西堰村综合商贸楼建设项目	201403
山西双鹰动物药业有限公司	中药提取液项目	201305
山西屯留县老爷山旅游开发有限公司	森林公园核心景区先师庙项目	201303
山西屯留吉华精细化工有限公司	30万吨/年煤焦油加工升级改造项目	201212
山西屯留县上村镇卫生院	新建综合业务楼	201403
山西屯留县麟绛镇东脑村村民委员会	新东住宅楼工程项目	201303
山西潞安煤基合成油有限公司	职工倒班宿舍及配套工程	201205
山西省平顺县常誉矿山有限公司	矿山技改项目	201408
山西省平顺县北社乡人民政府	祥和易地移民小区	201404
山西省平顺县恒盛长杏矿山有限公司	采矿扩建项目	201409
山西省平顺县远森农副产品开发有限公司	小杂粮、食用菌种植开发项目	201308
山西省平顺县祥龙矿业有限公司	矿山技改项目	201406
山西省平顺县鑫源矿山有限公司	矿山技改项目	201406
山西省平顺县水利局	寺头河水土保持重点工程	201404
山西省平顺县国华绿色种植专业合作社	优质马铃薯种植项目	201404
山西省平顺县仁康科贸有限公司	无公害蔬菜大棚	201403
山西省平顺四季飘香种植专业合作社	香菇大棚建设项目	201403
山西省平顺县西沟矿业有限公司	铁矿技改	201406
山西国网山西省电力公司平顺县供电支公司	10千伏及以下农网改造升级工程	201408
山西纪兰饮料有限公司	3000吨核桃原浆生产线建设项目	201405
山西省平顺县后壁水电站	增容扩容改造工程	201403
山西省平顺县水利局	东寺头生态治理工程	201404
山西省平顺县杏城镇人民政府	杏城易地移民小区	201404
山西省大唐平顺新能源有限公司	大唐新能源平顺虹梯关风电场一期工程建设项目	201205
山西国网山西省电力公司平顺县供电支公司	虹梯关风电场送出工程	201403
山西省平顺县民政局	敬老院建设项目	201408
山西省平顺县三而种植专业合作社	设施蔬菜种植项目	201405
山西省平顺县凤凰山绿色种养专业合作社	优质中药材种植项目	201403
山西省平顺县安民脱毒马铃薯种植专业合作社	优质马铃薯种植项目	201405
山西省平顺县水利局	龙溪生态治理工程	201404
山西平顺虹梯关通天峡景区有限公司	通天峡景区扩建项目	201406
山西鼎信达矿业集团有限公司	矿山技改项目	201406
山西省平顺县落子剧团	经济适用住房建设项目	201308
山西省长治市欣玉科技贸易有限公司	中药草种植基地	201405
山西省平顺县民政局	烈士陵园建设项目	201409
山西省平顺县东寺头乡人民政府	易地移民小区	201403
山西省平顺县春光绿色农产品种植专业合作社	花椒核桃经济林	201404
山西省平顺县美竹农业开发专业合作社	10万亩中药材种植基地建设项目	201403
山西省平顺县阳高乡人民政府	阳高易地移民小区	201403

单位：万元

投产时间	计　划 总投资	自开始建设 累计完成 投　资	本年完 成投资	其中： 住宅	本年新增 固定资产	本年实际 到位资金 合　计
	3200	922	922			900
	14980	12863	12863			12000
201410	3000	3000	730		2100	730
201406	8303	8303	2153	840	8100	1500
201412	2600	3120	3120		1820	3120
	5400	4136	4136			4000
201410	8000	8000	4800		3360	4500
201409	2746	2746	2146		1922	2146
201410	35662	35662	24722		24960	25000
201410	1850	1850	1850		1295	1850
201407	2906	2906	1406	300	984	1000
201405	2968	2968	1608	1608	1125	1608
201412	9786	9786	9786		9786	5000
201412	2950	2950	2950	2950	2950	2000
201412	6000	6000	6000		6000	4500
201404	2000	2000	1400		2000	1400
201412	7500	7500	7500		7500	4000
201411	4800	4800	4800		4800	3000
201412	1000	1000	1000		1000	1000
201409	2300	2300	2300		2300	1500
201408	2000	2000	2000		2000	1000
201412	1553	1553	1553		1553	800
201412	8000	8000	8000		8000	8000
201412	1695	1695	1695		1695	1695
201407	720	720	720		720	200
201407	1826	1826	1826		1826	1400
201410	1900	1900	1900		1900	1900
201412	3000	3000	3000	3000	3000	3000
201412	41686	42286	4436		41686	4000
201410	1900	1900	1900		1900	1900
201412	1309	1309	1309		1309	284
201410	2800	2800	2800		2800	1000
201406	2500	2500	2500		2500	900
201409	2300	2300	2300		2300	2300
201410	1700	1700	1700		1700	1700
	34000	19800	19800			5000
201411	5100	5100	5100		5100	2000
201404	951	951	304	304	951	
201407	750	750	750		750	300
201412	2096	2096	2096		2096	1500
201411	3000	3000	3000	3000	3000	3000
201409	2700	2700	2700		2700	1500
201409	2980	2980	2980		2980	2000
201412	3000	3000	3000	3000	3000	2500

11-11 续16

项目(单位)名称	项目名称	开工时间
山西省长治市丰源生态庄园有限公司	生猪标准化养殖场扩建项目	201406
山西省平顺县黄花山种植专业合作社	赶夫岩经济林示范园区建设项目	201406
山西文正卓越汽车电喷装置有限公司	年产电喷装置50万台建设项目	201206
山西美特好连锁超市股份有限公司	SPAR美特好购物中心建设项目	201307
山西省平顺县住房保障和城乡建设管理局	紫东家园保障性住房小区二期工程	201409
山西省平顺县兴农技术开发专业合作社	优质果园种植项目	201405
山西省平顺县振中绿色产业开发有限公司	小杂粮基地建设	201406
山西省平顺县今和农业有限公司	香菇大棚建设项目	201406
山西省平顺县人力资源和社会保障局	就业和社会保障服务设施项目	201305
山西省平顺县福圣渊种植专业合作社	生态林建设项目	201406
山西省平顺县甜玉种植专业合作社	2万亩核桃经济林建设项目	201405
山西省平顺县文物旅游发展中心	博物馆建设项目	201206
山西省平顺县华尔顿种养有限公司	生猪标准化养殖场扩建项目	201406
山西省平顺秀峰农林开发有限公司	1.5万亩优质核桃经济林建设项目	201406
山西省平顺县林业局	低效林改造工程	201406
山西省平顺县交通运输局	西沟红色旅游公路	201405
山西省公路局长治公路分局	平顺至长治公路工程	201110
山西省鼎泰昇贸易有限公司	彩凤度假山庄建设项目	201307
山西省平顺县龙嘉鑫养殖场	万头猪厂建设项目	201406
山西省平顺县中五井乡人民政府	中五井易地移民小区	201402
山西省平顺县水利局	杏城生态治理工程	201404
山西省平顺县隆森农牧科技发展有限公司	生猪标准化养殖场扩建项目	201406
山西省平顺县文物旅游发展中心	平顺太行水乡游客服务中心	201203
山西省平顺县西沟乡人民政府	易地移民小区	201404
山西省平顺县扶贫开发办公室	亚行贷款河川流域农业综合开发项目	201007
山西省长治市天顺鸿达矿业有限公司	新建石英石加工项目	201404
山西振东道地连翘开发有限公司	连翘生产基地及加工建设项目	201007
山西水务潞头水电有限公司	潞头水电站建设项目	201203
山西省平顺县鑫宁种植专业合作社	水果经济林建设项目	201406
山西省平顺县绿苑种植专业合作社	设施蔬菜种植项目	201405
山西省平顺县龙溪镇人民政府	易地移民小区	201403
山西省平顺县达盛种养有限公司	生猪标准化养殖场扩建项目	201406
山西省平顺县林业局	幼林抚育项目	201406
山西长治清华机械厂	航天产业基地厂房建设项目	201207
山西省平顺县国土资源局	国家地质公园地质遗迹保护项目	201408
山西省平顺县北耽车乡人民政府	耽车易地移民小区	201405
山西省平顺县美特好珠琳有限公司	美特好超市项目	201409
山西省平顺县金达绿源农业发展有限公司	金达农业生态园	201405
山西省平顺县淑刚种植专业合作社	旱地西红柿种植	201406
山西省平顺县林鑫种植专业合作社	中药材种植基地建设	201408
山西省平顺县西沟龙鼎加固材料科技有限公司	年产6万吨加固材料建设项目	201307
山西省平顺县康利矿山有限公司	矿山技改项目	201406
山西省平顺县青羊镇人民政府	青羊镇易地移民小区	201403
山西省平顺县顺鑫矿业有限公司	矿山技改项目	201406

单位：万元

投产时间	计 划 总投资	自开始建设 累计完成 投 资	本年完 成投资	其中： 住宅	本年新增 固定资产	本年实际 到位资金 合 计
201410	3500	3500	3500		3500	2000
201408	1850	1850	1850		1850	640
201412	37126	37470	4390		37126	3000
201412	6266	6266	5766		6266	3000
	31219	4010	4010	4010		4000
201410	2760	2760	2760		2760	2000
201410	2680	2680	2680		2680	2000
201410	2880	2880	2880		2880	2000
201406	956	956	506		956	202
201409	2500	2500	2500		2500	1000
201410	2600	2600	2600		2600	1000
201407	1690	1690	1220		1690	1000
201412	6000	6000	6000		6000	3000
201410	2300	2300	2300		2300	1000
201411	3000	3000	3000		3000	450
201411	7981	7981	7981		7981	5425
201403	42400	42400	757		42400	500
	11392	6388	3950			3000
201409	2800	2800	2800		2800	1000
201412	3000	3000	3000	3000	3000	2500
201410	1700	1700	1700		1700	1700
201410	3000	3000	3000		3000	1000
201405	2051	2051	443		2051	1319
201411	2960	2960	2960	2960	2960	2000
201412	5217	5217	937		5217	1372
	16199	13200	13200			7000
	21000	19256	8400		8400	6000
201406	24855	24855	8964		24855	3000
201410	2750	2750	2750		2750	1500
201410	2800	2800	2800		2800	2800
201411	2980	2980	2980	2980	2980	2000
201412	8000	8000	8000		8000	4000
201408	900	900	900		900	
201412	39085	39585	10635		39085	9000
201411	631	631	631		631	631
201411	2995	2995	2995	2995	2995	2995
	7113	3500	3500			690
201410	2800	2800	2800		2800	1000
201410	2600	2600	2600		2600	1000
201412	3000	3000	3000		3000	1000
	26968	15900	9900			5000
201412	6000	6000	6000		6000	6000
201412	3000	3000	3000	3000	3000	3000
201411	5000	5000	5000		5000	3000

11-11 续 17

项目(单位)名称	项目名称	开工时间
山西省平顺县石城镇人民政府	石城易地移民小区	201403
山西省平顺县虹梯关乡人民政府	易地移民小区	201402
山西省平顺县平西专业合作社	中药材种植基地	201403
山西省平顺县绿翔种植专业合作社	花椒芽菜种植项目	201405
山西省平顺县住房保障和城乡建设管理局	紫东家园保障性住房小区	201208
山西省平顺县硕果种植专业合作社	核桃经济林	201405
山西省平顺县军源种植专业合作社	核桃经济林	201405
山西省平顺县大德通种植专业合作社	1000 亩花椒芽菜种植项目	201405
山西省黎城县程家山乡人民政府	环境综合整治	201406
山西省黎城县国瑞兴农实业有限公司	优质蔬菜基础建设	201406
山西省黎城县万通供热有限公司	县城集中供热	201305
山西省黎城县教育局	新建新区中学	201305
山西省黎城县停河铺乡人民政府	环境综合整治	201406
山西省黎城县太行红山景区管理中心	红山景区基础设施建设	201302
山西长治高速公路有限责任公司	青兰高速公路(山西境)黎城-长治段)改扩建工程	201405
山西省黎城县绿丰经济林种养合作社	10 万只鸡林下养殖项目	201405
山西省黎城县人民法院	新建审判法庭	201304
山西省黎城县西井中心校	幼儿园建设项目	201406
山西黎城县生态农业科技产业园有限公司	新建生态农业产业化一体项目	201305
山西省黎城县交通局	东崖底至清泉公路项目	201405
山西省黎城县黄崖洞镇水峧村村民委员会	农家乐项目建设	201406
山西省黎城县水利局	河道治理工程	201406
山西省黎城县林业局	经济林管护项目	201405
山西中技金谷新型建材有限公司	建设灾后安置房示范项目	201404
山西省黎城县交通局	白岩寺环形公路建设	201406
山西省黎城县旅游管理局	金鸡寨西禅堂西古建设保护维修项目	201405
山西省黎城县林业局	生态林建设	201403
山西省黎城县开元化工有限公司	新建福星敬老院	201405
山西省黎城三泰科技实业有限公司	扩建核桃综合深加工	201404
山西省黎城县祥瑞养殖专业合作社	生猪养殖	201403
山西省黎城县西仵乡人民政府	环境综合整治	201405
山西省黎城县交通局	后家庄村至大岭恼村通公路	201405
山西省黎城县桥北幼儿园	扩建教学楼	201403
山西省黎城县旅游管理局	性空山连接线项目	201405
山西省黎城县停河铺乡霞庄村民委员会	历史文化名村规划项目	201405
山西省黎城县停河铺村村民委员会	高效农业示范园区	201405
山西省黎城县档案局	综合档案馆建设	201402
山西省黎城县软力文化创意产业有限公司	民间工艺文化园建设项目	201310
山西省黎城县海通养殖专业合作社	水产品养殖示范园区	201403
山西晋冉新源技术有限公司	3 万台(套)电动车零部件加工	201406
山西省黎城县生产资料公司	建设农产品物流园	201405
山西省黎城县旅游管理局	四方山景区入口服务区建设项目	201406
山西省黎城县东阳关金崖山农业园	金崖山农业园建设项目	201405
山西省黎城县黄崖洞镇人民政府	环境综合治理	201405

单位：万元

投产时间	计　划 总投资	自开始建设 累计完成 投　资	本年完 成投资	其中： 住宅	本年新增 固定资产	本年实际 到位资金 合　计
201411	2950	2950	2950	2950	2950	2500
201411	2949	2949	2949	2949	2949	2000
201409	2900	2900	2900		2900	1200
201410	2850	2850	2850		2850	1000
	18979	17673	8682	8682		8087
201410	2600	2600	2600		2600	2000
201409	2500	2500	2500		2500	1500
201409	1850	1850	1850		1850	1000
201411	2998	2998	2998		2998	2998
201410	2980	2980	2980		2980	2980
201409	17093	17093	3853		17093	3853
201412	6000	6000	1090		6000	1090
201411	2450	2450	2450		2450	2450
	42617	33767	13117			13117
	345265	149307	149307			46896
	8360	7040	7040			7100
	3029	2678	728			728
201412	1722	1722	1722		1722	1722
	122434	36580	18450			19000
201411	2989	2989	2989		2989	2989
201411	3980	3980	3980		3980	3980
	2907	2490	2490			2490
201409	2850	2850	2850		2850	2850
201411	4680	4680	4680	4680	4680	4680
201411	2990	2990	2990		2990	2990
201412	2924	2924	2924		2924	2924
201409	2205	2205	2205		2205	2205
201411	3960	3960	3960		3960	3960
201410	2950	2950	2950		2950	2950
201409	2950	2950	2950		2950	2950
201411	3100	3100	3100		3100	3100
201411	2956	2956	2956		2956	2956
201409	822	822	822		822	822
201411	2998	2998	2998		2998	2998
201411	1800	1800	1800		1800	1800
201411	6300	6300	6300		6300	6300
201412	934	934	934		934	934
201407	4950	4950	3660		4950	3660
201408	1275	1275	1275		1275	1275
	13530	9635	9635			9700
201412	6850	6850	6850		6850	6850
201412	2680	2680	2680		2680	2680
201411	4830	4830	4830		4830	4830
201410	2980	2980	2980		2980	2980

11-11 续18

项目(单位)名称	项目名称	开工时间
山西省黎城县水利局	水库应急专项除险加固工程	201406
山西省黎城县三皇农业农庄有限公司	三皇现代农业设施	201405
山西省黎城县金泽商贸有限公司	金泽商城建设项目	201307
山西省黎城县交通局	G309--G207 西仵连接线	201406
山西省黎城县林业局	育苗基地建设	201404
山西晋道三合泉酒业有限公司	年产 1000 吨配制酒项目	201405
山西省黎城县旅游管理局	洗耳河景区入口服务区建设项目	201405
山西省黎城县城市经营公司	“广通路”幼儿园建设项目	201402
山西省黎城县住房保障和城乡建设管理局	新建府后街西延工程	201402
山西省长治黎城新材料工业园区管理委员会	“振黎大道”建设项目	201403
山西省黎城县第一中学校	新建综合楼	201406
山西省黎城易方达种植专业合作社	1000 亩蔬菜大棚项目	201306
山西省黎城县红石民间工艺有限责任公司	“黎侯虎”示范基地项目建设	201402
山西省黎城县城市经营公司	教育街与邯长铁路立交项目建设	201402
山西省黎城县茶安岭水电有限公司	新建水电站项目	201405
山西省黎城县水利局	水文观测井项目	201307
山西省黎城县住房保障和城乡建房管理局	广北路北延道路排水工程	201402
山西中技金谷新型建材有限公司	新型建材项目一期工程(硅钙板生产线)	201209
山西省黎城县林业局	森林防火通道工程建设项目	201403
山西省黎城县西仵村村民委员会	商业街二期建设项目	201405
山西省黎城县民政局	新建烈士陵园	201309
山西省黎城三皇农业特色农庄有限公司	农副产品深加工生产线	201405
山西省黎城县城关小学校	综合楼建设	201403
山西省黎城县爱星农产品专业合作社	葡萄采摘园区项目	201405
山西省黎城县丰满园实业有限公司	新建 4500 亩中草药种植及加工建设	201405
山西省黎城利民农业综合开发有限公司	100 万斤小杂粮种植加工	201407
山西省黎城琳矾农业发展有限公司	3000 亩核桃和荒山绿化	201402
山西省黎城县水利局	山洪灾害防治工程	201406
山西省博泰环保建材有限公司	煤矸石、粘土烧结空心砖项目	201304
山西省黎城县旅游管理局	四方山景区配套基础设施建设	201403
山西省黎城洗耳河民俗文化发展有限公司	生态农业旅游观光园区建设项目	201307
山西省黎城县白龙运输有限公司	整体迁建工程	201404
山西国化能源有限责任公司	黎城—东阳关输气管道	201403
中国共产党黎城县委员会党史研究会	红色百村保护项目	201404
山西省黎城县春雷劳务服务公司	家政服务体系建设项目	201406
山西省黎城县西井镇人民政府	环境综合整治	201406
山西省黎城县自来水公司	输水管线工程	201406
山西省黎城县太行山中药材开发有限公司	中药饮片深加工	201402
山西省壶关县兴堂塑材制品公司	建设生物可降解塑料项目	201404
山西省壶关县水利局	石子河河道治理工程	201405
山西省磊发氧化钙有限公司	回转窑石灰生产	201403
山西太行大峡谷旅游发展股份公司	山西太行大峡谷综合旅游开发项目	201302
山西省壶关县南关实业有限公司	新建农副土特产品仓储物流项目	201310
山西省长治市华兴环保工程有限公司	新建矿渣纤维保温材料项目	201206

单位：万元

投产时间	计划总投资	自开始建设累计完成投资	本年完成投资	其中：住宅	本年新增固定资产	本年实际到位资金合计
201411	922	922	922		922	922
201411	4975	4975	4975		4975	4975
201406	4950	4950	1342		4950	1342
201410	2948	2948	2948		2948	2948
201409	2500	2500	2500		2500	2500
201410	2185	2185	2185		2185	2185
201412	2830	2830	2830		2830	2830
201412	727	727	727		727	727
201408	2678	2678	2678		2678	2678
201410	2951	2951	2951		2951	2951
201411	1898	1898	1898		1898	1898
201406	4930	4930	1770		4930	1770
201411	4840	4840	4840		4840	4840
201405	1177	1177	1177		1177	1177
201410	3496	3496	3496		3496	3496
201405	1092	1092	842		1092	842
201407	2970	2970	2970		2970	2970
201412	51000	51000	17060		51000	17060
201407	2298	2298	2298		2298	2298
201412	8835	8835	8835		8835	8835
201409	1129	1129	669		1129	669
201411	4850	4850	4850		4850	4850
201412	950	950	950		950	950
201412	7275	7275	7275		7275	7275
201411	4750	4750	4750		4750	4750
201412	500	500	500		500	500
201409	4950	4950	4950		4950	4950
201410	504	504	504		504	504
201412	39650	39650	22570		39650	22570
201408	2963	2963	2963		2963	2963
201403	9233	9233	1664		9233	1664
201412	4500	4500	4500		4500	4500
201410	8255	8255	8255		8255	8255
201411	4000	4000	4000		4000	4000
201410	2980	2980	2980		2980	2980
201411	3950	3950	3950		3950	3950
201411	2912	2912	2912		2912	2912
	30000	15090	15090			16000
201412	3000	3000	3000		3000	3000
201412	2019	2019	2019		2019	1857
201409	12000	12000	12000		12000	12000
201408	180000	180000	103971		180000	62760
201412	20000	20000	17000		20000	17000
201408	192000	192000	110310		192000	59391

11-11 续 19

项目(单位)名称	项目名称	开工时间
山西省壶关县大象农牧发展有限公司	新建肉鸡产业化项目	201210
山西省壶关县住房保障和城乡建设局	文昌阁广场园林绿化	201311
山西省壶关县水利局	八泉峡供水工程	201001
山西省壶关县住房保障和城乡建设局	中南铁路火车站站前连接线及停车场项目	201407
山西省壶关县华润燃气有限公司	天然气管道及安装工程	201309
山西省壶关县交通运输局	北庄至三嵕庙旅游公路项目项目	201405
山西省壶关县住房保障和城乡建设局	东外环路污水管网工程	201310
山西省长治市太行紫团饮业有限公司	建设年产万吨香菇生产线	201404
山西省长治市太行紫团饮业有限公司	建设年产6万吨有机肥项目	201404
山西郭氏食品有限公司	肉羊养殖基地建设项目	201403
山西晋煤集团金鼎煤机矿业有限责任公司	新建大型机电设备维修中心项目	201301
山西华滋丽诺饮用水有限公司	年产4450吨山泉水生产项目	201404
山西省长子县晋西牧业专业合作社	新建现代农业园区项目	201303
山西省长子县职业技术学校	综合实训楼建设项目	201408
山西省长子县明瑞建材有限责任公司	年产6000万块煤矸石烧结砖项目	201406
国网山西省电力公司长子县供电公司	2014年长子县10千伏及以下农网改造升级工程	201407
山西都宝清洁能源投资有限公司长子分公司	赵庄煤矿9.8兆瓦瓦斯发电项目	201403
山西康宝生物制品股份有限公司	技术大批量培养雪莲降血糖制剂建设项目	201303
山西省长子县惠农农业发展有限公司	新建日光大棚棉被厂	201406
山西省长子温氏畜牧有限公司	新建百万头生猪一体化养殖项目	201410
山西省长子县澳瑞特欣鑫健身器材有限公司	康复轮式助行架研制开发项目	201311
山西省长治市澳瑞特欣鑫健身器材有限公司	年产2000台套残疾人康复训练器材项目	201409
山西龙烨科技有限公司	年产30万台节能燃气灶具装配自动信息化项目	201403
山西省长子县轩阳科技有限公司	新建玉米芯及秸秆采用生物技术资源化项目	201303
山西省长子县华翔门业制造有限公司	新建年产10万平方米非标转页门项目	201305
山西森禾生态农业科技开发有限公司	鸿洋蔬菜示范园区项目	201303
山西省长子县科达水泥制品有限公司	新建5000立方米砼构件项目	201306
山西省长子县沃得利畜牧有限公司	年存栏2500头种猪标准化示范养殖项目	201310
山西省长子县昌盈建材有限公司	年产4000万块煤矸石砖厂项目	201405
山西省长治市瑞强禽业食品有限责任公司	新建自然种养农业生态谷项目	201410
山西省长子县教育局	丹朱镇草坊中心幼儿园建设项目	201410
山西晋煤集团赵庄煤业有限责任公司赵庄二号井	新建检修大班房、车库等项目	201303
山西三合一农牧开发有限公司	存栏480只肉羊项目	201404
山西省长治市昌利食品有限公司	新建年产1.5万吨软塑彩印包装材料生产线项目	201408
山西省长子县国峰商贸有限责任公司	年产5000万块煤矸石烧结多孔砖项目	201405
山西省长子县教育局	鲍店镇东街中心幼儿园建设项目	201403
山西省长子县鑫利源养殖专业合作社	10万吨生物有机肥加工项目	201303
山西省长子县晨红矿山设备有限公司	年产一万吨金属丝和一万吨锚杆项目	201403
山西省长治市浩润食品有限公司	速冻保鲜蔬菜加工项目	201404
山西省长子县交通运输局	乡道碾丰线建设工程	201408
山西省长治市瑞格邦工贸有限公司	崔庄储售煤场建设项目	201311
山西省长子县恒绿农产科技开发有限公司	年加工3000吨净菜项目	201403
山西省长子县方兴现代农业有限公司	新建种养加工现代农业综合项目	201307
山西晋煤集团赵庄煤业有限责任公司	赵庄二号井西风井项目	201206

单位：万元

投产时间	计 划 总投资	自开始建设 累计完成 投 资	本年完 成投资	其中： 住宅	本年新增 固定资产	本年实际 到位资金 合 计
201407	98000	98000	54244		98000	32920
201405	1500	1500	1150		1500	1150
201403	10205	10205	865		10205	865
	2500	2100	2100			2500
201411	8000	8000	7000		8000	7387
	16965	5800	5800			5800
201405	1000	1000	850		1000	850
201406	2995	2995	2995		2995	2995
201407	2980	2980	2980		2980	2980
201411	80000	80000	80000	4180	80000	80000
	12856	630				
201412	2960	2960	2960		2960	2960
	68012	66346	46603			18257
	1680	418	418			1200
201412	1495	1495	1495		1495	1495
201412	2201	2201	2201		2201	1440
	7289	4970	4970			4000
201411	9300	9300	710		9300	710
201412	506	506	506		506	506
	120000	2440	2440			2000
201410	1800	1800	1682		1800	1582
	3370	2606	2606			1800
	4600	100	100			200
	41950	41907	3199			2000
201405	1000	1000	704		1000	704
201405	9551	9551	1164		9551	700
201405	650	650	195		650	195
201406	6000	6000	5190		6000	5190
201412	3500	3500	3500		3500	3500
	60000	7960	7960			6000
	555	260	260			
201409	9400	9400	1840		9400	1840
201407	528	528	528		528	528
	30323	15910	15910			13000
201412	550	550	550		550	550
201411	653	653	653		653	
201405	8600	8600	3731		8600	2000
201407	500	500	500		500	500
	9800	9020	9020			6000
201410	1875	1875	1875		1875	
201407	1052	1052	870		1052	870
201412	823	823	823		823	823
	206000	190756	170786			108000
	10310	9864	5199			5199

11-11 续 20

项目(单位)名称	项目名称	开工时间
山西省煤运东田良销售有限公司	战略装车点改扩建工程项目	201207
山西省长子县佳源农业综合开发有限公司	生态农业观光园项目	201305
山西省长治市华星液压机械有限公司	10 万台液压泵扩建项目	201308
山西山河中矿科技有限公司	新建矿山装备制造产业基地项目	201304
山西省长子县交通运输局	常常线常张至常庄段扩建工程	201407
山西省长子县绿生源菌业科技开发有限公司	新建双孢菇种植园及加工项目	201308
山西省长子县档案局	综合档案馆建设项目	201310
山西省长子县教育局	宋村乡东大关中心幼儿园建设项目	201407
山西霍尔辛赫煤业有限责任公司	霍尔辛煤矿生活区公寓楼	201109
山西省长子县交通运输局	周村至西贾庄段建设工程	201408
山西省长子县园林管理中心	文化广场 LED 显示屏安装项目	201402
中联煤层气有限责任公司长子分公司	柿庄北区块年产 10 亿方产能建设项目	201203
山西省长治市浩润食品有限公司	热风干燥蔬菜加工项目	201305
山西省电力公司长子供电支公司	中南铁路安和牵引变电站供电工程项目	201303
山西省长子县龙城农贸综合市场有限公司	建设蔬菜综合交易市场冷链系统项目	201306
山西省长子县公安局	南陈乡派出所建设项目	201207
山西省长子县交通运输局	晋义至张家庄段公路建设工程	201407
山西省长子县人民医院	住院综合楼项目	201206
山西斯美特科技有限公司	建设年产 1 万台公用高效节能环保燃气灶具项目	201410
山西省长治市晟翔辉商贸有限公司	建设煤矸石综合利用处理项目	201408
山西省长子县能源交通物流有限公司	新建中南铁路长子南铁路集运站工程项目	201304
中石气长治煤层气勘探开发分公司	沁水煤层气田沁南-夏店区块年产 3 亿方产能建设项目	201207
山西霍尔辛赫煤业有限责任公司	霍尔辛赫煤矿至长子县城连接线项目	201205
山西省长子县兴农科农业科技有限公司	食用菌循环农业园项目	201405
山西晋煤集团赵庄煤业有限责任公司赵庄二号井	新建联合建筑项目	201303
山西赵庄煤业有限责任公司	新建南苏风井工程	201202
山西省长子县交通运输局	古杜线古兴至良坪段扩建工程	201407
山西省长子县第一中学校	教师办公科研楼建设项目	201402
山西省长子县东宝能煤层气开发有限公司	长子煤层气田项目	201303
山西霍尔辛赫煤业有限责任公司	新建中部进回风井项目	201405
山西省长子县机动车驾驶员培训学校(有限公司)	新建综合训练场地项目	201410
山西晋煤集团赵庄煤业有限责任公司赵庄二号井	新建食堂库房、餐厅、锅炉房项目	201303
山西省长治市澳瑞特欣鑫健身器材有限公司	年产 3000 台套青少年双功能力量产品项目	201409
山西省长子县恒忆农牧发展有限公司	存栏 3000 只肉羊养殖项目	201406
山西省长治市绿森食品有限公司	年加工 9000 吨西红柿鸡蛋卤项目	201404
山西省长子县交通运输局	岚海线孟家庄至南陈段路面扩建工程	201407
山西省长治市浩润食品有限公司	5000 吨天然蔬菜粉加工项目(二期)	201305
山西慈恺商贸有限公司	储煤场建设项目	201406
山西省长治市浩润食品有限公司	蔬菜粉饮品加工项目	201304
山西省长子县轩阳科技有限公司	新建优质蛹虫草种植基地建设项目	201309
山西省长子县利通热力有限公司	县城燃气锅炉集中供热工程	201403
山西省长治市中脉物流有限公司	新建物流基地项目	201308
山西省长治市潞酒有限公司	整体迁建项目	201307
山西省长子县鸿瑞农业发展有限公司	百亩蔬菜园区项目	201406

单位：万元

投产时间	计划总投资	自开始建设累计完成投资	本年完成投资	其中：住宅	本年新增固定资产	本年实际到位资金合计
201412	2500	2587	634		2587	634
201405	9100	9100	1161		9100	1161
201406	1600	1600	1034		1600	750
	251000	76885	43935			20000
201410	818	818	818		818	
201412	88330	95357	87182		95357	58000
	831	470	430			633
	560	275	275			
	16264	16032	6027	4043		6027
201410	609	609	609		609	
201404	851	851	851		851	200
	409889	39766	8666			8666
201410	9300	9300	4494		9300	3194
201406	14610	14610	4656		14610	4656
	8900	4772	3356			1084
	787	685				
201411	1024	1024	1024		1024	
	16199	11984	1114			
	3460	1038	1038			1000
	500	22	22			50
	150000	149288	70104			53000
	101816	70267	13020			13020
	16289	12839	4759			4000
	17000	10542	10542			8000
201409	9500	9500	2070		9500	
	71045	15561	6248			6248
201410	2194	2194	2194		2194	
201406	640	640	640		640	70
	166802	166200	136460			94260
	36472	6762	6762			6100
201412	500	500	500		500	500
201409	8900	8900	1470		8900	
201412	1200	1200	1200		1200	1200
201412	1030	1030	1030		1030	1030
201409	1400	1400	1400		1400	1000
201410	1066	1066	1066		1066	
201410	8350	8350	6104		8350	3254
201411	500	500	500		500	500
201407	9500	9500	1711		9500	1500
201410	4900	4900	1956		4900	1200
	18000	11610	11610			10000
	4500	2585	2347			2062
	110270	70500	66382			30882
201412	1500	1500	1500		1500	1200

11-11 续21

项目(单位)名称	项目名称	开工时间
山西省长子县玉先环保建材有限责任公司	百亩蔬菜园区项目	201406
山西垚志达煤业有限公司	矿井兼并重组整合项目及配套选煤厂建设	201201
山西省长治市晶益科技有限公司	年产30万平方米纳米微晶玉石板材项目	201411
山西省长治市浩润食品有限公司	FD蔬菜(冷冻干燥)项目	201304
山西潞汇农业科技有限公司	新建绿色蔬菜种植基地及冷链物流加工配送中心项目	201307
山西省长治市晟翔辉商贸有限公司	储售煤场建设项目	201402
山西省长治市尧慈仿古建材有限公司	年产4000万块煤矸石烧结砖项目	201412
山西华晟荣煤矿有限公司	长子县职工俱乐部	201007
山西潞安矿业(集团)有限责任公司	李村矿井	200705
山西省长治市双龙食品有限公司	1000万只肉鸭加工项目	201404
山西垚志达煤业有限公司	新建煤矸石砖厂项目	201306
山西晋煤集团赵庄煤业有限责任公司赵庄二号井	新建队组交接班楼、职工单身宿舍项目	201303
山西省长子县福源淀粉有限公司	污水处理、中水回用工程项目	201403
山西省长子县鑫洋煤业有限公司	年产180万吨选煤厂项目	201404
山西省长子县富尧建材有限公司	新建年产4000万块煤矸石砖厂项目	201404
山西省长治市润田生物技术有限公司	年产一万吨生物肥、一万吨有机肥项目	201403
山西省武乡县绿农农牧科技有限公司	8万套父母代肉种鸡场建设项目	201403
山西省武乡县房产管理中心	县城扶贫移民安置嘉苑小区建设项目	201402
国网武乡县供电公司	武乡县农网改造工程	201405
山西省武乡县红岭山养殖专业合作社	新建年存栏6万只肉鸡养殖项目	201405
山西省武乡县水利水保局	监漳节水灌溉工程	201212
山西省武乡华润燃气有限公司	武乡县城供气管网改造及配套设施建设	201409
山西省武乡县环卫清洁服务有限公司	生活垃圾处理工程	201208
山西嘉德利农业有限公司	现代蔬菜育苗、花卉连栋温室二期工程建设项目	201409
山西省武乡县民政局	武乡县社会福利服务中心老年公寓建设项目	201404
山西省武乡县住房保障和城乡建设管理局	武乡县太行西街绿化景观改造工程	201407
山西省绿农农牧科技有限公司	高标准笼养肉鸡师范园区建设项目	201404
山西省武乡县水利局	广志水库扩容工程	201406
山西王家峪煤业集团	武乡县南沁线至王襄线运煤专线工程	201406
山西省武乡县丰州镇下城村民委员会	桥西双语幼儿园建设项目	201410
山西省武乡县马堡煤业有限公司	新建封闭式煤场	201210
山西省武乡县广播电视台	全县有线电视数字化基站建设工程	201406
山西省武乡县久森生态种植有限公司	新建连元村生态观光采摘园基地建设项目	201406
山西省武乡县民政局	武乡县零散烈士集中安葬建设项目	201409
山西省武乡县岩庄黄牛养殖有限公司	新建年存栏黄牛600头养殖场建设项目	201407
山西省武乡县监漳镇监漳村民委员会	监漳村移民小区建设项目	201411
山西省武乡县环卫清洁服务有限公司	武乡县城区垃圾压缩转运站工程	201410
山西省武乡县兴华农林牧发展有限公司	年出栏10000只肉羊养殖项目	201405
山西省武乡县泽鸿农林牧开发有限公司	年存栏5000只育肥肉羊养殖基地项目	201406
山西省武乡县大山禽业有限公司	大型鸡场粪污资源化利用循环经济项目	201405
山西省武乡县绿农农牧科技有限公司	高标准笼养肉鸡示范园区建设项目	201403
山西省武乡县华隆养殖专业合作社	年存栏3000只种羊养殖项目	201408
山西武乡红星杨物流有限公司	物流中心仓储用房项目	201402
山西省武乡县国新养殖专业合作社	年存栏500头生猪养殖厂及饲料加工项目	201310

单位：万元

投产时间	计　划 总投资	自开始建设 累计完成 投　资	本年完 成投资	其中： 住宅	本年新增 固定资产	本年实际 到位资金 合　计
201407	3100	3100	3100		3100	3100
	71072	71015	818			
	4507	520	520			600
201408	9650	9650	1381		9650	700
	103200	99309	93658			50000
201405	500	500	500		500	500
	2000	256	256			300
201412	21100	21100	790		21100	790
201412	373269	448348	111529		400348	111529
201410	3000	3000	3000		3000	3000
201407	7000	7000	451		7000	451
201409	9271	9271	2131		9271	2131
	2504	626	626			1000
201412	2956	2956	2956		2956	2956
201412	2070	2070	2070		2070	2070
201407	500	500	500		500	500
201408	5000	5000	5000		4600	4600
201408	2115	2115	2115	2115	2100	2115
201406	1034	1034	1034		1000	1034
201410	2300	2300	2300		1800	1600
201412	1500	1500	300		1300	300
	9800	9000	9000			7700
201412	3800	3800	150		3620	130
201412	2200	2200	2200		1960	2200
	1750	1520	1520			1520
201412	1235	1235	1235		885	1235
201408	5000	5000	5000		4600	4500
	8210	2700	2700			2700
201412	8628	8628	8628		8000	6778
	530	48	48			50
201405	5000	5000	20		4000	30
201412	5000	5000	5000		4200	5000
201409	1000	1000	1000		850	800
	2980	2300	2300			2980
201412	3390	3390	3390		2800	3000
	1864	650	650	650		650
	2400	1900	1900			1900
201409	2000	2000	2000		1650	1750
	4820	4200	4200			4000
201409	5434	5434	5434		5000	5000
201408	5000	5000	5000		4250	4300
201412	2300	2300	2300		2000	2300
201406	709	709	709		700	709
201406	5304	5304	3704		3000	3204

11-11 续 22

项目(单位)名称	项目名称	开工时间
山西省武乡县住房保障和城乡建设管理局	和平三路道路工程项目	201405
山西省武乡县自立养殖专业合作社	现代化肉鸡养殖园区建设项目	201402
山西省武乡县交通运输局	红色旅游公路工程	201212
山西省武乡县盛达农业科技实业有限公司	年存栏 5000 只育肥肉羊养殖基地建设项目	201405
山西省武乡县金凤凰养殖专业合作社	年出栏 60 万只优质商品肉鸡建设项目	201409
山西天地宝宝杂粮开发有限公司	小杂粮加工生产 3000 吨	201405
山西太行山影视文化创意产业有限公司	太行山影视文化创意产业园项目一期工程	201404
山西金花葵生物科技有限公司	金花葵种植基地及加工园区建设项目	201409
山西省武乡县大良农牧发展有限公司	大良商品肉鸡养殖示范场建设项目	201405
山西华鑫惠陶瓷有限公司	年产 50 万件陶瓷制品项目	201402
山西省武乡县四通煤业有限责任公司	年 180 万吨洗选煤项目	201408
山西潞武农业开发有限公司	食用菌生产示范园区建设项目	201405
山西省武乡县太行小学	太行小学扩建教学楼建设项目	201406
山西省武乡县佳煜农业开发有限公司	小杂粮加工	201405
山西省五矿盛盈合轻金属(山西)有限公司	3 万吨镁合金及 100 万件压铸件项目	201307
山西省武乡县金谷子杂粮加工有限公司	年产 1 万吨小米加工项目	201308
山西省武乡县嵩兴养殖专业合作社	万头黑头山羊养殖场建设项目	201405
山西省武乡兴源钙业有限公司	年产 12000 吨金属钙煤改气节约替代燃料综合利用项目	201406
山西省武乡县万嘉养殖有限公司	年存栏 1.2 万只肉羊养殖场建设项目	201407
山西省武乡县涌泉乡涌泉村民委员会	新龙小区建设项目	201407
山西省武乡县腾飞汽车贸易有限公司	二手车交易市场建设项目	201311
山西省武乡县扬德煤层气利用有限公司	马堡煤矿 15MW 瓦斯发电项目	201408
山西省武乡县万嘉养殖有限公司	新建年出栏 100 万只商品肉鸡建设项目	201303
山西省武乡县大象惠农养殖有限公司	新建年存栏 180 万只肉鸡养殖项目	201406
山西省武乡县永晋养殖有限公司	新建年存栏黄牛 200 头养殖场建设项目	201407
山西省武乡县城关镇城关建材厂	年产 1.2 亿块煤矸石烧结多孔砖项目	201304
山西省武乡县远洋菌业科技开发有限公司	制菌加工推广销售	201405
山西省武乡县兴旺养殖有限责任公司	年出栏万头育肥黑猪养殖项目	201404
山西省绿农农牧科技有限公司	产业化肉鸡生产雏鸡孵化场建设项目	201403
山西多维牧业有限公司	新建利用农作物秸秆养羊示范项目	201410
山西省武乡县林业局	绿色通道建设工程	201406
山西省武乡县洪水镇人民政府	洪水镇富民小区一期工程	201310
山西省武乡县故城镇人民政府	故城镇中心敬老院改扩建项目	201404
山西省武乡县宏书养殖专业合作社	年出栏 9800 只肉羊养殖项目	201406
山西省武乡县畅顺运输有限公司	物流服务中心扩大车辆设备投资项目	
山西省绿农农牧科技有限公司	年存栏 5 万套父母代肉种鸡场建设项目	201403
山西省武乡县永裕生态养殖有限公司	年存栏 3000 只肉羊养殖项目	201404
山西省武乡县蟠龙镇河不凌村民委员会	新农村改造建设项目	201404
山西晟鑫瑞金属钙有限公司	年产 12000 吨金属钙煤改气节约替代燃料综合利用项目	201409
山西省武乡县梦园生态开发有限公司	年产 180 万桶装矿泉水生产线建设项目	201408
山西省武乡县冠武食品有限公司	新建年产 1 万吨武福辣牌辣椒酱深加工项目	201304
山西省武乡县监漳镇政府	七星河河道治理工程	201406
山西省武乡县恒盛洗煤有限公司	新建洗煤厂项目	201207
山西省武乡县华隆养殖专业合作社	年出栏 3000 头生猪养殖项目	201402

单位：万元

投产时间	计 划 总投资	自开始建设 累计完成 投 资	本年完 成投资	其中： 住宅	本年新增 固定资产	本年实际 到位资金 合 计
201411	1243	1243	1243		367	1243
201407	1200	1200	1200		1000	1000
	24027	23550	15950			16000
201412	4820	4820	4820		4500	4000
201412	1363	1363	1363		1200	1000
201409	1100	1100	1100		900	800
	300000	17200	17200			10000
201412	3000	3000	3000		2650	3000
201409	725	725	725		550	625
201408	3000	3000	3000		2500	3000
201412	9300	9300	9300		7000	9300
201412	10000	10000	10000		8700	8200
201411	792	792	792		550	792
201408	1100	1100	1100		850	900
201406	17437	17437	937		15000	1000
201404	1534	1534	1349		1434	1350
201409	1800	1800	1800		1500	1300
201411	5600	5600	5600		4500	5600
201411	537	537	537		365	537
201411	1315	1315	1315	1315	1300	1315
201407	4400	4400	4350		4000	3700
	9570	5500	5500			5500
201406	2124	2124	294		1500	294
201409	1600	1600	1600		1300	1600
201411	2980	2980	2980		1800	2980
201402	4960	4960	540		4088	380
201409	1100	1100	1100		1000	1000
201410	1045	1045	1045		900	880
201408	5000	5000	5000		4500	4500
	135763	7900	7900			8000
201410	2429	2429	2429		2000	2429
201406	4281	4281	2281		5000	2300
201405	510	510	510		450	510
201410	2000	2000	2000		1500	1700
	1200	1200	1200			1200
201408	5000	5000	5000		4400	4500
201407	2000	2000	2000		1600	1500
201411	2800	2800	2800	2800	3500	2800
	7600	5000	5000			3000
	2000	630	630			600
201403	1852	1852	672		1382	620
201409	593	593	593		500	593
201409	18493	18493	393		15000	400
201404	500	500	500		360	500

11-11 续23

项目(单位)名称	项目名称	开工时间
山西省武乡县益菌种植专业合作社	年产500吨鲜双孢菇建设项目	201405
国网武乡县供电公司	武乡县35千伏及以下农网改造升级工程项目	201402
山西省武乡县山水水泥有限公司	石灰石矿山开采建设项目	201406
山西省武乡县春华秋实生态农业发展有限公司	年存栏5100头商品猪二期建设项目	201408
山西沁县乌苏内燃砖厂	1.2亿块/年煤矸石多孔烧结砖	201403
山西沁县文物旅游发展中心	南涅水洪教院周边环境整治项目	201404
山西沁县泰信饰品有限公司	汽车饰品生产线建设项目	201405
山西沁县鸿兴达农牧发展有限公司	鸿兴山庄建设项目	201407
山西襄矿集团沁县华安焦化公司	焦化置换产能项目	201302
山西沁县道远农业科技有限公司	立体农业综合开发项目	201404
山西沁县杨平农牧开发专业合作社	肉鸡养殖加工基地建设项目	201407
山西沁县利群畜禽养殖专业合作社	标准化禽蛋示范基地	201410
山西省潞宝金和生食品有限责任公司	新建肉鸡产业化项目	201209
山西沁县新闻药材种植专业合作社	中药材种植基地建设项目	201408
山西沁县胜达有限责任公司	机制水洗砂生产建设项目	201405
山西沁县丰禽畜禽养殖专业合作社	蛋鸡养殖基地建设(二期))项目	201406
山西景阳能源集团有限公司	沁县分公司设施蔬菜生产基地	201404
山西沁县龙沁农业有限责任公司	高效农业基地建设项目	201306
山西长治市吉煜盛有限公司沁县分公司	有机疏果大棚基地建设项目	201406
山西沁县金疙瘩小杂粮种植专业合作社	特色种养基地建设项目	201408
山西沁县文物旅游发展中心	大云院综合治理工程	201310
山西沁县□硕达农业开发有限公司	有机蔬菜种植基地	201408
山西唯思可达文化旅游开发有限公司	新建沁县南湖文化旅游园项目	201211
山西沁县鸿熙农牧开发有限公司	3000亩育苗基地建设	201408
山西长治市三明环美生物纤维技术开发有限公司	2000吨/年EOW酸性氧化电位水杀菌消毒剂	201407
山西沁县潞宝金和生食品有限责任公司	开村肉鸡养殖、屠宰基地建设项目	201406
山西沁园春矿泉水有限公司	新建瓶装矿泉水项目	201111
山西沁县精准投资有限责任公司	千亩设施蔬菜生产基地建设	201405
山西省沁县华安焦化有限公司	焦炉煤制天然气项目	201103
山西沁县欣盛兔业养殖基地	肉兔养殖建设项目	201404
山西沁县吉顺亨建材厂	建材加工生产线项目	201408
山西沁县五丰农牧开发有限公司	中药材种植基地	201405
山西沁县神堂山庄农林综合开发有限公司	立体农业开发项目	201410
山西沁县伊渊饮业有限责任公司	矿泉水生产线扩建项目	201410
山西省沁县嘉盛农业有限公司	有机蔬菜基地建设项目	201403
山西沁县新茂林木开发有限公司	肉羊育肥养殖基地建设项目	201406
山西阜禾昕开发有限公司	农机化有机粮种植基地	201306
山西沁县长生蔬菜种植专业合作社	新建蔬菜温室大棚项目	201404
山西省沁州黄小米(集团)有限公司	综合服务楼建设项目	201311
山西沁园皇农牧业科技有限公司	肉牛养殖基地	201403
山西沁县国新远东燃气有限公司	新店LNG二级标准加气站	201404
山西沁县晋水畜禽养殖专业合作社	肉羊育肥基地项目	201410
山西沁县五丰农牧开发有限公司	畜禽立体养殖项目	201405
山西沁县向荣畜禽养殖合作社	肉牛育肥基地建设项目	201408

单位：万元

投产时间	计划总投资	自开始建设累计完成投资	本年完成投资	其中：住宅	本年新增固定资产	本年实际到位资金合计
201408	500	500	500		465	350
201407	3485	3485	3485		2800	3485
201410	3000	3000	3000		2500	2500
201412	1500	1500	1500		1200	1200
201406	3200	3200	3200		3200	3200
201408	727	727	727		727	727
201408	1875	1875	1875		1875	1875
201412	4100	4100	4100		4100	4100
201406	30000	30000	9000		9000	9290
201411	4560	4560	4560		4560	4560
	3100	1305	1305			1305
	2500	160	160			160
	88100	60860	19660			20000
201411	2450	2450	2450		2450	2450
201408	2000	2000	2000		2000	2000
201408	1500	1500	1500		1500	1500
201411	4227	4227	4227		4227	4227
	6950	4800	3500			3500
	5000	1005	1005			1005
201412	1450	1450	1450		1450	1450
201408	532	532	526		526	526
	3500	2694	2694			2694
	58000	32170	12800			13000
201412	3200	3200	3200		3200	3200
201412	4000	4000	4000		4000	4000
201409	1560	1560	1560		1560	
	100000	52826	18730			18900
201409	2002	2002	2002		2002	2002
201408	41200	41200	17334		17334	17335
201411	2410	2410	2410		2410	2410
	5800	2640	2640			2640
201412	3860	3860	3860		3860	3860
201412	2100	2100	2100		2100	2100
	4890	180	180			180
	52192	20500	20500			21000
201412	2800	2800	2800		2800	2800
201406	3000	3000	500		500	500
201411	2200	2200	2200		2200	2200
201411	2080	2080	2075		2075	2075
201407	2000	2000	2000		2000	2000
201409	4500	4500	4500		4500	4500
	2800	1800	1800			1800
201408	4400	4400	4400		4400	4400
201411	1500	1500	1500		1500	1500

11-11 续24

项目(单位)名称	项目名称	开工时间
山西沁县福光畜禽养殖专业合作社	肉羊养殖基地建设项目	201405
山西沁县鸿森商砼服务站	100000方/年商砼服务站	201405
山西沁县天景工艺雕刻有限公司	旅游工艺制品生产项目	201407
山西沁县鸿泰林木种植专业合作社	苗木培育种植基地建设项目	201404
山西桃源盛景生态农业发展有限公司	桃源盛景生态庄园	201306
山西沁县乡村农林开发有限公司	食用菌基地建设项目	201408
山西沁县瑞景林木开发有限公司	苗木基地建设	201403
山西沁县康必达食用菌种植专业合作社	食用菌培育种植基地建设项目	201405
山西沁县宏利和畜禽养殖专业合作社	肉牛育肥基地建设项目	201404
山西长治沁县协鑫燃气科技有限公司	协鑫新店LNG加气站项目	201404
山西沁县惠诚农牧发展有限公司	肉牛育肥场项目	201403
山西沁县大发畜禽养殖发展有限公司	肉蛋鸡养殖基地建设项目	201407
山西沁县沁州绿农林牧有限公司	蔬菜加工配送中心项目	201308
山西沁州黄农业产业发展有限公司	2万吨/年小米加工项目	201301
山西沁县坤伟肉猪养殖专业合作社	生态养猪场建设项目	201408
山西沁县兴农乐养殖专业合作社	肉猪育肥建设项目	201410
山西沁县鑫润泉加油站	新建加油站	201403
山西沁县潞宝金和生食品有限责任公司	樊村肉鸡养殖、屠宰基地建设项目	201406
山西省长治才智农业发展有限公司	有机循环农业示范项目	201206
山西沁县沁晖中药材种植有限公司	中药材种植及加工项目	201405
山西沁县志盛农牧开发有限公司	肉牛育肥建设项目	201406
山西沁县祥绿核桃树种子专业合作社	核桃干果经济林	201405
山西沁县宝旺蔬菜种植专业合作社	500亩蔬菜大棚种植基地建设项目	201410
山西沁县荣唐农业开发有限公司	生态农业种植园区建设	201403
山西樱花轮胎有限公司	2000万条内胎生产线项目	201404
山西沁县三利和肉牛养殖专业合作社	肉牛养殖场建设	201404
山西沁县新洁蔬菜种植基地生态农场	有机蔬菜加工配送项目	201404
山西沁县春绿苗木种植基地	竹柳种植及产品深加工生产线	201404
山西沁县海森源农业产业转化有限公司	农业产业化基础设施建设项目	201309
山西沁县马连道新兴肉牛育肥场	标准化肉牛养殖基地建设项目	201405
山西沁县惠生蛋鸡养殖专业合作社	10万只蛋鸡养殖项目	201410
山西沁县升辉彩钢钢构有限公司	彩钢钢构加工项目	201405
山西沁县四海农业开发有限公司	特色有机农产品生产展示基地项目	201307
山西沁县东星肉牛养殖开发专业合作社	肉牛育肥建设项目	201406
山西沁县生化农业开发中心	肉牛育肥及牧草种植项目	201410
山西沁县文体广电新闻出版局	新建沁县图书馆项目	201303
山西省沁县华阳供热有限公司	县城集中供热	201207
山西沁县海州兔业有限公司	30000吨/年生物有机肥生产线	201403
山西沁汾农牧科技开发有限公司	肉牛养殖基地项目	201407
山西沁县明峰菌业有限公司	食用菌培育加工基地项目	201404
山西沁县兴龙林木种植专业合作社	优质苗木基地建设项目	201408
山西沁县鹏飞林牧开发中心	卧龙山经济综合开发项目	201403
山西省沁州黄小米(集团)有限公司	年产2万吨中老年营养小米粉加工项目	201405
山西牺盟决死队纪念馆	陈列馆建设项目	201403

单位：万元

投产时间	计划总投资	自开始建设累计完成投资	本年完成投资	其中：住宅	本年新增固定资产	本年实际到位资金合计
201408	1240	1240	1240		1240	1240
201411	3000	3000	3000		3000	3000
201411	2300	2300	2300		2300	2300
201411	2350	2350	2350		2350	2350
201406	3000	3000	500		500	500
	6798	2550	2550			2550
201409	5700	5700	5700		5700	5700
201408	1500	1500	1500		1500	1500
201411	1800	1800	1800		1800	1800
201408	3000	3000	3000		3000	3000
201407	1000	1000	1000		1000	1000
201412	3200	3200	3200		3200	3200
201405	1489	1489	600		600	600
201409	7500	7500	2730		2730	2730
201412	3030	3030	3030		3030	3030
	2800	420	420			420
201406	620	620	620		620	620
201409	1560	1560	1560		1560	
201406	6271	6271	771		771	771
201408	4800	4800	4800		4800	4800
	3200	90	90			90
201409	3685	3685	3685		3685	3685
	3700	500	500			500
201407	1500	1500	1500		1500	1500
201409	2500	2500	2500		2500	2500
201411	3200	3200	3200		3200	3200
201408	1300	1300	1300		1300	1300
201408	1400	1400	1400		1400	1400
201409	5000	5000	3000		3000	3000
201409	2500	2500	2500		2500	2500
201412	1850	1850	1850		1850	1850
201411	3200	3200	3200		3200	3200
201406	1176	1176	176		176	176
201412	2200	2200	2200		2200	2200
	5300	2320	2320			2320
201412	608	608	508		508	
	24345	12780	2190			2200
201408	2998	2998	2998		2998	2998
	10000	5030	5030			5530
201411	2560	2560	2560		2560	2560
201412	3600	3600	3600		3600	3600
201406	1300	1300	1300		1300	1300
	9048	6860	6860			6860
201412	1549	1549	1549		1549	1549

11-11 续 25

项目(单位)名称	项目名称	开工时间
山西沁县华合物流配送有限公司	日用品配送中心项目	201404
山西沁县耀君养猪专业合作社	生猪标准化养殖场建设项目	201309
山西沁县生华农业开发中心	生态庄园建设项目(二期)	201310
山西沁县虎仁肉猪养殖专业合作社	肉猪育肥基地建设项目	201406
山西沁县潞宝金和生食品有限公司	南沟肉鸡养殖、屠宰基地建设项目	201406
山西沁县唯思可达天然饮料有限公司	冬虫夏草灵芝饮料生产线项目	201406
山西沁县农兴隆农业开发有限公司	有机蔬菜种植基地	201406
山西康禾农业有限责任公司	2000 吨/年桑椹营养粉项目	201403
山西沁县大康蔬菜种植专业合作社	有机蔬菜示范基地建设项目	201404
山西沁县绿之园农业开发专业合作社	蔬菜大棚种植基地建设项目	201405
山西沁县人民医院	住院楼项目工程	201404
山西沁县全华林木开发专业合作社	肉牛标准化养殖园区建设项目	201405
山西沁县五龙建晟养牛专业合作社	千头肉牛育肥基地建设项目	201405
山西沁县益源有机蔬菜发展有限公司	设施蔬菜产业化经营项目	201404
山西景阳能源集团有限公司沁县分公司	红豆杉种植基地建设项目	201408
山西省沁县自来水公司	县城污水管网配套工程	201210
山西沁州黄农业产业示范园区	小企业创业基地建设项目	201305
山西沁县住建局	县城休闲广场项目	201404
山西沁州黄农业产业发展有限公司	1 万吨/年小杂粮加工项目	201307
山西沁县宝华肉鸡养殖专业合作社	肉鸡养殖基地建设项目	201408
山西沁县沃沣泽中药材种植专业合作社	中药材种植及加工基地	201406
山西沁县工业园区管理中心	工业园区基础设施建设工程	201406
山西汾西集团正新煤焦有限责任公司	和善煤矿 180 万吨扩建项目	201103
山西省沁源县住房保障和城乡建设管理局	郭道镇集中供热热网一期工程	201407
山西长治市圣普科技开发有限公司	新建现代生态农业示范基地项目	201305
山西沁源县文体广电新闻出版局	新建文化馆项目	201304
山西沁源县凤凰台煤业有限公司	兼并重组整合扩能建设	201201
山西晖源能源有限公司	年产 20 万吨石油压裂支撑剂生产线	201204
山西通州集团股份有限公司	职工宿舍楼建设项目	201401
山西省沁源县中医院	门诊住院综合楼建设项目	201305
山西通州集团股份有限公司	煤矿综合采煤技术改造项目	201403
山西沁源县公安局交通警察大队	胜利路交通管理工程	201404
山西沁源县园林管理中心	东城公园改扩建项目	201309
山西汾西集团正新煤焦有限责任公司	贾郭煤矿兼并重组整合项目	201201
山西省沁源县住房保障和城乡建设管理局	王和镇公租房小区	201404
山西长治市圣普科技开发有限公司	沙棘标准示范及教学园区项目	201305
山西省沁源县玉水生态农业有限公司	新建综合生态治理(造林)工程	201309
山西省沁源县农业综合开发办公室	中峪乡小流域治理	201409
山西省沁源县浩兴农业科技有限公司	新建山羊改良育肥与连翘种植项目	201307
山西省沁源县住房保障和城乡建设管理局	新区内河治理工程	201404
山西沁源县袓苑农业生态有限公司	袓苑农业生态园建设	201103
山西省沁源县住房保障和城乡建设管理局	郭道镇公租房小区	201405
山西长治市亚辉轩商贸有限公司	新建环东汽贸园	201309
山西省沁源县明源煤焦有限公司	明苑生态农业开发项目	201109

单位：万元

投产时间	计划总投资	自开始建设累计完成投资	本年完成投资	其中：住宅	本年新增固定资产	本年实际到位资金合计
	2600	940	940			940
201411	6000	6000	5600		5600	5600
201408	4600	4600	3100		3100	3100
201412	1700	1700	1700		1700	1700
201409	1560	1560	1560		1560	
	30082	5800	5800			5900
201412	3600	3600	3600		3600	3600
201411	3000	3000	3000		3000	3000
201411	3580	3580	3580		3580	3580
201408	1050	1050	1050		1050	1050
	1850	500	500			500
201407	500	500	500		500	500
201409	2200	2200	2200		2200	2200
201407	1932	1932	1932		1932	1932
	50000	9302	9302			9500
	2200	1009	445			445
	3210	2681	781			781
201410	1200	1200	1200		1200	1200
201408	6500	6500	1972		1972	1980
	3500	80	80			80
201412	4000	4000	4000		4000	4000
201410	1200	1200	1200		1200	1200
	139093	92982	14871			14871
201412	3296	3296	3296		800	3296
201412	5000	5000	2690		100	2690
201409	1300	1300	730		500	730
201410	41849	41850	10746		1045	10746
201403	28218	28218	1542		1000	1542
201410	19900	19900	19900	9000	5000	19900
201409	2678	2678	1678		1500	1678
201412	12000	12000	12000		100	12000
201412	767	767	767		507	767
201406	2166	2166	1265		300	1265
	167468	107842	15139			15139
201412	800	800	800	400	750	800
201412	5000	5000	3350		100	3350
201408	15000	15000	8000		1100	8000
201411	556	556	556		100	556
201408	2000	2000	619		200	619
201409	1269	1269	1269		100	1269
201407	26000	26000	4610		4500	4610
201412	1604	1604	1604	604	500	1604
201406	4800	4800	1800		400	1800
201408	7890	7890	1974		500	1974

11-11 续 26

项目(单位)名称	项目名称	开工时间
山西省沁源县机关幼儿园	2# 楼建设项目	201405
山西通洲集团留神峪煤业有限公司	120 万吨能力核定系统改造工程	201301
山西沁源县住房保障和城乡建设管理局	商业街改造工程	201309
山西沁源县欣荣种植专业合作社	干果经济林种植项目	201404
山西沁源县文体广电新闻出版局	影剧院建设项目	201304
山西省沁源县永鑫种植专业合作社	千亩连翘种植基地	201405
山西省沁源县旅游服务中心	太岳军区司令部旧址红色旅游基础设施建设项目	201305
山西沁源县好乐草莓庄园种植有限公司	新建二期夏季草莓种植	201306
山西沁源县金辉隆泰煤业有限公司	新建洗煤厂建设项目	201406
山西省沁源县民政局	岳北烈士陵园建设项目	201405
山西沁源县水利局	郭道镇集中供水工程	201408
山西沁新能源集团有限公司	沁新煤矿 1、2 煤层矿井瓦斯抽采工程	201307
山西省沁源县机关幼儿园	幼儿园扩建工程	201109
山西沁源县交通运输局	法中至支角公路改建工程	201311
山西省沁源县万达生态农林发展有限公司	杂粮种植和粮油加工项目	201404
山西沁源县高棱水电站有限公司	高棱水电站扩建项目	201401
山西煤气层(天然气)集团有限公司	天然气城市管网工程	201303
山西沁源县潞安集团东盛煤业有限公司	地面生产系统改造项目	201403
山西沁源县隆帆矿渣制砂有限公司	新建矿渣制砂和尾矿回收、分选项目	201408
山西沁新能源集团股份有限公司煤矸石发电厂	脱硫除尘升级改造项目	201404
山西沁源沁新机械制造有限公司	新建精密铸造及机加工项目	201401
山西省绿源正森生态农业综合开发有限公司	中药材种植示范基地	201401
山西沁源县住房保障和城乡建设管理局	城建展览馆建设项目	201305
山西省沁源县螺山生态种植有限公司	万亩无公害小杂粮生产基地	201404
山西沁源县浩兴农业科技开发有限公司	山羊改良和种羊基地建设	201405
山西长治市牧源养殖有限公司	种植养殖项目	201303
山西沁源金葵花农林科技有限公司	新建万亩药材种植项目	201306
山西省沁源县螺山生态种植有限公司	螺山生态庄园三期建设	201403
山西省沁源县民丰种植专业合作社	千亩连翘种植基地	201404
山西沁源县长沁新兴煤业有限公司	煤矿巷道设施建设项目	201405
山西省沁源县鸿星种植专业合作社	千亩连翘种植基地	201406
国电山西兴能有限公司	沁源风电项目三期工程	201304
山西明源能源集团有限公司	湿法气动乳化脱硫工程	201404
山西顺和伟业投资有限公司	新建生态农业综合开发项目	201306
山西通洲煤焦集团股份有限公司	通州集团综合办公楼项目	201401
山西沁新能源集团有限公司	新源煤矿矿井瓦斯抽采工程	201307
山西省沁源县住房保障和城乡建设管理局	李元镇公租房小区	201401
山西省沁源县卧龙农林牧有限公司	新建园艺(中药材)作物种植项目	201208
山西沁源沁新集团股份有限公司	李元至县城供热主管网(DN800)工程	201308
山西郭道镇闫家庄村民委员会	新村村民住宅房屋建设	201405
山西省灵石通宇实业有限公司	北莱沟国际滑雪场建设项目	201301
山西沁源县中峪村村委	移民安置楼建设项目	201407
山西沁新能源集团股份有限公司余热发电厂	脱硫除尘升级改造项目	201405
山西沁源县沁河镇四维村村民委员会	四维村村民住宅楼工程	201305

单位：万元

投产时间	计 划 总投资	自开始建设 累计完成 投 资	本年完 成投资	其中： 住宅	本年新增 固定资产	本年实际 到位资金 合 计
201412	2114	2114	2114		2114	2114
	56134	48889	18247		4015	18247
201412	1432	1432	1300		300	1300
201410	1200	1200	1200		50	1200
201411	2800	2800	1480		100	1480
201412	1500	1500	1500		50	1500
201412	1830	1830	1420		300	1420
201408	2250	2250	650		50	650
201412	11118	8950	8950		8950	8950
201412	1889	1889	1889		100	1889
	2381	230	230			230
201406	2533	2533	941		350	941
201406	2889	3220	1330		2700	1330
201410	2668	2668	1368		100	1368
201409	1000	1000	1000		100	1000
201408	525	525	525		100	525
201412	14104	14104	10104		4000	10104
201410	6715	6715	6715		600	6715
201409	500	500	500		100	500
201412	3400	3400	3400		2000	3400
201412	95000	33600	33600		1000	33600
201411	10000	10000	10000		100	9019
201412	2920	2920	1420		500	1420
201409	700	700	700		200	700
201412	5000	5000	5000		100	5000
201410	18760	18760	10123		600	10123
201410	3800	3800	2300		80	2300
201410	3000	3000	3000		100	3000
201410	1200	1200	1200		50	1200
201409	1753	1753	1753		100	1753
201409	900	900	900		100	900
201412	130927	130927	77627		8000	77627
201405	1498	1498	1498		1000	1498
201406	1000	1000	500		150	500
201412	19000	19000	19000		3000	19000
201406	3107	3107	1228		310	1228
201412	1479	1479	1479	310	400	1479
201408	5300	5300	867		100	867
201403	15000	15000	3600		800	3600
201412	11431	11431	11431	3054	500	11431
201412	98700	98700	66700		1000	66700
201409	1320	1320	1320	120	600	1320
201412	1580	1580	1580		100	1580
201409	5000	5000	2800	1100	2000	2800

11-11 续27

项目(单位)名称	项目名称	开工时间
山西沁源梗阳煤业有限公司	90万吨煤业改扩建	201006
山西省沁源县好乐草莓庄园种植有限公司	新建三期草莓种植项目	201403
山西省沁源县住房保障和城乡建设管理局	郭道镇镇区路网改造工程太岳路道路改造工程	201406
山西省电力公司长治供电分公司	畅村110千伏输变电工程	201401
山西沁源县昶苑农业生态有限公司	生态采摘园建设项目	201406
山西省沁源县交通运输局	官滩至吉庆道路建设工程	201308
山西省沁源县住房保障和城乡建设管理局	李元镇棚户区改造安置住房项目	201407
山西沁新集团昌源新材料有限公司	建筑保温材料矿渣棉项目	201403
山西省第一川种植专业合作社	反季节蔬菜建设项目	201405
山西沁源县南石农林牧综合发展有限公司	新建种植及观光项目	201307
山西甘峪沟矿业有限公司	新建年产30吨石灰煅烧氧化钙项目	201407
山西康伟集团孟子峪煤业有限公司	井下工程建设项目	201404
山西沁源县红盛源种植专业合作社	高寒区反季节西兰花种植基地项目	201405
山西省沁源县住房保障和城乡建设管理局	县城公租房小区(一期)	201405
霍州煤电集团沁安煤电有限责任公司	中峪矿井主立井建设工程	200908
山西沁源县旅游局	花坡至沁河源头旅游公路工程	201405
山西沁源县聪子峪乡人民政府	聪子峪乡土岭底公路改造项目	201405
山西黄土坡鑫运煤业有限公司	90万吨/年兼并重组整合项目	201103
山西省沁源县司法局	司法局业务、行政、刑法执行技术用房建设项目	201304
山西沁源县广丰源种植专业合作社	核桃、连翘种植项目	201405
山西省沁源县住房保障和城乡建设管理局	郭道镇镇区路网改造工程	201407
山西都宝清洁能源投资有限公司沁源分公司	南山煤业瓦斯发电工程	201401
山西沁源县马军峪曙光有限公司	通风系统改造工程	201309
山西沁源县新宜生态农特产品贸易有限公司	新建药材、山珍、小杂粮加工、仓储及物流项目	201305
山西沁源县新超煤业有限公司	煤矿巷道建设及相关先进适用型设备应用项目	201403
山西沁源县起新养殖有限公司	新建综合生态种养项目	201405
山西首赫旅游开发有限公司	太岳国际户外运动度假区	201304
山西省沁源县住房保障和城乡建设管理局	南小河综合治理工程	201404
山西省沁源县档案馆	档案馆建设项目	201306
山西菩提山庄生态园牧业有限公司	菩提农牧生态园观光旅游建设项目	201301
山西沁源县康信中药材开发有限公司	中药材种植开发项目	201405
山西梅园嘉元煤业有限公司	兼并重组整合项目	201204
山西汾西太岳煤业有限公司	井下开拓、准备巷道工程建设项目	201403
山西省沁源县郭道晋杨煤业有限公司	90万吨改扩建	201007
山西沁源县向峰种植有限公司	日光温室大棚项目	201406
山西沁源汇然达贸易有限公司	新建花豹岭庄园经济建设项目	201405
山西沁源县志宏养殖专业合作社	生态种养基地扩建项目	201307
山西省沁源县永和水电站有限公司	永和水电站工程	201203
山西沁新能源集团有限公司	沁新矿巷道建设及相关适用型设备应用项目工程	201403
山西沁源康伟南山煤业有限公司	矿井瓦斯抽放工程	201309
山西康伟集团孟子峪煤业有限公司	延伸开采下组煤项目	201305
山西省沁源县福庆生态开发有限公司	新建干果苗木基地项目	201401
山西省沁源县安达煤业有限公司	安达公司矿井扩建	201008
山西沁源县沁河镇李家庄村民委员会	李家庄移民工程	201405

单位：万元

投产时间	计 划 总投资	自开始建设 累计完成 投 资	本年完 成投资	其中： 住宅	本年新增 固定资产	本年实际 到位资金 合 计
	62995	63048	9810			9810
201412	5000	5000	5000		50	5000
201412	2998	2998	2998		600	2998
201411	8290	8290	8290		500	8290
201412	14000	14000	14000		800	14000
201410	1890	1890	500		50	500
201412	2210	2210	2210	1522	500	2210
201406	3000	3000	3000		260	3000
201410	1500	1500	1500		60	1500
201408	14000	14000	5330		2000	5330
201412	15000	15000	15000		100	15000
201412	6889	2200	2200		100	2200
201409	500	500	500		50	500
	9307	3172	3172	125		3172
	351133	87397	46400			46400
201412	2209	2209	2209		1000	2209
201410	2371	2371	2371		100	2371
201406	3689	3689	1558		350	1558
201409	1278	1278	508		200	508
201409	1000	1000	1000		200	1000
201412	1226	1226	1226		100	1226
201408	7740	7740	7740		2000	7740
201411	6100	6100	2100		136	2100
201405	5000	5000	787		500	787
201410	5990	5990	5990		500	5990
201412	12500	12500	12500		100	12500
201412	67307	67307	49907		1000	49907
201409	813	813	813		50	813
201412	1500	1500	750		300	750
201407	10000	10000	2089		1000	2089
201411	5000	5000	5000		100	3400
	15810	7479				
201410	8443	8443	8443		2400	8443
201412	82153	82153	11844		1800	11844
201408	500	500	500		100	500
201411	5000	5000	5000		120	4000
201409	10260	10260	5630		500	5630
	36431	29947	5692			5692
201412	12000	12000	12000		9000	12000
201404	4900	4900	1506		250	1506
201412	25860	25777	11208		5550	11208
201412	15000	15000	15000		300	15000
	82128	76917	15400			15400
201412	1300	1300	1300	540	1000	1300

11-11 续 28

项目(单位)名称	项目名称	开工时间
山西沁源县太岳山道地中药材开发有限公司	新建连翘种植及加工项目	201305
山西省沁源县峪鑫养殖有限公司	羊养殖基地建设项目	201403
山西沁源县桂圆种植专业合作社	新建蔬菜大棚项目	201406
山西天一生态农牧产业有限公司	十万头肉驴产业扶贫生态循环精养工程	201310
山西沁源县子辰怡景庄园有限公司	新建综合庄园项目	201303
山西沁源县明亮养殖专业合作社	生态庄园建设项目	201404
山西沁源县潞安集团东盛煤业有限公司	新建综采设备升级改造项目	201403
山西省沁源县康伟李城煤业有限公司	重组整合矿井巷道工程	201101
山西省沁源县马军峪煤焦有限公司	常信煤业 120 万吨扩建	201007
山西省沁源县住房保障和城乡建设管理局	城镇清洁工程车辆购置	
山西沁源县交通运输局	仁里至定阳公路改造	201312
山西沁源县顺和伟业种植专业合作社	新建种植园区项目	201406
山西沁源顺源农林牧有限公司	农业生态源基地建设	201302
山西省沁源县玉旺种植专业合作社	千亩连翘种植基地	201405
山西沁源梗阳煤业有限公司	新建 120 万吨/年洗煤厂项目	201404
山西省明源集团明鑫煤业有限公司	90 万吨/年矿井兼并重组整合项目	201201
山西潞城市首尔新能源有限责任公司	新建毛主席纪念馆四期项目	201405
山西省潞城市黄埔种植专业合作社	苗木花卉种植	201403
山西潞城市三友煤机有限责任公司	新建酿造机械设备研发制造	201404
山西华农纳米科技有限公司	年产 10 万吨纳米碳增效液体肥料	201405
山西省潞城市鸿顺建材有限公司	粉煤灰加气混凝土砌块生产线	201403
山西省潞城市捌捌捌电器有限公司	家电家具城一期	201404
山西省潞城市绿丰源种养殖专业合作社	经济林种植示范基地	201405
山西省潞城市大地育苗种植专业合作社	万亩大葱种植基地	201403
山西省潞城市恒丰园种养殖专业合作社	新建麝鼠养殖场	201303
山西金真玉业工贸有限公司	玉器深加工厂房建设项目	201406
山西省潞城市翔泰建材有限公司	年开采 30 万吨石灰石	201404
山西省潞城市富潞湾家庭农场	家庭农场种植	201305
山西省潞城市万方企联大厦有限公司	企业总部大厦建设	201310
山西省潞城市天邦建材有限公司	30 万立方米加气混凝土砌块及 20 万立方米板材项目	201401
山西天脊煤化工集团股份有限公司	年产 27 万吨硝酸项目	201301
山西省潞城市盛昌种养殖专业合作社	肉牛养殖	201304
山西嘉禾聚醋业有限公司	新建年产 40000 吨全曲陈醋项目	201405
山西省潞城市新鑫种植专业合作社	蔬菜、中药材种植	201403

单位：万元

投产时间	计 划 总投资	自开始建设 累计完成 投 资	本年完 成投资	其中： 住宅	本年新增 固定资产	本年实际 到位资金 合 计
201411	31047	31047	15847		500	15847
201408	1000	1000	1000		200	1000
201409	1780	1780	1780		100	1780
	147051	124970	79970		1000	79970
201412	5000	5000	4483		100	4483
201410	3500	3500	3500		600	3500
201409	2251	2251	2251		500	2251
201406	25511	25511	287		50	287
	98351	82589	16731			16731
	557	557	557		557	557
201410	3050	3050	2550		50	2550
201410	2000	2000	2000		80	2000
201411	28160	28160	16959		300	16959
201412	1000	1000	1000		30	1000
201412	8857	8857	8857		2500	8857
201412	48329	48342	3675		1200	3675
201411	23670	23721	23721		23000	16993
201408	4600	4800	4800		4500	3053
	23000	17450	17450			12351
	39000	25048	25048			15675
201410	12300	12400	12400		12300	9541
201412	9500	9500	9500		9000	7552
	3300	2229	2229			1829
201408	6800	6800	6800		6000	5580
201404	3200	3309	676		3000	676
	36000	30380	30380			21752
201408	4500	4530	4530		4000	3780
201404	1380	1414	682		1300	682
	23345	10633	10213			7799
201406	3000	3147	3147		3000	2162
	51870	36004	10460			7436
201403	2300	2343	416		2300	416
	23000	19072	19072	5313		12916
201408	2900	2987	2987		2900	2344

11-11 续29

项目(单位)名称	项目名称	开工时间
山西省潞城市兴安种植专业合作社	育林苗木花卉种植园	201404
山西潞安焦化有限责任公司	焦炉煤气高效利用制化学品项目	201306
山西省潞城市店上镇石窟村村民委员会	搬迁安置小区	201401
山西省潞城市东南山社区	城市棚户区改造	201310
山西永达物流有限公司	物流仓储二期工程项目	201407
山西省潞城市宏益兴建材有限公司	年产60万方混凝土	201405
山西省潞城市和顺昌石膏有限公司	年开采30万吨石膏	201310
山西省潞城市盛丰养殖园	肉羊养殖	201307
山西省潞城市凯丰物流商贸有限公司	新建物流综合市场项目	201211
山西省潞城市潞华办事处白鹤观社区	鑫欣佳园居民小区	201403
山西省长治市永瑞玻璃纤维有限公司	无碱玻璃纤维池窑拉丝生产线项目	201209
山西潞城公建机械有限责任公司	职工住宅楼	201402
山西省潞城市史回村村民委员会	旧村改造安置小区	201303
山西天脊集团精细化工有限公司	年产30万吨硝酸铵钙项目	201303
山西省潞城市万华天居生态农业发展有限公司	生态采摘园	201403
山西省潞城市兴宝钢铁有限责任公司	科研研发中心建设项目	201403
山西长治钢铁集团锻压机械制造有限公司	重型机械装备制造基地项目	201306
山西省潞城市兴宝钢铁有限责任公司	新建脱硫项目	201402
山西省潞城市智超小杂粮种植专业合作社	小杂粮种植	201403
山西省潞城市益泽祥种植专业合作社	绿色杂粮种植	201405
山西省潞城市丰润绿色核桃产业专业合作社	500亩核桃种植	201401
山西省潞城市辛安泉镇人民政府	道路基础设施建设	201406
山西省潞城市西村永平机动车驾驶员培训学校	驾驶员培训基地	201402
山西天脊煤化工集团股份有限公司	改建热动厂脱硝除尘改造工程	201403
山西潞宝集团焦化有限公司	综合办公楼及职工宿舍楼	201405
山西省潞城市文奇建材有限公司	年产30万吨高强石膏粉生产线	201403
山西省潞城市惠农种植专业合作社	扫帚基地种植	201403
山西潞宝集团晋钢兆丰化工有限公司	扩建原料成品储存库及500KV线路迁改	201403
山西际安电气有限公司	新建智能型矿用隔爆电气项目	201301
山西省潞城市潞华办事处	卢医山林区基础设施建设	201309
山西省潞城市长兴绿色养殖有限公司	万只商品猪养殖	201405
山西省潞城市潞华办事处瓦窑头社区居民委员会	“天玉小区”建设项目	201403
山西省潞城市潞华办事处瓦窑头社区居民委员会	城市棚户区改造	201310
山西省潞城市潞华办事处南关社区居民委员会	改造安置用房	201305

单位：万元

投产时间	计 划 总投资	自开始建设 累计完成 投 资	本年完 成投资	其中： 住宅	本年新增 固定资产	本年实际 到位资金 合 计
201409	3160	3183	3183		3000	2261
201406	50000	50005	24184		50000	20937
201411	17855	17971	17971	16102	17000	15034
	20737	13151	12935	11661		8756
	21000	18429	18429			13259
201409	8000	8635	8635		8000	7050
201406	4600	4600	3283		4600	2483
201404	1500	1539	237		1500	237
201409	60000	61071	11156		60000	7450
201410	14860	14869	14869	13063	14000	9414
201412	81230	81530	26986		80000	16033
201412	8600	6181	6181	6181	8000	4792
201404	4862	4975	1751	1751	4500	1638
201412	9800	10200	4474		10000	3170
201409	8650	8653	8653		8000	6520
201408	12000	12235	12235		10000	10035
	67400	20443	20096			11017
201409	18925	19336	19336		18000	11872
201408	4000	4120	4120		4000	3450
201410	2580	2580	2580		2300	2280
201410	4908	4956	4956		4000	3744
	18677	14121	14121			9651
201411	9850	9850	9850		9000	5991
	14000	2949	2949			2197
201412	26600	26600	26600	26600	20000	18949
201409	5200	5272	5272		5000	3482
201408	3200	3200	3200		3000	1924
	38000	28583	28583			23678
201407	15000	15106	5569		15000	5461
	28390	21226	20030			13298
201408	7000	7100	7100		7000	4180
201407	9652	9815	9815	9815	9000	6920
	17986	11914	11614			8757
201404	9628	9750	2022	2022	9000	1277

11-11 续30

项目(单位)名称	项目名称	开工时间
山西省潞城市文化馆服务中心	文化馆新馆建设	201303
山西省潞城市人力资源和社会保障局	就业和社会保障服务中心建设	201207
山西省长治市金威超市有限公司	新建超市项目	201208
山西省潞城市成家川办事处成家川村	新建福升苑小区	201408
山西省潞城市康乐幼儿园	新建婴城幼儿园	201206
山西省潞城市潞华办事处南关社区居民委员会	“银苑小区”建设项目	201403
山西省潞城市潞华办事处古南关社区居民委员会	义盛苑居民小区	201402
山西省潞城市亚通运业有限公司	现代物流二期工程	201402
山西省潞城市新丰益恒矿业有限公司	年开采加工50万吨石料	201306
山西省潞城市翟店镇羌城村村民委员会	居民安置楼一期	201403
山西省潞城市春茵牧草种植加工专业合作社	牧草种植	201402
山西省潞城市华美科技有限公司	年产20万吨秸杆生物燃料	201403
中矿潞城石膏实验基地	非金属研发中心建设项目	201404
山西省潞城市天元再生资源有限公司	苯胺、硝基苯固废综合利用项目	201403
山西省潞城市坤元农业科技有限公司	哈雷番茄种植示范基地	201404
山西天聚矿物纤维有限公司	石膏晶须外墙防火保温材料	201405
山西森源环能科技有限公司	回收废旧瓶片再生利用	201404
山西铱格斯曼航空科技有限公司	新建充气帐篷项目	201306
山西潞安甲义晟矿山设备有限公司	矿山机械设备制造二期	201401
山西潞安环能煤焦化工有限责任公司	新建脱硫液提盐	201405
山西省潞城市东平建材厂	扩建10万吨石膏粉生产线	201403
山西省潞城市农友生态种养殖专业合作社	苗木花卉基地	201403
山西省潞城市宋鑫园种植专业合作社	核桃经济林种植基地	201403
山西省潞城市绿麒麟种植专业合作社	育苗基地种植	201405
山西省潞城市史回乡垂阳村村民委员会	搬迁安置小区	201402
山西省潞城市潞华办事处东街社区居民委员会	新建碧水苑小区	201404
山西省潞城市微子镇比干岭村村民委员会	新建微子花苑小区住宅楼(一期)	201404
山西省潞城市蔚佳领生态农业开发有限公司	生态观光示范农业园	201405
山西省潞城市城南供水有限公司	供水工程	201402
山西省潞城市澜澳商贸有限公司	貉狐养殖	201402
山西省潞城市兴宝钢铁有限责任公司	60万吨/年线材及配套工程	201403
山西铱格斯曼航空科技有限公司	多功能聚酯复合薄膜材料	201305
山西省潞城市翟店镇人民政府	园区供排水管网建设项目	201402
山西省潞城市环境保护局	浊漳河南源店上段垂直流人工湿地水质净化工程	201207

单位：万元

投产时间	计划总投资	自开始建设累计完成投资	本年完成投资	其中：住宅	本年新增固定资产	本年实际到位资金合计
201412	1320	1320	315		1300	
201412	864	864	148		800	104
201412	16189	16189	586		15000	
	4770	2686	2686	2686		2186
201405	1500	1600	291		1500	291
201407	7826	7926	7926	7244	7000	4886
201410	11880	11887	11887	10581	10000	7345
201407	7800	7828	7828	4500	7000	4633
201411	8800	8811	5223		8000	3647
201408	2430	2430	2430	2430	2425	2200
201408	2800	2834	2834		2800	1625
201409	5553	5555	5555		5000	4247
201409	15320	15420	15420		15000	11234
201412	11000	11514	11514		10000	8014
201411	3000	3000	3000		3000	2720
201412	25000	25000	25000		25000	15670
201409	5000	5103	5103		5000	3963
	60239	23915	10510			5598
	19500	11811	11811			9240
201410	18630	18734	18734		18630	15677
201406	1500	1700	1700		1500	1176
	6000	787	787			557
201408	6230	6336	6336		6000	5756
201408	2600	2700	2700		2500	2265
201409	8650	8878	8878	8878	8000	6591
	15277	6245	6245	6245		5465
201409	1873	1883	1883	1883	1500	1532
	22064	3619	3619			2537
201406	4568	4748	4748		4500	2887
	16000	10287	10287			9087
	48500	24816	24816			18259
	143440	50900	15957			12053
	21896	20216	20216			11359
201405	2475	2475	675		2000	675

11-11 续31

项目(单位)名称	项目名称	开工时间
山西省潞城市元通运输有限公司	新建综合汽贸城项目	201210
山西省潞城市恒盛核桃专业合作社	核桃经济林种植基地	201304
山西省潞城市绿满佳乐生态种植专业合作社	千亩葡萄园种植	201404
山西省潞城市九元活性石灰有限公司	煤粉燃料改天然气燃料项目	201305
山西省潞城市微子镇北街村村民委员会	新建北街村新农小区	201402
山西省潞城市凤栖桥酿业有限公司	扩建白酒生产工艺	201210
山西潞宝集团	新建年产20万吨合成新材料(已内酰胺)	201204
山西省潞城市城镇建设发展有限公司	西南山棚户区	201210
山西辛安泉供水工程有限公司	辛安泉供水改扩建工程	201303
山西省潞城市丰茂建材厂	年产60万吨钢铁矿粉	201403
山西华农纳米科技有限公司	年产2000吨纳米碳粉项目	201107
山西省长治市竹峰农业科技有限公司	苗木生产培育试验基地	201305
山西省潞城市翟店镇人民政府	园区道路基础设施建设	201403
山西省潞城市水利局	辛安泉泉水出露区生态工程	201401
山西全盛汽车销售有限公司	新建中盛汽车大世界	201302
山西省潞城市远翔塑料有限公司	年产3000万条塑料纺织袋(二期)	201410
山西省潞城市同业石膏有限公司	30万吨石膏开采	201405
山西潞宝集团晋钢兆丰煤化工有限公司	7.63米捣固焦炉二期	201302
山西潞宝兴海新材料有限公司	煤化工分析测试中心	201406
山西潞宝兴海新材料有限公司	年产10万吨双氧水项目	201403
山西省泰山石膏股份有限公司潞城分公司	年产400万m2装饰石膏板生产线	201402
山西省潞城市店上镇河湃村村民委员会	搬迁安置小区	201401
山西省潞城市店上镇政府	小城镇道路基础设施建设	201404
山西潞宝集团晋钢兆丰煤化工有限公司	干熄焦(二期)项目	201302
山西潞宝兴海新材料有限公司	年产10万吨环已酮	201403
山西潞宝兴海新材料有限公司	污水处理及回用项目	201309
山西省潞城市坤森农业科技有限公司	现代农业科技示范园	201403
山西潞宝集团	园区路网基础设施建设	201403
山西潞宝兴海新材料有限公司	年产40万吨硫磺制酸项目	201404
山西建滔潞宝化工有限责任公司	新建烟气脱硫脱硝项目	201402
山西潞宝兴海新材料有限公司	园区供排水管网扩建	201403
山西省永达物流有限公司	新建家电仓储物流商贸项目	201209
山西潞宝集团天地精煤有限公司	年产150万吨洗精煤	201405
山西省潞城市宝通商品砼有限公司	年产50万吨商品砼(二期)	201408

单位：万元

投产时间	计划总投资	自开始建设累计完成投资	本年完成投资	其中：住宅	本年新增固定资产	本年实际到位资金合计
201410	15000	15000	6208		14899	5250
201410	6820	6820	4267		6000	2671
	3000	450	450			450
201404	4276	4382	379		4000	379
201408	1524	1539	1539	1213	1500	1429
201408	4000	4000	829		4000	664
	340000	329104	51564			41807
	22212	20210	7277	7277		5218
	184433	55835	19272			14300
201408	4950	4950	4950		4950	4810
201409	53719	54803	8672		50000	5480
201411	8520	8526	6973		8000	6121
	27655	25379	25379			16480
	10364	520	520			450
	65000	63457	17410			8410
	8600	5237	5237			3987
201411	5600	5668	5668		5000	5323
201402	121380	121380	8334		120000	5490
201409	10000	10056	10056		10000	7633
	36000	28215	28215			18274
201412	38600	38600	38600		35000	28601
201411	18650	18650	18650	18650	18000	14360
201412	23896	23896	23896		20000	12361
201408	20142	20218	5455		20000	3575
	49000	21035	21035			14233
201406	28400	28400	18577		28000	9666
201412	8730	8751	8751		8000	7201
	42000	24488	24488			19246
	39264	29264	29264			18500
201411	26550	26550	26550		26000	16315
201412	23500	23500	23500		20000	19455
201406	30600	30820	2091		30000	1716
201411	10000	10003	10003		10000	6888
	16800	7102	7102			4662

11-12 房 地 产

组织机构代码	单位详细名称	项目名称
798294414	长治市合富房地产开发有限公司	都市名门·御景台
798263431	长治市万吉房地产开发有限公司	万吉大厦
796396329	山西海晋房地产开发有限公司	东华佳苑住宅小区
796389217	长治市金碧园置业房地产开发有限公司	金碧园·六府苑
794215926	长治市玖阳房地产开发有限公司	
794204813	山西明旭房地产开发有限公司	兴隆小区
		五交化小区
792242314	山西帝景元房地产开发有限公司	帝景商贸城
792233629	长治市华青房地产开发有限公司	
79222276X	山西汇宝房地产开发有限公司	汇宝佳苑住宅小区建设项目
792213601	长治市进峰房地产开发有限公司	
792202574	长治市经华房地产开发有限公司	学府苑住宅小区
		二院限价商品房
79024157X	长治市鸿源泰房地产开发有限公司	
790225625	山西华航金利房地产开发有限公司	
790225334	长治市上地房地产开发有限公司	
790212373	长治市隆基房地产开发有限公司	
790209959	长治市久安房地产开发有限公司	长子县久安佳苑
788540802	长治市震晋房地产开发有限公司	
788536272	沁县峰立房地产开发有限公司	
788520502	山西潞安鸿源房地产开发有限公司	屯留小区
		长子小区
		府秀江南小区二期工程
		潞安城市花园东区
		嘉华苑小区
		潞安泽盛苑北区
		府秀江南小区三四期工程
		潞安锦绣香江小区一二期工程
785849716	襄垣县轩华房地产开发有限责任公司	
785809722	长治市泰兴房地产开发有限公司	南苑小区
783288548	长治市鸿鑫房地产开发有限公司	
783265952	沁县大地房地产开发有限公司	
781046115	长治市海德房地产开发有限公司	万棵综合商务楼
781045972	潞城市丰隆房地产开发有限公司	金桥花园
		尚品雅都小区
		泽福湾小区
779582525	长治市宏威房地产开发有限公司	
778124047	长治市资丰房地产开发有限公司	
778112556	长治市先导房地产开发有限公司	
776714879	长治市三宝房地产开发有限公司	馨月花园三期

企 业 名 录

项目属性	计 划 总投资 万 元	自开始建设累 计完成投资 万元	本年完 成投资 万元	住宅 万元	住宅:90平方 米及以下 万元	住宅:144平 方米以上 万元	其他: 万元
1							
1	30355	31750	3790	1894	1471	20	630
1	7184	3087	3087	2967	550	100	
1							
2							
2							
2	73640	20815	1000				
				4200			
2	9554	6370	6370		2500		770
1				1047			
1	12188	14670	1050		380	313	2
1				348			
1	52000	46552	348	421		38	
1	28000	15175	437	444		103	
1	50000	26667	444	7481	41	250	
1	27511	24950	10113	3352	1797	1225	2311
1	35010	25725	4494	8213		563	1095
1	89798	39311	9034	6333		1651	821
1	53608	21777	9979	6118		4140	2997
1	50221	12817	9039	2200	1319	2747	1102
1	7908	9300	3200		900	100	440
2	1278	1350	1350				
1							
1	4426	4030		1760			
2	9129	6610	1760	20		1760	
1	12500	12570	40	8600			

11-12 续 1

组织机构代码	单位详细名称	项目名称
77670948X	长治市忠辰房地产开发有限公司	
775182671	长治市生华房地产开发有限公司	
772526782	长治市泰宏房地产开发有限公司	
770134152	长治市良园振宇房地产开发有限公司	
770122223	山西鑫荣房地产开发有限公司	
767146101	长治市九天房地产开发有限公司	星悦国际
767130580	长治市华都房地产开发有限公司	
767115217	山西仙龙房地产开发集团有限公司	潞鼎庄园
764671218	长治市金德利房地产开发有限公司	
764664501	长治市福泰和房地产开发有限公司	
764654944	长治市紫光房地产开发有限公司	长运 1 号商住楼
762475520	长治市物华房地产开发有限公司	中兴花苑
762464776	长治市才智房地产开发有限公司	
762457373	山西广居源房地产开发有限公司	
762455335	壶关县安厦房地产开发有限公司	紫团花园
759823723	山西天禧房地产开发集团有限公司	
759821699	长子县鑫华房地产开发有限公司	
759810922	山西君达房地产开发有限公司	西湖苑小区建设
		西湖苑二期工程
75727816X	山西韩世伟业房地产开发有限公司	丹朱雅苑
757263478	长治市日达房地产开发有限公司	
757262790	长子县龙城房地产开发有限公司	长子县龙兴花园建设项目
		龙兴花园 8、9 楼住宅
757252621	长治市园中厦房地产开发有限公司	
754089881	山西恒信安房地产开发有限公司	阳光苑项目
		锦绣花园项目
		文惠苑项目
		福馨家园项目
		廉租房、公租房、经济适用房项目
		锦绣花园二期项目
		壶关县公租房廉租房住宅楼 5 号 6 号
		壶关县经济适用房二期项目
		文惠苑 9 号 10 号 11 号 13 号 B 项目
		文惠苑 1 号 2 号 12 号 13B 号项目
754083105	长治市方圆房地产开发有限公司	
754068976	山西广厦房地产开发有限公司	
754052974	长治市昌昊房地产开发有限公司	
751539218	长治市世纪景源房地产开发有限公司	颐龙湾 C 区
751534337	山西华兴时代房地产开发有限公司	
751504488	长治市华日泰房地产开发有限公司	襄垣美特好大厦

项目属性	计　划 总投资 万　元	自开始建设累 计完成投资 万元	本年完 成投资 万元	住宅 万元	住宅:90 平方 米及以下 万元	住宅:144 平 方米以上 万元	其他: 万元
1	18747	18460	9260		7600		360
1				1480			
1	5506	1950	1950	500	1480		270
1	7648	6880	500				
1	7300	7135	55				
2							
1				2550			
1	2990	2850	2850		150		300
1				2710			
1	7008	3010	3010		2710		300
1				4			
1	4900	4905	6	52			
1	2998	3009	52	87			
1	2406	2413	87	564			
1	4974	4974	564	1565	564		
1	2538	1860	1860	1835			
1	1945	1945	1835	750	1835		
1	800	800	750	1280	750		
1	2996	1490	1430	895			
1	2996	1070	1020				
1				10295			
2	17405	18070	17670	4750	4530	2365	2670

11-12 续 2

组织机构代码	单位详细名称	项目名称
751502706	长治市华森房地产开发有限公司	屯留县白云大厦
748599009	长治市红阳房地产开发有限公司	
748595913	长治市广利房地产开发有限公司	
748550889	长治市容海房地产开发有限公司	
746044376	长治市兴建房地产开发有限公司	
74603483X	长治市伟达房地产开发有限公司	
746019998	长治市广茂房地产开发有限公司	
746019138	长治市淮海房地产开发有限公司	
746009618	长治市紫恩房地产开发有限公司	银河湾公寓
746001851	山西朝中房地产开发有限公司	
743545247	长治市锦汇房地产开发有限公司	
743539410	长治市华宇房地产开发有限公司	
743537028	长治市宇立房地产开发有限公司	
743526185	长治高新区华苑房地产开发有限公司	壶关恒星家园小区
743525000	山西玉华房地产开发有限公司	福熙苑
743502554	长治市振华房地产开发有限公司	紫金领秀
741096003	长治市乐源房地产开发有限公司	乐苑三区
741085320	长治市长运房地产开发有限公司	
741080300	长治市广泰房地产开发有限公司	1+1 公寓
		紫金公馆
		文化东方
		枫丹丽舍
74106436X	长治市中宏房地产开发有限公司	时代广场
739344864	长治市冠达房地产开发有限公司	
739331713	长治市潞安中义房地产开发有限公司	沁芳苑小区三期工程
739331668	长治市宏志房地产开发有限公司	
739309006	长治市北华房地产开发有限公司	
739305371	长治市晋苑房地产开发有限公司	文澜苑二期
739303544	山西潞安房地产开发有限公司	潞安颐龙湾小区
		潞城潞安颐龙湾住宅小区
736344105	长治市民生房地产开发有限公司	东钰 9 号
736339605	长治市宏业(集团)房地产开发有限公司	
736335786	长治市杰昌房地产开发有限公司	凯旋都汇二期
734035245	长治市泰舸房地产开发有限公司	
734032423	山西昌汇房地产开发有限公司	景新润园一期工程
734029662	长治市泰丰置业有限公司	棕榈泉国际公寓
		滨河花园二期
		滨河花园三期
734024650	长治市中港房地产开发有限公司	中港浅水湾
		中港浅水湾二期工程

项目属性	计 划 总投资 万元	自开始建设累 计完成投资 万元	本年完 成投资 万元	住宅: 万元	住宅:90 平方 米及以下 万元	住宅:144 平 方米以上: 万元	其他: 万元
1	6232	6620	6620		460	4290	600
1				5300			
1	8147	7700	7500	6106	900	1200	800
1	9955	8630	8630	150	1750	1250	800
1	14800	14940	380	2050	60	40	180
1	30000	30610	4600		800	600	800
1				130			
1	7211	7300	150	8430			20
1	36715	34800	9500	1350	300		30
1	15600	16180	1400		50	80	10
2							
2	14069	7680	3390				
1				21300			
2	180000	173350	22450	18750		21300	
2	46937	23900	19700			6850	
1							
1	2500	2400		3144			
1	7344	3144	3144			3144	
1							
1				24413			
1	60000	50843	24413		2000	7900	
1							
1							

11-12 续 3

组织机构代码	单位详细名称	项目名称
734000616	山西兆盛房地产开发有限公司	兴化小区 E 区
		世纪嘉园 A 区
		世纪嘉园 B 区
733994209	山西宏图永盛房地产开发集团有限公司	紫金大厦
		水岸春城
731914041	山西杰盛房地产开发集团有限公司	东城世家
731896146	长治市永基(山东)房地产开发有限公司	
729659387	长治市海滩房地产开发有限公司	
728182134	长治市金丰房地产开发有限公司	
725941166	长治市启越房地产开发有限公司	凯旋花园住宅小区
725938549	襄垣县茂源房地产开发有限公司	茂源小区二期住宅楼
725915742	长治市康泰房地产开发有限公司	帝豪天成 1 期
724632011	山西卓盛房地产开发有限公司	
715989051	山西常青房地产开发有限责任公司	双子大厦
701165094	长治市昌盛房地产开发有限公司	金色家园
701048883	沁县房地产开发中心	公租房、廉租房
		经济适用房
701042131	长治市经济适用房发展中心	柏后小区
		圣鑫园保障性住房小区
699144648	长治市宏润房地产开发有限公司	栋盛名苑 AB 区
699102384	山西熙元房地产开发有限公司	
696691507	长治市鑫洋房地产开发有限公司	
694296992	山西博源房地产开发有限公司	
694280376	长治市恒达房地产开发有限公司	
692219547	长治市和诚房地产开发有限公司	锦绣东城住宅小区
692211991	长治市鸿基房地产开发有限公司	鸿福苑小区
		襄城今典公寓 3、5、7、8 号楼
689852165	屯留县圣源房地产开发有限公司	圣源小区
		屯留县浩洋国际大酒店
		圣源小区二期
681916224	山西启东房地产开发有限公司	关村商贸物流园区
680231311	长治市今成房地产开发有限公司	今尚成小区
680216170	山西紫坊房地产开发股份有限公司	
678179112	长治市腾达房地产开发有限公司	黄土坡家苑小区建设项目
678170038	山西裕安房地产开发有限公司	清华苑南小区
678168691	长治市苑田房地产开发有限公司	
676442167	长治市圣安阁房地产开发有限公司	长治县和谐家园
674478414	山西威尔信房地产开发有限公司	东景雅苑
		盛德世家
672332198	长治市凯宏房地产开发有限公司	

项目属性	计 划 总投资 万元	自开始建设累 计完成投资 万元	本年完 成投资 万元	住宅: 万元	住宅:90 平方 米及以下 万元	住宅:144 平 方米以上: 万元	其他: 万元
1				14198			
1	37536	38450	19450	14518	5394	3750	1945
1	41562	41689	21620	40	7688	3919	1493
1	8569	9404	100	28390		40	50
1	93745	71300	30300	4300	9928	9672	460
1	20661	6900	6900	8970	500	300	1400
1	35952	18616	9480				510
1	1900	1800		7480			
1	30000	30090	9080	620	300	210	
1	9595	10180	670	3500	570	50	10
1	9864	4950	4950		600	200	650
2							
1							
2				54350			
2	290000	160523	54650	4760	54350		300
1	15864	6560	6560	522	900	600	700
1	13961	14361	822		272	250	150
1							
1	6990	6900					
1							
2	6600	5000	1000	2600			1000
1	9600	7750	3600				
2	65583	29591	4200	130			
1	12091	12700	200	2300		130	30
2	2770	2770	2770				320
1							
1				1980			
1	5458	7250	2850	18600	520	980	
1	38243	32360	31160		5430	11200	5000

11-12 续 4

组织机构代码	单位详细名称	项目名称
672314942	山西祥龙房地产开发有限公司	锦华苑 1 号
670198677	襄垣县五阳居乐房地产开发有限责任公司	
670168400	长治县谐苑房地产开发有限公司	黎景苑小区项目建设
670166659	长治市锦绣房地产开发有限公司	
670156039	长治市华夏庆原房地产开发有限公司	
668646768	山西枫林房地产开发有限公司	
668634812	山西潞安郭庄房地产开发有限公司	滨河花苑一期
		滨河花苑二期
		阳光威尼斯一期
668625369	长治市康盛房地产开发有限公司	
668621835	长治市枫林绿洲房地产开发有限公司	
668605181	长治县中元房地产开发有限公司	长治县体育小区
668604437	长治市博和房地产开发有限公司	
666639230	长治市万月丰房地产开发有限公司	黎都家园 B 座商住楼
666628670	长治市安顺房地产开发有限公司	
666626931	屯留县新东方房地产开发有限公司	巍神岭生态园
		西湖灌溉工程
		泰和御苑
		麟绛九号
		巍山壹号
		绛河畔
		果岭龙
		巍山国际体育园
666614535	长治市中兴房地产开发有限公司	长治市久曦园住宅小区
		长治市久曦园住宅小区二期工程
		长治市泽馨苑住宅小区 A 区工程
		长治市泽馨苑住宅小区 B 区工程
		长治市泽馨苑住宅小区 C 区工程
		泽馨苑小区 D 期工程
		泽馨苑小区 E 期工程
666606308	长治市中广房地产开发有限公司	屯留县潞安颐龙湾住宅小区项目
664496205	山西广润房地产开发有限公司	
664482946	山西吉晨房地产开发有限公司	
664479931	长治市恒生房地产开发有限公司	恒生财富公馆
664452624	山西久安房地产开发有限公司	久安瑞华苑二期工程
		久安瑞华苑三期工程
662392146	山西常平房地产开发有限公司	常平凤凰城 9#10#
		常平凤凰城 1 号 8 号
		东方 360A 小区
		常平凤凰城二期项目

项目属性	计　划 总投资 万元	自开始建设累 计完成投资 万元	本年完 成投资 万元	住宅: 万元	住宅:90 平方 米及以下 万元	住宅:144 平 方米以上 万元	其他: 万元
1				250			
1	2965	2705	400			160	35
1				530			1460
1	5380	5380	614	6980			
1	27996	14763	10580	45			
1	9565	9565	65			30	
1	4990	4583		437			
2	15000	15000	437				
2	5887	5887	2312	4146			2312
1	8697	6797	4146	2000	3050		
1	8683	4216	2000	1300	1900		
1	7669	2131	1300	910	1200		
1	296	3213	910	900	810		
1	7034	2864	900		800		
2	500000	14950	14750	300			14750
1	19957	20243	300	950		300	
1	25988	25960	950	1000		950	
1	25963	26245	1000	1300		1000	
1	24431	25865	1300	1300		1300	
1	32074	33185	1300	7400		1300	
1	27228	22665	7400	7350		7400	
1	27407	26110	7350	24106		7350	
1	94552	24106	24106		24106		
2				1911			
1	23720	25020	1941	1900		700	30
1	13494	14120	2220	71		70	320
1	7176	7176	71	313			
1	7393	7393	313	10793			
1	25932	15185	14785	2365		425	2070
1	2995	2995	2695	2363			330

11-12 续 5

组织机构代码	单位详细名称	项目名称
		常平凤凰城三期项目
		常平凤凰城五期项目
		常平凤凰城六期项目
		常平凤凰城七期项目
662375178	长治市晋源房地产开发有限公司	金领地小区
662350763	山西天脊房地产开发有限公司	
660428125	长治市鑫兴房地产开发有限公司	
660404908	长治市建峰房地产开发有限公司	
602314496	长治市华龙房地产开发有限公司	
602003591	山西仁德信房地产开发有限公司	世纪名城
		化家庄 A 座
		日新家园一二期
		世纪名城住宅小区二期
595327765	黎城同元房地产开发有限公司	黎侯古城北区一期
592962907	屯留县恒鑫房地产开发有限公司	金汇中央小区
588512882	山西金之枫房地产开发有限公司	襄垣县小郝沟城中村改造项目
586198631	山西万易和房地产开发有限公司	润鼎名府
586192344	山西福星苑房地产开发有限公司	东盛花园
57337996X	长治市圣达房地产开发有限公司	武乡县景兴花苑住宅小区一期项目
		武乡县景兴花苑住宅小区二期项目
571054643	长治市润通房地产开发有限公司	水城银座
568494373	长治县金海岸房地产有限公司	长治县金海岸房住宅小区
568462734	长治市润达房地产开发有限公司	糖业大厦
566346334	长治市金湛房地产开发有限公司	湛上村集中安置改造工程
566316821	山西富华□房地产开发有限公司	舒香门邸小区
561348517	长治市安信达房地产开发有限公司	壶化银座 1 号小区
		壶化银座一号二期项目
		壶关县南园新区
		店上移民搬迁项目
		壶化银座一号 B 区项目
		壶化银座一号 C 区项目
		壶化银座一号 D 区项目
551498431	长治市华锦城房地产开发有限公司	建设故县紫金花园商贸城一期工程项目
		故县紫金花园商贸城 B 区建设项目
551496997	长治市莱茵房地产开发有限公司	长治市沁县莱茵湖郡移民新村建设
		长治市圪垆湖旅游开发区独立产权酒店项目
		沁县湖滨花苑小区建设
111170272	沁源县房地产开发公司	沁河商贸中心建设项目
111110720	武乡县房产开发公司	运输公司(兴隆小区)
110961515	屯留县城镇建设房地产开发公司	经济适用房

项目属性	计　划 总投资 万元	自开始建设累 计完成投资 万元	本年完 成投资 万元	住宅: 万元	住宅:90平方 米及以下 万元	住宅:144平 方米以上 万元	其他: 万元
1	2985	2985	2685	1887			322
1	2999	2999	2699	1690			252
1	2995	2995	2695	1947			216
1	2997	2997	2697	7560			
1	18944	16650	10050	13933	3520	3930	2490
1	56900	57900	17053			13933	2005
1				8650			
1	31849	11600	11600	5900	3050	5600	1150
1	16805	6900	6900	9280		5900	500
2	350000	88149	28930	3340		6900	7080
2	12188	10932	4870	5370	550	740	80
1	19800	18297	5951	7700	3332	2038	581
1	69871	15483	7700	1279			
2	12892	12101	2101	2046			
2	15496	15496	2096	4800	2046		50
2	5362	5300	5300	2200	4800		500
1	2571	2600	2600		200		
1	5987	4690		7700			
1	13228	12300	11900	500	3200		1300
1	40000	42755	500	5154	315	185	
2	22320	21850	6650	14	208	340	220
1	2900	2900	14	610			
1	7250	7250	610	265			
1	5000	4795	265	5650			
2	15000	7950	5650	1620			
1	5733	2550	2220	3080			
1	6083	4130	3900	2260			
1	5009	3240	2940				
2	19508	18990		150			
2	5487	300	300		150		90
2	34000	12600					
2	23760	8900					
1							
2	1389	1389	1389				
2							
2	2230	1760					

11-12 续 6

组织机构代码	单位详细名称	项目名称
		商铺
		府东花园
110875182	长治县城乡建设开发公司	1 号地块经济适用住宅小区 10 号 11 号楼
		长治县经坊小区 1 号地块经济适用住宅小区 4 号 5 号 8 号 9 号
110764255	山西省长治市城市建设开发公司	益康小区
		金山御景
110756327	长治市怡昌房地产开发有限公司	西南关经适房
060701917	屯留县宏发房地产开发有限公司	金海园小区
056280187	屯留县三友房地产开发有限公司	屯留县潞安麟绛佳园住宅小区
056273104	屯留县百顺达房地产开发有限公司	壹□城邦
056269164	山西广盛源房地产开发有限公司	中钢广盛源现代物流
056252813	长治市美隆房地产开发有限公司	马坊头城中村改造
		马坊头城中村改造 B1 区
054191957	山西中江天和置业有限公司	太行新天地旅游风情小镇
051979837	屯留县鹏远房地产开发有限公司	长阳城市花园一期工程
051979255	武乡县佰盛房地产开发有限公司	武乡县怡水园住宅小区
66661878X	潞城市居泰房地产开发有限公司	
599853324	长治市东方佳地置业有限公司	
592958430	襄垣县瑞诚兴业房地产开发有限公司	
58332740X	山西公盛铭房地产开发有限公司	
573383811	长治市宏安房地产开发有限公司	
56356925X	长治市三和房地产开发有限公司	
554109518	山西久泰房地产开发有限公司	
551455976	山西嘉全房地产开发有限公司	
406400370	潞城市房地产开发公司	
110841097	长治市郊区房地产开发公司	
110813782	长治市城区上党房地产开发有限公司	
110813424	长治市万佳房地产开发有限责任公司	
110762890	长治市房地产发展公司	
110752326	长治市恒业新时代房地产开发有限公司	
087092146	武乡县名贺房地产开发有限公司	
083732302	壶关县东升房地产开发有限公司	
068033159	山西鑫润城房地产开发有限公司	
060717740	壶关县康泰房地产开发有限公司	

项目属性	计　划 总投资 万元	自开始建设累 计完成投资 万元	本年完 成投资 万元	住宅: 万元	住宅:90 平方 米及以下 万元	住宅:144 平 方米以上 万元	其他: 万元
2				1260			
2	6215	6215	2695	1897			305
2	4480	3212	1898	1790	1897		1
2	5540	1800	1800	1300	1790		10
1	22500	25100	2300	5600	1000		300
1	37431	39200	7400	8555	3700	1900	900
2	35192	35447	9420	5225	8555		
1	7233	7025	5225	5000			
1	93459	26100	5000	1380		500	
2	4931	3400	1400				10
2	99200	500		3030			
2	27750	31310	4610	6540	310	300	660
1	50825	9400	9400	2000	800	400	660
1	103400	3650	2000	4700	2000		
1	11932	6400	6400	4800	435		725
2	11917	11700	5700		3555		280

11-13　新增生产能力（或效益）

指标名称	计量单位	建设规模	本年施工规模	本年新开工	累计新增生产能力(或效益)	本年新增
原煤开采	万吨/年	3420	2120	425	1280	355
洗煤	万吨/年	900	900	700	900	840
焦炭	万吨/年	605	605	320	285	285
天然气开采	亿立方米/年	19.2	8	3.7		
铁矿开采(原矿)	万吨/年	96.5	96.5	96.5	96.5	96.5
铁矿选矿处理原矿量	万吨/年	5	5	5	5	5
水力发电	万千瓦	5	5	0.5	1.7	1.7
火力发电	万千瓦	232.48	232	32	1.5	1.5
风力发电	万千瓦	14.95	14.95	5	14.95	14.95
其他发电	万千瓦	3.3	3.3	0.9		
输电线路长度(110KV 及以上)	公里	148.4	148.4	115.1	148.4	148.4
氮肥	吨/年	30000	30000	30000	30000	30000
塑料树脂及共聚物	吨/年	1100000	1100000			
其他酒	万吨/年	3	2.7	2.7	0.3	
新建铁路里程	公里	44.66	44.34	3.2		
新建公路	公里	75.15	68.25	39.39	29.39	29.39
一级公路	公里	15.11	15.11			
二级公路	公里	35.44	28.54	14.79	4.79	4.79
改建公路	公里	305.23	305.23	185.93	147.22	147.22
一级公路	公里	53.7	53.7	53.7		
二级公路	公里	21.46	21.46	0.76	0.76	0.76
新建独立公路桥梁	延长米	1500			1500	
新建独立公路桥梁	座	3			3	
城市污水处理能力	万吨/日	2	2		2	2

职工人数劳动工资

资料整理人员

靳慧霞　李　璐　孙　毅　靳　明　王世诚　程　帅

12-1　城镇非私营单位从业人数与工资的增长速度

指 标 名 称	单　位	2014 年	2013 年	比上年增长(%)
从业人员年末人数	人	444742	450522	-1.28
在岗职工年末人数	人	431863	440564	-1.97
从业人员平均人数	人	443978	450181	-1.38
在岗职工平均人数	人	431473	440215	-1.99
从业人员工资总额	万元	2094727	1987057	5.42
在岗职工工资总额	万元	2073842	1963378	5.63
从业人员平均工资	元	47181	43999	7.23
在岗职工平均工资	元	48064	44600	7.77

12-2 分行业城镇非私营单位

项目	单位数(个)	年末			
		单位从业人员	#女性	#非全日制	1.在岗职工
总计	**4751**	**444742**	**149749**	**2569**	**422400**
一、按执行会计标准类别分组					
1.企业	1157	299722	80497	2313	283933
2.事业	2329	99789	52987	227	94281
3.机关	1211	42487	14544	24	41475
4.民间非营利组织	13	318	193	5	308
5.其他	41	2426	1528		2403
二、按国民经济行业分组(GB/T 4754-2011)					
(一)农、林、牧、渔业	61	1492	420		1480
农业	12	538	181		528
林业	35	712	174		710
畜牧业	5	74	16		74
渔业					
农、林、牧、渔服务业	9	168	49		168
(二)采矿业	105	129037	19759	2	128455
煤炭开采和洗选业	97	127333	19686	2	126818
石油和天然气开采业					
黑色金属矿采选业	6	1516	55		1449
有色金属矿采选业					
非金属矿采选业	2	188	18		188
开采辅助活动					
其他采矿业					
(三)制造业	162	84411	28084	603	80034
农副食品加工业	13	1688	1024		1623
食品制造业	6	1293	794	17	1253
酒、饮料和精制茶制造业	5	504	270		488
烟草制品业					
纺织业	1	8			8
纺织服装、服饰业	2	697	441		697
皮革、毛皮、羽毛及其制品和制鞋业					
木材加工和木、竹、藤、棕、草制品业	1	16	9		5
家具制造业	1	50	10		50
造纸和纸制品业	2	118	27		113
印刷和记录媒介复制业	7	405	252		355
文教、工美、体育和娱乐用品制造业	3	808	333		808
石油加工、炼焦和核燃料加工业	13	11677	2669		11659
化学原料和化学制品制造业	22	21521	7142	238	20621
医药制造业	7	4090	1891		4055
化学纤维制造业					
橡胶和塑料制品业	4	1161	611		1161
非金属矿物制品业	19	4544	1061		4286

从业人员和工资情况

人 数（人）			平均人数(人)				
2.劳务派遣人员	在岗劳务合计	3.其他从业人员	单位从业人员	1.在岗职工	2.劳务派遣人员	在岗劳务合计	3.其他从业人员
9463	**431863**	**12879**	**443978**	**421872**	**9601**	**431473**	**12505**
9023	292956	6766	299225	283724	9155	292879	6346
205	94486	5303	99593	94038	211	94249	5344
235	41710	777	42418	41401	235	41636	782
	308	10	323	313		313	10
	2403	23	2419	2396		2396	23
	1480	12	1494	1482		1482	12
	528	10	536	526		526	10
	710	2	716	714		714	2
	74		74	74		74	
	168		168	168		168	
147	128602	435	127335	126817	161	126978	357
122	126940	393	125919	125469	134	125603	316
25	1474	42	1233	1165	27	1192	41
	188		183	183		183	
3338	83372	1039	85959	81464	3462	84926	1033
3	1626	62	2353	2290	3	2293	60
18	1271	22	1199	1162	18	1180	19
	488	16	528	512		512	16
	8		7	7		7	
	697		696	696		696	
	5	11	16	5		5	11
	50		52	52		52	
	113	5	129	124		124	5
	355	50	401	351		351	50
	808		818	818		818	
	11659	18	12056	12041		12041	15
602	21223	298	21568	20711	558	21269	299
	4055	35	4063	4028		4028	35
	1161		1197	1197		1197	
241	4527	17	4628	4397	214	4611	17

12-2 续 1

项　目	单位数(个)	年末			
		单位从业人员	#女性	#非全日制	1.在岗职工
黑色金属冶炼和压延加工业	4	18571	5442		17471
有色金属冶炼和压延加工业	3	471	96		471
金属制品业	9	915	166	60	741
通用设备制造业	10	3848	1758	240	3193
专用设备制造业	12	3318	1423		3316
汽车制造业	9	2483	719		2403
铁路、船舶、航空航天和其他运输设备制造业	1	3712	1066	44	3543
电气机械和器材制造业	6	2461	868	4	1662
计算机、通信和其他电子设备制造业	1	17	2		17
仪器仪表制造业					
其他制造业					
废弃资源综合利用业					
金属制品、机械和设备修理业	1	35	10		35
(四)电力、热力、燃气及水生产和供应业	43	11828	4027	203	11483
电力、热力生产和供应业	25	9220	2825	203	8904
燃气生产和供应业	3	733	352		733
水的生产和供应业	15	1875	850		1846
(五)建筑业	71	15455	3119	40	14427
房屋建筑业	33	9770	1741	25	9258
土木工程建筑业	27	5072	1324		4592
建筑安装业	6	199	13	15	163
建筑装饰和其他建筑业	5	414	41		414
(六)批发和零售业	269	12850	5086	14	11827
批发业	129	8092	2673		7741
零售业	140	4758	2413	14	4086
(七)交通运输、仓储和邮政业	97	13263	4600	122	12295
铁路运输业	3	511	59		498
道路运输业	71	9750	3060	113	9587
水上运输业					
航空运输业	1	248	248		248
管道运输业					
装卸搬运和运输代理业	6	327	91		327
仓储业	13	820	259	9	805
邮政业	3	1607	883		830
(八)住宿和餐饮业	34	2659	1615		2555
住宿业	29	2235	1372		2136
餐饮业	5	424	243		419
(九)信息传输、软件和信息技术服务业	16	3337	1847		2169
电信、广播电视和卫星传输服务	14	3310	1844		2142
互联网和相关服务					
软件和信息技术服务业	2	27	3		27
(十)金融业	180	15815	8489	1307	10620
货币金融服务	149	10791	5371	216	9264

人 数（人）			平均人数(人)				
2.劳务派遣人员	在岗劳务合计	3.其他从业人员	单位从业人员	1.在岗职工	2.劳务派遣人员	在岗劳务合计	3.其他从业人员
1100	18571		18720	17610	1110	18720	
	471		444	444		444	
99	840	75	903	729	103	832	71
367	3560	288	4293	3468	536	4004	289
2	3318		3285	3283	2	3285	
	2403	80	2395	2315		2315	80
125	3668	44	3667	3496	127	3623	44
781	2443	18	2478	1665	791	2456	22
	17		28	28		28	
	35		35	35		35	
113	11596	232	11795	11543	131	11674	121
113	9017	203	9148	8925	131	9056	92
	733		791	791		791	
	1846	29	1856	1827		1827	29
707	15134	321	16137	14913	883	15796	341
348	9606	164	10451	9774	500	10274	177
349	4941	131	5081	4568	373	4941	140
10	173	26	192	158	10	168	24
	414		413	413		413	
688	12515	335	12834	11794	689	12483	351
51	7792	300	8041	7673	52	7725	316
637	4723	35	4793	4121	637	4758	35
786	13081	182	13089	12197	719	12916	173
	498	13	496	483		483	13
6	9593	157	9734	9575	6	9581	153
	248		248	248		248	
	327		258	258		258	
3	808	12	816	806	3	809	7
777	1607		1537	827	710	1537	
60	2615	44	2665	2552	61	2613	52
60	2196	39	2248	2147	61	2208	40
	419	5	417	405		405	12
1154	3323	14	3346	2152	1180	3332	14
1154	3296	14	3319	2125	1180	3305	14
	27		27	27		27	
1467	12087	3728	15383	10506	1373	11879	3504
1058	10322	469	10600	9235	885	10120	480

12-2 续 2

项目	单位数(个)	年末			
		单位从业人员	#女性	#非全日制	1.在岗职工
资本市场服务	1	60	30		60
保险业	28	4902	3057	1091	1238
其他金融业	2	62	31		58
(十一)房地产业	113	3626	1408	6	3397
其中:1.房地产开发经营	80	2160	754	6	2091
2.物业管理	10	848	344		723
3.房地产中介服务	3	256	178		221
(十二)租赁和商务服务业	131	8684	2161		8113
租赁业	2	17	7		17
商务服务业	129	8667	2154		8096
(十三)科学研究和技术服务业	145	4077	1344	2	3881
研究和试验发展	13	284	120		282
专业技术服务业	100	2963	879	2	2816
科技推广和应用服务业	32	830	345		783
(十四)水利、环境和公共设施管理业	150	11130	5106		9752
水利管理业	63	1723	621		1707
生态保护和环境治理业	10	765	235		762
公共设施管理业	77	8642	4250		7283
(十五)居民服务、修理和其他服务业	4	110	38		110
居民服务业	3	90	37		90
机动车、电子产品和日用产品修理业	1	20	1		20
其他服务业					
(十六)教育	916	51476	30824	199	48593
其中:1.初等教育	574	19749	12805	12	18459
2.中等教育	231	22544	13047	98	21726
3.高等教育	10	3015	1371	79	2858
(十七)卫生和社会工作	550	19313	11890	4	18195
卫生	500	18926	11741	4	17808
社会工作	50	387	149		387
(十八)文化、体育和娱乐业	148	4564	2146	8	4548
新闻和出版业	13	465	209		465
广播、电视、电影和影视录音制作业	37	1101	489		1101
文化艺术业	90	2889	1412	8	2873
体育	6	44	13		44
娱乐业	2	65	23		65
(十九)公共管理、社会保障和社会组织	1556	51615	17786	59	50466
中国共产党机关	107	2061	595		2061
国家机构	1297	47622	16310	58	46509
、	15	330	92		330
社会保障	34	633	370		630
群众团体、社会团体和其他成员组织	103	969	419		936

人 数（ 人 ）			平均人数(人)				
2.劳务派遣人员	在岗劳务合计	3.其他从业人员	单位从业人员	1.在岗职工	2.劳务派遣人员	在岗劳务合计	3.其他从业人员
	60		61	61		61	
409	1647	3255	4660	1152	488	1640	3020
	58	4	62	58		58	4
17	3414	212	3615	3387	19	3406	209
8	2099	61	2154	2090	10	2100	54
9	732	116	843	719	9	728	115
	221	35	256	216		216	40
496	8609	75	8523	8017	435	8452	71
	17		17	17		17	
496	8592	75	8506	8000	435	8435	71
59	3940	137	4057	3874	58	3932	125
2	284		284	282	2	284	
55	2871	92	2953	2807	54	2861	92
2	785	45	820	785	2	787	33
24	9776	1354	11009	9631	24	9655	1354
	1707	16	1722	1706		1706	16
	762	3	765	762		762	3
24	7307	1335	8522	7163	24	7187	1335
	110		110	110		110	
	90		90	90		90	
	20		20	20		20	
24	48617	2859	51491	48596	35	48631	2860
	18459	1290	19743	18419	11	18430	1313
20	21746	798	22505	21699	20	21719	786
	2858	157	2994	2846		2846	148
54	18249	1064	19220	18106	45	18151	1069
54	17862	1064	18834	17720	45	17765	1069
	387		386	386		386	
	4548	16	4388	4368	2	4370	18
	465		466	466		466	
	1101		1102	1102		1102	
	2873	16	2711	2691	2	2693	18
	44		44	44		44	
	65		65	65		65	
329	50795	820	51528	50363	324	50687	841
	2061		2061	2061		2061	
316	46825	797	47542	46413	311	46724	818
	330		327	327		327	
	630	3	632	629		629	3
13	949	20	966	933	13	946	20

12-2 续 3

项 目	工资总额				
	从业人员工资总额	1.在岗职工工资总额	基本工资	绩效工资	工资性津贴和补贴
总 计	**20947272**	**20447017**	**10183675**	**7666436**	**1990398**
一、按执行会计标准类别分组					
1.企业	15413485	14998221	8087311	5801157	876865
2.事业	3779907	3714593	1417562	1550006	503554
3.机关	1699407	1680026	636322	308560	606026
4.民间非营利组织	6705	6625	4370	348	1907
5.其他	47768	47552	38110	6365	2046
二、按国民经济行业分组(GB/T 4754-2011)					
(一)农、林、牧、渔业	42510	42287	20968	14513	5025
农业	11027	10847	5933	2693	1779
林业	22344	22301	11559	8718	1655
畜牧业	1823	1823	1491	294	38
渔业					
农、林、牧、渔服务业	7316	7316	1985	2808	1553
(二)采矿业	8762578	8742663	4600090	3471278	589456
煤炭开采和洗选业	8702757	8685354	4550605	3467172	587340
石油和天然气开采业					
黑色金属矿采选业	52598	50086	42472	3896	2116
有色金属矿采选业					
非金属矿采选业	7223	7223	7013	210	
开采辅助活动					
其他采矿业					
(三)制造业	3009342	2893494	1724195	988156	136995
农副食品加工业	48082	46832	43028	2387	1405
食品制造业	30327	29347	21680	6551	1005
酒、饮料和精制茶制造业	12814	12707	12267	440	
烟草制品业					
纺织业	100	100	100		
纺织服装、服饰业	32076	32076	11743	11948	8385
皮革、毛皮、羽毛及其制品和制鞋业					
木材加工和木、竹、藤、棕、草制品业	160	50	50		
家具制造业	107	107	107		
造纸和纸制品业	2546	2438	2306	50	20
印刷和记录媒介复制业	7122	6931	4644	1891	136
文教、工美、体育和娱乐用品制造业	19081	19081	6190	11391	1500
石油加工、炼焦和核燃料加工业	337971	336931	279834	44317	10601
化学原料和化学制品制造业	774024	756405	434883	281419	31533
医药制造业	200224	199594	148865	38435	12230
化学纤维制造业					
橡胶和塑料制品业	45532	45532	31633	7368	6531
非金属矿物制品业	138687	128731	81456	41387	5271

（千元）				平均工资（元）				
其他工资	2.劳务派遣人员工资总额	在岗劳务合计	3.其他从业人员工资总额	从业人员平均工资	1.在岗职工平均工资	2.劳务派遣人员平均工资	在岗劳务合计	3.其他从业人员平均工资
606508	**291403**	**20738420**	**208852**	**47181**	**48467**	**30351**	**48064**	**16701**
232888	283161	15281382	132103	51511	52862	30930	52176	20817
243471	3223	3717816	62091	37954	39501	15275	39447	11619
129118	5019	1685045	14362	40063	40579	21357	40471	18366
		6625	80	20759	21166		21166	8000
1031		47552	216	19747	19846		19846	9391
1781		42287	223	28454	28534		28534	18583
442		10847	180	20573	20622		20622	18000
369		22301	43	31207	31234		31234	21500
		1823		24635	24635		24635	
970		7316		43548	43548		43548	
81839	4032	8746695	15883	68815	68939	25043	68884	44490
80237	3330	8688684	14073	69114	69223	24851	69176	44535
1602	702	50788	1810	42659	42992	26000	42607	44146
		7223		39470	39470		39470	
44148	90509	2984003	25339	35009	35519	26144	35137	24530
12	55	46887	1195	20434	20451	18333	20448	19917
111	619	29966	361	25294	25256	34389	25395	19000
		12707	107	24269	24818		24818	6688
		100		14286	14286		14286	
		32076		46086	46086		46086	
		50	110	10000	10000		10000	10000
		107		2058	2058		2058	
62		2438	108	19736	19661		19661	21600
260		6931	191	17761	19746		19746	3820
		19081		23326	23326		23326	
2179		336931	1040	28033	27982		27982	69333
8570	8393	764798	9226	35888	36522	15041	35958	30856
64		199594	630	49280	49552		49552	18000
		45532		38038	38038		38038	
617	8765	137496	1191	29967	29277	40958	29819	70059

12-2 续 4

项目	工资总额				
	从业人员工资总额	1.在岗职工工资总额	基本工资	绩效工资	工资性津贴和补贴
黑色金属冶炼和压延加工业	602907	583065	315389	239331	8585
有色金属冶炼和压延加工业	13870	13870	12428	1250	168
金属制品业	31863	25167	20181	2061	1064
通用设备制造业	171967	144128	58436	76941	8337
专用设备制造业	134771	134701	69512	54202	3683
汽车制造业	83861	81403	55080	22264	4059
铁路、船舶、航空航天和其他运输设备制造业	221962	218154	71991	117803	26178
电气机械和器材制造业	98069	74925	41315	26700	6182
计算机、通信和其他电子设备制造业	649	649	507	20	122
仪器仪表制造业					
其他制造业					
废弃资源综合利用业					
金属制品、机械和设备修理业	570	570	570		
(四)电力、热力、燃气及水生产和供应业	713314	708545	232587	438265	31256
电力、热力生产和供应业	641448	637118	176959	427049	26815
燃气生产和供应业	20096	20096	14507	3680	1909
水的生产和供应业	51770	51331	41121	7536	2532
(五)建筑业	591820	555659	392381	128501	11722
房屋建筑业	369393	344946	283447	48173	7933
土木工程建筑业	208295	197566	96803	79915	3651
建筑安装业	4479	3494	3121	181	119
建筑装饰和其他建筑业	9653	9653	9010	232	19
(六)批发和零售业	537860	510803	235203	218889	41162
批发业	423057	414062	174404	191596	32782
零售业	114803	96741	60799	27293	8380
(七)交通运输、仓储和邮政业	364131	346572	214163	67468	27509
铁路运输业	16856	16592	7810	5631	1640
道路运输业	271949	269241	162249	51391	20217
水上运输业					
航空运输业	10616	10616	10616		
管道运输业					
装卸搬运和运输代理业	7995	7995	2295	4149	1551
仓储业	24881	24638	17694	2306	4101
邮政业	31834	17490	13499	3991	
(八)住宿和餐饮业	62821	58041	45148	8433	1139
住宿业	53543	49169	37781	8399	1139
餐饮业	9278	8872	7367	34	
(九)信息传输、软件和信息技术服务业	200690	136012	59497	73447	2982
电信、广播电视和卫星传输服务	199686	135008	59069	73022	2917
互联网和相关服务					
软件和信息技术服务业	1004	1004	428	425	65
(十)金融业	877656	773225	314544	387301	38336
货币金融服务	767452	718830	283072	366435	36754

（千元）				平 均 工 资（元）				
其他工资	2.劳务派遣人员工资总额	在岗劳务合计	3.其他从业人员工资总额	从业人员平均工资	1.在岗职工平均工资	2.劳务派遣人员平均工资	在岗劳务合计	3.其他从业人员平均工资
19760	19842	602907		32207	33110	17876	32207	
24		13870		31239	31239		31239	
1861	4828	29995	1868	35286	34523	46874	36052	26310
414	22759	166887	5080	40058	41559	42461	41680	17578
7304	70	134771		41026	41030	35000	41026	
		81403	2458	35015	35163		35163	30725
2182	2613	220767	1195	60530	62401	20575	60935	27159
728	22565	97490	579	39576	45000	28527	39695	26318
		649		23179	23179		23179	
		570		16286	16286		16286	
6437	3444	711989	1325	60476	61383	26290	60989	10950
6295	3444	640562	886	70119	71386	26290	70733	9630
		20096		25406	25406		25406	
142		51331	439	27893	28096		28096	15138
23055	24938	580597	11223	36675	37260	28242	36756	32912
5393	17945	362891	6502	35345	35292	35890	35321	36734
17197	6631	204197	4098	40995	43250	17777	41327	29271
73	362	3856	623	23328	22114	36200	22952	25958
392		9653		23373	23373		23373	
15549	20114	530917	6943	41909	43310	29193	42531	19781
15280	2967	417029	6028	52612	53964	57058	53984	19076
269	17147	113888	915	23952	23475	26918	23936	26143
37432	14556	361128	3003	27820	28415	20245	27960	17358
1511		16592	264	33984	34352		34352	20308
35384	137	269378	2571	27938	28119	22833	28116	16804
		10616		42806	42806		42806	
		7995		30988	30988		30988	
537	75	24713	168	30491	30568	25000	30548	24000
	14344	31834		20712	21149	20203	20712	
3321	2887	60928	1893	23573	22743	47328	23317	36404
1850	2887	52056	1487	23818	22901	47328	23576	37175
1471		8872	406	22249	21906		21906	33833
86	64464	200476	214	59979	63203	54631	60167	15286
	64464	199472	214	60165	63533	54631	60355	15286
86		1004		37185	37185		37185	
33044	50263	823488	54168	57054	73598	36608	69323	15459
32569	37937	756767	10685	72401	77838	42867	74779	22260

12-2 续 5

项　目	工 资 总 额				
	从业人员工资总额	1.在岗职工工资总额	基本工资	绩效工资	工资性津贴和补贴
资本市场服务	6361	6361	2862	3499	
保险业	101369	45616	27856	16193	1388
其他金融业	2474	2418	754	1174	194
(十一)房地产业	106291	99758	78118	12997	3963
其中:1.房地产开发经营	71819	69909	54937	8541	2389
2.物业管理	21362	17394	16032	649	455
3.房地产中介服务	4327	3672	1906	607	1023
(十二)租赁和商务服务业	241107	235458	173842	29006	18633
租赁业	545	545	282	179	12
商务服务业	240562	234913	173560	28827	18621
(十三)科学研究和技术服务业	183947	177560	74027	80015	14979
研究和试验发展	15327	15275	4526	6902	2378
专业技术服务业	132890	128239	57712	59295	6369
科技推广和应用服务业	35730	34046	11789	13818	6232
(十四)水利、环境和公共设施管理业	255854	247084	135869	60280	20941
水利管理业	76383	76027	24072	28857	6083
生态保护和环境治理业	15495	15486	12370	2250	866
公共设施管理业	163976	155571	99427	29173	13992
(十五)居民服务、修理和其他服务业	3700	3700	1235	883	160
居民服务业	3508	3508	1043	883	160
机动车、电子产品和日用产品修理业	192	192	192		
其他服务业					
(十六)教育	2131298	2090906	768398	952650	267119
其中:1.初等教育	814504	794668	284308	352408	131129
2.中等教育	949221	940281	342412	452483	107465
3.高等教育	168979	165106	52226	77102	7198
(十七)卫生和社会工作	665183	649033	279717	281071	56560
卫生	653027	636877	274318	276927	55183
社会工作	12156	12156	5399	4144	1377
(十八)文化、体育和娱乐业	144874	144593	67904	50435	16672
新闻和出版业	15235	15235	6143	6123	2828
广播、电视、电影和影视录音制作业	40391	40391	14199	18691	3252
文化艺术业	84662	84381	46031	24130	9505
体育	1648	1648	529	627	480
娱乐业	2938	2938	1002	864	607
(十九)公共管理、社会保障和社会组织	2052296	2031624	765789	402848	705789
中国共产党机关	101087	101087	32390	18080	40801
国家机构	1869166	1849205	704541	371137	633366
、	17671	17671	5935	1381	8440
社会保障	24889	24780	8559	8116	6484
群众团体、社会团体和其他成员组织	39483	38881	14364	4134	16698

（千元）				平均工资（元）				
其他工资	2.劳务派遣人员工资总额	在岗劳务合计	3.其他从业人员工资总额	从业人员平均工资	1.在岗职工平均工资	2.劳务派遣人员平均工资	在岗劳务合计	3.其他从业人员平均工资
		6361		104279	104279		104279	
179	12326	57942	43427	21753	39597	25258	35330	14380
296		2418	56	39903	41690		41690	14000
4680	510	100268	6023	29403	29453	26842	29439	28818
4042	250	70159	1660	33342	33449	25000	33409	30741
258	260	17654	3708	25340	24192	28889	24250	32243
136		3672	655	16902	17000		17000	16375
13977	4770	240228	879	28289	29370	10966	28423	12380
72		545		32059	32059		32059	
13905	4770	239683	879	28281	29364	10966	28415	12380
8539	2679	180239	3708	45341	45834	46190	45839	29664
1469	52	15327		53968	54167	26000	53968	
4863	2613	130852	2038	45002	45685	48389	45736	22152
2207	14	34060	1670	43573	43371	7000	43278	50606
29994	895	247979	7875	23240	25655	37292	25684	5816
17015		76027	356	44357	44564		44564	22250
		15486	9	20255	20323		20323	3000
12979	895	156466	7510	19241	21719	37292	21771	5625
1422		3700		33636	33636		33636	
1422		3508		38978	38978		38978	
		192		9600	9600		9600	
102739	504	2091410	39888	41392	43026	14400	43006	13947
26823	102	794770	19734	41255	43144	9273	43124	15030
37921	320	940601	8620	42178	43333	16000	43308	10967
28580		165106	3873	56439	58013		58013	26169
31685	1211	650244	14939	34609	35846	26911	35824	13975
30449	1211	638088	14939	34673	35941	26911	35918	13975
1236		12156		31492	31492		31492	
9582	24	144617	257	33016	33103	12000	33093	14278
141		15235		32693	32693		32693	
4249		40391		36652	36652		36652	
4715	24	84405	257	31229	31357	12000	31342	14278
12		1648		37455	37455		37455	
465		2938		45200	45200		45200	
157198	5603	2037227	15069	39829	40340	17293	40192	17918
9816		101087		49048	49048		49048	
140161	5404	1854609	14557	39316	39842	17376	39693	17796
1915		17671		54040	54040		54040	
1621		24780	109	39381	39396		39396	36333
3685	199	39080	403	40873	41673	15308	41311	20150

12-3 分行业城镇非私营国有单位

项目	单位数(个)	年末			
		单位从业人员	#女性	#非全日制	1.在岗职工
Ⅰ 国有单位合计	3599	181523	78373	437	173201
一、按隶属关系分组					
1.中央	55	9949	3092	53	9384
2.省、自治区、直辖市	128	30748	10094	178	29248
3.地区	490	34902	14999	127	34178
4.县及县级以下	2911	104708	49777	79	99189
5.其他	15	1216	411		1202
二、按执行会计标准类别分组					
1.企业	289	44058	12928	186	41893
其中:地方	277	35958	10478	138	34227
2.事业	2092	94900	50790	227	89697
其中:地方	2075	94483	50645	227	89300
3.机关	1210	42367	14535	24	41413
其中:地方	1184	40935	14038	19	40092
4.民间非营利组织	2	7	4		7
5.其他	6	191	116		191
三、按国民经济行业分组(GB/T 4754-2011)					
(一)农、林、牧、渔业	60	1346	359		1334
农业	11	392	120		382
林业	35	712	174		710
畜牧业	5	74	16		74
渔业					
农、林、牧、渔服务业	9	168	49		168
(二)采矿业	6	12663	2269		12528
煤炭开采和洗选业	6	12663	2269		12528
石油和天然气开采业					
黑色金属矿采选业					
有色金属矿采选业					
非金属矿采选业					
开采辅助活动					
其他采矿业					
(三)制造业	18	5520	1610	44	5204
农副食品加工业	3	102	17		99
食品制造业					
酒、饮料和精制茶制造业					
烟草制品业					
纺织业					
纺织服装、服饰业					
皮革、毛皮、羽毛及其制品和制鞋业					
木材加工和木、竹、藤、棕、草制品业					
家具制造业					
造纸和纸制品业					
印刷和记录媒介复制业	3	188	139		186
文教、工美、体育和娱乐用品制造业					

从业人员和工资情况

人数（人）			平均人数（人）				
2.劳务派遣人员	在岗劳务合计	3.其他从业人员	单位从业人员	1.在岗职工	2.劳务派遣人员	在岗劳务合计	3.其他从业人员
1938	175139	6384	181652	173355	1950	175305	6347
476	9860	89	9921	9273	557	9830	91
1064	30312	436	30924	29574	992	30566	358
123	34301	601	35032	34342	115	34457	575
272	99461	5247	104565	98970	283	99253	5312
3	1205	11	1210	1196	3	1199	11
1524	43417	641	44416	42320	1529	43849	567
1154	35381	577	36349	34771	1077	35848	501
188	89885	5015	94740	89498	195	89693	5047
176	89476	5007	94322	89099	184	89283	5039
226	41639	728	42298	41339	226	41565	733
132	40224	711	40862	40014	132	40146	716
	7		7	7		7	
	191		191	191		191	
	1334	12	1348	1336		1336	12
	382	10	390	380		380	10
	710	2	716	714		714	2
	74		74	74		74	
	168		168	168		168	
	12528	135	12989	12917		12917	72
	12528	135	12989	12917		12917	72
216	5420	100	5470	5155	215	5370	100
	99	3	102	99		99	3
	186	2	184	182		182	2

12-3 续1

项　　目	单位数(个)	年末			
		单位从业人员	#女性	#非全日制	1.在岗职工
石油加工、炼焦和核燃料加工业					
化学原料和化学制品制造业	2	38	13		38
医药制造业					
化学纤维制造业					
橡胶和塑料制品业					
非金属矿物制品业	3	497	86		406
黑色金属冶炼和压延加工业					
有色金属冶炼和压延加工业					
金属制品业	1	41	8		41
通用设备制造业	1	154	55		154
专用设备制造业	2	114	49		114
汽车制造业	2	674	177		623
铁路、船舶、航空航天和其他运输设备制造业	1	3712	1066	44	3543
电气机械和器材制造业					
计算机、通信和其他电子设备制造业					
仪器仪表制造业					
其他制造业					
废弃资源综合利用业					
金属制品、机械和设备修理业					
(四)电力、热力、燃气及水生产和供应业	25	5123	1823	2	5092
电力、热力生产和供应业	9	3043	865	2	3041
燃气生产和供应业	1	205	108		205
水的生产和供应业	15	1875	850		1846
(五)建筑业	16	5310	1384		5253
房屋建筑业	5	4407	1180		4350
土木工程建筑业	10	889	199		889
建筑安装业	1	14	5		14
建筑装饰和其他建筑业					
(六)批发和零售业	90	2902	939		2883
批发业	58	2308	672		2293
零售业	32	594	267		590
(七)交通运输、仓储和邮政业	32	8068	3002	122	7132
铁路运输业	1	22	7		22
道路运输业	17	5410	1617	113	5266
水上运输业					
航空运输业	1	248	248		248
管道运输业					
装卸搬运和运输代理业					
仓储业	12	790	253	9	775
邮政业	1	1598	877		821
(八)住宿和餐饮业	17	1219	615		1194
住宿业	15	1152	607		1132
餐饮业	2	67	8		62
(九)信息传输、软件和信息技术服务业	6	319	128		275
电信、广播电视和卫星传输服务	5	308	126		264

人 数（人）			平均人数(人)				
2.劳务派遣人员	在岗劳务合计	3.其他从业人员	单位从业人员	1.在岗职工	2.劳务派遣人员	在岗劳务合计	3.其他从业人员
	38		38	38		38	
91	497		493	405	88	493	
	41		41	41		41	
	154		154	154		154	
	114		114	114		114	
	623	51	677	626		626	51
125	3668	44	3667	3496	127	3623	44
	5092	31	5104	5066		5066	38
	3041	2	3043	3034		3034	9
	205		205	205		205	
	1846	29	1856	1827		1827	29
25	5278	32	5722	5658	26	5684	38
25	4375	32	4823	4759	26	4785	38
	889		885	885		885	
	14		14	14		14	
	2883	19	2895	2876		2876	19
	2293	15	2297	2282		2282	15
	590	4	598	594		594	4
780	7912	156	8000	7140	713	7853	147
	22		22	22		22	
	5266	144	5416	5276		5276	140
	248		248	248		248	
3	778	12	786	776	3	779	7
777	1598		1528	818	710	1528	
1	1195	24	1238	1212	1	1213	25
1	1133	19	1171	1150	1	1151	20
	62	5	67	62		62	5
30	305	14	319	275	30	305	14
30	294	14	308	264	30	294	14

12-3 续 2

项　　目	单位数（个）	年末			
		单位从业人员	#女性	#非全日制	1.在岗职工
互联网和相关服务					
软件和信息技术服务业	1	11	2		11
（十）金融业	35	1598	755	4	1171
货币金融服务	34	1068	489		866
资本市场服务					
保险业	1	530	266	4	305
其他金融业					
（十一）房地产业	30	663	260		646
其中：1.房地产开发经营	13	343	123		326
2.物业管理	4	70	17		70
3.房地产中介服务	2	26	13		26
（十二）租赁和商务服务业	85	4970	971		4952
租赁业	2	17	7		17
商务服务业	83	4953	964		4935
（十三）科学研究和技术服务业	136	3522	1171		3377
研究和试验发展	13	284	120		282
专业技术服务业	92	2524	739		2388
科技推广和应用服务业	31	714	312		707
（十四）水利、环境和公共设施管理业	140	10195	4759		8875
水利管理业	61	1657	596		1641
生态保护和环境治理业	10	765	235		762
公共设施管理业	69	7773	3928		6472
（十五）居民服务、修理和其他服务业	2	79	27		79
居民服务业	2	79	27		79
机动车、电子产品和日用产品修理业					
其他服务业					
（十六）教育	776	47121	28746	194	44279
其中：1.初等教育	482	18766	12188	12	17476
2.中等教育	210	20861	12050	93	20076
3.高等教育	9	3011	1367	79	2854
（十七）卫生和社会工作	432	16006	10204	4	15193
卫生	384	15631	10059	4	14818
社会工作	48	375	145		375
（十八）文化、体育和娱乐业	137	3284	1565	8	3268
新闻和出版业	13	465	209		465
广播、电视、电影和影视录音制作业	37	1101	489		1101
文化艺术业	79	1609	831	8	1593
体育	6	44	13		44
娱乐业	2	65	23		65
（十九）公共管理、社会保障和社会组织	1556	51615	17786	59	50466
中国共产党机关	107	2061	595		2061
国家机构	1297	47622	16310	58	46509
人民政协、民主党派	15	330	92		330
社会保障	34	633	370		630
群众团体、社会团体和其他成员组织	103	969	419		936

人 数（人）		平均人数(人)				
在岗劳务合计	3.其他从业人员	单位从业人员	1.在岗职工	2.劳务派遣人员	在岗劳务合计	3.其他从业人员
11		11	11		11	
1585	13	1613	1105	494	1599	14
1061	7	1071	869	195	1064	7
524	6	542	236	299	535	7
646	17	666	649		649	17
326	17	346	329		329	17
70		70	70		70	
26		26	26		26	
4961	9	4755	4737	9	4746	9
17		17	17		17	
4944	9	4738	4720	9	4729	9
3435	87	3523	3379	57	3436	87
284		284	282	2	284	
2442	82	2523	2388	53	2441	82
709	5	716	709	2	711	5
8890	1305	10107	8787	15	8802	1305
1641	16	1656	1640		1640	16
762	3	765	762		762	3
6487	1286	7686	6385	15	6400	1286
79		79	79		79	
79		79	79		79	
44303	2818	47078	44224	35	44259	2819
17476	1290	18765	17441	11	17452	1313
20096	765	20826	20053	20	20073	753
2854	157	2990	2842		2842	148
15230	776	15934	15133	29	15162	772
14855	776	15560	14759	29	14788	772
375		374	374		374	
3268	16	3284	3264	2	3266	18
465		466	466		466	
1101		1102	1102		1102	
1593	16	1607	1587	2	1589	18
44		44	44		44	
65		65	65		65	
50795	820	51528	50363	324	50687	841
2061		2061	2061		2061	
46825	797	47542	46413	311	46724	818
330		327	327		327	
630	3	632	629		629	3
949	20	966	933	13	946	20

12-3 续 3

项目	从业人员工资总额	工资总额 1.在岗职工工资总额	基本工资	绩效工资	工资性津贴和补贴
Ⅰ 国有单位合计	7822597	7689928	3058840	3003361	1246022
一、按隶属关系分组					
1.中央	717769	706368	178063	457947	62413
2.省、自治区、直辖市	1796365	1766092	676390	836850	170700
3.地区	1356445	1340953	602750	442639	184542
4.县及县级以下	3912323	3837077	1580954	1251604	823960
5.其他	39695	39438	20683	14321	4407
二、按执行会计标准类别分组					
1.企业	2469478	2416592	1056999	1198614	147658
其中:地方	1830728	1787401	910760	759040	109818
2.事业	3652998	3590584	1363154	1495853	492536
其中:地方	3630786	3568784	1354439	1489003	488089
3.机关	1696427	1679058	636083	308371	605486
其中:地方	1639620	1623681	612974	296848	585360
4.民间非营利组织	126	126	126		
5.其他	3568	3568	2478	523	342
三、按国民经济行业分组(GB/T 4754-2011)					
(一)农、林、牧、渔业	39297	39074	18990	14054	4399
农业	7814	7634	3955	2234	1153
林业	22344	22301	11559	8718	1655
畜牧业	1823	1823	1491	294	38
渔业					
农、林、牧、渔服务业	7316	7316	1985	2808	1553
(二)采矿业	1181497	1178540	463275	630223	85015
煤炭开采和洗选业	1181497	1178540	463275	630223	85015
石油和天然气开采业					
黑色金属矿采选业					
有色金属矿采选业					
非金属矿采选业					
开采辅助活动					
其他采矿业					
(三)制造业	286259	277553	96457	150124	28716
农副食品加工业	2291	2262	2262		
食品制造业					
酒、饮料和精制茶制造业					
烟草制品业					
纺织业					
纺织服装、服饰业					
皮革、毛皮、羽毛及其制品和制鞋业					
木材加工和木、竹、藤、棕、草制品业					
家具制造业					
造纸和纸制品业					
印刷和记录媒介复制业	3302	3288	1633	1655	
文教、工美、体育和娱乐用品制造业					

（千元）				平 均 工 资（元）				
其他工资	2.劳务派遣人员工资总额	在岗劳务合计	3.其他从业人员工资总额	从业人员平均工资	1.在岗职工平均工资	2.劳务派遣人员平均工资	在岗劳务合计	3.其他从业人员平均工资
381705	45904	7735832	86765	43064	44359	23541	44128	13670
7945	9601	715969	1800	72348	76175	17237	72835	19780
82152	20826	1786918	9447	58090	59718	20994	58461	26388
111022	4083	1345036	11409	38720	39047	35504	39035	19842
180559	11297	3848374	63949	37415	38770	39919	38773	12039
27	97	39535	160	32806	32975	32333	32973	14545
13321	38557	2455149	14329	55599	57103	25217	55991	25272
7783	30577	1817978	12750	50365	51405	28391	50714	25449
239041	2978	3593562	59436	38558	40119	15272	40065	11777
237253	2704	3571488	59298	38494	40054	14696	40002	11768
129118	4369	1683427	13000	40107	40617	19332	40501	17735
128499	3022	1626703	12917	40126	40578	22894	40520	18041
		126		18000	18000		18000	
225		3568		18681	18681		18681	
1631		39074	223	29152	29247		29247	18583
292		7634	180	20036	20089		20089	18000
369		22301	43	31207	31234		31234	21500
		1823		24635	24635		24635	
970		7316		43548	43548		43548	
27		1178540	2957	90961	91239		91239	41069
27		1178540	2957	90961	91239		91239	41069
2256	5682	283235	3024	52333	53842	26428	52744	30240
		2262	29	22461	22848		22848	9667
		3288	14	17946	18066		18066	7000

12-3 续 4

项目	工资总额				
	从业人员工资总额	1.在岗职工工资总额	基本工资	绩效工资	工资性津贴和补贴
石油加工、炼焦和核燃料加工业					
化学原料和化学制品制造业	1180	1180	690	392	24
医药制造业					
化学纤维制造业					
橡胶和塑料制品业					
非金属矿物制品业	16537	13468	6032	7224	212
黑色金属冶炼和压延加工业					
有色金属冶炼和压延加工业					
金属制品业	493	493	493		
通用设备制造业	4250	4250	1907	2166	177
专用设备制造业	1081	1081	1081		
汽车制造业	35163	33377	10368	20884	2125
铁路、船舶、航空航天和其他运输设备制造业	221962	218154	71991	117803	26178
电气机械和器材制造业					
计算机、通信和其他电子设备制造业					
仪器仪表制造业					
其他制造业					
废弃资源综合利用业					
金属制品、机械和设备修理业					
(四)电力、热力、燃气及水生产和供应业	345050	344429	88229	246178	9786
电力、热力生产和供应业	289390	289208	43218	238642	7254
燃气生产和供应业	3890	3890	3890		
水的生产和供应业	51770	51331	41121	7536	2532
(五)建筑业	175788	170374	118923	43516	7276
房屋建筑业	142257	136843	103209	27649	5428
土木工程建筑业	33181	33181	15497	15761	1821
建筑安装业	350	350	217	106	27
建筑装饰和其他建筑业					
(六)批发和零售业	139255	138792	59181	73274	2828
批发业	130234	129804	52435	71799	2290
零售业	9021	8988	6746	1475	538
(七)交通运输、仓储和邮政业	222559	205636	127048	33943	16049
铁路运输业	889	889	329	560	
道路运输业	155345	153009	85250	27422	12278
水上运输业					
航空运输业	10616	10616	10616		
管道运输业					
装卸搬运和运输代理业					
仓储业	24053	23810	17482	2020	3771
邮政业	31656	17312	13371	3941	
(八)住宿和餐饮业	26912	26266	16046	7056	924
住宿业	25398	25073	15343	7056	924
餐饮业	1514	1193	703		
(九)信息传输、软件和信息技术服务业	10963	10444	5132	3629	1597
电信、广播电视和卫星传输服务	10510	9991	5004	3404	1583

（千元）				平 均 工 资（元）				
其他工资	2.劳务派遣人员工资总额	在岗劳务合计	3.其他从业人员工资总额	从业人员平均工资	1.在岗职工平均工资	2.劳务派遣人员平均工资	在岗劳务合计	3.其他从业人员平均工资
74		1180		31053	31053		31053	
	3069	16537		33544	33254	34875	33544	
		493		12024	12024		12024	
		4250		27597	27597		27597	
		1081		9482	9482		9482	
		33377	1786	51939	53318		53318	35020
2182	2613	220767	1195	60530	62401	20575	60935	27159
236		344429	621	67604	67988		67988	16342
94		289208	182	95100	95322		95322	20222
		3890		18976	18976		18976	
142		51331	439	27893	28096		28096	15138
659	4974	175348	440	30721	30112	191308	30849	11579
557	4974	141817	440	29496	28755	191308	29638	11579
102		33181		37493	37493		37493	
		350		25000	25000		25000	
3509		138792	463	48102	48259		48259	24368
3280		129804	430	56697	56882		56882	28667
229		8988	33	15085	15131		15131	8250
28596	14419	220055	2504	27820	28801	20223	28022	17034
		889		40409	40409		40409	
28059		153009	2336	28683	29001		29001	16686
		10616		42806	42806		42806	
537	75	23885	168	30602	30683	25000	30661	24000
	14344	31656		20717	21164	20203	20717	
2240	28	26294	618	21738	21672	28000	21677	24720
1750	28	25101	297	21689	21803	28000	21808	14850
490		1193	321	22597	19242		19242	64200
86	305	10749	214	34367	37978	10167	35243	15286
	305	10296	214	34123	37845	10167	35020	15286

12-3 续 5

项目	平均总额				
	从业人员工资总额	1.在岗职工工资总额	基本工资	绩效工资	工资性津贴和补贴
互联网和相关服务					
软件和信息技术服务业	453	453	128	225	14
(十)金融业	61924	51399	19655	22788	8261
货币金融服务	49167	43246	16016	18773	7915
资本市场服务					
保险业	12757	8153	3639	4015	346
其他金融业					
(十一)房地产业	18117	17955	11734	5252	304
其中:1.房地产开发经营	8333	8171	6186	1445	165
2.物业管理	910	910	910		
3.房地产中介服务	1042	1042	346	607	43
(十二)租赁和商务服务业	134650	134392	94180	15833	11984
租赁业	545	545	282	179	12
商务服务业	134105	133847	93898	15654	11972
(十三)科学研究和技术服务业	155952	151522	55115	73087	14959
研究和试验发展	15327	15275	4526	6902	2378
专业技术服务业	110497	106253	41237	53804	6349
科技推广和应用服务业	30128	29994	9352	12381	6232
(十四)水利、环境和公共设施管理业	231245	224487	125051	57397	18207
水利管理业	70570	70214	22955	27022	6083
生态保护和环境治理业	15495	15486	12370	2250	866
公共设施管理业	145180	138787	89726	28125	11258
(十五)居民服务、修理和其他服务业	3126	3126	661	883	160
居民服务业	3126	3126	661	883	160
机动车、电子产品和日用产品修理业					
其他服务业					
(十六)教育	2033023	1993162	706631	923426	262418
其中:1.初等教育	782115	762279	271054	335649	129479
2.中等教育	915362	906718	320701	444870	104552
3.高等教育	168839	164966	52191	76997	7198
(十七)卫生和社会工作	581001	567751	238943	250246	50741
卫生	569033	555783	233732	246102	49364
社会工作	11968	11968	5211	4144	1377
(十八)文化、体育和娱乐业	123683	123402	47800	49604	16609
新闻和出版业	15235	15235	6143	6123	2828
广播、电视、电影和影视录音制作业	40391	40391	14199	18691	3252
文化艺术业	63471	63190	25927	23299	9442
体育	1648	1648	529	627	480
娱乐业	2938	2938	1002	864	607
(十九)公共管理、社会保障和社会组织	2052296	2031624	765789	402848	705789
中国共产党机关	101087	101087	32390	18080	40801
国家机构	1869166	1849205	704541	371137	633366
人民政协、民主党派	17671	17671	5935	1381	8440
社会保障	24889	24780	8559	8116	6484
群众团体、社会团体和其他成员组织	39483	38881	14364	4134	16698

（千元）				平 均 工 资（元）				
其他工资	2.劳务派遣人员工资总额	在岗劳务合计	3.其他从业人员工资总额	从业人员平均工资	1.在岗职工平均工资	2.劳务派遣人员平均工资	在岗劳务合计	3.其他从业人员平均工资
86		453		41182	41182		41182	
695	10388	61787	137	38391	46515	21028	38641	9786
542	5860	49106	61	45908	49765	30051	46152	8714
153	4528	12681	76	23537	34547	15144	23703	10857
665		17955	162	27203	27666		27666	9529
375		8171	162	24084	24836		24836	9529
		910		13000	13000		13000	
46		1042		40077	40077		40077	
12395	144	134536	114	28318	28371	16000	28347	12667
72		545		32059	32059		32059	
12323	144	133991	114	28304	28357	16000	28334	12667
8361	2622	154144	1808	44267	44842	46000	44861	20782
1469	52	15327		53968	54167	26000	53968	
4863	2556	108809	1688	43796	44495	48226	44576	20585
2029	14	30008	120	42078	42305	7000	42205	24000
23832	245	224732	6513	22880	25548	16333	25532	4991
14154		70214	356	42615	42813		42813	22250
		15486	9	20255	20323		20323	3000
9678	245	139032	6148	18889	21736	16333	21724	4781
1422		3126		39570	39570		39570	
1422		3126		39570	39570		39570	
100687	504	1993666	39357	43184	45070	14400	45045	13961
26097	102	762381	19734	41679	43706	9273	43684	15030
36595	320	907038	8324	43953	45216	16000	45187	11054
28580		164966	3873	56468	58046		58046	26169
27821	966	568717	12284	36463	37517	33310	37509	15912
26585	966	556749	12284	36570	37657	33310	37649	15912
1236		11968		32000	32000		32000	
9389	24	123426	257	37662	37807	12000	37791	14278
141		15235		32693	32693		32693	
4249		40391		36652	36652		36652	
4522	24	63214	257	39497	39817	12000	39782	14278
12		1648		37455	37455		37455	
465		2938		45200	45200		45200	
157198	5603	2037227	15069	39829	40340	17293	40192	17918
9816		101087		49048	49048		49048	
140161	5404	1854609	14557	39316	39842	17376	39693	17796
1915		17671		54040	54040		54040	
1621		24780	109	39381	39396		39396	36333
3685	199	39080	403	40873	41673	15308	41311	20150

12-4 分行业城镇非私营集体单位

指标名称	单位数(个)	年末人数			
		单位从业人员	#女性	#非全日制	1.在岗职工
Ⅱ 城镇集体单位合计	**332**	**13366**	**5529**	**376**	**11833**
一、按执行会计标准类别分组					
1.企业	207	9867	4122	376	8639
2.事业	125	3499	1407		3194
3.机关					
4.民间非营利组织					
5.其他					
二、按国民经济行业分组(GB/T 4754-2011)					
(一)农、林、牧、渔业					
农业					
林业					
畜牧业					
渔业					
农、林、牧、渔服务业					
(二)采矿业	3	438	26		420
煤炭开采和洗选业	3	438	26		420
石油和天然气开采业					
黑色金属矿采选业					
有色金属矿采选业					
非金属矿采选业					
开采辅助活动					
其他采矿业					
(三)制造业	15	1140	592	240	876
农副食品加工业	1	10	7		10
食品制造业	1	10	6		10
酒、饮料和精制茶制造业					
烟草制品业					
纺织业					
纺织服装、服饰业	1	5	4		5
皮革、毛皮、羽毛及其制品和制鞋业					
木材加工和木、竹、藤、棕、草制品业	1	16	9		5
家具制造业					
造纸和纸制品业	1	10	6		10
印刷和记录媒介复制业	1	47	31		47
文教、工美、体育和娱乐用品制造业	1	49	12		49
石油加工、炼焦和核燃料加工业					
化学原料和化学制品制造业					
医药制造业					
化学纤维制造业					
橡胶和塑料制品业					
非金属矿物制品业					

从业人员和工资情况

（人）			平均人数(人)				
2.劳务派遣人员	在岗劳务合计	3.其他从业人员	单位从业人员	1.在岗职工	2.劳务派遣人员	在岗劳务合计	3.其他从业人员
624	**12457**	**909**	**13082**	**11639**	**506**	**12145**	**937**
607	9246	621	9608	8478	490	8968	640
17	3211	288	3474	3161	16	3177	297
10	430	8	528	510	10	520	8
10	430	8	528	510	10	520	8
	876	264	1137	877		877	260
	10		10	10		10	
	10		10	10		10	
	5		5	5		5	
	5	11	16	5		5	11
	10		10	10		10	
	47		47	47		47	
	49		49	49		49	

12-4 续 1

指标名称	单位数（个）	年末人数			
		单位从业人员	#女性	#非全日制	1.在岗职工
黑色金属冶炼和压延加工业					
有色金属冶炼和压延加工业					
金属制品业	4	159	42		146
通用设备制造业	1	718	434	240	478
专用设备制造业	2	87	24		87
汽车制造业					
铁路、船舶、航空航天和其他运输设备制造业					
电气机械和器材制造业	1	29	17		29
计算机、通信和其他电子设备制造业					
仪器仪表制造业					
其他制造业					
废弃资源综合利用业					
金属制品、机械和设备修理业					
（四）电力、热力、燃气及水生产和供应业					
电力、热力生产和供应业					
燃气生产和供应业					
水的生产和供应业					
（五）建筑业	7	1223	344	25	1141
房屋建筑业	5	814	66	25	789
土木工程建筑业	1	396	267		339
建筑安装业					
建筑装饰和其他建筑业	1	13	11		13
（六）批发和零售业	98	1987	767		1985
批发业	30	1156	559		1154
零售业	68	831	208		831
（七）交通运输、仓储和邮政业	7	308	77		308
铁路运输业					
道路运输业	3	51	6		51
水上运输业					
航空运输业					
管道运输业					
装卸搬运和运输代理业	4	257	71		257
仓储业					
邮政业					
（八）住宿和餐饮业	7	188	132		188
住宿业	6	102	68		102
餐饮业	1	86	64		86
（九）信息传输、软件和信息技术服务业	1	48	21		48
电信、广播电视和卫星传输服务	1	48	21		48
互联网和相关服务					
软件和信息技术服务业					
（十）金融业	48	3717	1765	111	2894

(人)			平均人数(人)				
2.劳务派遣人员	在岗劳务合计	3.其他从业人员	单位从业人员	1.在岗职工	2.劳务派遣人员	在岗劳务合计	3.其他从业人员
	146	13	163	153		153	10
	478	240	709	470		470	239
	87		87	87		87	
	29		31	31		31	
	1141	82	1198	1103		1103	95
	789	25	775	737		737	38
	339	57	409	352		352	57
	13		14	14		14	
1	1986	1	1858	1856	1	1857	1
1	1155	1	1043	1041	1	1042	1
	831		815	815		815	
	308		232	232		232	
	51		44	44		44	
	257		188	188		188	
	188		185	178		178	7
	102		102	102		102	
	86		83	76		76	7
	48		48	48		48	
	48		48	48		48	
596	3490	227	3604	2900	479	3379	225

12-4 续 2

指标名称	单位数（个）	年末人数			
		单位从业人员	# 女性	# 非全日制	1.在岗职工
货币金融服务	48	3717	1765	111	2894
资本市场服务					
保险业					
其他金融业					
（十一）房地产业	8	325	176		286
其中：1.房地产开发经营	2	18	5		14
2.物业管理					
3.房地产中介服务	1	230	165		195
（十二）租赁和商务服务业	31	921	196		921
租赁业					
商务服务业	31	921	196		921
（十三）科学研究和技术服务业					
研究和试验发展					
专业技术服务业					
科技推广和应用服务业					
（十四）水利、环境和公共设施管理业	2	38	24		38
水利管理业	1	10	5		10
生态保护和环境治理业					
公共设施管理业	1	28	19		28
（十五）居民服务、修理和其他服务业					
居民服务业					
机动车、电子产品和日用产品修理业					
其他服务业					
（十六）教育	2	47	18		47
其中：1.初等教育					
2.中等教育	1	15	2		15
3.高等教育					
（十七）卫生和社会工作	97	2660	1236		2355
卫生	97	2660	1236		2355
社会工作					
（十八）文化、体育和娱乐业	6	326	155		326
新闻和出版业					
广播、电视、电影和影视录音制作业					
文化艺术业	6	326	155		326
体育					
娱乐业					
（十九）公共管理、社会保障和社会组织					
中国共产党机关					
国家机构					
人民政协、民主党派					
社会保障					
群众团体、社会团体和其他成员组织					

(人)			平均人数(人)				
2.劳务派遣人员	在岗劳务合计	3.其他从业人员	单位从业人员	1.在岗职工	2.劳务派遣人员	在岗劳务合计	3.其他从业人员
596	3490	227	3604	2900	479	3379	225
	286	39	325	281		281	44
	14	4	18	14		14	4
	195	35	230	190		190	40
	921		921	921		921	
	921		921	921		921	
	38		38	38		38	
	10		10	10		10	
	28		28	28		28	
	47		46	46		46	
	15		14	14		14	
17	2372	288	2643	2330	16	2346	297
17	2372	288	2643	2330	16	2346	297
	326		319	319		319	
	326		319	319		319	

12-4 续 3

指标名称	工资总额				
	从业人员工资总额	1.在岗职工工资总额	基本工资	绩效工资	工资性津贴和补贴
Ⅱ 城镇集体单位合计	532929	500413	206772	249550	24804
一、按执行会计标准类别分组					
1.企业	452629	423013	169234	220709	16545
2.事业	80300	77400	37538	28841	8259
3.机关					
4.民间非营利组织					
5.其他					
二、按国民经济行业分组(GB/T 4754-2011)					
(一)农、林、牧、渔业					
农业					
林业					
畜牧业					
渔业					
农、林、牧、渔服务业					
(二)采矿业	23205	22969	22121	788	20
煤炭开采和洗选业	23205	22969	22121	788	20
石油和天然气开采业					
黑色金属矿采选业					
有色金属矿采选业					
非金属矿采选业					
开采辅助活动					
其他采矿业					
(三)制造业	43502	38683	11401	26364	520
农副食品加工业	55	55	55		
食品制造业	120	120	120		
酒、饮料和精制茶制造业					
烟草制品业					
纺织业					
纺织服装、服饰业	9	9	9		
皮革、毛皮、羽毛及其制品和制鞋业					
木材加工和木、竹、藤、棕、草制品业	160	50	50		
家具制造业					
造纸和纸制品业	96	96	96		
印刷和记录媒介复制业	1260	1260	1260		
文教、工美、体育和娱乐用品制造业	610	610	610		
石油加工、炼焦和核燃料加工业					
化学原料和化学制品制造业					
医药制造业					
化学纤维制造业					
橡胶和塑料制品业					
非金属矿物制品业					

（千元）				平均工资（元）				
其他工资	2.劳务派遣人员工资总额	在岗劳务合计	3.其他从业人员工资总额	从业人员平均工资	1.在岗职工平均工资	2.劳务派遣人员平均工资	在岗劳务合计	3.其他从业人员平均工资
19287	17329	517742	15187	40738	42995	34247	42630	16208
16525	17084	440097	12532	47110	49895	34865	49074	19581
2762	245	77645	2655	23115	24486	15313	24440	8939
40	140	23109	96	43949	45037	14000	44440	12000
40	140	23109	96	43949	45037	14000	44440	12000
398		38683	4819	38260	44108		44108	18535
		55		5500	5500		5500	
		120		12000	12000		12000	
		9		1800	1800		1800	
		50	110	10000	10000		10000	10000
		96		9600	9600		9600	
		1260		26809	26809		26809	
		610		12449	12449		12449	

12-4 续 4

指标名称	工资总额				
	从业人员工资总额	1.在岗职工工资总额	基本工资	绩效工资	工资性津贴和补贴
黑色金属冶炼和压延加工业					
有色金属冶炼和压延加工业					
金属制品业	2217	2142	1886	244	12
通用设备制造业	34238	29604	4731	24397	476
专用设备制造业	3684	3684	2454	1230	
汽车制造业					
铁路、船舶、航空航天和其他运输设备制造业					
电气机械和器材制造业	1053	1053	130	493	32
计算机、通信和其他电子设备制造业					
仪器仪表制造业					
其他制造业					
废弃资源综合利用业					
金属制品、机械和设备修理业					
(四)电力、热力、燃气及水生产和供应业					
电力、热力生产和供应业					
燃气生产和供应业					
水的生产和供应业					
(五)建筑业	36275	33855	21661	7595	104
房屋建筑业	19095	17955	14919		
土木工程建筑业	16749	15469	6562	7363	85
建筑安装业					
建筑装饰和其他建筑业	431	431	180	232	19
(六)批发和零售业	41103	41073	17618	20494	2927
批发业	34689	34659	12481	20247	1897
零售业	6414	6414	5137	247	1030
(七)交通运输、仓储和邮政业	8214	8214	2169	4494	1551
铁路运输业					
道路运输业	1045	1045	700	345	
水上运输业					
航空运输业					
管道运输业					
装卸搬运和运输代理业	7169	7169	1469	4149	1551
仓储业					
邮政业					
(八)住宿和餐饮业	3283	3198	3147	34	17
住宿业	1718	1718	1701		17
餐饮业	1565	1480	1446	34	
(九)信息传输、软件和信息技术服务业	800	800	421	379	
电信、广播电视和卫星传输服务	800	800	421	379	
互联网和相关服务					
软件和信息技术服务业					
(十)金融业	279475	258162	78054	158577	10211

（千元）				平 均 工 资（元）				
其他工资	2.劳务派遣人员工资总额	在岗劳务合计	3.其他从业人员工资总额	从业人员平均工资	1.在岗职工平均工资	2.劳务派遣人员平均工资	在岗劳务合计	3.其他从业人员平均工资
		2142	75	13601	14000		14000	7500
		29604	4634	48291	62987		62987	19389
		3684		42345	42345		42345	
398		1053		33968	33968		33968	
4495		33855	2420	30280	30694		30694	25474
3036		17955	1140	24639	24362		24362	30000
1459		15469	1280	40951	43946		43946	22456
		431		30786	30786		30786	
34	18	41091	12	22122	22130	18000	22128	12000
34	18	34677	12	33259	33294	18000	33279	12000
		6414		7870	7870		7870	
		8214		35405	35405		35405	
		1045		23750	23750		23750	
		7169		38133	38133		38133	
		3198	85	17746	17966		17966	12143
		1718		16843	16843		16843	
		1480	85	18855	19474		19474	12143
		800		16667	16667		16667	
		800		16667	16667		16667	
11320	16926	275088	4387	77546	89021	35336	81411	19498

12-4 续 5

指标名称	工资总额				
	从业人员工资总额	1.在岗职工工资总额	基本工资	绩效工资	工资性津贴和补贴
货币金融服务	279475	258162	78054	158577	10211
资本市场服务					
保险业					
其他金融业					
(十一)房地产业	3782	3069	1999		980
其中:1.房地产开发经营	190	132	132		
2.物业管理					
3.房地产中介服务	3285	2630	1560		980
(十二)租赁和商务服务业	23119	23119	14526	4517	3641
租赁业					
商务服务业	23119	23119	14526	4517	3641
(十三)科学研究和技术服务业					
研究和试验发展					
专业技术服务业					
科技推广和应用服务业					
(十四)水利、环境和公共设施管理业	777	777	649	102	26
水利管理业	270	270	270		
生态保护和环境治理业					
公共设施管理业	507	507	379	102	26
(十五)居民服务、修理和其他服务业					
居民服务业					
机动车、电子产品和日用产品修理业					
其他服务业					
(十六)教育	964	964	879	44	12
其中:1.初等教育					
2.中等教育	256	256	171	44	12
3.高等教育					
(十七)卫生和社会工作	62890	59990	27674	25331	4732
卫生	62890	59990	27674	25331	4732
社会工作					
(十八)文化、体育和娱乐业	5540	5540	4453	831	63
新闻和出版业					
广播、电视、电影和影视录音制作业					
文化艺术业	5540	5540	4453	831	63
体育					
娱乐业					
(十九)公共管理、社会保障和社会组织					
中国共产党机关					
国家机构					
人民政协、民主党派					
社会保障					
群众团体、社会团体和其他成员组织					

（千元）				平均工资（元）				
其他工资	2.劳务派遣人员工资总额	在岗劳务合计	3.其他从业人员工资总额	从业人员平均工资	1.在岗职工平均工资	2.劳务派遣人员平均工资	在岗劳务合计	3.其他从业人员平均工资
11320	16926	275088	4387	77546	89021	35336	81411	19498
90		3069	713	11637	10922		10922	16205
		132	58	10556	9429		9429	14500
90		2630	655	14283	13842		13842	16375
435		23119		25102	25102		25102	
435		23119		25102	25102		25102	
		777		20447	20447		20447	
		270		27000	27000		27000	
		507		18107	18107		18107	
29		964		20957	20957		20957	
29		256		18286	18286		18286	
2253	245	60235	2655	23795	25747	15313	25676	8939
2253	245	60235	2655	23795	25747	15313	25676	8939
193		5540		17367	17367		17367	
193		5540		17367	17367		17367	

12-5 分行业城镇非私营其他单位

项目	单位数(个)	年末人数(人) 单位从业人员	#女性	#非全日制	1.在岗职工
Ⅲ 其他单位合计	**820**	**249853**	**65847**	**1756**	**237366**
一、按登记注册类型分组					
(一)内资	799	237812	63109	1752	226012
1.股份合作	30	1060	639		899
2.联营	1	32	26		32
其中:国有联营					
集体联营					
3.有限责任公司	504	195315	47795	555	188321
其中:国有独资	26	75230	18037		72878
4.股份有限公司	106	37681	12274	1192	33073
5.其他	158	3724	2375	5	3687
(二)港、澳、台商投资	9	1744	493		1689
(三)外商投资	12	10297	2245	4	9665
二、按执行会计标准类别分组					
1.企业	661	245797	63447	1751	233401
2.事业	112	1390	790		1390
3.机关	1	120	9		62
4.民间非营利组织	11	311	189	5	301
5.其他	35	2235	1412		2212
三、按国民经济行业分组(GB/T 4754-2011)					
(一)农、林、牧、渔业	1	146	61		146
农业	1	146	61		146
林业					
畜牧业					
渔业					
农、林、牧、渔服务业					
(二)采矿业	96	115936	17464	2	115507
煤炭开采和洗选业	88	114232	17391	2	113870
石油和天然气开采业					
黑色金属矿采选业	6	1516	55		1449
有色金属矿采选业					
非金属矿采选业	2	188	18		188
开采辅助活动					
其他采矿业					
(三)制造业	129	77751	25882	319	73954
农副食品加工业	9	1576	1000		1514
食品制造业	5	1283	788	17	1243
酒、饮料和精制茶制造业	5	504	270		488
烟草制品业					
纺织业	1	8			8
纺织服装、服饰业	1	692	437		692
皮革、毛皮、羽毛及其制品和制鞋业					
木材加工和木、竹、藤、棕、草制品业					
家具制造业	1	50	10		50
造纸和纸制品业	1	108	21		103

从业人员和工资情况

			平均人数(人)				
2.劳务派遣人员	在岗劳务合计	3.其他从业人员	单位从业人员	1.在岗职工	2.劳务派遣人员	在岗劳务合计	3.其他从业人员
6901	**244267**	**5586**	**249244**	**236878**	**7145**	**244023**	**5221**
6232	232244	5568	237469	225820	6450	232270	5199
105	1004	56	1007	901	47	948	59
	32		32	32		32	
5025	193346	1969	195485	188361	5298	193659	1826
2330	75208	22	75179	72778	2375	75153	26
1102	34175	3506	37234	32852	1105	33957	3277
	3687	37	3711	3674		3674	37
55	1744		1807	1752	55	1807	
614	10279	18	9968	9306	640	9946	22
6892	240293	5504	245201	232926	7136	240062	5139
	1390		1379	1379		1379	
9	71	49	120	62	9	71	49
	301	10	316	306		306	10
	2212	23	2228	2205		2205	23
	146		146	146		146	
	146		146	146		146	
137	115644	292	113818	113390	151	113541	277
112	113982	250	112402	112042	124	112166	236
25	1474	42	1233	1165	27	1192	41
	188		183	183		183	
3122	77076	675	79352	75432	3247	78679	673
3	1517	59	2241	2181	3	2184	57
18	1261	22	1189	1152	18	1170	19
	488	16	528	512		512	16
	8		7	7		7	
	692		691	691		691	
	50		52	52		52	
	103	5	119	114		114	5

12-5 续 1

项　　目	单位数（个）	年末人数(人)			
		单位从业人员	#女性	#非全日制	1.在岗职工
印刷和记录媒介复制业	3	170	82		122
文教、工美、体育和娱乐用品制造业	2	759	321		759
石油加工、炼焦和核燃料加工业	13	11677	2669		11659
化学原料和化学制品制造业	20	21483	7129	238	20583
医药制造业	7	4090	1891		4055
化学纤维制造业					
橡胶和塑料制品业	4	1161	611		1161
非金属矿物制品业	16	4047	975		3880
黑色金属冶炼和压延加工业	4	18571	5442		17471
有色金属冶炼和压延加工业	3	471	96		471
金属制品业	4	715	116	60	554
通用设备制造业	8	2976	1269		2561
专用设备制造业	8	3117	1350		3115
汽车制造业	7	1809	542		1780
铁路、船舶、航空航天和其他运输设备制造业					
电气机械和器材制造业	5	2432	851	4	1633
计算机、通信和其他电子设备制造业	1	17	2		17
仪器仪表制造业					
其他制造业					
废弃资源综合利用业					
金属制品、机械和设备修理业	1	35	10		35
(四)电力、热力、燃气及水生产和供应业	18	6705	2204	201	6391
电力、热力生产和供应业	16	6177	1960	201	5863
燃气生产和供应业	2	528	244		528
水的生产和供应业					
(五)建筑业	48	8922	1391	15	8033
房屋建筑业	23	4549	495		4119
土木工程建筑业	16	3787	858		3364
建筑安装业	5	185	8	15	149
建筑装饰和其他建筑业	4	401	30		401
(六)批发和零售业	81	7961	3380	14	6959
批发业	41	4628	1442		4294
零售业	40	3333	1938	14	2665
(七)交通运输、仓储和邮政业	58	4887	1521		4855
铁路运输业	2	489	52		476
道路运输业	51	4289	1437		4270
水上运输业					
航空运输业					
管道运输业					
装卸搬运和运输代理业	2	70	20		70
仓储业	1	30	6		30
邮政业	2	9	6		9
(八)住宿和餐饮业	10	1252	868		1173
住宿业	8	981	697		902
餐饮业	2	271	171		271
(九)信息传输、软件和信息技术服务业	9	2970	1698		1846

			平均人数(人)				
2.劳务派遣人员	在岗劳务合计	3.其他从业人员	单位从业人员	1.在岗职工	2.劳务派遣人员	在岗劳务合计	3.其他从业人员
	122	48	170	122		122	48
	759		769	769		769	
	11659	18	12056	12041		12041	15
602	21185	298	21530	20673	558	21231	299
	4055	35	4063	4028		4028	35
	1161		1197	1197		1197	
150	4030	17	4135	3992	126	4118	17
1100	18571		18720	17610	1110	18720	
	471		444	444		444	
99	653	62	699	535	103	638	61
367	2928	48	3430	2844	536	3380	50
2	3117		3084	3082	2	3084	
	1780	29	1718	1689		1689	29
781	2414	18	2447	1634	791	2425	22
	17		28	28		28	
	35		35	35		35	
113	6504	201	6691	6477	131	6608	83
113	5976	201	6105	5891	131	6022	83
	528		586	586		586	
682	8715	207	9217	8152	857	9009	208
323	4442	107	4853	4278	474	4752	101
349	3713	74	3787	3331	373	3704	83
10	159	26	178	144	10	154	24
	401		399	399		399	
687	7646	315	8081	7062	688	7750	331
50	4344	284	4701	4350	51	4401	300
637	3302	31	3380	2712	637	3349	31
6	4861	26	4857	4825	6	4831	26
	476	13	474	461		461	13
6	4276	13	4274	4255	6	4261	13
	70		70	70		70	
	30		30	30		30	
	9		9	9		9	
59	1232	20	1242	1162	60	1222	20
59	961	20	975	895	60	955	20
	271		267	267		267	
1124	2970		2979	1829	1150	2979	

12-5 续 2

项　　目	单位数(个)	年末人数			
		单位从业人员	#女性	#非全日制	1.在岗职工
互联网和相关服务					
软件和信息技术服务业	1	16	1		16
(十)金融业	97	10500	5969	1192	6555
货币金融服务	67	6006	3117	105	5504
资本市场服务	1	60	30		60
保险业	27	4372	2791	1087	933
其他金融业	2	62	31		58
(十一)房地产业	75	2638	972	6	2465
其中:1.房地产开发经营	65	1799	626	6	1751
2.物业管理	6	778	327		653
3.房地产中介服务					
(十二)租赁和商务服务业	15	2793	994		2240
租赁业					
商务服务业	15	2793	994		2240
(十三)科学研究和技术服务业	9	555	173	2	504
研究和试验发展					
专业技术服务业	8	439	140	2	428
科技推广和应用服务业	1	116	33		76
(十四)水利、环境和公共设施管理业	8	897	323		839
水利管理业	1	56	20		56
生态保护和环境治理业					
公共设施管理业	7	841	303		783
(十五)居民服务、修理和其他服务业	2	31	11		31
居民服务业	1	11	10		11
机动车、电子产品和日用产品修理业	1	20	1		20
其他服务业					
(十六)教育	138	4308	2060	5	4267
其中:1.初等教育	92	983	617		983
2.中等教育	20	1668	995	5	1635
3.高等教育	1	4	4		4
(十七)卫生和社会工作	21	647	450		647
卫生	19	635	446		635
社会工作	2	12	4		12
(十八)文化、体育和娱乐业	5	954	426		954
新闻和出版业					
广播、电视、电影和影视录音制作业					
文化艺术业	5	954	426		954
体育					
娱乐业					
(十九)公共管理、社会保障和社会组织					
中国共产党机关					
国家机构					
人民政协、民主党派					
社会保障					
群众团体、社会团体和其他成员组织					

(人)			平均人数(人)				
2.劳务派遣人员	在岗劳务合计	3.其他从业人员	单位从业人员	1.在岗职工	2.劳务派遣人员	在岗劳务合计	3.其他从业人员
	16		16	16		16	
457	7012	3488	10166	6501	400	6901	3265
267	5771	235	5925	5466	211	5677	248
	60		61	61		61	
190	1123	3249	4118	916	189	1105	3013
	58	4	62	58		58	4
17	2482	156	2624	2457	19	2476	148
8	1759	40	1790	1747	10	1757	33
9	662	116	773	649	9	658	115
487	2727	66	2847	2359	426	2785	62
487	2727	66	2847	2359	426	2785	62
1	505	50	534	495	1	496	38
1	429	10	430	419	1	420	10
	76	40	104	76		76	28
9	848	49	864	806	9	815	49
	56		56	56		56	
9	792	49	808	750	9	759	49
	31		31	31		31	
	11		11	11		11	
	20		20	20		20	
	4267	41	4367	4326		4326	41
	983		978	978		978	
	1635	33	1665	1632		1632	33
	4		4	4		4	
	647		643	643		643	
	635		631	631		631	
	12		12	12		12	
	954		785	785		785	
	954		785	785		785	

12-5 续3

项目	工资总额				
	从业人员工资总额	1.在岗职工工资总额	基本工资	绩效工资	工资性津贴和补贴
Ⅲ 其他单位合计	12591746	12256676	6918063	4413525	719572
一、按登记注册类型分组					
(一)内资	12036208	11750998	6664290	4221104	661327
1.股份合作	47197	42064	19134	21325	1605
2.联营	492	492	492		
其中:国有联营					
集体联营					
3.有限责任公司	9978740	9791480	5659022	3461084	510240
其中:国有独资	4817543	4762471	2148095	2305154	280795
4.股份有限公司	1917656	1825191	931892	708726	143754
5.其他	92123	91771	53750	29969	5728
(二)港、澳、台商投资	66537	61880	43199	11512	6260
(三)外商投资	489001	443798	210574	180909	51985
二、按执行会计标准类别分组					
1.企业	12491378	12158616	6861078	4381834	712662
2.事业	46609	46609	16870	25312	2759
3.机关	2980	968	239	189	540
4.民间非营利组织	6579	6499	4244	348	1907
5.其他	44200	43984	35632	5842	1704
三、按国民经济行业分组(GB/T 4754-2011)					
(一)农、林、牧、渔业	3213	3213	1978	459	626
农业	3213	3213	1978	459	626
林业					
畜牧业					
渔业					
农、林、牧、渔服务业					
(二)采矿业	7557876	7541154	4114694	2840267	504421
煤炭开采和洗选业	7498055	7483845	4065209	2836161	502305
石油和天然气开采业					
黑色金属矿采选业	52598	50086	42472	3896	2116
有色金属矿采选业					
非金属矿采选业	7223	7223	7013	210	
开采辅助活动					
其他采矿业					
(三)制造业	2679581	2577258	1616337	811668	107759
农副食品加工业	45736	44515	40711	2387	1405
食品制造业	30207	29227	21560	6551	1005
酒、饮料和精制茶制造业	12814	12707	12267	440	
烟草制品业					
纺织业	100	100	100		
纺织服装、服饰业	32067	32067	11734	11948	8385
皮革、毛皮、羽毛及其制品和制鞋业					
木材加工和木、竹、藤、棕、草制品业					
家具制造业	107	107	107		
造纸和纸制品业	2450	2342	2210	50	20

（千元）				平均工资（元）				
其他工资	2.劳务派遣人员工资总额	在岗劳务合计	3.其他从业人员工资总额	从业人员平均工资	1.在岗职工平均工资	2.劳务派遣人员平均工资	在岗劳务合计	3.其他从业人员平均工资
205516	228170	12484846	106900	50520	51743	31934	51163	20475
204277	179023	11930021	106187	50685	52037	27756	51363	20425
	3508	45572	1625	46869	46686	74638	48072	27542
		492		15375	15375		15375	
161134	135165	9926645	52095	51046	51983	25512	51258	28530
28427	53903	4816374	1169	64081	65438	22696	64088	44962
40819	40350	1865541	52115	51503	55558	36516	54938	15903
2324		91771	352	24824	24978		24978	9514
909	4657	66537		36822	35320	84673	36822	
330	44490	488288	713	49057	47689	69516	49094	32409
203042	227520	12386136	105242	50943	52199	31883	51596	20479
1668		46609		33799	33799		33799	
	650	1618	1362	24833	15613	72222	22789	27796
		6499	80	20820	21239		21239	8000
806		43984	216	19838	19947		19947	9391
150		3213		22007	22007		22007	
150		3213		22007	22007		22007	
81772	3892	7545046	12830	66403	66506	25775	66452	46318
80170	3190	7487035	11020	66707	66795	25726	66750	46695
1602	702	50788	1810	42659	42992	26000	42607	44146
		7223		39470	39470		39470	
41494	84827	2662085	17496	33768	34167	26125	33835	25997
12	55	44570	1166	20409	20410	18333	20408	20456
111	619	29846	361	25405	25371	34389	25509	19000
		12707	107	24269	24818		24818	6688
		100		14286	14286		14286	
		32067		46407	46407		46407	
		107		2058	2058		2058	
62		2342	108	20588	20544		20544	21600

12-5 续 4

项目	从业人员工资总额	1.在岗职工工资总额	基本工资	绩效工资	工资性津贴和补贴
	工资总额				
印刷和记录媒介复制业	2560	2383	1751	236	136
文教、工美、体育和娱乐用品制造业	18471	18471	5580	11391	1500
石油加工、炼焦和核燃料加工业	337971	336931	279834	44317	10601
化学原料和化学制品制造业	772844	755225	434193	281027	31509
医药制造业	200224	199594	148865	38435	12230
化学纤维制造业					
橡胶和塑料制品业	45532	45532	31633	7368	6531
非金属矿物制品业	122150	115263	75424	34163	5059
黑色金属冶炼和压延加工业	602907	583065	315389	239331	8585
有色金属冶炼和压延加工业	13870	13870	12428	1250	168
金属制品业	29153	22532	17802	1817	1052
通用设备制造业	133479	110274	51798	50378	7684
专用设备制造业	130006	129936	65977	52972	3683
汽车制造业	48698	48026	44712	1380	1934
铁路、船舶、航空航天和其他运输设备制造业					
电气机械和器材制造业	97016	73872	41185	26207	6150
计算机、通信和其他电子设备制造业	649	649	507	20	122
仪器仪表制造业					
其他制造业					
废弃资源综合利用业					
金属制品、机械和设备修理业	570	570	570		
(四)电力、热力、燃气及水生产和供应业	368264	364116	144358	192087	21470
电力、热力生产和供应业	352058	347910	133741	188407	19561
燃气生产和供应业	16206	16206	10617	3680	1909
水的生产和供应业					
(五)建筑业	379757	351430	251797	77390	4342
房屋建筑业	208041	190148	165319	20524	2505
土木工程建筑业	158365	148916	74744	56791	1745
建筑安装业	4129	3144	2904	75	92
建筑装饰和其他建筑业	9222	9222	8830		
(六)批发和零售业	357502	330938	158404	125121	35407
批发业	258134	249599	109488	99550	28595
零售业	99368	81339	48916	25571	6812
(七)交通运输、仓储和邮政业	133358	132722	84946	29031	9909
铁路运输业	15967	15703	7481	5071	1640
道路运输业	115559	115187	76299	23624	7939
水上运输业					
航空运输业					
管道运输业					
装卸搬运和运输代理业	826	826	826		
仓储业	828	828	212	286	330
邮政业	178	178	128	50	
(八)住宿和餐饮业	32626	28577	25955	1343	198
住宿业	26427	22378	20737	1343	198
餐饮业	6199	6199	5218		
(九)信息传输、软件和信息技术服务业	188927	124768	53944	69439	1385

（千元）				平 均 工 资（元）				
其他工资	2.劳务派遣人员工资总额	在岗劳务合计	3.其他从业人员工资总额	从业人员平均工资	1.在岗职工平均工资	2.劳务派遣人员平均工资	在岗劳务合计	3.其他从业人员平均工资
260		2383	177	15059	19533		19533	3688
		18471		24020	24020		24020	
2179		336931	1040	28033	27982		27982	69333
8496	8393	763618	9226	35896	36532	15041	35967	30856
64		199594	630	49280	49552		49552	18000
		45532		38038	38038		38038	
617	5696	120959	1191	29541	28873	45206	29373	70059
19760	19842	602907		32207	33110	17876	32207	
24		13870		31239	31239		31239	
1861	4828	27360	1793	41707	42116	46874	42884	29393
414	22759	133033	446	38915	38774	42461	39359	8920
7304	70	130006		42155	42160	35000	42155	
		48026	672	28346	28435		28435	23172
330	22565	96437	579	39647	45209	28527	39768	26318
		649		23179	23179		23179	
		570		16286	16286		16286	
6201	3444	367560	704	55039	56217	26290	55623	8482
6201	3444	351354	704	57667	59058	26290	58345	8482
		16206		27655	27655		27655	
17901	19964	371394	8363	41202	43110	23295	41225	40207
1800	12971	203119	4922	42869	44448	27365	42744	48733
15636	6631	155547	2818	41818	44706	17777	41994	33952
73	362	3506	623	23197	21833	36200	22766	25958
392		9222		23113	23113		23113	
12006	20096	351034	6468	44240	46862	29209	45295	19541
11966	2949	252548	5586	54910	57379	57824	57384	18620
40	17147	98486	882	29399	29992	26918	29408	28452
8836	137	132859	499	27457	27507	22833	27501	19192
1511		15703	264	33686	34063		34063	20308
7325	137	115324	235	27038	27071	22833	27065	18077
		826		11800	11800		11800	
		828		27600	27600		27600	
		178		19778	19778		19778	
1081	2859	31436	1190	26269	24593	47650	25725	59500
100	2859	25237	1190	27105	25003	47650	26426	59500
981		6199		23217	23217		23217	
	64159	188927		63420	68217	55790	63420	

项　　目	工资总额				
	从业人员工资总额	1.在岗职工工资总额	基本工资	绩效工资	工资性津贴和补贴
互联网和相关服务					
软件和信息技术服务业	551	551	300	200	51
(十)金融业	536257	463664	216835	205936	19864
货币金融服务	438810	417422	189002	189085	18628
资本市场服务	6361	6361	2862	3499	
保险业	88612	37463	24217	12178	1042
其他金融业	2474	2418	754	1174	194
(十一)房地产业	84392	78734	64385	7745	2679
其中:1.房地产开发经营	63296	61606	48619	7096	2224
2.物业管理	20452	16484	15122	649	455
3.房地产中介服务					
(十二)租赁和商务服务业	83338	77947	65136	8656	3008
租赁业					
商务服务业	83338	77947	65136	8656	3008
(十三)科学研究和技术服务业	27995	26038	18912	6928	20
研究和试验发展					
专业技术服务业	22393	21986	16475	5491	20
科技推广和应用服务业	5602	4052	2437	1437	
(十四)水利、环境和公共设施管理业	23832	21820	10169	2781	2708
水利管理业	5543	5543	847	1835	
生态保护和环境治理业					
公共设施管理业	18289	16277	9322	946	2708
(十五)居民服务、修理和其他服务业	574	574	574		
居民服务业	382	382	382		
机动车、电子产品和日用产品修理业	192	192	192		
其他服务业					
(十六)教育	97311	96780	60888	29180	4689
其中:1.初等教育	32389	32389	13254	16759	1650
2.中等教育	33603	33307	21540	7569	2901
3.高等教育	140	140	35	105	
(十七)卫生和社会工作	21292	21292	13100	5494	1087
卫生	21104	21104	12912	5494	1087
社会工作	188	188	188		
(十八)文化、体育和娱乐业	15651	15651	15651		
新闻和出版业					
广播、电视、电影和影视录音制作业					
文化艺术业	15651	15651	15651		
体育					
娱乐业					
(十九)公共管理、社会保障和社会组织					
中国共产党机关					
国家机构					
人民政协、民主党派					
社会保障					
群众团体、社会团体和其他成员组织					

（千元）				平均工资(元)				
其他工资	2.劳务派遣人员工资总额	在岗劳务合计	3.其他从业人员工资总额	从业人员平均工资	1.在岗职工平均工资	2.劳务派遣人员平均工资	在岗劳务合计	3.其他从业人员平均工资
		551		34438	34438		34438	
21029	22949	486613	49644	52750	71322	57373	70513	15205
20707	15151	432573	6237	74061	76367	71806	76197	25149
		6361		104279	104279		104279	
26	7798	45261	43351	21518	40898	41259	40960	14388
296		2418	56	39903	41690		41690	14000
3925	510	79244	5148	32162	32045	26842	32005	34784
3667	250	61856	1440	35361	35264	25000	35205	43636
258	260	16744	3708	26458	25399	28889	25447	32243
1147	4626	82573	765	29272	33042	10859	29649	12339
1147	4626	82573	765	29272	33042	10859	29649	12339
178	57	26095	1900	52425	52602	57000	52611	50000
	57	22043	350	52077	52473	57000	52483	35000
178		4052	1550	53865	53316		53316	55357
6162	650	22470	1362	27583	27072	72222	27571	27796
2861		5543		98982	98982		98982	
3301	650	16927	1362	22635	21703	72222	22302	27796
		574		18516	18516		18516	
		382		34727	34727		34727	
		192		9600	9600		9600	
2023		96780	531	22283	22372		22372	12951
726		32389		33118	33118		33118	
1297		33307	296	20182	20409		20409	8970
		140		35000	35000		35000	
1611		21292		33114	33114		33114	
1611		21104		33445	33445		33445	
		188		15667	15667		15667	
		15651		19938	19938		19938	
		15651		19938	19938		19938	

12-6 分行业城镇非私营企业单位

项　　目	单位数(个)	年末人数			
		单位从业人员	#女性	#非全日制	1.在岗职工
Ⅳ 企业单位合计	**1157**	**299722**	**80497**	**2313**	**283933**
其中:国有控股	522	203041	53605	285	193074
集体控股	252	23297	8107	510	21116
二、按国民经济行业分组(GB/T 4754-2011)					
(一)农、林、牧、渔业	12	231	47		221
农业	3	58	17		48
林业	8	131	19		131
畜牧业	1	42	11		42
渔业					
农、林、牧、渔服务业					
(二)采矿业	105	129037	19759	2	128455
煤炭开采和洗选业	97	127333	19686	2	126818
石油和天然气开采业					
黑色金属矿采选业	6	1516	55		1449
有色金属矿采选业					
非金属矿采选业	2	188	18		188
开采辅助活动					
其他采矿业					
(三)制造业	160	84334	28068	603	79957
农副食品加工业	13	1688	1024		1623
食品制造业	6	1293	794	17	1253
酒、饮料和精制茶制造业	5	504	270		488
烟草制品业					
纺织业	1	8			8
纺织服装、服饰业	2	697	441		697
皮革、毛皮、羽毛及其制品和制鞋业					
木材加工和木、竹、藤、棕、草制品业	1	16	9		5
家具制造业	1	50	10		50
造纸和纸制品业	2	118	27		113
印刷和记录媒介复制业	7	405	252		355
文教、工美、体育和娱乐用品制造业	3	808	333		808
石油加工、炼焦和核燃料加工业	13	11677	2669		11659
化学原料和化学制品制造业	21	21503	7136	238	20603
医药制造业	7	4090	1891		4055
化学纤维制造业					
橡胶和塑料制品业	4	1161	611		1161
非金属矿物制品业	19	4544	1061		4286
黑色金属冶炼和压延加工业	4	18571	5442		17471
有色金属冶炼和压延加工业	3	471	96		471
金属制品业	9	915	166	60	741

从业人员和工资情况

（人）			平均人数（人）				
2.劳务派遣人员	在岗劳务合计	3.其他从业人员	单位从业人员	1.在岗职工	2.劳务派遣人员	在岗劳务合计	3.其他从业人员
9023	292956	6766	299225	283724	9155	292879	6346
6600	199674	3367	203014	193315	6546	199861	3153
944	22060	1237	23052	20765	1036	21801	1251
	221	10	231	221		221	10
	48	10	58	48		48	10
	131		131	131		131	
	42		42	42		42	
147	128602	435	127335	126817	161	126978	357
122	126940	393	125919	125469	134	125603	316
25	1474	42	1233	1165	27	1192	41
	188		183	183		183	
3338	83295	1039	85882	81387	3462	84849	1033
3	1626	62	2353	2290	3	2293	60
18	1271	22	1199	1162	18	1180	19
	488	16	528	512		512	16
	8		7	7		7	
	697		696	696		696	
	5	11	16	5		5	11
	50		52	52		52	
	113	5	129	124		124	5
	355	50	401	351		351	50
	808		818	818		818	
	11659	18	12056	12041		12041	15
602	21205	298	21550	20693	558	21251	299
	4055	35	4063	4028		4028	35
	1161		1197	1197		1197	
241	4527	17	4628	4397	214	4611	17
1100	18571		18720	17610	1110	18720	
	471		444	444		444	
99	840	75	903	729	103	832	71

12-6 续 1

项目	单位数(个)	年末人数			
		单位从业人员	# 女性	# 非全日制	1.在岗职工
通用设备制造业	10	3848	1758	240	3193
专用设备制造业	12	3318	1423		3316
汽车制造业	8	2424	709		2344
铁路、船舶、航空航天和其他运输设备制造业	1	3712	1066	44	3543
电气机械和器材制造业	6	2461	868	4	1662
计算机、通信和其他电子设备制造业	1	17	2		17
仪器仪表制造业					
其他制造业					
废弃资源综合利用业					
金属制品、机械和设备修理业	1	35	10		35
(四)电力、热力、燃气及水生产和供应业	40	11722	3982	203	11377
电力、热力生产和供应业	24	9197	2822	203	8881
燃气生产和供应业	3	733	352		733
水的生产和供应业	13	1792	808		1763
(五)建筑业	70	15436	3115	40	14408
房屋建筑业	33	9770	1741	25	9258
土木工程建筑业	26	5053	1320		4573
建筑安装业	6	199	13	15	163
建筑装饰和其他建筑业	5	414	41		414
(六)批发和零售业	266	12819	5080	14	11796
批发业	127	8078	2671		7727
零售业	139	4741	2409	14	4069
(七)交通运输、仓储和邮政业	84	9652	3624	122	8685
铁路运输业	2	489	52		476
道路运输业	62	6598	2389	113	6436
水上运输业					
航空运输业					
管道运输业					
装卸搬运和运输代理业	6	327	91		327
仓储业	11	631	209	9	616
邮政业	3	1607	883		830
(八)住宿和餐饮业	34	2659	1615		2555
住宿业	29	2235	1372		2136
餐饮业	5	424	243		419
(九)信息传输、软件和信息技术服务业	11	3039	1735		1885
电信、广播电视和卫星传输服务	10	3023	1734		1869
互联网和相关服务					
软件和信息技术服务业	1	16	1		16
(十)金融业	169	15308	8309	1307	10121
货币金融服务	138	10284	5191	216	8765
资本市场服务	1	60	30		60

（人）			平均人数（人）				
2.劳务派遣人员	在岗劳务合计	3.其他从业人员	单位从业人员	1.在岗职工	2.劳务派遣人员	在岗劳务合计	3.其他从业人员
367	3560	288	4293	3468	536	4004	289
2	3318		3285	3283	2	3285	
	2344	80	2336	2256		2256	80
125	3668	44	3667	3496	127	3623	44
781	2443	18	2478	1665	791	2456	22
	17		28	28		28	
	35		35	35		35	
113	11490	232	11689	11437	131	11568	121
113	8994	203	9125	8902	131	9033	92
	733		791	791		791	
	1763	29	1773	1744		1744	29
707	15115	321	16118	14894	883	15777	341
348	9606	164	10451	9774	500	10274	177
349	4922	131	5062	4549	373	4922	140
10	173	26	192	158	10	168	24
	414		413	413		413	
688	12484	335	12803	11763	689	12452	351
51	7778	300	8027	7659	52	7711	316
637	4706	35	4776	4104	637	4741	35
786	9471	181	9451	8560	719	9279	172
	476	13	474	461		461	13
6	6442	156	6555	6397	6	6403	152
	327		258	258		258	
3	619	12	627	617	3	620	7
777	1607		1537	827	710	1537	
60	2615	44	2665	2552	61	2613	52
60	2196	39	2248	2147	61	2208	40
	419	5	417	405		405	12
1154	3039		3048	1868	1180	3048	
1154	3023		3032	1852	1180	3032	
	16		16	16		16	
1466	11587	3721	14873	10004	1372	11376	3497
1057	9822	462	10090	8733	884	9617	473
	60		61	61		61	

12-6 续 2

项　　目	单位数（个）	年末人数 单位从业人员	# 女性	# 非全日制	1.在岗职工
保险业	28	4902	3057	1091	1238
其他金融业	2	62	31		58
(十一)房地产业	106	3444	1317	6	3215
其中:1.房地产开发经营	80	2160	754	6	2091
2.物业管理	9	829	342		704
3.房地产中介服务	2	244	171		209
(十二)租赁和商务服务业	33	6198	1549		5642
租赁业	1	9	3		9
商务服务业	32	6189	1546		5633
(十三)科学研究和技术服务业	18	1069	401	2	992
研究和试验发展	1	8	6		8
专业技术服务业	14	901	346	2	864
科技推广和应用服务业	3	160	49		120
(十四)水利、环境和公共设施管理业	18	1052	471		1052
水利管理业	9	277	108		277
生态保护和环境治理业	2	101	58		101
公共设施管理业	7	674	305		674
(十五)居民服务、修理和其他服务业	2	31	11		31
居民服务业	1	11	10		11
机动车、电子产品和日用产品修理业	1	20	1		20
其他服务业					
(十六)教育	12	1719	397	10	1701
其中:1.初等教育					
2.中等教育	2	267	162		267
3.高等教育					
(十七)卫生和社会工作	8	877	576	4	745
卫生	8	877	576	4	745
社会工作					
(十八)文化、体育和娱乐业	9	1095	441		1095
新闻和出版业					
广播、电视、电影和影视录音制作业	6	116	43		116
文化艺术业	3	979	398		979
体育					
娱乐业					
(十九)公共管理、社会保障和社会组织					
中国共产党机关					
国家机构					
人民政协、民主党派					
社会保障					
群众团体、社会团体和其他成员组织					

（人）			平均人数（人）				
2.劳务派遣人员	在岗劳务合计	3.其他从业人员	单位从业人员	1.在岗职工	2.劳务派遣人员	在岗劳务合计	3.其他从业人员
409	1647	3255	4660	1152	488	1640	3020
	58	4	62	58		58	4
17	3232	212	3433	3205	19	3224	209
8	2099	61	2154	2090	10	2100	54
9	713	116	824	700	9	709	115
	209	35	244	204		204	40
487	6129	69	6045	5554	426	5980	65
	9		9	9		9	
487	6120	69	6036	5545	426	5971	65
27	1019	50	1047	982	27	1009	38
	8		8	8		8	
27	891	10	891	854	27	881	10
	120	40	148	120		120	28
	1052		1019	1019		1019	
	277		277	277		277	
	101		101	101		101	
	674		641	641		641	
	31		31	31		31	
	11		11	11		11	
	20		20	20		20	
	1701	18	1787	1769		1769	18
	267		267	267		267	
33	778	99	839	732	25	757	82
33	778	99	839	732	25	757	82
	1095		929	929		929	
	116		116	116		116	
	979		813	813		813	

12-6 续 3

项目	从业人员工资总额	工资总额 1.在岗职工工资总额	基本工资	绩效工资	工资性津贴和补贴
Ⅳ 企业单位合计	15413485	14998221	8087311	5801157	876865
其中:国有控股	11672958	11447839	5582702	5035373	700592
集体控股	995943	924981	558531	280486	31934
二、按国民经济行业分组(GB/T 4754-2011)					
(一)农、林、牧、渔业	5846	5666	3330	1579	725
农业	1015	835	605	206	24
林业	3924	3924	1818	1373	701
畜牧业	907	907	907		
渔业					
农、林、牧、渔服务业					
(二)采矿业	8762578	8742663	4600090	3471278	589456
煤炭开采和洗选业	8702757	8685354	4550605	3467172	587340
石油和天然气开采业					
黑色金属矿采选业	52598	50086	42472	3896	2116
有色金属矿采选业					
非金属矿采选业	7223	7223	7013	210	
开采辅助活动					
其他采矿业					
(三)制造业	3006948	2891100	1722735	987344	136947
农副食品加工业	48082	46832	43028	2387	1405
食品制造业	30327	29347	21680	6551	1005
酒、饮料和精制茶制造业	12814	12707	12267	440	
烟草制品业					
纺织业	100	100	100		
纺织服装、服饰业	32076	32076	11743	11948	8385
皮革、毛皮、羽毛及其制品和制鞋业					
木材加工和木、竹、藤、棕、草制品业	160	50	50		
家具制造业	107	107	107		
造纸和纸制品业	2546	2438	2306	50	20
印刷和记录媒介复制业	7122	6931	4644	1891	136
文教、工美、体育和娱乐用品制造业	19081	19081	6190	11391	1500
石油加工、炼焦和核燃料加工业	337971	336931	279834	44317	10601
化学原料和化学制品制造业	773334	755715	434683	281027	31509
医药制造业	200224	199594	148865	38435	12230
化学纤维制造业					
橡胶和塑料制品业	45532	45532	31633	7368	6531
非金属矿物制品业	138687	128731	81456	41387	5271
黑色金属冶炼和压延加工业	602907	583065	315389	239331	8585
有色金属冶炼和压延加工业	13870	13870	12428	1250	168
金属制品业	31863	25167	20181	2061	1064

（千元）				平均工资（元）				
其他工资	2.劳务派遣人员工资总额	在岗劳务合计	3.其他从业人员工资总额	从业人员平均工资	1.在岗职工平均工资	2.劳务派遣人员平均工资	在岗劳务合计	3.其他从业人员平均工资
232888	283161	15281382	132103	51511	52862	30930	52176	20817
129172	160030	11607869	65089	57498	59219	24447	58080	20644
54030	44231	969212	26731	43204	44545	42694	44457	21368
32		5666	180	25307	25638		25638	18000
		835	180	17500	17396		17396	18000
32		3924		29954	29954		29954	
		907		21595	21595		21595	
81839	4032	8746695	15883	68815	68939	25043	68884	44490
80237	3330	8688684	14073	69114	69223	24851	69176	44535
1602	702	50788	1810	42659	42992	26000	42607	44146
		7223		39470	39470		39470	
44074	90509	2981609	25339	35013	35523	26144	35140	24530
12	55	46887	1195	20434	20451	18333	20448	19917
111	619	29966	361	25294	25256	34389	25395	19000
		12707	107	24269	24818		24818	6688
		100		14286	14286		14286	
		32076		46086	46086		46086	
		50	110	10000	10000		10000	10000
		107		2058	2058		2058	
62		2438	108	19736	19661		19661	21600
260		6931	191	17761	19746		19746	3820
		19081		23326	23326		23326	
2179		336931	1040	28033	27982		27982	69333
8496	8393	764108	9226	35886	36520	15041	35956	30856
64		199594	630	49280	49552		49552	18000
		45532		38038	38038		38038	
617	8765	137496	1191	29967	29277	40958	29819	70059
19760	19842	602907		32207	33110	17876	32207	
24		13870		31239	31239		31239	
1861	4828	29995	1868	35286	34523	46874	36052	26310

12-6 续 4

项目	工资总额				
	从业人员工资总额	1.在岗职工工资总额	基本工资	绩效工资	工资性津贴和补贴
通用设备制造业	171967	144128	58436	76941	8337
专用设备制造业	134771	134701	69512	54202	3683
汽车制造业	82157	79699	53820	21844	4035
铁路、船舶、航空航天和其他运输设备制造业	221962	218154	71991	117803	26178
电气机械和器材制造业	98069	74925	41315	26700	6182
计算机、通信和其他电子设备制造业	649	649	507	20	122
仪器仪表制造业					
其他制造业					
废弃资源综合利用业					
金属制品、机械和设备修理业	570	570	570		
(四)电力、热力、燃气及水生产和供应业	710832	706063	231325	437245	31056
电力、热力生产和供应业	640613	636283	176626	426653	26709
燃气生产和供应业	20096	20096	14507	3680	1909
水的生产和供应业	50123	49684	40192	6912	2438
(五)建筑业	591410	555249	391971	128501	11722
房屋建筑业	369393	344946	283447	48173	7933
土木工程建筑业	207885	197156	96393	79915	3651
建筑安装业	4479	3494	3121	181	119
建筑装饰和其他建筑业	9653	9653	9010	232	19
(六)批发和零售业	536870	509813	235020	218862	40382
批发业	422894	413899	174241	191596	32782
零售业	113976	95914	60779	27266	7600
(七)交通运输、仓储和邮政业	253483	235936	174278	40348	11937
铁路运输业	15967	15703	7481	5071	1640
道路运输业	181070	178374	138208	24831	8010
水上运输业					
航空运输业					
管道运输业					
装卸搬运和运输代理业	7995	7995	2295	4149	1551
仓储业	16617	16374	12795	2306	736
邮政业	31834	17490	13499	3991	
(八)住宿和餐饮业	62821	58041	45148	8433	1139
住宿业	53543	49169	37781	8399	1139
餐饮业	9278	8872	7367	34	
(九)信息传输、软件和信息技术服务业	192811	128347	55764	71132	1451
电信、广播电视和卫星传输服务	192260	127796	55464	70932	1400
互联网和相关服务					
软件和信息技术服务业	551	551	300	200	51
(十)金融业	851630	747267	305602	375315	33848
货币金融服务	741426	692872	274130	354449	32266
资本市场服务	6361	6361	2862	3499	

（千元）				平均工资（元）				
其他工资	2.劳务派遣人员工资总额	在岗劳务合计	3.其他从业人员工资总额	从业人员平均工资	1.在岗职工平均工资	2.劳务派遣人员平均工资	在岗劳务合计	3.其他从业人员平均工资
414	22759	166887	5080	40058	41559	42461	41680	17578
7304	70	134771		41026	41030	35000	41026	
		79699	2458	35170	35328		35328	30725
2182	2613	220767	1195	60530	62401	20575	60935	27159
728	22565	97490	579	39576	45000	28527	39695	26318
		649		23179	23179		23179	
		570		16286	16286		16286	
6437	3444	709507	1325	60812	61735	26290	61334	10950
6295	3444	639727	886	70204	71476	26290	70821	9630
		20096		25406	25406		25406	
142		49684	439	28270	28489		28489	15138
23055	24938	580187	11223	36693	37280	28242	36774	32912
5393	17945	362891	6502	35345	35292	35890	35321	36734
17197	6631	203787	4098	41068	43341	17777	41403	29271
73	362	3856	623	23328	22114	36200	22952	25958
392		9653		23373	23373		23373	
15549	20114	529927	6943	41933	43340	29193	42558	19781
15280	2967	416866	6028	52684	54041	57058	54061	19076
269	17147	113061	915	23864	23371	26918	23848	26143
9373	14556	250492	2991	26821	27563	20245	26996	17390
1511		15703	264	33686	34063		34063	20308
7325	137	178511	2559	27623	27884	22833	27879	16836
		7995		30988	30988		30988	
537	75	16449	168	26502	26538	25000	26531	24000
	14344	31834		20712	21149	20203	20712	
3321	2887	60928	1893	23573	22743	47328	23317	36404
1850	2887	52056	1487	23818	22901	47328	23576	37175
1471		8872	406	22249	21906		21906	33833
	64464	192811		63258	68708	54631	63258	
	64464	192260		63410	69004	54631	63410	
		551		34438	34438		34438	
32502	50256	797523	54107	57260	74697	36630	70106	15472
32027	37930	730802	10624	73481	79340	42907	75991	22461
		6361		104279	104279		104279	

12-6 续 5

项　　目	工资总额				
	从业人员工资总额	1.在岗职工工资总额	基本工资	绩效工资	工资性津贴和补贴
保险业	101369	45616	27856	16193	1388
其他金融业	2474	2418	754	1174	194
(十一)房地产业	98665	92132	74375	9476	3845
其中:1.房地产开发经营	71819	69909	54937	8541	2389
2.物业管理	21317	17349	15987	649	455
3.房地产中介服务	3786	3131	1708	286	1001
(十二)租赁和商务服务业	163948	158497	139796	13029	4181
租赁业	192	192	192		
商务服务业	163756	158305	139604	13029	4181
(十三)科学研究和技术服务业	52407	48595	26240	19250	2907
研究和试验发展	356	356	123	105	128
专业技术服务业	42894	40632	23132	16342	1138
科技推广和应用服务业	9157	7607	2985	2803	1641
(十四)水利、环境和公共设施管理业	25957	25957	13118	3948	2556
水利管理业	10316	10316	3886	3058	338
生态保护和环境治理业	2128	2128	1776	31	321
公共设施管理业	13513	13513	7456	859	1897
(十五)居民服务、修理和其他服务业	574	574	574		
居民服务业	382	382	382		
机动车、电子产品和日用产品修理业	192	192	192		
其他服务业					
(十六)教育	39552	39197	30703	7965	529
其中:1.初等教育					
2.中等教育	11427	11427	5864	5047	516
3.高等教育					
(十七)卫生和社会工作	39557	35528	19981	7280	4021
卫生	39557	35528	19981	7280	4021
社会工作					
(十八)文化、体育和娱乐业	17596	17596	17261	172	163
新闻和出版业					
广播、电视、电影和影视录音制作业	2481	2481	2146	172	163
文化艺术业	15115	15115	15115		
体育					
娱乐业					
(十九)公共管理、社会保障和社会组织					
中国共产党机关					
国家机构					
人民政协、民主党派					
社会保障					
群众团体、社会团体和其他成员组织					

（千元）				平均工资(元)				
其他工资	2.劳务派遣人员工资总额	在岗劳务合计	3.其他从业人员工资总额	从业人员平均工资	1.在岗职工平均工资	2.劳务派遣人员平均工资	在岗劳务合计	3.其他从业人员平均工资
179	12326	57942	43427	21753	39597	25258	35330	14380
296		2418	56	39903	41690		41690	14000
4436	510	92642	6023	28740	28746	26842	28735	28818
4042	250	70159	1660	33342	33449	25000	33409	30741
258	260	17609	3708	25870	24784	28889	24836	32243
136		3131	655	15516	15348		15348	16375
1491	4626	163123	825	27121	28537	10859	27278	12692
		192		21333	21333		21333	
1491	4626	162931	825	27130	28549	10859	27287	12692
198	1912	50507	1900	50054	49486	70815	50056	50000
		356		44500	44500		44500	
20	1912	42544	350	48141	47578	70815	48291	35000
178		7607	1550	61872	63392		63392	55357
6335		25957		25473	25473		25473	
3034		10316		37242	37242		37242	
		2128		21069	21069		21069	
3301		13513		21081	21081		21081	
		574		18516	18516		18516	
		382		34727	34727		34727	
		192		9600	9600		9600	
		39197	355	22133	22158		22158	19722
		11427		42798	42798		42798	
4246	913	36441	3116	47148	48536	36520	48139	38000
4246	913	36441	3116	47148	48536	36520	48139	38000
		17596		18941	18941		18941	
		2481		21388	21388		21388	
		15115		18592	18592		18592	

12-7 劳动力资源平衡表

单位:万人

指标名称	单位	2014年
年末劳动力资源总数	**万人**	**258**
年末劳动力配置	—	
一、从业人员	万人	180
按经济类型分	—	
1.国有经济	万人	18
2.集体经济	万人	94
3.私营经济	万人	24
4.个体经济	万人	19
5.联营经济	万人	
6.股份制经济	万人	3
7.外商投资经济	万人	1
8.港、澳、台投资经济	万人	
9.其他经济	万人	21
按国民经济行业分	—	
1、农、林、牧、渔业	万人	70
2、采矿业	万人	14
3、制造业	万人	15
4、电力、燃气及水的生产和供应业	万人	1
5、建筑业	万人	14
6、交通运输、仓储和邮政业	万人	11
7、信息传输、计算机服务和软件业	万人	4

12–7 续

单位:万人

指 标 名 称	单 位	2014 年
8、批发和零售业	万人	19
9、住宿和餐饮业	万人	6
10、金融业	万人	2
11、房地产业	万人	1
12、租赁和商务服务业	万人	3
13、科学研究、技术服务和地质勘查业	万人	1
14、水利、环境和公共设施管理业	万人	1
15、居民服务和其他服务业	万人	3
16、教育	万人	5
17、卫生、社会保障和社会福利业	万人	2
18、文化、体育和娱乐业	万人	2
19、公共管理和社会组织	万人	6
20.其他行业	万人	
按三次产业分	—	
1.第一产业	万人	70
2.第二产业	万人	44
3.第三产业	万人	66
二、城镇登记失业人员	万人	1
三、16 岁以上在校学生	万人	17
四、其他劳动者	万人	60
#家务劳动者	万人	30

12-8 分县区城镇非私营单位

	城区	郊区	长治县	襄垣县	屯留县
从业人员年末人数	**110674**	**43566**	**38716**	**74574**	**28209**
国有经济	68320	9589	11885	9946	9056
集体经济	1156	2511	803	1379	648
其他经济	41198	31466	26028	63249	18505
在岗职工年末人数	**10587**	**42454**	**38243**	**73329**	**26746**
国有经济	67262	9201	11525	9299	7901
集体经济	1134	2100	803	1379	591
其他经济	37411	31153	25915	62651	18254
从业人员工资总额	**450105**	**183315**	**226052**	**452658**	**149306**
国有经济	286447	36896	64215	38127	31533
集体经济	2571	10714	4763	5800	3886
其他经济	161087	135705	157074	408731	113887
在岗职工工资总额	**442312**	**181010**	**224728**	**451014**	**146727**
国有经济	284439	36412	63310	37236	29953
集体经济	2539	9868	4763	5792	3805
其他经济	155335	134730	156655	407986	112969
从业人员平均工资	**47181**	**42164**	**60277**	**60570**	**51554**
国有经济	42029	38635	54355	38207	34859
集体经济	22735	43641	65967	46071	61976
其他经济	39055	43119	62915	64372	59046
在岗职工平均工资	**41791**	**42731**	**60745**	**61290**	**53351**
国有经济	42370	39790	55443	39962	37949
集体经济	22890	48610	65967	46261	66639
其他经济	41229	43212	63030	64742	59338

劳动工资主要指标

单位:人、万元、元

平顺县	黎城县	壶关县	长子县	武乡县	沁县	沁源县	潞城市
8951	**8028**	**22279**	**26449**	**17688**	**6425**	**27694**	**31489**
7251	5110	8301	17065	9784	5410	9865	9941
974	331	1265	1217	1388	407	1195	92
726	2587	12713	8167	6516	608	16634	21456
7986	**7994**	**21983**	**25967**	**17640**	**6350**	**26145**	**31219**
6576	5104	8297	16684	9781	5357	8438	9714
729	312	1243	1160	1388	385	1141	92
681	2578	12443	8123	6471	608	16566	21413
29354	**27741**	**68028**	**178575**	**78711**	**26725**	**111325**	**112833**
24719	17504	29015	117372	44671	23112	33326	35324
2653	2510	3605	5425	5318	2097	3740	213
1982	7728	35408	55778	28723	1517	74259	77296
28638	**27689**	**67174**	**177262**	**78570**	**26621**	**109651**	**112446**
24401	17486	29009	116599	44648	23039	31992	35061
2440	2490	3545	5294	5318	2066	3643	213
1797	7713	34621	55370	28604	1517	74017	77172
32856	**34504**	**31023**	**66585**	**44702**	**41608**	**41403**	**35114**
34175	34201	34924	67104	45657	42704	33864	35606
27236	75819	28608	46724	35978	51516	31562	23120
27261	29824	28647	68297	45262	25114	46816	34944
36005	**34585**	**31049**	**67173**	**44731**	**41937**	**43240**	**35298**
37248	34205	34934	67960	45652	42991	37928	36168
33890	79821	28634	47910	35978	53657	32207	23120
26313	29872	28629	68131	45353	25114	46867	34967

12-9 分县区城镇非私营国有经济单位

县市区	年末人数(人)			
	单位从业人员	#女性	1、在岗劳务合计	2、其他从业人员
总　计	**181523**	**78373**	**175139**	**6384**
城　区	68320	28167	67262	1058
郊　区	9589	4564	9201	388
长治县	11885	4731	11525	360
襄垣县	9946	5104	9299	647
屯留县	9056	4640	7901	1155
平顺县	7251	3371	6576	675
黎城县	5110	2309	5104	6
壶关县	8301	3755	8297	4
长子县	17065	6023	16684	381
武乡县	9784	3585	9781	3
沁　县	5410	2580	5357	53
沁源县	9865	5008	8438	1427
潞城市	9941	4536	9714	227
中央单位总计	**9949**	**3092**	**9860**	**89**
城　区	8592	2625	8523	69
郊　区	118	62	118	
长治县	127	37	127	
襄垣县	265	83	255	10
屯留县	103	41	103	
平顺县	46	19	39	7
黎城县	100	37	100	
壶关县	80	41	80	
长子县	135	33	132	3
武乡县	104	30	104	
沁　县	37	10	37	
沁源县	137	37	137	
潞城市	105	37	105	

从业人员和劳动报酬

平均人数(人)			劳动报酬和生活费(万元)		
单位从业人员	1、在岗劳务合计	2、其他从业人员	从业人员工资总额	1、在岗劳务合计	2、其他从业人员工资总额
181652	**175305**	**6347**	**782260**	**773583**	**8677**
68155	67132	1023	286447	284439	2009
9550	9151	399	36896	36412	484
11814	11419	395	64215	63310	905
9979	9318	661	38127	37236	890
9046	7893	1153	31533	29953	1581
7233	6551	682	24719	24401	318
5118	5112	6	17504	17486	18
8308	8304	4	29015	29009	6
17491	17157	334	117372	116599	773
9784	9780	4	44671	44648	23
5412	5359	53	23112	23039	73
9841	8435	1406	33326	31992	1334
9921	9694	227	35324	35061	264
9921	**9830**	**91**	**71777**	**71597**	**180**
8562	8491	71	65864	65714	150
116	116		459	459	
127	127		568	568	
265	255	10	1161	1143	18
103	103		415	415	
46	39	7	225	219	6
100	100		319	319	
80	80		262	262	
137	134	3	640	634	6
104	104		483	483	
37	37		100	100	
139	139		765	765	
105	105		516	516	

12-9 续 1

县市区	年末人数(人)			
	单位从业人员	#女性	1、在岗劳务合计	2、其他从业人员
省属单位总计	**30748**	**10094**	**30312**	**436**
城　区	16950	6885	16691	259
郊　区	730	257	724	6
长治县	3128	754	3128	
襄垣县	353	99	353	
屯留县	336	103	307	29
平顺县	152	49	152	
黎城县	114	46	114	
壶关县	146	35	146	
长子县	7380	1404	7245	135
武乡县	629	204	626	3
沁　县	23	7	19	4
沁源县	264	84	264	
潞城市	543	167	543	
市属单位总计	**34902**	**14999**	**34301**	**601**
城　区	34023	14520	33424	599
郊　区	485	332	485	
长治县				
襄垣县				
屯留县	197	56	197	
平顺县				
黎城县				
壶关县				
长子县				
武乡县				
沁　县	132	67	130	2
沁源县	49	23	49	
潞城市	16	1	16	

平均人数(人)			劳动报酬和生活费(万元)		
单位从业人员	1、在岗劳务合计	2、其他从业人员	从业人员工资总额	1、在岗劳务合计	2、其他从业人员工资总额
30924	**30566**	**358**	**179637**	**178692**	**945**
16797	16548	249	61095	60530	564
729	723	6	4761	4747	15
3086	3086		27094	27094	
353	353		1139	1139	
331	307	24	1153	1111	42
152	152		475	475	
114	114		435	435	
146	146		562	562	
7754	7682	72	77240	76944	296
631	628	3	2891	2870	21
23	19	4	67	59	7
264	264		944	944	
544	544		1783	1783	
35032	**34457**	**575**	**135645**	**134504**	**1141**
34154	33581	573	132521	131381	1140
483	483		1828	1828	
197	197		386	386	
133	131	2	633	632	1
49	49		227	227	
16	16		49	49	

12-9 续 2

县市区	年末人数(人)			
	单位从业人员	# 女性	1、在岗劳务合计	2、其他从业人员
县级总计	**104708**	**49777**	**99461**	**5247**
城　区	8755	4137	8624	131
郊　区	8256	3913	7874	382
长治县	8630	3940	8270	360
襄垣县	9328	4922	8691	637
屯留县	7795	4121	6680	1115
平顺县	7053	3303	6385	668
黎城县	4896	2226	4890	6
壶关县	8075	3679	8071	4
长子县	9550	4586	9307	243
武乡县	9051	3351	9051	
沁　县	5218	2496	5171	47
沁源县	8824	4772	7397	1427
潞城市	9277	4331	9050	227
企业总计	**44058**	**12928**	**43417**	**641**
城　区	23900	7968	23501	399
郊　区	429	200	429	
长治县	3226	806	3224	2
襄垣县	1087	526	1064	23
屯留县	889	167	819	70
平顺县	731	273	729	2
黎城县	179	63	179	
壶关县	469	171	467	2
长子县	8008	1618	7868	140
武乡县	2645	404	2642	3
沁　县	231	78	231	
沁源县	1053	263	1053	
潞城市	1211	391	1211	

平均人数(人)			劳动报酬和生活费(万元)		
单位从业人员	1、在岗劳务合计	2、其他从业人员	从业人员工资总额	1、在岗劳务合计	2、其他从业人员工资总额
104565	**99253**	**5312**	**391232**	**384837**	**6395**
8642	8512	130	26968	26813	155
8222	7829	393	29847	29378	470
8601	8206	395	36553	35648	905
9361	8710	651	35827	34955	872
7790	6672	1118	27210	25687	1523
7035	6360	675	24019	23707	312
4904	4898	6	16750	16732	18
8082	8078	4	28191	28185	6
9600	9341	259	39492	39021	472
9049	9048	1	41297	41295	1
5219	5172	47	22312	22248	64
8804	7398	1406	29791	28457	1334
9256	9029	227	32976	32712	264
44416	**43849**	**567**	**246948**	**245515**	**1433**
23950	23571	379	108933	107988	945
427	427		1755	1755	
3184	3182	2	26826	26823	3
1088	1065	23	2131	2092	39
881	810	71	2495	2396	99
722	713	9	1323	1305	18
179	179		374	374	
469	467	2	608	607	1
8407	8330	77	79128	78823	305
2646	2642	4	16794	16772	23
230	230		424	424	
1047	1047		3124	3124	
1186	1186		3032	3032	

12-9 续 3

县市区	年末人数(人)			
	单位从业人员	# 女性	1、在岗劳务合计	2、其他从业人员
事业总计	**94900**	**50790**	**89885**	**5015**
城　区	35081	16608	34518	563
郊　区	5804	3185	5448	356
长治县	5607	2951	5249	358
襄垣县	5499	3477	5028	471
屯留县	5551	3080	4588	963
平顺县	4118	2367	3458	660
黎城县	2798	1520	2792	6
壶关县	5104	2737	5102	2
长子县	5917	3442	5788	129
武乡县	4956	2547	4956	
沁　县	3420	1975	3384	36
沁源县	5617	3685	4373	1244
潞城市	5428	3216	5201	227
机关总计	**42367**	**14535**	**41639**	**728**
城　区	9339	3591	9243	96
郊　区	3342	1177	3310	32
长治县	3052	974	3052	
襄垣县	3360	1101	3207	153
屯留县	2616	1393	2494	122
平顺县	2402	731	2389	13
黎城县	2133	726	2133	
壶关县	2728	847	2728	
长子县	3140	963	3028	112
武乡县	2133	587	2133	
沁　县	1741	515	1724	17
沁源县	3079	1001	2896	183
潞城市	3302	929	3302	

平均人数(人)			劳动报酬和生活费(万元)		
单位从业人员	1、在岗劳务合计	2、其他从业人员	从业人员工资总额	1、在岗劳务合计	2、其他从业人员工资总额
94740	**89693**	**5047**	**365300**	**359356**	**5944**
34910	34361	549	137378	136416	962
5804	5443	361	22373	21975	398
5578	5185	393	24922	24020	902
5531	5046	485	22337	21727	609
5549	4589	960	18807	17712	1095
4112	3452	660	13945	13657	288
2802	2796	6	9069	9051	18
5106	5104	2	18790	18785	5
5946	5801	145	26146	25836	310
4953	4953		18559	18559	
3420	3384	36	14804	14755	49
5596	4373	1223	18597	17552	1045
5433	5206	227	19574	19311	264
42298	**41565**	**733**	**169643**	**168343**	**1300**
9295	9200	95	40136	40035	102
3305	3267	38	12752	12665	86
3052	3052		12467	12467	
3360	3207	153	13659	13417	242
2616	2494	122	10232	9845	387
2399	2386	13	9451	9439	12
2137	2137		8061	8061	
2733	2733		9617	9617	
3138	3026	112	12098	11940	159
2135	2135		9207	9207	
1744	1727	17	7829	7805	24
3082	2899	183	11417	11128	289
3302	3302		12719	12719	

12-10 分县区城镇非私营集体经济

县市区	年末人数(人)			
	单位从业人员	#女性	1、在岗劳务合计	2、其他从业人员
总 计	**13366**	**5529**	**12457**	**909**
城 区	1156	626	1134	22
郊 区	2511	1386	2100	411
长治县	803	232	803	
襄垣县	1379	683	1379	
屯留县	648	340	591	57
平顺县	974	290	729	245
黎城县	331	125	312	19
壶关县	1265	460	1243	22
长子县	1217	606	1160	57
武乡县	1388	290	1388	
沁 县	407	157	385	22
沁源县	1195	312	1141	54
潞城市	92	22	92	
企业总计	**9867**	**4122**	**9246**	**621**
城 区	886	419	871	15
郊 区	2240	1232	1829	411
长治县	704	201	704	
襄垣县	1298	651	1298	
屯留县	410	205	378	32
平顺县	591	196	572	19
黎城县	331	125	312	19
壶关县	607	186	585	22
长子县	808	382	770	38
武乡县	693	168	693	
沁 县	352	126	330	22
沁源县	889	217	846	43
潞城市	58	14	58	
事业总计	**3499**	**1407**	**3211**	**288**
城 区	270	207	263	7
郊 区	271	154	271	
长治县	99	31	99	
襄垣县	81	32	81	
屯留县	238	135	213	25
平顺县	383	94	157	226
黎城县				
壶关县	658	274	658	
长子县	409	224	390	19
武乡县	695	122	695	
沁 县	55	31	55	
沁源县	306	95	295	11
潞城市	34	8	34	

单位从业人员和劳动报酬

平均人数(人)			劳动报酬和生活费(万元)		
单位从业人员	1、在岗劳务合计	2、其他从业人员	从业人员工资总额	1、在岗劳务合计	2、其他从业人员工资总额
13082	**12145**	**937**	**53293**	**51774**	**1519**
1131	1109	22	2571	2539	33
2455	2030	425	10714	9868	846
722	722		4763	4763	
1259	1252	7	5800	5792	9
627	571	56	3886	3805	81
974	720	254	2653	2440	213
331	312	19	2510	2490	19
1260	1238	22	3605	3545	60
1161	1105	56	5425	5294	131
1478	1478		5318	5318	
407	385	22	2097	2066	31
1185	1131	54	3740	3643	98
92	92		213	213	
9608	**8968**	**640**	**45263**	**44010**	**1253**
871	856	15	2049	2036	13
2190	1765	425	9770	8924	846
623	623		4520	4520	
1178	1171	7	5528	5519	9
389	358	31	3058	3012	46
591	572	19	1981	1912	69
331	312	19	2510	2490	19
607	585	22	2584	2525	60
756	719	37	4125	4048	78
783	783		4501	4501	
352	330	22	1878	1847	31
879	836	43	2676	2593	83
58	58		83	83	
3474	**3177**	**297**	**8030**	**7765**	**266**
260	253	7	522	502	20
265	265		944	944	
99	99		243	243	
81	81		273	273	
238	213	25	828	793	35
383	148	235	672	528	143
653	653		1020	1020	
405	386	19	1299	1246	53
695	695		817	817	
55	55		219	219	
306	295	11	1064	1050	14
34	34		130	130	

12-11 分县区城镇非私营其它经济单位

县市区	年末人数(人)			
	单位从业人员	# 女性	1、在岗劳务合计	2、其他从业人员
总 计	**249853**	**65847**	**244267**	**5586**
城 区	41198	17842	37411	3787
郊 区	31466	9547	31153	313
长治县	26028	4663	25915	113
襄垣县	63249	13719	62651	598
屯留县	18505	4387	18254	251
平顺县	726	66	681	45
黎城县	2587	1128	2578	9
壶关县	12713	4059	12443	270
长子县	8167	1347	8123	44
武乡县	6516	1121	6471	45
沁 县	608	342	608	
沁源县	16634	1857	16566	68
潞城市	21456	5769	21413	43

12-12 城镇非私营企业经济单位

县市区	年末人数(人)			
	单位从业人员	# 女性	1、在岗劳务合计	2、其他从业人员
总 计	**299722**	**80497**	**292956**	**6766**
城 区	65499	25892	61298	4201
郊 区	33750	10796	33036	714
长治县	29387	5273	29272	115
襄垣县	65363	14720	64765	598
屯留县	19625	4740	19321	304
平顺县	2048	535	1982	66
黎城县	1794	548	1766	28
壶关县	13274	4087	12980	294
长子县	16983	3347	16761	222
武乡县	9816	1683	9768	48
沁 县	882	365	860	22
沁源县	18576	2337	18465	111
潞城市	22725	6174	22682	43

从业人员和劳动报酬

平均人数(人)			劳动报酬和生活费(万元)		
单位从业人员	1、在岗劳务合计	2、其他从业人员	从业人员工资总额	1、在岗劳务合计	2、其他从业人员工资总额
249244	**244023**	**5221**	**1259175**	**1248485**	**10690**
41246	37676	3570	161087	155335	5751
31472	31179	293	135705	134730	975
24966	24854	112	157074	156655	420
63495	63017	478	408731	407986	746
19288	19038	250	113887	112969	919
727	683	44	1982	1797	185
2591	2582	9	7728	7713	15
12360	12093	267	35408	34621	787
8167	8127	40	55778	55370	408
6346	6307	39	28723	28604	119
604	604		1517	1517	
15862	15793	69	74259	74017	242
22120	22070	50	77296	77172	124

从业人员和劳动报酬

平均人数(人)			从业人员工资总额(万元)		
单位从业人员	1、在岗劳务合计	2、其他从业人员	单位从业人员	1、在岗劳务合计	2、其他从业人员
299225	**292879**	**6346**	**1541349**	**1528138**	**13210**
65585	61621	3964	270969	264260	6709
33708	33000	708	146385	144572	1813
28202	28088	114	187252	186829	423
65490	65005	485	415972	415200	772
20379	20076	303	118971	118044	927
2040	1968	72	5287	5014	272
1809	1781	28	6341	6308	34
12916	12625	291	37671	36822	849
17330	17176	154	139032	138241	791
9737	9694	43	49887	49745	142
877	855	22	3114	3083	31
17788	17676	112	80059	79734	325
23364	23314	50	80410	80287	124

12–13 城镇私营单位分行业就业人员平均工资

单位:元

行业	2014年	2013年	比上年增长%
总计	**26617**	**23064**	**15.4**
农、林、牧、渔业	19685	18268	7.8
采矿业	35344	26193	34.9
制造业	27114	22086	22.8
电力、煤气及水的生产供应业	30245	22694	33.3
建筑业	32921	29178	12.8
交通运输、仓储和邮政业	25044	19574	27.9
信息传输、计算机服务和软件业	25118	21735	15.6
批发与零售业	24912	22038	13.0
住宿和餐饮业	19689	20090	-2.0
金融业	23678	24265	-2.4
房地产业	32270	27391	17.8
租赁和商务服务业	16088	10880	47.9
科学研究、技术服务和地质勘查业	23921	21807	9.7
水利、环境和公共设施管理业	20995	17183	22.2
居民服务业和其他服务业	15839	14363	10.3
教育	22775	18788	21.2
卫生、社会保障和社会福利业	31379	22294	40.8
文化、体育与娱乐业	23780	19321	23.1
公共管理和社会组织	16000		

能　　源

资料整理人员

鲍明敏　王宇菲　和成功　杨啸天

13-1　全市规模以上企业能源产品生产、销售与库存

产品名称	计量单位	年初库存量		产品产量			
		本年	上年同期	本年		上年同期	
				本月	1-本月	本月	1-本月
原煤	吨	6882090.11	2954834.34	11391339.70	116172544.01	11991239.83	112496584.62
无烟煤	吨	961508.07	612365.05	1747083.00	19976754.00	2070095.60	19000368.00
烟煤	吨	5920582.04	2342469.29	9644256.70	96195790.01	9921144.23	93496216.62
炼焦烟煤	吨	262428.67	212445.07	1395227.00	14262875.00	1475129.20	13084948.60
一般烟煤	吨	5658153.37	2130024.22	8249029.70	81932915.01	8446015.03	80411268.02
褐煤	吨						
洗煤	吨	1771326.32	919313.33	5733608.82	63718880.10	6756549.98	62647063.04
其中:洗精煤	吨	1170168.66	632252.66	4744695.15	54211196.58	5812814.85	54013008.44
天然原油	吨						
天然气	万立方米						
液化天然气	吨						
煤层气(煤田)	万立方米						
原油加工量	吨						
汽油	吨						
煤油	吨						
柴油	吨						
润滑油	吨						
燃料油	吨						
石脑油	吨						
溶剂油	吨						
润滑脂	吨						
液化石油气	吨						
石油焦	吨						
石油沥青	吨						
焦炭	吨	1453578.23	1322523.51	1321490.04	15233276.58	1061957.42	14316732.90
其中:机焦	吨	1453578.23	1322523.51	1321490.04	15233276.58	1061957.42	14316732.90
发电量	万千瓦小时			300038.20	3359067.89	291205.93	3419698.72
其中:火力发电量	万千瓦小时			296890.24	3346651.94	289905.76	3416691.11
水力发电量	万千瓦小时					92.00	1257.00
风力发电量	万千瓦小时			3147.96	12415.95	1208.17	1750.61
煤气生产量	万立方米			22103.92	238224.86	17178.40	221964.59

13-1 续

产品名称	销售量		企业自用及其他		期末库存量	
	1-本月	上年同期	1-本月	上年同期	本年	上年同期
原煤	95573037.83	86427624.35	19048544.84	21290956.47	8433503.25	7731733.14
无烟煤	19156710.32	18119285.57	51949.39	61622.38	1729603.36	1431825.10
烟煤	76416327.51	68308338.78	18996595.45	21229334.09	6703899.89	6299908.04
炼焦烟煤	10203008.75	9508211.36	3967410.34	3526758.64	354489.58	262428.67
一般烟煤	66213318.76	58800127.42	15029185.11	17702575.45	6349410.31	6037479.37
褐煤						
洗煤	61498679.03	60048787.69	1726934.71	2286843.84	2261890.65	1913181.84
其中:洗精煤	52756114.23	52235490.33	1276144.29	1801880.11	1347874.72	1289091.66
天然原油						
天然气						
液化天然气						
煤层气(煤田)						
原油加工量						
汽油						
煤油						
柴油						
润滑油						
燃料油						
石脑油						
溶剂油						
润滑脂						
液化石油气						
石油焦						
石油沥青						
焦炭	15149505.40	14059714.18	129653.00	125963.00	1409696.41	1453578.23
其中:机焦	15147505.40	14059714.18	129653.00	125963.00	1409696.41	1453578.23
发电量	3035845.06	3101755.97	323297.84	316685.09		
其中:火力发电量	3023748.49	3100041.52	322978.46	316648.93		
水力发电量						
风力发电量	12096.57	1714.45	319.38	36.16		
煤气生产量	86383.80	77335.06	151841.06	132082.53		

13-2 分县区规模以上企业原煤生产、销售与库存情况

单位:吨

县市区	年初库存量		产品产量			
	本年	上年同期	本年		上年同期	
			本月	1-本月	本月	1-本月
城 区						
郊 区	10200	53200	433428	4223066	408274.2	4468241.2
长治县	1860268.83	878296.99	3800644.7	27928549.9	2548818.03	23181828.65
襄垣县	2775885.06	419837	3159419	37287264.11	4172976	42067995
屯留县	431787	224100	1023932	12647661	1085479	9768579
平顺县						
黎城县						
壶关县	47648.5	37724	122340	493380	140068	1694713
长子县	967682.4	618292.65	1747083	20144385	2070095.6	19350907.77
武乡县	468714.32	420394.7	365082	4736692	565009	4877313
沁 县						
沁源县	319784	265584	684411	8228522	950520	6608133
潞城市	120	37405	55000	483024	50000	478874

13-2 续

单位:吨

县市区	销售量		企业自用及其他		期末库存量	
	1-本月	上年同期	1-本月	上年同期	本年	上年同期
城 区						
郊 区	3077880	3337623.2	1146025	1173618	9361	10200
长治县	22522146.52	16405872.72	4812606.59	5414558.09	2455073.02	2239594.83
襄垣县	32045786.02	32115763.44	4822272.28	7595183.5	3194928.87	2775885.06
屯留县	5686279.16	3137167	7209406.1	6423725	183762.74	431787
平顺县						
黎城县						
壶关县	496988	1683978	1100	810.5	42940.5	47648.5
长子县	19284011.83	18464778.61	55049.39	66422.38	1773007.18	1437999.43
武乡县	4928471.53	4825935.38	8609.48	3048	268325.71	468714.32
沁 县						
沁源县	7057957.77	5942362	990364	611576	499589.23	319784
潞城市	473517	514144	3112	2015	6515	120

13-3 分县区规模以上企业洗煤生产、销售与库存情况

单位:吨

县市区	年初库存量		产品产量			
	本年	上年同期	本年		上年同期	
			本月	1-本月	本月	1-本月
城 区						
郊 区	48800	35000	1090017	14592291	1355270	13857100
长治县	585073.77	313342.27	1095744.76	10203520.05	1337259.66	10890120.62
襄垣县	690839.09	249698.06	1244792.79	16090945.78	1511449.32	17612889.28
屯留县	103850	19761	631922.87	6646142.87	593351	6058569
平顺县						
黎城县						
壶关县						
长子县	190064	97524	126366	1419845	235784	1421954
武乡县	43362	13015	346992.4	3782099.4	566160.5	3892560
沁 县						
沁源县	98232	163973	425240	4687554	552839	3489880
潞城市	11105.46	27000	772533	6296482	604436.5	5423990.14

13-3 续

单位:吨

县市区	销售量		企业自用及其他		期末库存量	
	1-本月	上年同期	1-本月	上年同期	本年	上年同期
城 区						
郊 区	14473489	13843300			165700	48800
长治县	10273900.05	10617405.12	2263.21	72	512430.53	585985.77
襄垣县	15750018.25	16806605.89	264393.5	342348.84	766573.12	713632.61
屯留县	6415729.87	5974480			334263	103850
平顺县						
黎城县						
壶关县						
长子县	1383596	1327914	452	1500	225861	190064
武乡县	3813061.4	3773305		88908	12400	43362
沁 县						
沁源县	4235304	3148258	311479	971650	239003	216382
潞城市	5153580.46	4557519.68	1148347	882365	5660	11105.46

13-4 分县区规模以上企业焦炭生产、销售与库存情况

单位:吨

县区名称	年初库存量		产品产量			
	本年	上年同期	本年		上年同期	
			本月	1-本月	本月	1-本月
城　区						
郊　区	18350	21400	234053	2073574	149144	2173691.06
长治县						
襄垣县	126063	118599	161694.91	1850359.05	100454.42	1749834.84
屯留县	756707.19	496833.31	233013	3257952	176341	2902765
平顺县						
黎城县	13892	24600	66142	935065	103683	1096097
壶关县			8923	115653	7391	125963
长子县						
武乡县						58658
沁　县	2301.04	35246.2	16240	382663.4	18202	333738
沁源县	405221	519243	147336	1749013	160730	1726253
潞城市	131044	106602	454088.13	4868997.13	346012	4149733

13-4 续

单位:吨

县区名称	销售量		企业自用及其他		期末库存量	
	1-本月	上年同期	1-本月	上年同期	本年	上年同期
城　区						
郊　区	2083628	2176741.06			8296	18350
长治县						
襄垣县	1884356.7	1742370.84	14000		78065.35	126063
屯留县	3070050.19	2642891.12			944609	756707.19
平顺县						
黎城县	938042	1106805			10915	13892
壶关县			115653	125963		
长子县						
武乡县		58658				
沁　县	319375.38	366682.16			67589.06	2301.04
沁源县	1894714	1840275			259520	405221
潞城市	4959339.13	4125291			40702	131044

13-5 分县区规模以上企业发电量生产、销售与库存情况

单位:万千瓦时

县区名称	年初库存量		产品产量			
	本年	上年同期	本年		上年同期	
			本月	1-本月	本月	1-本月
城　区						
郊　区			116562.01	1567864.97	157023.47	1648882.34
长治县						
襄垣县			27095.78	285766.05	21914.74	272868.77
屯留县			15687	145856	15165.93	138900.93
平顺县						
黎城县				3690	400	4560
壶关县			134	1741	222.66	2172.66
长子县						
武乡县			71415.36	600528.06	37564.26	565553.67
沁　县						
沁源县			7743.96	57920.95	4342.17	39539.61
潞城市			61400.09	695700.86	54572.7	747220.74

13-5 续

单位:万千瓦时

县区名称	销售量		企业自用及其他		期末库存量	
	1-本月	上年同期	1-本月	上年同期	本年	上年同期
城　区						
郊　区	1399048.2	1475787.91	168816.77	171837.43		
长治县						
襄垣县	273914.48	263395.99	11851.57	9472.78		
屯留县	128818	122488.93	17038	16412		
平顺县						
黎城县			3690	4560		
壶关县			1741	2172		
长子县						
武乡县	545554.31	519496.56	55048.76	46057.11		
沁　县						
沁源县	57601.57	39503.45	319.38	36.16		
潞城市	630908.5	681083.13	64792.36	66137.61		

13-6 全市规模以上企业煤炭销售去向

单位:吨

	原煤		洗煤			
					其中:洗精煤	
	1-本月	上年同期	1-本月	上年同期	1-本月	上年同期
销售量合计	**95573037.83**	**86427624.35**	**61498679.03**	**60048787.69**	**52756114.23**	**52235490.33**
其中销往: 北京	34236.00		19063.00		19063.00	
天津	367474.00	22235.00	350841.86	462842.79	318931.86	444483.79
河北	8832636.00	7010279.00	9237796.18	9386082.20	7977327.18	7838328.04
山西	55163241.32	49051162.30	36895281.77	35112911.27	31217143.92	29914907.25
内蒙古						
辽宁		13519.24				
吉林						
黑龙江						
上海	10000.00		31655.00	102616.00	31058.00	102616.00
江苏	2436886.00	3455273.00	1463578.00	856976.00	1266448.00	756848.00
浙江	133649.00	375143.00	23970.00	105459.00	20551.00	96805.00
安徽	427804.00	863690.00	197374.00	410936.00	187479.00	377746.00
福建	140000.00	140000.00	299891.95	279613.00	289891.95	204613.00
江西	1086057.00	1259084.00	42117.00		36110.00	
山东	8390684.74	7498922.33	3909645.41	4060917.30	3536953.41	3626387.57
河南	9775759.07	9115283.48	3732130.86	2829157.14	3233875.86	2667851.14
湖北	6406216.00	5448046.00	5176492.00	5744409.00	4527317.00	5558997.00
湖南	2339059.00	2153967.00	109596.00	696868.00	93964.00	645907.00
广东						
广西	1759.00	255.00				
海南						
重庆						
四川		20765.00				
贵州	27577.00		9246.00			
云南						
西藏						
陕西						
甘肃						
青海						
宁夏						
新疆						
出口						

13-7 分县区规模以上

	郊区		长治县		襄垣县		屯留县	
	1-本月	上年同期	1-本月	上年同期	1-本月	上年同期	1-本月	上年同期
销售量合计	**3077880.00**	**3337623.20**	**22522146.52**	**16405872.72**	**32045786.02**	**32115763.44**	**5686279.16**	**3137167.00**
其中销往:北京					34236.00			
天津					223721.00		136587.00	22235.00
河北	376210.00	520650.00	2595304.80	1298369.76	3673315.00	3076104.00	515547.00	454041.00
山西	2682198.00	2725473.20	16350879.36	13064667.01	13532990.02	12805481.44	838592.00	276983.00
内蒙古								
辽宁								
吉林								
黑龙江								
上海			10000.00					
江苏			50000.00		1710370.00	2572504.00		
浙江					54730.00	115690.00		
安徽					184372.00	476137.00		
福建							140000.00	140000.00
江西					660741.00	912375.00		
山东		91500.00	1522628.00	271176.78	4165141.00	4806487.00	238000.00	90000.00
河南	19472.00		1993334.36	1769914.17	4130431.00	3159822.00	383165.16	126109.00
湖北				1745.00	2150783.00	2607587.00	3434388.00	2027799.00
湖南					1497379.00	1583576.00		
广东								
广西								
海南								
重庆								
四川								
贵州					27577.00			
云南								
西藏								
陕西								
甘肃								
青海								
宁夏								
新疆								
出口								

企业原煤销售去向

单位:吨

壶关县		长子县		武乡县		沁源县		潞城市	
1-本月	上年同期	1-本月	上年同期	1-本月	上年同期	1-本月	上年同期	1-本月	上年同期
496988.00	1683978.00	19284011.83	18464778.61	4928471.53	4825935.38	7057957.77	5942362.00	473517.00	514144.00
		7166.00							
		1019521.25	912886.42	652737.95	736265.20		11962.62		
38420.00	183120.00	10359998.75	10023769.05	4128065.14	3876257.34	6758581.05	5581267.26	473517.00	514144.00
							13519.24		
		676516.00	882769.00						
		78919.00	259453.00						
		243432.00	387553.00						
		425316.00	346709.00						
		2219140.69	2052857.27	8511.33	149820.40	237263.72	37080.88		
458568.00	1500858.00	2589518.44	2196455.87	139157.11	63592.44	62113.00	298532.00		
		821045.00	810915.00						
		841680.00	570391.00						
		1759.00	255.00						
			20765.00						

13-8 分县区规模以上

	郊区		长治县		襄垣县		屯留县	
	1-本月	上年同期	1-本月	上年同期	1-本月	上年同期	1-本月	上年同期
销售量合计	14473489.00	13843300.00	10273900.05	10617405.12	15750018.25	16806605.89	6415729.87	5974480.00
其中销往:北京			19063.00					
天津			125701.00	182578.79	225140.86	223723.00		56541.00
河北	571682.00	873460.00	3410396.55	3743722.00	2099775.63	1888425.20	529987.00	415894.00
山西	12717032.00	11537101.00	4466766.82	5216451.75	7186581.22	7351504.84	981481.87	1024840.00
内蒙古								
辽宁								
吉林								
黑龙江								
上海						102616.00		
江苏	19878.00	13047.00	717987.00	208214.00	725713.00	635715.00		
浙江					23970.00	105459.00		
安徽	95304.00		32694.00	6488.00	69376.00	404448.00		
福建				4613.00	39891.95		260000.00	275000.00
江西					42117.00			
山东	277026.00	624592.00	536262.00	497777.79	2541503.41	2279145.51	220000.00	300000.00
河南	792567.00	795100.00	889370.68	681697.80	2000535.18	1303449.34		48910.00
湖北			75659.00		676572.00	1891114.00	4424261.00	3853295.00
湖南				75862.00	109596.00	621006.00		
广东								
广西								
海南								
重庆								
四川								
贵州					9246.00			
云南								
西藏								
陕西								
甘肃								
青海								
宁夏								
新疆								
出口								

企业洗煤销售去向

壶关县		长子县		武乡县		沁源县		潞城市	
1-本月	上年同期	1-本月	上年同期	1-本月	上年同期	1-本月	上年同期	1-本月	上年同期
		1383596.00	1327914.00	3813061.40	3773305.00	4235304.00	3148258.00	5153580.46	4557519.68
		151232.00	64489.00	2439048.00	2400092.00	35675.00			
		1171051.00	1263425.00	1071493.40	1013811.00	4154177.00	3148258.00	5146698.46	4557519.68
		31655.00							
				302520.00	359402.00	25452.00		6882.00	
		29658.00				20000.00			

13-9 分县区规模以上

	郊区		长治县		襄垣县		屯留县	
	1-本月	上年同期	1-本月	上年同期	1-本月	上年同期	1-本月	上年同期
销售量合计	13277099.00	12969155.00	8468939.84	8501360.63	13216931.19	14785167.70	5667133.00	5461700.00
其中销往:北京			19063.00					
天津			125701.00	182578.79	193230.86	205364.00		56541.00
河北	571682.00	873460.00	3150827.15	3278205.00	1773188.03	1715991.04	469987.00	215894.00
山西	11520642.00	10662956.00	3270306.01	3684827.26	5813030.76	6247043.99	855556.95	879086.00
内蒙古								
辽宁								
吉林								
黑龙江								
上海						102616.00		
江苏	19878.00	13047.00	624369.00	160254.00	622201.00	583547.00		
浙江					20551.00	96805.00		
安徽	95304.00		32694.00	6488.00	59481.00	371258.00		
福建				4613.00	39891.95		250000.00	200000.00
江西					36110.00			
山东	277026.00	624592.00	490127.00	474302.79	2268190.41	1955157.78	220000.00	250000.00
河南	792567.00	795100.00	680193.68	634229.80	1717023.18	1201413.34		37108.00
湖北			75659.00	0.00	580069.00	1735926.00	3871589.00	3823071.00
湖南				75862.00	93964.00	570045.00		
广东								
广西								
海南								
重庆								
四川								
贵州								
云南								
西藏								
陕西								
甘肃								
青海								
宁夏								
新疆								
出口								

企业洗精煤销售去向

单位:吨

壶关县		长子县		武乡县		沁源县		潞城市	
1-本月	上年同期	1-本月	上年同期	1-本月	上年同期	1-本月	上年同期	1-本月	上年同期
		1255531.00	1090874.00	2844768.20	2836981.00	3764838.00	2843130.00	4260874.00	3747122.00
		151232.00	45825.00	1824736.00	1708953.00	35675.00			
		1049149.00	1045049.00	769724.20	805693.00	3683711.00	2843130.00	4255024.00	3747122.00
		31058.00							
				250308.00	322335.00	25452.00		5850.00	
		24092.00				20000.00			

13-10 分行业产

<table>
<tr><td rowspan="2">指　标</td><td colspan="3">上年同期</td></tr>
<tr><td>综合能源消费量（吨标准煤）</td><td>工业总产值（万元）</td><td>产值单耗（吨标准煤/万元）</td></tr>
<tr><td>全部工业企业</td><td>21180269</td><td>20159524</td><td>1.05</td></tr>
<tr><td>一、按工业行业门类分</td><td></td><td></td><td></td></tr>
<tr><td>（一）轻工业</td><td>285630</td><td>1322934</td><td>0.22</td></tr>
<tr><td>（二）重工业</td><td>20894639</td><td>18836590</td><td>1.11</td></tr>
<tr><td>（三）采矿业</td><td>6862531</td><td>10384794</td><td>0.66</td></tr>
<tr><td>06.煤炭开采和洗选业</td><td>6834242</td><td>9980115</td><td>0.68</td></tr>
<tr><td>07.石油和天然气开采业</td><td></td><td></td><td></td></tr>
<tr><td>08.黑色金属矿采选业</td><td>23576</td><td>388151</td><td>0.06</td></tr>
<tr><td>09.有色金属矿采选业</td><td></td><td></td><td></td></tr>
<tr><td>10.非金属矿采选业</td><td>4713</td><td>16529</td><td>0.29</td></tr>
<tr><td>11.开采辅助活动</td><td></td><td></td><td></td></tr>
<tr><td>12.其他采矿业</td><td></td><td></td><td></td></tr>
<tr><td>（四）制造业</td><td>8067312</td><td>8719147</td><td>0.93</td></tr>
<tr><td>13.农副食品加工业</td><td>212076</td><td>654138</td><td>0.32</td></tr>
<tr><td>14.食品制造业</td><td>18428</td><td>217647</td><td>0.08</td></tr>
<tr><td>15.酒、饮料和精制茶制造业</td><td>6611</td><td>35798</td><td>0.18</td></tr>
<tr><td>16.烟草制品业</td><td></td><td></td><td></td></tr>
<tr><td>17.纺织业</td><td></td><td></td><td></td></tr>
<tr><td>18.纺织服装、服饰业</td><td>215</td><td>11975</td><td>0.02</td></tr>
<tr><td>19.皮革、毛皮、羽毛及其制品和制鞋业</td><td></td><td></td><td></td></tr>
<tr><td>20.木材加工和木、竹、藤、棕、草制品业</td><td></td><td></td><td></td></tr>
<tr><td>21.家具制造业</td><td></td><td></td><td></td></tr>
<tr><td>22.造纸和纸制品业</td><td>4852</td><td>4150</td><td>1.17</td></tr>
<tr><td>23.印刷和记录媒介复制业</td><td></td><td></td><td></td></tr>
<tr><td>24.文教、工美、体育和娱乐用品制造业</td><td>1723</td><td>30275</td><td>0.06</td></tr>
<tr><td>25.石油加工、炼焦和核燃料加工业</td><td>1939955</td><td>2158332</td><td>0.90</td></tr>
<tr><td>26.化学原料和化学制品制造业</td><td>1728765</td><td>901685</td><td>1.92</td></tr>
<tr><td>27.医药制造业</td><td>30199</td><td>293480</td><td>0.10</td></tr>
<tr><td>28.化学纤维制造业</td><td></td><td></td><td></td></tr>
<tr><td>29.橡胶和塑料制品业</td><td>11887</td><td>145936</td><td>0.08</td></tr>
<tr><td>30.非金属矿物制品业</td><td>557040</td><td>232288</td><td>2.40</td></tr>
<tr><td>31.黑色金属冶炼和压延加工业</td><td>3456943</td><td>2814071</td><td>1.23</td></tr>
<tr><td>32.有色金属冶炼和压延加工业</td><td>71129</td><td>34032</td><td>2.09</td></tr>
<tr><td>33.金属制品业</td><td>1012</td><td>72642</td><td>0.01</td></tr>
<tr><td>34.通用设备制造业</td><td>5139</td><td>345067</td><td>0.01</td></tr>
<tr><td>35.专用设备制造业</td><td>1932</td><td>247215</td><td>0.01</td></tr>
<tr><td>36.汽车制造业</td><td>9728</td><td>46541</td><td>0.21</td></tr>
<tr><td>37.铁路、船舶、航空航天和其他运输设备制造业</td><td></td><td></td><td></td></tr>
<tr><td>38.电气机械和器材制造业</td><td>6877</td><td>463107</td><td>0.01</td></tr>
<tr><td>39.计算机、通信和其他电子设备制造业</td><td>2746</td><td>7720</td><td>0.36</td></tr>
</table>

值　能　耗　表

本期			同比增长(%)		
综合能源消费量（吨标准煤）	工业总产值（万元）	产值单耗（吨标准煤/万元）	综合能源消费量	工业总产值	产值单耗
21273917	18635157	1.14	0.44	-7.56	8.66
141552	1097936	0.13	-50.44	-17.01	-40.29
21132365	17537221	1.21	1.14	-6.90	8.63
6684765	9247219	0.72	-2.59	-10.95	9.39
6648009	8717660	0.76	-2.73	-12.65	11.36
29791	506462	0.06	26.36	30.48	-3.16
6965	23097	0.30	47.78	39.74	5.75
8517954	8355151	1.02	5.59	-4.17	10.19
88780	344943	0.26	-58.14	-47.27	-20.61
16040	290544	0.06	-12.96	33.49	-34.80
3416	15001	0.23	-48.32	-58.10	23.32
204	10790	0.02	-4.86	-9.90	5.59
3823	3016	1.27	-21.21	-27.33	8.42
1520	30995	0.05	-11.81	2.38	-13.86
2248824	2029962	1.11	15.92	-5.95	23.25
2245303	958129	2.34	29.88	6.26	22.23
15595	301454	0.05	-48.36	2.72	-49.73
11775	133446	0.09	-0.95	-8.56	8.32
655039	227888	2.87	17.59	-1.89	19.86
3158324	2712081	1.16	-8.64	-3.62	-5.20
42362	24493	1.73	-40.44	-28.03	-17.25
1716	50554	0.03	69.55	-30.41	143.63
4522	293665	0.02	-12.00	-14.90	3.40
1913	290801	0.01	-0.95	17.63	-15.79
5537	29754	0.19	-43.09	-36.07	-10.98
10442	577102	0.02	51.84	24.62	21.85
2778	28484	0.10	1.16	268.97	-72.58

13-10 续

指　标	上年同期		
	综合能源消费量（吨标准煤）	工业总产值（万元）	产值单耗（吨标准煤/万元）
40.仪器仪表制造业			
41.其他制造业	55	3047	0.02
42.废弃资源综合利用业			
43.金属制品、机械和设备修理业			
（五）电力、热力、燃气及水生产和供应业	6250426	1055583	5.92
44.电力、热力生产和供应业	6240512	1036454	6.02
45.燃气生产和供应业	249	8580	0.03
46.水的生产和供应业	9666	10548	0.92
二、分部门			
全市总计	21180269	20159524	1.05
煤炭	6834242	9980115	0.68
石油石化			
冶金	5420474	5360554	1.01
有色	71129	34032	2.09
建材	562289	316617	1.78
化工	1734207	930787	1.86
轻工	250135	1058843	0.24
烟草			
纺织	215	11975	0.02
医药	30199	293480	0.10
机械	23675	1101930	0.02
电子	2746	7720	0.36
电力	6228389	1004374	6.20
其他	22569	59098	0.38
三、特殊分组			
高耗能行业	13994344	7176862	1.95
四、分能源消费量（吨标准煤）			
5000 吨以下	506962	3440131	0.15
5000 吨以上	20673307	16719393	1.24
1 万以上	20363291	15040899	1.35
5 万以上	18778651	12385221	1.52
10 万以上	16326871	9101135	1.79
15 万以上	15587793	8418568	1.85
五、按企业登记注册类型分			
国有企业	154809	708054	0.22
集体企业	87221	175314	0.50
股份合作企业	1430	28857	0.05
股份制企业	20215667	18184011	1.11
外商及港澳台商投资企业	516503	851883	0.61
其他经济类型企业	204638	211406	0.97

本期			同比增长(%)		
综合能源消费量（吨标准煤）	工业总产值（万元）	产值单耗（吨标准煤/万元）	综合能源消费量	工业总产值	产值单耗
41	2050	0.02	-25.52	-32.72	10.70
6071198	1032787	5.88	-2.87	-2.16	-0.72
6061229	1009066	6.01	-2.87	-2.64	-0.24
232	13147	0.02	-6.51	53.22	-38.98
9737	10573	0.92	0.74	0.24	0.50
21273917	18635157	1.14	0.44	-7.56	8.66
6648009	8717660	0.76	-2.73	-12.65	11.36
5436939	5248505	1.04	0.30	-2.09	2.45
42362	24493	1.73	-40.44	-28.03	-17.25
662458	296094	2.24	17.81	-6.48	25.98
2250940	981349	2.29	29.80	5.43	23.11
119717	794725	0.15	-52.14	-24.94	-36.23
204	10790	0.02	-4.86	-9.90	5.59
15595	301454	0.05	-48.36	2.72	-49.73
22414	1191322	0.02	-5.33	8.11	-12.43
2778	28484	0.10	1.16	268.97	-72.58
6049636	972048	6.22	-2.87	-3.22	0.36
22866	68233	0.34	1.31	15.46	-12.25
14411081	6961619	2.07	2.98	-3.00	6.16
199847	2932272	0.07	-60.58	-14.76	-53.75
21074070	15702884	1.34	1.94	-6.08	8.54
20846143	14047518	1.48	2.37	-6.60	9.61
19236052	11310922	1.70	2.44	-8.67	12.17
16677527	8469209	1.97	2.15	-6.94	9.77
15806014	7835204	2.02	1.40	-6.93	8.95
135521	642730	0.21	-12.46	-9.23	-3.56
52024	147539	0.35	-40.35	-15.84	-29.12
807	12432	0.06	-43.56	-56.92	31.00
20047643	16677199	1.20	-0.83	-8.29	8.13
642737	853170	0.75	24.44	0.15	24.25
395185	302086	1.31	93.11	42.89	35.15

13-11 全市规模以上工业企业

能源名称	计量单位	年初库存量	购进量	
			实物量	金额(千元)
原煤	吨	1962651.78	61027164.83	28723640.38
其中:1.无烟煤	吨			
2.炼焦烟煤	吨	301996.30	21319939.11	10742508.65
3.一般烟煤	吨	1660655.48	39696037.42	17897381.23
4.褐煤	吨		11188.30	4165.50
洗精煤	吨	638526.65	20819477.23	15594075.40
其他洗煤	吨	10917.00	760865.30	312233.92
煤制品	吨	25606.00	499813.00	386035.00
焦炭	吨	39430.06	2413047.86	2665333.17
其他焦化产品	吨		25495.00	76485.00
焦炉煤气	万立方米		37836.56	132364.77
高炉煤气	万立方米		55977.00	47716.00
转炉煤气	万立方米			
发生炉煤气	万立方米			
天然气(气态)	万立方米		335.91	8550.53
液化天然气(液态)	吨			
煤层气(煤田)	万立方米		758.66	25484.50
原油	吨			
汽油	吨	102.68	10784.78	90307.10
煤油	吨	2.44	62.35	458.09
柴油	吨	1931.99	43183.26	340889.00
燃料油	吨			
液化石油气	吨		63.62	501.28
炼厂干气	吨			
石脑油	吨			
润滑油	吨	64.15	135.04	1947.97
石蜡	吨			
溶剂油	吨			
石油焦	吨			
石油沥青	吨			
其他石油制品	吨		2297.66	4365.60
热力	百万千焦		350244.08	11441.43
电力	万千瓦时		1008312.44	5634177.83
煤矸石用于燃料	吨		1188512.47	103720.11
城市垃圾用于燃料	吨			
生物质废料用于燃料	吨			
余热余压	百万千焦			
其他工业废料用于燃料	吨			
其他燃料	吨标准煤			
能源合计	吨标准煤			

能源购进、消费与库存情况

消费量					期末库存量
合计	1.工业生产消费	用于原材料	2.非工业生产消费	合计中:运输工具消费	
93711197.40	93649261.81	61528.00	61935.59		1917041.39
30427.00	16956.00		13471.00		
23391871.40	23391871.40				180829.01
70277710.70	70229246.11	61528.00	48464.59		1736212.38
11188.30	11188.30				0.00
21337802.18	21325382.18	501178.00	12420.00		644437.41
1308870.72	1308870.72				8926.00
513455.00	513455.00				11964.00
2424836.71	2424836.71	50259.12			27641.21
25495.00	25495.00				
119895.03	118031.03	2268.00	1864.00		
97212.97	97212.97				
342.91	342.91				
758.66	698.00		60.66		
11131.11	10937.82		193.29	7624.11	59.00
62.35	62.35	0.17	0.00	37.00	1.24
43550.17	43209.32	318.75	340.85	22366.61	1694.88
63.62	60.02		3.60		
139.82	139.82				57.37
2297.66	2297.66				
1652138.08	1629707.29		22430.79		
1292547.08	1270857.69		21689.42	3556.08	
3698170.67	3698170.67				
8143814.00	8143814.00				
97076821.25	96976451.55		100369.81		

13-12 全市规模以上企业能源

能源名称	计量单位	工业生产消费量		
			加工转换投入合计	火力发电
原煤	吨	91725599.51	91253137.40	12262654.01
其中:1.无烟煤	吨			
2.炼焦烟煤	吨	23389659.40	23384829.40	
3.一般烟煤	吨	68335940.11	67868308.00	12262654.01
4.褐煤	吨			
洗精煤	吨	21261613.80	20148559.51	110863.00
其他洗煤	吨	1308870.72	1308762.30	1281036.30
煤制品	吨	513455.00		
焦炭	吨	2088204.00		
其他焦化产品	吨			
焦炉煤气	万立方米	100085.47	15217.24	15217.24
高炉煤气	万立方米	86059.97	25746.00	25746.00
转炉煤气	万立方米			
发生炉煤气	万立方米			
天然气(气态)	万立方米			
液化天然气(液态)	吨			
煤层气(煤田)	万立方米			
原油	吨			
汽油	吨	7514.24		
煤油	吨	23.08		
柴油	吨	27545.87		
燃料油	吨			
液化石油气	吨	50.82		
炼厂干气	吨			
石脑油	吨			
润滑油	吨			
石蜡	吨			
溶剂油	吨			
石油焦	吨			
石油沥青	吨			
其他石油制品	吨			
热力	百万千焦	1301894.00		
电力	万千瓦时	777005.59		
煤矸石用于燃料	吨	3698170.67	3698170.67	3633477.67
城市垃圾用于燃料	吨			
生物质废料用于燃料	吨			
余热余压	百万千焦	8143814.00	8143814.00	8143814.00
其他工业废料用于燃料	吨			
其他燃料	吨标准煤			
能源合计	吨标准煤	94391885.96	89039093.30	10693737.37

购进、消费与库存附表情况

供　热	原煤入洗	炼　焦	炼油及煤制油	制　气	能源加工转换产出	回收利用
566496.41	78423986.97					
	23384829.40					
566496.41	55039157.57					
		20037696.51			54211196.58	
27726.00					9507683.52	
					0.00	
					15233276.58	
					544512.34	
					233388.86	
						132424.85
						5366.47
					10183046.97	
					3346651.94	
64693.00					1615351.20	
						11861792.88
409989.06	59383268.22	18552098.65			75123543.78	578990.53

13-13 规模以上工业企业能源

（去年同期数与比值）

指标名称	原煤(吨)	无烟煤(吨)	炼焦烟煤(吨)	一般烟煤(吨)
全部工业企业	**93711197.40**	**30427.00**	**23391871.40**	**70021006.70**
一、按工业行业门类分				
（一）轻工业	145543.55			145543.55
（二）重工业	93565653.85	30427.00	23391871.40	69875463.15
（三）采矿业	75796604.34	30427.00	20919549.40	54589877.94
06.煤炭开采和洗选业	75794962.52	30427.00	20919549.40	54588236.12
07.石油和天然气开采业				
08.黑色金属矿采选业	1641.82			1641.82
09.有色金属矿采选业				
10.非金属矿采选业				
11.开采辅助活动				
12.其他采矿业				
（四）制造业	5084673.56		2472322.00	2601209.26
13.农副食品加工业	109292.14			109292.14
14.食品制造业	6702.20			6702.20
15.酒、饮料和精制茶制造业	4320.30			4320.30
16.烟草制品业	0.00			
17.纺织业	0.00			
18.纺织服装、服饰业	0.00			
19.皮革、毛皮、羽毛及其制品和制鞋业	0.00			
20.木材加工和木、竹、藤、棕、草制品业	0.00			
21.家具制造业	0.00			
22.造纸和纸制品业	4500.00			4500.00
23.印刷和记录媒介复制业	0.00			
24.文教、工美、体育和娱乐用品制造业	450.00			450.00
25.石油加工、炼焦和核燃料加工业	2472322.00		2472322.00	
26.化学原料和化学制品制造业	1202552.66			1202552.66
27.医药制造业	16326.87			16326.87
28.化学纤维制造业				
29.橡胶和塑料制品业	6468.00			6468.00
30.非金属矿物制品业	635489.99			624347.69
31.黑色金属冶炼和压延加工业	608483.50			608483.50
32.有色金属冶炼和压延加工业	11037.00			11037.00
33.金属制品业	45.00			45.00
34.通用设备制造业	3038.00			3038.00
35.专用设备制造业	214.70			214.70
36.汽车制造业	3351.20			3351.20
37.铁路、船舶、航空航天和其他运输设备制造业				
38.电气机械和器材制造业	80.00			80.00
39.计算机、通信和其他电子设备制造业				

购进消费与库存情况(分品种能源消费)

褐煤(吨)	洗精煤(吨)	其它洗煤(吨)	煤制品(吨)	焦炭(吨)	其它焦化产品(吨)
267892.30	**21337802.18**	**1308870.72**	**513455.00**	**2424836.71**	**25495.00**
267892.30	21337802.18	1308870.72	513455.00	2424836.71	25495.00
256750.00	1526696.29	573327.42			
256750.00	1526696.29	573327.42			
11142.30	19811105.89		513455.00	2424836.71	25495.00
	18336021.51				
	1145360.00			49504.12	
11142.30				2898.74	25495.00
	329724.38		513455.00	2372395.85	
				38.00	

13-13 续 1

指标名称	原煤(吨)	无烟煤(吨)	炼焦烟煤(吨)	一般烟煤(吨)
40.仪器仪表制造业				
41.其他制造业				
42.废弃资源综合利用业				
43.金属制品、机械和设备修理业				
(五)电力、热力、燃气及水生产和供应业	12829919.50			12829919.50
44.电力、热力生产和供应业	12829152.46			12829152.46
45.燃气生产和供应业				
46.水的生产和供应业	767.04			767.04
二、分部门				
全市总计	93711197.40	30427.00	23391871.40	70021006.70
煤炭	75794962.52	30427.00	20919549.40	54588236.12
石油石化				
冶金	3082447.32		2472322.00	610125.32
有色	11037.00			11037.00
建材	635534.99			624392.69
化工	1209020.66			1209020.66
轻工	125264.64			125264.64
烟草				
纺织				
医药	16326.87			16326.87
机械	6683.90			6683.90
电子				
电力	12755152.46			12755152.46
其他	74767.04			74767.04
三、特殊分组				
高耗能行业	17759037.61		2472322.00	15275573.31
四、分能源消费量(吨标准煤)				
5000 吨以下	343465.48	300.00	50862.00	292303.48
5000 吨以上	93367731.92	30127.00	23341009.40	69728703.22
1 万以上	92058496.37	22720.00	22776122.40	69002903.97
5 万以上	75294458.72		16210429.00	59084029.72
10 万以上	54793860.80		10274211.00	44519649.80
15 万以上	50195218.24		9118705.00	41076513.24
五、按企业登记注册类型分				
国有企业	1196342.77	22720.00		1173622.77
集体企业	1089295.00			1089295.00
股份合作企业	637.05			637.05
股份制企业	84442678.28	7707.00	20738887.40	63428191.58
外商及港澳台商投资企业	2024776.30		1301676.00	723100.30
其他经济类型企业	4957468.00		1351308.00	3606160.00

褐煤(吨)	洗精煤(吨)	其它洗煤(吨)	煤制品(吨)	焦炭(吨)	其它焦化产品(吨)
		735543.30			
		735543.30			
267892.30	21337802.18	1308870.72	513455.00	2424836.71	25495.00
256750.00	1526696.29	573327.42			
	18665745.89		513455.00	2372395.85	
11142.30				2898.74	25495.00
	1145360.00			49504.12	
				38.00	
		735543.30			
11142.30	19811105.89	735543.30	513455.00	2424798.71	25495.00
				2542.82	
267892.30	21337802.18	1308870.72	513455.00	2422293.89	25495.00
256750.00	21337802.18	1308798.72	513455.00	2420150.15	25495.00
	20135725.78	1308762.30	513455.00	2420150.15	25495.00
	13207500.59	1308762.30	513455.00	2311106.69	25495.00
	10899785.26	1308762.30	513455.00	2311106.69	
267892.30	19070799.30	1308870.72	513455.00	2424836.71	25495.00
	2267002.88				

13-13 续 2

指标名称	焦炉煤气(万立方米)	高炉煤气(万立方米)	转炉煤气(万立方米)
全部工业企业	**119895.03**	**97212.97**	
一、按工业行业门类分			
(一)轻工业			
(二)重工业	119895.03	97212.97	
(三)采矿业	10554.00		
06.煤炭开采和洗选业	9986.50		
07.石油和天然气开采业			
08.黑色金属矿采选业	567.50		
09.有色金属矿采选业			
10.非金属矿采选业			
11.开采辅助活动			
12.其他采矿业			
(四)制造业	109341.03	97212.97	
13.农副食品加工业			
14.食品制造业			
15.酒、饮料和精制茶制造业			
16.烟草制品业			
17.纺织业			
18.纺织服装、服饰业			
19.皮革、毛皮、羽毛及其制品和制鞋业			
20.木材加工和木、竹、藤、棕、草制品业			
21.家具制造业			
22.造纸和纸制品业			
23.印刷和记录媒介复制业			
24.文教、工美、体育和娱乐用品制造业			
25.石油加工、炼焦和核燃料加工业	72038.47	44824.00	
26.化学原料和化学制品制造业			
27.医药制造业			
28.化学纤维制造业			
29.橡胶和塑料制品业			
30.非金属矿物制品业	11668.00		
31.黑色金属冶炼和压延加工业	19931.00	52388.97	
32.有色金属冶炼和压延加工业	5548.11		
33.金属制品业	155.45		
34.通用设备制造业			
35.专用设备制造业			
36.汽车制造业			
37.铁路、船舶、航空航天和其他运输设备制造业			
38.电气机械和器材制造业			
39.计算机、通信和其他电子设备制造业			

发生炉煤气（万立方米）	天然气（气态）（万立方米）	液化天然气（液态）（吨）	煤层气（煤田）（万立方米）	原油（吨）	汽油（吨）
	342.91		**758.66**		**11131.11**
			713.00		510.14
	342.91		45.66		10620.97
			45.66		7319.17
			45.66		7256.67
					62.50
	335.91		713.00		3415.95
					162.60
			713.00		65.60
					15.00
					27.67
					35.65
					1290.28
					393.33
					155.49
	21.66				60.28
	198.00				132.89
					439.42
					16.23
					26.09
					241.37
					157.50
	116.25				70.95
					68.45
					40.11

13-13 续 3

指标名称	焦炉煤气(万立方米)	高炉煤气(万立方米)	转炉煤气(万立方米)
40.仪器仪表制造业			
41.其他制造业			
42.废弃资源综合利用业			
43.金属制品、机械和设备修理业			
(五)电力、热力、燃气及水生产和供应业			
44.电力、热力生产和供应业			
45.燃气生产和供应业			
46.水的生产和供应业			
二、分部门			
全市总计	119895.03	97212.97	
煤炭	9986.50		
石油石化			
冶金	92536.97	97212.97	
有色	5548.11		
建材	11668.00		
化工			
轻工			
烟草			
纺织			
医药			
机械			
电子			
电力			
其他	155.45		
三、特殊分组			
高耗能行业	109185.58	97212.97	
四、分能源消费量(吨标准煤)			
5000 吨以下	161.95		
5000 吨以上	119733.08	97212.97	
1 万以上	119733.08	97212.97	
5 万以上	110917.47	86059.97	
10 万以上	84993.24	41235.97	
15 万以上	55995.24	41235.97	
五、按企业登记注册类型分			
国有企业			
集体企业			
股份合作企业			
股份制企业	114129.79	97212.97	
外商及港澳台商投资企业	5765.24		
其他经济类型企业			

发生炉煤气（万立方米）	天然气（气态）（万立方米）	液化天然气（液态）(吨)	煤层气（煤田）（万立方米）	原油（吨）	汽油（吨）
					17.04
	7.00				395.99
					324.44
	7.00				45.00
					26.55
	342.91		758.66		11131.11
			45.66		7256.67
					1792.20
					16.23
	198.00				157.26
					396.63
	21.66		713.00		335.83
					27.67
					155.49
	116.25				538.27
					40.11
					288.40
	7.00				126.35
	198.00				2596.59
	144.91				2271.49
	198.00		758.66		8859.62
	198.00		758.66		7829.52
	198.00				6487.19
	198.00				3597.13
					3361.71
			45.66		539.70
					107.00
					42.20
	335.91		713.00		9886.75
	7.00				505.11
					50.35

13-13 续 4

指标名称	煤油(吨)	柴油(吨)	燃料油(吨)
全部工业企业	**62.35**	**43550.17**	
一、按工业行业门类分			
(一)轻工业		298.18	
(二)重工业	62.35	43251.99	
(三)采矿业	62.18	25065.05	
06.煤炭开采和洗选业	62.18	18007.26	
07.石油和天然气开采业			
08.黑色金属矿采选业		3795.79	
09.有色金属矿采选业			
10.非金属矿采选业		3262.00	
11.开采辅助活动			
12.其他采矿业			
(四)制造业	0.17	15963.56	
13.农副食品加工业		67.40	
14.食品制造业		75.77	
15.酒、饮料和精制茶制造业		14.00	
16.烟草制品业			
17.纺织业			
18.纺织服装、服饰业		11.56	
19.皮革、毛皮、羽毛及其制品和制鞋业			
20.木材加工和木、竹、藤、棕、草制品业			
21.家具制造业			
22.造纸和纸制品业		28.00	
23.印刷和记录媒介复制业			
24.文教、工美、体育和娱乐用品制造业		48.92	
25.石油加工、炼焦和核燃料加工业		3608.38	
26.化学原料和化学制品制造业		3156.84	
27.医药制造业		29.09	
28.化学纤维制造业			
29.橡胶和塑料制品业		54.30	
30.非金属矿物制品业		3426.09	
31.黑色金属冶炼和压延加工业		4820.06	
32.有色金属冶炼和压延加工业		150.11	
33.金属制品业		32.72	
34.通用设备制造业		239.47	
35.专用设备制造业	0.17	105.59	
36.汽车制造业		83.41	
37.铁路、船舶、航空航天和其他运输设备制造业			
38.电气机械和器材制造业		9.81	
39.计算机、通信和其他电子设备制造业			

液化石油气(吨)	炼厂干气(吨)	石脑油(吨)	润滑油(吨)	石蜡(吨)	溶剂油(吨)
63.62			**139.82**		
10.40					
53.22			139.82		
53.22			139.82		
53.22			50.14		
			89.68		
10.40					
10.40					

13-13 续 5

指标名称	煤油(吨)	柴油(吨)	燃料油(吨)
40.仪器仪表制造业			
41.其他制造业		2.04	
42.废弃资源综合利用业			
43.金属制品、机械和设备修理业			
(五)电力、热力、燃气及水生产和供应业		2521.56	
44.电力、热力生产和供应业		2497.44	
45.燃气生产和供应业		8.00	
46.水的生产和供应业		16.12	
二、分部门			
全市总计	62.35	43550.17	
煤炭	62.18	18007.26	
石油石化			
冶金		12224.23	
有色		150.11	
建材		6720.81	
化工		3161.04	
轻工		284.19	
烟草			
纺织		11.56	
医药		29.09	
机械	0.17	438.28	
电子			
电力		2489.22	
其他		34.38	
三、特殊分组			
高耗能行业		17658.92	
四、分能源消费量(吨标准煤)			
5000 吨以下	39.27	10473.37	
5000 吨以上	23.08	33076.80	
1 万以上	23.08	31085.01	
5 万以上	23.08	22722.99	
10 万以上	21.68	15466.77	
15 万以上	21.00	14548.62	
五、按企业登记注册类型分			
国有企业		1902.78	
集体企业		138.00	
股份合作企业		0.00	
股份制企业	60.95	38824.43	
外商及港澳台商投资企业		1987.40	
其他经济类型企业	1.40	697.56	

液化石油气(吨)	炼厂干气(吨)	石脑油(吨)	润滑油(吨)	石蜡(吨)	溶剂油(吨)
63.62			139.82		
53.22			50.14		
			89.68		
10.40					
10.40			50.14		
53.22			89.68		
53.22			89.68		
53.22					
63.62			139.82		

13-13 续 6

指标名称	石油焦(吨)	石油沥青(吨)	其它石油制品(吨)	热力(百万千焦)
全部工业企业			**2297.66**	**1652138.08**
一、按工业行业门类分				
(一)轻工业				22339.00
(二)重工业			2297.66	1629799.08
(三)采矿业				1327534.00
06.煤炭开采和洗选业				1327534.00
07.石油和天然气开采业				
08.黑色金属矿采选业				
09.有色金属矿采选业				
10.非金属矿采选业				
11.开采辅助活动				
12.其他采矿业				
(四)制造业			2297.66	324604.08
13.农副食品加工业				
14.食品制造业				
15.酒、饮料和精制茶制造业				
16.烟草制品业				
17.纺织业				
18.纺织服装、服饰业				
19.皮革、毛皮、羽毛及其制品和制鞋业				
20.木材加工和木、竹、藤、棕、草制品业				
21.家具制造业				
22.造纸和纸制品业				
23.印刷和记录媒介复制业				
24.文教、工美、体育和娱乐用品制造业				22339.00
25.石油加工、炼焦和核燃料加工业				
26.化学原料和化学制品制造业			2297.66	263641.27
27.医药制造业				
28.化学纤维制造业				
29.橡胶和塑料制品业				
30.非金属矿物制品业				
31.黑色金属冶炼和压延加工业				
32.有色金属冶炼和压延加工业				
33.金属制品业				
34.通用设备制造业				
35.专用设备制造业				
36.汽车制造业				180.00
37.铁路、船舶、航空航天和其他运输设备制造业				
38.电气机械和器材制造业				3960.78
39.计算机、通信和其他电子设备制造业				34483.03

电力(万千瓦时)	煤矸石用于燃料(吨)	城市垃圾用于燃料(吨)	生物质废料用于燃料(吨)	余热余压(百万千焦)	其它工业废料用于燃料(吨)	其他燃料(吨标准煤)
1292547.08	**3698170.67**			**8143814.00**		
23101.58						
1269445.50	3698170.67			8143814.00		
319229.66	1615351.20			2920854.00		
300472.86	1615351.20			2920854.00		
16956.80						
1800.00						
714567.17				5222960.00		
8519.28						
2976.37						
234.00						
119.26						
480.00						
278.15						
76760.94				1671768.00		
290677.54						
2970.77						
5453.18						
58718.19				587311.00		
250301.00				2963881.00		
2061.69						
577.61						
1438.15						
1336.04						
1724.49						
8288.90						
1640.96						

13-13 续 7

指标名称	石油焦(吨)	石油沥青(吨)	其它石油制品(吨)	热力(百万千焦)
40.仪器仪表制造业				
41.其他制造业				
42.废弃资源综合利用业				
43.金属制品、机械和设备修理业				
(五)电力、热力、燃气及水生产和供应业				
44.电力、热力生产和供应业				
45.燃气生产和供应业				
46.水的生产和供应业				
二、分部门				
全市总计			2297.66	1652138.08
煤炭				1327534.00
石油石化				
冶金				
有色				
建材				
化工			2297.66	263641.27
轻工				22339.00
烟草				
纺织				
医药				
机械				4140.78
电子				34483.03
电力				
其他				
三、特殊分组				
高耗能行业			2297.66	263641.27
四、分能源消费量(吨标准煤)				
5000 吨以下			2297.66	174715.87
5000 吨以上				1477422.21
1 万以上				1477422.21
5 万以上				1301894.00
10 万以上				1301894.00
15 万以上				1301894.00
五、按企业登记注册类型分				
国有企业				
集体企业				
股份合作企业				
股份制企业			2297.66	1650565.38
外商及港澳台商投资企业				1572.70
其他经济类型企业				

电力(万千瓦时)	煤矸石用于燃料(吨)	城市垃圾用于燃料(吨)	生物质废料用于燃料(吨)	余热余压(百万千焦)	其它工业废料用于燃料(吨)	其他燃料(吨标准煤)
10.65						
258750.25	2082819.47					
251231.25	2082819.47					
93.00						
7426.00						
1292547.08	3698170.67			8143814.00		
300472.86	1615351.20			2920854.00		
344018.74				4635649.00		
2061.69						
60793.38				587311.00		
291498.74						
17119.78						
119.26						
2970.77						
12787.58						
1640.96						
249162.24	2082819.47					
9901.08						
929750.61	2082819.47			5222960.00		
78949.92						
1213597.16	3698170.67			8143814.00		
1145424.99	3698170.67			8143814.00		
961742.47	3698170.67			6472046.00		
774519.36	3266199.58			6472046.00		
742055.41	3266199.58			5884735.00		
43197.60						
849.00						
244.65						
1144952.98	3698170.67			8143814.00		
100456.61						
2846.24						

物　价

资料整理人员

马亚琴　康清云　张慧敏　赵　琴　郭　晶

14–1　工业生产者出厂价格完整指数

（以去年同期为 100）

分组名称	指数
煤炭开采和洗选业	82.9
黑色金属矿采选业	91.4
农副食品加工业	103.0
食品制造业	111.1
酒、饮料和精制茶制造业	101.1
印刷和记录媒介复制业	100.0
文教、工美、体育和娱乐用品制造业	103.3
石油加工、炼焦和核燃料加工业	80.6
化学原料及化学制品制造业	93.8
医药制造业	101.1
橡胶制品业	96.1
塑料制品业	100.2
非金属矿物制品业	91.8
黑色金属冶炼及压延加工业	91.8
金属制品业	99.1
通用设备制造业	99.7
专用设备制造业	99.4
汽车制造业	100.1
电气机械及器材制造业	100.0
电力、热力的生产和供应业	98.4
燃气生产和供应业	98.9
水的生产和供应业	100.0

14-2 工业生产者购进价格主要分组指数表

项目名称	指数
总指数	92.4
九大类原材料购进价格指数	
(1)燃料、动力类	88.6
(2)黑色金属材料类	95.8
1、钢材	96.6
2、其它	93.8
(3)有色金属材料及电线类	97.3
(4)化工原料类	95.8
(5)木材及纸浆类	99.3
(6)建筑材料及非金属类	100.9
(7)其它工业原材料及半成品类	99.9
(8)农副产品类	101.8
(9)纺织原料类	

14-3 工业生产者出厂价格主要分组指数表

项目名称	指数
总指数	89.6
(一)按轻重工业分	
(1)轻工业	102.6
1、以农产品为原料	103.7
2、以非农产品为原料	101.6
(2)重工业	88.9
1、采掘	83.7
2、原料	86.8
3、加工	94.8
(二)按生产生活资料分	
(1)生产资料	88.7
1、采掘	83.7
2、原料	86.8
3、加工	94.5
(2)生活资料	102.3
1、食品	102.1
2、衣着	
3、一般日用品	101.1
4、耐用消费品	103.3

14-4　商品零售价格指数

商品零售价格指数(以上年同期为100)

项目名称	指数	项目名称	指数
商品零售价格总指数	100.5	其　他	111.3
一、食品	102.3	8.菜	89.8
1.粮食	104.5	鲜　菜	88.9
大　米	97.0	干菜及菜制品	102.4
面　粉	103.3	薯　类	87.8
粮食制品	106.0	9.调味品	105.5
其　他	117.7	食 用 盐	112.9
2.淀粉及制品	100.4	酱　油	102.2
淀粉及制品	100.4	食　醋	103.7
3.干豆类及豆制品	101.1	味　精	100.4
干　豆	100.4	其　他	98.4
豆 制 品	101.2	10.糖	100.2
4.油脂	95.1	食　糖	99.0
食用植物油	94.7	糖　果	98.8
植物油制品	95.9	巧克力制品	100.2
其　他	89.8	糖类小食品	103.7
5.肉禽及其制品	98.9	11.干鲜瓜果	113.6
(1)食用畜肉及副产品	98.8	鲜 瓜 果	114.8
猪　肉	95.5	干(坚)果	109.0
牛　肉	103.2	12.糕点饼干面包	104.8
羊　肉	111.4	糕　点	106.0
畜肉副产品	94.3	饼　干	105.3
其　他	100.4	面　包	101.4
(2)禽	99.7	13.液体乳及乳制品	112.4
鸡	99.7	巴氏杀菌奶或消毒奶	115.1
鸭		酸 牛 乳	103.1
其　他		乳　粉	122.3
(3)加工肉禽	98.6	其　他	107.6
畜肉制品	97.9	14.在外用膳食品	103.6
禽 制 品	100.0	主　食	105.4
6.蛋	116.1	炒　菜	102.5
鲜　蛋	116.1	地方小吃	103.5
蛋 制 品	116.2	其　他	100.0
7.水产品	101.4	15.其他食品	99.9
(1)鱼	98.2	其他食品	99.9
淡 水 鱼	95.2	二、饮料、烟酒	100.2
海 水 鱼	102.7	1.茶及饮料	100.9
(2)其他水产品	112.3	(1)茶叶	100.0
虾 蟹 类	112.9	茶　叶	100.0

14–4 续 1

项目名称	指数	项目名称	指数
（2）饮料	101.1	（3）儿童服装	111.4
固体饮料	103.1	上　衣	105.8
液体饮料	100.1	裤　子	118.6
冷冻饮品	100.0	其　他	99.0
2.烟草	100.0	2.鞋 袜 帽	100.2
高档卷烟	100.0	（1）鞋	100.2
中档卷烟	100.0	男　鞋	98.9
其　他	100.0	女　鞋	96.7
3.酒	100.0	童　鞋	114.2
白　酒	99.9	（2）袜　子	99.8
葡 萄 酒	105.4	男　袜	99.6
啤　酒	99.2	女　袜	100.0
其　他	100.0	（3）帽　子	103.5
三、服装、鞋帽	102.9	男　帽	101.2
1.服装	104.0	女　帽	105.4
（1）男式服装	103.4	3.其　他	100.0
大　衣	105.5	领　带	100.0
毛 线 衣	103.8	四、纺织品	100.3
夹 克 衫	106.1	1.衣着材料	100.0
衬　衫	101.8	棉　布	100.0
T 恤 衫	104.2	化 纤 布	100.0
裤　子	106.7	毛　线	100.0
西　服	99.8	其　他	100.0
运动衫裤	106.9	2.床上用品	100.5
内　衣	101.4	被　子	102.6
羽 绒 衣	97.4	床上套件	99.2
其　他	100.6	五、家用电器及音像器材	98.6
（2）女式服装	103.0	1.家庭设备	99.5
大　衣	104.4	洗 衣 机	100.0
毛 线 衣	100.8	电 风 扇	101.0
羽 绒 衣	97.9	电冰箱（柜）	100.0
套　装	94.6	吸排油烟机	100.0
衬　衫	103.9	空 调 器	95.4
T 恤 衫	104.4	热 水 器	100.0
裙　子	101.5	微 波 炉	100.0
裤　子	105.7	其　他	100.0
运动衫裤	112.5	2.文娱用耐用消费品	97.5
内　衣	103.8	电 视 机	96.5
其　他	113.6	激光视盘机	100.0

14-4 续 2

项目名称	指数	项目名称	指数
摄 像 机	100.2	清洁洗涤剂	104.5
照 相 机	96.5	4.其他日用品	99.2
家用音响	100.0	儿童玩具	95.6
日用皮革制品	100.4	照明器具	100.3
其　他	100.4	钟表眼镜及配件	99.9
便携式音响	100.0	日用普通饰品	100.0
其　他	100.0	八、体育娱乐用品	101.5
3.专业音像器材	100.0	1.体育用品	100.8
专业音响器材	100.0	球　类	99.2
专业声像器材	100.0	棋　牌	105.6
六、文化办公用品	99.5	健身器材	99.7
纸张本册	100.1	2.娱乐用品	102.0
文　具	100.5	游艺器材	103.0
电　脑	99.3	乐　器	100.3
电脑附件	100.0	九、交通、通信用品	95.9
电子存储器	97.8	1.交通运输机械	99.3
打印机及配件	99.6	轿　车	99.0
扫 描 仪	100.0	客　车	
复 印 机	100.0	货　车	100.0
计 算 器	98.2	其　他	100.0
教学设备	97.6	2.通信器材	90.6
其　他	100.0	固定电话机	96.2
七、日用品	100.4	移动电话机	78.3
1.日用百货	100.0	传 真 机	100.0
自 行 车	100.0	其　他	100.0
助动自行车	100.0	十、家具	100.3
雨　具	99.4	柜	99.4
剃须刀具	100.0	床	100.7
电　池	100.8	桌	100.0
卫生用纸制品	99.5	椅	100.5
其　他	100.0	沙　发	100.0
2.日用杂品	101.8	其　他	101.5
茶　具	99.7	十一、化妆品	102.4
餐　具	100.7	护 肤 品	102.2
厨　具	104.0	美容、装饰类化妆品	106.8
其　他	100.3	护发美容品	101.2
3.洗涤用品	100.8	洗发用品	100.9
洗衣粉(液)	101.4	洗浴用品	98.9
肥 皂 类	95.6	药物美容用品	100.0

14-4 续 3

项目名称	指数
十二、金银珠宝	93.8
金 饰 品	85.9
银 饰 品	100.0
铂金饰品	99.7
其　他	100.0
管道燃气	100.0
汽　油	99.5
柴　油	93.6
其　他	100.0
十三、中西药品及医疗保健用品	99.4
1.医疗器具及用品	100.1
医疗器具及用品	100.1
2.中药材及中成药	97.7
中 药 材	94.9
中 成 药	101.3
3.西药	100.3
抗菌素(抗感染药)	99.1
消化系统用药	102.7
呼吸系统用药	100.0
解热镇痛药	100.1
抗肿瘤药	100.0
激素类药	100.1
心血管系统用药	101.0
中枢神经系统用药	102.7
消毒防腐及创伤外科用药	100.7
泌尿系统用药	99.4
维生素类	98.8
其　他	95.8
4.保健器具及用品	103.2
保健器具	99.7
滋补保健用品	103.8
十四、书报杂志及电子出版物	103.1
1.教材及参考书	107.1
工 具 书	100.0
教　材	112.5
参 考 书	106.3
教育软件	100.0
2.书报杂志	100.2
书　籍	100.0
报　纸	100.0
杂　志	100.9
3.电子音像制品	100.0
音像光盘和视盘	100.0
计算机软件	100.0
十五、燃料	97.7
1.煤炭及制品	93.2
原　煤	85.9
煤 制 品	95.8
2.石油及制品	99.2
液化石油气	100.0
十六、建筑材料及五金电料	99.6
1.建筑装璜材料	99.6
木　材	100.6
木 地 板	105.1
钢　材	87.9
砖	102.4
水　泥	99.3
涂　料	100.0
板　材	100.4
玻　璃	98.6
粘　胶	98.9
管　材	100.4
厨卫设备	100.6
其　他	100.0
2.五金电料	99.7
五金工具	100.0
电工电料	100.0
水暖器材	99.3
其　他	100.0

14-5 居民消费价格指数

（以上年同期为100）

项目名称	指数	项目名称	指数
居民消费价格总指数	101.5	畜肉制品	97.9
生活费用价格总指数	101.0	禽 制 品	100.0
非食品价格指数	101.2	6.蛋	116.1
服务项目价格指数	101.9	鲜　蛋	116.1
工业品价格指数	100.7	蛋 制 品	116.2
扣除食品烟酒和能源价格指数	101.3	7.水产品	101.4
扣除鲜菜鲜果总指数	101.8	（1）鱼	98.2
消费品价格指数	101.3	淡 水 鱼	95.2
一、食品	102.2	海 水 鱼	102.7
1.粮食	104.5	（2）其他水产品	112.3
大　米	97.0	虾 蟹 类	112.9
面　粉	103.3	其　他	111.3
粮食制品	106.0	8.菜	89.8
其　他	117.7	鲜　菜	88.9
2.淀粉及制品	100.4	干菜及菜制品	102.4
淀粉及制品	100.4	薯　类	87.8
3.干豆类及豆制品	101.1	9.调 味 品	105.4
干　豆	100.4	食 用 盐	112.9
豆 制 品	101.2	酱　油	102.2
4.油脂	95.1	食　醋	103.7
食用植物油	94.7	味　精	100.4
植物油制品	95.9	其　他	98.4
其　他	89.8	10.糖	100.2
5.肉禽及其制品	98.9	食　糖	99.0
（1）食用畜肉及副产品	98.8	糖　果	98.8
猪　肉	95.5	巧克力制品	100.2
牛　肉	103.2	糖类小食品	103.7
羊　肉	111.4	11.茶及饮料	100.9
畜肉副产品	94.3	（1）茶叶	100.0
其　他	100.4	茶　叶	100.0
（2）禽	99.7	（2）饮料	101.1
鸡	99.7	固体饮料	103.1
鸭		液体饮料	100.1
其　他	100.0	冷冻饮品	100.0
（3）加工肉禽	98.6	12.干鲜瓜果	113.6

14-5 续 1

项目名称	指数	项目名称	指数
鲜瓜果	114.8	T 恤衫	104.2
干(坚)果	109.0	裤　子	106.7
13.糕点饼干面包	104.8	西　服	99.8
糕　点	106.0	运动衫裤	106.9
饼　干	105.3	内　衣	101.4
面　包	101.4	羽绒衣	97.4
14.液体乳及乳制品	112.4	其　他	100.6
巴氏杀菌乳或灭菌乳	115.1	(2)女式服装	103.0
酸牛乳	103.1	大　衣	104.4
乳　粉	122.3	毛线衣	100.8
其　他	107.6	羽绒衣	97.9
15.在外用膳食品	103.4	套　装	94.6
主　食	105.4	衬　衫	103.9
炒　菜	102.5	T 恤衫	104.4
地方小吃	103.5	裙　子	101.5
其　他	100.0	裤　子	105.7
16.其他食品	99.9	运动衫裤	112.5
其他食品	99.9	内　衣	103.8
二、烟酒	100.0	其　他	113.6
1.烟草	100.0	(3)儿童服装	111.4
高档卷烟	100.0	上　衣	105.8
中档卷烟	100.0	裤　子	118.6
其　他	100.0	裙　子	108.5
2.酒	100.0	其　他	109.1
白　酒	99.9	2.衣着材料	100.0
葡萄酒	105.4	棉　布	100.0
啤　酒	99.2	化纤布	100.0
其　他	100.0	毛　线	100.0
三、衣着	103.0	其　他	100.0
1.服　装	103.9	3.鞋袜帽	100.2
(1)男式服装	103.4	(1)鞋	100.2
大　衣	105.5	男　鞋	98.9
毛线衣	103.8	女　鞋	96.7
夹克衫	106.1	童　鞋	114.2
衬　衫	101.8	(2)袜子	99.8

14–5 续 2

项目名称	指数	项目名称	指数
男　袜	99.6	4.家庭日用杂品	101.3
女　袜	100.0	(1)美容化妆品	106.8
(3)帽子	103.5	护 肤 品	102.2
男　帽	101.2	护发美容品	101.2
女　帽	105.4	(2)清洁类化妆品	99.7
4.衣着加工服务费	99.9	洗发用品	100.9
缝　纫	100.0	洗浴用品	98.9
清　洗	99.3	其　他	99.3
其　他	102.0	(3)个人饰品	95.8
四、家庭设备用品及维修服务	101.6	首　饰	91.8
1.耐用消费品	99.7	皮　件	100.4
(1)家　具	100.2	手　表	100.0
柜	99.4	领　带	100.0
床	100.7	其　他	100.0
桌	100.0	(4)个人服务	102.7
椅	100.5	美　容	100.0
沙　发	100.0	理(烫)发	100.0
其　他	101.5	洗　浴	106.5
(2)家庭设备	99.5	其　他	100.0
洗 衣 机	100.0	茶　具	95.9
电 风 扇	101.0	餐　具	103.7
电冰箱(柜)	100.0	厨　具	130.0
吸排油烟机	100.0	家用手工工具	99.7
空 调 器	95.4	洗涤用品	99.3
热 水 器	100.0	其　他	99.6
微 波 炉	100.0	5.家庭服务及加工维修服务	112.4
其　他	100.0	家庭服务	123.7
2.室内装饰品	99.9	加工维修服务	100.0
纺织装饰品	100.0	五、医疗保健和个人用品	101.6
装饰灯具	100.3	1.医疗保健	102.3
其　他	99.3	(1)医疗器具及用品	96.6
3.床上用品	100.5	医疗器具及用品	96.6
被　子	102.6	(2)中药材及中成药	110.7
床上套件	99.2	中 药 材	114.5
其　他	100.0	中 成 药	107.0

14-5 续 3

项目名称	指数	项目名称	指数
(3)西药	101.7	其　他	100.0
抗菌素(抗感染药)	98.8	(2)车用燃料及零配件	98.9
消化系统用药	98.4	汽　油	99.5
呼吸系统用药	100.0	柴　油	93.6
解热镇痛药	98.0	零 配 件	101.5
抗肿瘤药	100.0	其　他	100.0
激素类药	98.1	(3)车辆使用及维修费	100.4
心血管系统用药	102.5	保 险 费	100.0
中枢神经系统用药	100.4	停 车 费	100.0
消毒防腐及创伤外科用药	105.8	车辆修理服务费	100.0
泌尿系统用药	127.9	其　他	101.0
维生素类	100.5	(4)市区公共交通费	100.0
其　他	95.4	公共汽车票	100.0
(4)保健器具及用品	101.1	出租汽车	100.0
保健器具	102.5	其　他	
滋补保健用品	100.9	(5)城市间交通费	101.5
(5)医疗保健服务	100.0	飞 机 票	111.1
挂号诊疗费	100.0	火 车 票	100.0
注 射 费	100.0	长途汽车	100.0
检 查 费	100.0	短途汽车	100.0
手 术 费	100.0	2.通信	98.4
床 位 费	100.0	(1)通信工具	83.2
理 疗 费	100.0	固定电话机	96.2
化 验 费	100.0	移动电话机	78.3
其　他	100.0	其　他	100.0
2.个人用品及服务	100.3	(2)通信服务	100.0
(1)化妆美容用品	108.8	移动通信费	100.0
化妆美容器具	99.6	市内电话费	100.0
其　他		长途电话费	100.0
六、交通和通信	99.2	月 租 费	100.0
1.交通	100.0	上 网 费	100.0
(1)交通工具	99.6	邮政邮寄	100.0
助动自行车	100.0	其他邮寄	100.0
轿　车	99.0	其　他	100.0
自 行 车	100.0	七、娱乐教育文化用品及服务	103.2

14–5 续 4

项目名称	指数	项目名称	指数
1.文娱用耐用消费品及服务	98.2	电 影 票	100.0
电 视 机	96.5	景点门票	100.0
激光视盘机	100.0	有线电视	100.0
摄 像 机	100.2	健身活动	100.0
照 相 机	96.5	其　他	100.0
家用音响	100.0	4.旅游	107.5
便携式音响	100.0	旅行社收费	108.8
电　脑	99.3	宾馆住宿	101.5
修理服务	100.0	其他住宿	100.7
其　他	100.0	八、居住	100.5
2.教育	104.4	1.建房及装修材料	101.5
(1)教材及参考书	107.1	木　材	100.6
工 具 书	100.0	木 地 板	105.1
教　材	112.5	砖	102.4
参 考 书	106.3	水　泥	99.3
教育软件	100.0	涂　料	100.0
(2)教育服务	104.2	板　材	100.4
学前教育	113.9	玻　璃	98.6
中等教育	100.0	粘　胶	98.9
高等教育	100.0	厨卫设备	100.6
专业技能培训	104.1	其　他	100.0
其　他	116.3	2.住房租金	100.0
3.文化娱乐类	99.6	公房房租	100.0
(1)文化娱乐用品	98.9	私房房租	100.0
乐　器	100.3	其他费用	100.0
音像光盘和视盘	100.0	3.自有住房	100.7
电子存储器	97.8	住房估算租金	101.1
儿童玩具	95.6	物业管理费用	100.0
纸张本册	100.8	维护修理费用	100.0
文　具	99.1	其　他	100.0
体育用品		4.水、电、燃料	99.6
其　他		水	100.0
(2)书报杂志	100.2	电	100.0
书　籍	100.0	液化石油气	100.0
报　纸	100.0	管道燃气	100.0
杂　志	100.9	其他燃料	95.8
(3)文娱费	100.0		

14-6 商品零售平均价格

规格(分类)名称	计量单位	平均价格	规格(分类)名称	计量单位	平均价格
一、食品			牛肉后座肉(剔骨肉)	千克	61.63
1.粮食			牛肉中腰肉(剔骨肉)	千克	60.96
大　米			羊　肉		
东北大米(袋装10千克、黑龙江五常)	千克	7.47	羊肉后座肉(剔骨肉)	千克	70.67
东北大米(一级散装)	千克	6.80	羊肉片(草原兴发、内蒙产、400克)	千克	97.55
面　粉			畜肉副产品		
潞安牌上白粉(散装)	千克	3.84	生猪肝	千克	18.65
古船富强粉(袋装22.5千克、长治)	千克	3.82	生猪蹄	千克	27.96
粮食制品			其　他		
上白粉挂面(本地产)	千克	10.52	兔肉	千克	21.67
上白粉切面	千克	4.40	(2)禽		
方便面(康师傅袋装红烧牛肉面天津产115克*5)	千克	24.27	鸡		
其　他			白条鸡(冰冻、本地)	千克	19.73
豆面(一级散装)	千克	10.98	鸡腿(冰冻、本地、小)	千克	23.80
玉米面(一级散装)	千克	4.84	鸭		
小米(一级散装)	千克	15.37	其　他		
2.淀粉及制品			鸽	千克	50.00
淀粉及制品			(3)加工肉禽		
土豆淀粉(袋装300克、山西溢滴香)	千克	10.90	畜肉制品		
粉条(红薯干细)	千克	11.33	肉肠(王中王)	千克	28.40
粉丝	千克	27.83	平遥牛肉	袋	129.00
3.干豆类及豆制品			熟猪头肉(散装一级)	千克	41.51
干　豆			禽制品		
黄豆(一级散装)	千克	8.74	烧鸡(一级散装)	千克	36.30
绿豆(一级散装)	千克	14.68	卤鸡爪	千克	47.00
红豆(散装、一级、本地)	千克	15.29	卤鸡翅(一级散装)	千克	66.00
豆制品			6.蛋		
豆腐(一级品)	千克	4.52	鲜　蛋		
豆腐干(一级品)	千克	9.67	新鲜完整(散装、红皮)	千克	9.66
腐竹(一品爽、福建产)	千克	47.80	蛋制品		
4.油脂			松花蛋(盒装、6颗、神丹牌、湖北孝感)	千克	60.75
食用植物油			咸鸭蛋(盒装、6颗、神丹牌、湖北孝感)	千克	81.48
鲁花花生油(山东产5L)	升	28.10	7.水产品		
香油(瓶装100毫升)	升	79.80	(1)鱼		
豆油(金龙鱼大豆油5L)	升	11.28	淡水鱼		
植物油制品			鲤鱼(鲜活)	千克	15.18
福临门调和油(桶装)	升	13.72	鲢鱼(一级)	千克	18.59
金龙鱼调和油(桶装、5L)	升	12.90	鲫鱼(鲜活)	千克	20.67
其　他			海水鱼		
橄榄油(多力、0.75L)	升	8.68	黄花鱼(冷冻)	千克	10.00
5.肉禽及其制品			带鱼(中带)	千克	29.44
(1)食用畜肉及副产品			金枪鱼(冷冻、一级)	千克	60.67
猪　肉			(2)其他水产品		
猪肉后座肉(剔骨肉)	千克	22.02	虾蟹类		
排骨(新鲜、小排)	千克	31.01	螃蟹	千克	117.33
牛　肉			大虾(新鲜、一级品)	千克	62.76

14-6 续 1

规格(分类)名称	计量单位	平均价格	规格(分类)名称	计量单位	平均价格
蟹棒	千克	12.00	东湖牌陈醋(一年陈酿)	升	9.60
其　他			白醋	升	9.80
海带(一品爽、浙江产)	千克	25.08	味　精		
紫菜	千克	188.99	红梅味精	千克	21.67
8.菜			其　他		
鲜　菜			花椒(散装一级)	千克	134.22
大白菜	千克	2.02	太太乐鸡精(上海产)	千克	53.75
洋白菜	千克	1.94	10.糖		
菠菜	千克	5.38	食　糖		
油菜	千克	4.71	红糖(一级)	千克	11.47
芹菜	千克	5.19	白糖(一级)	千克	12.40
韭菜	千克	5.24	冰糖(散装、单晶、河北)	千克	13.28
菜花	千克	3.91	糖　果		
黄瓜	千克	4.47	硬糖(徐福记、广东东莞产)	千克	47.47
冬瓜	千克	3.38	软糖(金丝猴奶糖)	千克	58.80
西红柿	千克	4.66	巧克力制品		
茄子	千克	4.70	巧克力(徐福记牌散装)	千克	77.97
白萝卜	千克	2.11	糖类小食品		
胡萝卜	千克	4.10	维之王山楂(山西产散装)	千克(袋)	53.22
青椒	千克	5.05	山楂片	千克	18.93
豆芽	千克	4.33	威化饼(雀巢、天津、5*20 克)	千克(袋)	65.78
洋葱	千克	2.56	11.茶及饮料		
大葱	千克	4.56	(1)茶叶		
生姜	千克	17.92	茶　叶		
大蒜	千克	5.75	花茶(盒装福建银毫)	千克	113.33
藕	千克	7.63	绿茶(盒装、杭州产西湖龙井)	千克	290.67
蒜苔	千克	6.48	乌龙茶(安徽、散装)	千克	613.33
油麦菜	千克	4.82	(2)饮料		
西葫芦	千克	3.30	固体饮料		
丝瓜	千克	6.75	果珍饮料(袋装)	千克	39.17
生菜	千克	4.96	雀巢咖啡(瓶)	千克	445.00
干菜及菜制品			桔子粉(福瑞德、西安、300 克)	千克	19.70
黑木耳(一级)	千克	182.93	液体饮料		
干菇(东北产一级)	千克	216.45	可口可乐(太原 1.25L 瓶装)	升	3.87
干辣椒(散装一级)	千克	67.00	汇源果汁(1L 纸盒装、100%桃橙)	升	14.16
榨菜	千克	12.00	红牛(北京、250ML)	升	24.00
黄花菜(散装一级)	千克	105.33	农夫山泉(550ML 瓶装)	升	2.73
薯　类			绿茶(统一、北京、500ML)	升	5.00
土豆(一等)	千克	2.99	冷冻饮品		
9.调 味 品			伊力火炬	个(盒)	6.90
食 用 盐			蒙牛	个(盒)	3.50
含碘盐(袋装)	千克	5.00	12.干鲜瓜果		
酱　油			鲜 瓜 果		
酱油袋装	升	4.28	苹果(一级)	千克	11.90
海天牌瓶装	升	15.44	梨(一级)	千克	6.91
食　醋			香蕉(一级)	千克	7.97
袋装醋(东湖牌)	升	4.29	西瓜(一级)	千克	5.17

14-6 续 2

规格(分类)名称	计量单位	平均价格	规格(分类)名称	计量单位	平均价格
橘子(一级)	千克	10.59	青炒西兰花	盘	27.33
菠萝(一级)	千克	8.92	尖椒土豆丝	盘	11.33
葡萄(一级)	千克	14.76	酥肉	盘	38.00
桃(一级)	千克	5.84	地方小吃		
干(坚)果			凉皮	碗	4.88
红枣(一级散装)	千克	30.40	豆腐脑	碗	2.00
核桃(一级散装)	千克	56.00	羊杂割	碗	12.00
瓜子(一级散装)	千克	32.50	其　他		
松子(熟、一级散装)	千克	114.18	兰州牛肉拉面	份	6.80
开心果	千克	117.53	16.其他食品		
13.糕点饼干面包			其他食品		
糕　点			雪饼(旺旺、广东、散装)	千克	44.20
蛋糕(一级普通烧烤)	千克	24.00	薯片(可比克 60 克、袋装、福建)	千克	62.76
莎琪玛(徐福记)	千克	34.85	燕麦片(济南产、秦老大、1000 克)	千克	20.69
桃酥(一级散装)	千克	25.62	冠生园蜂蜜(480g 瓶装、上海产)	瓶	48.34
饼　干			二、烟酒		
早茶饼干(广东嘉士力、盒装 1000 克)	千克	18.40	1.烟草		
曲奇饼干(一级散装天津产)	千克	41.79	高档卷烟		
卡夫牛奶饼干(夹心、广东、800 克)	千克	39.41	芙蓉王(硬盒、黄色、湖南)	盒	23.00
面　包			云烟(软、云南)	盒	23.00
面包大主食(本地产)	千克	14.66	中档卷烟		
花式面包(本地产)	千克	28.87	云烟(硬盒、云南)	盒	10.00
14.液体乳及乳制品			红塔山(硬盒)	盒	10.00
巴氏杀菌乳或灭菌乳			其　他		
伊利常温奶(纸盒、250ml)	升	12.73	红河(硬盒、云南)	盒	5.00
伊利常温奶(袋装 220 毫升 *18 袋)	升	9.42	2.酒		
酸 牛 乳			白　酒		
蒙牛酸牛奶(盒装、250 毫升)	千克	30.00	汾阳王白酒(42 度瓶装、450 毫升)	瓶	15.00
蒙牛酸牛奶(160 克袋装)	千克	13.09	汾酒(瓶装 38 度)	瓶	47.86
乳　粉			坛装老白汾(十年陈酿 475ML、45 度)	瓶	148.00
雅士利金装婴儿配方奶粉(900g 桶装、一段)	千克	273.72	葡 萄 酒		
伊力牌全脂奶粉(袋装 400g)	千克	63.28	长城干红葡萄酒(山东产 750 毫升瓶装)	瓶	88.00
其　他			张裕干红葡萄酒(750 毫升)	瓶	45.00
酸酸乳(250ML、盒装)	升	6.71	啤　酒		
15.在外用膳食品			燕京(北京产)	瓶	3.50
主　食			青岛啤酒(山东产、听装、330 毫升)	瓶	4.56
馒头	10 个	2.50	其　他		
油条	千克	9.79	劲酒(湖北产、35 度、330ML)	瓶	20.00
碗拉面	千克	3.67	三、衣着		
炒　菜			1.服　装		
红烧扣肉	盘	38.67	(1)男式服装		
红烧鲈鱼	盘	54.67	大　衣		
过油肉	盘	26.00	皮大衣(男半大)	件	2396.49
酱肘子	盘	28.00	军大衣(纯毛)	件	450.00
炒鸡蛋	盘	16.67	毛 线 衣		
炒豆腐	盘	16.00	男长袖羊毛衫(鄂尔多斯羊内蒙古产)	件	795.88
京酱肉丝	盘	26.67	男长袖羊毛衫(恒源祥)	件	929.72

14-6 续 3

规格(分类)名称	计量单位	平均价格
夹克衫		
男式夹克衫(恒源祥中档)	件	688.17
男式夹克衫(九鹿王牌中档)	件	613.14
衬　衫		
男衫衣(恒源祥)	件	227.33
男衫衣(虎豹中号)	件	190.00
T 恤衫		
男羊毛长袖 T 恤(雅鹿)	件	298.00
男羊毛长袖 T 恤(与狼共舞)	件	605.38
裤　子		
培罗蒙男裤子	条	288.35
澳斯丹男裤子	条	248.67
西　服		
雅戈尔男西服套装	套	2301.00
响铃男西服套装	套	880.00
运动衫裤		
李宁牌运动衫裤(男)	件(套)	199.00
康威运动衫裤(男)	件(套)	299.00
内　衣		
男三枪内衣(上衣)	件	39.00
男 AB 牌内衣(上衣)	件	99.00
羽绒衣		
男式波司登羽绒衣	件	749.00
男式爱博尔羽绒衣	件	627.47
其　他		
男睡衣(娇丝芬)	件	262.38
(2)女式服装		
大　衣		
女式羊驼绒大衣(半大)	件	2113.14
女式羊绒大衣(半大)	件	1464.51
毛线衣		
女式鄂尔多斯羊毛衫(长袖)	件	1095.00
女式诸氏方圆羊毛衫(长袖)	件	576.96
羽绒衣		
女式波斯登羽绒衣(半大 160-175)	件	858.00
女式爱博尔羽绒衣(半大 160-175)	件	582.08
套　装		
大水女套装	套	715.67
响铃女套装(二件套)	套	550.00
衬　衫		
恒源祥女衬衣(纯棉)	件	227.33
戈蕾雅女衬衣(纯棉)	件	192.06
T 恤衫		
女式康王 T 恤(长袖毛衫)	件	306.33
女式天山 T 恤(袖毛衫)	件	245.83
裙　子		
恺萨蒙套裙(二件套)	条	296.08
媚丽娇单裙	条	189.00
裤　子		
娅丽达女裤子(郑州产)	条	257.06
澳斯丹女裤子	条	234.78
运动衫裤		
李宁女运动衫裤(女)	件(套)	239.00
康威女运动衫裤(女)	件(套)	299.00
内　衣		
AB 女式内衣	件	98.00
三枪女内衣	件	39.00
其　他		
女式睡衣(纯棉、娇丝芬)	件	260.92
(3)儿童服装		
上　衣		
今童王(纯棉绿色 68-80 春秋)	件	267.24
杰米熊(纯棉 59-140)	件	249.07
裤　子		
小熊童裤子(22-28)	条	157.75
狼星童裤子(22-28)	条	141.71
裙　子		
人行道童裙子(单裙)	件	110.94
红联童裙子(连衣裙)	件	139.39
其　他		
儿童内衣	件	92.00
2.衣着材料		
棉　布		
白布(幅宽 90CM)	米	9.00
红布(幅宽 90CM)	米	9.00
化纤布		
花布	米	26.50
色布	米	30.00
毛　线		
恒源祥毛线(盒装中粗)	千克	600.00
三利绒线(盒装)	千克	120.00
其　他		
丝绸(杭州、单人被面)	块	150.00
3.鞋袜帽		
(1)鞋		
男　鞋		
安踏男旅游鞋(40-44 春秋)	双	268.67
双星男运动鞋(单鞋 39-45)	双	106.67
意尔康男皮鞋(单鞋 40-44)	双	407.67
女　鞋		
达芙妮女皮鞋(单鞋 36-38)	双	530.58
双星女运动鞋(单鞋 35-40)	双	106.67
安踏旅游鞋(36-38)	双	268.67
童　鞋		

14-6 续 4

规格(分类)名称	计量单位	平均价格	规格(分类)名称	计量单位	平均价格
帮登童鞋(温州产 31-37 皮鞋)	双	151.83	床垫(双人、厚棕、1.8*2 米)	个	1918.33
新竹童鞋(32-35 旅游鞋)	双	204.92	茶几(玻璃 1*08)	个	580.00
千层底布鞋球鞋(32-36)	双	84.75	(2)家庭设备		
(2)袜子			洗 衣 机		
男 袜			海尔滚桶洗衣机(青岛产 52—Q865)	台	3799.00
恒源祥中档男袜子	双	16.33	海尔波轮半自动洗衣机 XPB60-L297SHM	台	899.00
华丹奴男袜子	双	12.67	海尔波轮全自动洗衣机(XQS55-T9288)	台	2899.00
女 袜			电 风 扇		
华丹奴女袜子	双	11.67	电风扇(熊猫落地)	台	299.00
浪莎女袜子	双	12.00	电风扇(台式美的牌)	台	159.00
(3)帽子			电冰箱(柜)		
男 帽			海尔电冰箱(BCD208-221)	台	2999.00
乔丹男运动帽	顶	59.00	容声电冰箱(185HK)	台	1600.00
李宁男运动帽	顶	72.33	新飞冰柜(211H)	台	1599.00
女 帽			吸排油烟机		
李宁运动帽子(女式)	顶	72.33	老板油烟机(杭州产 8302 型)	台	1936.67
李宁时装女帽子	顶	79.00	方太油烟机(SY07 中式广东)	台	488.00
4.衣着加工服务费			空 调 器		
缝 纫			海尔立式空调(50LW/RXF)	台	7732.33
男式毛料套装缝纫	件(套)	240.00	格力睡梦宝空调(壁挂 KFR-23GW/K(23538)-N2)	台	2782.33
裤子撩边	件(套)	4.00	格力立式空调(72520L 风韵三匹)	台	7865.67
清 洗			热 水 器		
西服清洗(男式毛料全套)	次/件	13.50	万家乐燃气热水器(10F5 型广东)	台	3980.00
毛料服装干洗(上衣)	次/件	10.00	海尔电热水器(JTHG60)	台	2499.00
其 他			太阳能热水器(皇明、160 升、山东)	台	3850.00
翰黄檫鞋	次	5.21	微 波 炉		
修鞋(女士换鞋跟)	次	6.00	格兰仕微波炉(8023YSL-V2)	台	1098.00
四、家庭设备用品及维修服务			美的微波炉 EG823EA4-SR	台	1098.00
1.耐用消费品			其 他		
(1)家 具			电饭锅(美的、900W、广东)	个	174.00
柜			电磁炉(九阳、山东)	个	399.00
五斗柜(木制 2.5*2.15)	个	2740.00	安吉尔饮水机(深圳)	个	988.00
五门衣柜(2.2*1.5 木制、富美轩、成都产)	个	8481.50	豆浆机(九阳、13S610 型、山东)	台	499.00
两门书柜(1.9*0.8 木制)	个	1150.00	2.室内装饰品		
床			纺织装饰品		
双人床(2*1.8 木制)	张	5490.00	窗帘(落地 2.8*4 米)	米	542.00
单人床(木制中档 2*1.3)	张	3031.67	窗纱	米	542.00
桌			装饰灯具		
实木餐桌(1.3 米木制、北京产)	张	2500.00	触摸式台灯(明可达牌)	个	213.00
电脑桌(亮点、玻璃桌面 1.2*0.8、广东产)	张	255.00	吊灯	个	690.00
椅			其 他		
转椅	把	425.00	挂钟(天王星、广东)	个	176.08
木质餐椅	把	454.17	3.床上用品		
沙 发			被 子		
真皮沙发(1*2*3)	(套)	14500.00	罗莱蚕丝被(2X2.3)	条	1730.00
布艺沙发(1*2*3)	(套)	4640.00	罗莱水洗羊毛被	条	1680.00
其 他			床上套件		
凡人居(床上四件套)	套	748.00	党参(一级散装)	千克	167.11
舒尚(床上四件套)	套	2255.50	中 成 药		
其 他			六味地黄丸(10 丸)	盒	3.80
双人床单(2.3*2.6)	个	183.00	板蓝根(白云山、10 克 *20 袋)	袋	9.20

14–6 续 5

规格(分类)名称	计量单位	平均价格
4.家庭日用杂品		
茶　具		
陶瓷杯(七件套、山东产)	个	50.00
玻璃水具(六件套)	套	55.00
餐　具		
花碗(中号)	个	12.00
筷子(木制)	把	12.00
厨　具		
菜刀	把	65.00
铝锅(24CM)	个	69.00
家用手工工具		
家用手工钳	个	15.25
羊角锤	个	15.50
洗涤用品		
奇强洗衣粉(400g、山西产)	袋	4.60
雕牌肥皂(238 克透明、浙江)	块	4.24
牙膏(90 克、中华健齿白、上海)	个	4.20
其　他		
暖水瓶(铁壳 8 磅)	个	35.00
电池(双鹿、1 号、上海)	个	2.50
雨伞(天堂二折、杭州)	把	29.75
拖把(普通)	个	10.00
节能灯	个	13.69
5.家庭服务及加工维修服务		
家庭服务		
保姆费	元/月	1250.00
家政服务(医院护工全天)	(元/次)	1558.33
加工维修服务		
修冰箱	元/次	55.00
配钥匙(十字型)	个	27.50
五、医疗保健和个人用品		
1.医疗保健		
(1)医疗器具及用品		
医疗器具及用品		
血压计(台式)	个	89.67
温度计	个	3.03
一次性注射器	个	0.36
(2)中药材及中成药		
中 药 材		
甘草(一级散装)	千克	53.97
银花(一级散装)	千克	244.82
菊花(一级散装)	千克	79.00
陈皮(一级散装)	千克	16.64
电动按摩棒	个	115.33
505 护膝	个	61.00
滋补保健用品		
脑白金(盒/2 瓶 250ML)	盒	148.67
太太口服液	盒	298.00
新盖中盖(30 片、瓶装)	瓶	17.37
三九胃泰(冲剂)	袋	7.33
藿香正气丸(10 丸装)	盒	3.40
牛黄解毒片(24 片装)	袋	0.45
(3)西药		
抗菌素(抗感染药)		
阿莫西林片剂	盒	9.31
青霉素针剂(160 万单位、华北制药)	盒	56.33
消化系统用药		
泻痢停	盒	2.33
马叮啉	盒	12.17
呼吸系统用药		
咳必清(瓶装)	盒	1.17
安茶碱片剂(瓶装)	瓶	1.27
解热镇痛药		
布洛芬	盒	12.08
扑热息痛片剂(瓶装)	瓶	3.50
抗肿瘤药		
氟尿嘧啶针剂(盒装)	盒	7.43
平硝片(瓶装)	瓶	17.33
激素类药		0.00
甲状腺片(瓶装)	瓶	5.73
胰岛素针剂	盒	11.16
心血管系统用药		
速效救心丸(瓶装)	瓶	18.77
硝酸甘油片剂(瓶装)	瓶	3.43
中枢神经系统用药		
尼莫地平片剂(瓶装)	瓶	2.65
倍他司汀片剂(瓶装)	瓶	2.00
消毒防腐及创伤外科用药		
红霉素药膏	支	0.53
红花油(成都产、20ML)	瓶	3.33
泌尿系统用药		
呋喃胆丁片剂	盒)	1.59
前列康片	袋(瓶、盒)	10.29
维生素类		
维生素 C	瓶	1.38
维生素 E	瓶	2.02
其　他		
肠虫清(史克)	盒	2.05
维生素 B12 片剂	盒	1.29
(4)保健器具及用品		
保健器具		
一拔通(套/12 个)	(套)	45.00
洗发用品		
飘柔去屑洗发水(400ML 广州产)	瓶	28.14
力士去头屑洗发水(200ML 上海产)	瓶	18.36
迪彩护发	瓶	19.80
洗浴用品		
玉兰油浴液(200 毫升、广州产)	瓶	15.00

14-6 续 6

规格(分类)名称	计量单位	平均价格	规格(分类)名称	计量单位	平均价格
(5)医疗保健服务			大宝洗面奶(100ML 北京产)	瓶	9.70
挂号诊疗费			舒肤佳香皂(125 克广州产)	块	4.62
普通一般医师	次/人	1.83	佳洁士牙膏(90 克)	瓶	
副主任医师	次/人	4.17	其　他		2.63
注 射 费			卷纸(心相印)	包	6.64
肌肉注射	次	1.00	卫生巾(安尔乐、10 片、福建)	包	
静脉注射	次	7.67	(3)个人饰品		
检 查 费			首　饰		305.54
心胸腹部透视	次/人	4.67	黄金饰品(千足金)	克	443.83
进口 国产 B 超	次/人	100.00	铂金饰品	克	
手 术 费			皮　件		1416.00
阑尾切除手术	次	427.67	女式皮包(金利来全皮、银灰、广州)	件	314.67
剖腹产术	次	807.67	皮手套(金利来全皮)	件	178.00
床 位 费			皮带(金利来 GBZ6111-51、广州产)	件	
多人间	天	11.33	手　表		2700.00
双人间	天	17.00	西铁城机械表(2900-53A、男式、北京产)	块	2100.00
理 疗 费			西铁城石英表(女式、EW5190、北京产)	块	
红外线治疗	次	10.00	领　带		98.00
电疗治疗	次	15.00	杉杉真丝领带	条	88.00
化 验 费			金瑞发领带	条	
血常规(5 分类)	人/次	33.00	其　他		183.00
尿常规	人/次	24.50	太阳镜	个	
其　他			(4)个人服务		
拔牙	颗	7.33	美　容		40.00
2.个人用品及服务			皮肤护理(一般药物护理)	次	5.00
(1)化妆美容用品			修眉	次	
化妆美容器具			理(烫)发		20.00
飞利蒲剃须刀	件	299.00	男式一级全活	次	128.00
指甲刀(777 牌、韩国产)	件	19.33	女式烫发(短发)	次	
电吹风(飞科 FH6216、温州产)	件	75.46	洗　浴		6.67
美容化妆品			洗澡	次	2.05
眉笔(CC 眉笔 1.5 克、广州)	支	26.00	搓背	次	
口红(樱奈尔、广东)	瓶	69.00	其　他		3.00
CC 指甲油(广州产、15 毫升)	瓶	39.00	冲洗费(数码 7 寸加洗)	片	
护 肤 品			六、交通和通信		
玉兰油早晚霜(50g 瓶装、天津产)	瓶	63.00	1.交通		
束氏面膜(盒装、6 片、天津产)	盒	50.17	(1)交通工具		
护发美容品			助动自行车		
好迪着喱水(140ml 瓶装、广东产)	瓶	16.73	富士达米奇电动车	辆	1900.00
迪彩蒸□油(500 克瓶装、广州产)	瓶	39.76	轿　车		
(2)清洁类化妆品			志俊轿车	辆	99900.50

14-6 续 7

规格(分类)名称	计量单位	平均价格	规格(分类)名称	计量单位	平均价格
奇瑞 QQ(0.8 排量)轿车	辆	42800.00	长途汽车		
奇云(普通配制 1.6 排气量)轿车	辆	51300.00	长治——北京(卧铺)	人百公里	36.20
自 行 车			长治——太原市(高速大巴)	人百公里	37.60
永久 26 防震自行车	辆	400.00	短途汽车		
永久 山地自行车	辆	1200.00	长治——长子	人百公里	15.20
其　他			长治——壶关	人百公里	15.00
摩托车(重庆嘉陵 125)	辆	4500.00	其　他		
(2)车用燃料及零配件		3800.00	2.通信		
汽　油			(1)通信工具		
汽油 97#	升		固定电话机		
汽油 93#	升	7.94	步步高母机固定电话机	部	451.13
90# 汽油	升	7.36	步步高普通固定电话机	部	180.75
柴　油			移动电话机		
柴油 0#	升	7.04	摩托罗拉移动电话 A1600	部	1289.67
柴油 -10#	升	7.40	三星移动电话 S6700	部	1607.83
零 配 件			诺基亚移动电话 5220	部	1899.00
奇瑞 QQ 轮胎配件	套	281.00	其　他		
奇瑞 QQ 蓄电池	个	517.20	传真机(松下)	台	700.00
其　他			(2)通信服务		
润滑油(长城牌)	千克	20.00	移动通信费		
(3)车辆使用及维修费			移动通信费(无坐机市话)	分钟	0.20
保 险 费			联通通信费(无坐机长途漫游)	分钟	0.26
奇瑞 QQ 车损险	年	1437.00	市内电话费		
轿车保险费(家庭自用型)	年	950.00	市内话费	次/三分钟	0.20
停 车 费			长途电话费		
自行车停车费	次	0.50	长治——北京长途话费	分钟	0.70
固定停车费	次	2.00	月 租 费		
车辆修理服务费			固定电话费家用月租费	月	15.00
自行车补胎(一个眼)	次	3.00	移动月租费	月	15.00
汽车保养费	次	200.00	上 网 费		
其　他			网通包月(512K 带宽)	月	45.80
洗车(普通)	次	30.29	网吧上网费	小时	3.00
(4)市区公共交通费			GPRS 上网费	小时	5.00
公共汽车票			邮政邮寄		
单程(市内)	张	1.00	信件(邮寄 EMS 特快专递起重资费)	件	22.00
10 路公交(郊县)	张	2.00	包裹邮寄(普通包裹 500 克以内)	件	1.60
出租汽车			其他邮寄		
起步价(5 元 2 公里)	元	5.00	包裹邮寄(跨省快递费)	千克	8.00
每公里价	元	1.20	其　他		
其　他			短信发送(普通短信)	次	0.10
(5)城市间交通费			七、娱乐教育文化用品及服务		
飞 机 票			1.文娱用耐用消费品及服务		
长治--北京(飞机票)	人百公里	122.26	电 视 机		
长治--广州(飞机票)	人百公里	88.25	37 寸海信液晶彩电(TUM37V86K)	台	3437.40
火 车 票			47 寸创维液晶电视(47L03RF)	台	4915.94
长治——太原(火车票)	人百公里	13.93	激光视盘机		
长治---北京(卧铺、中)	人百公里	32.10	激光视盘先科 DVD	台	431.67

14-6 续 8

规格(分类)名称	计量单位	平均价格	规格(分类)名称	计量单位	平均价格
新科 DVD(M22DLS)	台	579.33	专业技能培训		
摄 像 机			驾驶技能培训(C 本)	元	3652.00
索尼 47-E 摄像机(上海)	台	3999.50	电脑培训班(汉字录入)	小时	550.00
佳能 NV-EX3 摄像机	台	2099.50	其 他		
照 相 机			少儿绘画	学期	500.00
中档三星(数码照相机)	台	1920.00	3.文化娱乐类		
佳能数码照相机 S95	台	2231.67	(1)文化娱乐用品		
家用音响			乐 器		
万利达((家用音响)	套	765.33	电脑电子琴(雅马哈牌 YM188 上海产)	台	1340.00
步步高(家用音响)	套	1366.67	钢琴 星海牌子 117XK	架	18300.00
便携式音响			小提琴 4/4	把	430.00
MP5(100V 便携音响)	台	598.00	吉他	件	1580.00
德生收音机(910 型)	台	193.00	音像光盘和视盘		
电 脑			CD 光盘(歌曲、合肥)	片	32.67
联想电脑(17 寸液晶)	台	3650.00	DVD 光盘	盒	33.53
联想电脑(笔记本 Y-450)	台	3450.00	电子存储器		
修理服务			移动硬盘(120G)	个	390.00
电脑修理(台式)	次	50.00	U 盘(索尼、4G)	个	35.00
电视机修理	次	60.00	儿童玩具		
其 他			儿童自行车(好孩子 16#、江苏产)	辆	664.33
电脑机箱	台	110.00	电动汽车	件	107.17
2.教育			魔方(四节、广州产)	个	55.58
(1)教材及参考书			纸张本册		
工 具 书			硬皮本(25 开)	本	13.50
英汉词典	本	58.00	信纸	(本)	3.33
成语大词典	本	58.00	宣纸(4 尺、绘画)	张	2.00
新华字典	本	24.90	笔记本	本	3.67
教 材			文 具		
大学一年级英语教材(上册、浙江科学出版社)	本	30.65	中华铅笔(HB、上海产)	支	0.93
高一语文教材(上册)	本	16.68	签字笔(英雄 308)	支	65.33
参 考 书			洁王橡皮(48-82、上海产)	个	1.33
小学一年级语文参考书(上册)	本	18.03	胶水(广博、50ML、上海)	瓶	2.17
初一语文参考书(上册)	本	25.61	体育用品		
高一语文参考书(上册)	本	37.73	象棋(55*20 木制)	(套)	18.67
教育软件			世达篮球(中档)	个	196.33
高一英语 VCD 光盘(6 片)	套	175.00	球拍(红双喜、上海)	对	37.33
决胜中高考 VCD 光盘(6 片)	套	128.00	其 他		0.00
(2)教育服务			扑克	付	3.17
学前教育			(2)书报杂志		
小班(日托)	月	290.00	书 籍		
幼儿绘画	月	500.00	家庭医学全书	本	39.80
中等教育			红楼梦	本	29.00
高中学费	学期	700.00	启蒙学前 300 句(吉林出版社)	本	12.00
职业高中学费	学期	2000.00	报 纸		
高等教育			山西日报	份	1.20
大学学费(普通高校、长治医学院、临床专业)	学期	4420.00	山西晚报	份	0.55
成人高等教育(长治职业技术学院、文科)	学年	2100.00	山西广播电视报	份	1.00

14-6 续 9

规格(分类)名称	计量单位	平均价格	规格(分类)名称	计量单位	平均价格
杂　志			板　材		
读者	本	4.00	PVC 板	张	46.50
儿童文学	本	18.00	细木板(木工板)	张	87.50
看电影	本	15.00	红檀天然板	张	54.00
(3)文娱费			玻　璃		
电 影 票			玻璃(5MM)	平方米	29.25
电影票(国产)	张	40.00	磨砂玻璃(5MM、河北)	平方米	45.56
电影票(国外)	张	40.00	粘　胶		
景点门票			粘得牢	桶	14.50
城隍庙	张	10.00	白乳胶(山西三维、桶装、4.5 公斤)	桶	30.50
二贤庄	张	20.00	厨卫设备		
有线电视			洗手池(不锈钢、陶瓷 38*66 福建)	件	150.00
有线电视(月租费、数字)	月	23.00	水龙头(不锈钢、螺旋式)	件	245.00
有线电视(初装费)	次	480.00	其　他		
健身活动			河沙	方	120.00
室内游泳	次	26.50	防盗门(盼盼)	个	2400.00
羽毛球	次/元	4.50	钉(2 寸普通圆钉)	千克	10.00
乒乓球	小时/人	4.50	2.住房租金		
其　他			公房房租		
舞厅	小时	5.00	公房房租	平方米	66.00
4.旅游			私房房租		
旅行社收费			私房房租两居室(月)	套	850.00
青岛(三日游)	次/人	655.21	私房房租	套	800.00
天脊山(一日游)	次/人	191.75	其他费用		
宾馆住宿			城市垃圾处理费	元/月户	5.00
财政大厦二人标准间(天)	天	348.00	3.自有住房		
武警招待所单人间(天)	天	348.00	住房估算租金		
其他住宿			住房估算租金(市中心、简装)	套	1013.89
如家酒店二人标间	天	189.00	住房估算租金(市中心、简装、有家具)	套	1180.56
武警招待所	天	135.00	住房估算租金(高层、装修)	套	1347.22
八、居住			住房估算租金(高层、装修、家具、家电)	套	1547.22
1.建房及装修材料			物业管理费用		
木　材			物业管理费	平方米/月	0.25
4 米樟松板材	立方米	2200.00	维护修理费用		
6 米樟松园木	立方米	1720.00	墙壁修理	平方米	15.00
木 地 板			其　他		
永吉地板(仿实木 12mm)	平方米	390.00	取暖费(集中供热)	平方米	4.40
澳森地板(实木 12mm)	平方米	138.00	4.水、电、燃料		
砖			水		
瓷砖(250*330)	块	5.50	民用水	吨	2.90
地板砖(800*800)	块	57.50	电		
水　泥			民用电	百度	49.80
白水泥 425#(袋 50Kg、河南)	袋	35.50	液化石油气		
32.5(袋 50Kg)	袋	17.75	液化汽	千克	800.00
涂　料			管道燃气		
立邦乳胶漆(18L)	桶	389.00	民用煤气	立方米	2.26
乳胶漆涂料	公斤	335.00	其他燃料		
			蜂窝煤	百千克	75.69

人民生活

资料整理人员

申振忠　沈俊萍　程　妙　王　臻　马耀萌　何锦芳

张　皓　徐韶辉　肖　将　黄　琼　郭丽励　魏敏洁

15-1 城镇居民收支情况

城镇居民收入情况

项　目	金　额(元)	增　幅(%)
城镇居民人均可支配收入	**24565**	**8.3**
1、工资性收入	14334	6.7
2、经营净收入	2961	9.5
3、财产性收入	346	10.2
4、转移性收入	6924	11.1

城镇居民消费性支出情况

项　目	金　额(元)	增　幅(%)	消费构成(%)
城镇居民人均生活消费性支出	**13319**	**6.7**	**100**
1、食品烟酒	3729	2.3	28
2、衣着	1527	5.1	11.4
3、居住	1264	11	9.5
4、生产用品及服务	875	4.8	6.6
5、交通通信	2759	18.4	20.7
6、教育文化娱乐	1499	1.1	11.3
7、医疗保健	1242	13	9.3
8、其他用品和服务	424	-14.9	3.2

15-2 农村居民收支情况

农村居民收入情况

项 目	单 位	2014年	增减(%)
农村居民人均可支配收入	**元**	**10311**	**11.7**
1、工资性收入	元	4565	11.1
2、经营性收入	元	3918	14.1
3、财产性收入	元	159	10.4
4、转移性收入	元	1669	10.5

农村居民消费性支出情况

项 目	单 位	2014年	增减(%)	消费构成(%)
农村居民人均生活消费支出	**元**	**7996**	**9.4**	**100.00**
1、食品烟酒	元	3040	10.8	38.02
2、衣 着	元	690	7.5	8.63
3、居 住	元	1188	5.2	14.86
4、生产用品及服务	元	503	13.5	6.29
5、交通通信	元	980	1.4	12.26
6、教育文化娱乐	元	732	15.1	9.15
7、医疗保健	元	690	19.8	8.63
8、其他用品和服务	元	173	-7.3	2.16

15-3 分县城镇、农村常住居民人均可支配收入

单位:元

县市区	城镇居民		农村居民	
	2014 年	增幅(%)	2014 年	增幅(%)
全 市	**24565**	**8.3**	**10311**	**11.7**
城 区	26416	8.0		
郊 区	30752	7.6	14008	11.7
长治县	24921	8.3	13100	10.5
襄垣县	27521	8.2	11900	11.0
屯留县	21068	7.7	12041	11.3
平顺县	18023	8.0	4678	11.9
黎城县	14719	7.4	6868	12.0
壶关县	17904	8.8	4462	10.7
长子县	22635	8.9	10963	11.7
武乡县	18473	8.5	5052	12.2
沁 县	15149	9.0	4865	11.8
沁源县	26691	8.4	10952	12.5
潞城市	22503	9.2	10753	11.3

中国统计出版社最新图书简目

（仅供参考，以实际出版为准）

统计资料

中国统计年鉴
中国统计摘要
中国发展报告
中国经济普查年鉴2013
国际统计年鉴
金砖国家联合统计手册
中国－东盟国家统计手册
中国区域经济统计年鉴
中国县域统计年鉴
中国城市统计年鉴
中国农村统计年鉴
中国地区经济监测报告
中国贸易外经统计年鉴
中国对外直接投资统计公报
中国商品交易市场统计年鉴
大中型批发零售和住宿餐饮企业统计年鉴
中国零售和餐饮连锁企业统计年鉴
中国住户调查年鉴
中国价格统计年鉴
中国农产品价格调查年鉴
全国农产品成本收益资料汇编
中国环境统计年鉴
中国能源统计年鉴
国外资源、能源和环境统计资料汇编
中国工业统计年鉴
中国建筑业统计年鉴
中国房地产统计年鉴
中国城市建设统计年鉴
中国城乡建设统计年鉴
中国第三产业统计年鉴
中国证券期货统计年鉴
中国科技统计年鉴
中国高技术产业统计年鉴
工业企业科技活动资料
中国劳动统计年鉴
中国人口和就业统计年鉴
中国人才资源统计报告
中国社会统计年鉴
中国文化及相关产业统计年鉴
文化及相关产业统计概览
中国教育经费统计年鉴
中国民政统计年鉴
中国民族统计年鉴
中国工会统计年鉴
中国残疾人事业统计年鉴
中国妇女儿童状况统计资料（英）
中国乡镇街道行政区域简册

省级综合统计年鉴系列

北京　天津　河北　山西　内蒙古　辽宁　吉林　黑龙江　上海　江苏　浙江　安徽　福建　江西　山东
河南　湖北　湖南　广东　广西　海南　重庆　四川　贵州　云南　西藏　陕西　甘肃　青海　宁夏
新疆　新疆生产建设兵团

市（县）级综合统计年鉴系列

天津滨海新区　石家庄　唐山　邯郸　保定　沧州　邢台　廊坊　承德　衡水　秦皇岛
张家口　太原　大同　阳泉　长治　晋城　朔州　晋中　运城　忻州　临汾　呼和浩特　呼和浩特新城区
鄂尔多斯　包头　沈阳　大连　长春　四平　哈尔滨　齐齐哈尔　黑龙江垦区　上海浦东新区
南京　无锡　徐州　常州　苏州　南通　连云港　淮安　盐城　扬州　镇江　泰州　宿迁　江阴　丹阳
杭州　宁波　温州　嘉兴　绍兴　金华　衢州　舟山　台州　丽水　合肥　安庆　马鞍山　福州　厦门
宁德　南昌　九江　上饶　新余　抚州　济南　青岛　枣庄　滕州　郑州　洛阳　平顶山　三门峡　南阳
商丘　济源　武汉　十堰　荆州　宜昌　荆门　咸宁　长沙　广州　深圳　惠州　东莞　南宁　柳州
桂林　来宾　海口　三亚　成都　贵阳　昆明　西安　兰州　庆阳　银川　乌鲁木齐　兵团一师　兵团十师

调查年鉴系列

天津　山西　内蒙古　辽宁　吉林　上海福建　河南　湖北　湖南　广西　重庆　四川　云南　甘肃　宁夏　新疆

“十二五”规划教材

统计学（经济管理类专业本科适用，单薇 等）
抽样调查理论与方法（冯士雍 等）
贝叶斯统计（茆诗松 等）统计学（黄良文 等）
试验设计（茆诗松 等）
统计学：从数据到结论（吴喜之）
医学统计学（于浩）
概率论与数理统计三十三讲（魏振军）
概率论与数理统计三十三：学习指导与习题解答（魏振军）
统计学（经济、管理类专业基础教材，张小斐）
非参数统计（吴喜之 等）
统计学：经济与管理中的数据分析（李慧云 等）
卫生管理统计学（新编医学院校基础课教材，尚磊）
医院统计学（新编医学院校基础课教材，徐天和 等）
社会统计学（蒋萍 等）现代金融投资统计分析（李腊生 等）
国民经济核算初级教程（经济类、统计类、管理类专业适用，蒋萍 等）

重点图书

图解中国经济2015
新编英汉汉英统计大词典
中华医学统计百科全书
挑大学选专业2016—考研择校指南
挑大学选专业2015—高考志愿填报指南

中国统计出版社发行部电话：(010)63376907　63376908
同榀行书店电话：68783171，68783172
地址：北京市丰台区西三环南路甲6号　邮政编码：100073
网址：http://www.zgtjcbs.com